Anglicko-slovenský a slovensko-anglický slovník
Vydalo: © **Jazykové vydavateľstvo MIKULA s.r.o., 2009**
Autor: © **Mgr. Mária Piťová**
Návrh obálky: © **Ing. Marián Mikula, PhD**
Zalomenie: **Karol Trtík**
Tlač: **Kasico a.s., Bratislava**
Druhé vydanie, 2009
ISBN 978-80-88814-65-8
Všetky práva vyhradené. Žiadna časť tejto knihy nesmie byť reprodukovaná a rozširovaná žiadnou formou bez písomného súhlasu majiteľa práv.
www.knihy-mikula.sk

Mária Piťová

ANGLICKO-SLOVENSKÝ
A
SLOVENSKO-ANGLICKÝ
SLOVNÍK

Úvod

Tento anglicko-slovenský a slovensko-anglický slovník obsahuje približne 35 000 hesiel slovnej zásoby, s cieľom pomôcť používateľovi pri čítaní anglických textov, prekladaní textu z angličtiny do slovenčiny a naopak. Okrem výrazov potrebných pre bežnú spoločenskú komunikáciu, slovník ponúka aj termíny zo spoločenských a prírodných vied, výpočtovej techniky, filozofie a iných vedných odborov.

V časti anglicko-slovenskej ako aj slovensko-anglickej sú heslá zoradené v abecednom poriadku. Frazeologické zvraty sú označené ● a vyznačené sú *kurzívou*. Nepravidelné slovesá znakom °. Výslovnosť sa uvádza v hranatých zátvorkách. Slovník je doplnený zoznamom použitých skratiek

.

Autor

September, 2000

Skratky

admin. - administratívny
Am. - amerikanizmus
anat. - anatómia
bás. - básnický
bot. - botanika
cirk. - cirkevný
div. - divadelný
ekon. - ekonomický
elektr. - elektrotechnický
film. - filmový
fot. - fotografický
fyz. - fyzikálny
geogr. - geografický
geol. - geologický
geom. - geometrický
gram. - gramatický
hist. - historický
hovor. - hovorový
hud. - hudobný
chem. - chemický
jaz. - jazykový
kniž. - knižný
kuch. - kuchársky
lek. - lekársky
lit. - literárny
mat. - matematický
náb. - náboženstvo
nov. - novinársky

obch. - obchodný
odb. - odborný
pejor. - pejoratívny
polit. - politický
polygr. - polygrafický
práv. - právnický
pren. - prenesene
skr. - skratka
šach. - šachový
šport. - športový
techn. - technický
účt. - účtovný
umel. - umelecký
voj. - vojenský
zool. - zoológia

Gramatické skratky

pl.	- plural
sb.	- somebody
sth.	- something
o. s.	- oneself
n.	- podstatné meno
v.	- sloveso
adj.	- prídavné meno
adv.	- príslovka
prep.	- predložka
num.	- číslovka
interj.	- citoslovce
conj.	-s pojka
pron.	- zámeno
p.	- pozri

A

a, an [ə, ən] **1.** pred samohláskou *an* neurčitý člen **2.** jeden **3.** za, po • *three times a day* trikrát za deň

aback [ə'bæk] adv. vzadu • *be° taken aback* byť prekvapený/vyvedený z rovnováhy

abandon [ə'bændən] v. **1.** opustiť, zanechať **2.** vzdať sa čoho **3.** oddať sa čomu **4.** *šport.* prerušiť

abase [ə'beis] v. ponížiť, pokoriť

abate [ə'beit] v. **1.** utíšiť **2.** zmierniť

abash [ə'bæš] v. zastrašiť

abate [ə'beit] v. znížiť

abbey [æbi] n. **1.** opátstvo **2.** chrám

abbot [æbət] n. opát

abbreviate [ə'bri:vieit] v. skrátiť

abbreviation [ə,bri:vi'eišn] n. skratka

ABC [,ei bi:'si:] n. **1.** abeceda **2.** základy

abdicate [æbdikeit] v. **1.** odstúpiť z *from* **2.** vzdať sa, zriecť sa čoho

abdication [,æbdi'keišn] n. odstúpenie

abdomen [æbdəmen] n. *lek.* brucho • *abdominal cavity* brušná dutina

abduct [æb'dakt] v. uniesť

abduction [əb'dakšən] n. únos

abductor [æb'daktə] n. únosca

aberration [,æbə'reišn] n. úchylka

abhor [əb'ho:] v. *-rr- abhorred, abhorring* nenávidieť

abhorence [əb'horəns] n. odpor

abide [ə'baid] v. *abided/abode, abided* riadiť sa *čím*

abiding [ə'baidiŋ] adj. trvalý

ability [ə'biliti] n. *-ie-* schopnosť, zručnosť

abject [æbdžekt] adj. úbohý

able [eibl] adj. **1.** schopný • *be° able to do sth* môcť, byť schopný **2.** vynikajúci

able-bodied [,eibəl'bodid] adj. fyzicky schopný

abnegate [æbnigeit] v. vzdať sa

abnormal [æb'no:məl] adj.

absent-minded

abnormálny, výnimočný
abnormality [,æbnoːˈmæliti] n. nepravidelnosť
aboard [əˈboːd] prep. na palube/palubu, do/vo vlaku, v lietadle • *all aboard!* nastupovať!
abolish [əˈboliš] v. zrušiť
abolition [,æbəˈlišən] n. zrušenie
abolitionist [,æbəˈlišənəst] n. prívrženec za zrušenie otroctva
A-bomb [ei,bom] n. atómová bomba
aboriginal [,æbəˈridžənəl] adj. domorodý
abort [əˈboːt] v. 1. urobiť potrat 2. potratiť
abortion [əˈboːšən] n. 1. potrat 2. neúspech
abortive [əˈboːtiv] adj. 1. nedonosený 2. predčasný
abound [əˈbaund] v. existovať vo veľkom počte • *abound with/in* oplývať
about [əˈbaut] prep. 1. o 2. pri 3. asi • *be° about to do sth* chystať sa niečo urobiť
about adv. okolo
above [əˈbav] prep. 1. nad 2. viac ako • *above all* predovšetkým
above adv. 1. hore, nahor 2. vyššie
abrasion [əˈbreizn] n. odrenina
abreast [əˈbrest] adv. vedľa seba • *keep° abreast of* držať krok s
abridge [əˈbridž] v. 1. skrátiť text 2. zbaviť
abroad [əˈbroːd] adv. v zahraničí, do zahraničia • *go° abroad* ísť do zahraničia
abrogate [æbrəugeit] v. odvolať
abrogation [,æbrəuˈgeišn] n. odvolanie, zrušenie
abrupt [əˈbrapt] adj. 1. náhly, neočakávaný 2. strmý, prudký
abscess [æbses] n. nádor
absence [æbsəns] n. 1. neprítomnosť, absencia 2. nedostatok čoho *of*
absent [æbsənt] adj. 1. neprítomný 2. roztržitý 3. chýbajúci
absent [əbˈsent] v. *absent o.s. from* vyhýbať sa čomu
absent-minded [,æbsəntˈmaindəd] adj. roztržitý

9

absolute [æbsəlu:t] adj. **1.** úplný, absolútny **2.** neobmedzený

absolutely [æbsəlu:tli] adv. **1.** úplne, absolútne **2.** *hovor.* určite

absolve [əb´zolv] v. oslobodiť

absorb [əb´so:b] v. **1.** pohltiť, absorbovať, vstrebať **2.** zaujať myseľ

absorbing [əb´so:biŋ] adj. zaujímavý, pútavý

absorption [əb´so:pšən] n. pohltenie, absorbovanie, vstrebávanie

abstain [əb´stein] v. zdržať sa čoho *from*

abstinence [æbstənəns] n. zdržanlivosť, abstinencia

abstinent [æbstinənt] adj. zdržanlivý, striedmy

abstract [æbstrækt] adj. **1.** abstraktný **2.** všeobecný

abstract n. výťah, konspekt, výpis z *from* ● *in the abstract* vo všeobecnosti

abstraction [æb´strækšn] n. **1.** abstrakcia **2.** roztržitosť

absurd [əb´sə:d] adj. nezmyselný, absurdný

absurdity [əb´sə:diti] n. nezmysel

abundance [ə´bandəns] n. hojnosť, nadbytok čoho *of*

abundant [ə´bandənt] adj. hojný, nadbytočný

abuse [ə´bju:z] v. **1.** nadávať, osočovať **2.** zneužiť

abuse [ə´bju:s] n. **1.** nadávka, urážka **2.** zneužívanie

abusive [ə´bju:siv] adj. hrubý

abyss [ə´bis] n. priepasť

academic [,ækə´demik] adj. akademický, vysokoškolský

academic n. **1.** vysokoškolský učiteľ **2.** akademik

academical [,ækə´demikəl] adj. akademický, vysokoškolský

academician [ə,kædə´mišən] n. člen akadémie, akademik

academy [ə´kædəmi] -*ie*- n. akadémia, inštitúcia, škola

accede [æk´si:d] v. **1.** pristúpiť na, súhlasiť s *to* **2.** nastúpiť do funkcie na *to* **3.** pripojiť sa k *to*

accelerate [æk´seləreit] v. **1.** zrýchliť sa **2.** urýchliť

acceleration [æk,selə´reišn]

n. zrýchlenie
accelerator [ək'seləreitə] n. **1.** plynový pedál **2.** zrýchľovač
accent [æksənt] n. **1.** prízvuk, akcent **2.** dôraz na *on*
accent v. označiť prízvukom
accentuate [æk'sentjueit] v. zdôrazniť
accept [ək'sept] v. **1.** prijať, akceptovať **2.** uznať
acceptable [ək'septəbəl] adj. **1.** uspokojivý **2.** prijateľný
acceptance [ək'septəns] n. **1.** prijatie **2.** súhlas
acceptor [ək'septə] n. príjemca
access [ækses] n. prístup do, k *to*
accessible [æk'sesəbəl] adj. prístupný, dostupný
accession [æk'sešən] n. **1.** nástup na, do *to* **2.** prírastok
accessory [æk'sesəri] -*ie*- n. **1.** pl. *accessories* módne doplnky **2.** príslušenstvo auta ap. **3.** spoluvinník, spolupáchateľ pri *to*
accident [æksidənt] n. **1.** dopravná nehoda **2.** náhoda ● *by accident* náhodou
accidental [,æksi'dentəl] adj. náhodný ● *accidental insurance* úrazové poistenie
acclimatize [ə'klaimətaiz] v. aklimatizovať
accommodate [ə'komədeit] v. **1.** ubytovať **2.** vyhovieť **3.** prispôsobiť sa komu, čomu *to* **4.** vybaviť
accommodation [ə,komə'deišən] n. **1.** ubytovanie **2.** prispôsobenie
accompany [ə'kampəni] -*ie*- v. **1.** odprevadiť **2.** sprevádzať
accomplice [ə'komplis] n. spolupáchateľ, spoluvinník
accomplish [ə'kompliš] v. **1.** dokončiť, dosiahnuť **2.** vykonať
accomplishment [ə'komplišmənt] n. **1.** pl. *accomplishments* znalosti, schopnosti **2.** uskutočnenie **3.** dokončenie
accord [ə'ko:d] n. súhlas, zhoda s *with*
accord v. **1.** súhlasiť, zhodovať sa s *with* **2.** dať súhlas

accordance

3. vyhovieť
accordance [ə'ko:dəns] n. súhlas, zhoda ● *in accordance with* v súlade s
according to [ə'ko:diŋ tə] podľa čoho ● *according as* podľa toho ako
accordion [ə'ko:diən] n. harmonika
account [ə'kaunt] n. 1. správa, opis čoho *of* 2. účet 3. zisk 4. odhad ● *current account* bežný účet ● *by all account* podľa toho, čo sa hovorí ● *on all accounts* v každom prípade ● *on no account* v nijakom prípade ● *take° into account* vziať do úvahy
account v. 1. považovať za 2. vysvetliť čo *for* 3. byť zodpovedný za *for*
accountancy [ə'kauntənsi] n. účtovníctvo
accountant [ə'kauntənt] n. účtovník
accredit [ə'kredit] v. splnomocniť
accretion [æ'kri:šən] n. prírastok
accumulate [ə'kju:mjuleit] v. nahromadiť (sa), naakumulovať (sa)

accumulation [ə,kju:mju'leišən] n. hromadenie
accumulator [ə'kju:mjuleitə] n. akumulátor
accuracy [ækjurəsi] n. presnosť
accurate [ækjurət] adj. presný
accusation [,ækju'zeišən] n. obvinenie, žaloba
accusative [ə'kju:zətiv] n. akuzatív
accusatory [ə'kju:zətəri] adj. žalujúci
accuse [ə'kju:z] v. obviniť z *of*, obžalovať z *of*
accuser [ə'kju:zə] n. žalobca
accustom [ə'kastəm] v. zvyknúť si na *to*, navyknúť
accustomed [ə'kastəmd] adj. zvyčajný
ace [eis] n. kartové eso
ace adj. vynikajúci *človek*
ache [eik] v. 1. bolieť 2. túžiť niečo urobiť *to do sth*
ache n. bolesť
achieve [ə'či:v] v. 1. dosiahnuť 2. byť úspešný
achievement [ə'či:vmənt] n. 1. dosiahnutie 2. výkon 3. úspech

aching [eikiə] adj. boľavý
acid [æsid] n. kyselina
acid adj. kyslý ● *acid rain* kyslý dážď
acidity [ə'siditi] n. kyslosť
acknowledge [ək'nolidž] v. 1. uznať, pripustiť 2. potvrdiť príjem
acoustic [ə'ku:stik] adj. 1. sluchový 2. akustický
acoustics [ə'ku:stiks] pl. n. akustika
acquaint [ə'kweint] v. *be acquaint with* zoznámiť sa
acquaintance [ə'kweintəns] n. 1. zoznámenie 2. známy človek
acquire [ə'kwaiə] v. získať
acquit [ə'kwit] -tt- v. oslobodiť, zbaviť sa čoho *of*
acquital [ə'kwitəl] n. oslobodenie
acre [eikə] n. 1. lán 2. pole
acreage [eikəridž] n. výmera
acrid [ækrəd] adj. štipľavý, ostrý
acrobat [ækrobæt] n. akrobat
acrobatic [,ækrə'bætik] adj. akrobatický
across [ə'kros] adv. 1. krížom 2. na druhú stranu, na druhej strane

across prep. cez
act [ækt] v. 1. konať, pracovať 2. správať sa 3. *div.* hrať 4. predstierať
act n. 1. čin, skutok 2. zákon 3. *div.* dejstvo
action [ækšən] n. 1. akcia 2. skutok, čin 3. pôsobenie 4. dej 5. *voj.* boj, bitka 6. súdny proces
activate [æktiveit] v. aktivovať
active [æktiv] adj. 1. aktívny 2. činný
activity [æk'tivəti] n. činnosť, aktivita
actor [æktə] n. herec
actress [æktrəs] n. herečka
actual [æktjuəl] adj. skutočný
actuality [,æktju'æliti] n. skutočnosť
actually [æktjuəli] adv. 1. v skutočnosti 2. dokonca 3. vlastne
actuate [æktjueit] v. podnecovať, poháňať
acumen [ə'kju:mən] n. postreh
acute [ə'kju:t] adj. 1. ostrý *zmysel* 2. prudký *bolesť* 3. akútny, naliehavý 4. ostrý *uhol*

AD

AD [,ei´di:] skr. Anno Domini *po Kristovi*
adapt [ə´dæpt] v. 1. prispôsobiť čomu *to* 2. upraviť pre *for*
adaptability [ə,dæptə´biliti] n. prispôsobivosť
adaptable [ə´dæptəbəl] adj. prispôsobivý
adaptation [,ædæp´teišən] n. 1. úprava 2. adaptácia, prispôsobovanie
add [æd] v. 1. pridať k *to* 2. *add up* spočítať *to*
adder [ædə] n. zmija
addict [ædikt] n. narkoman, toxikoman
addition [ə´dišən] n. 1. spočítavanie 2. dodatok k *to* 3. prísada ● *in addition* okrem
additional [ə´dišənəl] adj. dodatočný, ďalší ● *additional charge* príplatok
address [ə´dres] n. 1. adresa 2. prejav
address v. 1. adresovať komu *to* 2. osloviť ● *address o.s. to* zamerať sa na
addressee [,ædre´si:] n. adresát
adduce [ə´dju:s] v. uviesť, citovať

adept [ædept] n. znalec
adequacy [ædikwəsi] n. primeranosť
adhere [əd´hiə] v. lepiť, držať ● *adhere to* dodržať čo
adherence [əd´hiərəns] n. vernosť
adherent [əd´hiərənt] n. prívrženec, stúpenec
adhesion [əd´hi:žən] n. priľnavosť
adhesive [əd´hi:siv] adj. priľnavý
adjective [ædžəktiv] n. prídavné meno, adjektívum
adjoin [ə´džoin] v. susediť
adjourn [ə´džə:n] v. 1. odročiť o *for*, na *untill* 2. odložiť
adjudge [ə´džadž] v. vyniesť rozsudok
adjudication [ə,džu:di´keišən] n. rozsudok
adjust [ə´džast] v. 1. prispôsobiť 2. upraviť čomu *to*
adjustment [ə´džastmənt] n. 1. úprava 2. usporiadanie 3. odsúhlasenie
administer [əd´ministə] v. vykonávať, spravovať
administration [əd,minə´-

advance

streišən] n. 1. správa, vedenie 2. vykonanie
administrative [əd'minəstrətiv] adj. administratívny
administrator [əd,minə'streitə] n. správca
admirable [ædmərəbəl] adj. obdivuhodný, veľkolepý
admiral [ædmərəl] n. admirál
admiration [,ædmə'reišən] n. obdiv
admire [əd'maiə] v. obdivovať
admirer [əd'mairə] n. obdivovateľ
admission [əd'mišən] n. 1. vstup, prijatie 2. vstupné 3. pripustenie, priznanie
admit [əd'mit] -tt- v. 1. priznať 2. prijať do *into, to* 3. pripustiť, uznať
admittance [əd'mitəns] n. vstup, prístup • *no admittance* vstup zakázaný
admonish [əd'moniš] v. napomenúť za *for*
admonition [,ædmə'nišən] n. napomenutie
ado [ə'du:] n. okolky, zmätok
adolescence [,ædəu'lesnəs] n. dospievanie
adolescent [,ædəu'lesənt] adj. dospievajúci, mladistvý
adopt [ə'dopt] v. 1. osvojiť (si), adoptovať (si) 2. prijať za vlastné, prevziať
adoption [ə'dopšən] n. osvojenie, adopcia
adoptive [ə'doptiv] adj. adoptívny
adoration [,ædo:'reišən] n. uctievanie
adore [ə'do:] v. 1. zbožňovať, uctievať 2. *hovor.* mať veľmi rád
adorn [ə'do:n] v. ozdobiť čím *with*
adornment [ə'do:nmənt] n. ozdoba
adroit [ə'droit] adj. zručný
adult [ædalt] n. dospelý človek
adulterate [ə'daltəreit] v. falšovať, pančovať, znečistiť
adultery [ə'daltəri] n. cudzoložstvo
advance [əd'va:ns] v. 1. postúpiť vpred *on* 2. posunúť dopredu, preložiť na skôr 3. vyplatiť vopred, dať zálohu

advance

advance n. **1.** postup **2.** pokrok **3.** záloha • *in advance* vopred, dopredu
advanced [əd´va:nst] adj. pokročilý
advancement [əd´va:nsmənt] n. pokrok
advantage [əd´va:ntidž] n. výhoda pred *over*
advantageous [,ædvənteidžəs] adj. výhodný pre *to*
adventitious [,ædven´tišəs] adj. náhodný
adventure [əd´venčə] n. dobrodružstvo
adventurer [əd´venčrə] n. dobrodruh
adventurous [əd´venčrəs] adj. dobrodružný
adverb [ædvə:b] n. príslovka
adversary [ædvəsəri] -ie- n. protivník, nepriateľ
adverse [ædvə:s] adj. **1.** nepriaznivý **2.** nepriateľský **3.** protivný
adversity [əd´və:səti] n. nešťastie
advertise [ædvətaiz] v. **1.** reklamovať **2.** inzerovať, hľadať na inzerát
advertisement [əd´və:təsmənt] n. **1.** reklama **2.** inzerát **3.** oznámenie
advertiser [ædvətaizə] n. inzerent
advice [əd´vais] n. rada
advisable [əd´vaizəbəl] adj. vhodný
advise [əd´vaiz] v. **1.** radiť **2.** oznámiť čo *of*
adviser [əd´vaizə] n. poradca
advocacy [ædvəkəsi] n. obhajoba
advocate [ædvəkət] n. **1.** advokát, právny zástupca **2.** stúpenec, zástanca
advocate [ædvəkeit] v. obhajovať, zastávať
aerial [eəriəl] n. anténa
aerial adj. vzdušný, letecký
aerobics [eə´rəubiks] pl. n. aerobik
aeroplane [eərəplein] n. lietadlo
aesthete [i:sθi:t] n. estét
aesthetical [i:s´θəetikəl] adj. estetický
aesthetics [i:sθi:ts] pl. n. estetika
afar [ə´fa:] adv. v diaľke, ďaleko • *from afar* z diaľky
affability [,æfə´biliti] n. prí-

alike

ail [eil] n. bolesť
aim [eim] v. 1. mieriť, cieliť na *at*, smerovať 2. zamerať sa na *at* 3. zamýšľať čo *at*
aim n. 1. cieľ 2. zámer, účel
aimless [eimlis] adj. bezcieľny
air [eə] n. 1. vzduch 2. ovzdušie 3. ária, melódia ● *by air* lietadlom ● *on the air* v rozhlase ● *in the open air* v prírode
air v. 1. vetrať 2. chváliť sa
airbase [eəbeis] n. letecká základňa
aircraft [eəkra:ft] n. lietadlo
aircrew [eəkru:] n. posádka lietadla
airdrome [eədrəum] n. letisko *Am.*
airline [eəlain] pl. n. *airlines* aerolínie, letecká spoločnosť
airmail [eəmeil] n. letecká pošta
airplane [eəplein] n. lietadlo *Am.*
airport [eəpo:t] n. letisko
air raid [eə reid] n. letecký útok, nálet
airway [eəwei] n. 1. letecká linka 2. pl. *airways* letecká spoločnosť
airy [eəri] adj. 1. vzdušný 2. ľahkovážny, povrchný
akin [ə'kin] adj. podobný čomu *to*
alarm [ə'la:m] n. poplach
alarm v. znepokojiť, naľakať
alarm clock [ə'la:m klok] n. budík
alas [ə'la:s] adv. bohužiaľ!
album [ælbəm] n. album
albumen [ælbjumin] n. bielkovina
alcohol [ælkəhol] n. alkohol, lieh
alcoholic [,ælkə'holik] n. alkoholik
ale [eil] n. svetlé pivo
alert [ə'lə:t] adj. 1. ostražitý 2. čulý
alertness [ə'lə:tnis] n. ostražitosť
alibi [ælibai] n. alibi
alien [eiliən] adj. 1. cudzí 2. odlišný od *to*
alien n. cudzinec
alienate [eiljəneit] v. odcudziť
alight [ə'lait] adj. osvetlený
align [ə'lain] v. pripojiť sa, pridať sa
alike [ə'laik] adj. podobný,

alike

rovnaký
alike adv. rovnako, tak isto
aliment [ælimənt] n. potrava
alimentation [ˌælimenˈteišən] n. výživa
alimony [æliməni] n. výživné
alive [əˈlaiv] adj. 1. živý, nažive 2. aktívny
alkaline [ælkəlain] adj. zásaditý
all [o:l] pron. 1. celý, všetok 2. každý
all adv. celkom, úplne • *after all* koniec koncov • *all of us* my všetci • *all over the world* na celom svete • *all about* predovšetkým • *not at all* vôbec nie
all n. všetko, všetci
allay [əˈlei] v. utíšiť
allege [əˈledž] v. tvrdiť, prehlásiť
allegiance [əˈli:džəns] n. oddanosť, vernosť
allegorical [ˌæleˈgorikəl] adj. alegorický
allegory [æligəri] n. alegória
alleviate [əˈli:vieit] v. zmierniť
alley [æli] n. aleja
alliance [əˈlaiəns] n. 1. spojenectvo s *with*, medzi *between* 2. aliancia
allied [əlaid] adj. 1. spojený 2. spojenecký 3. príbuzný, pridružený
alligator [æligeitə] n. aligátor
allocate [æləkeit] v. 1. vyčleniť 2. prideliť
allocation [ˌæləˈkeišən] n. pridelenie
allow [əˈlau] v. 1. dovoliť, povoliť 2. nechať 3. umožniť 4. pripustiť, uznať • *allow for* počítať s, vziať do úvahy čo
allowance [əˈlauəns] n. 1. príspevok, príplatok 2. vreckové *Am.* 3. zľava
all right [ˌo:lˈrait] adv. 1. v poriadku 2. dobre 3. správne 4. určite
all right adj. 1. dobrý 2. vhodný
all-round [o:l raund] adj. všestranný
allude [əˈlu:d] v. *allude to* robiť narážky na
allure [əˈljuə] v. lákať, prilákať, vábiť
allusion [əˈlu:žən] n. zmienka
ally [əˈlai] v. spojiť sa

ally [ælai] -ie- n. spojenec
almond [a:mənd] n. mandľa
almost [o:lməust] adv. skoro, takmer
alms [a:mz] n. pl. almužna
alone [ə´ləun] adj. 1. sám 2. jediný
along [ə´loŋ] prep. po, pozdĺž
along adv. 1. ďalej, dopredu 2. spolu, so sebou • *along with* spolu s
aloud [ə´laud] adv. nahlas, hlasno
alphabet [ælfəbet] n. abeceda
alphabetical [,ælfə´betikəl] adj. abecedný
alpinism [ælpinizm] n. horolezectvo
alpinist [ælpinist] n. horolezec
already [o:l´redi] adv. už
alright [,ə:l´rait] adj., adv. p. all right
also [o:lsəu] adv. tiež
altar [o:ltə] n. oltár
alter [o:ltə] v. 1. prešiť 2. zmeniť
alteration [,o:ltə´reišən] n. 1. prešitie 2. zmena, úprava
altercate [o:ltəkeit] v. hašteriť sa

altercation [,o:ltə´keišən] n. hádka
alternate [o:l´tə:nət] adj. 1. striedavý 2. každý druhý
alternate v. striedať (sa), meniť (sa) s *with*, medzi *between*
alternation [,o:ltə´neišən] n. striedanie
alternator [o:ltəneitə] n. alternátor
although [o:l´ðəu] conj. hoci
altitude [æltətju:d] n. 1. nadmorská výška 2. pl. *altitudes* výšky
alto [æltəu] n. alt
altogether [,o:ltə´geðə] adv. 1. celkom, úplne 2. vcelku
aluminium [,ælju´minjəm] n. hliník
always [o:lwəz, o:lweiz] adv. 1. vždy 2. navždy 3. stále
am [m, əm] v. som
a.m. [,ei ´em] skr. *ante meridiem* ráno, dopoludnia
amass [ə´mæs] v. hromadiť
amateur [æmətə:] n. amatér, ochotník
amatory [æmətəri] adj. milenecký
amaze [ə´meiz] v. udiviť, prekvapiť
amazement [ə´meizmənt]

amazing

n. úžas, prekvapenie
amazing [ə'meiziŋ] adj. prekvapujúci
ambassador [æm'bæsədə] n. veľvyslanec
amber [æmbə] n. jantár
ambiguity [,æmbi'gjuiti] n. dvojzmysel
ambiguous [æm'bigjuəs] adj. dvojzmyselný
ambit [æmbit] n. oblasť, okruh
ambition [æm'bišən] n. ctižiadosť, ambícia
ambitious [æm'bišəs] adj. ctižiadostivý, ambiciózny
ambulance [æmbjələns] n. sanitka
ambush [æmbuš] v. prepadnúť
amen [a:men] interj. amen
amenability [ə,mi:nə'biliti] n. zodpovednosť
amenable [ə'mi:nəbəl] adj. zodpovedný
amend [ə'mend] v. opraviť
America [ə'merikə] n. Amerika
American [ə'merəkən] n. Američan
American adj. americký
amethyst [æməθist] n. ametyst

amibiality [,eimjə'biliti] n. prívetivosť
amiable [eimjəbəl] adj. milý, prívetivý
amicable [æməkəbəl] adj. priateľský
amiss [ə'mis] adj. zlý, nevhodný
amiss adv. zle, nevhodne
amity [æməti] n. priateľstvo
ammunition [,æmju'nišən] n. strelivo
amnesty [æmnesti] n. amnestia
among [ə'maŋ] prep. medzi *viacerými*
amorous [æmərəs] adj. zamilovaný, láskyplný
amortize [ə'mo:taiz] v. amortizovať
amortization [ə,mo:ti'zeišən] n. amortizácia
amount [ə'maunt] n. **1.** čiastka, suma **2.** množstvo
amount v. obnášať
ampere [æmpeə] n. *elektr.* ampér
ample [æmpəl] adj. **1.** hojný, viac než postačujúci **2.** priestorný, rozsiahly
amplification [,æmplifi'keišən] n. zväčšenie

22

amplify [æmləfai] *-ie-* v. **1.** rozviesť myšlienku **2.** zosilniť zvuk

amplitude [æmplitju:d] n. rozsah

amputate [æmpjuteit] v. amputovať

amputation [æmpjuteišən] n. amputácia

amulet [æmjulət] n. amulet

amuse [ə'mju:z] v. rozveseliť, pobaviť

amusement [ə'mju:zmənt] n. **1.** pobavenie **2.** zábava

amusing [ə'mju:ziŋ] adj. zábavný

an [ən, æn] neurčitý člen *pred samohláskou*

anemia [ə'ni:mjə] n. chudokrvnosť

anaesthesia [,ænis'θi:zjə] n. narkóza

analgetic [,ænæl'džetik] n. analgetikum

analogical [,ænə'lodžikəl] adj. obdobný

analogy [ə'nælədži] *-ie-* n. obdoba, analógia čoho *to*, s *with*, medzi *between*

analyse [ænəlaiz] v. urobiť rozbor, analyzovať

analysis [ə'næləsis] n. analýza, rozbor

anarchical [æ'na:kikəl] adj. anarchický

anarchy [ænəki] n. **1.** bezvládie **2.** anarchia **3.** zmätok

anatomical [,ænə'tomikəl] adj. anatomický

anatomy [,ænə'tomi] n. anatómia

anchor [æŋkə] n. **1.** kotva **2.** opora

anchor v. **1.** kotviť **2.** pripevniť, zaistiť

ancient [eišənt] adj. **1.** staroveký **2.** starodávny **3.** staromódny

ancillary [æn'siləri] adj. pomocný

and [ənd, ænd] conj. **1.** a **2.** *and so on* a tak ďalej

anecdote [ænikdəut] n. anekdota

angel [eindžəl] n. anjel

anger [æŋgə] n. hnev

anger v. hnevať sa

angina [æn'džainə] n. angína

angle [æŋgəl] n. **1.** uhol **2.** roh **3.** hľadisko, stanovisko

Anglican [æŋglikən] n. anglikán

Anglican adj. anglikánsky

angry

angry [æŋgri] -ie- adj. nahnevaný na koho *with*, na čo *at*
anguish [æŋgwiš] n. 1. úzkosť 2. bolesť, muky
angular [æŋgjulə] adj. hranatý
animal [ænəməl] n. 1. živočích 2. zviera
animal adj. 1. živočíšny 2. zvierací
animate [ænimeit] v. oživiť
● *animated cartoon* kreslený film
animation [ˌæniˈmeišən] n. oživenie
animosity [ˌænəˈmosəti] n. 1. nepriateľstvo 2. odpor, nechuť
ankle [æŋkəl] n. členok
annex [əˈneks] v. obsadiť
annihilate [əˈnaiəleit] v. úplne zničiť, zrušiť
anniversary [ˌænəˈvəːsəri] -ie- n. výročie
annotate [ænəuteit] v. anotovať
annotation [ˌænəuˈteišən] n. anotácia, poznámka
anounce [əˈnauns] v. 1. oznámiť 2. hlásiť v rozhlase
announcement [əˈnaunsəmənt] n. oznámenie, prehlásenie
annoy [əˈnoi] v. 1. obťažovať 2. trápiť
annual [ænjuəl] adj. 1. každoročný 2. výročný 3. ročný
annuity [əˈnjuːəti] -ie- n. 1. ročná renta 2. dôchodok 3. anuita 4. ročná splátka
annul [əˈnal] v. zrušiť
annunciate [əˈnanšieit] v. vyhlásiť
anomalous [əˈnomələs] adj. neobvyklý
anomaly [əˈnoməli] -ie- n. odchýlka, anomália
anonym [ænənim] n. anonym
anonymity [ˌænəˈnimiti] n. anonymita
anonymous [əˈnonəməs] adj. neznámy, anonymný
anorak [ænəræk] n. vetrovka
another [əˈnaðə] determ. 1. ďalší, ešte jeden 2. iný ● *one another* navzájom
answer [aːnsə] n. 1. odpoveď na *to* 2. reakcia na *to* 3. riešenie
answer v. 1. odpovedať 2. reagovať ● *answer for*

zodpovedať za
answerable [a:nsərəbəl] adj. **1.** zodpovedný komu *to*, za *for* **2.** zodpovedateľný
ant [ænt] n. mravec
antagonism [æn´tægənizm] n. nepriateľstvo
antagonist [æn´tægənist] n. nepriateľ, protivník
Antarctic [æn´ta:ktik] n. *the Antarctic* Antarktída
Antarctic adj. antarktický, južný
antelope [æntiləup] n. antilopa
antenna [æn´tenə] n. **1.** pl. *antennae* [æn´teni:] tykadlo **2.** pl. *antennas Am.* anténa
anterior [æn´tiəriə] adj. predný
anthem [ænθəm] n. **1.** hymna, chorál **2.** ďakovná pieseň ● *national anthem* národná hymna
anthill [ænt,hil] n. mravenisko
anthology [æn´θolədži] n. zbierka, súbor
antiaircraft [,ænti´eəkra:ft] adj. protilietadlový
antibiotic [æntibai´otik] n. antibiotikum

antibody [ænti,bodi] n. protilátka
anticipate [æn´tisəpeit] v. **1.** očakávať **2.** predvídať, tušiť **3.** predbehnúť
anticipation [æn,tisi´peišən] n. predtucha
antidote [æntidəut] n. protijed, protilátka
antinomy [æn´tinəmi] n. protiklad
antipathy [æn´tipəθi] n. nechuť, odpor
antiquarian [,ænti´kweəriən] adj. starožitný
antiquary [æntikwəri] n. starožitník
antique [æn´ti:k] adj. **1.** starobylý, starodávny **2.** staroveký, antický
antique n. starožitnosť
antiquity [æn´tikwiti] n. starovek, antika
antithesis [æn´tiθisis] n. protiklad
antler [æntlə] n. paroh
anxiety [æŋ´zai´əti] -*ie*- n. **1.** úzkosť, strach pre *for*, o *about* **2.** starosť pre *to*
anxious [æŋkšəs] adj. **1.** plný úzkosti, strachu, znepokojený o *for* **2.** znepo-

kojujúci

any [eni] determ., adv., pron. **1.** akýkoľvek, ktorýkoľvek, hociktorý, každý **2.** *v otázke* nejaký **3.** *po zápore* žiadny, nijaký ● *at any time* kedykoľvek ● *in any case* v každom prípade

any adv. **1.** *v otázke* trochu **2.** *po zápore* nič

anybody [eni,bodi] pron. ktokoľvek, nikto

anyhow [enihau] adv. v každom prípade, akokoľvek

anyone [eniwan] pron. ktokoľvek, niekto, nikto

anything [eniθiŋ] pron. čokoľvek, hocičo, nič

anyway [eniwei] adv. akokoľvek

anywhere [eniweə] adv. **1.** kdekoľvek, niekde, niekam **2.** nikde, nikam

aorta [ei´o:tə] n. aorta

apart [ə´pa:t] adv., adj. **1.** stranou, bokom **2.** oddelene ● *apart from* nehľadiac na

apartheid [ə´pa:theid] n. rasová diskriminácia

apartment [ə´pa:tmənt] n. **1.** byt *Am.* **2.** izba

apartment house [ə´pa:tmənt haus] n. nájomný dom, činžiak *Am.*

ape [eip] n. opica bez chvosta

aperture [æpətjuə] n. otvor

apex [eipeks] n. vrchol

apologetic [ə,polə´džetik] adj. ospravedlňujúci

apologize [ə´polədžaiz] v. ospravedlniť sa komu *to*, za *for*

apology [ə´polədži] -ie- n. **1.** ospravedlnenie za *for* **2.** obhajoba čoho *for*

apoplexy [æpəpleksi] n. mŕtvica

apostle [ə´posəl] n. apoštol

appal [ə´po:l] -ll- v. vydesiť, zhroziť

apparatus [,æpə´reitəs] n. pl. *apparatus* **1.** prístroj, zariadenie **2.** aparát

apparent [ə´pærənt] adj. **1.** zjavný, očividný **2.** zdanlivý

apparition [,æpə´rišən] n. strašidlo, zjavenie

appeal [ə´pi:l] n. **1.** žiadosť, prosba, výzva, apel o *for*, na *to* **2.** príťažlivosť **3.** odvolanie

appeal v. **1.** žiadať, obrátiť

apprehension

sa, apelovať koho *to*, o *for* 2. páčiť sa komu *to* 3. odvolať sa na *to*, proti *against*

appear [ə′piə] v. 1. objaviť sa 2. zdať sa

appearance [ə′piərəns] n. 1. objavenie sa 2. vzhľad 3. zdanie

appease [ə′pi:z] v. upokojiť, zmierniť

appetence [æpitəns] n. žiadostivosť

appetite [æpətait] n. chuť *do jedla*

appetizer [æpitaizə] n. aperitív

applaud [ə′plo:d] v. 1. tlieskať 2. súhlasiť, schvaľovať

applause [ə′plo:z] n. potlesk

apple [æpəl] n. jablko • *apple pie* jablkový koláč • *apple tree* jabloň

appliance [ə′plaiəns] n. zariadenie, prístroj • *domestic appliances* domáce spotrebiče

applicant [æplikənt] n. žiadateľ

application [,æpli′keišən] n. 1. žiadosť o *for* 2. použitie 3. prihláška • *application form* žiadosť

apply [ə′plai] v. 1. uchádzať sa, žiadať koho, čo *to*, o *for* 2. použiť 3. natrieť

appoint [ə′point] v. 1. určiť, menovať 2. dohodnúť si, stanoviť si

appointment [ə′pointmənt] n. 1. dohodnuté stretnutie, schôdzka 2. určenie, menovanie

apportion [ə′po:šən] v. rozvrhnúť

apposite [æpozit] adj. vhodný

appraisal [ə,preizəl] n. odhad, ocenenie

appraise [ə′preiz] v. odhadnúť, oceniť

appreciate [ə′pri:šieit] v. 1. oceniť 2. uvedomiť si 3. byť vďačný 4. stúpnuť *na cene*

appreciation [ə,pri:šieišən] n. ocenenie, pochvala

appreciatory [ə′pri:šjətəri] adj. 1. pozorný 2. vďačný 3. vnímavý

apprehend [,æpri′hend] v. zatknúť

apprehension [,æpri′henšən] n. 1. pochopenie, porozumenie 2. zatknutie 3.

apprehensive

chápanie
apprehensive [,æpri´hensiv] adj. chápavý
apprentice [ə´prentəs] n. učeň
apprise [ə´praiz] v. oboznámiť
approach [ə´prəuč] v. 1. priblížiť sa 2. pristúpiť k
approach n. 1. priblíženie, príchod 2. prístup
approbate [æprəubeit] v. schváliť
approbation [,æprə´beišən] n. schválenie
appropriate [ə´prəupriət] adj. vhodný pre *for*, na *to*
appropriate [ə´prəuprieit] v. 1. určiť, vyhradiť na *for* 2. privlastniť si
approval [əpru:vəl] n. 1. súhlas 2. schválenie • *on approval* na ukážku
approve [ə´pru:v] v. 1. súhlasiť, schvaľovať čo *of* 2. schváliť 3. uznávať 4. potvrdiť
approximate [ə´proksəmət] adj. približný
approximate [ə´proksəmeit] v. približovať sa k *to*
approximately [ə´proksimətli] adv. približne

approximation [ə,proksi´meišən] n. priblíženie
approximative [ə,proksi´mətiv] adj. približný
apricot [eiprəkot] n. marhuľa
April [eiprəl] n. apríl • *in April* v apríli
apt [æpt] adj. 1. náchylný, majúci sklon 2. vhodný 3. schopný
aquarelle [,ækwə´rel] n. akvarela
aquarium [ə´kweəriəm] n. akvárium
aquatic [ə´kwætik] adj. vodný
aqueduct [ækwidakt] n. vodovod
Arab [ærəb] n. 1. Arab 2. kôň
Arabian [ə´reibiən] adj. arabský
arable [ærəbəl] adj. orný
arbiter [a:bitə] n. rozhodca, sudca
arbitrage [,a:bi´tra:ž] n. arbitráž
arbitrary [a:bətrəri] adj. 1. svojvoľný, despotický 2. ľubovoľný
arbitrate [,a:bi´treit] v. rozhodnúť

arch [a:č] n. **1.** oblúk **2.** klenba
arch v. **1.** klenúť sa **2.** ohnúť
archaeological [ˌa:kiəˈlodžikəl] adj. archeologický
archaeologist [ˌa:kiˈolədžist] n. archeológ
archaeology [ˌa:kiˈolədži] n. archeológia
archaic [a:ˈkeiik] adj. starobylý
archbishop [ˌa:čˈbišəp] n. arcibiskup
archer [a:čə] n. lukostrelec
archiepiscopal [ˌa:kiiˈpiskəpəl] adj. arcibiskupský
archipelago [ˌa:kəˈpeləgəu] n. pl. aj *archipelagos* súostrovie
architect [a:kitekt] n. architekt
architecture [a:kətekčə] n. architektúra, staviteľstvo
archive [a:kaiv] n. pl. *archives* archív
archivist [a:kivist] n. archivár
Arctic [a:ktik] adj. **1.** arktický, polárny **2.** ľadový
Arctic [a:ktik] n. iba *the Arctic* Arktída
arduous [a:djuəs] adj. húževnatý, namáhavý

are [ə, a:] v. si, sme, ste, sú
area [eəriə] n. **1.** obsah, plošná výmera **2.** plocha, priestor **3.** oblasť
arena [əˈri:nə] n. aréna
argue [a:gju:] v. **1.** hádať sa s *with*, o *over/about* **2.** argumentovať, obhajovať **3.** dokazovať
argument [a:gjəmənt] n. **1.** hádka, spor **2.** dôvod, argument za *for*, proti *against*
argumentation [ˌa:gjumenˈteišən] n. argumentácia, diskusia
arid [ærəd] adj. vyprahnutý, suchý
arise [əˈraiz] *arose, arisen* v. **1.** vzniknúť, objaviť sa **2.** povstať
arisen [əˈrizən] v. p. arise
aristocracy [ˌærisˈtokrəsi] n. šľachta
aristocrat [æristəkræt] n. šľachtic
aristocratic [ˌæristəˈkrætik] adj. šľachtický
arithmetic [ˌəriθmətik] n. aritmetika
arm [a:m] n. **1.** rameno **2.** pl. *arms* náručie **3.** operadlo **4.** rukáv

arm v. vyzbrojiť čím *with*

armament [a:məmənt] n. **1.** výzbroj **2.** vojenská sila **3.** zbrojenie ● *armament industry* zbrojný priemysel

armchair [a:mčeə] n. kreslo

armed [a:md] adj. ozbrojený čím *with* ● *armed robbery* ozbrojené prepadnutie ● *armed to the teeth* ozbrojený po zuby

armed forces [,a:md ´fo:siz] n. iba *the armed forces* ozbrojené sily

armistice [a:məstəs] n. prímerie

armour [a:mə] n. brnenie, pancier

armoured [a:məd] adj. panciérový

arms [a:mz] n. **1.** zbrane **2.** erb

army [a:mi] -*ie*- n. armáda

aroma [ə´rəumə] n. vôňa

arrogance [ærəgəns] n. arogancia

arose [ə´rəuz] v. p. arise

around [ə´raund] adv. **1.** okolo, dookola **2.** tu, nablízku ● *all around* všade okolo

around prep. okolo, dookola

arouse [ə´rauz] v. zobudiť, burcovať

arrange [ə´reindž] v. **1.** usporiadať, upraviť **2.** dohodnúť sa s *with*, na *about* **3.** zariadiť

arrangement [ə´reindžmənt] n. **1.** pl. *arrangements* plány, prípravy **2.** dohoda **3.** aranžovanie **4.** úprava

arrear [əriə] n. **1.** pl. *arrears* nedoplatky **2.** nedokončená práca

arrest [ə´rest] v. **1.** zatknúť **2.** zastaviť **3.** upútať pozornosť

arrest n. zatknutie, väzba

arrival [ə´raivəl] n. príchod ● *on arrival* po príchode

arrive [ə´raiv] v. **1.** prísť **2.** nastať

arrogance [ærəgəns] n. nadutosť, arogancia

arrogant [ærəgənt] adj. nadutý, arogantný

arrow [ærəu] n. **1.** šíp **2.** šípka

art [a:t] n. **1.** umenie **2.** pl. *Arts* spoločenské vedy

artery [a:təri] n. –*ie*- **1.** tepna **2.** dopravná tepna

article [a:tikəl] n. **1.** predmet, kus, časť **2.** článok **3.** bod **4.** *gram.* člen
articulation [a:,tikju'leišən] n. **1.** výslovnosť **2.** členenie
artificial [,a:tə'fišəl] adj. **1.** umelý, strojený **2.** neúprimný, predstieraný
artillery [a:'tiləri] n. delostrelectvo
artisan [,a:ti'zæn] n. remeselník
artist [a:təst] n. **1.** umelec **2.** artista
artistic [a:'tistik] adj. umelecký
arts [a:ts] n. pl. umenie, humanitné vedy
as [əz, æz] adv. ako
as conj. **1.** *pri porovnaní* ako **2.** keď, zatiaľ čo **3.** pretože **4.** akokoľvek, aj keď ● *as...as...* tak...ako...
ascend [ə'send] v. stúpať
ascent [ə'sent] n. výstup, stúpanie
ascertain [,æsə'tein] v. zistiť
ascertainment [,æsə'teinmənt] n. zistenie
ascetic [ə'setik] n. askét
ascetical [ə'setikəl] adj. asketický

aseptic [æ'septik] adj. sterilný
ash [æš] n. pl. *ashes* popol
ashamed [ə'šeimd] adj. zahanbený pre *of* ● *be° ashamed of* hanbiť sa za
ashes [æšəz] n. pl. telesné pozostatky
ashore [ə'šo:] adv. na breh, na brehu
ashtray [æštrei] n. popolník
Asia [eišə] n. Ázia
Asian [eišən] adj. ázijský
ask [a:sk] v. **1.** pýtať sa na *about* **2.** žiadať, požadovať o čo *for* **3.** pozvať
asleep [ə'sli:p] adj. spiaci ● *fall° asleep* zaspať
aspect [æspekt] n. **1.** ohľad, zreteľ **2.** poloha, výhľad
asperity [æs'periti] n. drsnosť, prísnosť
asphalt [æsflt] n. asfalt
aspic [æspik] n. rôsol, huspenina
aspirant [əs'paiərənt] n. uchádzač
aspirate [æspəreit] v.ašpirovať
aspiration [,æspə'reišən] n. túžba, cieľ
aspire [ə'spaiə] v. snažiť sa o *to, after*

ass [æs] n. **1.** somár **2.** *pren.* hlupák
assail [əˈseil] v. napadnúť čím *with*, útočiť na
assailant [əˈseilənt] n. útočník
assassin [əˈsæsən] n. vrah
assassinate [əˈsæsəneit] v. zavraždiť
assassination [ə,sæsiˈneišən] n. vražda
assault [əˈsoːlt] n. útok, prepadnutie na *on*
assay [əˈsei] v. skúšať
assemble [əˈsembəl] v. **1.** zhromaždiť (sa) **2.** zložiť, zmontovať
assembly [əˈsembli] -ie- n. **1.** zhromaždenie **2.** montáž ● *Legislative Assembly* zákonodarné zhromaždenie
assent [əˈsent] v. súhlasiť s *to*
assent n. súhlas
assert [əˈsəːt] v. tvrdiť, potvrdiť, uplatňovať
assertion [əˈsəːšən] n. tvrdenie
assertive [əˈsəːtiv] adj. dôrazný, pozitívny, rozhodný
assess [əˈses] v. **1.** odhadnúť **2.** oceniť
assessable [əˈsesəbəl] adj. zdaniteľný
assessment [əˈsesmənt] n. odhad
asset [æset] n. **1.** *ekon.* aktívum **2.** prínos, užitočná vec **3.** pl. *assets* aktíva
assiduity [,æsiˈdjuiti] n. horlivosť
assign [əˈsain] v. **1.** prideliť, určiť **2.** stanoviť **3.** previesť, postúpiť majetok, práva na, komu *to*
assignation [,æsigˈneišən] n. ustanovenie
assignment [əˈsainment] n. **1.** úloha **2.** prevod, postup majetku, práva
assimilate [əˈsiməleit] v. **1.** vstrebať sa **2.** prispôsobiť (sa) **3.** asimilovať (sa)
assimilation [ə,simiˈleišən] n. asilimácia, prispôsobenie
assist [əˈsist] v. pomôcť v *in*, s *with*
assistance [əˈsistəns] n. pomoc
assistant [əˈsistənt] n. pomocník ● *assistant-shop* predavač, predavačka
associate [əˈsəušieit] v. **1.**

spojiť sa 2. asociovať 3. stýkať sa
associate [ə'səušiət] n. 1. spoločník, partner 2. mimoriadny člen
association [ə,səusi'eišən] n. asociácia, združenie
assort [ə'so:t] v. triediť
assorted [ə'so:təd] adj. zmiešaný
assortment [ə'so:tmənt] n. sortiment, kopa, zmes
assuage [ə'sweidž] v. utíšiť
assume [ə'sju:m] v. 1. predpokladať 2. zmocniť sa, prevziať 3. prijať, nadobudnúť 4. predstierať 5. osvojiť si
assumption [ə'sampšən] n. predpoklad • *on the assumption that* za predpokladu, že
assurance [ə'šuərəns] n. poistenie, istota
assure [ə'šuə] v. 1. uistiť, sľúbiť čo *of* 2. zaistiť 3. poistiť
aster [æstə] n. astra
asthma [æsmə] n. astma
astonish [ə'stoniš] v. udiviť, prekvapiť
astonishment [əs'tonišmənt] n. údiv, úžas

astonishing [əs'tonišiŋ] adj. úžasný
astral [æstrəl] adj. hviezdny
astrology [ə'strolədži] n. astrológia
astronaut [æstrəno:t] n. kozmonaut, astronaut
astronomy [ə'stronəmi] n. astronómia
astute [əs'tju:t] adj. ľstivý
asylum [ə'sailəm] n. 1. azyl, útočisko 2. ústav
asymmetry [æ'simətri] n. asymetria, nesúmernosť
at [ət, æt] prep. 1. v, na u, pri *miestne* 2. o, na, v *časovo* • *at 10 o'clock* o desiatej
ate [et] v. p. eat
atheism [eiθiizm] n. ateizmus
atheist [eiθiist] n. ateista
athlete [æθli:t] n. atlét, športovec
athletics [æθ'letiks] n. pl. atletika
Atlantic [ət'læntik] adj. atlantický • *the Atlantic Ocean* Atlantický oceán
atlas [ætləs] n. atlas
atmosphere [ætməsfiə] n. atmosféra, ovzdušie
atom [ætəm] n. 1. atóm 2.

atom bomb

pren. kúsok, štipka
atom bomb [ætəm bom] n. atómová bomba
atomic [ə´tomik] adj. atómový
atone [ə´təun] v. odčiniť
atrocious [ə´trəušəs] adj. 1. ukrutný 2. *hovor.* odporný, hnusný
atrocity [ə´trositi] n. krutosť
attach [ə´tæč] v. 1. pripojiť, prilepiť 2. zatknúť, skonfiškovať *tovar*
attaché [ə´tæšei] n. pridelenec, ataše
attack [ə´tæk] v. 1. napadnúť, útočiť 2. postihnúť
attack n. 1. útok na *on* 2. záchvat čoho *of*
attain [ə´tein] v. dosiahnuť
attempt [ə´tempt] v. pokúsiť sa
attempt n. 1. pokus o *at* 2. útok
attend [ə´tend] v. 1. zúčastniť sa, navštevovať 2. obsluhovať, ošetrovať 3. dávať pozor na *on*
attendance [ə´tendəns] n. 1. účasť, dochádzka 2. počet prítomných 3. obshuha, starostlivosť, ošetrenie
attendant [ə´tendənt] n. 1. sprievodca 2. zriadenec, dozorca 3. sluha, opatrovateľka, ošetrovateľ
attendant adj. 1. sprievodný 2. obsluhujúci
attention [ə´tenšən] n. 1. pozor 2. pozornosť, opatera • *pay° attention to* venovať pozornosť komu, čomu
attentive [ə´tentiv] adj. 1. pozorný 2. zdvorilý, láskavý
attest [ə´test] v. overiť
attestation [,ætəs´teišən] n. osvedčenie
attic [ætik] n. podkrovie
attitude [ætətju:d] n. postoj, stanovisko k *to*
attract [ə´trækt] v. priťahovať, upútať, lákať
attraction [ə´trækšən] n. 1. príťažlivosť, pôvab 2. atrakcia
attractive [ə´træktiv] adj. príťažlivý, pôvabný
attribute [ætrəbju:t] n. vlastnosť
attribute [ə´tribju:t] v. *attribute to* prisudzovať komu, čomu
attune [ə´tju:n] v. naladiť
auction [o:kšən] n. dražba,

aukcia
audacious [o:ˈdeišəs] adj. **1.** odvážny **2.** trúfalý, drzý
audacity [o:ˈdæsiti] n. **1.** odvážnosť **2.** drzosť
audible [o:dəbəl] adj. počuteľný
audience [o:diəns] n. **1.** publikum, diváci **2.** audiencia
audit [o:dit] n. revízia
auditive [o:dətiv] adj. sluchový
auditor [o:ditə] n. audítor
auditorium [ˌo:dəˈto:riəm] n. hladisko, sála
augment [o:ˈgment] v. zväčšiť
August [o:gəst] n. august • *in August* v auguste
aunt [a:nt] n. teta
austere [o:ˈstiə] adj. **1.** prísny, odriekavý **2.** jednoduchý, prostý
Australia [oˈstreiliə] n. Austrália
Australian [oˈstreiliən] n. Austrálčan
Australian adj. austrálsky
Austria [ostriə] n. Rakúsko
Austrian [ostriən] n. Rakúšan
Austrian adj. rakúsky
authentic [o:ˈθəentik] adj. **1.** pôvodný, pravý **2.** dôveryhodný
author [o:θə] n. **1.** autor, spisovateľ **2.** pôvodca
authoritative [o:ˈθorətətiv] adj. **1.** autoritatívny **2.** úradný
authority [o:ˈθorətə] -ie- n. **1.** autorita, úradná moc **2.** úrad, úrady **3.** oprávnenie, právomoc
authorize [o:θəraiz] v. **1.** schváliť **2.** oprávniť, poveriť
autobiography [ˌo:tobaiˈogrəfi] n. autobiografia
autocracy [o:ˈtokrəsi] n. samovláda
autograph [o:təgra:f] n. autogram
automatic [ˌo:təˈmætik] adj. automatický, samočinný
automation [ˌo:təˈmeišən] n. automatizácia
automatization [o:ˌtomətaiˈzeišən] n. automatizácia
autonomy [o:ˈtonəmi] n. autonómia, samospráva
autumn [o:təm] n. jeseň • *in autumn* na jeseň
auxiliary [o:gˈziljəri] adj. pomocný, výpomocný

avail [ə´veil] v. byť platné, pomôcť ● *avail o.s. of* využiť, použiť čo
available [ə´veiləbəl] adj. dostupný, k dispozícii
avalanche [ævəla:nš] n. lavína
avaricious [,ævə´rišəs] adj. lakomý
avenue [ævənju:] n. trieda, avenue
average [ævəridž] n. *mat.* priemer ● *on an average* priemerne
average adj. priemerný
averse [ə´və:s] adj. proti
aversion [ə´və:šən] n. odpor k *to*
avert [ə´və:t] v. odvrátiť
aviate [eivieit] v. letieť
avocation [,ævəu´keišən] n. záľuba
avoid [ə´void] v. vyhnúť sa, vyvarovať sa
await [ə´weit] v. očakávať, čakať
awake [ə´weik] *awoke/awaked, awoken* v. **1.** zobudiť sa **2.** uvedomiť si
award [ə´wo:d] v. prisúdiť, udeliť
award n. cena, odmena
aware [ə´weə] adj. vedomý si čoho *of*
away [ə´wei] adv. **1.** preč **2.** ďaleko, vzdialený
awe [o:] n. úcta
awful [o:fəl] adj. hrozný, strašný
awoke [ə´wəuk] v. **p.** awake
awoken [ə´wəukən] v. **p.** awake
axe [æks] n. sekera
axiom [æksiəm] n. zásada
axis [æksəs] n. os

B

babe [beib] n. **1.** bábätko **2.** *hovor.* kočka *Am.*
babel [bejbəl] n. vrava
baboon [bə'bu:n] n. pavian
baby [beibi] -ie- n. bábätko, dojča
baby-sitter [beibi ‚sitə] n. opatrovateľka detí
bachelor [bæčlə] n. **1.** starý mládenec **2.** bakalár *univerzitná hodnosť*
bacillus [bə'siləs] pl. –i n. bacil
back [bæk] n. **1.** chrbát **2.** zadná časť **3.** operadlo **4.** obranca
back adv. **1.** späť, naspäť **2.** vzadu, dozadu **3.** *časovo* pred **4.** spätne
back adj. **1.** zadný **2.** nezaplatený, oneskorený **3.** starý
back v. **1.** cúvať **2.** podporiť **3.** staviť na
backbone [bækbəun] n. chrbtica, chrbtová kosť
backbreaking [bækbreikiə] adj. vyčerpávajúci, namáhavý
background [bækgraund] n. pozadie ● *in the background* v pozadí
backstroke [bækstrəuk] n. *šport.* plavecký štýl
backward [bækwəd] adj. **1.** spätný **2.** zaostalý
bacon [beikən] n. slanina
bad [bæd] *worse, worst* adj. **1.** zlý **2.** chorý **3.** škodlivý **4.** vážny **5.** pokazený
bade [bæd] v. **p.** bid
badge [bædž] n. odznak
badger [bædžə] n. jazvec
badly [bædli] *worse, worst* adv. **1.** zle **2.** vážne, ťažko
badminton [bædmintən] n. bedminton
bag [bæg] n. **1.** vrece, vrecko **2.** taška, kabela, kabelka
bagatelle [‚bægə'tel] n. maličkosť
baggage [bægidž] n. **1.** batožina *Am.* **2.** vybavenie, výstroj
bagpipe [bægpaip] n. dudy
bail [beil] n. **1.** kaucia, záruka **2.** prepustenie na kauciu ● *release on bail* prepustiť na kauciu

bail v. *bail out* prepustiť na kauciu
bait [beit] n. návnada
bake [beik] v. **1.** piecť (sa) **2.** páliť
baker [beikə] n. pekár ● *at the baker's* v pekárni
bakery [beikəri] *-ie-* n. pekáreň
bakelite [beikəlait] n. bakelit
balance [bæləns] n. **1.** rovnováha **2.** vyrovnanosť **3.** protiváha **4.** váha **5.** zostatok ● *balance of accounts* uzávierka účtu ● zostatok účtu ● *keep° the balance* udržať rovnováhu ● *lose° the balance* stratiť rovnováhu
balance v. **1.** udržiavať rovnováhu **2.** vyvážiť **3.** urobiť uzávierku ● *balance an account* vyrovnať účet **4.** zvážiť
balance sheet [bæləns ši:t] n. súvaha, bilancia
balcony [bælkəni] n. *-ie-* balkón
bald [bo:ld] adj. **1.** plešatý **2.** holý
bale [beil] n. bal
ball [bo:l] n. **1.** lopta **2.** klbko **3.** ples
ballad [bæləd] n. **1.** balada **2.** sentimentálna pieseň
ballast [bæləst] n. **1.** záťaž **2.** štrk
ballerina [,bælə'ri:nə] n. baletka
ballet [bælei] n. balet
balloon [bə'lu:n] n. **1.** balón, balónik **2.** bublina
balloon v. nafúknuť ako balón
ballot [bælət] n. **1.** hlasovací lístok **2.** hlasovanie *tajné* ● *ballot-box* volebná urna
ballot v. tajne hlasovať, voliť
balm [ba:m] n. balzam
bamboo [bæm'bu:] n. bambus
ban [bæn] *-nn-* v. zakázať čo *from*, vyhnať
ban n. zákaz čoho *on*
banal [bə'na:l] adj. banálny
banality [bə'næliti] n. banálnosť
banana [bə'na:nə] n. banán
band [bænd] n. **1.** stuha, stužka **2.** pás, pásik, prúžok **3.** obruč
band n. **1.** banda **2.** skupina, kapela

band v. *band together* spolčiť sa, združiť sa
bandage [bændidž] n. obväz
bandit [bændət] n. lupič, bandita, zbojník
bang [bæə] v. udrieť, buchnúť, tresnúť
bang n. 1. rana 2. buchnutie 3. úder
banish [bæniš] v. 1. vyhostiť, vykázať z *from* 2. vyhnať, zahnať
banishment [bænišmənt] n. vyhostenie
banister [bænəstə] n. pl. *banisters* zábradlie na schodišti
banjo [bændžəu] n. bendžo
bank [bæŋk] n. 1. banka 2. rezerva, zásoba 3. breh *rieky* 4. val, násyp
bank v. 1. uložiť *do banky* 2. mať účet v *with*
bank account [bæŋkə,-kaunt] n. bankové konto, účet v banke
bankbook [bæŋkbuk] n. vkladná knižka
bank note [bæŋk nəut] n. bankovka
banner [bænə] n. 1. transparent 2. štandarda
banquet [bæŋkwət] n. slávnostná hostina, banket
baptism [bæptizm] n. krst
baptize [bæpˊtaiz] v. krstiť
bar [ba:] n. 1. tyč, tyčinka 2. závora 3. prekážka 4. bar 5. zábradlie
bar -rr- v. 1. zavrieť *na závoru* 2. zavrieť (sa) *kde* 3. uzavrieť, zatarasiť 4. vylúčiť, zabrániť 5. zakázať
barbarian [ba:ˊbeəriən] n. barbar
barber [ba:bə] n. holič *pánsky* • *barber's* holičstvo
bare [beə] adj. 1. holý, nahý, bosý 2. čistý 3. prázdny
bare v. odhaliť, odokryť
barely [beəli] adv. 1. sotva, ťažko 2. biedne
bargain [ba:gən] n. dohoda, zmluva
bargain v. 1. dohodnúť sa 2. vyjednávať, dohadovať sa s kým *with sb* • *bargain for* počítať s, očakávať čo
bark [ba:k] v. brechať, štekať na *at*
bark n. brechanie, štekanie, brechot, štekot
bark n. kôra stromu
barley [ba:li] n. jačmeň
barmaid [ba:meid] n. bar-

barman

manka
barman [ba:mən] n. pl. *barmen* barman
barn [ba:n] n. stodola
baron [bærən] n. 1. barón 2. magnát
baroness [bærənəs] n. barónka
baroque [bə'rok] adj. barokový
baroque n. *the* baroque barok
barracks [bærəks] n. pl. kasárne
barrage [bˈera:ž] n. priehrada vodná
barrage n. 1. zátarasa 2. záplava otázok
barrel [bærəl] n. 1. sud, barel 2. hlaveň pištole
barren [bærən] adj. neplodný, sterilný, neúrodný
barricade [bærəkeid] n. barikáda
barrier [bæriə] n. ohrada, prekážka
barrister [bærəstə] n. obhajca, advokát, právny zástupca
barter [ba:tə] n. výmenný obchod
base [beis] n. 1. *voj.* základňa 2. základ 3. úpätie 4. podstavec
base v. mať základňu, byť základňou ● *base on/upon* založiť na, zakladať si na
basement [beismənt] n. suterén
bash [bæš] v. 1. tresnúť čím 2. slovne útočiť na, napadnúť koho
bashful [bæšfəl] adj. nesmelý, plachý
basic [beisik] adj. 1. zásadný, hlavný 2. základný 3. počiatočný
basics [beisiks] n. pl. základy
basin [beisən] n. 1. kuchynská misa 2. umývadlo 3. nádrž, bazén
basis [beisəs] n. pl. *bases* [beisi:z] 1. základ, báza 2. hlavná súčasť
bask [ba:sk] v. slniť sa, vyhrievať sa
basket [ba:skət] n. kôš, košík
basketball [ba:skətbo:l] n. basketbal
bass [beis] n. 1. bas *hlas, hud.* tón 2. basa *hudobný nástroj*
bat [bæt] n. netopier

batch [bæč] n. jedna dávka čoho *of*
bath [ba:θ] n. **1.** vaňa **2.** kúpeľ ● *have° a bath* vykúpať sa
bath v. kúpať (sa)
bathe [beiď] v. **1.** kúpať sa v rieke, mori **2.** kúpať sa vo vani *Am.*
bathing costume [beiθiŋ,-kostju:m] n. plavky *dámske*
bathing suit [beiθiŋ su:t] n. plavky *dámske*
bathrobe [ba:θrəub] n. **1.** kúpací plášť **2.** župan *Am.*
bathroom [ba:θrum] n. **1.** kúpeľňa **2.** toaleta, WC *Am.*
bathtub [ba:θtab] n. vaňa *Am.*
baton [bæton] n. **1.** taktovka **2.** obušok **3.** štafetový kolík
batter [bætə] v. **1.** rozbiť **2.** tĺcť, búchať na *at/on*, o *against*
batter n. tekuté cesto ● *pancake batter* palacinkové cesto
battery [bætəri] *-ie-* n. **1.** *elektr.* batéria **2.** sada, súprava

battle [bætl] n. bitka, boj, zápas
battle v. bojovať, zápasiť
battlefield [bætlfi:ld] n. bojisko
bawl [bo:l] v. vykrikovať, revať
bay [bei] n. záliv, zátoka
bayonet [beiənit] n. bodák
BC [,bi:'si:] skr. before Christ *pred Kristom*
be [bi, bi:] v. **1.** pomocné sloveso **2.** byť, existovať
beach [bi:č] n. pláž, pobrežie ● *on the beach* na pláži
beacon [bi:kən] n. **1.** vatra **2.** maják **3.** svetelné znamenie pre chodcov
beak [bi:k] n. zobák
beam [bi:m] n. trám, hrada
beam n. **1.** lúč **2.** žiarivý úsmev, pohľad
beam v. **1.** vysielať lúče **2.** žiariť
bean [bi:n] n. bôb, fazuľa
bear [beə] n. medveď
bear *bore, borne* v. **1.** nosiť, niesť **2.** uniesť *váhu* **3.** znášať
beard [biəd] n. chlpy *na brade*
bearing [beəriŋ] n. **1.** drža-

nie tela, správanie, spôsoby 2. význam, vplyv 3. ložisko 4. smer

beast [biːst] n. 1. zviera 2. surovec, beštia

beat [biːt] *beat, beaten* v. 1. biť, tĺcť 2. poraziť

beat n. 1. úder, tep, pulz 2. tikot hodín 3. bubnovanie 4. tempo, takt 5. obchôdzka

beaten [biːtən] v. p. beat

beaten adj. 1. tepaný 2. vychodený

beating [biːtiŋ] n. 1. bitka 2. porážka

beautiful [bjuːtəfəl] adj. krásny

beatitude [biːˈætitjuːd] n. blaženosť

beauty [bjuːti] n. *-ie-* 1. krása 2. krásavica

beauty spot [bjuːti spot] n. znamienko krásy

beaver [biːvə] n. 1. bobor 2. bobria kožušina

becalm [biˈkaːm] v. utíšiť

became [biˈkeim] v. p. become

because [biˈkoz] conj. pretože ● *because of* pre, kvôli

beck [bek] n. znamenie

become [biˈkam] *became, become* v. 1. stať sa 2. hodiť sa, pristať

bed [bed] n. 1. posteľ, lôžko 2. dno, riečisko 3. záhon ● *time for bed* čas ísť spať

bed *-dd-* v. vložiť, zasadiť ● *bed down* uložiť sa na spánok

bedclothes [bedkləudz] n. posteľná bielizeň

bedroom [bedrum] n. spálňa

bedspread [bedspred] n. prikrývka na posteľ

bedtime [bedtaim] n. čas na spanie

bee [biː] n. včela

beech [biːč] n. buk

beef [biːf] n. 1. hovädzie mäso ● *beef-steak* biftek 2. *hovor.* svalstvo, svaly

beehive [biːhaiv] n. úľ

been [biːn] v. p. be

beer [biə] n. pivo

beet [biːt] n. *sugar beet* cukrová repa

beetle [biːtl] n. chrobák

befall [biˈfoːl] *befell, befallen* v. postihnúť, prihodiť sa

befallen [biˈfoːlən] v. p. befall

belt

befell [bi´fel] v. p. befall
before [bi´fo:] prep. pred
before adv. 1. predtým, skôr 2. dopredu, vpredu
before conj. 1. (skôr) ako 2. ako
beforehand [bi´fo:hænd] adv. vopred, skôr
beg [beg] -gg- v. 1. žobrať 2. prosiť • *I beg your pardon* prepáčte
began [bi´gæn] v. p. begin
beggar [begə] n. žobrák
begin [bi´gin] *began, begun* v. začať
beginning [bi´giniŋ] n. začiatok • *from beginning to end* od začiatku do konca
begun [bi´gan] v. p. begin
behave [bi´heiv] v. 1. správať sa 2. fungovať, reagovať • *behave o.s.* správať sa slušne
behaviour [bi´heivjə] n. správanie
beheld [bi´held] v. p. behold
behind [bi´haind] prep. za, spoza
behind adv. 1. vzadu 2. pozadu
behold [bi´həuld] *beheld* v. zočiť, uvidieť

being [bi:iŋ] n. 1. bytie, existencia 2. bytosť, tvor 3. podstata
belated [bi´leitəd] adj. oneskorený
belaud [bi´lo:d] v. vychvaľovať
belfry [belfri] *-ie-* n. zvonica
Belgium [beldžəm] n. Belgicko
belief [bə´li:f] v. 1. veriť v *in* 2. myslieť si, predpokladať
believe [bi´li:v] v. veriť
bell [bel] n. 1. zvon, zvonček 2. zvonenie
bellicose [belikəus] adj. bojovný
bellow [beləu] v. bučať
belly [beli] *-ie* n. brucho, žalúdok • *bellyache* bolesti brucha
belong [bi´loŋ] v. patriť komu *to*
belongings [bi´loŋiŋz] n. pl. náležitosť, majetok
beloved [bi´lavd] adj. milovaný
below [bi´ləu] adv. 1. dolu 2. nižšie
below pod
belt [belt] n. 1. opasok, remeň 2. pás, pásmo, ob-

belt

lasť, zóna
belt v. opásať
bemoan [bi'məun] v. oplakávať
bench [benč] n. **1.** lavica, lavička **2.** sudcovská stolica
bend [bend] *bent* v. **1.** ohnúť, zohnúť **2.** ohýbať
bend n. **1.** zákruta **2.** zohnutie
beneath [bi'ni:θ] adv. naspodu, dole
beneath prep. pod
benediction [,beni'dikšən] n. požehnanie
beneficent [bi'nefəsənt] adj. dobročinný, benefičný
beneficial [,benə'fišəl] adj. užitočný, prospešný
benefit [benəfit] n.**1.** úžitok, osoh **2.** podpora, príspevok ● *unemployment benefit* podpora v nezamestnanosti
benefit v. **1.** priniesť úžitok/osoh **2.** mať úžitok/osoh z *from*
benevolence [bi'nevələns] n. láskavosť
benevolent [bə'nevələnt] adj. zhovievavý, benevolentný
bent [bent] v. **p.** bend
bent n. sklon, nadanie, náklonnosť, dispozícia pre *for*
bequeath [bi'kwi:ð] v. odkázať, zanechať po smrti
bequest [bi'kwest] n. odkaz
bereave [bə'ri:v] *bereaved, bereft* v. pripraviť, vziať, zbaviť koho, čoho *of*
bereft v. **p.** bereave
berry [beri] *-ie-* n. **1.** bobule **2.** zrnko kávy
berth [bə:θ] n. **1.** prístavisko **2.** lôžko
beseech [bi'si:č] v. prosiť
beside [bi'said] prep. **1.** pri **2.** v porovnaní
besides [bi'saidz] adv. okrem toho
besiege [bi'si:dž] v. obliehať
besmirch [bi'smə:č] v. pošpiniť
besought [bi'so:t] v. **p.** beseech
best [best] adj. **p.** good
best adv. **p.** well
best n. **1.** to najlepšie **2.** tí najlepší ● *all the best* všetko najlepšie
bestial [bestjəl] adj. zvierací
best-seller [,best'selə] n. **1.** bestseller *kniha* **2.** autor bestselleru
bet [bet] n. **1.** stávka na *on* **2.**

bilberry

vklad vložený do stávky 3. tip
bet -tt- v. staviť (sa) na *on*
betray [bi´trei] v. 1. zradiť 2. prezradiť
betrayal [bi´treiəl] n. zrada
betroth [bi´trəuđ] v. zasnúbiť s *to*
better [betə] adj. p. good • *no better than* skoro
better adv. p. well • *you had/you´d better* radšej by si mal
better n. 1. to najlepšie 2. ten najlepší • *a change for the better* zmena k lepšiemu
between [bi´twi:n] prep. medzi dvoma • *between you and me* medzi nami
beverage [bevəridž] adj. horúci alebo studený nápoj
bevy [bevi] n. stádo
bewail [bi´weil] v. oplakávať, nariekať
beware [bi´weə] v. dať pozor na *of*
beware n. opatrnosť
bewilder [bi´wildə] v. zmiasť
bewilderment [bi´wildəmənt] n. chaos
bewitch [bi´wič] v. 1. uhranúť 2. okúzliť, očariť

beyond [bi´jond] adv. na druhej strane, na druhú stranu
beyond prep. 1. za 2. ďalej ako 3. nad 4. okrem
bias [baiəs] n. 1. zaujatosť 2. náklonnosť
Bible [baibəl] n. Biblia
bibliographer [,bibli´ogrəfə] n. bibliograf
bibliography [,bibli´ogrəfi] -ie- n. životopis, bibliografia
bicker [bikə] v. hašteriť sa
bicycle [baisikəl] n. bicykel
bicycle v. bicyklovať sa
bid [bid] -dd- bid v. ponúknuť v dražbe za *for*
bid -dd- bade/bid, bidden//bid v. 1. popriať, zaželať 2. vyzvať 3. pozvať *to*
bidden [bidn] v. p. bid
biennial [bai´enjlə] adj. dvojročný
big [big] -gg- adj. 1. veľký 2. významný
bigamy [bigəmi] n. dvojženstvo
bike [baik] n. *hovor*. bicykel
bilaterial [bai´lætrəl] adj. dvojstranný
bilberry [bilbəri] -ie- n. borievka

45

bile [bail] n. žlč
biliary [biljəri] adj. žlčový
bilingual [bai'liŋgwəl] adj. dvojjazyčný
bilious [biliəs] adj. žlčníkový
bill [bil] n. 1. účet za *for* 2. návrh zákona
bill v. 1. účtovať, vystaviť faktúru 2. oznámiť plagátom • *billboard* tabuľa na reklamu
bill n. zobák
billiards [biljədz] n. biliard
billion [biljən] n. 1. miliarda *Am.* 2. bilión
bill of sale [,bil əv 'seil] n. kúpna zmluva
bin [bin] n. 1. zásobník na uhlie 2. nádoba
binary [bainəri] adj. dvojitý
bind [baind] *bound* v. 1. spútať 2. *bind up* obviazať, zaviazať (si) koho 3. viazať 4. lemovať
binder [baində] n. 1. knihár 2. viazací stroj 3. tmel
binding [baindiŋ] adj. záväzný
binoculars [bi'nokjələz] n. ďalekohľad
binomial [bai'nəumjəl] n. *mat.* dvojčlen
biography [bai'ogrəfi] -ie-
n. životopis, biografia
biochemical [baiə'kemikəl] adj. biochemický
biographical [,baiə'græfikəl] adj. životopisný
biography [,baiə'græfi] n. životopis
biological [,baiə'lodžikəl] adj. biologický
biologist [bai'olədžist] n. biológ
biology [bai'olədži] n. biológia
birch [bə:č] n. breza
bird [bə:d] n. vták
bird of prey [,bə:d əv 'prei] n. dravý vták, dravec
birth [bə:θ] n. 1. pôrod, narodenie • *birthcertificate* rodný list 2. pôvod
birthday [bə:θdei] n. narodeniny
birthmark [bə:θa:k] n. materské znamienko
birthplace [bə:θpleis] n. rodisko
biscuit [biskət] n. 1. sušienka, keks, suchár, biskvit 2. sladké pečivo *Am.*
bishop [bišəp] n. 1. biskup 2. *šach.* strelec
bit [bit] n. 1. kúsok 2. chvíľka

bit n. udidlo
bit v. p. bite
bitch [bič] n. suka
bite [bait] *bit, bitten* v. **1.** hrýzť **2.** štípať
bite n. **1.** sústo **2.** zahryznutie **3.** uhryznutie, uštipnutie
biting [baitiŋ] adj. **1.** prenikavý, ostrý **2.** uštipačný
bitten [bitn] v. p. bite
bitter [bitə] adj. horký
bizarre [bi´za:] adj. zvláštny, fantastický
black [blæk] adj. **1.** čierny **2.** tmavý, temný **3.** špinavý **4.** černošský
black n. **1.** čierna farba **2.** černoch
blackberry [blækbəri] *-ie-* n. černice
blackbird [blækbə:d] n. škorec
blackboard [blækbo:d] n. školská tabuľa
blacken [blækən] v. sčernieť, začierniť
blackmail [blækmeil] n. vydieranie
blackout [blækaut] n. **1.** zatemnenie okien, výpadok prúdu **2.** dočasná strata pamäti

black pepper [,blæk´pepə] n. čierne korenie
blacksmith [blæk,smiθ] n. kováč
bladder [blædə] n. mechúr
blade [bleid] n. čepeľ noža, meča
blame [bleim] v. **1.** viniť, dávať vinu z *for,* komu *on* **2.** zvaliť vinu na *on*
blame n. vina za *for*
blandish [blændiš] v. lichotiť
blanch [bla:nč] v. **1.** bieliť, čistiť **2.** zblednúť, obelieť
blank [blæŋk] adj. čistý, prázdny
blank n. **1.** prázdne miesto **2.** slepý náboj
blank cheque /,blæŋk´ček/ n. bianko šek
blanket [blæŋkət] n. **1.** prikrývka **2.** pokrývka, deka
blare [bleə] v. trúbiť
blast [bla:st] n. **1.** nápor, náraz **2.** výbuch **3.** zatrúbenie
blast v. **1.** vyhodiť do vzduchu **2.** zničiť • *blast off* odpáliť, odštartovať raketu
blaze [bleiz] n. **1.** šľahajúci plameň **2.** požiar **3.** jas, li-

got, žiara
blaze v. **1.** plápolať, šľahať **2.** *blaze away* páliť, strieľať na *at* **3.** vytrúbiť čo
blazon [bleizən] n. erb
bleak [bli:k] adj. smutný
blear [bliə] adj. zakalený
bled [bled] v. **p.** bleed
bleed [bli:d] *bled* v. **1.** krvácať **2.** odobrať krv
blemish [blemiš] v. pokaziť, poškvrniť
blend [blend] v. **1.** miešať, mixovať **2.** ladiť, harmonizovať s *with*
blend n. zmes, zmiešanina
blender [blendə] n. mixér
bless [bles] *blessed/blest* v. požehnať
blessed [blesəd] adj. **1.** požehnaný **2.** darovaný *od Boha*
blest [blest] v. **p.** bless
blew [blu:] v. **p.** blow
blessing [blesiŋ] n. požehnanie
blight [blait] n. nákaza
blind [blaind] adj. **1.** slepý ● *colourblind* farboslepý **2.** slepecký **3.** nevyspytateľný
blind v. **1.** oslepnúť **2.** zaslepiť pred *to*

blindness [blaidnis] n. slepota
blink [bliŋk] v. **1.** žmurknúť, mrknúť **2.** zatvárať oči pred *at*
blink n. žmurknutie, mrknutie
blinkers [bliŋkəz] n. pl. smerovky
bliss [blis] n. blaženosť
blister [blistə] n. pľuzgier
blizzard [blizəd] n. fujavica, metelica
bloat [bləut] v. údiť
blob [blob] n. kvapka
block [blok] n. **1.** kváder, kocka **2.** blok ● *block of flats* činžiak **3.** množstvo **4.** prekážka, zátarasa
block v. **1.** zatarasiť **2.** blokovať
blockade [blo´keid] n. blokáda
blockhead [blokhed] n. hlupák
block letters [,blok ´letəz] n. paličkové písmo
blond [blond] adj. svetlovlasý, plavovlasý
blonde [blond] n. blondínka, plavovláska
blood [blad] n. **1.** krv **2.** pokrvný príbuzný

boarding card

blood group [blad gru:p] n. krvná skupina
blood poisoning [blad ˌpoizəniŋ] n. otrava krvi
blood pressure [blad ˌprešə] n. krvný tlak
bloody [bladi] -ie- adj. 1. zakrvavený 2. krvavý 3. vražedný
bloom [blu:m] n. 1. kvet 2. rozkvet
bloom v. 1. kvitnúť 2. *pren.* prekvitať
blossom [blosəm] n. 1. kvet ovocného stromu 2. kvitnutie
blossom v. kvitnúť
blot [blot] n. machuľa, škvrna
blot -tt- v. 1. robiť machule 2. vysať pijavým papierom
blotting paper [blotiŋ ˌpeipə] n. pijak, pijavý papier
blouse [blauz] pl. blauses [blauzəz] n. blúzka
blow [bləu] *blew, blown* v. 1. fúkať, viať 2. odfúknuť, povievať 3. vybiť *poistku* ● *blow it!* aby to čert vzal ● *blow° out* sfúknuť ● *blow° up* vyhodiť/vyletieť do vzduchu

blow n. rana, úder
blown [bləun] v. p. blow
blowout [bləuaut] n. prasknutie duše
blubber [blabə] v. napuchnúť
blue [blu:] adj. modrý ● *bot. bluebell* zvonček
blues [blu:z] n. 1. blues 2. skľúčenosť
bluff [blaf] v. klamať, predstierať
blunder [blandə] n. 1. hrubá chyba 2. hlúposť
blunt [blant] adj. 1. tupý 2. hrubý, neotesaný
blunt v. otupiť
blur [blə:] v. rozmazať
blush [blaš] v. červenať sa
bluster [blastə] v. 1. zúriť, vrieskať 2. burácať
boar [bo:] n. 1. kanec 2. diviak
board [bo:d] n. 1. lata 2. tabuľa 3. strava 4. výbor ● *board of directors* správna rada ● *on board* na palube, vo vlaku, v autobuse
board v. 1.*board up* zadebniť 2. nastúpiť na palubu, do vlaku, autobusu
boarding card [bo:diŋ ka:d] n. palubná karta pri

49

boarding school

vstupe do lietadla
boarding school [bo:diŋ sku:l] n. internátna škola
boardroom [bo:dru:m] n. zasadačka správnej rady, vedenia
boast [bəust] v. 1. chváliť sa, chvastať sa čím *about/of* 2. honosiť sa
boat [bəut] n. čln, loď, loďka
bob [bob] -bb- v. poskakovať
bobsleigh [bobslei] n. *šport.* boby
body [bodi] -ie- n. 1. telo 2. trup 3. hlavná časť, jadro
bodyguard [bodiga:d] n. osobný strážca
bog [bog] n. močiar
boggle [bogl] v. vyľakať sa
boil [boil] v. variť (sa), vrieť
boiler [boilə] n. kotol
bold [bəuld] adj. 1. odvážny, smelý 2. drzý, trúfalý
bolster [bəulstə] n. podhlavník
bolster v. *bolster up* podporiť, zväčšiť
bolt [bəult] n. 1. skrutka 2. závora 3. šíp
bolt v. 1. splašiť sa, utiecť 2. *bolt down* hltať, zhltnúť 3. zavrieť na závoru
bolt n. útek, únik
bomb [bom] n. bomba
bomb v. bombardovať
bomber [bomə] n. bombardér
bombard [bom´ba:d] v. bombardovať
bond [bond] n. 1. puto 2. zväzok 3. obligácia
bond v. spojiť, viazať, držať na *to*
bondage [bondidž] n. nevoľníctvo
bone [bəun] n. kosť
bone v. vykostiť
bonfire [bonfaiə] n. vatra
bonnet [bonət] n. kapota *auta*
boo [bu:] v. vypískať koho
book [buk] n. 1. kniha 2. zošit, blok
book v. *book up* rezervovať (si), objednať (si) • *book in* ubytovať sa v hoteli
bookcase [bukkeis] n. knižnica, knihovnička
bookkeeping [buk,ki:piŋ] n. účtovníctvo
booklet [buklət] n. brožúrka
bookseller [buk,selə] n. kníhkupec

50

bookshop [bukšop] n. kníhkupectvo
boom [bu:m] v. 1. dunieť, hučať 2. prosperovať, prekvitať
boom n. 1. dunenie 2. prosperita, rozkvet, rozmach
boon [bu:n] n. výhoda
boost [bu:st] v. 1. zdvihnúť, vysadiť 2. zvýšiť 3. podporiť 4. presadiť
boost n. 1. zvýšenie, vzrast 2. podpora, pomoc
boot [bu:t] n. 1. topánky *vysoké* • *bootlace* šnúrka do topánky 2. batožinový priestor
booth [bu:đ] n. 1. stánok 2. búdka
booty [bu:ti] n. korisť
border [bo:də] n. 1. okraj, lem 2. hranica
border v. 1. hraničiť 2. olemovať čím
borderland [bo:dəlænd] n. 1. pohraničie 2. rozhranie
borderline [bo:dəlain] n. hraničná čiara, hranica
bore [bo:] v. p. bear
bore 1. adj. nudný 2. n. nuda
bore v. nudiť sa
bore v. 1. vŕtať 2. pretlačiť (sa)

born [bo:n] v. p. bear
born adj. 1. narodený 2. rodený
borne [bo:n] v. p. bear
borrow [borəu] v. požičať si od *from*
boss [bos] n. predák, šéf
both [bəuθ] pron. obaja, obidvaja, jeden aj druhý • *both ... and...* aj ... aj ... • *both of us* my obaja
bother [boðə] v. robiť (si) starosti, trápiť
bother n. starosti
bottle [botl] n. 1. fľaša 2. pohár *kompótový* • *the bottled fruit* zaváraná ovocie
bottom [botəm] n. 1. dno • *at the bottom* na dne 2. spodok, dolná časť 3. zadok
bought [bo:t] v. p. buy
bounce [bauns] v. 1. skákať 2. odraziť sa 3. vrútiť sa, vletieť
bounce n. 1. rana, buchnutie 2. odraz
bound [baund] v. p. bind
bound adj. 1. povinný 2. zaviazaný
bound n. skok, odraz
bound v. 1. skákať 2. odra-

boundary

ziť sa
boundary [baundəri] -ie- n. hranica
boundless [baundlis] adj. neobmedzený
bounty [baunti] n. pl. *bounties* dar, odmena
bouquet [bəu´kei] n. kytica
bourgeois [buəžwa:] adj. buržoázny
burgeoisie [,buəžwa:´zi:] n. buržoázia
boutique [bu:´ti:k] n. butik
bow [bau] v. 1. *bow down* klaňať sa 2. skloniť hlavu, kývnuť hlavou
bow n. 1. poklona 2. úklon
bow n. 1. luk 2. sláčik 3. mašľa
bowel [bauəlz] n. pl. *bowels* črevá
bowl [bəul] n. 1. misa, miska 2. váza, čaša
box [boks] n. 1. krabica 2. kazeta, debna 3. búdka 4. lóža
box v. zabaliť do krabice
box v. boxovať
boxing [boksiŋ] n. *šport.* box
Boxing Day [boksiŋ dei] n. 2. sviatok vianočný
boy [boi] n. chlapec

boyfriend [boifrend] n. priateľ, kamarát
boyhood [boihud] n. chlapčenské roky
boyish [boiiš] adj. chlapčenský
boycott [boikət] v. bojkotovať
bra [bra:] n. podprsenka
brace [breis] n. výstuž, podpera, opora
brace v. 1. podoprieť, vystužiť 2. pripraviť sa na *for*
bracelet [breislət] n. náramok
braces [breisəz] n. pl. traky
bracket [brækət] n. 1. konzola, podpera 2. zátvorka 3. skupina, trieda
braid [breid] n. vrkoč *Am.*
brain [brein] n. 1. mozog • *brain fever* zápal mozgových blán 2. pl. *brains* rozum
brainless [breinlis] adj. hlúpy
brainwave [breinweiv] n. náhla myšlienka, nápad
braise [breiz] v. dusiť mäso
brake [breik] n. brzda
brake v. brzdiť
bramble [bræmbəl] n. černica

branch [bra:nč] n. **1.** vetva, konár **2.** rameno *rieky*, odbočka *cesty* **3.** pobočka, filiálka
brand [brænd] v. **1.** vypáliť znamenie **2.** poznačiť koho **3.** označiť za *as*
brandy [brændi] n. koňak
brass [bra:s] n. **1.** mosadz **2.** *hovor.* drzosť
brassy [bra:si] adj. mosadzný
brave [breiv] adj. odvážny, statočný
brave v. čeliť, vzdorovať čomu
bravery [breiværi] n. odvaha, statočnosť
brawl [bro:l] n. hádka, zvada
brawl v. hádať sa
brawn [bro:n] n. **1.** sval **2.** *pren.* sila
brazen [breizən] adj. nehanebný, drzý
Brazil [brəˊzil] n. Brazília
breach [bri:č] n. **1.** porušenie čoho *of* **2.** roztržka **3.** trhlina
bread [bred] n. chlieb ● *bread and butter* chlieb s maslom
breadth /bredθ/ n. **1.** šírka **2.** rozsah
break [breik] *broke, broken* v. **1.** rozbiť, zlomiť, roztrhnúť **2.** pokaziť **3.** preraziť **4.** prerušiť **5.** prestať *fungovať* **6.** zničiť **7.** porušiť, nedodržať **8.** prekonať **9.** zistiť ● *break° sb´s heart* zlomiť komu srdce ● *break° down* zničiť ● *break° in* násilím vniknúť ● *break° out* vypuknúť
break n. **1.** trhlina, puklina, otvor **2.** prerušenie, prestávka **3.** zlom, zmena
breakdown [breikdaun] n. **1.** porucha, prerušenie **2.** zrútenie
breakfast [brekfəst] n. raňajky ● *have° breakfast* raňajkovať ● *make° breakfast* pripraviť raňajky
breakout [breikaut] n. útek z väzenia
breakthrough /breikθru:/ n. vedecký objav
breast [brest] n. **1.** prsník **2.** prsia
breaststroke [brestˊstrəuk] n. prsia plavecký štýl
breath /breθ/ n. **1.** dych **2.** dýchanie
bred [bred] v. **p.** breed

breed [bri:d] *bred* v. **1.** chovať, pestovať **2.** plodiť **3.** rodiť
breed n. **1.** plemeno, rasa **2.** druh, typ
breeding [bri:diŋ] n. **1.** chov, pestovanie **2.** výchova, spôsoby
breeze [bri:z] n. vánok
brevity [breviti] n. stručnosť
brewery [bru:əri] -*ie*- n. pivovar
bribe [braib] v. podplatiť, dať úplatok
bribe n. úplatok
brick [brik] n. tehla • *box of bricks* stavebnica
bricklayer [brik,leiə] n. murár
bride [braid] n. nevesta
bridegroom [braidgru:m] n. ženích
bridesmaid [braidzmeid] n. družička
bridge [bridž] n. **1.** most **2.** mostík *na lodi, športový, zubný*
bridge n. bridž
bridle [braidl] n. uzda
brief [bri:f] adj. **1.** krátky **2.** stručný • *in brief* stručne
brief n. **1.** krátka správa **2.** nariadenie, predpis **3.** súdny prípad
briefcase [bri:fkeis] n. kufrík
brigade [bri´geid] n. brigáda
bright [brait] adj. **1.** jasný, svetlý **2.** bledý **3.** žiariaci, lesklý
brilliant [briljənt] adj. **1.** žiarivý, jasný **2.** skvelý, vynikajúci
brim [brim] n. hranica, okraj
bring [briŋ] *brought* v. **1.** priniesť, doniesť, **2.** priviesť, viesť **3.** vyniesť • *bring° about* spôsobiť • *bring° back* vrátiť, priniesť • *bring° down* zostreliť, znížiť cenu • *bring° in* **1.** predložiť **2.** predviesť • *bring° off* zvládnuť čo • *bring° on* spôsobiť • *bring° out* vydať knihu, priniesť na trh • *bring° up* vychovať
brink [briŋk] n. kraj, okraj, pokraj čoho *of*
brisk [brisk] adj. čulý, živý
bristle [brisəl] n. štetina, chlp

Britain [britən] n. Británia
British [britiš] adj. britský
Britisher [britišə] n. Brit *Am.*
Briton [britn] n. Brit
brittle [britəl] adj. krehký
broach [brəuč] v. 1. začať hovoriť, zaviesť reč na 2. otvoriť, načať fľašu
broad [bro:d] adj. 1. široký 2. rozsiahly 3. tolerantný
broadcast [bro:dka:st] n. rozhlas, vysielanie
broadcast v. 1. vysielať 2. rozšíriť
broaden [bro:dən] v. *broaden out* rozširovať (sa)
brocade [brə´keid] n. brokát
brochure [brəučuə] n. brožúra
broke [brəuk] v. p. break
broken [brəukən] v. p. break
broken adj. 1. rozbitý 2. pokazený, nefungujúci 3. prerušený
broker [brəukə] n. maklér
bronchial [broŋkjəl] adj. prieduškový
bronchitis [broŋ´kaitəs] n. zápal priedušiek, bronchitída
bronze [bronz] n. bronz, výrobok, medaila

brood [bru:d] v. premýšľať, dumať nad *over*, o *about*
brook [bruk] n. potok
broom [bru:m] n. metla
brothel /broθəl/ n. bordel
brother [braďə] n. brat
brotherhood [braďəhud] n. bratstvo
brother-in-law [braďə in ,lo:] n. pl. *brothers-in-low/brother-in-laws* švagor
brought [bro:t] v. p. bring
brow [brau] n. obočie, čelo
brown [braun] adj. hnedý
bruise [bru:z] n. modrina, podliatina
brush [braš] n. 1. kefa, kefka 2. štetec
brush v. 1. kefovať, vyčistiť kefkou 2. zamiesť metlou 3. natrieť štetcom • *brush up* osviežiť si vedomosti, zopakovať si
brutal [bru:tl] adj. surový
brute [bru:t] n. 1. zviera 2. surovec, beštia
bubble [babəl] n. bublina
bubble v. bublať, klokotať
bubble gum [babəl gam] n. žuvačka
buck [bak] n. 1. samec jeleň, srnec, daniel, sob, cap 2.

55

bucket

hovor. dolár *Am.*
bucket [bakət] n. vedro, vedierko
buckle [bakəl] n. spona, pracka
bud [bad] n. puk, púčik
bud *-dd-* v. pučať
Buddhism [budizəm] n. budhizmus
budding [badiŋ] adj. budúci
budget [badžət] n. rozpočet
buffalo [bafələu] n. pl. *buffaloes/buffalos/buffalo* 1. byvol 2. bizón
buffer [bafə] n. nárazník
buffet [bufe] n. bufet, studený pult
bug [bag] n. 1. chrobák *Am.* 2. chyba
bugle [bju:gəl] n. trúbka, poľnica
build [bild] *built* v. 1. stavať, budovať 2. *build° up* tvoriť, formovať • *build° in* vstavať, zabudovať • *build on* 1. pristaviť 2. stavať na • *build° up* upevniť si zdravie
build n. telesná stavba, konštrukcia
builder [bildə] n. 1. staviteľ 2. tvorca, zakladateľ

building [bildiŋ] n. 1. budova 2. stavebníctvo
built [bilt] v. p. build
built-in [,bild ´in] adj. vstavaný, tvoriaci súčasť
built-up [,bild ´ap] adj. zastavaný
bulb [balb] n. žiarovka
bulk [balk] n. 1. veľkosť, množstvo, objem 2. väčšina, hlavná časť
bull [bul] n. býk
bullet [bulət] n. strela, náboj, guľka
bullfight [bulfait] n. býčí zápas
bullock [bulək] n. vôl
bumblebee [bambəlbi:] n. čmeliak
bump [bamp] v. naraziť, vraziť, udrieť (sa)
bump n. 1. rana, úder 2. hrča
bumper [bampə] n. nárazník *auta Am.*
bun [ban] n. sladké pečivo, buchta, brioška
bunch [banč] n. zväzok, strapec, chumáč • *bunch of flowers* kytica
bung [baŋ] n. zátka
bungalow [baŋgələu] n. prízemný domček, chata

bunk [baŋk] n. **1.** lôžko na lodi, vo vlaku **2.** *bunk bed* poschodová posteľ
bunker [baŋkə] n. **1.** bunker **2.** prekážka
burble [bə:bəl] v. bublať, zurčať, klokotať
burden [bə:dn] n. **1.** bremeno **2.** tiaž, ťarcha
burden v. zaťažiť čím *with*
bureau [bjuərəu] n. pl. *bureaux* [bjuərəuz] **1.** písací stôl **2.** bielizník *Am.* **3.** kancelária
burger [bə:gə] n. hamburger
burglar [bə:glə] n. zlodej, lupič
burgle [bə:gəl] v. vlámať sa
burial [beriəl] n. pohreb ● *burialground* cintorín
burn [bə:n] *burnt/burned* v. **1.** horieť **2.** páliť **3.** popáliť, vypáliť, prepáliť **4.** svietiť **5.** používať *ako palivo*, spaľovať, kúriť čím ● *burn° away* spáliť ● *burn° down* zhorieť
burn n. popálenina
burning [bə:niŋ] adj. **1.** horiaci **2.** pálivý **3.** ohnivý
burnt [bə:nt] v. **p.** burn
burrow [barəu] n. nora, brloh, diera
burst [bə:st] *burst* v. prasknúť, puknúť
burst n. **1.** prasknutie **2.** výbuch čoho *of*
bury [beri] *-ie-* v. **1.** pochovať **2.** schovať, ukryť
bus [bas] n. autobus
bush [buš] n. **1.** ker, krík **2.** buš
bushy [buši] *-ie-* adj. huňatý, hustý
business [biznəs] n. **1.** obchod ● *do° business* robiť obchody ● *on business* v obchodnej záležitosti **2.** podnik, živnosť, podnikanie
businessman [biznəsmən] n. pl *businessmen* **1.** podnikateľ **2.** obchodník
bus station [bas ˌsteišən] n. autobusová zastávka
bust [bast] n. **1.** busta **2.** poprsie
bustle [basəl] v. naháňať sa, mať naponáhlo, byť v pohybe
busy [bizi] *-ie-* adj. **1.** zaneprázdnený **2.** zamestnaný
busy *-ie-* v. zamestnať (sa) čím *with*
but [bət, bat] conj. **1.** ale (aj)

2. že 3. aby
but prep. okrem
but adv. len, iba
butcher [buč*ə*] n. mäsiar • *butcher's* mäsiarstvo
butler [batl*ə*] n. hlavný sluha
butt [bat] n. okraj, rukoväť, násada
butter [bat*ə*] n. maslo
butterfly [bat*ə*flai] -*ie* n. **1.** *zool.* motýľ **2.** *the* butterfly *šport.* motýlik
buttock [bat*ə*k] n. zadok
button [batn] n. **1.** gombík **2.** tlačidlo
buy [bai] *bought* v. kúpiť • *buy off* podplatiť
buyer [bai*ə*] n. kupec, nákupca
buzz [baz] v. bzučať
buzzard [baz*ə*d] n. jastrab
by [bai] prep. **1.** pri **2.** popri, pozdĺž **3.** do • *on Monday* do pondelka **4.** podľa • *day by day* deň po dni • *by day* vo dne • *by the way* mimochodom
by adv. **1.** okolo **2.** vedľa
bye [bai] interj. *hovor.* dovi
bye-bye [‚bai ´bai] interj. *hovor.* dovidenia

bygone [baigon] adj. predošlý, minulý
bypass [baipa:s] n. obchádzka, vonkajší okruh
bypass v. obísť
by-product [bai ‚prodakt] n. vedľajší produkt
bystander [bai ‚stænd*ə*] n. divák, pozorovateľ
byway [baiwei] n. vedľajšia cesta

C

cab [kæb] n. taxík ● *cabman* taxikár
cabbage [kæbidž] n. kapusta
cabin [kæbən] n. 1. kajuta 2. kabína 3. zrub, chata, chatrč
cabinet [kæbənət] n. 1. sekretár, skrinka 2. vláda, kabinet
cable [keibəl] n.1. lano 2. kábel 3. kábelogram, telegram
cable car [keibəl ka:] n. kabína lanovky
cable railway [keibəl ‚reilwei] n. lanovka
cacao [kəˊkau] n. kakao ● *cacao-tree* kakaovník
cache [kæš] n. skladisko, úkryt
cactus [kæktəs] pl. *cacti* [kæktai] n. kaktus
cad [kæd] n. grobian
cadastral [kəˊdæstrəl] adj. katastrálny
cadaverous [kəˊdævərəs] adj. mŕtvolný
cadence [keidnəs] n. rytmus
cadet [kəˊdet] n. kadet

cadre [ka:dr] n. káder
cafe [kæfei] n. kaviareň, reštaurácia bez alkoholických nápojov
cafeteria [‚kæfəˊtiəriə] n. bufet, samoobslužná reštaurácia
cage [keidž] n. 1. klietka 2. cela
cage v. dať do klietky, držať v klietke
cake [keik] n. 1. koláč, zákusok 2. kus, kúsok čoho *of*
calamity [kəˊlæməti] -ie- n. nešťastie, pohroma, kalamita
calcite [kælsait] n. vápenec
calcium [kælsiəm] n. vápnik, kalcium
calculate [kælkjəleit] v. 1. vypočítať 2. počítať, kalkulovať, odhadnúť ● *calculate on* spoľahnúť sa na
calculated [kælkjəleitəd] adj. zámerný, úmyselný
calculation [‚kælkjuˊleišən] n. počítanie
calculator [kælkjəleitə] n.

calendar

kalkulačka
calendar [kæləndə] n. kalendár
calf [ka:f] pl. *calves* [ka:vz] n. 1. teľa 2. teľacia koža 3. lýtko
calibre [kæləbə] n. 1. kvalita, význam 2. kaliber
call [ko:l] v. 1. volať 2. predvolať, vyzvať, zavolať 3. navštíviť, zastaviť sa kde *at* 4. otvoriť, vyhlásiť 5. pomenovať 6. nazvať • *call for* žiadať čo • *call in* zavolať lekára ap.
call n. 1. zavolanie, volanie 2. výzva 3. *telef.* hovor 4. návšteva 5. požiadavka po *for*, na *on* 6. zobudenie • *on call* v službe
call box [ko:l boks] n. telefónna búdka
calling [ko:liŋ] n. 1. volanie 2. povolanie
callous [kæləs] adj. 1. necitlivý 2. mozoľnatý, tvrdý
call-up [ko:lap] n. povolávací rozkaz
calm [ka:m] adj. 1. kľudný, tichý, pokojný 2. bezveterný
calm n. 1.ticho, pokoj 2. bezvetrie

calm down v. utíšiť sa, upokojiť sa
calorie [kæləri] n. kalória
calumniate [kə´lamnieit] v. hanobiť, ohovárať
calumny [kæləmni] n. ohováranie
calves [ka:vz] pl. calf
came [keim] p. come
camel [kæməl] n. ťava
camera [kæmərə] n. kamera
cameraman [kæmərəmən] pl. *cameramen* n. kameraman, fotoreportér
camouflage [kæməfla:ž] n. maskovanie, kamufláž
camp [kæmp] n. 1. tábor, kemping 2. organizácia, spolok
camp v. táboriť, utáboriť (sa), kempovať
campaign [kæm´pein] n. 1. vojenské ťaženie 2. kampaň
campaign v. 1. viesť vojenské ťaženie 2. viesť kampaň
campfire [kæmpfaiə] n. táborák, táborová vatra
campsite [kæmpsait] n. táborisko
campus [kæmpəs] n. univerzitné priestory, univerzit-

ný areál, akademická pôda
can [kən, kæn] *could* v. **1.** môcť **2.** byť schopný **3.** vedieť, dokázať
can [kæn] n. **1.** plechovica **2.** kanva, kanistra
Canada [kænədə] n. Kanada
Canadian [kə ,neidiən] n. Kanaďan
Canadian adj. kanadský
canal [kə´næl] n. prieplav, kanál
canalize [kænəlaiz] v. vykopať kanál/prieplav
canary [kə´neəri] -ie- n. kanárik
cancel [kænsəl] -ll- v. **1.** zrušiť, odvolať **2.** preškrtnúť **3.** vypovedať
cancellation [,kænsə´leišən] n. **1.** zrušenie, odvolanie **2.** preškrtnutie
cancer [kænsə] n. rakovina
candid [kændəd] adj. otvorený, úprimný, priamočiary
candidacy [kændədəsi] -ie- n. kandidatúra
candidate [kændədət] n. kandidát na *for*
candle [kændl] n. sviečka
candy [kændi] n. cukrík *Am.*, bonbón

cane [kein] n. **1.** trstina, trstie ● *sugar cane* cukrová trstina **2.** palica, palička
canister [kænəstə] n. plechovica, plechová škatuľka
canker [kæŋkə] n. vred
cannabis [kænəbəs] n. hašiš
canned [kænd] adj. konzervovaný
cannery [kænəri] n. konzerváreň
cannibal [kænəbəl] n. ľudožrút, kanibal
cannon [kænən] n. delo, kanón
cannon v. naraziť, vraziť
cannonade [,kænə´neid] n. delostreľba
cannot [kænət] p. can
canny [kæni] -ie- adj. chytrý, obozretný, opatrný
canoe [kə´nu:] n. kanoe
can opener [kæn ,əupənə] n. otvárač na konzervy
canopy [kænəpi] -ie- n. baldachýn
cant [kænt] v. *cant over* nakloniť (sa)
can´t [ka:nt] v. zápor p. can
canteen [kæn´ti:n] n. závodná jedáleň, študentská menza, kantína

canvas [kænvəs] n. plátno
canvass [kænvəs] v. agitovať, prediskutovať
canyon [kænjən] n. kaňon
cap [kæp] n. 1. čiapka, čapica 2. veko, vrchnák, uzáver
cap -pp- v. 1. prikryť, pokrývať 2. udeliť *hodnosť*
capability [,keipə'biləti] -ie- n. schopnosť, spôsobilosť
capable [keipəbəl] adj. 1. schopný 2. zdatný 3. pripúšťajúci čo *of*
capacious [kə'peišəs] adj. objemný, priestorný, priestranný
capacity [kə'pæsəti] -ie- n. 1. kapacita 2. schopnosť 3. postavenie, funkcia
cape [keip] n. plášť, pelerína
capias [keipiæs] n. zatykač
capital [kæpətl] n. 1. hlavné mesto 2. kapitál 3. veľké písmeno
capital adj. 1. kapitálový 2. hlavný
capitalism [kæpətəlizəm] n. kapitalizmus
capitalistic [,kæpitə'listik] adj. kapitalistický
capital punishment [,kæpətl'panišmənt] n. trest smrti
capitulate [kə'pitjuleit] v. vzdať sa, kapitulovať
capitulation [kə,pitju'leišən] n. kapitulácia
capon [keipən] n. kapún
capsize [kæp'saiz] v. prevrhnúť sa
capsule [kæpsju:l] n. púzdro
captain [kæptən] n. kapitán
caption [kæpšən] n. 1. nadpis, titul, záhlavie, text pod obrázkom, legenda 2. *film*. titulok
captious [kæpšəs] adj. záludný
captivate [kæptəveit] v. upútať, uchvátiť, okúzliť
captive [kæptiv] adj. 1. zajatý, uväznený 2. žijúci v klietke/v zajatí
captive n. vojnový zajatec
captivity [kæp'təvəti] n. zajatie
capture [kæpčə] v. 1. zajať, chytiť, ukoristiť 2. zmocniť sa, ovládnuť čoho/čo *of*
capture n. 1. zajatie, chytenie 2. dobytie čoho *of* 3. úlovok
car [ka:] n. 1. auto • *police car* policajné auto •

racing car závodné auto **2.** železničný vagón, vozeň

caramel [kærəməl] n. karamel

caravan [kærəvæn] n. **1.** obytný príves, karavan **2.** maringotka **3.** karavána

caraway [kærəwei] n. rasca

carbon [ka:bən] n. **1.** *chem.* uhlík **2.** *carbon paper* prieklepový papier **3.** kópia

carburettor [,ka:bjə´retə] n. karburátor

card [ka:d] n. **1.** karta • *a pack of cards* balíček karát **2.** preukaz, legitimácia **3.** pohľadnica **4.** *card board* kartón, lepenka **5.** navštívenka

cardboard [ka:dbo:d] n. kartón, lepenka

cardigan [ka:digən] n. vesta

cardinal [ka:dənəl] n. kardinál

cardinal adj. podstatný, základný, hlavný

card index [ka:d ,indeks] n. index/register, kartotéka

cards [ka:dz] n. hracie karty

care [keə] n. **1.** starostlivosť, opatera **2.** starosť **3.** záujem **4.** pozornosť • *take° care* byť opatrný, dať si pozor

care v. **1.** starať sa o *for* **2.** dbať, mať záujem na *for*, o *about* **3.** mať rád koho *for*

career [kə´riə] n. **1.** povolanie, zamestnanie **2.** životná dráha, kariéra

careerist [kə´riərəst] n. karierista

careful [keəfəl] *-ll-* adj. **1.** pozorný, opatrný, dbajúci na *with* **2.** dôkladný **3.** starostlivý

careless [keələs] adj. **1.** nepozorný, neopatrný **2.** nedbanlivý, lajdácky **3.** bezstarostný

caress [kə´res] n. láskanie, pohladenie

caress v. pohladiť, hladkať, láskať

cargo [ka:gəu] n. náklad lode

caricature [kærikəčuə] n. karikatúra

caries [keəriz] n. zubný kaz

carious [keəriəs] adj. pokazený

carnage [ka:nidž] n. krviprelievanie, masaker

carnal [ka:nəl] adj. **1.** telesný **2.** pohlavný
carnation [ka:´neišən] n. *bot.* karafiát
carnival [ka:nəvəl] n. karneval, fašiangová zábava
carnivore [ka:nəvo:] n. mäsožravec
carnivorous [ka:´nivərəs] adj. mäsožravý
carol [kærəl] n. koleda
carouse [kə´rauz] v. popíjať, hýriť
carp [ka:p] n. *zool.* kapor
car park [ka: pa:k] n. parkovisko
carpenter [ka:pəntə] n. tesár
carpentry [ka:pəntri] n. tesárčina
carpet [ka:pət] n. koberec
carriage [kæridž] n. **1.** koč **2.** železničný vozeň, vagón **3.** prepravné
carriageway [kæridžwei] n. vozovka
carrier [kæriə] n. **1.** doručovateľ, nosič **2.** dopravca ● *carrier-pigeon* poštový holub
carrot [kærət] n. mrkva
carry [kæri] -ie- v. **1.** niesť, nosiť ● *carry away* odviezť **2.** prepraviť, doručiť, dopraviť **3.** prenášať **4.** *účt.* zapísať ● *carry out* uskutočniť, vykonať
cart [ka:t] n. dvojkolesový vozík, kára
cartage [ka:tidž] n. dovoz
carter [ka:tə] n. závozník
cartilage [ka:tilidž] n. chrupavka
carton [ka:tən] n. lepenková škatuľa, kartón
cartoon [ka:´tu:n] n. **1.** karikatúra **2.** *animated cartoon* kreslený film
cartoonist [ka:´tu:nist] n. karikaturista
cartridge [ka:tridž] n. náboj
carve [ka:v] v. **1.** vyrezávať **2.** krájať *mäso*, porcovať
carver [ka:və] n. **1.** rezbár, sochár **2.** nôž
cascade [kæs´keid] n. vodopád
case [keis] n. **1.** prípad **2.** právny prípad, proces ● *just in case* pre tento prípad ● *in any case* v každom prípade ● *in case of* v prípade
case n. **1.** škatuľa, debna **2.** skriňa, kazeta, puzdro, kufor
cash [kæš] n. hotovosť ●

64

cash on delivery dobierkou poslať • *pay° cash* platiť v hotovosti
cash card [kæš ka:d] n. pokladničná karta
cash desk [kæš desk] n. pokladňa v obchode
cashier [kæ´šiə] n. pokladník
casing [keisiŋ] n. 1. plášť *pneumatiky* 2. púzdro, obal
casino [kəˈsi:nəu] pl. *casinos* n. kasíno
cask [ka:sk] n. sud, súdok
casket [ka:skət] n. skrinka na šperky, puzdro
cassette [kəˈset] n. kazeta
cast [ka:st] *cast, cast* v. 1. hodiť, vrhnúť 2. zhodiť 3. prideliť *rolu* 4. hlasovať 5. liať, odlievať 6. *cast° off* zavrhnúť
cast n. 1. obsadenie *vo filme, divadle* 2. vrh, hod 3. odliatok
caste [ka:st] n. kasta
castway [ka:stəwei] n. stroskotanec
caster sugar [ka:stə ‚šugə] n. práškový cukor
casting [ka:stiŋ] n. 1. odliatok 2. obsadenie *filmovej, divadelnej role*
casting vote [ka:stiŋ ‚vəut] n. rozhodujúci hlas
cast-iron [‚ka:st ´aiən] adj. liatinový
castle [ka:səl] n. 1. hrad 2. *šach.* veža
casual [kæžuəl] adj. 1. ľahostajný, nedbanlivý 2. letmý 3. neformálny 4. náhodný, príležitostný
casualty [kæžuəlti] *-ie-* adj. 1. mŕtvy 2. ranený
casualty n. 1. pl. *casualties* straty 2. obeť
cat [kæt] n. mačka • *tom* kocúr • *kitten* mačiatko
catacombs [kætəku:mz] n. pl. katakomby
catafalque [kætəfælk] n. katafalk
catalogue [kætəlog] n. katalóg
catapult [kætəpalt] n. 1. prak 2. katapult
catapult v. katapultovať
cataract [kætərækt] n. vodopád
catarrh [kəˈta:] n. zápal, katar
catastrophe [kəˈtæstrəfi] n. katastrofa, pohroma
catch [kæč] *caught, caught*

catch

v. 1. chytiť, dohoniť 2. stihnúť 3. chápať, rozumieť 4. zasiahnuť 5. chopiť sa ● *catch° fire* chytiť sa, horieť ● *catch° cold* dostať nádchu ● *catch° out* prichytiť pri ● *catch° sight of* zahliadnuť

catch n. 1. chytenie 2. úlovok

catchword [kæčwə:d] n. fráza, slogan

catechism [kætikizm] n. katechizmus

categorical [,kæti´gorikəl] adj. kategorický, rozhodný

categorize [kætəgəraiz] v. kategorizovať, triediť

category [kætəgəri] -ie- n. kategória, trieda, skupina

cater [keitə] v. dodávať potraviny, nakupovať, postarať sa o jedlo ● *cater for* starať sa o

caterer [keitərə] n. dodávateľ

caterpillar [kætə,pilə] n. *zool*. húsenica

cathedral [kə´θi:drəl] n. katedrála, dóm

catholic [kæθəlik] adj. 1. všeobecný, univerzálny 2. katolícky

Catholic [kæθəlik] n. katolík

Catholic adj. katolícky

catsuit [kætsu:t] n. nohavicový oblek

cattle [kætl] n. dobytok ● *cattle-shed* chliev

caught [ko:t] p. caught

cauliflower [koli,flauə] n. karfiol

cause [ko:z] n. 1. príčina 2. dôvod 3. vec 4. spor, proces

cause v. spôsobiť, zapríčiniť

causeless [ko:zləs] adj. bezdôvodný

caution [ko:šən] n. 1. obozretnosť, opatrnosť 2. výstraha

caution v. varovať, upozorniť pred *against*, na *about*

cautious [ko:šəs] adj. obozretný, opatrný

cavalier [,kævə´liə] n. jazdec

cavalry [kævəlri] n. *voj*. jazda

cave [keiv] n. jaskyňa

cave v. vyhĺbiť

cavern [kævən] n. 1. veľká jaskyňa 2. dutina

cavity [kævəti] -ie- n. dutina ● *oral cavity* ústna dutina

cayenne [kei´en] n. paprika *mletá*
cease [si:s] v. prestať, zastaviť
cease-fire [si:sfaiə] n. zastavenie paľby
ceaseless [si:sləs] adj. ustavičný
cede [si:d] v. odstúpiť
ceiling [si:liŋ] n. strop
celebrate [seləbreit] v. 1. osláviť, sláviť 2. velebiť
celebration [,selə´breišən] n. oslava
celebrity [sə´lebrəti] -ie- n. 1. slávna osobnosť, hviezda 2. sláva
celery [seləri] -ie- n. *bot.* zeler
celestial [sə´lestiəl] adj. nebeský
celibacy [selibəsi] n. celibát
cell [sel] n. 1. cela 2. bunka 3. článok
cellar [selə] n. pivnica
cellophane [seləfein] n. celofán
cellular [seljələ] adj. bunkový
Celsius [selsiəs] n. Celzius
Celtic [keltik, seltik] adj. keltský
cement [si´ment] n. 1. cement 2. tmel
cement v. 1. stmeliť, utužiť, upevniť 2. zaliať cementom
cemetery [semətri] -ie- n. cintorín
censor [sensə] n. cenzor
censorship [sensəšip] n. cenzúra
cent [sent] n. cent, stotina dolára *Am.*
centenary [sen´ti:nəri] -ie- n. sté výročie čoho *of*
centigrade [sentəgreid] n. stupeň Celzia
centimetre [sentə,mi:tə] n. centimeter
centipede [sentəpi:d] n. *zool.* stonožka
central [sentrəl] adj. 1. centrálny, stredový 2. hlavný
central heating [,sentrəl´hi:tiŋ] n. ústredné kúrenie
centralism [sentrəlizm] n. centralizmus
centralize [sentrəlaiz] v. centralizovať (sa), sústrediť (sa)
centre [sentə] n. 1. stred 2. centrum 3. ťažisko
century [senčəri] -ie- n. storočie

67

ceramic [si′ræmik] adj. keramický

ceramics [sə′ræmiks] n. pl. keramika

cereal [siəriəl] n. **1.** obilnina **2.** vločky

cerebral [seribrəl] adj. mozgový

ceremonial [,serə′məuniəl] adj. obradný, slávnostný

ceremonial n. obrad, ceremoniál

ceremony [serəməni] -ie- n. **1.** obrad, slávnosť, ceremónia **2.** procedúra, obvyklý postup

certain [sə:tn] adj. **1.** istý, určitý **2.** nejaký

certainly [sə:tnli] adv. určite, iste, samozrejme

certificate [sə′tifikət] n. úradný list, dokument, certifikát ● *marriage certificate* sobášny list

certificate v. potvrdiť

certification [,sə:tifi′keišən] n. osvedčenie

certify [sə:təfai] -ie- v. potvrdiť

certitude [sə:titju:d] n. istota

cessation [se′seišən] n. zastavenie

cession [sešən] n. odstúpenie

chafe [čeif] v. **1.** odrieť **2.** naraziť

chaff [ča:f] n. plevy

chagrin [čægrin] n. zármutok

chain [čein] n. reťaz ● *chain reaction* reťazová reakcia ● *in chains* v putách

chain v. uviazať na reťaz, spútať

chair [čeə] n. **1.** stolička, kreslo **2.** predsedníctvo, predseda **3.** katedra

chair v. predsedať

chairman [čeəmən] pl. *chairmen* n. predseda

chairwoman [čeə,wumən] pl. *chairwomen* [čeə,wimin] n. predsedkyňa

chalet [cælei] n. salaš, chata

chalk [čo:k] n. krieda

chalkboard [čo:kbo:d] n. školská tabuľa

challenge [čæləndž] v. **1.** vyzvať **2.** spochybniť, pochybovať **3.** stimulovať, podnietiť, provokovať **4.** odmietnuť

challenge n. **1.** výzva, vyzvanie **2.** odmietnutie **3.** úloha, problém

chamber [čeimbə] n. **1.** ko-

mora, snemovňa 2. pl. *chambers* kancelária
chamber maid [čeimbə ‚meid] n. slúžka
chamber music [čeimbə ‚mju:zik] n. komorná hudba
chamber orchestra [čeimbə ‚o:kəstrə] n. komorný orchester
chameleon [kə´mi:ljən] n. zool. chameleón
chamois [šæmwa:] pl. *chamois* [šæmwa:z] n. zool. kamzík
champagne [šæm´pein] n. šampanské, sekt
champion [čæmpiən] n. 1. šampión, víťaz 2. bojovník
championship [čæmpiənšip] n. *šport*. 1. šampionát 2. víťazstvo
chance [ča:ns] n. 1. náhoda 2. možnosť, šanca 3. nádej, príležitosť • *by chance* náhodou
chance v. 1. riskovať 2. mať šťastie
chancellor [ča:nsələ] n. 1. kancelár 2. rektor
chandelier [‚šændə´liə] n. luster

change [čeindž] v. 1. meniť (sa), striedať sa 2. vymeniť za *for* 3. prezliecť sa do *into* 4. rozmeniť *peniaze* • *small change* drobné peniaze
change n. 1. zmena 2. výmena, vystriedanie 3. preoblečenie
changeless [čeindžəlis] adj. nemenný
changeover [čeindž‚əuvə] n. zmena, prechod
channel [čænəl] n. 1. prieplav 2. kanál
chant [ča:nt] v. 1. spievať 2. skandovať
chant n. 1. chválospev, nápev 2. skandované vyvolávanie
chaos [keios] n. zmätok, chaos
chaotic [kei´otik] adj. chaotický
chap [čæp] n. *hovor*. chlapík
chapel [čæpəl] n. 1. kaplnka 2. modlitebňa
chaplain [čæplən] n. kaplán
chapter [čæptə] n. 1. kapitola 2. kapitula
char [ča:] -rr- v. zhorieť na uhoľ
character [kærəktə] n. 1. po-

69

characteristic

vaha, charakter, rys **2.** vlastnosť
characteristic [ˌkærəktə'ristik] adj. charakteristický, typický pre *of*
charcoal [ča:kəul] n. drevené uhlie
charge [ča:dž] v. **1.** účtovať, počítať, brať za *for* **2.** uvaliť daň **3.** obviniť z *with* **5.** poveriť čím *with* **6.** nabiť *zbraň*, naplniť *batériu* čím *with* **7.** prikázať
charge n. **1.** poplatok, vstupné, cena **2.** starosť, dozor **3.** obvinenie **4.** nálož **5.** náboj • *free of charge* bezplatný, zadarmo • *be° in charge of* mať na starosti, byť poverený čím
chargeable [ča:džəbəl] adj. povinný hradiť
charge account [ča:dž ə,kaunt] n. úverový účet, kreditný účet *Am.*
charge card [ča:dž ka:d] n. úverová karta
charitable [čærətəbəl] adj. **1.** láskavý, vľúdny **2.** dobročinný
charity [čærəti] *-ie-* n. dobročinnosť, milodar
charm [ča:m] n. **1.** kúzlo, pôvab, čaro **2.** amulet, talizman
charm v. okúzliť, očariť
charming [ča:miŋ] adj. okúzľujúci, pôvabný
chart [ča:t] n. **1.** tabuľka, graf, diagram **2.** námorná mapa
charter [ča:tə] n. **1.** výsadná listina **2.** charta **3.** zmluva
charwoman [ča:,wumən] pl. *charwomen* n. upratovačka
chase [čeis] v. prenasledovať, naháňať koho *after*
chase n. **1.** naháňačka, hon **2.** lov **3.** revír
chasm [kæzəm] n. priepasť
chaste [čeist] adj. cudný
chastise [čæstaiz] v. trestať
chastity [čæstiti] n. cudnosť
chat [čæt] *-tt-* v. *hovor.* rozprávať sa, neformálne debatovať • *have° a chat* porozprávať sa
chat n. *hovor.* rozhovor, neformálna debata
chatter [čætə] v. trkotať, klebetiť
chatterbox [čætəboks] n. *hovor.* táradlo
chauvinism [šəuvənizəm] n. šovinizmus

cheap [či:p] adj. **1.** lacný **2.** nízky

cheapen [či:pən] v. zlacniť

cheat [či:t] v. podvádzať, švindlovať v *at*

cheat n. **1.** podvodník **2.** podvod

check [ček] n. **1.** kontrola čoho *on* **2.** skontrolovanie **3.** šach

check v. **1.** kontrolovať, overiť (si) **2.** skontrolovať **3.** dať šach

checked [čekt] adj. kockovaný

check-in [čekin] v. prihlásiť sa *v hoteli*, ubytovať sa, zaregistrovať sa, zapísať sa • *check out* odhlásiť sa

checking account [čekiəŋə,kaunt] n. bežný účet *Am.*

checkmate [čekmeit] n. *šach.* šachmat

checkout [čekaut] n. zaplatenie účtu

checkroom [čekrum] n. úschovňa batožiny *Am.*, šatňa

checkup [čekap] n. prehliadka, *hovor.* kontrola u lekára

cheek [či:k] n. líce

cheeky [ˊči:ki] -*ie*- adj. drzý

cheer [čiə] n. radostná nálada, veselosť, volanie na slávu

cheer v. volať na slávu

cheerful [čiəfəl] adj. veselý, radostný

cheers [čiəz] interj. na zdravie!

cheese [či:z] n. syr

cheetah [či:tə] n. *zool.* gepard

chef [šef] n. šéfkuchár

chemical [kemikəl] adj. chemický

chemical n. chemikália

chemist [keməst] n. **1.** chemik **2.** lekárnik • *chemist´s shop* drogéria

chemistry [keməstri] n. chémia

cheque [ček] n. šek • *traveller´s cheque* cestovný šek

cherish [čeriš] v. opatrovať, starať sa

cherry [čeri] -*ie*- n. *bot.* čerešňa

chess [čes] n. šach *hra*

chessboard [česbo:d] n. šachovnica

chest [čest] n. **1.** hruď **2.** tru-

hla
chestnut [česnat] *bot.* gaštan

chew [ču:] v. žuť

chewing gum [ču:iŋ gam] n. žuvačka

chic [ši:k] n. vkus, elegancia

chicken [čikən] n. 1. kura ● *chick* kuriatko 2. kuracina

chicken adj. zbabelý

chicken pox [čikən poks] n. kiahne

chid [čid] p. chide

chide [čaid] *chided/chid, chid/chidden* v. dohovárať, napomínať, hádať sa

chidden [čidn] p. chide

chief [či:f] n. veliteľ, náčelník, vedúci

chief adj. hlavný

chieftain [či:ftən] n. náčelník kmeňa

child [čaild] pl. *children* [čildrən] n. 1. dieťa, decko ● *only child* jedináčik 2. potomok

child benefit [„čaild ′benəfit] n. detské prídavky

childbirth [čaildbə:θ] n. pôrod

childhood [čaildhud] n. detstvo

childish [čaildiš] adj. detský

childless [čaildlis] adj. bezdetný

children [čildrən] pl. p. child

chill [čil] v. ochladiť, vychladiť

chill n. nachladnutie, chlad

chilly [čili] *-ie-* adj. chladný, mrazivý

chime [čaim] n. 1. zvonenie 2. zvonková hra 3. súlad

chime v. 1. vyzváňať, zvoniť 2. odbiť *hodinu*

chimera [kai′miərə] n. prízrak

chimney [čimni] n. komín

chimpanzee [„čimpænzi:] n. *zool.* šimpanz

chin [čin] n. brada

china [čainə] *chinaware* n. (čínsky) porcelán

China [čainə] n. Čína

Chinese [„čai′ni:z] n. 1. pl. *the* C. Číňan 2. čínština

Chinese adj. čínsky

chink [čiŋk] n. štrbina

chip [čip] n. 1. úlomok, trieska 2. pl. *chips* hranolky 3. žetón 4. *elektr.* čip

chip *-pp-* v. otĺcť

chisel [čizəl] n. dláto

chit [čit] n. potvrdenie, účet

chivalrous [čivəlrəs] adj. rytiersky
chive [čaiv] pl. *chives* n. *bot.* pažítka
chocolate [čokælət] n. čokoláda
chocolate adj. čokoládový
choice [čois] n. 1. výber 2. voľba
choir [kwaiə] n. 1. spevácky zbor 2. chór
choke [čəuk] v. 1. zadusiť 2. zaškrtiť
choke n. dusenie, škrtenie
cholera [kolərə] n. cholera
cholesterol [kə'lestərol] n. cholesterol
choose [ču:z] *chose, chosen* v. 1. vybrať (si) medzi *between*, z *from* 2. rozhodnúť (sa)
chop [čop] -pp- v. sekať, štiepať • *chop up* rozsekať
chop n. 1. rezeň 2. seknutie 3. pečať
chopper [čopə] n. sekáč
choral [ko:rəl] adj. zborový
chord [ko:d] n. 1. akord 2. struna • *spinal chord* miecha
chorus [ko:rəs] n. 1. refrén 2. chór
chorus v. spievať *zborovo*
chose [čəuz] p. choose
chosen [čəuzən] p. choose
Christ [kraist] n. Kristus
Christian [krisčən] n. kresťan
Christian adj. kresťanský
Christianity [,kristi'nəti] n. kresťanstvo
Christmas [krisməs] n. Vianoce
Christmas Day [,krisməs 'dei] n. prvý sviatok vianočný
Christmas Eve [,krisməs 'i:v] n. Štedrý večer • *Christmas tree* vianočný stromček
chronic [kronik] adj. chronický
chronicle [kronikəl] n. kronika
chronological [,kronə'lodžikəl] adj. chronologický
chronology [krə'nolədži] n. chronológia
chubby [čabi] -ie- adj. bucľatý
chuck [čak] v. hodiť, zahodiť • *chuck away* zahodiť
chuckle [čakəl] v. chichotať sa

chummy [čami] adj. priateľský

chunk [čaŋk] n. poleno

church [čə:č] n. 1. kostol • *go to church* chodiť do kostola • *at church* v kostole 2. cirkev

Church of England [,čə:č əv ´iŋglənd] n. anglikánska cirkev

churchyard [čə:čja:d] n. cintorín pri kostole

cider [saidə] n. jablkový mušt

cigar [si´ga:] n. cigara

cigarette [,sigə´ret] n. cigareta

cigarette lighter [sigə´ret ,laitə] n. zapaľovač

cinder [sində] n. uhoľ, škvára, popol

cinema [sinəmə] n. kino • *at the cinema* v kine

cinematic [,sini´mætik] adj. kinematografický

cinnamon [sinəmən] n. *bot.* škorica

cipher [saifə] n. 1. číslica 2. šifra

cipher v. počítať

circle [sə:kəl] v. 1. zakrúžkovať, opísať *kruh* 2. krúžiť 3. obiehať

circle n. 1. kruh • *vicious circle* bludný kruh 2. kružnica 3. kolobeh

circuit [sə:kət] n. 1. okruh, krúženie 2. okružná cesta

circular [sə:kələ] adj. 1. kruhový 2. okružný • *circular letter* obežník

circulate [sə:kjəleit] v. obiehať, cirkulovať

circulation [,sə:kjə´leišən] n. obeh, cirkulácia

circumference [sə´kamfərəns] n. *geom.* obvod

circumstance [sə:kəmstæns] n. 1. pl. *cirstumstances* pomery 2. okolnosť, náhoda

circus [sə:kəs] n. 1. cirkus 2. námestie

cistern [sistən] n. nádrž na vodu, cisterna

citation [sait´teišən] n. citácia

cite [sait] v. uviesť, citovať

citizen [sitəzən] n. občan • *fellow citizen* spoluobčan

citizenship [sitəzənšip] n. občianstvo

citric [sitrik] adj. citrónový

citron [sitrən] n. *bot.* citrón • *citron-tree* citrónovník

citrus [sitrəs] n. citrus

city [siti] *-ie-* n. veľké mesto
city hall [,siti ′ho:l] n. radnica *Am.*
civic [civik] adj. **1.** občiansky **2.** mestský
civics [siviks] n. pl. občianska výchova
civil [sivəl] adj. **1.** občiansky **2.** spoločenský **3.** zdvorilý
civil engineer [,sivəl endžə′niə] n. stavebný inžinier
civilian [sə′viljən] n. civilista
civility [si′viliti] n. zdvorilosť
civilization [,sivəlai′zeišən] n. **1.** civilizácia **2.** kultúra
civil rights [,sivəl′raits] n. občianske práva
civil servant [,sivəl ′sə:vənt] n. štátny úradník/zamestnanec
civil service [,sivəl ′sə:vəs] n. štátna služba/správa
civil war [,sivəl ′wo:] n. občianska vojna
claim [kleim] v. **1.** uplatniť si nárok, vymáhať **2.** tvrdiť **3.** reklamovať
claim n. **1.** nárok, požiadavka na *on/for* **2.** právo na *to/on* **3.** tvrdenie

clairvoyant [kleə′voiənt] n. jasnovidec
clamant [kleimənt] adj. hlučný
clamber [klæmbə] v. liezť, šplhať sa
clamorous [klæmrəs] adj. hlučný
clamour [klæmə] n. hluk, krik
clamp [klæmp] n. **1.** svorka **2.** zverák
clamp v. zovrieť, stlačiť
clampdown [klæmpdaun] n. obmedzenie čoho *on*
clan [klæn] n. rod, kmeň
clandestine [klæn′destən] adj. tajný
clang [klæŋ] v. znieť, zvučať
clap [klæp] *-pp-* v. **1.** tlesnúť **2.** potľapkať **3.** strčiť
clap n. **1.** úder **2.** tlieskanie
clarify [klærəfai] *-ie-* v. objasniť, vyjasniť, vysvetliť
clarinet [,klærə′net] n. klarinet
clash [klæš] v. **1.** zraziť sa, stretnúť sa s *with* **2.** rinčať
clash n. **1.** zrážka, konflikt **2.** rinčanie
clasp [kla:sp] n. **1.** spona **2.** stisk **3.** objatie

clasp v. 1. stisnúť 2. zapnúť *sponou* 3. zovrieť
class [kla:s] n. 1. *classroom* trieda • *classbook* triedna kniha 2. vyučovacia hodina
class v. klasifikovať, triediť, zaradiť
classic [klæsik] adj. klasický
classicism [klæsəsizəm] n. klasicizmus
classification [,klæsifi'keišən] n. klasifikácia, triedenie
classify [klæsəfai] -ie- v. triediť, klasifikovať
classless [kla:sləs] adj. beztriedny
classmate [kla:smeit] n. spolužiak, kolega
classroom [kla:srum] n. trieda
clatter [klætə] v. klepať, rachotať, rinčať
clatter n. klepot, rachot
clavicle [klævikəl] n. kľúčna kosť
claw [klo:] n. 1. dráp, pazúr 2. klepeto
claw v. 1. zadrapnúť 2. driapať, škriabať
clay [klei] n. hlina
clean [kli:n] adj. 1.čistý 2. presný
clean v. čistiť, vyčistiť • *clean up* upratať
cleaner's [kli:nəz] n. čistiareň
cleanliness [klenlinəs] n. čistota
clear [kliə] adj. 1. jasný, zreteľný 2. priehľadný 3. bystrý
clear adv. 1. jasne 2. úplne, celkom 3. až
clear v. 1.vyjasniť (sa) 2. vyčistiť • *clear off* zmiznúť • *clear up* objasniť, vysvetliť
clearance [kliərəns] n. vybavenie, zúčtovanie
clearly [kliəli] adv. 1. jasne 2. nepochybne
cleaver [kli:və] n. sekáč
clef [klef] n. *hud.* kľúč
cleft [kleft] n. trhlina
clemency [klemənsi] n. vľúdnosť, zhovievavosť
clement [klemənt] adj. 1. podnebie *mierne* 2. vľúdny, láskavý
clench [klenč] v. zovrieť
clergy [klə:dži] n. duchovenstvo
clerical [klerikəl] adj. 1. úradnícky, administratívny

cloud

2. duchovný
clerk [kla:k] n. 1. úradník 2. tajomník 3. predavač *Am.* 4. duchovný
clever [klevə] adj. 1. bystrý, inteligentný 2. šikovný
click [klik] n. cvaknutie
client [klaiənt] n. klient, zákazník
clliff [klif] n. útes
climate [klaimət] n. 1. podnebie 2. klíma
climatic [klai'mætik] adj. podnebný
climb [klaim] v. 1. šplhať sa 2. liezť, škriabať sa
climb n. výstup, stúpanie
climber [klaimə] n. horolezec
clinic [klinik] n. klinika
clinical [klinikəl] adj. klinický
clink [kliŋk] v. cinknúť, štrngnúť
clip [klip] n. sponka
clip -pp- v. zopnúť, zapnúť
clipper [klipə] n. pl. *clippers* nožnice
cloak [kləuk] n. plášť
cloakroom [kləukrum] n. 1. šatňa 2. toaleta
clock [klok] n. hodiny • *it's three o'clock* sú tri hodiny
clock v. merať čas
clockwise [klokwaiz] adv. proti smeru hodinových ručičiek
cloister [kloistə] n. kláštor
close [kləuz] v. 1. zavrieť, zatvoriť 2. zakončiť 3. priblížiť sa
close adj. 1. blízky 2. tesný 3. uzavrený 4. hustý
close adv. 1. blízko, tesne 2. takmer, skoro • *close to* zblízka
close n. koniec
closed [kləuzd] adj. zatvorený, uzatvorený
closet [klozət] n. skriňa, šatník *Am.* • *water-closet* záchod
closure [kləuzə] n. záver
clot [klot] n. zrazenina
cloth [kloθ] n. 1. látka 2. utierka, obrus
clothe [kləuð] v. 1. obliecť 2. zahaliť
clothes [kləuðz] n. pl. šaty, odev
clothing [kləuðiŋ] n. šatstvo
cloud [klaud] n. oblak, mrak, mračno
cloud v. *cloud over* mračiť sa, zachmúriť sa

cloudburst [klaudbə:st] n. prietrž mračien
clouded [klaudid] adj. zamračený
cloudless [klaudlis] adj. bezoblačný
clove [kləuv] n. strúčik cesnaku
clover [kləuvə] n. ďatelina
clown [klaun] n. klaun
club [klab] n. 1. klub 2. *night club* nočný klub, bar 3. kyjak
club -*bb*- v. udrieť palicou
clue [klu:] n. kľúč, stopa, záchytný bod
clump [klamp] n. chumáč, zhluk, skupinka
clump v. dupať
clumsy [klamzi] -*ie*- adj. nemotorný, neobratný
cluster [klastə] n. 1. zhluk 2. strapec *hrozna* 3. roj
cluster v. nahromadiť sa
clutch [klač] v. 1. zovrieť 2. uchopiť za *at*
clutch n. 1. motor. spojka 2. zovretie, uchopenie
clutter [klatə] n. neporiadok, zmätok
Co. [kou] skr. *Company* spoločnosť
coach [kəuč] n. 1. diaľkový autobus, autokar 2. vagón 3. *šport*. tréner 4. koč
coach v. *šport*. trénovať
coaching [kəučiŋ] n. 1. tréning 2. kondícia
coachman [kəučmən] pl. *coachmen* n. kočiš
coal [kəul] n. 1. uhlie 2. žeravý uhlík
coal gas [kəul gæs] n. svietiplyn
coalition [‚kəuə′lišən] n. zoskupenie, združenie, koalícia
coalmine [kəulmain] n. uhoľná baňa
coalescence [‚kəuə′lesnəs] n. zlúčenie
coalition [‚kəuə′lišən] n. koalícia
coarse [ko:s] adj. 1. hrubý 2. drsný 3. obyčajný
coast [kəust] n. 1. pobrežie 2. breh *morský*
coastal [kəustəl] adj. pobrežný
coastguard [kəustga:d] n. pobrežná hliadka
coat [kəut] n. kabát
coat v. pokryť, natrieť
coat of arms [‚kəut əv ′a:mz] n. erb
coax [kəuks] v. lichotením

prehovoriť, vymámiť
cob [kob] n. **1.** kukuričný klas **2.** lieskový orech
cobbler [koblə] n. obuvník
cobra [kəubrə] n. kobra
cobweb [kobweb] n. pavučina
cocaine [kəu′kein] n. kokaín
cock [kok] n. kohút
cock v. **1.** zdvihnúť (sa), vztýčiť (sa) **2.** natiahnuť kohútik zbrane
Cockney [kokni] n. **1.** rodený Londýnčan **2.** londýnsky dialekt
cockpit [kok,pit] n. kabína pilota
cockroach [kokrəuč] n. šváb
cocktail [kokteil] n. koktail
cocky [koki] *-ie-* adj. drzý, *hovor.* arogantný
cocoa [kəukəu] n. kakaový prášok, nápoj
coconut [kəukənat] n. kokosový orech
cod [kod] n. treska
COD [,si:əu′di:] skr. *cash on delivery* na dobierku
code [kəud] n. kód, šifra
codify [kəudəfai] *-ie-* v. kodifikovať
coefficient [,kəuə′fišənt] n. koeficient

coerce [kəu′ə:s] v. donútiť
coffee [kofi] n. káva *plody*, nápoj
coffee bar [kofi ba:] n. bufet, espreso
ceffeepot [kofipot] n. kanvica na kávu
coffee table [kofi ,teibəl] n. konferenčný stolík
coffer [kofə] n. kazeta, skrinka
coffin [kofən] n. truhla
cog [kog] n. zub, ozubené koliesko
cognition [kog′nišən] n. poznanie, poznávanie
coherence [kəu′hiərəns] n. súvislosť, spojitosť
coherent [kəu′hiərənt] adj. premyslený, logický, súvislý
coil [koil] v. zvinúť, stočiť
coil n. **1.** závit **2.** cievka, špirála
coin [koin] n. minca
coin v. raziť *mince*
coinage [koinidž] n. **1.** mena, obeživo **2.** výraz, nové slovo
coincide [,kəuən′said] v. splývať, zhodovať sa
coincidence [kəu′insədəns] n. zhoda okolností, náhoda

79

časová
coincident [, kəu'insidənt] adj. zhodný
coke [kəuk] n. 1. kola, cokacola 2. *hovor*. droga
cold [kəuld] adj. 1. studený, chladný 2. *pren*. zdržanlivý, ľahostajný ● *I'm cold*. Je mi zima ● *get° cold* chladnúť
cold n. 1. zima, chlad 2. nachladnutie ● *catch° a cold* nachladnúť ● *have° a cold* mať nádchu
cold-blooded [,kəuld 'bladid] adj. chladnokrvný
cold-hearted [,kəuld 'ha:tid] adj. bezcitný, neľútostný, nemilosrdný
coldness [,kəuldnis] n. chlad
coleslaw [kəulslo:] n. kapustový šalát zo surovej kapusty
colic [kolik] n. *the colic* kolika
collaborate [kə'læbəreit] v. 1. spolupracovať s *with*, v *in* 2. kolaborovať
collaboration [kə, læbə'reišən] n. 1. spolupráca 2. kolaborácia
collaborator [kə'læbəreitə] n. spolupracovník

collapse [kə'læps] v. zrútiť sa
collar [kolə] n. 1. golier 2. obojok *psa* 3. chomút *koňa* 4. *tech*. objímka
collar v. 1. priviazať *koňa* 2. držať za golier
collarbone [koləbəun] n. kľúčna kosť
collate [ko'leit] v. 1. porovnať 2. overiť
collateral [kə'lætərəl] n. záruka, ručenie
collateral adj. 1. vedľajší 2. súbežný
colleague [koli:g] n. kolega, spolupracovník
collect [kə'lekt] v. 1. pozbierať, zhromaždiť 2. zbierať 3. vyberať *peniaze*
collected [kə'lektəd] adj. duchaprítomný, pohotový
collection [kə'lekšən] n. 1. zbieranie 2. zbierka *umelecká* 3. inkaso
collective [kə'lektiv] adj. 1. hromadný 2. kolektívny ● *collective agreement* kolektívna zmluva ● *collective argument* kolektívna dohoda ● *collective ownership* spoločenské vlastníctvo

collector [kəˈlektə] n. zberateľ
college [kolidž] n. **1.** fakulta **2.** vysoká škola, univerzita *Am.* **3.** kolégium
collegian [kəˈliːdžjən] n. študent
collide [kəˈlaid] v. **1.** zraziť (sa) s *with* **2.** stretnúť sa
collision [kəˈližən] n. **1.** zrážka **2.** stretnutie, kolízia s *with*, medzi *between*
collocate [koləkeit] v. umiestniť, usporiadať
colloquial [kəˈləukwiəl] adj. hovorový
collusion [kəˈluːžn] n. dohoda *tajná*
colon [koulən] n. dvojbodka
colonel [kəːnl] n. plukovník
colonial [kəˈləuniəl] adj. koloniálny
colonist [kolənəst] n. kolonista, obyvateľ kolónie, osadník
colonization [,kolənaiˈzeišn] n. kolonizácia
colonize [,kolənaiz] v. **1.** osídliť **2.** usadiť sa
colonnade [,koləˈneid] n. stĺporadie, kolonáda
colony [koləni] -ie- n. kolónia

coloration [,kaləˈreišən] n. sfarbenie
colossal [kəˈlosəl] adj. obrovský
colour [kalə] n. farba, zafarbenie
colour v. zafarbiť, natrieť
colour-blind [kaləblaind] adj. farboslepý
coloured [kaləd] adj. farebný
colourless [kaləlis] adj. bezfarebný
colt [kəult] n. žriebä
column [koləm] n. **1.** stĺp **2.** stĺpik **3.** stĺpec, rubrika **4.** *voj.* oddiel
culumnist [koləməst] n. autor, fejtónista *Am.*
coma [kəumə] n. *lek.* kóma
comb [kəum] n. hrebeň
comb v. česať
combat [kombæt] n. boj, konflikt ● *single combat* súboj
combat v. bojovať, zápasiť
combatant [kombətənt] n. bojovník, vojak
combative [kombətiv] adj. bojovný
combination [,kombəˈneišən] n. **1.** kombinácia, súhra **2.** *chem.* zlučovanie
combinative [kombinətiv]

combine

adj. kombinačný
combine [kombain] n. kombinát, koncern
combine v. spájať sa, zlučovať sa
combustible [kəm´bastəbəl] adj. horľavý, zápalný
combustion [kəm´basčən] n. spaľovanie, horenie
come [kam] *came, come* 1. prísť, prichádzať, dostaviť sa 2. blížiť sa 3. vstúpiť • *come° about* stať sa, prihodiť sa • *come° back* vrátiť sa • *come° between* dostať sa medzi • *come° down* klesnúť • *come° from* pochádzať • *come° in* prísť • *come° on* začať • *come° to* dosiahnuť • *come° into fashion* prísť do módy • *come° near* priblížiť sa • *come° up with* prísť s • *come° to see* prísť sa pozrieť • *come° into existence* vzniknúť • *come° true* vyplniť sa
comeback [kambæk] n. návrat
comedian [kə´mi:diən] n. komik, komediant
comedown [kam´daun] n. úpadok
comedy [komədi] *-ie-* n. komédia
comely [kamli] adj. 1. príjemný 2. pekný
comer [kamə] n. návštevník
comet [komət] n. kométa
comfort [kamfət] n. pohodlie, komfort
comfortable [kamfætəbəl] adj. 1. pohodlný, komfortný 2. príjemný
comic [komik] adj. 1. humorný, žartovný 2. komický
coming [kamiŋ] n. príchod
coming adj. 1. nadchádzajúci 2. nádejný
comma [komə] n. čiarka
command [kə´ma:nd] v. 1. nariadiť, prikázať 2. veliť 3. vládnuť
command n. 1. nariadenie, rozkaz 2. velenie • *take° command* prevziať velenie • *under command* pod velením 3. *voj.* oddiel
commander [kə´ma:ndə] n. veliteľ
commemorate [kə´meməreit] v. 1. oslavovať, sláviť 2. pripomínať pamiatku
commemoration [kə,me-

mə´reišən] n. oslava pamiatky
commence [kə´mens] otvoriť, začať, zahájiť
commencement [kə´mensmənt] n. otvorenie, zahájenie
commend [kə´mend] v. **1.** odporučiť, chváliť **2.** zveriť
commendation [,komen´deišən] n. doporučenie
comment [koment] n. **1.** poznámka **2.** komentár • *no comment*! bez komentára! **3.** kritika
comment v. **1.** komentovať niečo **2.** kritizovať
commentary [koməntəri] n. **1.** komentár **2.** výklad
commentator [komənteitə] n. komentátor
commerce [komə:s] n. obchod
commercial [kə´mə:šəl] adj. **1.** obchodný • *commercial treaty* obchodná zmluva **2.** komerčný
commiserate [kə´mizəreit] v. *commiserate with* **1.** poľutovať, vyjadriť súcit **2.** kondolovať komu *with*
commiseration [kə,mizə´reišən] n. sústrasť
commission [kə´mišən] n. **1.** provízia, odmena za sprostredkovanie **2.** zákazka **3.** komisia, výbor **4.** spáchanie trestného činu **5.** splnomocnenie, oprávnenie **6.** príkaz
commission v. **1.** zadať zákazku **2.** objednať **3.** splnomocniť, poveriť niečím
commit [kə´mit] -*tt*- v. **1.** spáchať, dopustiť sa **2.** zaviazať sa • *commit to memory* naučiť sa naspamäť
commitment [kə´mitmənt] n. **1.** väzba **2.** záväzok
committee [kə´miti] n. výbor, komisia
common [komən] adj. **1.** bežný **2.** spoločný **3.** verejný • *common sense* zdravý rozum
common n. obecný pozemok
commonplace [komənpleis] adj. všedný, bežný
common room [komən rum] n. spoločenská miestnosť
Commons [komənz] n. *the Commons* dolná snemovňa britského parlamentu

common sense [,komən´sens] n. zdravý rozum
commotion [kə´moušən] n. nepokoj, vzbura
communal [komjənəl] adj. 1. spoločný 2. spoločenský 3. komunálny
commune [komju:n] n. komúna, obec
communicate [kə´mju:nəkeit] v. 1. oznámiť komu to 2. nadviazať *kontakt* 3. byť spojený s *with*
communication [kə,mju:nə´keišən] n. 1. spojenie, komunikácia 2. dopravná cesta
communicative [kə´mju:nəkətiv] adj. 1. zhovorčivý 2. komunikatívny
communism [komjənizəm] n. komunizmus
communist [komjənist] n. komunista
communist adj. komunistický • *Communist Party* komunistická strana
community [kə´mju:nəti] -ie- n. 1. spoločenstvo, obec 2. *the community* spoločnosť
commute [kə´mju:t] v. vymeniť, zameniť

compact [kəm´pækt] adj. 1. hustý 2. kompaktný 3. zložený z *of*
compact n. dohoda, zmluva
compact [kəm´pækt] v. stlačiť, natlačiť
companion [kəm´pænjən] n. druh, spoločník, kamarát
companionable [kəm´pænjənəbl] adj. družný
company [kampəni] -ie- n. 1. spoločnosť 2. návšteva • *joint stock company* akciová spoločnosť • *insurance company* poisťovňa • *Limited Company* spoločnosť s ručením obmedzeným • *in company* spolu
comparable [kompərəbəl] adj. porovnateľný s *with*
compare [kəm´peə] v. 1. porovnať, porovnávať s *with*, k *to* • *compared with* v porovnaní s 2. prirovnať
comparison [kəm´pærəsən] n. 1. porovnanie, porovnávanie s *with,* medzi *between* 2. prirovnanie
compartment [kəm´pa:tmənt] n. oddelenie *vo vlaku*

84

compass [kampəs] n. 1. kompas 2. kružidlo 3. obvod 4. priestor

compassion [kəm´pæšən] n. zľutovanie, súcit s *for/on*

compatriot [kəm´pætriət] n. krajan

compel [kəm´pel] -*ll*- v. prinútiť, donútiť, vynútiť

compelling [kəm´peliŋ] adj. zaujímavý

compensate [kompənseit] v. 1. vyrovnať, kompenzovať za *for* 2. vyvážiť 3. odškodniť

compensation [,kompen´seišən] n. 1. vyrovnanie, kompenzácia 2. náhrada za *for*

compensatory [kəm´pensətri] adj. náhradný, kompenzačný

compete [kəm´pi:t] v. 1. súťažiť, súperiť, konkurovať s *with*, proti komu *against* 2. uchádzať sa o *for*

competence [kompətəns] n. 1. schopnosť, kvalifikovanosť 2. právomoc, kompetencia

competent [kompətənt] adj. 1. schopný, kvalifikovaný 2. oprávnený, kompetentný 3. dostatočný

competition [,kompə´tišən] n. 1. súťaž, konkurz • *unfair competition* nekalá súťaž 2. konkurencia 3. *šport.* stretnutie

competitor [kəm´petətə] n. súťažiaci, súper, konkurent

compilation [,kompə´leišən] n. zostavovanie, kompilácia

compile [kəm´pail] v. zostaviť

complain [kəm´plein] v. sťažovať sa na *about,* komu *to*

complaint [kəm´pleint] n. 1. sťažnosť 2. ťažkosti

complement [kompləmənt] v. doplniť

complement n. doplnok, dodatok

complementary [kompli´mentəri] adj. doplnkový

complete [kəm´pli:t] adj. 1. úplný, celý 2. dokončený

complete v. doplniť, dokončiť, zavŕšiť

completely [kəm´pli:tli] adv. celkom, úplne

complex [kompleks] adj. 1. zložitý, komplikovaný 2.

complex

komplexný
complex n. celok, komplex • *inferiority complex* komplex menejcennosti
complexion [kəm'plekšən] n. **1.** farba pleti **2.** vzhľad **3.** charakter
complexity [kəm'pleksiti] n. zložitosť
complicate [kompləkeit] v. komplikovať
complicated [komplikeitid] adj. zložitý, komplikovaný
complication [,kompli'keišən] n. komplikácia
complicity [kəm'plisəti] n. spoluvina na *in*
compliment [kompləmənt] n. poklona, pocta, kompliment
comply [kəm'plai] *-ie-* **1.** vyhovieť, dodržať **2.** prispôsobiť sa
component [kəm'pəunənt] n. súčiastka, komponent
compose [kəm'pəuz] v. **1.** skladať, vytvoriť, zložiť **2.** vyriešiť **3.** *hud.* komponovať **4.** usporiadať, upraviť
composed [kəm'pouzd] adj. kľudný, pokojný, vyrovnaný

composer [kəm'pəuzə] n. **1.** *hud.* skladateľ **2.** spisovateľ
composite [kompəzit] adj. zložený
composition [,kompə'zišən] n. **1.** komponovanie, tvorba **2.** skladba, kompozícia **3.** *polygr.* sadzba **4.** kompromis
compositor [kəm'pozətə] n. *polygr.* sadzač
compost [kompost] n. kompost
composure [kəm'použə] n. kľud
compound [kompaund] n. **1.** zmes **2.** *chem.* zlúčenina **3.** zložené slovo
compound [kəmpaund] v. **1.** zmiešať **2.** zložiť **3.** dohodnúť sa
compound adj. **1.** zložený, zmiešaný **2.** zložitý
comprehend [,kompri'hend] v. **1.** pochopiť **2.** obsahovať, zahrňovať
comprehensive [,kompri'hensiv] adj. úplný, vyčerpávajúci, podrobný
compress [kəm'pres] v. **1.** stlačiť **2.** zostručniť
compress [kompres] n. ob-

klad, obväz
compressible [,kəm´presəbl] adj. stlačiteľný
compression [,kəm´prešn] n. kompresia, stlačenie
comprise [kəm´praiz] v. skladať sa, obsahovať
compromise [komprəmaiz] n. dohoda, kompromis
compromise v. 1. urovnať spor 2. dohodnúť sa 3. ustúpiť komu *with*
compulsion [kəm´palšən] n. donútenie, nátlak
compulsory [kəm´palsəri] adj. povinný • *compulsory school attendance* povinná školská dochádzka • *compulsory education* povinné vzdelanie • *compulsory service* základná vojenská služba
compunction [kəm´paŋkšən] n. výčitka
computation [,kompju:´teišən] n. 1. výpočet 2. počet
compute [kəm´pju:t] v. vypočítať, odhadnúť
computer [kəm´pju:tə] n. počítač • *computerised game* počítačová hra • *computer language* počítačový jazyk • *computer programme* počítačový program
comrade [komrəd] n. druh, kamarát
comradeship [komridšip] n. kamarátstvo, priateľstvo
con [kon] n. podvod, finančný trik
concave [kon´keiv] adj. dutý
conceal [kən´si:l] v. 1. zatajiť, zamlčať 2. ukryť
concede [kən´si:d] v. 1. pripustiť, priznať 2. povoliť
conceit [kən´si:t] n. 1. namyslenosť 2. sebavedomie 3. fantázia
conceivable [kən´si:vəbəl] adj. predstaviteľný
conceive [kən´si:v] v. 1. pochopiť myšlienku 2. vytvoriť 3. predstaviť si čo *of*
concentrate [konsəntreit] v. sústrediť (sa) na *on*
concentrate n. *chem.* koncentrát
concentration [,konsən´treišən] n. sústredenie, koncentrácia
concentration camp [,konsən´treišən ´kæmp] n. koncentračný tábor

concept [konsept] n. *log.* pojem

conception [kənˈsepšən] n. 1. pojem 2. predstava, koncepcia 3. nápad • *in my conception* podľa mňa

concern [kənˈsəːn] v. 1. týkať sa • *I'm concerned* čo sa týka mňa 2. dotýkať sa niečoho 3. *be°concerned* znepokojovať (sa), robiť si starosti pre *about*, čím *with*

concern n. 1. vec, záležitosť 2. znepokojenie 3. podnik, firma 4. záujem

concert [konsət] n. 1. koncert • *concert hall* koncertná sieň 2. zhoda

concerto [kənˈčəːtəu] n. koncert pre hudobný nástroj

concession [kənˈsešən] n. 1. ústupok 2. úľava 3. výhoda, výsada

conch [koŋk] n. ulita

concessionare [kən,sešəˈneə] n. koncesionár

conciliate [kənˈsilieit] v. získať si

conciliation [kən,siliˈeišən] n. zmierenie

concise [kənˈsais] adj. stručný

conclude [kənˈkluːd] v. 1. skončiť, ukončiť 2. uzavrieť, dohodnúť sa 3. rozhodnúť sa

concluding [kənˈkluːdiŋ] adj. záverečný

conclusion [kənˈkluːžən] n. 1. záver, výsledok • *in conclusion* na záver 2. rozhodnutie

conclusive [kənˈkluːsiv] adj. 1. nezvratný, presvedčivý 2. konečný

concoct [kənˈkokt] v. 1. zmiešať, namiešať 2. vymyslieť

concoction [kənˈkokšən] n. 1. odvar 2. zmes

concord [konkoːd] n. 1. zhoda 2. *hud.* harmónia

concordance [kənˈkoːdəns] n. zhoda

concordant [konkoːdənt] adj. 1. zhodný 2. harmonický

concourse [koŋkoːs] n. 1. hala, verejné priestranstvo *Am.* 2. dav, zoskupenie

concrete [koŋkriːt] adj. 1. konkrétny • *in the concrete* konkrétne 2. betónový

concrete n. betón

concrete v. betónovať
concubine [koəkjəbain] n. konkubína
concur [kən'kə:] -rr- v. **1.** súhlasiť, zhodovať sa **2.** vyskytnúť sa súčasne **3.** stretnúť sa
concurrent [kən'karənt] adj. **1.** súbežný, súčasný **2.** zhodný
concussion [kən'kašən] n. náraz, otras
condemn [kən'dem] v. **1.** odsúdiť na *to* **2.** prezradiť, usvedčiť **3.** obviniť z *of*
condemnation [,kondəm'neišən] n. odsúdenie, odmietnutie, zavrhnutie
condemned cell [kon,demd'sel] n. cela smrti
condensation [,konden'seišən] n. **1.** *chem.* zrážanie, kondenzácia **2.** zostručnenie
condense [kən'dens] v. **1.** *chem.* skvapalniť (sa), kondenzovať **2.** zostručniť
condenser [kən'densə] n. kondenzátor
condition [kən'dišən] n. **1.** stav • *in condition* v dobrom stave **2.** podmienka **3.** choroba **4.** okolnosť
conditions [kən'dišənz] n. pl. podmienky, okolnosti • *living conditions* životné podmienky
condole [kən'dəul] v. *condole with* vyjadriť sústrasť nad *on, upon*
condolence [kən'dəuləns] n. sústrasť nad *on*
condone [kən'dəun] v. odpustiť, prepáčiť
condor [kondo:] n. kondor
conduct [kə'n'dakt] v. **1.** previesť okolo *round* **2.** viesť, riadiť **3.** *hud.* dirigovať
conduct n. **1.** správanie **2.** riadenie
conductor [kən'daktə] n. **1.** dirigent **2.** sprievodca **3.** *fyz.* vodič
conduit [kondit] n. *elektr.* **1.** potrubie **2.** kanál
cone [kəun] n. **1.** kužeľ **2.** šiška
confectioner [kən'fekšənə] n. cukrár • *confectioner's* cukráreň
confederacy [kən'fedərəsi] -ie- n. **1.** konfederácia, zväz **2.** spolok
confederate [kən'fedərət] n.

confederate

1. spoločník, spoluvinník 2. člen konfederácie 3. spojenec
confederate v. 1. spojiť sa 2. vytvoriť konfederáciu
confederation [kən,fedə´reišən] n. konfederácia, zväz, združenie
confer [kən´fəː] -rr- v. 1. radiť sa, rokovať 2. udeliť niekomu niečo
conference [konfərəns] n. konferencia, rokovanie
confess [kən´fes] v. 1. priznať, uznať 2. vyspovedať (sa)
confession [kən´fešən] n. 1. priznanie 2. spoveď
confide [kən´faid] v. zdôveriť (sa) komu *to* • *confide in* dôverovať
confidence [konfədəns] n. 1. sebadôvera 2. dôvera 3. odvaha 4. drzosť
confidential [,konfi´denšəl] adj. dôverný
configuration [kən,figjə´reišən] n. rozloženie, konfigurácia, usporiadanie
confine [kən´fain] v. 1. obmedziť sa na *to* 2. zavrieť, uväzniť 3. pripútať *na lôžko*

confinement [kən´fainment] n. 1. väzenie 2. pôrod 3. obmedzenie
confirm [kən´fəːm] v. 1. potvrdiť 2. schváliť 3. upevniť 4. podpísať
confirmation [,konfə´meišən] n. 1. potvrdenie 2. konfirmácia
confirmed [,kon´fəːməd] adj. 1. nenapraviteľný 2. nevyliečiteľný 3. pevný
confiscate [konfəskeit] v. zhabať, skonfiškovať
confiscation [konfis´keišən] n. konfiškácia
conflagration [,konflə´greišn] n. požiar
conflict [konflikt] n. spor, konflikt, zrážka
conform [kən´foːm] v. 1. prispôsobiť (sa), podriadiť sa 2. vyhovovať
confound [kən´faund] v. 1. zmiasť, zmariť 2. mýliť si 3. prekvapiť
confront [kən´frant] v. 1. stáť pred, postaviť sa proti 2. čeliť niečomu
confrontation [,konfran´teišən] n. konfrontácia
confuse [kən´fjuːz] v. zmiasť, popliesť

confusion [kən'fju:žən] n. **1.** zmätok, neporiadok **2.** zámena
confute [kən'fju:t] v. **1.** usvedčiť **2.** umlčať
congeal [kən'dži:l] v. **1.** zmraziť **2.** ztuhnúť
congenital [kən'dženətl] adj. vrodený
congest [kən'džest] v. nahromadiť
conglomeration [kən,glomə'reišən] n. nahromadenie
congratulate [kən'græčəleit] v. blahoželať, gratulovať k *on*
congratulations [kən,græčə'leišənz] n. blahoželanie, gratulácia
congregate [koŋgrəgeit] v. zhromažďovať sa
congress [koŋgres] n. zjazd, kongres
conical [konikəl] adj. kužeľový, kužeľovitý, kónický
coniferous [kə'nifərəs] adj. ihličnatý
conjecture [kə'džekčə] n. dohad, domnienka
conjecture v. dohadovať sa
conjoin [kən'džoin] v. spojiť sa

conjugal [kondžəgəl] adj. manželský
conjunct [kən'džaŋkt] adj. **1.** spojený **2.** spoločný
conjunction [kən'džaŋkšən] n. **1.** spojenie, konjunkcia **2.** zhoda **3.** *gram.* spojka
conjure [kandžə] v. čarovať, kúzliť
conjurer [kandžərə] n. kúzelník
connect [kə'nekt] v. **1.** *connect up* spojiť **2.** spájať s *with* **3.** prepojiť na *to*
connection [kə'nəkšən] n. **1.** spojenie, kontakt s *with*, medzi *between* **2.** prípoj, spoj **3.** konexie **4.** príbuzný **5.** súvislosť
connive [kə'naiv] v. tajne spolupracovať s *with*
conquer [koŋkə] v. **1.** dobyť, podrobiť si **2.** poraziť, zdolať
conqueror [koŋkərə] n. dobyvateľ
conquest [koŋkwest] n. **1.** dobytie čoho *of* **2.** dobyté územie **3.** víťazstvo
conscience [konšəns] n. svedomie
conscious [konšəs] adj. **1.**

consciousness

vedomý si **2.** sebavedomý
consciousness [konšəsnəs] n. vedomie, uvedomenie si čoho *of*
conscript [kən´skript] v. odviesť na vojnu
conscript [konskript] n. branec, odvedenec, regrút
conscription [kon´skripšən] n. branná povinnosť
consecution [,konsə´kju:šən] **1.** postup **2.** *gram.* súslednosť
consensus [kən´sensəs] n. súhlas
consent [kən´sent] v. súhlasiť
consent n. súhlas
consequence [konsəkwəns] n. **1.** následok, dôsledok • *in consequence of* v dôsledku čoho **2.** dôležitosť
consequently [konsəkwəntli] adv. následkom čoho, preto
conservation [,konsə´veišən] n. **1.** šetrenie **2.** zachovanie
conservatism [kən´sə:vətizm] n. konzervatizmus
conservative [kən´sə:vətiv] adj. **1.** konzervatívny **2.** tradičný **3.** opatrný

conservatory [kən´sə:vətəri] *-ie-* n. skleník
conserve [kən´sə:v] v. **1.** uchrániť, zachovávať **2.** konzervovať zeleninu a pod.
conserve [konsə:v] n. zaváranina
consider [kən´sidə] v. **1.** zvážiť, rozmýšľať **2.** brať do úvahy **3.** považovať
considerable [kən´sidərəbəl] adj. **1.** značný **2.** dôležitý
considerate [kən´sidərət] adj. pozorný, ohľaduplný k *to*, voči *towards*
consideration [kən,sidə´reišən] n. **1.** ohľad na *for* **2.** zváženie, úvaha • *in consideration of* vzhľadom na **3.** zreteľ **4.** dôvod **5.** úcta
considering [kən´sidəriŋ] prep. vzhľadom na
consign [kən´sain] v. **1.** odoslať, poslať **2.** zveriť
consignation [,konsai´neišən] n. zaslanie
consignee [,konsai´ni:] n. príjemca, adresát
consignment [kən´sainmənt] n. **1.** zásielka **2.** zaslanie, odoslanie

consignor [kən'sainə] n. odosielateľ

consist [kən'sist] v. *consist in* spočívať na • *consist of* skladať sa z • *consist with* zhodovať sa

consistence [kən'sistəns] n. hustota

consistent [kən'sistənt] adj. 1. zhodný • *be° consistent with* zhodovať sa s 2. pevný

consolation [,konsə'leišən] n. útecha

console [kən'səul] v. utešiť čím *with*

consolidate [kən'solədeit] v. 1. zosilnieť, upevniť (sa), skonsolidovať 2. spojiť, zlúčiť 3. stuhnúť

consolidation [kən,soli'deišən] n. 1. konsolidácia 2. spojenie, zlúčenie 3. zjednotenie

consonance [konsən'əns] n. zhoda

consonant adj. 1. zhodný, zodpovedajúci čomu *to* 2. *hud.* ľúbozvučný

consortium [kən'so:tiəm] pl. *consortia* [kən'so:tiə] n. konzorcium, spoločenstvo

conspicuous [kən'spikjuəs] adj. 1. viditeľný, nápadný 2. pozoruhodný

conspiracy [kən'spirəsi] -ie- n. sprisahanie, konšpirácia

conspire [kən'spaiə] v. sprisahať sa, spojiť sa tajne

constable [kanstəbəl] n. policajný strážnik, policajt

constancy [konstənsi] n. 1. stálosť, stabilita, vytrvalosť 2. vernosť

constant [konstənt] adj. 1. stály, nemenný, vytrvalý 2. verný

constellation [,konstə'leišən] n. 1. súhvezdie, konštelácia 2. model

consternation [,konstə'neišən] n. ohromenie, zdesenie, úžas

constipation [,kostə'peišən] n. zápcha

constituent] kən'stičuənt] n. volič

constitute [konsti'tju:t] v. 1. ustanoviť 2. vymenovať 3. založiť

constitution [,kostə'tju:šən] n. 1. ústava 2. konštitúcia, povaha 3. zloženie 4. nariadenie

constitutional [,konstə'tju:šənəl] adj. 1. ústavný, kon-

constrain

štitučný 2. vrodený
constrain [kən'strein] v. 1. zaraziť, obmedziť 2. prinútiť 3. väzniť
constraint [kən'streint] n. nátlak
constrict [kən'strikt] v. škrtiť
construct [kən'strækt] v. 1. stavať, vybudovať 2. konštruovať 3. vytvoriť 4. *geom.* zostrojiť
construction [kən'strakšən] n. 1. stavebníctvo 2. výstavba 3. konštrukcia 4. stavba 5. *geom.* zostrojenie
constructive [kən'straktiv] adj. 1. stavebný 2. tvorivý 3. odvodený
constructor [kən'straktə] n. 1. staviteľ 2. konštruktér
consul [konsəl] n. konzul
consular [konsjulə] adj. konzulárny
consulate [konsjələt] n. konzulát
consult [kən'salt] v. 1. radiť sa, poradiť sa, konzultovať • *consult with* poradiť sa s 2. brať ohľad • *consulting room* ordinácia
consultant [kən'saltənt] n. konzultant
consultation [,konsəl-'teišən] n. porada, konzultácia
consume [kən'sju:m] v. 1. konzumovať 2. spotrebovať
consumer [kən'sju:mə] n. spotrebiteľ
consumption [kən'sampšən] n. spotreba
contact [kontækt] n. 1. styk, kontakt 2. spojenie 3. známosť
contact v. spojiť sa, stýkať sa
contact lens [kontækt lenz] n. kontaktné šošovky
contagion [kən'teidžən] n. nákaza
contagious [kən'teidžəs] adj. nákazlivý
contain [kən'tein] v. 1.obsahovať 2. ovládať sa
container [kən'teinə] n. nádoba, kontajner
contaminate [kən'tæməneit] v. znečistiť, kontaminovať
contamination [kən,tæmi'neišən] n. znečistenie, kontaminácia
contemplate [kontəmpleit]

v. **1.** uvažovať, premýšľať **2.** očakávať
contemporary [kən´tempərəri] adj. **1.** moderný, dnešný **2.** súčasný
contemporary -ie- n. súčasník, vrstovník
contempt [kən´tempt] n. **1.** opovrhnutie **2.** pohŕdanie
contemptous [kən´tempjuəs] adj. opovržlivý, pohŕdajúci
contend [kən´tend] v. **1.** zápasiť, bojovať **2.** tvrdiť
content [kən´tent] adj. spokojný s *with*
content v. uspokojiť • *content o.s.* uspokojiť sa
contention [kən´tenšən] n. **1.** tvrdenie **2.** spor, hádka **3.** boj
contest [kontest] n. **1.** zápas, boj **2.** súťaž
contest [kən´test] v. uchádzať sa, bojovať, súťažiť
context [kontekst] n. **1.** súvislosť, kontext **2.** rámec
continence [kontin´əns] n. zdržanlivosť
continent [kontənənt] n. kontinent, svetadiel • *the Continent* Európa
continent adj. zdržanlivý

continental [,konti´nentəl] adj. pevninský
contingency [kən´tindžənsi] -ie- n. **1.** možnosť, eventualita **2.** skutočnosť **3.** súvislosť
continual [kən´tinjuəl] adj. neustály, ustavičný
continuation [kən,tinju-´eišən] n. pokračovanie, trvanie
continue [kən´tinju:] v. **1.** pokračovať v *in* **2.** zostať, zotrvať
continuity [,konti´nju:iti] n. súvislosť, kontinuita
contort [kən´to:t] v. skrútiť (sa), skriviť (sa)
contour [kontuə] n. obrys
contra [kontrə] proti
contraband [kontrəbænd] n. pašovaný tovar
contrabass [,kontrə´beis] n. *hud.* kontrabas
contraception [,kontrə´sepšən] n. antikoncepcia
contract [kontrækt] n. zmluva, kontrakt
contract [kən´trækt] v. **1.** *contract in* zaviazať sa písomne **2.** uzavrieť zmluvu
contraction [kontrækšən] n. kontrakcia

contradict [ˌkontrəˊdikt] v. protirečiť, odporovať
contradiction [ˌkontrəˊdikšən] n. 1. protirečenie, protiklad 2. odpor
contraption [kənˊtræpšən] n. výmysel
contrary [kontrəri] -ie- n. opak • *on the contrary* naopak
contrary adj. opačný, protikladný
contrary adj. tvrdohlavý
contrast [kontra:st] n. 1. opak, kontrast k *with/to* 2. rozdiel medzi *between* 3. rozpor
contrast [konˊtra:st] v. 1. porovnať s *with* 2. byť v rozpore
contravene [ˌkontrəˊvi:n] v. 1. porušovať 2. odporovať
contribute [kənˊtribju:t] v. 1. prispieť 2. prispievať do *to*
contribution [ˌkontrəˊbju:šən] n. príspevok
contrive [kənˊtraiv] v. 1. uskutočniť, dokázať 2. vymyslieť
control [kənˊtrəul] -ll- v. 1. kontrolovať, regulovať 2. riadiť

control n. 1. ovládanie, kontrola, vláda 2. riadenie • *get° out of control* vymknúť sa spod kontroly • *under control* pod kontrolou
controversial [ˌkontrəˊve:šəl] adj. 1. sporný 2. hašterivý
controversy [kontrəvə:si] -ie- n. spor, polemika, kontraverzia
controvert [kontrəvə:t] v. 1. popierať, vyvracať 2. polemizovať
convalesce [ˌkonvəˊles] v. zotavovať sa, uzdravovať sa po chorobe
convalescence [ˌkonvəˊlesəns] n. rekonvalescencia, zotavenie po chorobe
convene [kənˊvi:n] v. 1. zísť sa, zhromaždiť sa 2. zvolať
convent [konvənt] n. kláštor
convenience [kənˊvi:niəns] n. 1. výhoda 2. vymoženosť
convenient [kənˊvi:niənt] adj. vyhovujúci
convention [kənˊvenšən] n. 1. zhromaždenie 2. dohoda 3. konvencia

converge [kən'və:dž] v. zbiehať sa, sústrediť sa na *on*
conversation [,konvə'seišən] n. rozhovor, konverzácia
converse [kən'və:s] v. konverzovať
converse [konvə:s] adj. opačný
converse n. opak
conversely [kən'və:sli] adv. na druhej strane, naopak
conversion [kən'və:šən] n. 1. zmena, premena 2. konverzia
convert [kən'və:t] v. 1. zmeniť, premeniť 2. konvertovať 3. prepočítať
convertible [kən'və:təbəl] adj. 1. prispôsobiteľný 2. konvertibilný
convey [kən'vei] v. dopraviť, prepraviť
conveyance [kən'veiəns] n. doprava, transport
conveyer belt [kən'veiə belt] n. bežiaci pás
convict [kən'vikt] v. usvedčiť, odsúdiť
convict [konvikt] n. väzeň, trestanec
conviction [kən'vikšən] n. 1. odsúdenie, usvedčenie 2. presvedčenie
convince [kən'vins] v. presvedčiť
convivial [kən'viviəl] adj. pohostinný, družný, veselý
convoke [kən'vouk] v. zvolať
convoy [konvoi] n. konvoj
convulse [kən'vals] v. zmietať sa
convulsion [kən'valšən] n. 1. kŕč 2. záchvat smiechu
cook [kuk] v. variť
cook n. kuchár
cooker [kukə] n. varič, sporák • *cookery book* kuchárska kniha
cookie [kuki] n. sušienka, keks *Am.*
cooking [kukiŋ] n. varenie
cool [ku:l] adj. 1. chladný • *get° cool* ochladiť sa 2. pokojný 3. svieži
cool n. chlad
cool-headed [,ku:l'hedəd] adj. chladnokrvný, rozvážny
cooperate [kəu'opəreit] v. spolupracovať
cooperation [kəu,opə'reišən] n. kooperácia, spolupráca

cooperative [kəu'opərativ] n. družstvo
coordinate [kəu'o:dəneit] v. zladiť, koordinovať
coordination [kəu,o:də'neišən] n. koordinácia, súlad, usporiadanie
copartner [kou'pa:tnə] n. spoločník
cope [kəup] v. poradiť si, zvládnuť
copier [kopiə] n. xerox
copper [kopə] n. 1. meď 2. kotol
copulate [kopju'leit] v. páriť sa
copy [kopi] -ie- n. 1. kópia 2. výtlačok 3. *polygr.* rukopis 4. námet
copy v. 1. urobiť kópiu 2. okopírovať, opísať
copyright [kopirait] n. autorské právo
copyright adj. chránený
coquet [kou'ket] v. koketovať
coral [korəl] n. korál
cord [ko:d] n. povraz, lano
• *spinal cord* miecha
cordial [ko:diəl] adj. srdečný, úprimný
cordiality [,ko:di'æliti] n. úprimnosť, srdečnosť

cordon [ko:dn] n. kordón
corduroy [ko:džəroi] n. menčester
core [ko:] n. 1. jadrovník 2. jadro, stred
cork [ko:k] n. 1. korok 2. zátka
corkscrew [ko:kskru:] n. vývrtka
corn [ko:n] n. 1. zrno, zrnko 2. obilie, pšenica 2. kukurica *Am.*
corner [ko:nə] n. roh, kút
corner v. 1. dostať (sa) do úzkych 2. vybrať zákrutu
cornflakes [ko:nfleiks] n. pl. kukuričné vločky, lupienky
cornflour [ko:nflauə] n. kukuričná múka
cornflower [ko:nflauə] n. nevädza
coronation [,korə'neišən] n. korunovácia
coroner [korənə] n. obhliadač mŕtvol
corporal [ko:pərəl] n. desiatnik
corporal adj. telesný
corporation [,ko:pə'reišən] n. spoločnosť, združenie, korporácia
corporeal [ko:'po:riəl] adj.

cottage cheese

telesný
corps [ko:] pl. corps [ko:z] n. **1.** zbor *armádny, diplomatický* **2.** spolok
corpse [ko:ps] n. mŕtvola
corpuscle [ko:pasl] *lek.* krvinka
correct [kəˊrekt] adj. **1.** správny, korektný **2.** presný
correct v. napraviť, opraviť, korigovať
correction [kəˊrekšən] n. oprava, korektúra
correspond [ˌkorəˊspond] v. **1.** odpovedať, zhodovať sa s *with*, súhlasiť **2.** dopisovať si, písať si
correspondence [ˌkorəˊspondəns] n. **1.** korešpondencia **2.** zhoda, súhlas
corridor [korədo:] n. chodba, koridor
corroborate [kəˊrobəreit] v. potvrdiť
corrode [kəˊrəud] v. hrdzavieť, korodovať
corrosion [kəˊrəužən] n. **1.** hrdzavenie, korózia **2.** hrdza
corrupt [kəˊrapt] adj. úplatný, skorumpovaný
corruption [kəˊrapšən] n. **1.** kazenie, skaza **2.** úplatkárstvo, korupcia
cosmetic [kozˊmetik] n. pl. *cosmetics* kozmetika
cosmetic adj. kozmetický
cosmetician [ˌkozməˊtišən] n. kozmetička
cosmic [kozmik] adj. kozmický, vesmírny
cosmonaut [kozməno:t] n. kozmonaut
cosmos [kozmos] n. *the cosmos* vesmír, kozmos
cost [kost] n. cena, náklady
● *living costs* životné náklady
cost v [cost] *cost, cost* v. stáť *o cene*
cost of living [ˌkost əv ˊliviŋ] n. náklady na živobytie
costly [kostli] adj. nákladný, drahý
costume [kostjum] n. **1.** kostým **2.** úbor
cosy [kəuzi] -*ie*- adj. útulný, príjemný
cot [kot] n. **1.** detská postieľka **2.** skladacie ležadlo
cottage [kotidž] n. chalupa, chata
cottage cheese [ˌkotidž ˊči:z] n. tvaroh

cotton [kotən] n. 1. bavlník 2. bavlna
couch [kauč] n. pohovka, gauč
cougar [ku:gə] n. *zool.* puma
cough [kof] v. kašľať • *cough up* vykašľať
cough n. kašeľ, kašľanie
could [kəd, kud] **p.** can
coulisse [ku:li:s] n. kulisa
council [kaunsəl] n. rada, zhromaždenie • *city council* mestská rada
counsel [kaunsəl] n. žalobca, obhajca, právny zástupca
counsel -*ll*- v. radiť (sa)
count [kaunt] v. 1. *count up* počítať, napočítať do *to* 2. spočítať 3. považovať, pokladať za • *count on* 1. spoľahnúť sa 2. počítať s čím
count n. 1. počítanie 2. bod, vec 3. sčítanie, súčet
count n. gróf
countable [kauntəbəl] adj. počítateľný
countenance [kauntənəns] n. 1. podpora, súhlas 2. povzbudenie • *out of countenance* priviesť do rozpakov
countenance v. 1. podporovať 2. povzbudzovať
counter [kauntə] n. 1. pult 2. okienko
counter adv. *counter to* proti
counter adj. opačný
counteract [,kauntə'rækt] v. rušiť
counteraction [,kauntə'rækšən] n. odpor
counterattack [kauntərətæk] n. protiútok
counterbalance [kauntə'bala:ns] n. protiváha
counterfeit [kauntəfit] v. 1. falšovať 2. predstierať
countess [kauntəs] n. grófka
country [kantri] -*ie*- n. 1. krajina 2. *the country* vidiek • *in the country* na vidieku • *country-house* vidiecke sídlo 3. kraj
countryman [kantrimən] pl. *countrymen* n. 1. krajan 2. vidiečan
countryside [kantrisaid] n. *the countryside* vidiek
county [kaunti] -*ie*- n. 1. grófstvo 2. kraj *Am.*
coup [ku:] n. 1. dobrý ťah 2. úder
couple [kapəl] n. 1. pár čoho *of* 2. *a married couple* manželský pár

coupling [kapliŋ] n. spoj
coupon [ku:pon] n. 1. kupón, ústrižok 2. poukážka
courage [karidž] n. odvaha
courageous [kəˊreidžəs] adj. odvážny
courier [kuriə] n. posol
course [ko:s] n. 1. smer, kurz 2. priebeh, chod 3. dráha, trať 4. chod jedla 5. tok • *in the course of* počas • *of course* pravdaže
court [ko:t] n. 1. súdna sieň 2. *the court* súd 3. kurt, dvorec 4. dvor 5. pozornosť
courteous [kə:tiəs] adj. zdvorilý
courtyard [ko:tja:d] n. dvor, nádvorie
cousin [kazən] n. bratranec, sesternica
covenant [kavənənt] n. zmluva, dohoda
covenant v. zaviazať sa
cover [kavə] v. 1. prikryť, zakryť čím *with* 2. pokryť čo, čím 3. poistiť 4. zaplaviť
cover n. 1. pokrývka, plachta 2. obal, prebal 3. kryt, úkryt 4. poistenie 5. ochrana
coverage [kavəridž] n. 1. spravodajstvo 2. poistenie, krytie
covet [kavit] v. želať si, túžiť
covetous [kavətəs] adj. chamtivý
cow [kau] n. krava
coward [kauəd] n. zbabelec
coward adj. zbabelý
cowboy [kauboi] n. pastier dobytka, kovboj
co-worker [ˌkəuˊwə:kə] n. spolupracovník
cowshed [kaušed] n. kravín
coy [koi] adj. plachý, nesmelý, zdržanlivý
crab [kræb] n. krab, krabie mäso • *Crab Rak* znamenie
crack [kræk] v. puknúť, prasknúť
crack n. 1. puklina, prasklina, škára 2. prasknutie, úder
cradle [kreidl] n. kolíska
craft [kra:ft] n. 1. umenie 2. cech, spoločenstvo 3. živnosť
craftsman [kra:ftsmən] pl. *craftsmen* n. remeselník
crag [kræg] n. útes

cram [krəm] -mm- v. pchať si
cramp [kræmp] n. kŕč
cramp n. skoba
cranberry [krænbəri] -ie- n. brusnica
crane [krein] n. žeriav
crank [kræŋk] n. 1. kľuka 2. blázon
crash [kræš] v. 1. rozbiť 2. tresnúť, roztrieštiť sa 3. rachotiť 4. zrútiť sa 5. havarovať 6. vraziť do *into* 7. naraziť na *on*
crash n. 1. havária, zrážka 2. úder, rachot 3. pád
crater [kreitə] n. kráter
crave [kreiv] v. 1. túžiť po *after/for* 2. vyžiadať si
craven [kreivən] adj. zbabelý
craven n. zbabelec
crawl [kro:l] v. 1. plaziť sa, liezť 2. hemžiť sa čím *with*
crawl n. 1. lezenie, plazenie 2. *šport.* kraul
crayfish [kreifiš] n. *zool.* rak
crayon [kreiən] n. pastelka
craze [kreiz] v. zošalieť
crazy [kreizi] -ie- adj. bláznivý, šialený
creak [kri:k] v. škrípať

cream [kri:m] n. 1. smotana 2. krém 3. *the cream* smotánka čoho *of*
crease [kri:s] n. záhyb, puk, pokrčenie
crease v. pokrčiť, urobiť záhyby
create [kri´eit] v. 1. stvoriť, vytvoriť 2. menovať
creation [kri´eišən] n. 1. vytvorenie, stvorenie 2. výtvor, dielo
creative [kri´eitiv] adj. tvorivý
creator [kri´eitə] n. stvoriteľ, tvorca
Creator [kri´eitə] n. *the Creator* Stvoriteľ, Boh
creature [kri:čə] n. 1. tvor 2. stvorenie, bytosť 3. výtvor
credence [kri:dəns] n. dôvera, viera
credibility [,kredə´biləti] n. dôveryhodnosť
credible [kredəbəl] adj. dôveryhodný
credit [kredət] n. 1. úver, kredit 2. dôvera 3. *obch.* úver 4. česť
credit v. veriť čomu
credit account [kredit ə,kaunt] n. úverový/kredit-

ný účet
credit card [kredit ka:d] n. úverová/kreditná karta
creditor [kredətə] n. veriteľ
creed [kri:d] n. krédo
creek [kri:k] n. 1. úzka zátoka, záliv 2. potok *Am.*
creep [kri:p] *crept, crept* v. 1. zakrádať sa, vkradnúť sa 2. plaziť sa, liezť
cremation [kri´meišən] n. kremácia
crematory [kremətri] n. krematórium
crept [krept] p. creep
crest [krest] n. hrebeň hory, vlny
cretin [kretən] n. kretén
crevice [krevəs] n. úzka trhlina, puklina
crew [kru:] n. posádka
crib [krib] n. 1. detská postieľka *Am.* 2. jasle 3. jasličky, betlehem 4. chatrč
cricket [krikət] n. 1. kriket 2. cvrček
crime [kraim] n. 1. zločin 2. zločinnosť 3. hriech
criminal [krimənəl] adj. 1. zločinný 2. kriminálny
criminal n. zločinec
cringe [krindž] v. hrbiť sa
cripple [kripəl] n. mrzák

cripple v. zmrzačiť
crisis [kraisəs] pl. *crises* [kraisi:z] n. kríza
crisp [krisp] n. smažené zemiakové lupienky
crisp adj. 1. krehký, chrumkavý 2. ostrý, prenikavý
criterion [krai´tiəriən] pl. *criteria* [krai´tiəriə] n. kritérium
critic [kritik] n. kritik
critical [kritikəl] adj. kritický, rozhodujúci
criticism [kritəsizəm] n. kritika, posudzovanie
criticize [kritəsaiz] v. 1. kritizovať 2. kriticky posúdiť
croak [krəuk] v. kvákať
Croatia [krəu´eišə] n. Chorvátsko
crochet [krəušei] v. háčkovať
crockery [krokəri] n. hlinený riad
crocodile [krokədail] n. *zool.* krokodíl
crook [kruk] n. 1. *hovor.* podvodník 2. ohyb 3. barla
crook v. ohýbať sa
crooked [krukəd] adj. 1. krivý, zahnutý 2. nepoctivý
crop [krop] n. 1. plodina 2.

crop

úroda 3. hrvoľ 4. bič
crop -pp- v. 1. ohrýzť 2. urodiť sa
cross [kros] n. 1. krížik 2. kríž
cross v. 1. prejsť, prechádzať, pretínať 2. križovať sa 3. minúť sa 4. preškrtnúť
cross adj. nahnevaný, mrzutý
crossbow [krosbəu] n. kuša
cross-country [ˌkros´kauntri] adj. cezpoľný
cross-examine [ˌkrosig´zæmən] v. podrobiť krížovému výsluchu
cross-eyed [ˌkros´aid] adj. škuľavý
crossing [´krosiŋ] n. 1. prechod 2. prejazd 3. plavba cez more
crossroads [krosrəudz] n. križovatka
crosswalk [kroswo:k] n. prechod pre chodcov *Am.*
crossword [kros,wə:d] n. *crossword puzzle* krížovka
crouch [krauč] v. *crouch down* čupnúť si
croupier [kru:piə] n. krupiér
crow [krəu] n. *zool.* vrana

crow v. krákať
crowd [kraud] n. dav, zástup, húf
crowd v. 1. zhŕknuť sa 2. zaplniť 3. natlačiť, napchať
crowded [kraudəd] adj. preplnený, prepchatý
crown [kraun] n. 1. koruna *ozdoba hlavy panovníka* 2. korunka *zuba*
crown v. 1. korunovať 2. zakryť 3. nasadiť korunku na zub
crucial [kru:šəl] adj. rozhodujúci, dôležitý
crucifix [kru:səfiks] n. krucifix
crucifixion [ˌkru:sə´fikšən] n. ukrižovanie
crude [kru:d] adj. 1. surový 2. hrubý
cruel [kru:əl] adj. krutý, ukrutný
cruise [kru:z] v. plaviť sa
cruiser [kru:zə] n. krížnik
crumb [kram] n. 1. omrvinka 2. pl. strúhanka
crumb v. obaliť strúhankou
crumble [krambəl] v. mrviť, rozmrviť
crunch [kranč] v. 1. chrúmať 2. vŕzgať
crunch n. chrúmanie, vŕzga-

nie, škrípanie
crush [kraš] v. rozmliaždiť, rozdrviť, rozpučiť
crush n. tlačenica, tlak
crust [krast] n. 1. kôrka 2. kôra
crutch [krač] n. 1. barla 2. opora
cry [krai] v. 1. plakať 2. kričať, volať o *for*
cry -ie- n. 1. krik, výkrik 2. volanie o, po *for* 3. plač
crypt [kript] n. krypta
crystal [kristəl] n. 1. krištáľ 2. krištáľové sklo 3. kryštál soli, cukru
crystallize [kristəlaiz] v. kryštalizovať (sa)
cub [kab] n. 1. mláďa 2. začiatočník
cube [kju:b] n. 1. kocka 2. *mat.* tretia mocnina 3. kubík
cubic [kju:bik] adj. kubický
cuckold [kakəld] n. paroháč
cuckoo [kuku:] pl. *cuckoos* n. kukučka
cucumber [kju:kambə] n. *bot.* uhorka
cuddle [kadl] v. maznať sa, objímať sa
cue [kju:] v. *cue in* napovedať, dať znamenie
cue n. tágo
cuff [kaf] n. 1. manžeta 2. facka
cuisine [kwi'zi:n] n. kuchyňa
cull [kal] v. 1. triediť 2. zbierať
culminate [kalməneit] v. vrcholiť, kulminovať
culprit [kalprət] n. vinník
culprit adj. obžalovaný
cult [kalt] n. 1. sekta 2. kult
cultivate [kaltəveit] v. 1. obrábať 2. pestovať 3. rozvíjať
cultivation [kalti'veišən] n. 1. obrábanie pôdy 2. pestovanie
cultural [kalčərəl] adj. kultúrny
culture [kalčə] n. 1. kultúra, *aj biol.* 2. pestovanie, chovanie
cultured [kalčəd] adj. 1. kultúrny, vzdelaný 2. šľachtený
cumber [kambə] v. brániť, prekážať
cumulate [kju:mjuleit] v. hromadiť sa
cunning [kaniŋ] adj. 1. prefíkaný, ľstivý 2. šikovný 3. milý *Am.*

cunning n. 1. prefíkanosť 2. šikovnosť
cup [kap] n. 1. šálka 2. pohár 3. *bot.* kalich
cupboard [kabəd] n. kredenc, skriňa
curable [kjuərəbəl] adj. liečiteľný
curb [kə:b] n 1. kontrola 2. obrubník *Am.* 3. uzda
curb v. brzdiť
curd [kə:d] n. tvaroh
curdle [kə:dl] v. zraziť sa
cure [kjuə] v. liečiť, vyliečiť čo *of*
cure n. 1. liek 2. vyliečenie, uzdravenie 3. liečenie, liečebná kúra
curiosity [,kjuəri´osəti] *-ie-* n. 1. zvedavosť 2. vzácnosť, kuriozita
curious [kjuəriəs] adj. 1. zvedavý 2. zvláštny
curl [kə:l] n. kučera
curly [kə:li] *-ie-* adj. kučeravý
currant [karənt] n. 1. hrozienko 2. ríbezľa
currency [karənsi] *-ie-* n. 1. mena, peniaze, 2. obeh
current [karənt] adj. súčasný, terajší
current n. prúdenie, prúd, *aj elektr.*
current account [karənt ə,kaunt] n. bežný účet
curriculum [kə´rikjələm] pl. *curricula* [kə´rikjələ] n. osnova školská
curriculum vitae [kə,rikjələm ´vi:tai] n. životopis
curse [kə:s] v. 1. preklínať, kliať 2. prekliať 3. rúhať sa
curse n. 1. prekliatie, kliatba na *on* 2. rúhanie
cursor [kə:sə] n. kurzor počítača
curtail [kə:´teil] v. 1. skrátiť 2. obmedziť
curtain [kə:tæn] n. 1. záclona 2. opona
curve [kə:v] n. 1. krivka, oblúk 2. zákruta
cushion [kušən] n. vankúš
custard [kastəd] n. puding
custodian [kas´toudjən] n. 1. správca budovy, múzea a pod. 2. opatrovník
custody [kastədi] n. opatrovanie, väzenie
custom [kastəm] n. 1. zvyk 2. klientela, zákazníci 3. pl. clo
customary [kastəməri] adj. obvyklý

customer [kastəmə] n. zákazník, klient
customize [kastəmaiz] v. vyrobiť na objednávku
customs [kastəmz] n. colnica
cut [kat] -tt-, cut, cut v. 1. rezať (sa), krájať (sa), strihať (sa), sekať 2. porezať (sa) 3. vystrihnúť 4. znížiť, zredukovať • *cut° a corner* rezať zákrutu • *cut° down* 1. zoťať 2. skrátiť • *cut° off* 1. odrezať, odťať
cut n. 1. porezanie 2. plátok 3. zníženie
cute [kju:t] adj. 1. rozkošný *Am.* 2. prefíkaný 3. šikovný
cuticle [kju:tikəl] n. pokožka
cutlet [katlət] n. rezeň
cut-price [,kat ′prais] adj. zlacnený
cutter [katə] n. 1. škuner 2. brusič, rezbár, strihač
cybernetics [,saibə′netiks] n. pl. kybernetika
cycle [saikəl] n. 1. kolobeh 2. cyklus 3. perióda
cycle n. *hovor.* bicykel
cyclic [saiklik] adj. cyklický
cyclist [saiklist] bicyklista

cyclone [saikləun] n. cyklón
cylinder [siləndə] n. valec
cylindrical [sə′lindrikəl] adj. valcovitý
cymbal [simbəl] n. *hud.* cimbal
cynic [sinik] n. cynik
Cyrillic [sə′rilik] n. cyrilika
cyst [sist] n. cysta
cytology [sai′tolədži] n. cytológia
czar [za:] n. cár
Czech [ček] n. 1. Čech 2. čeština
Czech adj. český • *the Czech Republic* Česká republika

D

dab [dæb] n. 1. ľahký dotyk 2. ťuknutie
dabble [dæbəl] v. 1. plačkať sa, máčať sa 2. postriekať 3. fušovať
dabbler [dæblə] n. amatér
dad [dæd] n. tato, *hovor.* tatko
daddy [dædi] n. tato, *hovor.* tatko
daffodil [dæfədil] n. *bot.* narcis
dagger [dægə] n. dýka
daily [deili] adj. denný, každodenný ● *daily life* každodenný život
daily adv. denne, každý deň
dainty [deinti] adj. 1. pôvabný 2. prieberčivý, vyberaný 3. chutný
dairy [deəri] n. *-ie-* mliekareň výrobňa aj predajňa ● *dairy produce* mliečne výrobky
dairymaid [deərimeid] n. dojička
daisy [deizi] n. *-ie- bot.* sedmikráska
dale [deil] n. údolie
dally [dæli] v. vliecť sa, motať sa
dam [dæm] n. priehrada
dam v. prehradiť
damage [dæmidž] n. 1. škoda na *to* ● *damages* náhrada škody 2. *the damage* cena
damage v. poškodiť
dame [deim] n. pani, slečna, žena, dievča *Am.*
Dame [deim] n. dáma *šľachtický titul*
damn [dæm] adj. *slang.* prekliaty
damn v. 1. prekliať 2. zatratiť
damning [dæmiŋ] adj. usvedčujúci
damp [dæmp] adj. vlhký
damp n. vlhkosť
damper [dæmpə] n. 1. studená sprcha 2. tlmič, regulátor
dance [da:ns] n. tanec
dance v. tancovať ● *dancing school* tanečná škola
dancer [da:nsə] n. tanečník, tanečnica
dandelion [dændəlaiən] n. *bot.* púpava

dandruff [dændrəf] n. pl. lupiny
dandy [dændi] n. švihák
danger [deindžə] n. nebezpečenstvo čoho *of*, pre *to*
dangerous [deindžərəs] adj. nebezpečný
Danube [dænju:b] Dunaj
dare [deə] v. **1.** odvážiť sa, trúfať si **2.** vyzvať
dare n. výzva
daresay [,deə´sei] v. dúfať
daring [deəriŋ] adj. odvážny, smelý
dark [da:k] adj. **1.** tmavý **2.** temný **3.** zlovestný **4.** nezrozumiteľný
dark n. **1.** *the dark* tma **2.** zotmenie • *darkroom* fot. tmavá komora
darling [da:liŋ] n. miláčik, zlatko
darling adj. **1.** milovaný **2.** *hovor.* rozkošný
dart [da:t] n. **1.** šípka, oštep **2.** prudký pohyb **3.** žihadlo
dart v. **1.** skočiť, letieť **2.** vrhnúť, hodiť
dash [dæš] v. **1.** uháňať, hnať sa **2.** hodiť **3.** postriekať
dash n. **1.** rýchly pohyb, skok **2.** šprint **3.** trocha, kvapka **4.** pomlčka **5.** útok
dashboard [dæšbo:d] n. **1.** prístrojová doska **2.** blatník
data [deitə] n. **1.** údaj, fakt **2.** dáta, údaje • *data analysis* analýza dát • *database* databáza • *data collection* zber dát
data processing [,deitə ´prəusesiŋ] n. spracovanie dát
date [deit] n. **1.** dátum **2.** *hovor.* schôdzka, rande **3.** *hovor.* priateľ, priateľka
date v. **1.** určiť vek • *up to date* moderný • *out of date* nemoderný **2.** napísať dátum • *datestamp* razítko s dátumom
date n. *bot.* datľa
dated [deitəd] adj. zastaraný
daughter [do:tə] n. dcéra
daughter-in-law [do:tə ,inlo:] n. pl. *daughters-in-law/daughter-in-laws* nevesta *synova manželka*
daunt [do:nt] v. zastrašiť
dawdle [do:dl] v. motať sa, vliecť sa
dawn [do:n] n. úsvit, svitanie

dawn

dawn v. svitať, briežditť sa
day [dei] n. deň ● *all day long* celý deň ● *every other day* každý druhý deň ● *the day after tomorrow* pozajtra ● *working day* pracovný deň ● *the day before yesterday* predvčerom ● *day release* štúdijné voľno
daylight [deilait] n. 1. denné svetlo 2. úsvit, svitanie
day-to-day [,deitə'dei] adj. 1. každodenný 2. zo dňa na deň
dazzle [dæzəl] v. oslepiť, oslniť
dead [ded] adj. 1. mŕtvy ● *dead language* mŕtvy jazyk 2. nefungujúci
dead adv. úplne, celkom
deadline [dedlain] n. posledný termín
deadly [dedli] adj. -ie- 1. smrteľný 2. mŕtvolný
deaf [def] adj. hluchý
deaf-mute [,def 'mju:t] n. hluchonemý
deafness [defnis] n. hluchota
deal [di:l] *dealt* v. *deal° out* rozdať komu *to* ● *deal° in* obchodovať

deal n. 1. obchod, dohoda 2. množstvo čoho *of*
dealer [di:lə] n. 1. obchodník s *in* ● *retaildealer* maloobchodník ● *wholesaledealer* veľkoobchodník
dealt [delt] v. p. deal
dean [di:n] n. 1. dekan ● *dean´s office* dekanát 2. vedúci katedry
dear [diə] adj. 1. drahý 2. milý *oslovenie* ● *Dear Sir* Vážený pán
dearly [diəli] adv. 1. vrúcne, vrelo 2. veľmi
death [deθ] n. smrť
deathless [deθləs] adj. nesmrteľný
death rate [deθ reit] n. úmrtnosť
debark [di'ba:k] v. vylodiť sa
debase [di'beis] v. znehodnotiť, znížiť
debate [di'beit] n. debata, diskusia, spor
debate v. debatovať, viesť diskusiu, spor
debit [debət] n. dlh, pasívum
debris [debri:] n. trosky, rumovisko
debt [debt] n. dlh

debtor [debtə] n. dlžník
decade [dekeid] n.dekáda, desaťročie
decadence [dekədəns] n. úpadok, dekadencia
decapitate [di´kæpəteit] v. sťať hlavu
decathlon [de´kæθlən] n. desaťboj
decay [di´kei] v. 1. hniť, kaziť sa, pokaziť, rozkladať sa 2. upadať, chátrať
decay n. rozpad, rozklad, hnitie
decease [di´si:s] v. zomrieť
deceive [di´si:v] v. podviesť, oklamať
December [di´sembə] n. december • *in December* v decembri
decency [di:sənsi] n. slušnosť, mravnosť
decent [di:sənt] adj. slušný
decentralization [di:,sentrəlai´zeišən] n. decentralizácia
deception [di´sepšən] n. 1. podvod 2. podvodný trik
decide [di´said] v. rozhodnúť (sa)
deciduous [di´sidjuəs] adj. listnatý
decimal [desiməl] adj. desatinný
decision [di´sižən] n. 1. rozhodnutie • *decision making* rozhodovanie 2. rozhodnosť 3. ráznosť
decisive [di´saisiv] adj. rozhodný
deck [dek] n. 1. paluba 2. plošina autobusu
deckchair [dekčeə] n. ležadlo
declaim [di´kleim] v. rečniť, protestovať
declaration [,deklə´reišən] n. 1. vyhlásenie 2. deklarácia
declare [di´kleə] v. 1. vyhlásiť 2. tvrdiť 3. precliť • *customs declaration* colné prehlásenie • *declare against* vyjadriť sa proti • *declare for* vyjadriť sa za • *declare war* vyhlásiť vojnu
decline [di´klain] v. 1. klesať, upadať 2. odbočiť
decline n. pokles, úpadok
decor [deko:] n. výzdoba, dekorácia
decorate [dekəreit] v. 1. vyzdobiť čím *with* 2. vyznamenať, dekorovať
decoration [,dekə´reišən] n.

111

decorative

1. výzdoba 2. vyznamenanie
decorative [dekərətiv] adj. ozdobný
decorator [dekəreitə] n. 1. izbový maliar, tapetár 2. dekoratér
decoy [di:koi] n. návnada
decoy [di´koi] v. vlákať do *into*
decrease [di:kri:s] n. 1. zníženie, 2. pokles, úbytok
decree [di´kri:] n. nariadenie, dekrét
decree v. rozhodnúť
dedicate [dedikeit] v. venovať
deduce [di´dju:s] v. odvodiť, dedukovať z *from*
deduct [di´dakt] v. odpočítať
deduction [di´dakšən] n. dedukcia ● *deductive method* deduktívna metóda
deed [di:d] n. čin, skutok
deem [di:m] v. považovať za
deep [di:p] adj. 1. hlboký 2. tmavý
deep adv. 1. hlboko 2. neskoro
deer [diə] n. pl. *deer* vysoká zver
deface [di´feis] v. znetvoriť, zohaviť
defamation [,defə´meišən] n. ohováranie
defame [di´feim] v. ohovárať
defeat [di´fi:t] v. 1. poraziť 2. prekaziť
defect [di:´fekt] n. nedostatok, vada, kaz, chyba, porucha
defence [di´fens] n. 1. obrana 2. ochrana 3. obhajoba ● *defence of dissertation* obhajoba dizertácie
defend [di´fend] v. 1. brániť, aj šport. proti *against*, pred *from* 2. obhajovať
defer [di´fə:] v. -rr- odložiť
deference [defərəns] n. úcta, podriadenosť, poddajnosť
defiance [di´faiəns] n. odpor, neposlušnosť, vzdor
deficiency [di´fišənsi] n. -*ie*- nedostatok, deficit
deficient [di´fišənt] adj. nedostatočný
deficit [defəsət] n. schodok, manko, deficit
define [di´fain] v. 1. definovať, formulovať 2. ohraničiť, vymedziť
definite [definət] adj. určitý, presný ● *definite article*

delinquent

určitý člen
definition [,defə′nišən] n. 1. definícia 2. ostrosť
definitive [di′finitiv] adj. 1. konečný 2. rozhodný
deflate [,di:′fleit] v. 1. vypustiť vzduch 2. spľasnúť
deflect [di′flekt] v. odbočiť, odchýliť (sa), odkloniť
deflection [di′flekšən] n. 1. odklonenie 2. odchýlka
deform [di′fo:m] v. znetvoriť, deformovať
deformation [,di:fo:′meišən] n. deformácia, znetvorenie
defraud [di′fro:d] v. podviesť, defraudovať, spreneveriť
defy [di′fai] v. -ie- 1. vzdorovať 2. vyzvať 3. pohŕdať
degenerate [di′dženəreit] v. degenerovať
degradation [,degrə′deišən] n. degradácia, poníženie
degrade [di′greid] v. ponížiť, degradovať
degree [di′gri:] n. 1. stupeň 2. univerzitný titul, diplom 3. akademická hodnosť
deity [di:əti] n. -ie- božstvo

deject [di′džekt] v. skľúčiť
dejected [di′džektəd] adj. skľúčený
delay [di′lei] v. odložiť, odsunúť
delay n. odklad, oneskorenie, časový odstup
delegate [deləgət] n. delegát, zástupca
delegate v. splnomocniť niekoho, vyslať
delegation [,delə′geišən] n. delegácia, poverenie
delete [di′li:t] v. vymazať
deliberate [di′libərət] adj. 1. úmyselný 2. rozvážny 3. opatrný
deliberate [di′libəreit] v. uvažovať
deliberation [di,libə′reišən] n. úvaha
delicacy [delikəsi] n. -ie- 1. jemnosť, delikátnosť 2. lahôdka
delicate [delikət] adj. 1. krehký 2. delikátny 3. lahodný, jemný
delight [di′lait] n. radosť, potešenie
delighted [di′lai′təd] adj. potešený čím *by/with*
delinquent [di′liŋkwənt] n. páchateľ, zločinec

delirious [di´li:riəs] adj. blúzniaci, šialený
deliver [di´livə] v. 1. doručiť 2. dostať 3. oslobodiť od *from*
delivery [di´livəri] n. *-ie-* doručenie, dodanie, rozvoz
delude [di´lu:d] v. klamať (sa), oklamať
deluge [delju:dž] n. záplava, *aj pren.*
delusion [di´lu:žən] n. 1. klamanie 2. klam 3. podvod
delusive [di´lu:siv] adj. iluzorný
demand [di´ma:nd] n. 1. požiadavka, žiadosť 2. dopyt po *for*
demand v. žiadať čo, vyžadovať
demean [di´mi:n] v. správať sa
demilitarize [,di:´milətəraiz] v. odzbrojiť, demilitarizovať
democracy [di´mokrəsi] n. *-ie-* demokracia
democrat [deməkræt] n. demokrat
democratic [,demə´krætik] adj. demokratický

demolish [di´moliš] v. zničiť, zdemolovať
demon [di:mən] n. démon, diabol
demonstrate [demənstreit] v. 1. dokázať 2. predviesť 3. demonštrovať, ukázať
demonstration [,demən´streišən] n. 1. predvedenie 2. demonštrácia, prejav
demoralize [di´morəlaiz] v. demoralizovať
demote [di´məut] v. degradovať, zhodiť na *to*
demur [di´mə:] n. námietka
demure [di´mjuə] adj. rezervovaný, skromný
den [den] n. 1. brloh
denial [di´naiəl] n. 1. poprenie 2. odmietnutie
denotation [,di:nəu´teišən] n. označenie
denote [di´nəut] v. označiť, pomenovať
denounce [di´nauns] v. 1. odsúdiť, obžalovať 2. vypovedať
dense [dens] adj. 1. hustý 2. hlúpy
density [densəti] n. *-ie-* hustota
dent [dent] n. buchnuté miesto

dent v. buchnúť
dental [dentl] adj. zubný
dentist [dentəst] n. zubár
denture [denčə] n. umelý chrup
denude [di´nju:d] v. vyzliecť
denunciation [di,nansi´eišən] n. udanie
deny [di´nai] v. *-ie-* poprieť, zaprieť
depart [di´pa:t] v. odísť z *from* • *depart from* odbočiť
department [di´pa:tmənt] n. 1. oddelenie 2. katedra, sekcia • *department chair* vedúci katedry • *department head* vedúci ústavu, sekcie 3. ministerstvo • *Department of Education* ministerstvo školstva
department store [di´pa:tmənt sto:] n. obchodný dom
departure [di´pa:čə] n. 1. odchod 2. odklon, odchýlenie
depend [di´pend] v. závisieť, byť závislý
dependant [di´pendənt] n. rodinný príslušník

dependence [di´pendəns] n. závislosť na *on/upon*
dependent [di´pendənt] adj. závislý od *on*
deplete [di´pli:t] v. 1. znížiť 2. vyprázdniť
deplore [di´plo:] v. ľutovať
deport [di´po:t] v. vypovedať, deportovať
depose [di´pəuz] v. zosadiť
deposit [di´pozət] v. 1. položiť 2. naniesť, naplaviť 3. uložiť
deposit n. 1. usadenina, nános 2. vklad 3. záloha
deposit account [di´pozət ə,kaunt] n. vkladový účet, depozitné konto
depositor [di´pozətə] n. vkladateľ
depot [depəu] n. sklad, skladisko
depravity [di´præviti] n. nemravnosť
depreciate [di´pri:šieit] v. znehodnotiť
depress [di´pres] v. 1. deprimovať, skľúčiť 2. stlačiť
depression [di´prešən] n. 1. depresia 2. kríza, stagnácia 3. jama, priehlbina 4. tlaková níž
deprive [di´praiv] v. *deprive*

deprived

of zbaviť sa čoho, pripraviť o, vyvlastniť
deprived [di´praivd] adj. zanedbaný
depth [depθ] n. hĺbka
deputation [ˌdepjə´teišən] n. delegácia, delegáti
depute [di´pju:t] v. vyslať, delegovať
deputy [depjəti] n. *-ie-* 1. zástupca 2. poslanec
deranged [di´reinžəd] adj. šialený
deride [di´raid] v. vysmievať sa
derision [di´rižən] n. posmech
derivation [ˌderə´veišən] n. odvodenina, derivát
derivative [di´rivətiv] adj. odvodený
derive [di´raiv] v. *derive from* 1. mať čo, čerpať z 2. pochádzať z 3. odvodzovať
dermatology [ˌdə:mə´tolədži] n. kožné lekárstvo
derrick [derik] n. žeriav
descend [di´send] v. zostúpiť, zostupovať
descendant [di´sendənt] n. potomok koho *of*
descent [di´sent] n. 1. zostupovanie 2. svah, klesanie, sklon 3. klesnutie, úpadok
describe [di´skraib] v. opísať
description [di´skripšən] n. deskribcia, opis
desert [dezət] n. púšť
desert [di´zə:t] v. 1. zaslúžiť si 2. opustiť 3. dezertovať z *from*
deserve [di´zə:v] v. zaslúžiť si
design [di´zain] v. 1. navrhnúť 2. určiť
design n. 1. plán, návrh, projekt 2. navrhovanie, návrhárstvo
designate [dezigneit] v. 1. určiť 2. označiť
designation [ˌdezig´neišən] n. 1. určenie 2. označenie
designer [di´zainə] n. návrhár, projektant, konštruktér, výtvarník
desirable [di´zaiərəbəl] adj. 1. vhodný 2. žiadúci
desire [di´zaiə] v. 1. túžiť 2. priať si, chcieť
desire n. 1. túžba 2. prosba, prianie
desirous [di´zaiəs] adj. žiadostivý, túžiaci
desk [desk] n. 1. písací stôl

2. kancelária
desolate [desəlit] adj. opustený
despair [dis´peə] n. zúfalstvo
despair v. zúfať
desperate [despərət] adj. 1. beznádejný 2. zúfalý
desperation [,despə´reišən] n. zúfalstvo, beznádej
despise [di´spaiz] v. opovrhovať
despite [di´spait] prep. *despite of* napriek komu, čomu
despot [despot] n. despota
dessert [di´zə:t] n. dezert
destabilize [di:´stebəlaiz] v. destabilizovať
destination [,destə´neišən] n. 1. miesto určenia, cieľ cesty 2. osud
destine [destin] v. určiť
destiny [destəni] n. osud
destitute [destətju:t] adj. 1. bez prostriedkov 2. chudobný 3. opustený
destroy [di´stroi] v. zničiť
destruction [di´strakšən] n. 1. zničenie 2. skaza
destructive [dis´traktiv] adj. ničivý
detach [di´tæč] v. oddeliť od *from*
detachment [di´tæčmənt] n. odlúčenie
detail [di:teil] n. podrobnosť, maličkosť, detail • *in detail* podrobne
detain [di´tein] v. 1. zadržať 2. zdržať
detect [di´tekt] v. objaviť, zistiť
detection [di´tekšən] n. odhalenie
detective [di´tektiv] n. detektív
deter [di´tə:] v. -rr- odstrašiť
detergent [di´tə:džənt] n. saponát, čistiaci prostriedok
deteriorate [di´tiəriəreit] v. zhoršiť
determinate [di´tə:minit] adj. určitý
determination [di,tə:mi´neišən] n. určenie
determine [di´tə:mən] v. 1. rozhodnúť 2. určiť
detest [di´test] v. hnusiť sa, nenávidieť
detonate [detəneit] v. vybuchnúť
detonation [,dətəu´neišən] n. detonácia, výbuch
detract [di´trækt] v. *detract from* odvrátiť pozornosť

od, uberať z
detraction [di'trækšən] n. zľahčovanie, uberanie na *from*
detriment [detrəmənt] n. ujma, škoda
detrimental [,detri'mentəl] adj. škodlivý
devaluation [di:,vælju'-eišən] n. devalvácia
devalue [di:'vælju:] v. **1.** devalvovať **2.** znížiť
devastate [devəsteit] v. devastovať, zničiť
devastation [,devəs'teišən] n. devastácia, zničenie
develop [di'veləp] v. **1.** vyvinúť sa **2.** vypracovať **3.** rozvinúť (sa)
development [di'veləpmənt] n. **1.** rozvíjanie, rozvoj • *developing country* rozvojová krajina **2.** vývoj, pokrok • *developmental stage* vývojové štádium
deviant [di:viənt] adj. deviantný, úchylný
deviate [di:vieit] v. odchýliť sa, odbočiť od *from*
deviation [,di:vi'eišən] n. úchylka
device [di'vais] n. **1.** zaria-
denie • *safety device* bezpečnostné opatrenie **2.** trik, nápad, plán
devil [devəl] n. **1.** diabol **2.** démon
devise [di'vaiz] v. vymyslieť, vynájsť, navrhnúť
devise n. odkaz
devoid [di'void] adj. nemajúci čo *of*
devolve [di'volv] v. *devolve on/upon* preniesť, pripadnúť na • *devolve to* previesť na
devote [di'vəut] v. *devote to* venovať komu, čomu
devoted [di'vəutəd] adj. oddaný
devotion [di'vəušən] n. oddanosť komu *to*
devour [di'vauə] v. **1.** hltať, zhltnúť **2.** zožierať sa
devout [di'vaut] adj. oddaný
dew [dju:] n. rosa
dexterity [dek'sterəti] n. obratnosť, zručnosť
dexterous [dekstərəs] adj. obratný, zručný
diabetes [,daiə'bi:ti:z] n. *lek.* cukrovka
diabetic n. diabetik
diagonal [dai'gənəl] n. *geom.* uhlopriečka

diagram [daiəgræm] n. diagram, graf, schéma
dial [daiəl] n. 1. ciferník 2. číselník
dial v. *-ll-* vytočiť telefónne číslo, volať
dialect [daiəlekt] n. nárečie, dialekt
dialogue [daiəlog] n. dialóg, rozhovor
diamond [daiəmənd] n. 1. diamant 2. kosoštvorec
diaper [daiəpə] n. plienka *Am.*
diary [daiəri] n. *-ie-* 1. denník 2. diár
dice [dais] n. pl. *dice* 1. kocka 2. hra v kocky
dictate [dik´teit] v. 1. diktovať komu, čo *to* 2. určiť
dictate n. príkaz, diktát
dictation [dik´teišən] n. diktát
dictator [dik´teitə] n. diktátor
diction [dikšən] n. prednes
dictionary [dikšənəri] n. *-ie-* slovník
did [did] v. **p.** do
die [dai] *dying, died* v. 1. umrieť, zomrieť 2. zhasnúť 3. *die* out vymrieť
diet [daiət] n . 1. strava 2. diéta
differ [difə] v. 1. líšiť sa od *from*, v *in* 2. nezhodovať sa
defference [difərəns] n. 1. rozdiel 2. rozdielnosť, nezhoda
different [difərənt] adj. 1. odlišný, rozdielny 2. rôzny
difficult [difikəlt] adj. 1. ťažký 2. tvrdohlavý
difficulty [difikəlti] n. *-ie-* pl. *difficulties* ťažkosti, problémy
diffidence [difidəns] n. nedôvera
diffident [difidənt] adj. nedôverčivý
diffuse [di´fju:z] v. rozšíriť, rozptýliť
diffusion [di´fju:žən] n. rozptyl, šírenie
dig [dig] *-gg- dug* v. 1. kopať motykou, rýľovať 2. vykopať
digest [daidžest] n. výťah, prehľad
digestion [daiə´džesčən] n. trávenie
digit [didžət] n. číslica
digital [didžətl] adj. 1. číslicový 2. digitálny

dignify

dignify [dignifai] v. povýšiť
dignitary [dignətəri] n. *-ie-* hodnostár
dignity [dignəti] n. *-ie-* 1. dôstojnosť 2. hodnosť, vysoký úrad
digress [dai´gres] v. odbočiť, odchýliť sa od témy *from*
dilate [dai´leit] v. rozšíriť (sa)
diligence [dilədžəns] n. usilovnosť, horlivosť
diligent [dilədžənt] adj. pracovitý, usilovný, horlivý
dilute [dai´lu:t] v. rozriediť
dilution [dai´lju:šən] n. roztok
dim [dim] adj. 1. matný, nejasný 2. zakalený
dim v. *-mm-* zatieniť
dime [daim] n. desaťcentová minca
dimension [dai´menšən] n. rozmer, dimenzia
diminish [də´miniš] v. zmenšiť
diminutive [də´minjətiv] adj. veľmi malý, maličký
dimple [dimpəl] n. jamka na líci
dine [dain] v. obedovať, večerať

dingy [dindži] adj. špinavý
dining car [dainiŋ ka:] n. jedálenský vozeň
dinning room [dainiŋ rum] n. jedáleň
dinner [dinə] n. obed, večera *hlavné jedlo dňa* • *dinner time* čas na obed • *dinner duty* služba v jedálni
dip [dip] v. *-pp-* 1. namočiť, ponoriť do *in/into*
diploma [də´pləumə] n. diplom z *in*
diplomacy [də´pləuməsi] n. *-ie-* diplomacia
diplomat [dipləmæt] n. diplomat
diplomatic [,diplə´mætik] adj. diplomatický
direct [də´rekt] v. 1. adresovať, namieriť, nasmerovať 2. riadiť, viesť
direct adj. 1. priamy 2. presný
direction [də´rekšən] n. 1. riadenie, vedenie 2. smer
directly [də´rektli] adv. 1. priamo 2. okamžite, ihneď
director [də´rektə] n. 1. riaditeľ 2. režisér *filmový*
directory [dai´rektəri] n. *-ie-*

zoznam, adresár • *telephone directory* telefónny zoznam

dirt [dəːt] n. **1.** špina, nečistota **2.** blato **3.** oplzlosť

dirty [dəːti] adj. *-ie-* **1.** špinavý **2.** oplzlý, sprostý

disable [dis´eibəl] v. **1.** zmrzačiť **2.** znemožniť

disadvantage [,disəd´vaːntidž] n. nevýhoda, nedostatok

disadvantageous [,disədvaːn´teidžəs] adj. nevýhodný

disagree [,disə´griː] v. **1.** nesúhlasiť **2.** neschvaľovať

disagreeable [,disə´griəbəl] adj. nepríjemný

disagreement [,disə´griːmənt] n. **1.** nesúhlas **2.** spor, hádka

disallow [,disə´lau] v. neuznať, nedovoliť

disappear [,disə´piə] v. **1.** zmiznúť **2.** stratiť sa

disappoint [,disə´point] v. **1.** sklamať **2.** zmariť, prekaziť

disappointed [,disə´pointəd] adj. sklamaný

disappointment [,disə´pointmənt] n. sklamanie

disapproval [,disə´pruːvəl] n. nesúhlas

disapprove [,disə´pruːv] v. nesúhlasiť

disarm [dis´aːm] v. odzbrojiť

disaster [di´zaːstə] n. katastrofa, nešťastie, pohroma

disbelief [disbi´liːf] n. **1.** nevera **2.** nedôvera

disbelieve [,disbə´liːv] v. neveriť, pochybovať

disc [disk] n. **1.** kotúč **2.** gramofónová platňa **3.** disk

discard [dis´kaːd] v. **1.** vyhodiť, odhodiť **2.** vyradiť

discern [di´səːn] v. **1.** rozoznať, rozlíšiť **2.** postrehnúť

discharge [dis´čaːdž] v. **1.** prepustiť, oslobodiť **2.** vyrovnať dlh **3.** vyložiť náklad **4.** vystreliť

discharge n. **1.** prepustenie **2.** vypustenie **3.** splnenie **4.** vyrovnanie

discsiple [di´saipəl] n. žiak

discipline [disəplən] n. **1.** disciplína, poriadok **2.** vedný odbor **3.** výcvik **4.** potrestanie

disclaim [dis´kleim] v. **1.** poprieť, dementovať **2.**

desclose

zriecť sa
disclose [dis'kləuz] v. 1. prezradiť 2. odhaliť
disco [diskəu] n. diskotéka
discolour [dis'kalə] v. zmeniť farbu, zafarbiť
discomfort [dis'kamfət] n. nepohodlie
discompose [,diskəm'pəuz] v. znepokojiť
disconcert [,diskən'sə:t] v. znepokojiť, cítiť sa nesvoj, rozrušiť
disconnect [,diskə'nekt] v. 1. odpojiť od *from* 2. prerušiť
discontent [,diskən'tent] n. nespokojnosť
discontinue [,diskən'tinju:] v. zrušiť, prerušiť
discord [disko:d] n. spor, nezhoda, nesúhlas
discount [diskaunt] n. rabat, zľava • *at a discount* so zľavou
discourage [dis'karidž] v. 1. znechutiť 2. zabrániť 3. odradiť
discourse [disko:s] n. reč, prejav
discourse v. prednášať
discover [dis'kavə] v. 1. objaviť 2. zistiť 3. vypátrať

discovery [dis'kavəri] n.-*ie*- 1. objavenie 2. objav
dicredit [dis'kredət] n. 1. pochybnosť, nedôvera, zlá povesť 2. hanba
discreet [di'skri:t] adj. 1. ohľaduplný, taktný, diskrétny 2. rozvážny
discrepancy [dis'krepənsi] n. rozpor, nesúhlas
discriminate [di'skriməneit] v. 1. rozlišovať medzi *between* 2. diskriminovať koho *against*
discrimination [di,skrimə'neišən] n. diskriminácia koho *against* • *racial discrimination* rasová diskriminácia
discus [diskəs] n. *šport.* disk
discuss [di'skas] v. diskutovať, hovoriť
discsussion [di'skašən] n. diskusia, rozhovor
disease [di'zi:z] n. choroba
disembark [,disəm'ba:k] v. vylodiť (sa) z *from*
disfavour [dis'feivə] n. 1. nesúhlas 2. nepriazeň, nemilosť
disfigure [dis'figə] v. znetvoriť
disgorge [dis'go:dž] v. vra-

cať, vyvrátiť
disgrace [dis´greis] n. hanba, potupa
disgrace v. zneuctiť, urobiť hanbu
disguise [dis´gaiz] v. preobliecť, prestrojiť za *as*
disgust [dis´gast] n. hnus, odpor
disgust v. hnusiť sa, zhnusiť
disgusting [dis´gastiŋ] adj. odporný
dish [diš] n. 1. misa 2. tanier 3. jedlo
dishearten [dis´ha:tən] v. sklamať
dishes [di´šəz] n. riad
dishonest [dis´onəst] adj. nečestný, nepoctivý
dishonour [dis´onə] n. hanba
dishonour v. znásilniť, potupiť
dishonourable [dis´onərəbəl] adj. nečestný
dishwater [´diš,wo:tə] n. pomyje
disinfect [,disən´fekt] v. dezinfikovať
disinfection [disin´fekšən] n. dezinfekcia
disinherit [disin´herit] v. vydediť

disintegrate [dis´intəgreit] v. rozložiť sa, rozpadnúť sa
disjoin [dis´džoin] v. oddeliť, rozdeliť, rozlúčiť sa
disjunction [dis´džaŋkšən] n. oddelenie, rozdelenie, odlúčenie
disk [disk] n. 1. kotúč *Am.* 2. disk
dislike [dis´laik] v. nemať rád čo, mať odpor k
dislike n. odpor, nechuť
dislocate [disləkeit] v. 1. vykĺbiť si 2. narušiť 3. presunúť
dislocation [,disləu´keišən] n. 1. rozmiestnenie 2. vykĺbenie
dislodge [dis´lodž] v. uvoľniť čo
dismal [dizməl] adj. smutný, pochmúrny
dismantle [dis´mæntl] v. rozobrať, rozmontovať
dismay [dis´mei] v. zhroziť sa
dismay n. strach
dismember [dis´membə] v. rozčleniť, rozdeliť
dismiss [dis´mis] v. 1. pustiť z hlavy *from* 2. prepustiť z *from*

disobedience [ˌdisəˈbiːdjəns] n. neposlušnosť

disobey [ˌdisəˈbei] v. neposlúchať

disorder [disˈoːdə] n. neporiadok, nepokoj, výtržnosť

disown [disˈəun] v. neuznať za, nepriznať sa k

dispatch [diˈspæč] v. 1. odoslať, vyslať 2. zjesť 3. odstrániť

dispatch n. 1. depeša 2. pohotovosť 3. odoslanie

dispel [diˈspel] v. -ll- rozptýliť

dispense [diˈspens] v. 1. konať, vykonávať 2. rozdať, dať 3. pripraviť liek

dispenser [diˈspensə] n. 1. lekárnik 2. automat

disperse [disˈpəːs] v. roztrúsiť sa

dispersion [disˈpəːšən] n. rozptyl

displace [disˈpleis] v. 1. vytlačiť 2. presunúť, premiestniť, nahradiť

display [diˈsplei] v. ukazovať, vystaviť, vyložiť

display n. vystavenie, výstava, prehliadka

disposable [disˈpəuzəbl] adj. použiteľný

disposal [diˈspəuzəl] n. 1. odvoz, odstránenie 2. rozmiestnenie, pridelenie

dispose [diˈspəuz] v. rozmiestniť, rozostaviť, usporiadať

disposition [ˌdispəˈzišən] n. 1. povaha 2. rozostavenie, rozmiestnenie, usporiadanie

disproof [disˈpruːf] n. vyvrátenie čoho *of*

disprove [disˈpruːv] v. vyvrátiť čo

disputable [disˈpjuːtəbl] adj. sporný

disputation [ˌdispjəˈteišən] n. diskusia, debata, polemika

dispute [diˈspjuːt] v. hádať sa

dispute n. hádka

disqualification [disˌkwoləfəˈkeišən] n. vylúčenie, diskvalifikácia

disqualify [disˈkwoləfai] v. -ie- vylúčiť, diskvalifikovať

disregard [ˌdisriˈgaːd] v. nevšímať si, prehliadať

disrespect [ˌdisriˈspekt] n. neúcta, nezdvorilosť

disrupt [dis´rapt] v. prerušiť
dissatisfaction [di,sætəs´-fækšən] n. nespokojnosť s *at/with*
dissatisfy [di´stəsfai] v. *-ie-* neuspokojiť
dissect [di´sekt] v. pitvať
dissection [di´sekšən] n. pitva
dissent [di´sent] n. nesúhlas, rozpor
dissimilar [di´simələ] adj. nepodobný, rozdielny komu, čomu *to*
dissociate [di´səušieit] v. rozdeliť
dissolution [,disə´lu:šən] n. 1. rozpustenie 2. zrušenie
dissolve [di´zolv] v. 1. rozpustiť (sa), rozplynúť sa 2. vyriešiť
dissonance [disənəns] n. nesúlad, nezhoda
disuade [di´sweid] v. odradiť od *from*
distance [distəns] n. 1. vzdialenosť 2. diaľka 3. odstup
distant [distənt] adj. 1. vzdialený 2. rezervovaný, chladný 3. odlišný
distaste [dis´teist] n. nechuť
distil [di´stil] v. *-ll-* destilovať (sa)

distillery [di´stiləri] n. *-ie-* liehovar
distinct [di´stiŋkt] adj. 1. odlišný, rozdielny od *from* 2. jasný, zreteľný, presný
distinction [di´stiŋkšən] n. 1. rozdiel 2. úroveň 3. vyznamenanie
distinguish [di´stiəgwiš] v. 1. rozoznať 2. rozlíšiť
distort [di´sto:t] v. 1. prekrútiť, skomoliť
distract [di´strækt] v. vyrušiť, rušiť, odvrátiť od *from*
distraction [di´strækšən] n. 1. vyrušenie, odvedenie pozornosti 2. šialenstvo
distress [di´stres] n. 1. strach 2. ťažkosti, finančná tieseň, núdza 3. zármutok
distribute [di´stribju:t] v. rozdať, rozdeliť medzi *among*, komu *to*
distribution [,distrə´bju:šən] n. rozdelenie, rozdanie, distribúcia
district [distrikt] n. 1. obvod, okrsok, štvrť 2. okres, kraj, oblasť
disturb [di´stə:b] v. 1. vyrušovať, rušiť 2. znepokojiť

disturbance [di'stə:bəns] n. 1. výtržnosť 2. rušenie 3. porucha
ditch [dič] n. priekopa, stoka, kanál
divan [di'væn] n. diván, pohovka, gauč
dive [daiv] v. 1. skočiť strmhlav do *in* 2. *dive down* ponoriť sa 3. potápať sa
dive n. 1. skok do vody 2. ponorenie
diver [daivə] n. potápač
diverge [dai'və:dž] v. rozchádzať sa, odbočiť od *from*
divergence [dai'və:džəns] n. rozdiel, odchýlka
diverse [dai'və:s] adj. rôzny, rozmanitý
diversion [dai'və:šən] n. 1. odklonenie, odbočka 2. odvrátenie pozornosti
diversity [dai'və:səti] n. rôznorodosť, rozmanitosť
divert [dai'və:t] v. 1. odchýliť sa, odkloniť sa 2. odvrátiť 3. rozptýliť
divide [də'vaid] v. rozdeliť sa/si, oddeliť
dividend [divədənt] n. dividenda
divination [,divə'neišən] n. veštba, proroctvo
divine [də'vain] adj. boží, božský
divine v. odhaliť, vyrušiť
divinity [də'vinəti] n. božstvo
divisible [di'vizəbl] adj. deliteľný
division [də'vižən] n. 1. rozdelenie 2. oddelenie 3. rozdiel 4. *mat.* delenie
divorce [də'vo:s] n. 1. rozvod 2. odlúčenie
divorce v. 1. rozviesť 2. odlúčiť, odtrhnúť
do [du:] *did, done* v. 1. pomocné sloveso 2. plnovýznamové sloveso 1. robiť, urobiť 2. pracovať 3. dariť sa 4. stačiť • *do° badly/well* dariť sa zle/dobre • *do° o's best* snažiť sa zo všetkých síl • *do° away with* odstrániť čo • *do° out* vyčistiť, upratať • *do° up* 1. zapnúť 2. opraviť • *do° with* chcieť, potrebovať
docile [dəusail] adj. poddajný, krotký
dock [dok] n. 1. dok 2. lavica obžalovaných
dockyard [dokja:d] n. lode-

nica
doctor [doktə] n. lekár
document [dokjəmənt] n. **1.** dokument **2.** preukaz, doklad
documentary [,dokjə´mentəri] adj. -ie- **1.** písomný **2.** dokumentárny
dodge [dodž] v. vyhnúť sa komu, čomu
doe [dəu] n. **1.** laň, srna **2.** zajačica
dog [dog] n. pes
dogged [dogəd] adj. urputný, húževnatý
dole [dəul] n. podpora v nezamestnanosti • be° on the dole poberať podporu
doll [dol] n. bábika na hranie
dollar [dolə] n. dolár
dolphin [dolfən] n. delfín
domain [də´mein] n. odbor, oblasť, doména
dome [dəum] n. kupola, dóm
domestic [də´mestik] adj. **1.** domáci **2.** rodinný **3.** domácky
domesticate [do´mestəkeit] v. zdomácnieť, domestikovať
domicile [doməsail] n. trvalé bydlisko
dominance [domənəns] n. nadvláda, dominantné postavenie
dominant [dominənt] adj. prevládajúci
dominate [doməneit] v. ovládať, vládnuť, dominovať nad *over*
domination [,domə´neišən] n. nadvláda, dominantné postavenie
domino [domənəu] n. pl. *dominoes* kocka domina
donate [dəu´neit] v. darovať
donation [dəu´neišən] n. dar komu *to*
done [dan] v. **p.** do
done adj. skončený, urobený
donkey [doŋki] n. somár
donor [dəunə] n. darca
doodle [du:dl] v. kresliť
doom [du:m] n. **1.** zánik, záhuba **2.** osud
door [do:] n. dvere • *next door* vedľa • *doormat* rohožka pred dverami
doorkeeper [do:,ki:pə] n. domovník
doorknob [do:nob] n. kľučka
doormat [do:mæt] n. rohožka
doorway [do:wei] n. vchod
dope [dəup] n. **1.** droga **2.**

dope

hovor. truľo, hlupák
dope v. omámiť, podať drogu
dormitory [do:mətəri] n. *-ie-* nocľaháreň
dosage [dəusidž] n. dávkovanie
dose [dəus] n. 1. dávka 2. záchvat
dose v. *dose up* dať/podať liek ap.
dot [dot] n. bodka
dote [dəut] v. *dote on/upon* zbožňovať, byť zbláznený do
double [dabəl] adj. dvojitý
double v. zdvojnásobiť
double-decker [,dabəl´-dekə] n. poschodový autobus
doubt [daut] v. pochybovať
doubt n. pochybnosť, podozrenie
doubtful [dautfəl] adj. neistý, pochybný
doubtless [dautləs] adv. 1. pravdepodobne 2. nepochybne
dough [dəu] n. cesto
dove [dav] n. holub, holubica
dowdy [daudi] adj. nemoderný, obnosený

down [daun] adv. 1. dolu 2. preč
down adj. 1. smutný 2. idúci dolu ● *be° down* byť na dne 3. nefungujúci
down prep. dolu
down payment [,daun ´peimənt] n. záloha
downright [daunrait] adj. 1. vyložený 2. *hovor.* úplný
downstairs [,daun´steəz] adv. prízemie
downstream [,daun´stri:m] adv. dolu prúdom
doze [dəuz] v. driemať, zdriemnuť si
dozen [dazən] n. tucet
dozy [dəuzi] adj. *-ie-* ospalý
drab [dræb] adj. nevýrazný, jednotvárny
draft [dra:ft] n. 1. návrh, konspekt 2. zmenka 3. odvod na vojenskú službu *Am.*
draft v. 1. navrhnúť 2. povolať na vojenskú službu
drag [dræg] v. *-gg-* 1. ťahať 2. vliecť (sa)
drag n. ťah
dragon [drægən] n. drak
drain [drein] v. 1. vypustiť 2. odčerpať 3. vysušiť, vyschnúť

dressing

drain n. **1.** odvodnenie, drenáž **2.** stoka, kanál
drake [dreik] n. káčer
drama [dra:mə] n. **1.** divadelná hra **2.** dráma
dramatic [drə'mætik] adj. divadelný
dramatist [dræmətəst] n. dramatik
drank [dræŋk] v. p. drink
drapery [dreipəri] n. -ie- **1.** obchod s textilom **2.** drapéria
drastic [dræstik] adj. drastický
draught [dra:ft] n. **1.** prievan **2.** ťah **3.** dúšok
draughts [dra:fts] n. pl. dáma *hra*
draughtsman [dra:ftsmən] n. pl. *draughtsmen* **1.** kreslič **2.** projektant
draw [dro:] *drew, drawn* v. **1.** kresliť **2.** ťahať **3.** *draw° out* vytiahnuť **4.** blížiť sa **5.** remízovať
draw n. **1.** remíza **2.** ťah, zlosovanie **3.** osud
drawbridge [dro:bridž] n. padací most
drawer [dro:] n. zásuvka
drawing [dro:iŋ] n. **1.** kreslenie ● *drawing-board* rysovacia doska **2.** kresba
drawing pin [dro:iŋ pin] n. pripináčik
drawn [dro:n] v. p. draw
dread [dred] v. hroziť sa
dread n. hrôza
dreadful [dredfəl] adj. hrozný
dream [dri:m] n. sen
dream dreamed/dreamt v. snívať, mať sen
dreamlike [dri:mlaik] adj. neskutočný, ako sen
dreamt [dremt] v. p. dream
dreary [driəri] adj. **1.** pochmúrny **2.** nudný
dredge [dredž] v. **1.** bagrovať pod vodou **2.** hľadať, prehľadávať čo *for*
dredge v. posypať
dredger [dredžə] n. bager
dregs [dregz] n. **1.** usadenina **2.** spodina
drench [drenč] v. premočiť
dress [dres] v. **1.** obliecť (sa) **2.** ošetriť, obviazať **3.** upraviť
dress n. oblečenie, odev, šaty ● *evening dress* večerné šaty
dresser [dresə] n. **1.** príborník **2.** bielizník *Am.*
dressing [dresiŋ] n. **1.** oblie-

dressing gown

kanie 2. obväz
dressing gown [dresiŋ gaun] n. župan
dressing room [dresiŋ rum] n. šatňa
dressmaker [dres,meikə] n. krajčírka
drew [dreu:] v. **p.** draw
dribble [dribəl] v. 1. sliniť 2. kvapkať 3. driblovať
dried [draid] adj. sušený
drift [drift] v. 1. prechádzať 2. naviať
drill [dril] n. 1. vrták, vŕtačka 2. dril, výcvik
drill v. 1. vŕtať • *drilling-machine* vŕtačka 2. vyvŕtať 3. drilovať, vycvičiť
drink [driŋk] *drank, drunk* v. 1. piť 2. *drink up* vypiť
drink n. 1. nápoj 2. pohár, pitie
drinker [driəkŋ] n. pijan
drinking water [driŋkiŋ ,wotə] n. pitná voda
drip [drip] v. *-pp- drip down* kvapkať
drip n. kvapka
drive [draiv] *drove, driven* v. 1. šoférovať 2. hnať 3. poháňať 4. zatĺcť
drive n. jazda
driven [drivən] v. **p.** drive

driver [draivə] n. vodič
driving licence [draiviŋ ,laisəns] n. vodičský preukaz
• *driving wheel* volant
drizzle [drizəl] v. mrholiť
drizzle n. mrholenie
drone [drəun] n. *zool.* trúd
droop [dru:p] v. 1. zvädnúť 2. visieť, ovisnúť, klesnúť
drop [drop] v. *-pp-* 1. spadnúť 2. klesnúť
drop n. 1. kvapka 2. trochu 3. cukrík 4. pokles *cien*
drought [draut] n. sucho
drove [drəuv] v. **p.** drive
drown [draun] v. 1. utopiť (sa) 2. zaplaviť
drudge [dradž] v. drieť
drudge n. drina
drug [drag] n. 1. liek 2. droga
drug v. *- gg-* 1. omámiť 2. brať drogy
drum [dram] n. 1. *hud.* bubon 2. bubnovanie
drum v. *-mm-* bubnovať
drummer [dramə] n. bubeník
drumstick [dram ,stik] n. palička na bubnovanie
drunk [draək] v. **p.** drink
drunk adj. opitý
drunkard [draŋkəd] n. opi-

dusty

lec
drunkenness [draŋkənnis] n. opilstvo
dry [drai] adj. *-ie-* 1. suchý 2. smädný 3. nealkoholický
dry [dried] v. 1. sušiť, vysušiť 2. vyschnúť
dryer [draiə] n. sušič, sušička
dual [dju:əl] adj. dvojitý, dvojaký
dub [dab] v. dabovať film
dubious [dju:biəs] adj. 1. pochybujúci 2. pochybný
duchess [dačəs] n. *-ie-* vojvodkyňa
duck [dak] n. kačica
duck v. skloniť, zohnúť hlavu
duct [dakt] n. potrubie
due [dju:] adj. 1. patriaci 2. náležitý 3. povinný
due n. odmena, povinnosť
• *dues* poplatky
due adv. priamo, presne
duel [dju:əl] n. súboj
dug [dag] v. p. dig
duke [dju:k] n. vojvoda
dull [dal] adj. 1. matný, tlmený 2. tupý 3. oblačný 4. nudný
dumb [dam] adj. 1. nemý 2. tichý 3. hlúpy
dump [damp] v. 1. vyklopiť, vysypať 2. odhodiť, zbaviť sa čoho
dump n. smetisko, skládka
dumpling [dampliŋ] n. knedľa
dune [dju:n] n. duna
dung [daŋ] n. hnoj
dung v. hnojiť
dungarees [,daŋgə'ri:z] n. montérky
dungeon [dandžən] n. žalár, hradná kobka
duplicate [dju:pləkət] n. duplikát, kópia
duplicity [dju'plisiti] n. duplicita
durability [,djuərə'biliti] n. trvanlivosť
durable [djuərəbəl] adj. trvalý, odolný
duration [dju'reišən] n. trvanie
during [djuəriŋ] prep. počas, cez
dusk [dask] n. súmrak, šero
dust [dast] n. prach, prášok
dustbin [dastbin] n. smetník
duster [dastə] n. prachovka
dustman [dastmən] n. pl. *dustmen* smetiar
dusty [dasti] adj. *-ie-* 1. za-

131

prášený, prašný **2.** matný, nejasný

Dutch [dač] adj. holandský

Dutch n. **1.** holandčina **2.** holanďan **3.** *the* D. holanďania

duty [dju:ti] n. *-ie-* **1.** povinnosť • *be° on duty* byť v službe **2.** poplatok, dávka, clo

duty-free [,dju:ti´fri:] adj. oslobodený od cla/od poplatkov

dwarf [dwo:f] n. pl. *dwarves* trpaslík, škriatok

dwell [dwel] *dwelt/dwelled, dwelt/dwelled* v. žiť, bývať

dwelling [dweliŋ] n. obydlie, dom, byt

dwelt [dwelt] v. **p.** dwell

dwindle [dwindl] v. zmenšovať (sa), znížiť (sa), klesať

dye [dai] n. farba, farbivo

dye v. farbiť

dynamic [dai´næmik] adj. dynamický

dynamics [dai´næmiks] n. pl. dynamika

dynamite [dainəmait] n. dynamit

dynasty [dinəsti] n. *-ie-* dynastia

E

each [i:č] determ. každý • *each of us* každý z nás

each other [i:č ´aðə] pron. jeden druhého, navzájom

eager [i:gə] adj. dychtivý, nedočkavý po *for*

eagerness [i:gənis] n. dychtivosť, nedočkavosť

eagle [i:gəl] n. orol

ear [iə] n. 1. ucho *orgán sluchu* • *earache* bolesť uší • *earing* náušnica 2. sluch na *for* 3. klas

earl [ə:l] n. gróf

early [ə:li] adj. *-ie-* 1. skorý • *early childhood* predškolský vek • *early adolescence* puberta 2. ranný 3. prvotný

early adv. *-ie-* skoro

earmark [iəma:k] v. vyčleniť, vyhradiť

earn [ə:n] v. 1. zarobiť (si) 2. zaslúžiť si

earnest [ə:nəst] adj. vážny, seriózny

earnings [ə:ninz] n. pl. zárobok, mzda

earphones [iəfəunz] n. pl. slúchadlá

earing [iəriŋ] n. náušnica

earth [ə:θ] n. 1. *the Earth* zem 2. zem 3. uzemnenie

earth v. uzemniť

earthen [ə:θən] adj. hlinený

earthly [ə :θli] adj. pozemský, svetský

earthquake [ə:θkweik] n. zemetrasenie

earthworm [ə:θwə:m] n. *zool.* dážďovka

ease [i:z] n. 1. ľahkosť 2. pohoda 3. uvoľnenosť

ease v. 1. uľahčiť, uvoľniť, zmierniť 2. upokojiť

easily [i:zəli] adv. 1. ľahko 2. nesporne

east [i:st] n. *the* east východ

east adj. východný

Easter [i:stə] n. Veľká noc • *at Easter* na Veľkú noc

eastward [i:stwəd] adj. smerujúci na východ

easy [i:zi] adj. *-ie-* 1. ľahký 2. pohodlný

easy adv. *-ie-* 1. ľahko 2. pomaly • *take° it easy* nič si z toho nerob

eat [i:t] *ate, eaten* v. jesť • *eating habits* stravovacie

návyky
eatable [i:təbəl] adj. jedlý, chutný, pripravený na jedenie

eaten [i:tn] v. p. eat

eaves [i:vz] n. pl. odkvap

eavesdrop [i:vzdrop] v. *-pp-* tajne počúvať za dverami ap.

ebb [eb] n. odliv ● *ebb and flow* odliv a príliv

ebb v. 1. odliv *ustupovať* 2. ubúdať

ebony [ebəni] n. eben

eccentric [ik´sentrik] adj. výstredný, excentrický

eccentricity [,eksen´trisiti] n. výstrednosť

ecclesiastic [i,kli:zi´æstik] adj. duchovný

echo [ekəu] n. pl. *echoes* ozvena, echo

echo v. 1. ozývať sa čím *with* 2. opakovať

eclipse [i´klips] n. zatmenie čoho *of*

ecology [i´kolədži] n. ekológia, životné prostredie

economic [,ekə´nomik] adj. 1. ekonomický, hospodársky ● *economic change* ekonomická zmena ● *economic progress* ekonomický pokrok ● *economic growth* ekonomický rast ● *economic policy* hospodárska politika ● *economic development* ekonomický rozvoj 2. výnosný

economics [,ekə´nomiks] n. pl. ekonómia *veda*

economist [i´konəməst] n. ekonóm

economy [i´konəmi] n. 1. hospodárnosť, úspornosť 2. hospodárstvo, ekonómia

eczema [eksəmə] n. ekzém

eddy [edi] n. *-ie-* vír *vzdušný, vodný, prachu* ap.

edge [edž] n. 1. kraj, okraj 2. ostrie

edge v. lemovať čím *with*

edgy [edži] adj. *-ie-* hovor. prchký, podráždený

edible [edəbəl] adj. jedlý

edict [i:dikt] n. vyhláška

edification [,edifi´keišən] n. poučenie

edifice [edəfəs] n. stavba, budova

edify [edəfai] v. *-ie-* poučiť, povzniesť duševne

edit [edət] v. 1. pripraviť na vydanie 2. vydať, redigo-

vať
edition [i'dišən] n. vydanie
editor [edətə] n. **1.** redaktor **2.** vydavateľ **3.** editor **4.** textový editor
educate [edjukeit] v. **1.** vychovať **2.** vzdelať
education [,edju'keišən] n. **1.** výchova **2.** vzdelanie **3.** pedagogika • *Ministry of Education* ministerstvo školstva • *education act* školský zákon
educational [,edju'keišənəl] adj. výchovný • *educational administration* školská správa • *educational body* školský orgán • *educational institution* výchovná inštitúcia • *educational certificate* vysvedčenie • *educational film* vzdelávací film • *educational goal* výchovný cieľ
educator [edjukeitə] n. pedagóg *Am.*, vychovávateľ, učiteľ
eel [i:l] n. *zool.* úhor
efface [i'feis] v. vymazať, zmazať
effect [i'fekt] n. **1.** účinok, následok na, čoho *on/u-*

Egypt

pon **2.** dojem
effective [i'fektiv] adj. **1.** účinný, efektívny **2.** efektný
effectual [i'fektjuəl] adj. účinný
effects [i'fekts] n. **1.** pl. efekty **2.** majetok *hnuteľný*
efficiency [i'fišənsi] n. **1.** výkonnosť **2.** účinnosť **3.** schopnosť
efficient [i'fišənt] adj. schopný, zdatný
effort [efət] n. úsilie, snaha
effrontery [e'frantəri] n. drzosť
e.g. [,i:'dži:] skr. *for example* napríklad
egg [eg] n. vajce, vajíčko • *white* bielok • *yolk* žĺtok • *soft-boiled egg* vajíčko na mäkko • *hard-boiled egg* vajíčko na tvrdo • *boiled egg* varené vajíčko
eggshell [egšel] n. škrupina vajca
egoism [i:gəuizəm] n. sebectvo, egoizmus
egoistical [,egəu'istikəl] adj. sebecký, egoistický
egotism [egəutizm] n. samoľúbosť
Egypt [i:džipt] Egypt

eight [eit] num. osem
eighteen [ˌeiˈtiːn] num. osemnásť
eighty [ˈeiti] num. osemdesiat
either [ˈaiðə] determ. 1. jeden alebo druhý 2. jeden aj druhý • *either of you* jeden z vás
either conj. *either ... or ...* buď ... alebo ... , po zápore ani ... ani ...
ejaculate [iˈdʒækjəleit] v. 1. ejakulovať 2. vystreknúť
eject [iˈdʒekt] v. vyhodiť z *from*
ejection [iˈdʒekšən] n. vyhodenie
elaborate [iˈlæbərət] adj. podrobný, vypracovaný
elaborate [iˈlæbəreit] v. vypracovať
elaboration [iˌlæbəˈreišən] n. 1. vypracovanie, spracovanie 2. rozpracovanie, zdokonalenie
elapse [iˈlæps] v. uplynúť čas
elastic [iˈlæstik] n. pružný, elastický
elastic band [iˌlæstik ˈbænd] n. gumička
elasticity [iˌlæsˈtisiti] n. pružnosť

elated [iˈleitəd] adj. hrdý, pyšný
elbow [ˈelbəu] n. 1. lakeť 2. koleno
elder [ˈeldə] adj. starší *o človeku*
eldest [ˈeldəst] adj. najstarší
elect [iˈlekt] v. voliť, zvoliť do *to*
election [iˈlekšən] n. voľby • *general elections* všeobecné voľby
elective [iˈlektiv] adj. 1. volený 2. volebný 3. voliteľný • *elective course* voliteľný predmet
elector [iˈlektə] n. volič
electric [iˈlektrik] adj. elektrický
electric chair [iˌlektrik ˈčeə] n. elektrické kreslo
electrician [ilekˈtrišən] n. elektrotechnik
electricity [iˌlekˈtrisəti] n. elektrina • *power station* elektráreň
electrification [iˌlektrifiˈkeišən] n. elektrifikácia
electrocute [iˈlektrəkjuːt] v. 1. zabiť elektrickým prúdom 2. popraviť na elektrickom kresle
electron [iˈlektron] n. elekt-

rón
electronic [ilek'tronik] adj. elektronický
electronics [ilek'troniks] n. pl. elektronika
elegance [eligəns] n. elegancia
elegant [eləgənt] adj. elegantný, vkusný
elegy [elədži] n. žalospev
element [eləmənt] n. 1. prvok 2. zrnko 3. základná zložka, súčasť
elements [eləmənts] n. *the* e. 1. živel prírodný 2. základy
elementary [,elə'mentəri] adj. 1. jednoduchý 2. základný, elementárny ● *elementary school* základná škola ● *elementary education* základné vzdelanie
elementary school [elə'mentəri ,sku:l] n. základná škola
elephant [eləfənt] n. *zool.* slon
elevate [eləveit] v. 1. povzniesť 2. povýšiť
elevation [,elə'veišən] n. povýšenie
elevator [eləveitə] n. 1. výťah *Am.* 2. sýpka
eleven [i'levən] num. jedenásť
elf [elf] n. pl. *elves* [elvz] škriatok
elicit [i'lisət] v. vylákať
eligible [elədžəbəl] adj. 1. majúci nárok, oprávnený na *for* 2. spôsobilý 3. voliteľný
eliminate [i'liməneit] v. odstrániť, vylúčiť
elimination [i,limi'neišən] n. odstránenie, vylúčenie
elk [elk] n. pl. *elk zool.* los
elipse [i'lips] n. *geom.* elipsa
elocution [,elə'kju:šən] n. prednes
elongate [i:loŋgeit] v. predĺžiť
elongation [,i:loŋ'geišən] n. predĺženie
else [els] adj. *v opyt. vete a po zápore* iný
else adv. inde ● *or else* inak ● *what else?* čo ešte?
elsewhere [els'weə] adv. niekde inde
elucidate [i'lu:sədeit] v. objasniť, vysvetliť
elude [i'lu:d] v. uniknúť, vyhnúť sa, obísť
elusive [i'lu:siv] adj. nepola-

piteľný, unikajúci, vyhýbavý
elves [elvz] n. pl. p. *elf*
e-mail [i:meil] skr. *electronic mail* elektronická pošta
emancipate [i'mænsipeit] v. oslobodiť sa
emancipation [i,mænsi'peišən] n. oslobodenie, emancipácia
embalm [im'bo:m] v. balzamovať
embankment [im'bæŋkmənt] n. hrádza, násyp, val
embargo [im'ba:gəu] n. pl. *embargoes* embargo, blokáda
embark [im'ba:k] v. nalodiť (sa)
embarrass [im'brəs] v. uviesť do rozpakov
embassy [embəsi] *-ie-* veľvyslanectvo
embellish [im'beliš] v. ozdobiť, okrášliť čím *with*
embezzle [im'bezəl] v. spreneveriť
emblem [embləm] n. symbol, znak, emblém
embodiment [im'bodimənt] n. stelesnenie
embody [im'bodi] v. *-ie-* **1.** stelesniť v *in* **2.** vyjadriť
embolden [im'bouldən] v. povzbudiť, posmeliť
embrace [im'breis] v. **1.** objať (sa) **2.** zahrnúť
embrace n. objatie
embroider [im'broidə] v. vyšívať
embroil [im'broil] v. zapliesť (sa), zatiahnuť do *in*
embryo [embriəu] n. pl. *embryos* zárodok, embryo
emend [i'mend] v. opraviť, korigovať text
emerald [emərəld] n. smaragd
emerge [i'mə:dž] v. **1.** objaviť sa, vynoriť sa **2.** vyjsť najavo
emergency [i'mə:džənsi] n. *-ie-* mimoriadna situácia, naliehavý prípad • *in an emergency* v prípade naliehavosti
emergent [i'mə:džənt] adj. naliehavý
emigrant [emigrənt] n. vysťahovalec, emigrant
emigrate [eməgreit] v. vysťahovať sa, emigrovať z *from*, kam *to*
emigration [,emi'greišən] n. vysťahovanie do cudziny,

vysťahovalectvo
eminence [eminəns] n. **1.** sláva **2.** vyvýšenina, vŕšok
eminent [eminənt] adj. vynikajúci
emission [i´mišən] n. **1.** vyžarovanie **2.** emisia **3.** vysielanie
emit [i´mit] v. *-tt-* **1.** vyžarovať **2.** vysielať
emotion [i´məušən] n. **1.** cit, emócia **2.** dojatie
emotional [i´moušənəl] adj. citový
emperor [empərə] n. cisár
emphasize [emfəsaiz] v. zdôrazniť
empire [empaiə] n. **1.** ríša **2.** impérium
employ [im´ploi] v. zamestnať
employee [im´ploii:] n. zamestnanec koho, čoho *of*
employer [im´ploiə] n. zamestnávateľ
employment [im´ploimənt] n. zamestnanie • *employment qualification* pracovná kvalifikácia • *employment oportunity* pracovná príležitosť
empower [im´pauə] v. splnomocniť

empress [emprəs] n. cisárovná
empty [empti] adj. *-ie-* prázdny
empty v. *-ie-* **1.** *empty out* vyprázdniť **2.** vysypať, vyliať, vypiť
emulate [emjəleit] v. vyrovnať sa komu, súťažiť
emulation [,emju´leišən] n. súťaženie, súperenie
enable [i´neibəl] v. umožniť
enact [i´nækt] v. ustanoviť, nariadiť zákonom
enchant [in´ča:nt] v. **1.** očariť, okúzliť **2.** začarovať
encircle [in´sə:kəl] v. obkľúčiť, obkolesiť, obopínať
enclose [in´kləuz] v. **1.** ohradiť **2.** priložiť
enclosure [in´kləužə] n. **1.** ohrada **2.** príloha k listu
encore [oŋko:] n. prídavok
encounter [in´kauntə] v. **1.** stretnúť sa **2.** natrafiť na
encounter n. náhodné stretnutie
encourage [in´karidž] v. povzbudiť, dodať odvahu
encyclopedia [in´saiklə´pi:diə] n. encyklopédia
end [end] n. **1.** koniec čoho *of* **2.** zvyšok **3.** smrť •

be° at an end byť na konci, skončiť ● *from beginning to end* od začiatku do konca
end v. skončiť, zakončiť
endanger [in´deindžə] v. ohroziť
endeavour [in´devə] v. snažiť sa
endeavour n. snaha, úsilie
ending [endiŋ] n. koniec
endless [endləs] adj. nekonečný
endorse [in´do:s] v. 1. schváliť 2. podpísať na opačnej strane
endow [in´dau] v. 1. dotovať 2. vybaviť
endowment [in´daumənt] n. 1. nadanie, talent, vrodená schopnosť 2. dotácia 3. nadácia
endurance [in´djuərəns] n. trpezlivosť, vytrvalosť
endure [in´djuə] v. 1. zniesť 2. trvať, vydržať
enemy [enəmi] n. *-ie-* nepriateľ
energy [enədži] n. *-ie-* pl. *energies* energia, sila
enforce [in´fo:s] v. 1. uplatniť 2. vnútiť čo, komu *on/upon*

enfranchise [in´frænčaiz] v. oslobodiť
engage [in´geidž] v. 1. zaujať, upútať 2. *tech.* zapadať do *with* 3. zaradiť 4. rezervovať 5. zasnúbiť sa
engaged [in´geidžd] adj. 1. zasnúbený s *to* 2. zaneprázdnený 3. zadaný
engagement [in´geidžmənt] n. zasnúbenie
engine [endžən] n. 1. motor 2. lokomotíva
engineer [,endžə´niə] n. 1. inžinier 2. strojvodca
engineering [,endžə´niəriə] n. inžinierstvo
England [iŋglənd] n. Anglicko
English [iŋgliš] n. 1. angličtina 2. iba *the* E. Angličania
English adj. anglický
Englishman [iŋglišmən] n. pl. *Englishmen* Angličan
engrave [in´greiv] v. vyryť, vyrezať do *on*
enhance [in´ha:ns] v. zvýšiť
enigma [i´nigmə] n. záhada
enigmatic [,enig´mætik] adj. záhadný
enjoin [in´džoin] v. prikázať
enjoy [in´džoi] v. 1. mať ra-

dosť z **2.** tešiť sa čomu
enlarge [in´la:dž] v. zväčšiť
enlighten [in´laitn] v. objasniť, poučiť
enlist [in´list] v. **1.** vstúpiť do armády, odviesť **2.** zapísať sa, prihlásiť sa
enliven [in´laivn] v. oživiť
enmity [enmiti] n. nepriateľstvo
enormous [i´no:məs] adj. obrovský
enough [i´naf] adv. **1.** dosť **2.** dostatok **3.** celkom
enrage [in´reidž] v. rozzúriť
enrich [in´rič] v. obohatiť
enrol [in´rəul] v. *-ll-* zapísať (sa) do *in*, ako *as*
enrolment [in´rulmənt] n. zápis študentov
ensemble [an´sambəl] n. celok
ensign [ensain] n. odznak
ensure [in´šuə] v. zaručiť, zaistiť
entail [in´teil] v. **1.** vyžadovať (si) **2.** spôsobiť
entangle [in´tæŋgəl] v. zapliesť, zamotať do *in*
enter [entə] v. **1.** vojsť, vstúpiť **2.** prihlásiť (sa) **3.** zapísať (sa) do *in* **4.** vstúpiť kam

enterprise [entəpraiz] n. **1.** podnikanie **2.** podnikavosť, odvaha
entertain [,entə´tein] v. **1.** zabaviť **2.** hostiť
entertainment [,entə´teinmənt] n. **1.** zábavný podnik **2.** zábava
enthusiasm [in´θju:zizəm] n. nadšenie
enthusiastic [in,θju:zi/æstik] adj. nadšený
entice [in´tais] v. odlákať, prilákať, lákať
entire [in´taiə] adj. **1.** celý **2.** úplný
entirely [in´taiəli] adv. celkom, úplne
entitle [in´taitl] v. **1.** dať právo, oprávniť, mať právo **2.** nazvať
entity [entiti] n. **1.** vec **2.** bytosť
entrance [entrəns] n. vchod, vstup • *entrance examination* prijímacia skúška
entrepreneur [,ontrəprə´nə:] n. podnikateľ
entrust [in´trast] v. **1.** poveriť čím *with* **2.** zveriť komu *to*
entry [entri] n. *-ie-* **1.** vstup **2.** vchod **3.** zapísanie •

envelop

make° *an entry* urobiť zápis **4.** prihláška
envelop [ənˈveləp] v. zabaliť
envelope [envələup] n. obálka
envious [enviəs] adj. závistlivý
environment [inˈvaiərənmənt] n. **1.** prostredie **2.** iba *the* e. životné prostredie
envoy [envoi] n. vyslanec
envy [envi] n. závisť
epic [epik] n. epos
epidemic [ˌepəˈdemik] n. epidémia
epidemic adj. nákazlivý
epilepsy [epəlepsi] n. epilepsia
epileptic [ˌepəˈleptik] n. epileptik
epiloque [epilog] n. doslov, epilóg
episode [epəsəud] n. **1.** epizóda **2.** časť
epoch [i:pok] n. epocha, obdobie
equal [i:kwəl] adj. **1.** rovnaký • *equal opportunity* rovnaká príležitosť **2.** vyrovnaný
equal v. *-ll-* **1.** rovnať sa **2.** vyrovnať (sa)

equality [iˈkwoliti] n. rovnosť
equally [i:kwəli] adv. rovnako
equation [iˈkweižən] n. **1.** rovnica **2.** vyrovnanosť
equator [iˈkweitə] n. iba *the equator* rovník
equip [iˈkwip] v. *-pp-* **1.** vybaviť, vyzbrojiť čím *with*, na *for* **2.** pripraviť na *for*
equipment [iˈkwipmənt] n. vybavenie, vyzbrojenie, zariadenie
equity [ekwəti] n. *-ie-* rovnoprávnosť, spravodlivosť
era [iərə] n. **1.** letopočet **2.** éra, epocha, obdobie
erase [iˈreiz] v. vymazať, vygumovať
eraser [iˈreizə] n. **1.** guma *na gumovanie Am.* **2.** huba, špongia *na zmývanie*
erect [iˈrekt] adj. vztýčený, vzpriamený
erect v. **1.** vztýčiť **2.** postaviť
erode [iˈrəud] v. narušiť, vymlieť, erodovať
erotic [iˈrotik] adj. erotický
err [əː] v. mýliť sa
errand [erənd] n. vybavova-

ethics

nie
erratic [i´rætik] adj. nestály, nevyspytateľný, kolísavý
error [erə] n. **1.** chyba **2.** priestupok
erudite [erudait] adj. učený
erupt [i´ratp] v. **1.** vybuchnúť **2.** vysypať sa čím *in*
eruption [i´rapšən] n. výbuch, erupcia
escalate [eskəleit] v. **1.** stupňovať (sa) **2.** zvyšovať (sa)
escape [i´skeip] v. **1.** utiecť z *from* **2.** uniknúť
escape n. **1.** útek z *from* **2.** únik z *from*, čoho *of*
escort [isko:t] v. **1.** eskorta **2.** sprievod
especially [i´spešəli] adv. obzvlášť, najmä, hlavne
espionage [espiəna:ž] n. špionáž
espresso [e´spresəu] n. espresso *káva z kávovaru*
essay [esei] n. esej, písomná práca
essence [esəns] n. **1.** iba *the essence* podstata čoho *of* **2.** esencia • *in essence* v podstate
essential [i´senšəl] adj. hlavný, podstatný, základný

essentially [i´senšəli] adv. **1.** v podstate **2.** nevyhnutne
establish [i´stæbliš] v. **1.** založiť **2.** menovať, ustanoviť, usadiť
establishment [i´stæblišmənt] n. **1.** založenie čoho *of* **2.** podnik, ústav
estate [i´steit] n. **1.** veľkostatok **2.** pozemok **3.** majetok
esteem [i´sti:m] n. vážnosť, úcta
esteem v. **1.** vážiť si **2.** považovať za
estimate [estəmeit] v. odhadnúť, oceniť na *at*
estimate n. odhad • *estimated costs* odhadnuté náklady
estuary [esčuəri] n. *-ie-* ústie rieky
etc [et ´set ərə] adv. skr. *et cetera* a tak ďalej
etch [eč] v. leptať na *on,* do *in*
eternal [i´tə:nəl] adj. večný
eternity [i´tə:nəti] n. *-ie-* večnosť
ethic [eθik] n. morálka
ethics [eθiks] n. etika • *ethical instruction* etická výchova

Europe [juərəp] n. Európa
European [ˌjuərə´pi:ən] adj. európsky
evacuate [i´vækjueit] v. **1.** vysťahovať, evakuovať **2.** vyprázdniť
evacuation [i,vækju´eišən] n. vysťahovanie
evade [i´veid] v. **1.** vyhnúť sa **2.** uniknúť **3.** obchádzať zákon
evaluate [i´væljueit] v. oceniť, ohodnotiť, posúdiť, zhodnotiť
evangelist [i´vændžələst] n. **1.** evanjelista **2.** misionár
evaporate [i´væpəreit] v. vypariť (sa)
evasion [i´veižən] n. **1.** únik • *tax evasion* daňový únik **2.** výhovorka
evasive [i´veisiv] adj. vyhýbavý
eve [i:v] n. predvečer sviatku • *New Year´s Eve* Silvester • *Christmas Eve* Štedrý večer
even [i:vən] adv. **1.** dokonca **2.** ešte **3.** až • *even though* napriek tomu
evening [i:vniŋ] n. večer • *evening class* večerná škola • *evening dress* večerné šaty • *evening course* večerný kurz
event [i´vent] n. **1.** udalosť **2.** *šport.* disciplína • *at all events* v každom prípade, určite • *in the event of* ak, v prípade, že
eventful [i´ventfəl] adj. rušný, významný
eventual [i´venčuəl] adj. konečný
eventually [i´venčuəli] adv. nakoniec
ever [evə] adv. *v opyt. a podm. vete* niekedy, *po zápore* nikdy, kedy • *ever after* naveky • *for ever* navždy
evergreen [evəgri:n] adj. stále obľúbený, populárny
everlasting [ˌevə´la:stiə] adj. večný
every [evri] determ. každý • *every other day* každý druhý deň • *every now and then* zriedka
everybody [evribodi] pron. každý
everyday [evridei] adj. každodenný, všedný • *everyday activity* bežná činnosť
everyone [evriwan] pron.

každý
everything [evriθiŋ] pron. všetko
everywhere [evriweə] adv. všade
evict [i´vikt] v. súdne vysťahovať z *from*
evidence [evədəns] n. 1. dôkaz, dôkazy čoho *of*, na *for* 2. svedectvo, výpoveď
evident [evədənt] adj. očividný, zjavný
evil [i:vəl] adj. 1. zlý 2. odporný, hnusný
evil n. zlo, nešťastie
evoke [i´vəuk] v. vyvolať, vybaviť, evokovať
evolution [,i:və´lu:šən] n. vývoj, evolúcia
evolve [i´volv] v. vyvinúť sa z *from*
exact [ig´zækt] adj. presný
exactly [ig´zæktli] adv. 1. presne 2. celkom úplne
exaggerate [ig´zædžəreit] v. zveličovať, preháňať
exam [ig´zæm] n. *hovor.* skúška
examination [ig,zæmə´neišən] n. 1. lekárska prehliadka, vyšetrenie 2. skúška • *examination board* skúšobná komisia 3. výsluch
examine [ig´zæ´mən] v. 1. prehliadnuť, vyšetriť 2. vypočúvať 3. skúšať z *in*
examiner [ig´zæminə] n. skúšajúci
example [ig´za:mpəl] n. 1. príklad, ukážka čoho *of* 2. *for example* napríklad 3. varovanie
excavate [ekskəveit] v. 1. vyhĺbiť 2. vykopať
excavator [ekskəveitə] n. 1. kopáč 2. bager
exceed [ik´si:d] v. prekročiť, presiahnuť, prevýšiť
excel [ik´sel] v. -ll- vynikať v *at/in*
excellent [eksələnt] adj. vynikajúci, skvelý, výborný
except [ik´sept] prep. okrem
except conj. okrem, až na, s výnimkou
except v. vylúčiť
excepting [ik´septiŋ] prep. okrem
exception [ik´sepšən] n. výnimka • *make° an exception* urobiť výnimku
excess [ik´ses] n. nadbytok čoho *of*
excesses [ik´sesəz] n. ukrutnosti, tvrdosť

exchange [iks´čeindž] n. **1.** výmena peňazí **2.** *telef.* ústredňa **3.** burza
exchange v. vymeniť (si) za *for*, s *with*
exchange rate [iks´čeindž reit] n. kurz cudzej meny
excise [ik´saiz] v. vyrezať, odstrániť
excite [ik´sait] v. **1.** rozrušiť, vzrušiť **2.** vyvolať, vzbudiť
excitement [ik´saitmənt] n. rozrušenie, vzrušenie
exciting [´iksaitiŋ] adj. vzrušujúci
exclaim [ik´skleim] v. zvolať, vykríknuť
exclamation [,ekskləmeišən] n. zvolanie, výkrik ● *exclamation mark* výkričník
exclude [ik´sklu:d] v. **1.** vylúčiť z *from* **2.** nepripustiť
exclusion [ik´sklu:žən] n. vylúčenie z *from*
exclusive [ik´sklu:siv] adj. exkluzívny, luxusný
excursion [ik´skə:šən] n. výlet, zájazd, exkurzia
excuse [ik´skju:z] v. **1.** ospravedlniť, prepáčiť za *for*, z *from* ● *excuse slip* ospravedlnenie do školy **2.** tolerovať ● *excuse me* prepáčte
execute [eksəkju:t] v. **1.** popraviť **2.** uskutočniť **3.** predviesť
execution [,eksə´kju:šən] n. **1.** poprava **2.** uskutočnenie, realizácia
executioner [,eksə´kju:šənə] n. kat
executive [ig´zekjutiv] adj. výkonný
executor [ig´zekjətə] n. vykonávateľ
exemplar [ig´zemplə] n. vzor
exemplary [eg´zempləri] adj. **1.** príkladný, ukážkový **2.** výstražný
exempt [ig´zempt] v. oslobodiť od *from*
exemption [ig´zempšən] n. oslobodenie
exercise [eksəsaiz] n. **1.** cvičenie **2.** pohyb, cvik **3.** výkon **4.** výcvik
exercise v. cvičiť
exert [ig´zə:t] v. použiť, uplatniť, vynaložiť
exertion [ig´zə:šən] n. úsilie, námaha
exhaust [ig´zo:st] v. vyčer-

expensive

pať
exhausted [ig´zo:stid] adj. vyčerpaný
exhibit [ig´zibit] n. exponát
exhibit v. ukázať, vystavovať predmet
exhibition [,eksə´bišən] n. **1.** výstava, expozícia • *exhibition area* výstavný priestor **2.** prejav **3.** verejná produkcia
exhibitor [ig´zibitə] n. vystavovateľ
exhort [ig´zo:t] v. vyzvať, naliehať
exile [eksail] n. **1.** vyhnanstvo, exil **2.** vyhnanec
exile v. vyhnať, vypovedať
exist [ig´zist] v. existovať, byť
existence [ig´zistəns] n. **1.** existencia, jestvovanie **2.** život
exit [egzət] n. **1.** východ, výjazd z diaľnice *from* **2.** ukončenie práce s programom **3.** odchod
exit v. odísť
exodus [eksədəs] n. hromadný odchod, exodus z *from*
exotic [ig´zotik] adj. exotický
expand [ik´spænd] v. rozpínať sa, rozšíriť sa
expansion [ik´spænšən] n. **1.** rozpínavosť **2.** rozšírenie, expanzia
expect [ik´spekt] v. **1.** očakávať **2.** čakať **3.** vyžadovať od *from*
expectation [,ekspek´teišən] n. **1.** očakávanie, nádej **2.** predpoklad
expedient [ik´spi:diənt] adj. výhodný, účelný
expedite [ekspidait] v. odoslať
expedition [,ekspə´dišən] n. výprava, expedícia *vedecká*
expel [iks´pel] v. *-ll-* **1.** vyhnať z *from* **2.** vylúčiť zo školy
expend [iks´pend] v. minúť, vynaložiť na *on*
expenditure [iks´pendičə] n. náklady • *expenditure of education* náklady na vzdelanie
expense [iks´pens] n. výdavky • *at sb´s expense* na účet koho
expenses [iks´pensəz] n. pl. výdavky, náklady
expensive [iks´pensiv] adj. nákladný, drahý

experience [iks´piəriəns] n. **1.** skúsenosť **2.** zážitok **3.** prax

experiment [iks´perəmənt] n. experiment, pokus na *on*

experimental [iks´perimentəl] adj. pokusný • *experimental research* experimentálny výskum

expert [ekspə:t] n. expert, odborník v *at/in*, na *on*

expiration [ekspi´reišn] n. **1.** ukončenie, zánik **2.** výdych

expire [ik´spaiə] v. uplynúť, skončiť, prepadnúť

expiry [ik´spaiəri] n. uplynutie, skončenie lehoty

explain [ik´splein] v. vysvetliť komu *to*

explanation [,eksplə´neišən] n. **1.** vysvetľovanie **2.** vysvetlenie

explicit [ik´splisət] adj. jasný, určitý

explode [ik´spləud] v. **1.** vybuchnúť, explodovať **2.** pustiť sa do *in/into*

exploit [ik´sploit] v. **1.** vykorisťovať **2.** využiť

exploit n. hrdinský/odvážny čin

exploration [,eksplo:´reišən] n. prieskum

explore [ik´splo:] v. preskúmať, prebádať

explorer [iks´plo:rə] n. bádateľ

explosion [ik´spləužən] n. **1.** výbuch, explózia **2.** prudký vzrast

explosive [ik´spləusiv] adj. **1.** výbušný **2.** napätý

explosive n. výbušnina

export [ik´spo:t] v. vyvážať, exportovať

export [ekspo:t] n. **1.** vývoz, export **2.** pl. *exports* vyvážaný tovar

exporter [eks´po:tə] n. vývozca

expose [ik´spəuz] v. **1.** vystaviť čomu *to* **2.** odhaliť, ukázať **3.** predložiť

exposition [,ekspəu´zišən] n. **1.** výstava, expozícia **2.** výklad **3.** ukážka

exposure [ik´spəužə] n. **1.** vystavenie sa čomu *to* **2.** odhalenie **3.** *fot.* snímka

expound [iks´paund] v. vynaložiť

express [ik´spres] v. **1.** vyjadriť **2.** poslať expres

express n. **1.** *express train*

148

eyelid

rýchlik 2. expres zásielka
expression [ik´prešən] n. 1. vyjadrenie, vyslovenie 2. výraz 3. cit
expropriate [eks´prəuprieit] v. vyvlastniť
exquisite [ekskwizət] adj. vynikajúci, dokonalý
extend [ik´stend] v. 1. rozšíriť, predĺžiť 2. rozpínať sa 3. natiahnuť
extension [iks´tenšən] n. rozšírenie, predĺženie
extensive [ik´stensiv] adj. rozsiahly, značný
extent [ik´stent] n. 1. rozsah, rozloha čoho *of* 2. miera
exterior [ik´stiəriəl] n. 1. vonkajšok 2. exteriér
external [ik´stə:nəl] adj. 1. vonkajší 2. zahraničný
extinct [ik´stiŋkt] adj. 1. vyhynutý 2. vyhasnutý
extinction [ik´stiŋkšən] n. 1. vyhynutie čoho *of* 2. vyhasnutie
extinguish [ik´stiŋgwiš] v. zahasiť oheň, vyhasnúť ● *fire extinguisher* hasiaci prístroj
extort [ik´sto:t] v. vynútiť od *from*
extra [ekstrə] adj. 1. mimoriadny, ďalší 2. vedľajší
extract [ik´strækt] v. vytiahnuť, vytrhnúť z *from*
extract [ekstrækt] n. 1. ukážka, výťah z *from* 2. výťažok
extraction [iks´trækšən] v. vytrhnutie zuba
extramarital [,ekstrə´mærətl] adj. mimomanželský, nemanželský
extraordinary [iks´tro:dinəri] adj. mimoriadny
extravagant [ik´strævəgənt] adj. 1. márnotratný 2. výstredný, extravagantný
extreme [ik´stri:m] adj. krajný, extrémny
extricate [ekstrəkeit] v. 1. *chem.* uvoľniť 2. oslobodiť z *from*
exult [ig´zalt] v. jasať
eye [ai] n. 1. oko 2. uško, dierka ● *in the eyes of* v očiach koho ● *keep° an/sb´s eye on* dávať pozor na
eyebrow [aibrau] n. obočie
eyebrow pencil [aibrau ,pensəl] n. ceruzka na obočie
eyelash [ailæš] n. očná riasa
eyelid [ailid] n. očné viečko

eyeliner

eyeliner [ai,lainə] n. ceruzka
 na maľovanie kontúr očí
eyesight [aisait] n. zrak
eyewash [aiwoš] n. *hovor.*
 nezmysel, podfuk
eyewitness [ai,witnəs] n.
 očitý svedok

F

fable [feibəl] n. 1. bájka, *aj pren.* 2. báj, mýtus

fabric [fæbrik] n. 1. látka, tkanina 2. iba *the fabric* štruktúra 3. *the fabrics* výrobky

fabrication [,fæbri´keišən] n. výroba

fabulous [fæbjuləs] adj. bájny, rozprávkový

face [feis] n. 1. tvár 2. výzor, výraz 3. predná strana/stena 4. povrch 5. ciferník ● *in the face of* napriek ● *look sb in the face* pozrieť sa komu do očí

face v. 1. obrátiť sa tvárou, čelom 2. čeliť komu, čomu

facetious [fə´si:šəs] adj. nevhodne vtipný, veselý

facial [feišəl] adj. lícny

facilitate [fə´siliteit] v. uľahčiť

facility [fə´siləti] n. -ie- 1. jednoduchosť, ľahkosť, plynulosť 2. zariadenie, možnosť 3. výhoda

facing [feisiə] n. obloženie, obklad

fact [fækt] n. 1. fakt 2. skutočnosť ● *in fact* v skutočnosti

faction [fækšən] n. *polit.* frakcia, strana

factor [fæktə] n. 1. faktor, činiteľ 2. *mat.* deliteľ 3. agent

factory [fæktəri] n. -ie- podnik, továreň, závod

factual [fæktjuəl] adj. skutočný

faculty [fækəlti] n. -ie- 1. schopnosť 2. talent 3. fakulta

fad [fæd] n. módny výstrelok

fade [feid] v. *fade away* 1. zvädnúť 2. vyblednúť 3. stratiť sa, zmiznúť

fag [fæg] n. *hovor.* drina

fag end [,fæg ´end] n. ohorok

fail [feil] v. 1. nepodariť sa 2. sklamať, zlyhať, neuspieť 3. prepadnúť na skúške

fail n. neúspech, zlyhanie

failing [feiliŋ] n. nedostatok, chyba

failing adj. klesajúci, upadajúci
failure [failjə] n. 1. neúspech, zlyhanie
faint [feint] adj. 1. slabý 2. mdlý
faint v. 1. omdlieť 2. vzdávať sa
fair [feə] adj. 1. spravodlivý, čestný 2. primeraný 3. svetlý 4. pekný 5. priaznivý *počasie* 6. slušný
fair adv. 1. slušne, poctivo 2. rovno, presne
fairly [feəli] adv. 1. poctivo, spravodlivo 2. dosť
fairy [feri] n. -ie- nadprirodzená bytosť, škriatok, víla
fairy tale [feri ,teil] n. *fairy story* rozprávka
faith [feiθ] n. 1. dôvera v *in* 2. sľub 3. viera v *in*
faithful [feiθfəl] adj. 1. verný čomu *to* 2. presný, spoľahlivý
faithful n. 1. *the faitful* veriaci 2. stúpenec
faithfully [feiθfuli] adv. presne, verne
fake [feik] v. 1. falšovať 2. napodobniť 3. *hovor.* predstierať 4. vymýšľať si
fake n. falzifikát

falcon [fo:lkən] n. *zool.* sokol
fall [fo:l] *fell, fallen* v. 1. padnúť, spadnúť 2. klesnúť, poklesnúť *ceny* • *fall° apart* rozpadnúť sa • *fall° asleep* zaspať • *fall° in love* zamilovať sa • *fall° victim* padnúť za obeť • *fall° down* zlyhať v, pri *on* • *fall° for* 1. naletieť 2. zamilovať sa • *fall° in* voj. nastúpiť • *fall° out* pohádať sa
fall n. 1. pád z *from* 2. padanie čoho *of* 3. pokles, zníženie, klesanie 4. úpadok čoho *of* 6. iba *the fall* jeseň *Am.*
fallacy [fæləsi] n. -ie- omyl, klam
fallen [fo:lən] v. p. fall
falls [fo:lz] n. vodopád
false [fo:ls] adj. 1. falošný 2. nesprávny 3. umelý 4. chybný, klamný 5. neverný
falsehood [fo:lshud] n. 1. lož, klamstvo 2. klamanie
falsification [,fo:lsifi'-keišən] n. falšovanie
falsity [fo:lsəfai] v. -ie- falšovať

falter [fo:ltə] v. **1.** potácať sa **2.** koktať, zajakávať sa **3.** chvieť sa
fame [feim] n. sláva
familiar [fə'miliə] adj. **1.** dobre známy, dôverný **2.** rodinný, familiárny
familiarity [fə,mili'æriti] n. dôvernosť
family [fæməli] n. *-ie-* rodina
famine [fæmən] n. **1.** hlad **2.** núdza **3.** hladomor
famish [fæmiš] v. hladovať, vyhladovať
famous [feiməs] adj. **1.** slávny **2.** pozoruhodný
fan [fæn] n. **1.** vejár **2.** ventilátor **3.** fanúšik
fan n. fanúšik
fan v. ovievať
fanatic [fə'nætik] n. fanatik
fanciful [fænsifəl] adj. fantastický
fancy [fænsi] n. *-ie-* **1.** náklonnosť k *to* **2.** fantázia **3.** vrtoch
fancy adj. prepychový
fang [fæə] n. **1.** tesák **2.** jedový *zub*
fantastic [fæn'tæstik] adj. **1.** fantastický, nádherný, úžasný **2.** nereálny

fantasy [fæntəsi] n. *-ie-* fantázia, predstavivosť
far [fa:] adv. *farther/further, farthest/furthest* **1.** ďaleko **2.** oveľa, *as/so far as* **1.** pokiaľ **2.** až k
far adj. *farther/further, farthest/furthest* vzdialený
faraway [fa:rəwei] adj. vzdialený, ďaleký
farce [fa:s] n. fraška, nezmysel
fare [feə] n. **1.** cestovné • *full fare* plné cestovné • *half fare* polovičné cestovné **2.** zákazník, pasažier
fare v. dariť sa
farewell [feə'wel] n. rozlúčenie, zbohom
farm [fa:m] n. farma, statok, hospodárstvo
farm v. **1.** obrábať **2.** hospodáriť
farmer [fa:mə] n. hospodár, farmár, poľnohospodár
farmyard [fa:mja:d] n. dvor na statku, farme
farther [fa:ðə] adv. ďalej v priestore
farther adj. vzdialenejší v priestore
fascinate [fæsəneit] v. oča-

fascinating

riť, okúzliť, fascinovať
fascinating [fæsineitiŋ] adj. fascinujúci, vzrušujúci
fascism [fæšizəm] n. fašizmus
fascist [fæšəst] n. fašista
fascist adj. fašistický
fashion [fæšən] n. 1. móda • *latest fashion* posledná móda 2. spôsob
fashionable [fæšənəbəl] adj. 1. módny, moderný 2. elegantný, luxusný
fast [fa:st] adj. 1. rýchly 2. pevný 3. stály • *fast train* rýchlik
fast adv. 1. rýchlo 2. pevne
fasten [fa:sən] v. upevniť, zapnúť, pripevniť
fastener [fa:sənə] n. gombík, zips, spona
fast food [fa:st fu:d] n. rýchle občerstvenie
fastidious [fæ´stidiəs] adj. prieberčivý
fat [fæt] adj. *-tt-* tučný
fat n. tuk, masť
fatal [feitəl] adj. 1. smrteľný pre *to* 2. osudný pre *to*
fatality [fə´tæləti] n. *-ie-* 1. smrteľný úraz 2. úmrtnosť 3. osudovosť, nešťastie

fate [feit] n. 1. osud 2. záhuba
fated [feitəd] adj. 1. predurčený 2. prekliaty
father [fa:ðə] n. 1. otec, *aj pren.* čoho *of* 2. pl. *fathers* predkovia
father v. splodiť
father-in-law [fa:ðə in ‚lo:] n. pl. *fathers-in-law/father-in-laws* svokor
Father [fa:ðə] n. 1. *cirk.* otec, páter 2. iba *our/the Father* nebeský otec
Father Christmas [‚fa:ðə ´krisməs] n. Ježiško
fatigue [fə´ti:g] n. únava, vysilenie, vyčerpanie
fatigue v. unaviť
fatten [fætn] v. vykŕmiť
fatty [fæti] adj. tučný, mastný
fault [fo:lt] n. 1. chyba 2. nedostatok 3. porucha
fauna [fo:nə] n. živočíšstvo, fauna
favour [feivə] n. 1. priazeň, náklonnosť 2. vľúdnosť 3. láskavosť • *be° in favour with* mať priazeň koho
favour v. dávať prednosť niečomu
favourable [feivərəbl] adj. 1.

priaznivý **2.** výhodný
favourite [feivərət] n. **1.** obľúbená vec/osoba **2.** obľúbenec **3.** favorit
favourite adj. obľúbený
fawn [fo:n] adj. svetlý
fax [fæks] n. telefax, fax
fax v. faxovať, posielať správy
fear [fiə] n. **1.** strach z *of* **2.** obava o *of*
fear v. báť sa, obávať sa o *for*
fearful [fiəfəl] adj. **1.** bojazlivý **2.** hrozný, príšerný
fearless [fiələs] adj. nebojácny
feasible [fi:zəbl] adj. možný
feast [fi:st] n. **1.** hostina **2.** sviatok **3.** hody
feast v. hostiť sa, hodovať
feather [feðə] n. pero, perie
feature [fi:čə] n. **1.** charakteristický znak čoho *of* **2.** rys, črta tváre
february [februəri] n. február
fed [fed] v. **p.** feed
federal [fedərəl] adj. **1.** federatívny, spolkový **2.** federálny
federation [,fedə´reišən] n. federácia, zväz, spolok

fee [fi:] n. poplatok, vstupné, školné, honorár
feeble [fi:bəl] adj. slabý, chatrný
feed [fi:d] *fed, fed* v. **1.** kŕmiť, dať jesť **2.** žrať čo *on*
feed n. krmivo, jedlo
feeding bottle [fi:diŋ ,botl] n. detská fľaša
feel [fi:l] *felt, felt* v. **1.** cítiť, pocítiť **2.** cítiť sa **3.** hmatať, ohmatať **4.** myslieť si
feel n. **1.** pocit , dotyk **2.** ohmatanie
feeling [fi:liŋ] n. **1.** pocit čoho *of* **2.** cítenie, zdanie, tušenie **3.** cit
feet [fi:t] v. pl. *foot*
feign [fein] v. predstierať
feint [feint] n. finta, trik, manéver
fell [fel] v. **p.** fall
fell v. sťať, zoťať
fellow [feləu] n. **1.** človek, chlapík, *hovor.* muž **2.** kamarát, spoločník **3.** člen čoho *of*
fellowship [feləušip] n. **1.** spoločenstvo, spolok, zväz **2.** priateľstvo
felt [felt] v. **p.** feel
felt-tip [feltip] n. fixka

female [fi:meil] adj. 1. samičí 2. ženský
female n. 1. *zool.* samica 2. žena
feminist [feminist] n. feministka
fen [fen] n. močiar, barina
fence [fens] n. 1. plot, ohrada 2. prekážka
fence v. ohradiť, oplotiť
fence v. šermovať
fencer [fensə] n. šermiar
fencing [fensiŋ] n. oplotenie
fender [fendə] n. 1. ochranná mreža pred krbom 2. blatník *Am.*
ferocious [fə´rəušəs] adj. divý, dravý, prudký
ferocity [fə´rosəti] n. krutosť
ferry [feri] n. *-ie-* kompa, trajekt
ferry v. *-ie-* previezť, voziť
fertile [fə:tail] adj. 1. plodný 2. úrodný
fertilize [fə:tǝlaiz] v. 1. oplodniť 2. zúrodniť, hnojiť
fervent [fə:vənt] adj. 1. vrelý, vrúcny 2. vášnivý
fervour [fə:və] n. zápal, oduševnenie
fester [festə] v. *lek.* hnisať
festival [festəvəl] n. 1. sviatok 2. festival
festive [festiv] adj. slávnostný, sviatočný
festivity [fə´stivəti] n. *-ie-* sviatok, slávnosť
fetch [feč] v. 1. ísť po, priviesť, priniesť 2. vyniesť
fete [feit] n. slávnosť
fetish [fetiš] n. 1. modla 2. fetiš
fetter [fetə] n. 1. reťaz 2. pl. *fetters* putá, okovy
feud [fju:d] n. svár, zvada
feud v. hádať sa, škriepiť sa
feudal [fju:dəl] adj. feudálny
feudalism [fju:dəlizəm] n. feudalizmus
fever [fi:və] n. 1. horúčka, teplota 2. vzrušenie
feverish [fi:vəriš] adj. horúčkovitý
few [fju:] adv. málo ● *a few* 1. niekoľko, pár 2. trochu
fiancé [fi´ansei] n. snúbenec
fiancée [fi´ansei] n. snúbenica
fib [fib] v. *-bb-* klamať
fib n. malá lož
fibre [faibə] n. 1. vlákno, vláknina 2. tkanivo
fickle [fikəl] adj. nestály
fiction [fikšən] n. 1. beletria 2. výmysel, fikcia

fiddle [fidl] n. 1. *hovor.* podfuk 2. husle
fiddler [fidlə] n. huslista
fidelity [fi'deləti] n. vernosť komu, čomu *to*
fidget [fidžət] v. *hovor.* vrtieť sa
field [fi:ld] n. 1. pole, rola 2. *šport.* ihrisko 3. nálezisko 4. oblasť, odbor 5. terén 6. bojisko
fiend [fi:nd] n. 1. diabol 2. nadšenec
fierce [fiəs] adj. 1. zúrivý 2. neľútostný, krutý človek 3. búrlivý zápas
fiery [faiəri] adj. 1. ohnivý 2. prudký 3. prchký
fifteen [,fif'ti:n] num. pätnásť
fifty [fifti] num. päťdesiat
fifty-fifty [,fifti'fifti] adj. rovnakým dielom, napolovicu
fig [fig] n. *bot.* figa
fight [fait] *fought, fought* v. 1. bojovať 2. prieť sa, hádať sa o *over/about*, pre *for*
fight n. 1. boj, zápas 2. hádka
fighter [faitə] n. 1. bojovník 2. bojové lietadlo 3. bitkár

figurative [figjurətiv] adj. obrazný
figure [figə] n. 1. postava 2. figúra 3. číslica, cifra 4. obrázok, obrazec
figure v. 1. vystupovať, figurovať ako *as*, v *in* 2. usúdiť, dôjsť k záveru *Am.* 3. znázorniť, zobraziť
figure skating [figə ,skeitiŋ] n. krasokorčuľovanie
figurine [,figjə'ri:n] n. soška, figurína
file [fail] n. pilník aj na nechty
file v. pilovať (si)
file n. 1. fascikel 2. súbor informácií
file n. zástup
filings [failiŋz] n. pl. piliny
fill [fil] v. 1. plniť (sa), naplniť (sa) 2. splniť, vyhovieť • *fill up* zaplniť, naplniť 3. obsadiť miesto 4. vyplniť *čas*
fill n. náplň, doplnenie, výplň
fillet [filət] n. filé, rezeň
filling [filiŋ] n. 1. náplň 2. plomba
filling station [filiŋ ,steišən] n. benzínová pumpa

film [film] n. 1. film 2. povlak, vrstva
film v. filmovať, natočiť
filter [filtə] n. filter
filtration [fil´treišən] n. filtrácia
fin [fin] n. plutva
final [fainl] adj. 1. finálový 2. konečný, posledný, záverečný 3. rozhodujúci
final n. pl. *finals* 1. finále 2. záverečné skúšky
finally [fainəli] adv. 1. konečne 2. nakoniec 3. definitívne
finance [fainæns] n. financie
finance [fai´næns] v. financovať
finances [fainænsəz] n. pl. peňažné prostriedky
financial [fai´nænšəl] adj. finančný
financier [fə´nænsiə] n. finančník
find [faind] *found, found* v. 1. nájsť, vypátrať 2. zistiť • *be° found* nachádzať sa, vyskytovať sa • *find° out* 1. zistiť 2. odhaliť
finder [faində] n. nálezca
finding [findiŋ] n. nález, zistenie

fine [fain] adj. 1. vynikajúci, výborný, skvelý 2. jemný
fine adv. 1. jemne, nadrobno 2. výborne, skvele
fine n. pokuta
fine art [,fain ´a:t] n. umelecké dielo/diela
finery [fainəri] n. nádhera
finesse [fə´nes] n. obratnosť, šikovnosť
finger [fiŋgə] n. prst na ruke
finger v. 1. dotknúť sa prstom 2. ukázať na *to*
fingernail [fiŋgəneil] n. necht
fingerprint [fiŋgə,print] n. odtlačok prsta
fingertip [fiəgə,tip] n. konček prsta
finish [finiš] v. 1. skončiť (sa) 2. *finish off* dokončiť
finish n. 1. koniec, záver, finiš 2. dokončenie
finished [finišt] adj. dokončený, hotový
Finland [finlənd] n. Fínsko
fir [fə:] n. jedľa
fir cone [fə: kəun] n. šuška
fire [faiə] n. 1. oheň 2. nadšenie 3. paľba • *catch° fire* chytiť sa • *on fire* v plameňoch
fire v. strieľať, vystreliť, vy-

páliť
fire alarm [faiə ə,la:m] n. požiarny poplach
fire brigade [faiə bri,geid] n. požiarnici, hasiči
fire engine [faiə ,endžən] n. hasičská striekačka
fire extinguisher [faiə ik,stiŋgwišə] n. hasiaci prístroj
fireman [faiəmən] n. pl. *firemen* požiarnik, hasič
fireplace [faiəpleis] n. krb
firewood [faiəwud] n. drevo na kúrenie
firework [faiəwə:k] n. 1. raketa 2. pl. *fireworks* ohňostroj
firm [fə:m] adj. 1. pevný, stabilný 2. rozhodný 3. energický 4. prísny
firm v. *firm up* spevniť, upevniť • *firm up an agreement* uzavrieť zmluvu
firm n. firma, podnik
first [fə:st] adj. prvý • *at first hand* z prvej ruky
first adv. najprv, najskôr, po prvé • *first of all* najprv, predovšetkým
first aid [,fə:st ′eid] n. prvá pomoc
first class [,fə:st ′kla:s] n. prvá trieda , najlepšia kvalita
first name [fə:st neim] n. krstné meno
first night [,fə:st ′nait] n. premiéra
first-rate [,fə:st ′reit] adj. prvotriedny, skvelý, vynikajúci
fish [fiš] n. pl. *fish/fishes* 1. *zool*. ryba 2. rybacina
fish v. chytať ryby, rybárčiť
fisherman [fišəmən] n. pl. *fishermen* rybár
fishery [fišəri] n. rybolov
fishing [fišiŋ] n. rybačka
fishy [fiši] adj. 1. rybí 2. *hovor.* podozrivý
fist [fist] n. päsť
fit [fit] v. *-tt-* 1. hodiť sa 2. svedčať 3. montovať
fit adj. *-tt-* 1. schopný, vhodný na *for* 2. vo forme, fit
fit n. záchvat čoho *of*
fitness [fitnəs] n. telesná kondícia, zdravie
fitter [fitə] n. montér
fitting [fitiŋ] n. 1. pl. *fittings* vybavenie 2. skúška šiat
fitting adj. vhodný
five [faiv] num. päť
fix [fiks] v. 1. pripevniť, upevniť, zafixovať 2. na-

merať **3.** *fix up* určiť, stanoviť **4.** zariadiť **5.** opraviť

fixed [fikst] adj. pevný, fixný

fizz [fiz] v. šumieť, syčať

flag [flæg] n. zástavka, vlajka

flag v. *-gg-* ochabnúť, zoslabnúť

flagpole [flægpəul] n. stožiar

flail [fleil] n. cep

flair [fleə] n. **1.** talent, nadanie na *for* **2.** intuícia

flake [fleik] n. vločka

flame [fleim] n. plameň, oheň

flame v. horieť, plápolať

flap [flæp] n. **1.** chlopňa, cíp **2.** plieskanie **3.** panika, *hovor.* zmätok

flare [fleə] v. plápolať mihotať sa • *flare up* vzplanúť

flare n. **1.** vzplanutie, záblesk **2.** pochodeň

flash [flæš] v. **1.** zablesknúť sa **2.** blikať na *at*

flash n. **1.** blesk **2.** záblesk **3.** letmý pohľad

flash adj. **1.** náhly, prudký **2.** rýchly

flashlight [flæšlait] n. **1.** blesk **2.** vrecková baterka

flask [fla:sk] n. **1.** *chem.* banka **2.** cestovná, poľná fľaša **3.** termoska

flat [flæt] n. **1.** byt **2.** pl. *flats* nížina, rovina **3.** *the flat* dlaň, plochá strana čoho *of* **4.** defekt na preumatike

flat adj. *-tt-* **1.** plochý, rovný, plytký **2.** pneumatika *sfúknutá* **3.** batéria *vybitá* **4.** fádny

flatly [flætli] adv. rozhodne, úplne

flatter [flætə] v. lichodiť komu *on*

flattery [flætəri] n. lichôtka

flavour [fleivə] n. **1.** chuť **2.** príchuť

flavour v. ochutiť čím *with*

flaw [flo:] n. **1.** kaz, chyba v *in*, nedostatok **2.** trhlina

flea [fli:] n. blcha

fleck [flek] n. **1.** zrnko, zrniečko **2.** škvrna

fled [fled] v. p. flee

fled [fli:] *fled, fled* v. uniknúť

fleet [fli:t] n. loďstvo, flotila

flesh [fleš] n. **1.** mäso **2.** dužina plodu

flew [flu:] v. p. fly

flex [fleks] v. ohnúť sa, ohýbať sa

flex n. *elektr.* šnúra, kábel
flexible [fleksəbəl] adj. 1. ohybný, pružný 2. flexibilný 3. prispôsobivý
flick [flik] v. šľahnúť, švihnúť
flicker [flikə] v. 1. blikať 2. mihať (sa)
flight [flait] n. 1. let, lietanie 2. rad schodov medzi poschodiami 3. kŕdeľ
flimsy [flimzi] -ie- adj. tenký
fling [fliŋ] v. hodiť niečím
flint [flint] n. 1. pazúrik 2. kamienok do zapaľovača
flip [flip] n. 1. plesknutie, lusknutie 2. premet, salto
flip adj. neúctivý
flipper [flipə] n. plutva
flirt [flə:t] v. flirtovať, koketovať
float [fləut] v. vznášať sa, plávať
float n. 1. plavák 2. vozík
flock [flok] n. 1. kŕdeľ, stádo 2. zástup koho *of*
flock v. zhromaždiť sa
flog [flog] v. -gg- bičovať, šľahať
flood [flad] n. pl. *floods* potopa, povodeň
flood v. 1. zatopiť, zaplaviť 2. rieka rozvodniť (sa)

floodlight [fladlait] n. reflektor
flood tide [flad taid] n. príliv
floor [flo:] n. 1. podlaha 2. poschodie 3. iba *the floor* dno čoho *of*
flop n. 1. pád 2. fiasko
floopy disk [‚flopi ´disk] n. disketa
flora [flo:rə] n. flóra
flotilla [flə´tilə] n. flotila
flour [flauə] n. múka
flourish [flariš] v. 1. dariť sa dobre 2. prosperovať, prekvitať
flout [flaut] v. 1. bagatelizovať 2. vysmievať sa
flow [fləu] v. 1. tiecť, plynúť *čas* 2. prúdiť
flow n. tok, prúd
flowchart [fləuča:t] n. diagram
flower [flauə] n. kvet
flower v. 1. kvitnúť 2. *pren.* rozkvitnúť
flowerbed [flauəbed] n. záhon
flowerpot [flauəpot] n. kvetináč
flown [fləun] v. p. fly
flu [flu:] n. *aj influenza* chrípka
fluctuate [flakčueit] v. 1.

fluent

kolísať 2. fluktuovať
fluent [flu:ənt] adj. 1. plynulý 2. hladký
fluff [flaf] n. 1. páper 2. chumáč
fluid [flu:əd] adj. 1. tekutý, plynný 2. nestály
fluid n. tekutina
flunk [flaŋk] v. *hovor.* prepadnúť • *flunk out* vyletieť z *of*
flurry [flari] n. metelica
flush [flaš] n. 1. prepláchnutie, vypláchnutie 2. červeň
flush v. 1. *flush out* vypláchnuť 2. spláchnuť 3. očervenieť
fluster [flastə] v. znervózniť, znepokojiť
flute [flu:t] n. flauta
flutter [flatə] v. 1. trepotať, mávať krídlami 2. zniesť sa 3. chvieť sa
fly [flai] *-ie-, flew, flown* v. 1. lietať, letieť 2. viať 3. *pren.* utekať
fly *-ie-* n. mucha
flying saucer [ˌflaiiŋ ˊsoːsə] n. lietajúci tanier
flyover [flai əuvə] n. nadjazd
foal [fəul] n. žriebä
foam [fəum] n. pena
foam v. peniť

focus [fəukəs] n. pl. *foci* [fəusai, fəukai] 1. *odb.* ohnisko 2. *the focus* stred, stredobod čoho *of*
fodder [fodə] n. krmivo
fog [fog] n. hmla
fog *-gg-* v. zahmliť (sa)
foil [foil] v. zmariť, prekaziť
foil n. fólia
fold [fəuld] v. 1. *fold up* zložiť, preložiť 2. zabaliť 3. zopnúť *ruky*
fold n. 1. záhyb 2. kotlina, úžľabina 3. ohrada
foliage [fəuliidž] n. lístky rastlinky
folk [fəuk] n. 1. ľudia, ľud 2. ľudová hudba
folk adj. ľudový
folklore [fəukloː] n. folklór
follow [foləu] v. 1. nasledovať, ísť po, za 2. držať sa čoho 3. prenasledovať 4. sledovať koho, čo 5. riadiť sa čím 6. sprevádzať koho
follower [foləuə] n. prívrženec, stúpenec
following [foləuiŋ] adj. nasledujúci
follow-up [foləuap] n. 1. odozva 2. pokračovanie
fond [fond] adj. 1. zamilova-

ný do 2. nežný, láskavý 3. milujúci 4. pochabý
food [fu:d] n. jedlo, potrava
foodstuff [fu:dstaf] n. potraviny
fool [fu:l] n. blázon, hlupák
fool v. oklamať, pobláznif
fool adj. bláznivý, hlúpy
foolish [fu:liš] adj. 1. hlúpy, nerozumný 2. bláznivý 3. pochabý
foot [fut] n. pl. *feet* [fi:t] 1. noha *chodidlo* 2. stopa • *on foot* peši
football [futbo:l] n. 1. futbal 2. futbalová lopta
footballer [futbo:lə] n. futbalista
foothold [futhəuld] n. 1. oporný bod 2. pozícia 3. pevné miesto
footman [futmən] n. lokaj
footpath [futpa:θ] n. cestička, chodník
footprint [futprint] n. 1. šľapaj 2. odtlačok nohy
footstep [futstep] n. krok
footwear [futweə] n. obuv
for [fə, fo:] prep. 1. pre 2. na 3. za 4. do
for conj. pretože
forbearance [fo:´beərəns] n. trpezlivosť, zhovievavosť

forbade [fə´bæd] v. **p.** forbid
forbid [fə´bid] v. 1. zakázať 2. nedovoliť 3. znemožniť
forbidden [fə´bidn] v. **p.** forbid
forbidding [fə´bidiŋ] adj. odpudzujúci, odporný
force [fo:s] n. 1. sila, moc 2. násilie 3. ozbrojené sily • *in force* v platnosti
force v. donútiť, prinútiť
forceful [fo:sfəl] adj. silný, energický, pôsobivý, presvedčivý
forces [fo:səz] n. *the forces* ozbrojené sily
ford [fo:d] n. 1. brod 2. prebrodiť
forearm [fo:ra:m] n. predlaktie
forecast [fo:ka:st] n. predpoveď počasia, prognóza
forecast v. predpovedať, predvídať
forefathers [fo:,fa:ðəz] n. pl. predkovia
forefinger [fo:,fiŋgə] n. ukazovák
foreground [fo:graund] n. popredie
forehead [forəd] n. *anat.* čelo
foreign [forən] adj. 1. zahra-

163

foreign affairs

ničný 2. cudzí
foreign affairs [,forən ə´feəz] n. zahraničné veci
foreigner [forənə] n. cudzinec
foreign exchange [,forən iks´čeindž] n. valuty, devízy
foremost [fo:məust] adj. *the foremost* najprednejší, prvý
forename [fo:neim] n. krstné meno
foresaw [fo:´so:] v. p. foresee
foresee [fo:´si:] *foresaw, foreseen* v. predvídať
foreseen [fo:´si:n] v. p. foresee
forest [forəst] n. les, hora
forester [forəstə] n. lesník
foretell [fo:´tel] v. *foretold, foretold* predpovedať
forethought [fo:θo:t] n. prezieravosť
foretold [fo:´təuld] v. p. foretell
forever [fə´revə] adv. 1. naveky, navždy 2. ustavične
forgave [fə´geiv] v. p. forgive
forge [fo:dž] v. 1. falšovať 2. kuť

forgery [fo:džəri] n. 1. falzifikát 2. falšovanie
forget [fə´get] *forgot, forgotten* v. zabudnúť
forgive [fə´giv] *forgave, forgiven* v. odpustiť, prepáčiť
forgiven [fə´givən] v. p. forgive
forgiveness [fə´givnəs] n. 1. odpustenie 2. zhovievavosť
forgot [fə´got] v. p. forget
forgotten [fə´gotn] v. p. forget
fork [fo:k] n. 1. vidlička 2. vidly 3. ráscestie
fork v. 1. nabrať vidlami 2. rozdvojovať sa 3. odbočiť
forlorn [fə´lo:n] adj. opustený
form [fo:m] n. 1. tvar, obrys, postava 2. druh, typ 3. forma 4. formulár 5. podoba 6. formalita
form v. tvoriť, formovať, vyvinúť
formal [fo:məl] adj. formálny, oficiálny
formality [fo:´mæləti] n. formalita
format [fo:mæt] n. 1. formát knihy 2. štruktúra, zloženie

formation [fo:'meišən] n. 1. tvorenie 2. zloženie 3. formácia

formative [fo:mətiv] adj. 1. výchovný 2. tvaroslovný

former [fo:mə] adj. bývalý, niekdajší, minulý

formerly [fo:məli] adv. kedysi

formidable [fo:mədəbəl] adj. 1. hrozný 2. neľahký

formless [fo:mləs] adj. beztvarý

formula [fo:mjələ] n. pl. *formulas/formulae* [fo:mjəli:] 1. vzorec 2. predpis, recept 3. formula

formulate [fo:mjəleit] v. formulovať, vyjadriť, vytvoriť

forsake [fə'seik] *forsook, forsaken* v. 1. opustiť, zanechať 2. vzdať sa, zriecť sa

forsaken [fə'seikən] v. p. forsake

forsook [fə'suk] v. p. forsake

forswear [fo:'sweə] *forswore, forsworn* v. zrieknuť sa

forswore [fo:'swo:] v. p. forswear

forsworn [fo:'swo:n] v. p. forswear

fort [fo:t] n. pevnosť

forthcoming [,fo:θkamiŋ] adj. najbližší

fortification [,fo:təfə'keišən] n. 1. opevnenie 2. spevnenie

fortify [fo:təfai] *-ie-* v. 1. opevniť 2. zosilniť, posilniť

fortitude [fo:tətju:d] n. statočnosť

fortnight [fo:tnait] n. štrnásť dní

fortress [fo:trəs] n. pevnosť

fortunate [fo:čənət] adj. šťastný

fortunately [fo:čənətli] adv. našťastie

fortune [fo:čən] n. 1. majetok 2. osud 3. šťastie

forty [fo:ti] num. štyridsať

forward [fo:wəd] adv. *forwards* vpred, dopredu

fossil [fosəl] n. skamenelina

foster [fostə] v. 1. starať sa o 2. podporiť

fought [fo:t] v. p. fight

foul [faul] adj. 1. odporný, hnusný 2. páchnúci

foul n. faul

foul v. 1. faulovať 2. znečistiť

found [faund] v. p. find

found v. 1. založiť, zriadiť

foundation

2. postaviť na *on/upon*
foundation [faun´deišən] n. 1. založenie 2. *Foundation* nadácia
founder [faundə] n. zakladateľ
fountain [fauntən] n. 1. fontána 2. vodotrysk 3. prameň, zdroj
fountain pen [fauntən pen] n. plniace pero
four [fo:] num. štyri
foursome [fo:səm] n. štvorica
fourteen/,fo:´ti:n] num. štrnásť
fourth [fo:θ] num. 1. štvrtý 2. štvrtina
fowl [faul] n. pl. *fowls/fowl* hydina
fox [foks] n. líška *zviera*
fox v. zmiasť,oklamať
foxy [foksi] *-ie-* adj. lišiacky, prefíkaný
fraction [frækšən] n. mat. zlomok
fractious [frækšəs] adj. podráždený
fracture [frŽkčə] n. 1. zlomenina, fraktúra 2. puklina, prasklina
fracture v. zlomiť (sa)
fragile [frædžail] adj. 1. krehký 2. slabý
fragility [frə´džiliti] n. krehkosť
fragment [frægmənt] n. úlomok, fragment
fragrance [freigrəns] n. vôňa, aróma
fragrant [freigrənt [adj. voňavý
frail [freil] adj. krehký, útly, slabý
frame [freim] n. 1. rám 2. kostra, konštrukcia 3. postava
frame v. 1. rámovať 2. vyjadriť, formulovať 3. falošne obviniť
framework [freimwə:k] n. kostra,konštrukcia
France [fra:ns] n. Francúzsko
franchise [frænčaiz] n. *the franchise* volebné právo, výsada
frank [fræŋk] adj. úprimný, priamy, otvorený
frantic [fræntik] adj. 1. šialený 2. kŕčovitý
fraternal [frə´tə:nl] adj. bratský
fraternity [frə´tə:nəti] *-ie-* n. 1. bratstvo 2. asociácia
fraud [fro:d] n. 1. podvod 2.

podvodník

fray [frei] v. strapkať (sa), odrať (sa), obnosiť sa

freak [fri:k] n. 1. vrtoch, rozmar 2. čudák

freckle [frekəl] n. peha

free [fri:] adj. 1. slobodný 2. voľný 3. bezplatný 4. oslobodený • *for free* zadarmo • *free of charge* zadarmo, bezplatne

free adv. 1. bezplatne, zadarmo 2. voľne, slobodne

free v. 1. pustiť z *from* 2. oslobodiť sa od *from* 3. uvoľniť

freedom [fri:dəm] n. 1. oslobodenie od *from* 2. sloboda, voľnosť

free enterprise [‚fri: ˈentəpraiz] n. slobodné podnikanie

freelance [fri:la:ns] adj. nezávislý, samostatný

freely [fri:li] adv. 1. ochotne 2. úprimne, otvorene 3. slobodne, voľne

freeze [fri:z] *froze, frozen* v. 1. *freeze up* zamrznúť 2. mrznúť 3. zmraziť

freeze n. mráz

freezer [fri:zə] n. mraznička

freezing point [fri:ziŋ point] n. bod mrazu

freight [freit] n. náklad

French [frenč] n. francúzština

French adj. francúzsky

frenzy [frenzi] -*ie*- n. šialenstvo, záchvat

frequency [fri:kwənsi] -*ie*- n. 1. častý výskyt čoho *of* 2. frekvencia

frequent [fri:kwənt] adj. bežný, častý

fresh [freš] adj. 1. čerstvý 2. svieži 3. sladký *o vode*

freshwater [frešwo:tə] adj. sladkovodný

fret [fret] -*tt*- v. trápiť sa, zožierať sa, robiť si starosti

Friday [fraidi] n. piatok • *on Friday* v piatok • *on Fridays* každý piatok

fridge [fridž] n. chladnička

friend [frend] n. priateľ, priateľka

friendly [frendly] -*ie*- adj. kamarátsky, priateľský

friendship [frendšip] n. kamarátstvo, priateľstvo

fright [frait] n. 1. strach 2. zľaknutie, zdesenie

frighten [fraitn] v. 1. naľakať sa 2. vystrašiť

fringe [frindž] n. ofina

fringe

fringe v. lemovať
frisk [frisk] v. šantiť, poskakovať
frizz [friz] v. kučeraviť (sa)
frog [frog] n. žaba
frolic [frolik] v. šantiť
from [frəm, fro:m] prep. 1. z 2. od
front [frant] n. 1. predok, predná časť 2. fasáda
front adj. predný
front v. 1. byť obrátený 2. byť/stáť pred čím 3. stáť na čele
frontal [frantl] adj. čelný
frontier [frantiə] n. 1. hranice 2. pohraničie
frost [frost] n. mráz
frost v. 1. zmrznúť
frosty [frosti] *-ie-* adj. mrazivý
froth [froθ] n. pena
froth v. robiť penu, peniť
frown [fraun] v. mračiť sa
frown n. vráska
froze [frəuz] v. **p.** freeze
frozen [frəuzən] v. **p.** freeze
fruit [fru:t] n. 1. ovocie • *fruit-juice* ovocná šťava 2. plod
fruit v. dávať ovocie
fruity [fru:ti] *-ie-* adj. ovocný

frustrate [fra´streit] v. 1. znechutiť 2. zmariť
fry [frai] v. smažiť • *frying pan* panvica
fryer [fraiə] n. panvica na smaženie
fuel [fjuəl] n. palivo
fuel *-ll-* v. zásobiť palivom
fugitive [fju:džətiv] n. utečenec
fulfil [ful´fil] *-ll-* v. 1. splniť sa 2. vykonať 3. uskutočniť sa
full [ful] adj. 1. plný 2. úplný
full adv. priamo, rovno • *full age* plnoletosť
full stop [,ful ´stop] n. bodka
full time [,ful ´taim] adj., adv. na plný úväzok
fully [fuli] adv. úplne, celkom
fume [fju:m] v. 1. vyparovať sa 2. zúriť
fumes [fju:mz] n. výpary
fun [fan] n. zábava
function [faŋkšən] n. 1. funkcia 2. úloha, povinnosť 3. povolanie
fund [fand] n. fond, zásoba
fund v. financovať
fundamental [,fandə´mentl] adj. 1. základný 2. podstatný

fundamental n. základ
funeral [fju:nərəl] n. pohreb
fungible [fandžibl] adj. nahraditeľný
funnel [fanæl] n. lievik
funny [fani] -ie- adj. zábavný, smiešny
fur [fə:] n. **1.** srsť **2.** kožušina **3.** *furcoat* kožuch
furious [fjuəriəs] adj. zúrivý
furnace [fə:nəs] n. vysoká pec
furnish [fə:niš] v. zariadiť nábytkom
furnishings [fə:nišiŋz] n. pl. bytové vybavenie
furniture [fə:ničə] n. nábytok
furrier [fariə] n. kožušník
furrow [farəu] n. **1.** brázda **2.** vráska
furrow v. zvraštiť
further [fə:ðə] adv. ďalej
further adj. ďalší
further v. podporiť
furthermore [,fə:ðə'mo:] adv. okrem toho
furthermost [fə:ðəməust] adj. najvzdialenejší
fury [fjuəri] -ie- n. zúrivosť, zlosť
fuse [fju:z] n. poistka
fuse v. vybiť poistky

fuss [fas] n. **1.** zmätok, krik **2.** nervozita
fuss v. robiť si starosti
futile [fju:tail] adj. zbytočný, márny
future [fju:čə] n. budúcnosť
• *in the future* v budúcnosti
future adj. budúci
fuzz [faz] n. chĺpky
fuzzy [fazi] -ie- adj. **1.** chlpatý **2.** rozmazaný, neostrý

G

gab [gæb] -bb- v. tárať o *about*
gab n. táranie
gable [geibəl] n. štít na dome
gad [gæd] -dd- v. túlať sa
gadfly [gædflai] -ie- n. *zool.* ovad
gadget [gædžit] n. súčiastka
gag [gæg] -gg- v. 1. zapchať ústa 2. improvizovať
gagger [gægə] n. improvizátor
gaiety [geiəti] n. veselosť, radosť
gain [gein] v. 1. nadobudnúť, získať čím *by/from* 2. zvyšovať
gain n. 1. pl. *gains* zisk 2. nárast, zvýšenie
gainful [geinfl] adj. výnosný
gait [geit] n. 1. chôdza 2. spôsob držania tela
galaxy [gæləksi] -ie- n. galaxia
gale [geil] n. víchor, víchrica
gall [go:l] n. 1. trúfalosť, bezočivosť 2. žlč
gall v. trápiť, sužovať
gall bladder [go:l ‚blædə] n. žlčník ● *gall-stone* žlčový kameň
gallant [gælənt] adj. dvorný, galantný
gallery [gæləri] -ie- n. galéria
gallop [gæləp] n. cval
gallows [gæləuz] n. pl. *gallows* šibenica
galosh [gə´loš] n. galoša
gamble [gæmbəl] v. riskovať, hazardne hrať, špekulovať
gamble n. hazard, riziko
game [geim] n. 1. hra, zápas 2. partia 3. lovná zver, ryby 4. zábava
game adj. statočný
gamekeeper [geim‚ki:pə] n. hájnik
gammon [gæmən] n. údená šunka
gammon v. údiť
gamut [gæmət] n. stupnica
gander [gændə] n. *zool.* gunár
gang [gæə] n. banda, gang zločincov
gangster [gæŋstə] n. bandita, gangster

gangway [gæŋwei] n. **1.** prístavný mostík **2.** ulička medzi sedadlami
gaol [džeil] n. žalár, väzenie
gap [gæp] n. diera, medzera, otvor
gape [geip] v. zívať
garage [gæra:ž] n. garáž
garage v. garážovať
garbage [ga:bidž] n. odpadky *Am.*
garden [ga:dn] n. záhrada • *in the garden* v záhrade
gargle [ga:gl] v. kloktať
garland [ga:lənd] n. veniec, girlanda
garlic [ga:lik] n. cesnak
garlicky [ga:liki] adj. cesnakový
garment [ga:mənt] n. *obch.* kusový textil, odev
garnet [ga:nət] n. *miner.* granát
garnish [ga:niš] n. **1.** *kuch.* obloženie **2.** ozdoba, okrasa z *of*
garnish v. **1.** obložiť **2.** ozdobiť
garret [gærət] n. **1.** pôjd **2.** podkrovie
garrison [gærəsən] n. **1.** posádka **2.** pevnosť **3.** tábor

gas [gæs] n. pl. *gases/gasses* **1.** plyn **2.** zemný plyn **3.** bojový plyn
gasoline [gæsəli:n] n. benzín *Am.*
gasometer [gæ´somitə] n. plynomer
gasp [ga:sp] v. dychčať, lapať po dychu
gastric [gæstrik] adj. žalúdočný
gate [geit] n. brána, vráta • *gateway* vchod
gather [gæðə] v. **1.** *gather in/up* zbierať aj úrodu **2.** zhromažďovať, zhŕňať **3.** *gather from* usudzovať
gathering [gæðəriŋ] n. stretnutie, zhromaždenie, schôdza
gauge [geidž] n. **1.** normované meradlo **2.** hrúbka, priemer, kaliber **3.** rozsah
gauge v. merať, odhadnúť
gaunt [go:nt] adj. vyziabnutý
gave [geiv] v. **p.** give
gay [gei] adj. **1.** homosexuálny **2.** živý, teplý *farba* **3.** radostný, veselý
gaze [geiz] v. uprene hľadieť na *at/on*
gear [giə] n. **1.** ozubené ko-

gearbox

leso 2. výstroj 3. rýchlosť v aute • *gearstick* riadiaca páka
gearbox [giəboks] n. prevodová skriňa
geese [gi:s] n. p. goose
gem [džem] n. drahokam
geminate [džeminit] adj. zdvojený
Gemini [džeminai] Blíženci
gender [džendə] n. *gram.* rod
gene [dži:n] n. *biol.* gén
genealogy [,dži:ni´lədži] n. rodopis, rodokmeň
general [dženərəl] adj. 1. všeobecný 2. rozšírený • *General Post Office* hlavná pošta • *general public* široká verejnosť • *general election* všeobecné voľby
general n. generál
general election [,dženərəl i´lekšən] n. všeobecné voľby
generally [dženərəli] adv. 1. zvyčajne 2. všeobecne
generate [dženəreit] v. plodiť
generation [,dženə´reišən] n. generácia, pokolenie
generation gap [dženə´reišən ,gæp] n. *the generation gap* generačný problém
generic [dži´nerik] adj. rodový
generous [dženərəs] adj. štedrý, nápomocný, veľkorysý
genesis [dženəsis] n. vznik, rod
genetic [dži´netik] adj. vývojový
genetics [dži´netiks] n. pl. genetika
genial [dži:niəl] adj. priateľský, bodrý
geniality [dži:ni´æliti] n. srdečnosť
genital [dženətl] adj. rozmnožovací, pohlavný
genius [dži:niəs] n. pl. genii 1. geniálne nadanie 2. génius
genre [žonrə] n. 1. žáner 2. druh
gentle [džentl] adj. 1. mierny, jemný, tichý 2. urodzený
gentleman [džentlmən] n. pl. *gentlemen* 1. džentlmen 2. pán, muž
genuine [dženjuən] adj. 1. pravý, nefalšovaný 2.

úprimný
genus [dži:nəs] n. druh, trieda
geographical [džiə´græfikəl] adj. zemepisný
geography [dži:´ogrəfi] -ie- n. zemepis
geological [džiə´lodžikəl] adj. geologický
geology [dži´olədži] n. geológia
geometrical [džiə´metrikəl] adj. geometrický
geometry [dži ´omətri] -ie- n. geometria
germ [džəːm] n. 1. baktéria, mikrób 2. *the germ* zárodok
German [džəːmən] n. 1. Nemec 2. nemčina
German adj. nemecký
Germany [džəːməni] n. Nemecko
germinate [džəːməneit] v. klíčiť, pučať
gestation [džes´teišən] n. tehotenstvo
gesticulate [džes´tikjuleit] v. gestikulovať
gesticulation [,džestikju´leišən] n. gestikulácia
gesture [džescə] n. 1. pohyb tela, posunok 2. gesto

get [get] -tt- *got,got* v. 1. dostať, mať 2. získať, obstarať pre *for* 3. stihnúť vlak 4. nastúpiť do *into* 5. vystúpiť z *off/out/of* 6. dostať sa do *into* 7. stať sa *zmena stavu* 8. have got mať ● *get° away* odísť ● *get° back* vrátiť sa ● *get° off* vyraziť na cestu ● *get° on* robiť pokroky, dariť sa ● *get° out of* vyhnúť sa čomu ● *get° through* prejsť skúškou ● *get° together* zísť sa ● *get° up* vstať z postele
geyser [gi:zə] n. gejzír
ghastly [ga:stli] -ie- adj. strašný, hrozný, príšerný
ghost [gəust] n. duch, prízrak
ghostly [gəustli] adj. strašidelný
giant [džaiənt] n. 1. obor 2. velikán
giantess [džaiəntes] n. obryňa
gibbet [džibit] n. šibenica
gibbet v. obesiť
gibe [džaib] v. posmievať sa
giddy [gidi] adj. trpiaci závratom
gift [gift] n. 1. dar 2. nada-

gifted

nie, talent na *for*
gifted [giftəd] adj. nadaný
gigantic [džai'gæntik] adj. obrovský
giggle [gigəl] v. chichotať sa
gild [gild] *gilded / gilt* v. pozlátiť
gill [gil] n. 1. pl. žiabra 2. horský potok
gilt [gilt] n. lesklý poťah, fólia
gimlet [gimlət] n. nebožiec, vrták *aj pren.*
gingerbread [džindžəbred] n. perník
gipsy [džipsi] *-ie-* n. cigán, *aj pren.*
giraffe [džə'ra:f] n. pl. *giraffes/giraffe* žirafa
girder [gə:də] n. nosník, trám
girdle [gə:dl] n. podväzkový pás
girl [gə:l] n. dievča, deva
girlfriend [gə:lfrend] n. 1. priateľka, milá 2. milenka
girth [gə:θ] n. obvod
gist [džist] n. hlavná myšlienka, podstata
give [giv] *gave, given* v. 1. dať, podať, ponúknuť 2. darovať 3. prispieť peniazmi 4. poskytnúť •

give° away 1. rozdať, darovať 2. odovzdať • *give° in* ustúpiť, vzdať sa • *give° up* 1. prestať s 2. vzdať sa
given [givən] v. p. give
given name [givən neim] n. krstné/rodné meno *Am.*
giver [givə] n. darca
glacial [gleisiəl] adj. ľadový
glacier [glæsiə] n. horský ľadovec
glad [glæd] *-dd-* adj. 1. majúci radosť z *about* 2. vďačný za *of*
gladden [glædn] v. potešiť, urobiť radosť
glade [gleid] n. čistina
glamorous [glæmərəs] adj. čarovný
glamour [glæmə] n. 1. čaro 2. pôvab
glance [gla:ns] v. krátko pozrieť sa/si • *at the first glance* na prvý pohľad
glare [gleə] v. 1. gániť, zazerať na *at* 2. oslnivo žiariť
glare n. svetlo, žiara
glass [gla:s] n. 1. sklo 2. pohár 3. predmety zo skla
glasses [gla:səz] n. pl. okuliare
glasshouse [gla:shaus] n.

go

skleník
glaze [gleiz] v. obliať polevou
glazier [gleizə] n. sklenár
gleam [gli:m] n. 1. lesk 2. záblesk
gleam v. svetielkovať
glee [gli:] n. radosť, uspokojenie
glen [glen] n. údolie, roklina, úžľabina
glide [glaid] v. 1. kĺzať sa 2. plachtiť
glider [glaidə] n. 1. klzák 2. plachtár
glimmer [glimə] n. záblesk
glimpse [glimps] v. letmo zazrieť
glimpse n. letmý pohľad
glisten [glisən] n. mokrá plocha
glisten v. lesknúť sa, ligotať sa
glitter [glitə] v. iskriť, trblietať sa
glitter n. *the glitter* trblet, jas
global [gləubəl] adj. 1. celosvetový 2. komplexný
globe [gləub] n. 1. guľa 2. glóbus 3. *the globe* zemeguľa
gloom [glu:m] n. smútok, depresia
gloomy [glu:mi] adj. temný
glorification [,glo:rifi´keišən] n. velebenie
glorify [glo:rəfai] -ie- v. velebiť, oslavovať
glorious [glo:riəs] adj. 1. slávny 2. nádherný
glory [glo:ri] -ie- n. 1. sláva, česť 2. nádhera
glossy [glosi] -ie- adj. srsť *lesklý a hladký*
glossary [glosəri] slovník zvláštnych výrazov
glove [glav] n. rukavica
glow [gləu] v. sálať
glow n. rumenec
glower [glauə] v. mračiť sa
glow-worm [gləuwə:m] n. svätojánska muška
glue [glu:] n. 1. glej 2. lepidlo, tmel
glue v. 1. glejiť 2. lepiť, tmeliť
glut [glat] -tt- v. preplniť, prepchať
gnash [næš] v. škrípať zubami
gnat [næt] n. komár
gnaw [no:] v. *gnaw away* obhrýzať, obžierať
gnawer [no:ə] n. hlodavec
go [gəu] *goes, went, gone* v.

175

goad

1. ísť, odísť 2. viezť sa 3. ísť urobiť 4. stroj ísť, fungovať • *go° ahead* ísť v čele • *go° by* 1. ísť okolo 2. uplynúť • *go° down* klesnúť • *go° for* zaútočiť na • *go° in for* zúčastniť sa • *go° into* vojsť do • *go° on* 1. konať sa 2. začať fungovať • *go° through* prejsť čím • *go° to* dostať sa do • *go° together* hodiť sa k sebe • *go° up* rásť • *go° without* zaobísť sa bez

goad [gəud] v. podnecovať, poháňať

goal [gəul] n. 1. *šport.* bránka 2. gól

goalkeeper [gəul ˌki:pə] n. brankár

goat [gəut] n. koza, cap

gobble [gobəl] v. *hovor.* chlípať

goblet [goblit] n. pohár

goblin [goblin] n. škriatok

god [god] n. boh • *my god* božemôj • *good god* dobrotivý bože • *thank god* vďaka bohu

godchild [godčaild] n. pl. *godchildren* [god, čildrən] krstňa

goddaughter [god ˌdo:tə] n. krstná dcéra

goddess [godəs] n. bohyňa

godfather [god ˌfa:ðə] n. krstný otec

godlike [godlaik] adj. 1. boží 2. božský

godmother [god ˌmaðə] n. krstná mama

godparent [god ˌpeərənt] n. krstný rodič

godsend [godsend] n. dar z neba, požehnanie, šťastie pre *to*

godson [god san] n. krstný syn

goer [gəuə] n. 1. chodec 2. návštevník

goggle [gogəl] v. vyvaľovať oči na *at*

goggles [gogəlz] n. ochranné okuliare

going [gəuiŋ] n. 1. odchod 2. postup

gold [gəuld] n. zlato

gold adj. zlatý

golden age [gəuldən eidž] n. zlatý vek

goldmine [gəuldmain] n. zlatá baňa

gold rush [gəuld raš] n. *pren.* zlatá horúčka

goldsmith [gəuld, smiθ] n.

zlatník
golf [golf] n. golf
gone [gon] v. **p.** go
gone adj. nadrogovaný, *hovor.* napitý
gong [goŋ] v. zazvoniť
good [gud] adj. *better, best* **1.** dobrý, správny **2.** užitočný, vhodný na *for* **3.** kvalitný • *for good* navždy • *in good time* v pravý čas • *have a good time* užívať si • *good luck!* veľa šťastia! • *Good Friday* Veľký piatok • *good-bye* zbohom • *no good* zbytočný
good n. blaho, prospech • *good for you!* gratulujem!
good-looking [‚gud ´lukiŋ] adj. pekný dobre vyzerajúci
good-natured [‚gud ´neičəd] adj. **1.** dobromyseľný **2.** láskavý
goodness [gudnəs] n. dobrota, láskavosť
goods [gudz] n. pl. tovar
goose [gu:s] n. pl. *geese* hus
gooseberry [guzbəri] *-ie-* n. egreš
goose-pimples [gu:spimplz] n. zimomriavky *Am.*

gorgeous [go:džəs] adj. **1.** nádherný **2.** úžasný
gorilla [gə´rilə] n. *zool.* gorila
gossamer [gosəmə] n. **1.** babie leto **2.** pavučina
gossip [gosəp] n. **1.** klebetenie, ohováranie **2.** klebeta
got [got] v. **p.** get
gourd [guəd] n. dyňa
gout [gaut] n. dna, lámka
govern [gavən] v. **1.** vládnuť **2.** riadiť, ovládať
government [gavəmənt] n. **1.** vláda orgán **2.** riadenie, vedenie
governor [gavənə] n. **1.** veliteľ pevnosti, riaditeľ väzenia **2.** guvernér
gown [gaun] n. **1.** dlhé večerné šaty, róba **2.** talár **3.** župan
grab [græb] *-bb-* v. uchmatnúť
grace [greis] n. **1.** pôvab, gracióznosť **2.** zdvorilosť
graceful [greisful] adj. pôvabný
gracious [greišəs] adj. **1.** láskavý, milý **2.** milostivý
gradate [grə´deit] v. odstupňovať
gradation [grə´deišən] n.

stupňovanie
grade [greid] n. **1.** stupeň, úroveň **2.** školská trieda *Am.*
grade school [greid ‚sku:l] n. základná škola *Am.*
gradual [grædžuəl] adj. postupný
graduate [grædžuət] n. absolvent vysokej školy/univerzity
graduate v. absolvovať školu
graduation [‚grædžu´eišən] n. **1.** promócia, maturita **2.** stupeň, kaliber
graft [gra:ft] n. **1.** štep **2.** transplantát *tkanivo*
grain [grein] n. **1.** zrno, zrnko čoho *of* **2.** obilie
gram [græm] n. gram
grammar [græmə] n. **1.** gramatika **2.** učebnica gramatiky
grammar school [græmə ‚sku:l] n. gymnázium, stredná škola
gramme [græm] n. gram
gramophone [græməfəun] n. gramofón
granary [grænəri] -ie- n. sýpka, obilnica
grand [grænd] adj. veľkolepý, skvelý
grandad [grændæd] n. *hovor.* dedo, deduško
grandchild [grænčaild] n. pl. *grandchildren* [græn,-čildən] vnúča
granddaughter [græn ‚do:tə] n. vnučka
grandfather [grænd ‚fa:ðə] n. **1.** starý otec **2.** predchodca, predok
grandmother [græn ‚maðə] n. **1.** stará matka **2.** predchodkyňa
grandson [grænsan] n. vnuk
granite [grænət] n. žula
granny [græni] -ie- n. babi, babička
grant [gra:nt] v. **1.** splniť, vyhovieť **2.** udeliť, poskytnúť • *take° sth for granted* považovať niečo za samozrejmé
grant n. **1.** štipendium **2.** finančný príspevok
granular [grænjulə] adj. zrnitý
grape [greip] n. zrnko hrozna
grapefruit [greipfru:t] n. grep, grepfruit
graph [gra:f] n. diagram
grasp [gra:sp] v. uchopiť,

chytiť
grass [gra:s] n. **1.** tráva **2.** trávnik
grasshopper [gra:s ,hopə] n. kobylka
grate [greit] n. rošt
grate v. **1.** strúhať **2.** škrípať
grateful [greitfəl] adj. vďačný komu *to*, za *for*
grater [greitə] n. strúhadlo
gratification [,grætifi´-keišən] n. uspokojenie
gratify [grætifai] v. uspokojiť
gratis [greitis] adv. zadarmo
gratitude [grætitju:d] n. vďačnosť
gratuity [grə´tju:əti] *-ie-* n. **1.** prepitné **2.** odmena, odstupné
grave [greiv] n. hrob • *grave-stone* náhrobný kameň
grave adj. **1.** vážny, závažný **2.** slávnostný **3.** tmavý
gravel [grævəl] n. štrk
gravitation [grævi´teišən] n. gravitácia
gravity [grævəti] n. príťažlivosť, gravitácia
gravy [greivi] n. šťava *mäsová*
gray [grei] adj. sivý, šedý *Am.*
graze [greiz] v. **1.** pásť (sa) **2.** zľahka sa dotknúť
grease [gri:s] n. **1.** tuk, masť **2.** mazadlo
grease v. namazať, namastiť
greasepaint [gri:speint] n. div. líčidlo, šminka
great [greit] adj. **1.** stupeň, množstvo • *a great deal* veľmi veľa **2.** významný **3.** dôležitý, závažný **4.** skvelý
Greece [gri:s] n. Grécko
greedy [gri:di] *-ie-* adj. chamtivý, nenásytný, pažravý
Greek [gri:k] n. **1.** Grék **2.** gréčtina
Greek adj. grécky
green [gri:n] adj. zelený
green n. **1.** zeleň **2.** trávnik
greengrocer [gri:n ,grəusə] n. zeleninár, ovocinár
greenhorn [gri:nho:n] n. *pren.* zelenáč, nováčik
greenhouse [gri:nhaus] n. skleník
green pepper [,gri:n ´pepə] n. zelená paprika
greet [gri:t] v. **1.** pozdraviť, zdraviť **2.** vítať čím *with/by*

greeting

greeting [gri:tiŋ] n. 1. pozdrav 2. zdravenie 3. pl. *greetings* pozdravy, želanie, blahoželanie
grenade [grə'neid] n. *voj.* granát
grew [gru:] v. **p.** grow
grey [grei] adj. sivý, šedý
greyhound [greihaund] n. chrt
grid [grid] n. mriežka, príklop
grief [gri:f] n. zármutok, žiaľ
grievance ['gri:vəns] n. sťažnosť
grieve [gri.v] v. trápiť sa, smútiť
grill [gril] v. opekať (sa), grilovať (sa)
grill n. ražeň, rošt
grim [grim] *-mm-* adj. zlovestný, desivý
grimace [gri'meis] n. úškľabok
grime [graim] n. špina
grin [grin] *-nn-* v. škeriť sa, smiať sa od *with*, na *at*
grind [graind] *ground* v. 1. *grind up* mlieť 2. škrípať zubami 3. brúsiť
grip [grip] *-pp-* v. 1. pevne uchopiť 2. zatnúť päsť
gripe [graip] v. *hovor.* reptať, hundrať
grisly [grizli] *-ie-* adj. strašný, odpudzujúci
gristle [grisl] n. chrupavka
grizzly bear [,grizli 'beə] n. medveď
groan [grəun] v. stonať, vzdychať od *with*, pod *under*
groan n. ston, vzdych
grocer [grəusə] n. obchodník s potravinami
grocery [grəusəri] *-ie-* n. obchod s potravinami
groggy [grogi] *-ie-* adj. neschopný ísť, slabý
groin [groin] n. slabina
groom [gru:m] n. 1. koniar, paholok 2. ženích
groove [gru:v] n. 1. ryha, žliabok, drážka 2. zvyk, zabehané koľaje
gross [grəus] adj. 1. celkový, hrubý, brutto 2. nekultivovaný
grotesque [grəu'tesk] n. groteska
ground [graund] n. 1. *the ground* zem 2. pôda, ornica 3. pozemok, terén 4. dno toku/mora 5. základ, podklad
ground v. loď uviaznuť, na-

180

raziť na dno
grounds [graundz] n. **1.** dôvod, príčina na *for* **2.** pozemky
ground floor [,graund ´flo:] n. prízemie
grounding [graundiŋ] n. príprava školenie, základy v *in*
group [gru:p] n. **1.** skupina **2.** hudobná skupina
group v. zoskupiť (sa)
grovel [grovəl] -*ll*- v. plaziť sa pred *to*
grow [grəu] *grew, grown* v. **1.** rásť, vyvíjať sa **2.** pestovať (si) • *grow° up* vyrásť, dospieť • *grow° old* zostárnuť
growl [graul] v. vrčať na *at*
grown [grəun] v. **p.** grow
grown-up [,grəun ´ap] n. *hovor.* dospelý človek
growth [grəuč] n. **1.** rast **2.** vzrast
grub [grab] n. larva
grudge [gradž] v. **1.** zdráhať sa **2.** nedopriať
grudge n. odpor, nevraživosť voči *against*
grumble [grambəl] v. nahnevano reptať, hundrať
grunt [grant] v. chrochtať

guarantee [,gærən´ti:] n. **1.** záruka čoho *of* **2.** ručenie
guarantee v. ručiť, dať záruku
guard [ga:d] n. **1.** stráž, hliadka **2.** *the guard* garda **3.** stráženie **4.** osobný strážca
guard v. strážiť, chrániť pred *against/from* • *be° on guard* byť na stráži
guardian angel [,ga:diən ´eindžəl] n. anjel strážny
guess [ges] v. hádať, odhadovať čo, na *at*
guest [gest] n. hosť
guide [gaid] n. **1.** turist. sprievodca, aj kniha **2.** návod na *to*
guide v. sprevádzať, viesť cestou
guild [gild] n. **1.** cech **2.** spoločenstvo, spolok
guilt [gilt] n. vina, *aj práv.*
guilty [gilti] -*ie*- adj. **1.** vinný čím *of* **2.** previnilý pre, kvôli *about*
guinea pig [gini pig] n. morské prasiatko
guise [gaiz] n. zovňajšok, vzhľad
guitar [gi´ta:] n. gitara • *play the guitar* hrať na gi-

taru
gulf [galf] n. záliv, zátoka
gull [gal] n. morská čajka
gulp [galp] v. *gulp down* náhlivo hltať
gulp n. hlt, dúšok
gum [gam] n. ďasno
gum n. 1. lepidlo 2. žuvačka
gum v. prilepiť
gun [gan] n. 1. strelná zbraň 2. delo
gunner [ganə] n. 1. guľometčík 2. delostrelec
gun-powder [gan ,paudə] n. pušný prach
gunsmith [gan ,smiθ] n. puškár, zbrojár
gurgle [gə:gəl] n. 1. dieťa pomrnkávať si 2. zurčať
gush [gaš] v. prudko tiecť, striekať z *from*
gut [gat] n. črevo ● *blind gut* slepé črevo
gutter [gatə] n. 1. jarok, 2. odkvap
guy [gai] n. človek, chlap, *hovor.* baba
gymnasium [džim´neiziəm] n. telocvičňa
gymnastics [džim´næstiks] n. pl. gymnastika, telocvik

H

habit [hæbət] n. **1.** zvyk, návyk **2.** háv, rúcho
habitable [hæbitəbl] adj. obývateľný
habitation [,hæbi'teišən] n. bývanie
habitude [hæbitju:d] n. návyk
hack [hæk] v. **1.** rozsekať čo *at* **2.** prenajať
hackneyed [hæknid] adj. otrepaný, ošúchaný
had [d,əd, həd, hæd] v. p. have
haft [ha:ft] n. rukoväť
hag [hæg] n. ježibaba, čarodejnica
haggle [hægəl] v. handrkovať sa, vyjednávať o cene *over/about*
hail [heil] n. ľadovec, krúpy
hail v. zavolať, zamávať
hair [heə] n. **1.** vlas **2.** vlasy, srsť
hairdo [heədu:] n. pl. *hair-dos* dámsky účes, *hovor.* frizúra
hairdresser [heə,dresə] n. kaderník
hair-raising [heə,reiziŋ] adj. napínavý, vzrušujúci
hairstyle [heəstail] n. účes
hale [heil] adj. zdravý, zdatný
half [ha:f] n. pl. *halves* [ha:vz] **1.** polovica • *half an hour* pol hodiny **2.** *šport.* polčas
half adv. **1.** polovičato, čiastočne, neúplne **2.** spolovice
halfback [ha:fbæk] n. futbalový záložník
half brother [ha:f ,braðə] n. nevlastný brat
half-hearted [,ha:f 'ha:təd] adj. ľahostajný
halfpenny [heipni] n. halier, šesták, babka *malá suma peňazí*
half-sister [ha:f ,sistə] n. nevlastná sestra
half-time [,ha:f 'taim] n. polčas, prestávka v hre
halfway [,ha:f'wei] adj. polovičatý, čiastočný, kompromisný
hall [ho:l] n. **1.** predizba, hala **2.** sála, sieň, hľadisko
hallelujah [,hlə'lu:jə] interj.

hallmark

aleluja
hallmark [hoːlmaːk] n. 1. punc 2. charakteristická črta čoho *of*
Halloween [ˌhæləuˈiːn] n. predvečer Všetkých svätých
hallucinate [həˈluːsəneit] v. mať vidiny, blúzniť
hallucination [həˌluːsiˈneišən] n. halucinácia
halt [hoːlt] n. zastávka, prerušenie
halve [haːv] v. 1. zmenšiť/skrátiť na polovicu 2. rozpoliť
ham [hæm] n. 1. šunka 2. stehno zvieraťa
hamburger [hæmbəːgə] n. hamburger
hammer [hæmə] n. kladivo
hammer v. zatĺkať kladivom
hamper [hæmpə] v. prekážať, brzdiť
hamstring [hæm ˌstriŋ] *hamstrung, hamstrung* v. ochromiť
hamstrung [hæm ˌstraŋ] v. p. hamstring
hand [hænd] n. 1. ruka 2. ručička hodín 3. rukopis • *get° o´s h. on* dostať koho do rúk • *at first hand* z prvej ruky • *in hand* po ruke • *by hand* ručne
hand v. 1. podať 2. doručiť
hand-bag [hændbæg] n. kabelka
handbook [hændbuk] n. príručka
handcuffs [hændkafs] n. putá
handicap [hændikæp] n. 1. znevýhodnenie, telesné/zmyslové postihnutie 2. nevýhoda pre *to* 3. prekážka
handicraft [hændikraːft] n. zručnosť, remeslo
handiwork [hændiwəːk] n. ručná práca, výrobok koho *of*
handkerchief [hæŋkačif] n. pl. *handkerchiefs / handkerchieves* vreckovka
handle [hændl] n. 1. držadlo 2. porisko
handle v. 1. dotýkať sa, vziať do rúk 2. riadiť 3. narábať s 4. obchodovať
handshake [hændšeik] n. podanie/stisnutie rúk pri pozdrave
handsome [hænsəm] adj. pekný, príťažlivý muž

handwriting [hænd ˌraitiŋ] n. rukopis
handy [hændi] -ie- adj. **1.** šikovný, užitočný **2.** obratný, zručný
hang [hæŋ] *hung, hung* v. **1.** zavesiť **2.** visieť **3.** *hanged* obesiť ● *hang° together* ľudia *držať spolu*
hangar [hæŋə] n. hangár
hanger [hæŋə] n. vešiak
hanging [hæŋiŋ] n. poprava obesením
hangman [hæŋmən] n. pl. *hangmen* kat
hanker [hæŋkə] v. túžiť
hap [hæp] n. náhoda
happen [hæpən] v. stať sa, udiať sa ● *happen to* stať sa, prihodiť sa komu
happening [hæpəniŋ] n. **1.** udalosť **2.** *umel.* provokačné podujatie
happiness [hæpinəs] n. šťastie, pocit
happy [hæpi] -ie- adj. **1.** šťastný, blažený **2.** spokojný
harass [hærəs] v. sužovať, trápiť, obťažovať
harbour [ha:bə] n. prístav
hard [ha:d] adj. **1.** tvrdý **2.** ťažký, náročný **3.** namáhavý
hard adv. **1.** usilovne **2.** veľa, intenzívne **3.** pozorne **4.** silne **5.** tvrdo, ťažko
hard copy [ha:d ˌkopi] -ie- n. vytlačený súbor text/obrázok
hard currency [ˌha:d ˈkarənsi] n. tvrdá mena
hard disk [ˌha:d ˈdisk] n. pevný disk počítača
harden [ha:dn] v. tvrdiť, kaliť, tvrdnúť
hard-headed [ˌha:d ˈhedəd] adj. vecný, praktický
hardship [ha:dšip] n. utrpenie, útrapy
hardware [ha:dweə] n. **1.** železiarsky tovar **2.** technické vybavenie počítača **3.** vojenský materiál
hardy [ha:di] -ie- adj. otužilý, odolný
hare [heə] n. pl. *hares/hare* zajac
harm [ha:m] n. **1.** škoda, ujma **2.** ublíženie, zranenie
harm v. poškodiť, spôsobiť ujmu/zlo
harmonica [ha:ˈmonikə] n. ústna harmonika
harmony [ha:məni] n. súlad,

harmónia
harness [ha:nəs] n. **1.** postroj **2.** remene **3.** popruhy
harness v. dať postroj, zapriahnuť
harp [ha:p] n. *hud.* harfa
harpoon [ha:´pu:n] n. harpúna
harsh [ha:š] adj. ostrý, škrípavý, prenikavý
hart [ha:t] n. jeleň
harvest [ha:vəst] n. žatva
harvester [ha:vəstə] n. žnec, kombajn
has [z,əz,həz, hæz] v. **p.** have
haste [heist] n. **1.** rýchlosť, náhlenie sa **2.** zhon
hasten [heisən] v. ponáhľať sa
hat [hæt] n. klobúk
hatch [hæč] v. *hatch out* vyliahnuť sa
hate [heit] v. **1.** nenávidieť **2.** *hovor.* neznášať
hate n. nenávisť, odpor
hatred [heitrəd] n. veľká nenávisť k/voči *of/for*
haughty [ho:ti] *-ie-* adj. povýšený, nadutý, pyšný
haul [ho:l] v. **1.** vliecť **2.** prepraviť, tiahnuť
haulage [ho:lidž] n. diaľková kamiónová doprava

haunt [ho:nt] v. **1.** duch *strašiť* **2.** prenasledovať
have [v,əv, həv, hæv] *has, had* v. mať *pomocné sloveso*
have v. have/has got **1.** mať, vlastniť, byť postihnutý čím **2.** *have° a cold* mať nádchu **3.** s predmetom
haven [heivən] n. prístav, útočisko
havoc [hævək] n. spustošenie, pohroma
hawk [ho:k] n. **1.** *zool.* jastrab **2.** *pren.* dravec
hay [hei] n. seno • *make° hay* sušiť seno
hay fever [hei ,fi:və] n. senná nádcha
haystack [heistæk] n. kopa, stoh sena
hazard [hæzəd] n. nebezpečenstvo, hazard, riziko pre *to*
hazard v. hazardovať s, riskovať
haze [heiz] n. riedka hmla
hazel [heizəl] n. *bot.* lieska • *hazel-nut* lieskový oriešok
he [hi:] pron. **1.** on **2.** *ako všeob. podmet* človek, každý

heavy metal

head [hed] n. **1.** hlava **2.** hlava, osoba **3.** predseda, šéf, vodca **4.** panovník

head v. **1.** *head up* ísť/stáť v čele, viesť **2.** smerovať

headache [hedeik] n. bolesť hlavy

headlight [hedlait] n. predné svetlo

headline [hedlain] n. novinový titulok

headmaster [ˌhed ˈmaːstə] n. riaditeľ školy

headphones [hedfəunz] n. pl. slúchadlá

headquarters [hedˌkwoːtəz] n. pl. *headquarters* **1.** hlavný stan **2.** ústredie, riaditeľstvo

heal [hiːl] v. *heal over/up* hojiť sa

health [helθ] n. **1.** zdravie **2.** zdravotný stav

healthy [helθi] -*ie*- adj. zdravý

heap [hiːp] n. neusporiadaná kopa, hromada

hear [hiə] *heard, heard* v. **1.** počuť **2.** dopočuť sa **3.** vypočuť (si) • *hear° of* počuť o, vedieť o

heard [həːd] v. p. hear

hearing [hiəriŋ] n. **1.** sluch **2.** výsluch

heart [haːt] n. **1.** *kart.* srdce **2.** *the heart* jadro, podstata čoho *of* • *by heart* naspamäť

heart attack [haːt əˌtæk] n. srdcový infarkt

heart failure [haːt ˌfeiliə] n. zlyhanie srdca

hearth [haːθ] n. ohnisko, kozub

heartwarming [haːtˌwoː-miə] adj. povzbudivý, potešujúci

hearty [haːti] -*ie*- adj. srdečný, priateľský, úprimný

heat [hiːt] v. **1.** ohriať (sa) **2.** kúriť

heat n. **1.** teplota **2.** horúčava, teplo **3.** vzrušenie

heath [hiːθ] n. neobrábaná pôda, vresovisko

heating [hiːtiŋ] n. kúrenie

heatstroke [hiːtstrəuk] n. úpal

heave [hiːv] v. námahou dvíhať

heaven [hevən] n. nebo

heavy [hevi] -*ie*- adj. **1.** hmotnosť **2.** ťažký **2.** prudký, silný **3.** namáhavý

heavy metal [ˌhevi ˈmetəl]

n. štýl rockovej hudby
heckle [hekəl] v. skákať rečníkovi do reči
hedge [hedž] n. živý plot
hedgehog [hedžhog] n. jež
heel [hi:l] n. 1. päta, aj ponožky 2. podpätok
height [hait] n. výška, výšina
heighten [haitn] v. zvýšiť (sa), zosilniť (sa)
heir [eə] n. dedič čoho *to*
held [held] v. **p.** hold
hell [hel] n. peklo
hello [hə´ləu] interj. pl. *hellos* ahoj
helm [helm] n. kormidlo
help [help] v. 1. pomôcť s *with* 2. podávať jedlo • *help o.s.* vziať si jedlo
help n. 1. pomoc, výpomoc 2. pomôcka pre *to*
helping [helpiŋ] n. porcia jedla čoho *of*
hen [hen] n. sliepka
hence [hens] adv. 1. z tohto dôvodu, preto 2. odteraz
her [ə,hə, hə:] pron. 1. jej 2. svoj, ju
herb [hə:b] n. 1. bylina 2. liečivá bylinka
herd [hə:d] n. stádo, čriedo
herdsman [hə:dzmən] n. pastier, pasák
here [hiə] adv. 1. tu, sem 2. v tom, s tým
hereditary [hə´redətəri] adj. 1. dedičný 2. zdedený, vrodený
heredity [hə´redəti] n. dedičnosť
heritage [heretidž] n. dedičstvo, odkaz
hermit [hə:mət] n. pustovník
hero [hiərəu] n. pl. *heroes* hrdina
heroism [herəuizəm] n. hrdinstvo
herring [heriŋ] n. pl. *herrings/herring* sleď
hers [hə:z] pron. samostatne 1. jej 2. svoj
herself [ə´self,hə´self, hə:´self] pron. 1. seba/sa, sebe/si 2. sama
hesitate [hezəteit] v. 1. váhať 2. zdráhať sa
hi [hai] interj. *hovor.* ahoj
hid [hid] v. **p.** hide
hidden [hidən] v. **p.** hide
hide [haid] *hid, hidden* v. skryť (sa) pred *from*
hideous [hidiəs] adj. škaredý, ohavný
hiding [haidiŋ] n. skrýša, úkryt

high [hai] adj. **1.** vysoký **2.** významný, popredný
high n. **1.** výšina **2.** vrchol
highbrow [haibrau] adj. *pejor.* povýšenecký intelektuál
high-class [‚hai´kla:s] adj. **1.** prvotriedny **2.** vysokopostavený
high jump [hai džamp] n. *the high jump* skok do výšky
highlight [hailait] n. zlatý klinec čoho *of*
highly [haili] adv. **1.** vysoko, veľmi **2.** vynikajúco
high-minded [‚hai´maindəd] adj. ušľachtilý, veľkorysý
high road [hai rəud] n. *the high road* hlavná cesta
high school [hai sku:l] n. stredná škola *Am.*
highway [haiwei] n. verejná komunikácia, cesta *Am.*
hike [haik] v. ísť na peší výlet
hilarity [hi´lærəti] n. bujarosť, veselosť, hlučný smiech
hill [hil] n. pahorok, kopec, vrch
him [im, him] pron. ho, neho, nemu, jemu, ho, ňom, ním
himself [im´self, him´self] pron. **1.** seba/sa, sebe/si **2.** sám
hind [haind] adj. zadný
hinder [hində] v. prekážať, brániť čomu
hindrance [hindrəns] n. prekážka čoho *of/to*
hint [hint] n. **1.** narážka o *about* **2.** štipka
hint v. naznačiť komu to
hip [hip] n. bok, bedro
hire [haiə] v. **1.** prenajať si **2.** najať si
hire n. prenájom, nájom
hire purchase [‚haiə´pə:čəs] n. kúpa na splátky
his [iz, hiz] determ. aj samostatne **1.** jeho **2.** svoj
hiss [his] v. syčať
history [histəri] -ie- n. **1.** dejiny **2.** dejepis
hit [hit] -tt, *hit, hit* v. **1.** udrieť, trafiť **2.** naraziť **3.** udrieť si/sa
hit [hit] n. **1.** úder **2.** zásah **3.** úspech, šláger, hit
hitch [hič] v. zahákovať, priviazať
hitch-hike [hičhaik] v. ísť autostopom

189

HIV [,eič ai ′vi:] n. skr. *human immunodeficiency* vírus HIV
hive [haiv] n. 1. úľ 2. roj
hoard [ho:d] v. 1. tajne nahromadiť a skryť 2. *hoard up* robiť si zásoby
hoarse [ho:s] adj. chrapľavý, zachrípnutý
hoary [ho:ri] adj. úctyhodný
hoax [həuks] n. kanadský žartík
hobble [hobəl] v. krívať
hobby [hobi] *-ie-* n. koníček, záľuba
hockey [hoki] n. 1. pozemný hokej 2. ľadový hokej *Am.*
hog [hog] n. vykŕmená ošípaná, prasa *Am.*
hoist [hoist] v. zdvihnúť
hold [həuld] *held. held* v. 1. držať, aj v rukách 2. udržať 3. odolávať náporu, brániť 4. zadržať ● *hold° on* nezvesiť telefón
holder [həuldə] n. 1. držiteľ, vlastník 2. držiak
holding [həuldiŋ] n. vlastníctvo, obyč. pozemkov a cenných papierov
hole [həul] n. 1. jama v *in* 2. diera
holiday [holədi] n. 1. voľno 2. dovolenka, prázdniny
hollow [holəu] n. dutina, prehĺbenina
holy [həuli] adj. 1. svätý, posvätný 2. bohabojný, zbožný
Holy See [,həuli ′si:] n. *the Holy See* Svätá stolica
Holy Spirit [,həuli ′spirət] n. *the Holy Spirit* Svätý duch
Holy Writ [,həuli ′rit] n. Sväté písmo, Biblia
home [həum] n. 1. domov 2. domovina, vlasť 3. domov, útulok ● *at home* doma
home adj. 1. domáci 2. rodný, domovský
homeopathy [,həumi′opəθi] n. homeopatia
homesick [həum,sik] adj. túžiaci po domove
homestead [həumsted] n. usadlosť, gazdovstvo, hospodárstvo
homework [həumwə:k] n. 1. domáca úloha 2. príprava
honest [onəst] adj. 1. statočný, čestný 2. úprimný
honesty [onəsti] n. 1. statočnosť, čestnosť 2. úprimnosť
honey [hani] n. 1. med 2.

miláčik
honeymoon [hanimu:n] n. svadobná cesta, medové týždne
honk [hoŋk] v. 1. gágať 2. trúbiť na *at*
honour [onə] n. 1. pocta 2. česť 3. ozdoba
honourable [onərəbəl] adj. 1. úctyhodný, ctihodný 2. čestný
hood [hud] n. 1. kapucňa 2. pančucha- maska lupiča
hoof [hu:f] n. pl. *hoofs /hooves* [hu:vz] kopyto
hook [huk] n. hák, háčik
hoot [hu:t] n. sova, *pren.* siréna lode húkať na *at*
hop [hop] *-pp-* v. 1. zviera *poskakovať*, človek *skákať na jednej nohe* 2. skočiť do *into*, z *out of*
hop n. chmeľ
hope [həup] v. dúfať v *for*
hope n. nádej na *of* • *beyond/past hope* beznádejný
horn [ho:n] n. *hud.* roh, paroh
hornet [ho:nət] n. sršeň
horrible [horəbəl] adj. strašný, hrozný
horror [horə] n. hrôza, zdesenie z/pred *of*

horse [ho:s] n. kôň
horsefly [ho:sflai] *-ie-* n. ovad
horseman [ho:smən] pl. *horsemen* n. jazdec
horseshoe [ho:sšu:] n. podkova
hose [həuz] n. hadica
hose n. 1. *obch.* pančuchy, ponožky 2. spodky
hospital [hospitl] n. nemocnica
host [həust] n. 1. hostiteľ 2. konferenciér
hostage [hostidž] n. rukojemník
hostel [hostl] n. študentský domov, ubytovňa
hostess [həustəs] n. 1. hostiteľka 2. letuška
hostile [hostail] adj. nepriateľský voči *to*
hot [hot] *-tt-* adj. 1. horúci 2. štipľavý 3. prchký 4. čerstvý • *make° it hot for* podkúriť komu
hot dog [‚hot ´dog] n. párok v rožku
hotel [həu´tel] n. hotel
hour [auə] n. hodina
house [haus] n. pl. *houses* [hauzəz] 1. dom 2. rod, dynastia 3. snemovňa •

keep° house viesť domácnosť
hause [hauz] v. ubytovať
houseboat [hausbəut] n. obytný čln
household [haushəuld] n. členovia domácnosti, domácnosť
houskeeper [haus,ki:pə] n. platená gazdiná
housewife [hauswaif] n. pl. *housewives* [hauswaivz] domáca pani
hover [hovə] v. vznášať sa
how [hau] adv. 1. ako 2. v akom stave ● *how are yo?* ako sa máš? ● *how do you do?* teší ma, že vás poznávam
however [hau´evə] adv. 1. akokoľvek 2. napriek tomu 3. však, bohužiaľ
howl [haul] v. zavýjať od *with*
huddle [hadl] v. *huddle together/up* nahádzať, vtesnať
huff [haf] v. fučať
hug [hag] -*gg*- v. objať
huge [hju:dž] adj. ozrutný, obrovský
hull [hal] n. trup lode, lietadla

hull v. lúpať, šúpať zeleninu
hum [ham] -*mm*- v. 1. bzučať 2. mrmlať
human [hju:mən] adj. ľudský
humanity [hju:´mænəti] n. 1. ľudskosť 2. ľudstvo
humble [hambəl] adj. 1. nízky 2. skromný
humid [hju:məd] adj. vlhký
humidity [hju:´midəti] n. vhlkosť
humiliate [hju:´milieit] v. ponížiť, pokoriť
humour [hju:mə] n. 1. humor 2. žart, vtip
hump [hamp] n. 1. hrboľ 2. hrb
hundred [handrəd] num. sto
hung [haŋ] v. p. hang
Hungarian [haŋ´geəriən] n. 1. Maďar 2. maďarčina
Hungarian adj. maďarský
Hungary [haŋgəri] n. Maďarsko
hunger [haəgə] n. hlad po *for*
hungry [haŋgri] -*ie*- adj. *pren.* hladný po *for*
hunk [haŋk] n. kusisko čoho *of*
hunt [hant] v. 1. poľovať 2. loviť

hunt n. **1.** poľovačka **2.** lov **3.** revír
hurdle [hə:dl] n. prekážka
hurl [hə:l] v. vrhnúť, hodiť
hurrah [hu´ra:] interj. hurá!
hurricane [harəkən] n. víchor, uragán, hurikán
hurry [hari] -ie- v. **1.** ponáhľať sa **2.** poháňať ● *hurry up* ponáhľať sa ● *in a hurry* chvatne, narýchlo
hurt [hə:t] *hurt, hurt* v. zraniť, ublížiť
husband [hazbənd] n. manžel
hush [haš] v. **1.** umlčať **2.** zmĺknuť, stíchnuť
hush n. **1.** ticho **2.** utajovanie
hustle [hasəl] v. poháňať, duriť, strkať
hydrogen [haidrədžən] n. vodík
hyena [hai´i:nə] n. hyena
hygiene [haidži:n] n. **1.** hygiena **2.** čistota
hymn [him] n. *cirk.* chválospev, hymnus o/na *of/to*
hypnosis [hip´nəusəs] n. hypnóza
hypocrisy [hi´pokrəsi] n. pokrytectvo
hypocrite [hipəkrit] n. pokrytec
hysterics [hi´steriks] n. pl. hysterický záchvat

I

I [aj] pron. ja
ice [ais] n. 1. ľad 2. icecream *ovocná vodová zmrzlina*
iceberg [aisbə:g] n. plávajúci ľadovec
icecream [,ais´kri:m] n. mliečna zmrzlina
ice-hockey [ais´hoki] n. ľadový hokej
ice-skate [ais´skeit] v. korčuľovať sa
icicle [aisikəl] n. cencúľ
icon [aikon] n. ikona
icy [aisi] adj. ľadový, studený
idea [ai´diə] n. 1. myšlienka, nápad 2. predstava čoho *of*
ideal [,ai´diəl] adj. dokonalý, ideálny
ideal n. ideál, vzor čoho *of*
idealist [ai´diəlist] n. idealista
identical [ai´dentikəl] adj. 1. veľmi podobný s *to/with* 2. totožný
identify [ai´dentəfai] -ie- v. 1. identifikovať 2. preukázať sa
identity [ai´dentəti] n. totožnosť
identity card [ai´dentəti ka:d] n. občiansky preukaz, preukaz totožnosti
ideological [,aidiə´lodžikəl] adj. ideologický
idiocy [idiəsi] n. blbosť
idiom [idiəm] n. idióm, jazykové ustálené spojenie
idiot [aidiət] n. idiot
idle [aidl] adj. 1. nečinný, stojaci 2. lenivý
idle v. leňošiť, zaháľať
idler [aidlə] n. leňoch
idol [aidl] n. 1. modla 2. idol
idolater [ai´doləta] n. zbožňovateľ
idolize [aidəlaiz] v. zbožňovať
idylic [ai´dilik] adj. idylický
i.e. [,ai ´i:] skr. t.j. to je, teda
if [if] conj. 1. ak 2. keby 3. či
ignite [ig´nait] v. zapáliť
ignition [ig´nišən] n. 1. zapálenie, vznietenie 2. *motor.* zapaľovanie
ignoble [ig´nəubəl] adj. nečestný
ignominy [ignəmini] -ie- n. hanba, potupa

imbecile

ignorance [ignərəns] n. neznalosť
ignorant [ignərənt] adj. 1. nevzdelaný v *of* 2. neoboznámený
ignore [ig'no:] v. nevšímať si, ignorovať
ill [il] *worse, worst* adj. 1. chorý na/od *with* 2. zlý
ill adv. zle
ill n. zlo
illegal [i'li:gəl] adj. nezákonný, ilegálny
illegality [,ili'gæliti] n. nezákonnosť
illegible [i'ledžəbəl] adj. nečitateľný
illegitimate [,ilə'džitəmət] adj. nemanželský
illicit [i'lisət] adj. nezákonný, protiprávny, zakázaný
• *illicit trade* čierny obchod
illimitable [i'limitəbəl] adj. neobmedzený
illiterate [i'litərit] adj. negramotný
illness [ilnis] n. choroba
illogical [i'lodžikəl] adj. nelogický
illuminate [i'lu:məneit] v. 1. osvetliť 2. objasniť
illumination [i,lju:mi'neišən] n. objasnenie
illumine [i'lju:min] v. osvetliť
illusion [i'lu:žən] n. 1. falošná predstava, ilúzia 2. klamný dojem
illusive [i'lu:siv] adj. klamný
illustrate [iləstreit] v. 1. ilustrovať 2. objasniť, vysvetliť
illustration [,ilə'streišən] n. 1. obrázok, ilustrácia 2. príklad, ukážka
illustrator [iləstreitə] n. ilustrátor
ill will [,il 'wil] n. odpor, nepriateľstvo, nevôľa
image [imidž] n. 1. predstava, symbol 2. dojem, imidž osobnosti
imaginable [i'mædžənəbəl] adj. možný, prichádzajúci do úvahy
imagination [i,mædžə'neišən] n. 1. predstavivosť, obrazotvornosť
imagine [i'mædžən] v. 1. predstaviť si 2. vymýšľať si
imbalance [im'bæləns] n. nerovnováha
imbecile [imbisi:l] adj. slabomyseľný

195

imitate [iməteit] v. napodobiť, kopírovať
imitation [ˌimiˈteišən] n. napodobenie, imitácia
immaculate [iˈmækjulət] adj. nepoškvrnený
immaterial [ˌiməˈtiəriəl] adj. 1. nepodstatný, bezvýznamný 2. nehmotný
immature [ˌiməˈčuə] adj. 1. nezrelý, nevyspelý 2. nedospelý
immediate [iˈmi:diət] adj. 1. okamžitý 2. bezprostredný 3. priamy
immediately [iˈmi:diətli] adv. 1. ihneď, okamžite 2. priamo
immense [iˈmens] adj. nesmierny, obrovský
immerse [iˈmə:s] v. ponoriť sa, pohrúžiť sa do *in*
immersion [iˈmə:šən] n. ponorenie
immigrant [iməgrənt] n. prisťahovalec
immigrate [imigreit] v. prisťahovať sa
immigration [ˌimiˈgreišən] n. prisťahovalectvo
imminence [iminəns] n. hrozba
imminent [imənənt] adj. blížiaci sa, hroziaci, nastávajúci
immobile [iˈməubail] adj. nepohyblivý
immodest [iˈmodist] adj. neskromný
immolate [iməleit] v. obetovať
immoral [iˈmorəl] adj. nemravný
immorality [iˈmorəliti] n. nemravnosť
immortal [iˈmo:tl] adj. 1. nesmrteľný 2. nezabudnuteľný
immortality [ˌimo:ˈtæliti] n. nesmrteľnosť
immovables [iˈmu:vəbləz] pl. nehnuteľnosti
immune [iˈmju:n] adj. odolný voči *to*
immune system [imˈju:n ˌsistəm] n. *the immune system* imunitný systém
immunity [iˈmju:niti] n. odolnosť
impact [impækt] n. 1. náraz, úder 2. vplyv, dopad na *on*
impair [imˈpeə] v. poškodiť, narušiť, oslabiť
impale [imˈpeil] v. prebodnúť, napichnúť na *on*
impartial [imˈpa:šəl] adj.

importance

nestranný, nezaujatý voči/k *towards*
impassion [im´pæšən] v. rozrušiť
impassioned [im´pæšənd] adj. vzrušený, vášnivý, ohnivý
impassive [im´pæsiv] adj. apatický
impatience [im´peišəns] n. netrpezlivosť
impatient [im´peišənt] adj. 1. netrpezlivý 2. nedočkavý na *for*
impeach [im´pi:č] v. obviniť
impede [im´pi:d] v. prekážať, brániť, zdržovať
impediment [im´pedimənt] n. prekážka
impel [im´pel] *-ll-* v. poháňať, pobádať, nútiť do, na *to*
impending [im´pendiŋ] adj. hroziaci, blížiaci sa
impenetrable [im´penətrəbəl] adj. nepreniknuteľný
imperative [im´perətiv] adj. 1. naliehavý, nevyhnutný 2. rozkazovačný 3. rozkazovací spôsob
imperialism [im´piəriəlizm] n. imperializmus
imperil [im´perəl] *-ll-* v. ohroziť
impersonal [im´pə:sənəl] adj. neosobný
impertinence [im´pə:tinəns] n. drzosť
impervious [im´pə:viəs] adj. 1. neprepúšťajúci čo *to* 2. odolný, bezpečný
impiety [im´paiəti] n. bezbožnosť
impious [impiəs] adj. bezbožný
implant [im´pla:nt] v. vštepiť, naočkovať do *in/into*
implement [impləmənt] n. nástroj, náradie
implement v. uskutočniť, zaviesť
implication [,implə´keišən] n. 1. náznak 2. následok
implore [im´plo:] v. úpenlivo prosiť, žobroniť
imply [im´plai] *-ie-* v. 1. naznačovať 2. zahrňovať, obsahovať
impolite [,impə´lait] adj. nezdvorilý
import [impo:t] v. dovážať, importovať od/z *from*
import [im´po:t] n. dovoz
importance [im´po:təns] n. 1. dôležitosť 2. významnosť

197

important [im'po:tənt] adj. dôležitý
importunate [im'po:tjunit] adj. naliehavý
impose [im'pəuz] v. 1. uložiť daň na *on/upon* 2. zaviesť
imposing [im'pəuziŋ] adj. veľkolepý
impossible [im'posəbəl] adj. nemožný
impost [impəust] n. poplatok
imposture [im'posčə] n. podvod
impotence [impotəns] n. neschopnosť
impotent [impətənt] adj. 1. neschopný 2. impotentný
impoverish [im'povəriš] v. ochudobniť
impregnable [im'pregnəbəl] adj. nedobytný
impregnate [impregneit] v. oplodniť
impregnation [,impreg'neišən] n. oplodnenie
impress [im'pres] v. urobiť dojem, ovplyvniť, zapôsobiť čím *with*
impression [im'prešən] n. 1. dojem, účinok 2. zdanie
impressive [im'presiv] adj. pôsobivý
imprison [im'prizən] v. väzniť, uväzniť
improbability [im,probə'biliti] n. nepravdepodobnosť
improbable [im'probəbəl] adj. nepravdepodobný
improper [im'propə] adj. 1. nevhodný 2. nesprávny, nezákonný
improve [im'pru:v] v. zlepšiť sa, zdokonaliť sa
improvement [im'pru:vmənt] n. zdokonalenie, zlepšenie, pokrok čoho/v *in/on*
improvisation [,imprəvai'zeišən] n. improvizácia
improvise [imprəvaiz] v. improvizovať
imprudent [im'pru:dənt] adj. nerozvážny
impudent [impju:dənt] adj. drzý
impulse [impals] n. podnet, popud, stimul
impulsive [im'palsiv] adj. podnetný
impure [im'pjuə] adj. 1. znečistený prímesou, nečistý 2. neslušný
impurity [im'pjuəriti] n. ne-

čestnosť
in [in] prep. **1.** v, vnútri, na **2.** do **3.** v,na,pred • *in public* na verejnosti • *in any case* v každom prípade • *in all* spolu • *in that* pretože
in adv. **1.** vnútri, dnu **2.** doma
in adj. **1.** vnútorný **2.** smerujúci dovnútra
inability [ˌinəˈbiləti] n. neschopnosť
inaccessible [ˌinəkˈsesəbəl] adj. neprístupný
inaccessibility [inəkˌsesəˈbiliti] n. neprístupnosť
inaccuracy [inˈækjurəsi] n. nepresnosť
inaccurate [inˈækjərət] adj. nepresný, nesprávny
inaction [inˈækšən] n. nečinnosť
inactive [inˈæktiv] adj. nečinný
inadequate [inˈædəkwət] adj. neprimeraný na *to/for*, neschopný
inane [iˈnein] adj. nezmyselný, nevhodný, hlúpy
inapplicable [ˌinəˈplikəbəl] adj. nepoužiteľný
inappropriate [ˌinəˈprəupri-it] adj. nevhodný

inapt [inˈæpt] adj. neschopný
inattention [ˌinəˈtenšən] n. nepozornosť
inattentive [ˌinəˈtentiv] adj. nepozorný
inaugurate [iˈnoːgjəreit] v. slávnostne otvoriť/začať
inborn [ˌinˈboːn] adj. vrodený
inbred [ˌinˈbred] adj. v detstve vypestovaný, zdedený
incapable [inˈkeipəbəl] adj. neschopný čoho *of*
incense [inˈsens] v. podráždiť
incentive [inˈsentiv] n. podnet, povzbudenie, pohnútka
incessant [inˈsesənt] adj. sústavný, nepretržitý
inch [inč] n. **1.** palec 2,54 cm **2.** kúsoček
incidence [insidəns] n. náraz
incident [insədənt] n. **1.** udalosť, príhoda **2.** incident, konflikt
incidental [ˌinsiˈdentəl] adj. náhodný
incitation [ˌinsaiˈteišən] n. podráždenie
incite [inˈsait] v. podneco-

incivility

vať, povzbudzovať na/k *to*
incivility [ˌinsiˈviliti] n. nezdvorilosť
inclination [ˌiŋkləˈneišən] n. náklonnosť, záľuba, obľuba
incline [inˈklain] v. primäť, prinútiť
include [inˈkluːd] v. **1.** obsahovať ako súčasť **2.** zahrnúť do *in*
including [inˈkluːdiŋ] prep. vrátane, aj, spolu s
incoherence [ˌinkəuˈhiərəns] n. nesúdržnosť
income [iŋkam] n. **1.** príjem plat ● *net income* čistý príjem ● *full income* hrubý príjem **2.** národný dôchodok
income tax [iŋkam tæks] n. daň z príjmu
incomplete [ˌinkəmˈpliːt] adj. kusý, neúplný
incomprehensible [in, kompriˈhensəbəl] adj. nepochopiteľný pre *to*
inconceivable [ˌinkənˈsiːvəbəl] adj. nepochopiteľný, nepredstaviteľný pre *to*
inconsequence [inˈkonsikwəns] n. nedôslednosť
inconsiderable [ˌinkənˈsidərəbəl] adj. bezvýznamný
inconspicuous [ˌinkənˈspikjuəs] adj. nenápadný, nepatrný
inconstant [inˈkonstənt] adj. nestály
incontrovertible [inkontrəˈvəːtəbl] adj. nesporný
inconvenience [ˌinkənˈviːniəns] n. nepríjemnosť, mrzutosť
incorporate [inˈkoːpəreit] v. začleniť, zahrnúť
incorrect [ˌinkəˈrekt] adj. nesprávny
increase [inˈkriːs] v. rásť, pribúdať, zväčšiť
increase [iŋkriːs] n. rast
incredible [inˈkredəbəl] adj. neuveriteľný
increment [inkrimənt] n. výťažok
incriminate [inˈkrimineit] v. obviniť niekoho zo zločinu
incubate [inkjubeit] v. sedieť na vajciach
incurable [inˈkjuərəbəl] adj. nevyliečiteľný
incursion [inˈkəːšən] n. vpád
incurve [inˈkəːv] v. ohnúť

indebted [in´debtəd] adj. vďačný, zadĺžený, zaviazaný komu *to*, za *for*
indecision [,indi´sižən] n. nerozhodnosť, váhavosť
indecisive [,indi´saisiv] adj. nerozhodný, váhavý
indeed [in´di:d] adv. naozaj, vskutku
indefinite [in´defənət] adj. nejasný, nepresný, neurčitý
indemnification [in,demnifi´keišən] n. odškodnenie, poistenie
indemnify [in´demnəfai] *-ie-* v. odškodniť, poistiť na *for*, proti *against*
indemnity [in´demnəti] *-ie-* n. 1. poistenie 2. odškodné
independence [,ində´pendəns] n. nezávislosť od *from*
independent [,ində´pendənt] adj. 1. nezávislý od *of* 2. samostatný
indeterminate [,indi´tə:minit] adj. neurčitý
index [indeks] n. 1. zoznam, register 2. pl. *indices/indexes* ukazovateľ
index finger [indeks ,fiŋgə] n. ukazovák

Indian summer [,indiən ´samə] n. babie leto
indicate [indəkeit] v. 1. ukazovať na 2. naznačiť
indication [,indi´keišən] n. údaj
indicator [,indi´keitə] n. ukazovateľ
indict [in´dait] v. *práv.* obviniť z *for*
indifference [in´difərəns] n. ľahostajnosť
indifferent [in´difərənt] adj. ľahostajný
indigested [,indi´džestid] adj. nestrávený
indigestion [,indi´džesčən] n. porucha trávenia
indignity [in´dignəti] *-ie-* n. 1. ponižovanie 2. urážka
indirect [,ində´rekt] adj. 1. nepriamy • *indirect speech* nepriama reč 2. vyhýbavý
indisposition [in,dispə´zišən] n. chorľavosť, indispozícia, nevoľnosť
individual [,ində´vidžuəl] adj. 1. jednotlivý 2. zvláštny, osobitný
individual n. jednotlivec
indivisible [,indi´vizəbl] adj. nedeliteľný

indoor [indo:] adj. domáci, izbový, bytový
indoors [,in´do:z] adv. doma, vnútri v budove, pod strechou
induce [in´dju:s] v. prinútiť, spôsobiť
industrial [in´dastriəl] adj. 1. priemyslový 2. priemyslovo vyspelý
industry [indəstri] *-ie-* n. 1. priemysel 2. priemyslové odvetvie
ineffective [,inə´fektiv] adj. neúčinný, bezvýsledný
inept [i´nept] adj. nešikovný, neobratný, nevhodný
inert [i´nə:t] adj. nehybný, nereagujúci
inevitable [i´nevətəbəl] adj. nevyhnuteľný, osudový
inexhaustible [,inig´zo:stəbəl] adj. nevyčerpateľný
inexorable [in´eksərəbəl] adj. neúprosný
inexplicable [,inik´splikəbəl] adj. nevysvetliteľný
inexplicit [,iniks´plisit] adj. nejasný
inexpressive [,inik´spresiv] adj. bezvýrazný, prázdny, bezduchý
infallible [in´fæləbəl] adj. neomylný
infamous [infəməs] adj. hanebný
infamy [infəmi] n. hanba
infant [infənt] n. 1. dojča 2. dieťa
infarct [infa:kt] n. infarkt
infect [in´fekt] v. 1. nakaziť čím *with* 2. zamoriť
infection [in´fekšən] n. nákaza
infectious [in´fekšəs] adj. nákazlivý
infer [in´fə:] *-rr-* v. usudzovať z/na základe čoho *from*
inference [infərəns] n. záver
inferior [in´fiəriə] adj. horší, podradný než *to* ● *inferior complex* komplex menejcennosti
infertile [in´fə:tail] adj. neplodný, neúrodný, jalový
infest [in´fest] v. zamoriť
infidelity [,infə´deləti] *-ie-* n. 1. nevera v *to* 2. cudzoložstvo
infiltrate [infiltreit] v. vnikať
infinite [infənət] adj. nekonečný, bezhraničný
infirm [in´fə:m] adj. vekom vetchý, slabý

infirmary [in´fə:məri] n. nemocnica

inflamation [,inflə´meišən] n. 1. zapálenie 2. *lek.* zápal

inflame [in´fleim] v. rozvášniť (sa), vzrušiť (sa) čím *with*

inflate [in´fleit] v. fúkať, pumpovať

inflation [in´fleišən] n. 1. inflácia 2. nafukovanie

inflexible [in´fleksəbəl] adj. nepoddajný, neohybný

inflict [in´flikt] v. uložiť trest komu *on/upon*

inflow [infləu] n. prítok, prílev čoho *of,* do/na *in/into*

influence [influəns] n. vplyv, protekcia

influence v. ovplyvňovať

influenza [,influ´enzə] n. chrípka

influx [inflaks] n. prílev, záplava, príval čoho *of,* do/na *to/into*

inform [in´fo:m] v. oznámiť, informovať o *of/ about*

informal [in´fo:məl] adj. 1. neformálny, neoficiálny 2. bežný

information [,infə´meišən] n. 1. oznam, správa, informácia o *about/on* 2. poznatok, vedomosť

infringe [in´frindž] v. porušiť, nedodržať čo *upon/on*

infuriate [in´fjuərieit] v. rozzúriť

infuse [in´fju:z] v. 1. naplniť čím *with* 2. dodať, vliať komu/do *into*

infusion [in´fju:žən] n. odvar

ingenious [in´dži:niəs] adj. človek vynachádzavý, invenčný, duchaplný

ingest [in´džest] v. prijať potravu, zhltnúť

ingratitude [in´grætətju:d] n. nevďačnosť

ingredient [in´gri:diənt] n. prísada

ingress [ingres] n. vstup

inhabit [in´hæbit] v. obývať

inhabitant [in´hæbətənt] n. obyvateľ čoho *of*

inhale [in´heil] v. vdýchnuť, vdychovať

inherent [in´hiərənt] adj. vlastný, neoodeliteľný čomu, od *in*

inherit [in´herət] v. zdediť, aj *genet.* po/od *from*

inheritable [in´heritəbəl] adj. dedičný

inheritance [inˊherətəns] n. dedičstvo
inhibit [inˊhibət] v. obmedzovať, prekážať, brániť
inhibition [ˌinhiˊbišən] n. zákaz
inhuman [inˊhju:mən] adj. neľudský
inimical [iˊnimikl] adj. nepriateľský
inimitable [iˊnimətəbəl] adj. nenapodobiteľný, jedinečný
initial [iˊnišəl] adj. začiatočný, úvodný
initiate [iˊnišieit] v. podnietiť, iniciovať
initiative [iˊnišətiv] n. rozhodnosť, iniciatíva
inject [inˊdžekt] v. vstreknúť, dať injekciu do, komu *into*
injection [inˊdžekšən] n. injekcia
injure [indžə] v. ublížiť, zraniť
injury [indžəri] n. 1. ublíženie, zranenie 2. rana
injustice [inˊdžastəs] n. krivda, bezprávie
ink [iŋk] n. atrament
inland [inlənd] adj. 1. vnútrozemský 2. domáci, vnútorný
inland [inˊlænd] adv. vnútrozemie
inlet [inlet] n. malá morská zátoka, záliv, úžina
inmate [inmeit] n. 1. obyvateľ domova, chovanec ústavu 2. pacient 3. väzeň
inn [in] n. krčma, hostinec ● *innkeeper* hostinský
innate [iˊneit] adj. vrodený, inštinktívny, prirodzený
inner [inə] adj. 1. vnútorný 2. skrytý
innocent [inəsənt] adj. nevinný
innovate [inəuveit] v. inovovať
input [input] n. 1. vstup 2. vstupná informácia 3. prísun, prívod
inquire [inˊkwaiə] v. pýtať sa, informovať sa, vyšetrovať
inquiry [inˊkwaiəri] -*ie*- n. 1. vyšetrovanie, pátranie čoho/po *into/about* 2. preskúmanie, zistenie príčiny čoho *into* ● *inquiry office* informačná kancelária
inquisition [ˌiŋkwəˊzišən] n. *pejor.* zaujaté vyšetrova-

nie
inroads [inrəudz] n. útok, vpád, nájazd, prepad
insane [in´sein] adj. duševne chorý, šialený
insanity [in´sæniti] n. šialenstvo
inscribe [in´skraib] v. označiť
inscription [in´skripšən] n. 1. vyrytý nápis 2. venovanie 3. nadpis
inscrutable [in´skru:təbəl] v. záhadný, nevyspytateľný
insect [insekt] n. hmyz
insecure [,insi´kjuə] adj. 1. ohrozený, nechránený 2. neistý
insecurity [,insi´kjuəriti] n. neistota
insensible [in´sensəbəl] adj. necitlivý
inseparable [in´sepərəbəl] adj. neoddeliteľný, neodlúčiteľný od *from*
insert [in´sə:t] v. vsunúť, vložiť do *in/into*
inside [in´said] n. *the inside* vnútro čoho *of*
inside [insaid] adj. 1. vnútorný 2. známy, dôverný
inside [in´said] adv. vnútri, dovnútra

insidious [in´sidiəs] adj. zákerný, zhubný
insight [insait] n. preniknutie, náhľad, pochopenie do, čoho *into*
insincere [,insin´siə] adj. neúprimný
insinuate [in´sinjueit] v. naznačiť
insinuation [in,sinju´eišən] n. náznak
insist [in´sist] v. 1. trvať na názore na *on/upon* 2. prikázať
insolence [insələns] n. bezočivosť, drzosť
insolent [insələnt] adj. bezočivý, drzý
insoluble [in´soljəbəl] adj. 1. neriešiteľný 2. nerozpustný
insolvency [in´solvənsi] n. platobná neschopnosť
insomnia [in´somniə] n. nespavosť
inspect [in´spekt] v. prezrieť, preskúmať
inspiration [,inspə´reišən] n. vnuknutie
inspire [in´spaiə] v. 1. povzbudiť 2. inšpirovať
install [in´sto:l] v. 1. zaviesť, inštalovať v/na *in*

instalment

2. *hovor.* usadiť sa
instalment [inˈstoːlmənt] n. 1. časť seriálu, knihy 2. splátka
instance [instəns] n. výskyt, prípad čoho *of* ● *for instance* napríklad
instant [instənt] n. okamih
instant adj. okamžitý, bezprostredný
instead [inˈsted] adv. namiesto ● *instead of* namiesto koho/čoho
instep [instep] n. priehlavok
instigate [instəgeit] v. podnietiť, iniciovať
instinct [instiŋkt] n. pud, inštinkt
institute [instətjuːt] n. 1. ústav, inštitút 2. katedra
institution [ˌinstəˈtjuːšən] n. 1. dlhodobý zvyk, obyčaj 2. inštitúcia
instruct [inˈstrakt] v. dať pokyny, poučiť, inštruovať
instruction [inˈstrakšən] n. 1. návod 2. predpis
instructive [inˈstraktiv] adj. poučný, prínosný
instructor [inˈstraktə] n. učiteľ, inštruktor
instrument [instrəmənt] n. nástroj ● *musical instruments* hudobné nástroje
instrumental [ˌinstruˈmentəl] adj. nástrojový
instrumentation [ˌinstrumenˈteišən] n. *hud.* inštrumentácia
insubordinate [ˌinsəˈboːdnit] adj. neposlušný
insufficiency [ˌinsəˈfišənsi] n. nedostatočnosť
insufficient [ˌinsəˈfišənt] adj. nedostatočný na *for*
insular [insjələ] adj. *pejor.* obmedzený, úzkoprsý
insulate [insjəleit] v. 1. *fyz.* izolovať pred *against/from* 2. chrániť 3. odlúčiť
insult [inˈsalt] v. uraziť
insult [insalt] n. urážka
insurance [inˈšuərəns] n. 1. poistenie proti *against* 2. poistné za *on* ● *insurance policy* poistka ● *health insurance* zdravotné poistenie ● *life insurance* životné poistenie
insure [inˈšuə] v. poistiť proti *against*
insurrection [ˌinsəˈrekšən] n. vzbura, povstanie
intact [inˈtækt] adj. neporu-

interlink

šený, nedotknutý
integral [intigrəl] adj. celý
integrate [intəgreit] v. **1.** pridať sa do *into* **2.** spojiť sa
integrity [in´tegriti] n. **1.** celistvosť **2.** čestnosť
intellect [intəlekt] n. rozum
intellectual [,intə´lektjuəl] adj. duševný
intelligence [in´telədžəns] n. **1.** inteligencia **2.** špionáž
● *intelligence agency* spravodajská agentúra
intelligent [in´telədžənt] adj. bystrý, rozumný, múdry, vzdelaný
intend [in´tend] v. zamýšľať, chcieť
intense [in´tens] adj. silný, mohutný, intenzívny, prudký
intensify [in´tensifai] v. zosilniť
intensive [in´tensiv] adj. sústredený, intenzívny
intent [in´tent] n. úmysel, zámer
intent adj. pozorný, sústredený, uprený na *on/upon*
intention [in´tenšən] n. účel
interact [intərækt] n. medzihra
interaction [intərækšən] n. pôsobenie vzájomné
intercede [,intə´si:d] v. prihovoriť sa, prosiť u *with*, za *for*
interception [intəsepšən] n. prerušenie
interchange [,intə´čeindž] v. zameniť, vymeniť
interchange n. výmena
intercourse [intəko:s] n. **1.** *social intercourse* spoločenský styk **2.** *sexual intercourse* pohlavný styk
interdict [intədikt] n. **1.** *práv.* zákaz **2.** *cirk.* kliatba
interest [intrəst] n. záujem, pozornosť o, voči *in* ● *be° interested in* zaujímať sa o
interesting [intrəstiŋ] adj. zaujímavý, pútavý
interfere [,intə´fiə] v. **1.** zasahovať do *with, pejor.* miešať sa do, medzi *in/between* **2.** obťažovať
interior [in´tiəriə] n. vnútrajšok, interiér
interior adj. vnútorný
interior decorator [in,tiəriə ´dekəreitə] n. bytový architekt
interlink [,intə´liŋk] v. spojiť, pripojiť s, k *with*

207

interlocution [ˌintəloˈkjuːʃən] n. dialóg, diskusia

interlude [intəluːd] n. 1. čas, obdobie čoho *of* 2. medzihra

intermediate [ˌintəˈmiːdiət] adj. 1. stredný 2. prechodný

internal [inˈtəːnəl] adj. vnútorný

international [ˌintəˈnæʃənəl] adj. medzinárodný

interpellate [inˈtəːpeleit] v. interpelovať

interpersonal [ˌintəˈpəːsənəl] adj. medziľudský

interplay [intəplei] n. vzájomné pôsobenie, súhra čoho/medzi *of/between*

interpret [inˈtəːprət] v. 1. chápať 2. poňať, podať

interpretation [inˌtəːpriˈteiʃən] n. výklad

interpreter [inˈtəːprətə] n. prekladateľ

interrupt [ˌintəˈrapt] v. 1. prerušiť, skočiť do reči 2. vyrušiť

interruption [ˌintəˈrapʃən] n. prerušenie

interspace [intəˈspeis] n. medzera

interval [intəvəl] n. prestávka, medziobdobie medzi *between*

intervene [ˌintəˈviːn] v. zasiahnuť do *in*, zakročiť do *in*

intervention [ˌintəˈvenʃən] n. zakročenie, intervencia

interview [intəvjuː] n. 1. pohovor 2. rozhovor

intestine [inˈtestin] adj. vnútorný

intimacy [intəməsi] n. dôverná známosť, priateľstvo s *with*

intimate [intəmət] adj. dôverný, blízky

intimate [intəmeit] v. naznačiť, nadhodiť komu *to*

intimidate [inˈtimədeit] v. vystrašiť, vyľakať

into [intə, intuː] prep. smer do, dovnútra

intolerance [inˈtolərəns] n. neznášanlivosť

intonation [inˌtəuˈneiʃən] n. intonácia

intricate [intrikət] adj. zložitý, posplietaný

intrigue [intriːg] n. 1. chytráctvo 2. intriga proti *against*

introduce [ˌintrəˈdjuːs] v. zoznámiť, predstaviť ko-

invoke

mu *to*
introduction [,intrə´dakšən] n. **1.** zavedenie, uvedenie čoho *of*, do, na *to/into* **2.** pl. *introductions* zoznámenie, predstavenie **3.** úvod do, čoho *to*
intrude [in´tru:d] v. vniknúť, votrieť sa do *into*, k *on/upon*
intruder [in´tru:də] n. votrelec
intuition [,intju´išən] n. **1.** intuícia **2.** tušenie o *of*
invade [in´veid] v. prepadnúť, zaútočiť na
invader [in´veidə] n. útočník
invalid [in´væləd] adj. **1.** neúčinný **2.** neplatný
invalid [invəli:d] n. postihnutý, invalid
invaluable [in´væljuəbəl] adj. neoceniteľný
invariable [in´veəriəbəl] adj. nemenný, stály
invasion [in´veižən] n. vpád, nájazd, invázia do, na *of*
invasive [in´veisiv] adj. útočný
invective [in´vektiv] adj. urážlivý
invent [in´vent] v. vynájsť, vymyslieť
invention [in´venšən] n. **1.** vynachádzanie **2.** vynález
inventive [in´ventiv] adj. vynaliezavý
inventory [invəntæri] -ie- n. zoznam, súpis, katalóg, inventár
invert [in´və:t] v. obrátiť, prevrátiť
invest [in´vest] v. vložiť peniaze, investovať
investigate [in´vestəgeit] v. vyšetrovať, pátrať, prehľadať
investigation [in´vesti´geišən] n. **1.** vyšetrovanie **2.** výskum
investment [in´vestmənt] n. **1.** investovanie **2.** investícia
invincible [in´vinsəbəl] adj. nepremožiteľný
invisible [in´vizəbəl] adj. neviditeľný
invitation [,invə´teišən] n. **1.** pozvanie na *to* **2.** pozvánka
invite [in´vait] v. pozvať do/k *to*
invoice [invois] n. účet, faktúra
invoke [in´vəuk] v. **1.** spôso-

involve

biť **2.** uplatniť
involve [in´volv] v. zapliesť sa, dostať sa do *in/with*
involved [in´volvd] adj. **1.** zložitý **2.** vzťahmi zapletený s *with*
inward [inwəd] adj. vnútorný
iodine [aiədi:n] n. jód
ion [aiən] n. ión
Ireland [aiələnd] n. Írsko
iris [aiərəs] n. **1.** kosatec **2.** dúhovka
Irish [aiəriš] n. **1.** *the Irish* Íri **2.** írčina
Irish adj. írsky
Irishman [aiərišmən] n. pl. *Irishmen* Ír
Irishwoman [aiəriš‚wumən] n. pl. *Irishwomen* Írka
iron [aiən] n. **1.** železo • *iron stone* železná ruda • *pl. ironworks* železiareň **2.** žehlička
ironic [ai´ronik] adj. kúsavý, ironický
ironing [aiəniŋ] n. žehlenie
ironmonger´s [aiən‚maŋgəz] n. obchodník so železiarskym tovarom
irradiate [i´reidieit] v. *pren.* osvietiť, ožiariť

irrational [i´ræšənəl] adj. nerozumný
irregular [i´regjələ] adj. nerovnaký, nepravidelný
irreparable [i´repələbəl] adj. nenapraviteľný
irresistible [‚iri´zitəbəl] adj. neodolateľný
irresolute [i´rezəlu:t] adj. nerozhodný
irresponsible [‚iri´sponsəbəl] adj. nezodpovedný, bezohľadný
irresponsibility [iris‚ponsə´biliti] n. nezodpovednosť
irrigate [irigeit] v. zavodniť
irritate [irəteit] v. dráždiť, podráždiť
irritation [‚iri´teišən] n. podráždenie
irruption [i´rapšən] n. vpád
is [s, z, əz, iz] v. **p.** be
islam [isla:m] n. islam
island [ailənd] n. ostrov
isle [ail] n. ostrovček
isolate [aisəleit] v. oddeliť, izolovať od *from*
isolation [aisə´leišən] n. izolácia
issue [išu:] n. **1.** problém, spor **2.** vydanie, publikácia **3.** ústie

issue v. vychádzať, dávať do obehu
it [it] pron. ten tá, to, on, ona, ono
Italian [i´tælien] n. **1.** Talian **2.** taliančina
Italian adj. taliansky
italics [i´tæliks] n. pl. kurzíva
Italy [iteli] n. Taliansko
item [aitem] n. položka
its [its] determ. aj samostatne **1.** jeho, jej **2.** svoj
itself [it´self] pron. **1.** seba, sa, sebe, si **2.** osobne, sám
ivory [aiveri] n. slonovina
ivy [aivi] n. brečtan

J

jab [džæb] n. bodnutie
jab v. bodnúť
jabber [džæbə] v. brblať, mlieť
jack [džæk] n. 1. námorník 2. hever
jackal [džæko:l] n. šakal
jacket [džækət] n. sako
jackpot [džækpot] n. bank
jaguar [džægjuə] n. *zool.* jaguár
jail [džeil] n. väzenie, žalár ● *jailbird* kriminálnik
jam [džæm] n. 1. zaváranina, lekvár 2. zátaras
jam *-mm-* v. 1. napchať sa, vtlačiť sa 2. zapchať
jangle [džæŋgəl] v. cengať, rinčať, štrngať
janitor [džænitə] n. domovník
January [džænjuəri] n. január ● *in January* v januári
Japanese [,džæpəni:z] 1. Japonec 2. japonský
jar [dža:] n. 1. džbán, krčah 2. hádka
jar *-rr-* v. 1. nepríjemne pôsobiť na *on* 2. otriasť 3. hádať sa
jasmine [džæsmin] n. *bot.* jasmín
jaundice [džo:ndəs] n. žltačka
jaundiced [džo:ndəst] adj. nenávistný, plný žlče
javelin [džævələn] n. oštep
jaw [džo:] n. 1. čeľusť 2. táranie
jazz [džæz] n. džez ● *jazz band* džezový orchester
jealous [dželəs] adj. 1. žiarlivý na *of* 2. závidiaci čo *of*
jealousy [dželəsi] *-ie-* n. žiarlivosť
jeans [dži:nz] n. pl. texasky, džínsy
jeep [dži:p] n. džíp
jeer [džiə] v. posmievať sa komu *at*
jelly [dželi] *-ie-* n. huspenina, rôsol
jellyfish [dželifiš] n. pl. *jellyfish/jellyfishes* medúza
jeopardize [džepədaiz] v. ohroziť, riskovať
jerk [džə:k] v. šklbnúť
jerkin [džə:kin] n. vesta
jerky [dže:ki] adj. kostrbatý

jest [džest] v. žartovať, vtipkovať s *with*, o *about*
Jesus [dži:zəs] Ježiš
jet [džet] n. 1. prúdové lietadlo, tryskáč 2. prúd *vody*
jet –tt– v. *jet out* striekať, prúdiť
jet engine [,džet ´endži:n] n. prúdový motor
Jew [džu:] n. Žid
jewel [džu:əl] n. drahokam, skvost, klenot
jewellery [džu:ələri] n. klenoty, šperky
Jewish [džu:iš] adj. židovský
jilt [džilt] v. koketovať
jingle [džiəgəl] v. cengať, cvendžať
jitters [džitəz] n. *the jitters* tréma, nervozita, obavy
job [džob] n. 1. práca, zamestnanie ● *apply for job* hľadať prácu ● *fulltime job* práca na plný úväzok ● *part-time job* práca na čiastočný úväzok 2. pracovná úloha 3. vec, záležitosť
job n. bodnutie
jobbery [džobəri] n. korupcia
jockey [džoki] n. džokej

jockey v. postupne presvedčiť, nahovoriť na *into*
jocose [džə ´kəus] adj. žartovný
jogging [džogiŋ] n. beh pre zdravie ● *go° jogging* behať pre zdravie
join [džoin] v. 1. *join together/up* spojiť s *to* 2. pripojiť sa (k) 3. spojiť sa 4. vstúpiť do, stať sa členom čoho ● *join the army* vstúpiť do armády
joiner [džoinə] n. stavebný stolár
joint [džoint] n. 1. kĺb 2. spoj, ohyb
joint-stock company [,džoint ´stok ,kompəni] n. akciová spoločnosť
joke [džəuk] n. 1. žart, vtip 2. detská hračka
joke v. žartovať, vtipkovať o *about*, s *with*
joker [džəukə] n. 1. vtipkár 2. šašo 3. žolík
jolly [džoli] adj. veselý, príjemný
jolt [džəult] v. 1. natriasať sa 2. otriasť čím
jostle [džosəl] v. strčiť do, sotiť, ťahať sa
journal [džə:nəl] n. denník,

odborný časopis
journalist [džə:nələst] n. novinár
journey [džə:ni] n. cestovanie, cesta
jovial [džəuvjəl] adj. veselý
joy [džoi] n. šťastie, radosť
joystick [džoi ‚stik] n. 1. páka ručného riadenia 2. joystick
Jr. skr. *junior* ml. mladší, syn
jubilate [džu:bileit] v. jasať
jubilee [džu:bəli:] n. výročie, jubileum
judge [džadž] v. 1. súdiť *na súde* 2. hodnotiť *na súťaži* 3. posúdiť
judge n. 1. sudca 2. porotca 3. znalec čoho *of*
judgement [džadžmənt] n. 1. súd, úsudok 2. mienka, názor 3. rozsudok nad *on* ● *pass judgement* vyniesť rozsudok
judicial [džu:′dišəl] adj. súdny
judiciary [džu:′dišiəri] n. súdnictvo
jug [džag] n. krčah
juggle [džagl] v. balamutiť
juggler [džaglə] n. žonglér
juice [džu:s] n. šťava

juicy [džu:si] adj. šťavnatý
juke-box [džu:kboks] n. hrací automat
July [džu′lai] n. júl ● *in July* v júli
jump [džamp] v. 1. skočiť 2. *jump across* preskočiť čo 3. poskočiť 4. *jump down* zoskočiť 5. *jump up* vyskočiť
jump n. 1. skok 2. prekážka
jumpy [džampi] *-ie-* adj. nesvoj, nervózny
jumpsuit [džampsu:t] n. kombinéza
junction [džaŋkšən] n. 1. spojenie 2. križovatka, uzol
juncture [džaŋkšə] n. kĺb, spojenie
June [džu:n] n. jún ● *in June* v júni
jungle [džaŋgəl] n. džungľa
junior [džu:niə] adj. mladší než *to*
junior school [džu:niə‚sku:l] n. základná škola v Británii (7- 11 rokov)
junk [džaŋk] v. 1. zahodiť 2. *hovor.* zbaviť sa
juridical [džu′ridikəl] adj. súdny
jurisdiction [džuərisdikšən]

n. súdna právomoc
jurisprudence [,džuərəs'pru:dəns] n. právo
jurist [džuərist] n. právnik
juror [džuərə] n. súdny porotca
jury [džuəri] n. porota na súde/súťaži
just [džəst] adv. 1. práve, presne 2. práve, za okamih 3. len, iba • *just now* práve teraz
just adj. spravodlivý
justice [džastəs] n. 1. spravodlivosť 2. súd 3. sudca 4. právo • *in justice* podľa práva
justification [,džastifi'keišən] n. ospravedlnenie
justify [džastəfai] *-ie-* v. oprávniť, ospravedlniť
jut [džat] *-tt-* v. *jut out* vystupovať, vybiehať
juvenile [džu:vənail] adj. mladistvý

K

kale [keil] n. kel
kangaroo [,kæŋgə'ru:] n. kengura
kayak [kaiæk] n. kajak
keen [ki:n] adj. **1.** dychtivý, žiadostivý po *on* **2.** prudký **3.** silný **4.** ostrý **5.** bystrý
keep [ki:p] *kept, kept* v. **1.** ponechať si, nepustiť, viesť, zachovávať **2.** držať, vlastniť **3.** udržať, zachovať, poskytovať **4.** zostať ● *keep° silent* mlčať ● *keep° back* ● *keep° on* pokračovať ● *keep° house* viesť domácnosť ● *keep° from* zatajiť ● *keep° in* zavrieť
keep n. **1.** obživa **2.** veža
keeper [ki:pə] n. **1.** dozorca **2.** opatrovateľ **3.** majiteľ
keepsake [ki:pseik] n. darček na pamiatku
keg [keg] n. súdok
kennel [kenl] n. psia búda
kept [kept] v. **p.** keep
kerb [kə:b] n. obrubník, okraj chodníka ● *kerbstone* obrubník

kerchief [kə:či:f] n. šatka
kernel [kə:nəl] n. jadierko
kerosene [kerəsi:n] n. petrolej
ketchup [kečəp] n. kečup
kettle [ketl] n. kanvica, kotlík
key [ki:] n. **1.** kľúč **2.** klávesa, tlačidlo
key adj. kľúčový, podstatný, hlavný
key v. naladiť
keyboard [ki:bo:d] n. klávesnica
keyhole [ki:həul] n. kľúčová dierka
keystone [ki:stəun] n. podstata, základ čoho *of*
kick [kik] v. **1.** kopnúť do **2.** streliť gól ● *kick off* otvoriť hru vo futbale ● *hovor. kick out* vykopnúť z *of*
kick n. **1.** kopnutie, výkop **2.** kopanec
kid [kid] n. **1.** kozľa **2.** ľudské mláďa
kidnap [kidnæp] -*pp*- v. uniesť a žiadať výkupné
kidney [kidni] n. oblička ●

kidney stone ľadvinový kameň
kill [kil] v. zabiť, usmrtiť • *kill off* vyvraždiť
killer [kilə] n. **1.** zabijak, vrah **2.** mäsiar
killing [kiliŋ] n. **1.** zabitie, vražda **2.** úlovok
kiln [kiln] n. pec
kilogram [kiləgræm] n. kilogram
kilometre [kilə,mi:tə] n. kilometer
kin [kin] n. rod, príbuzenstvo
kind [kaind] n. **1.** odroda, druh **2.** trieda
kind adj. láskavý, priateľský, vľúdny • *it is kind of you* je to od vás milé
kindergarten [kindəga:tən] n. škôlka, materská škola
kindhearted [kaind ´ha:tid] adj. dobrosrdečný
kindle [kindl] v. zapáliť sa, vznietiť sa
kindly [kaindli] adj. láskavý, vľúdny
kindness [kaindnəs] n. láskavosť, vľúdnosť
kindred [kindrəd] n. príbuzný, blízky, spriaznený
kinetic [ki´netik] adj. pohybový
kinetics [ki´netiks] n. pl. kinetika
king [kiŋ] n. kráľ
kingdom [kiŋdəm] n. kráľovstvo • *United Kingdom* Spojené kráľovstvo
king-size [kiŋsaiz] adj. predĺžený, nadmerný
kink [kiŋk] n. **1.** slučka, zauzlenie **2.** výstrednosť
kinship [kinšip] n. **1.** príbuzenstvo s *with* **2.** príbuznosť
kiosk [ki:osk] n. stánok, kiosk
kipper [kipə] n. *zool.* losos
kiss [kis] v. pobozkať
kiss n. bozk
kiss of life [,kis əv´laif] n. *the kiss of life* dýchanie z úst do úst
kit [kit] n. **1.** náradie, nástroje **2.** výstroj, výzbroj
kitchen [kičən] n. kuchyňa
kitchen garden [,kičən ´ga:dən] n. zeleninová záhrada
kite [kait] n. **1.** papierový drak **2.** jastrab, dravec
kitten [kitən] n. mačiatko
knack [næk] n. šikovnosť, zručnosť v čom *at*

knave [neiv] n. darebák
knead [ni:d] v. **1.** miesiť cesto **2.** masírovať
knee [ni:] n. koleno • *knee-joint* kolenný kĺb
kneel [ni:l] *knelt, knelt* v. *kneel down* kľaknúť si na *on*
knell [nel] n. umieráčik
knelt [nelt] v. **p.** kneel
knew [nju:] v. **p.** know
knife [naif] n. pl. *knives* [naivz] nôž
knight [nait] n. **1.** rytier **2.** šachový kôň
knit [nit] *-tt-* v. pliesť
knob [nob] n. gombík
knock [nok] v. **1.** udierať, búchať **2.** klopať *na dvere* • *knock out* omráčiť • *knock down* **1.** zbúrať **2.** zraziť
knock n. **1.** úder, náraz **2.** klopanie
knockout [nokaut] n. *knokaut* úder v boxe
knot [not] n. uzol
knot *–tt-* v. *knot together* **1.** uviazať na uzol **2.** zauzliť sa
know [nəu] *knew, known* v. **1.** vedieť o *about* **2.** ovládať, vyznať sa **3.** poznať

• *I don't know* neviem • *you know* veď vieš
know-how [nəuhau] n. znalosti
knowledge [nolidž] n. vedomosti, znalosti z/o *of*
known [nəun] v. **p.** know
know adj. **1.** známy **2.** uznávaný
knuckle [nakəl] n. kĺb prsta
kohlrabi [ˌkəul ˈra:bi] kaleráb

L

label [leibəl] n. nálepka, štítok
laboratory [lə'borətəri] -ie- n. laboratórium
labour [leibə] n. práca, drina ● *labour force* pracovné sily
labour v. pracovať, namáhať sa
labour market [leibə ‚ma:kət] n. trh práce
labyrinth [læbərinθ] n. bludisko
lace [leis] n. 1. čipka 2. šnúrka do topánky
lace v. zašnurovať
lacerate [læsəreit] v. trhať
lack [læk] v. nemať, nemať dosť, chýbať
lack n. nedostatok
lackey [læki] n. lokaj
lacquer [lækə] n. lak
lacquer v. lakovať
lactation [læk'teišən] v. vylučovanie mlieka, laktácia
lad [læd] n. chlapec, mládenec, mladík
ladder [lædə] n. 1. rebrík 2. očko *na pančuche*
lading [leidiŋ] n. náklad
ladle [leidl] n. naberačka
ladle v. *ladle out* podávať jedlo, nabrať do/na *into*
lady [leidi:] -ie- n. 1. žena 2. dáma, pani
lady-bird [leidi bə:d] n. *zool.* lienka
lag [læg] -gg-v. zaostávať
lager [la:gə] n. 1. ležiak *pivo* 2. pohár *ležiaka*
lagoon [lə'gu:n] n. lagúna
laid [leid] v. p. lay
lain [lein] v. p. lie
lake [leik] n. jazero, rybník
lamb [læm] n. 1. jahňa 2. jahňacina
lame [leim] adj. chromý, krívajúci
lament [lə'ment] v. nariekať, bedákať za/nad *over*
lamentation [‚læmen'teišən] n. nárek, plač
laminate [læmineit] n. doska
lamp [læmp] n. lampa
lampshade [læmpšeid] n. tienidlo lampy
lancet [la:nsət] n. skalpel
land [lænd] n. 1. zem, pevnina 2. kraj 3. pôda, poze-

land

mok **4.** *the land* vidiek
land v. **1.** loď, lietadlo *pristáť* **2.** vystúpiť na breh
landing [lændiŋ] n. **1.** medziposchodie **2.** pristátie
landlady [lænd,leidi] -*ie*- n. **1.** majiteľka penziónu **2.** domáca pani
landlord [lændlo:d] n. **1.** majiteľ penziónu **2.** domáci pán
landscape [lǽndskeip] n. kraj, krajina, scenéria
landslide [lændslaid] n. zosuv pôdy, lavína
lane [lein] n. **1.** poľná cestička **2.** ulička **3.** dráha
language [læŋgwidž] n. **1.** jazyk **2.** reč
lank [læŋk] adj. chudý
lantern [læntən] n. **1.** lampáš **2.** maják
lap [læp] n. **1.** lono **2.** kolo, *šport*. etapa **3.** hlt
lap v. držať v náručí, zabaliť
lapse [læps] n. **1.** zlyhanie čoho *of*, úpadok **2.** chyba, omyl
lapse v. padnúť, poklesnúť, upadnúť
larceny [la:sni] n. *práv*. krádež
lard [la:d] n. bravčová masť
lard v. prešpikovať
larder [la:də] n. komora, špajza
large [la:dž] adj. veľký, objemný, rozsiahly • *at large* na slobode
lark [la:k] n. **1.** škovránok **2.** žart
larva [la:və] pl. larvae [la:vi:] n. larva
larynx [læriŋks] n. hrtan
laser [leizə] n. laser
laser printer [leizə,printə] n. laserová tlačiareň
lash [læš] v. **1.** šľahnúť, bičovať **2.** ostro kritizovať
lash n. **1.** švihnutie, šľahnutie **2.** bič
lassitude [læsitju:d] n. apatia, únava
lasso [læsu:] n. laso
last [la:st] adj. **1.** *the last* posledný • *the latest* najnovší **2.** zvyšný, jediný **3.** minulý, predchádzajúci
last adv. **1.** naposledy **2.** na koniec, na záver
last n. **2.** zvyšok **3.** koniec, záver
last v. trvať
lasting [la:stiŋ] adj. trvalý
latch [læč] n. **1.** závora, západka **2.** patentná známka

- *latchkey* patentný kľúč
- **late** [leit] adj. **1.** meškajúci, oneskorený na *for* **2.** neskorý • *be° late for* prísť neskoro **3.** zosnulý **4.** bývalý
- **late** adv. neskoro
- **later** [leitə] adv. potom, neskôr
- **lateral** [lætərəl] adj. bočný
- **latest** [leitəst] adj. najnovší, posledný
- **lath** [la:θ] n. pl. *laths* [la:ðz] latka, dlaha
- **lathe** [leið] n. sústruh
- **lather** [la:ðə] n. pena
- **latitude** [lætətju:d] n. zemepisná šírka
- **latrine** [lə'tri:n] n. latrína
- **latter** [lætə] adj. nedávny
- **laugh** [la:f] v. **1.** smiať sa **2.** vysmiať
- **laugh** n. **1.** smiech **2.** zábava
- **laughter** [la:ftə] n. smiech
- **launch** [lo:nč] v. **1.** spustiť *na vodu* **2.** vypustiť *do vesmíru* **3.** spustiť *činnosť*
- **laundry** [lo:ndri] n. **1.** práčovňa **2.** špinavé prádlo
- **laureate** [lo:riit] n. laureát
- **lava** [la:və] n. láva
- **lavatory** [lævətəri] -ie- n. záchod, toaleta
- **lavish** [læviš] adj. **1.** plytvajúci **2.** bohatý
- **law** [lo:] n. zákon, pravidlo, princíp • *at law* pri súde • *lawsuit* súdny proces
- **lawn** [lo:n] n. trávnik
- **lawn party** [lo:n ,pa:ti] -ie- n. záhradná slávnosť
- **lawsuit** [lo:su:t] n. súdny spor
- **lawyer** [lo:jə] n. právnik, advokát
- **lax** [læks] adj. nedbanlivý
- **lay** [lei] v. p. lie
- **lay** laid v. *laid, laid* klásť, umiestniť • *lay° the table* prestrieť stôl • *lay° down* odložiť, zložiť zbrane • *lay° up* **1.** robiť si zásoby **2.** ležať s chorobou
- **layer** [leiə] n. **1.** vrstva čoho *of* **2.** pokrývač
- **layman** [leimən] n. pl. *laymen* laik
- **layout** [leiaut] n. **1.** rozmiestnenie, úprava **2.** nákres, projekt
- **laziness** [leizinəs] n. lenivosť
- **lazy** [leizi] -ie- adj. lenivý
- **lead** [li:d] *led, led* v. **1.** spre-

lead

vádzať, viesť 2. zviesť, oklamať
lead adj. hlavný, popredný
lead [led] n. 1. olovo 2. tuha ceruzky
leader [li:də] n. vodca, čelný predstaviteľ
leading article [ˌli:diəŋˈa:tikəl] n. úvodník v novinách
leaf [li:f] n. pl. *leaves* [li:vz] 1. list *stromu, papiera* 2. plátok
leaflet [li:flət] n. leták, prospekt
league [li:g] n. spolok, liga
leak [li:k] v. 1. tiecť 2. *leak out* unikať, vytekať
leak n. štrbina, diera
lean [li:n] *leant/leaned* v. 1. nakloniť sa 2. oprieť sa 3. *lean° on* spoľahnúť sa na 4. *lean° out* vykláňať sa
lean adj. 1. mäso *chudé* 2. štíhly
leant [lent] v. p. lean
leap [li:p] *leapt/leaped* v. preskočiť čo *across*, skočiť do *into*
leap n. skok
leapt [lept] v. p. leap
leap year [li:p jiə] n. priestupný rok

learn [lə:n] *learnt/learned* v. 1. učiť sa čo *about* 2. uvedomiť si
learnt [lə:nt] v. p. learn
lease [li:s] n. prenájom
least [li:st] adv. p. *little* • *least of all* vôbec nie
least adv. aspoň
leather [leðə] n. vypracovaná koža
leave [li:v] *left, left* v. 1. odísť, odcestovať 2. nechať, zanechať, opustiť
leaven [levən] n. droždie
lecture [lekčə] n. prednáška
lecture v. prednášať
lecturer [lekčərə] n. lektor
led [led] v. p. lead
ledger [ledžə] n. peňažný denník
leech [li:č] n. pijavica
left [left] adj. ľavý
left n. *the* left ľavá strana
left adv. vľavo
left v. p. leave
leg [leg] n. 1. noha celá 2. stehno 3. nohavica
legacy [legəsi] -ie- n. dedičstvo, odkaz
legal [li:gəl] adj. 1. zákonný 2. právny
legality [liˈgæliti] n. zákonitosť

legalization [,li:gəlai´zeišən] n. uzákonenie
legation [li´geišən] n. vyslanectvo
legend [ledžənd] n. povesť, báj, legenda
leggins [leginz] n. legíny
legible [ledžəbəl] adj. čitateľný
legion [li:džən] n. légia
legislation [,ledžəs´leišən] n. 1. návrh zákona 2. zákonodarstvo
legislative [ledžəsleitiv] adj. zákonodarný
legislature [ledžəsleičə] n. zákonodarný zbor
legitimate [li´džitəmət] adj. 1. zákonný 2. manželský
leisure [ležə] n. voľný čas • *be° at leisure* mať voľno
lemon [lemən] n. citrón
lemonade [,lemə´neid] n. limonáda, citronáda
lend [lend] *lent, lent* v. 1. požičať komu *to* 2. dať pôžičku *banka*
length [leŋθ] n. dĺžka, vzdialenosť
lenghten [leŋθən] v. predĺžiť sa
lenitive [lenətəv] adj. ukľudňujúci

lens [lenz] n. lupa, objektív, šošovka • *contact lenses* kontaktné šošovky
lent [lent] v. **p.** lend
lentil [lentəl] n. šošovica
leopard [lepəd] n. *zool.* leopard
less [les] adv. menej • *less and less* čoraz menej
less pron. menší
lessen [lesən] v. zmenšiť sa, znižovať sa
lesson [lesən] n. 1. vyučovacia hodina • *take° lessons* dávať hodiny 2. lekcia 3. cvičenie
let [let] *let, let -tt-* v. dovoliť, nechať • *let's go* poďme! • *let me help you* dovoľ, aby som ti pomohol • *let° out* prenajať • *let sb/sth be* nechať koho/čo na pokoji • *let° in* vpustiť • *let° out* prepustiť z *of*
let n. nájom, prenájom
lethal [li:θl] adj. smrteľný
letter [letə] n. 1. list 2. písmeno • *letter-box* schránka na listy
lettuce [letəs] n. hlávkový šalát
level [levəl] n. 1. rovina 2.

level

úroveň 3. hladina
level -ll- v. *level off/out* zrovnať, zničiť
lever [li:və] n. páka
levity [leviti] n. nestálosť
levy [levi] -ie- v. uvaliť dane
lexicon [leksikən] n. slovník
liability [ˌlaiə'biləti] -ie- n. záväzok pre *for/to*
liable [laiəbəl] adj. 1. vystavený, podrobený čomu *to* 2. zodpovedný za *for*
liar [laiə] n. luhár
liaison [li'eizən] n. výmena informácií, spojenie
liberal [libərəl] adj. 1. majúci pochopenie 2. liberálny
liberalism [libərəlizm] n. liberalizmus
liberate [libəreit] v. oslobodiť
liberation [ˌlibə'reišən] n. oslobodenie
liberty [libəti] -ie- n. 1. sloboda 2. dovolenie
librarian [lai'breəriən] n. knihovník
library [laibrəri] -ie- n. knižnica ● *public library* verejná knižnica
licence [laisəns] n. 1. preukaz 2. povolenie
lick [lik] v. lízať

lid [lid] n. viečko, vrchnák
lie [lai] *lying, lay, lain* v. 1. ležať 2. *lie° down* ľahnúť si
lie *lying, lied* v. klamať
lieutenant [lefˈtenənt] n. poručík ● *lieutenant colonel* podplukovník
life [laif] n. pl. *lives* [laivz] život
life belt [laif belt] n. záchranný pás
lifeboat [laifbəut] n. záchranný čln
lifeguard [laifga:d] n. plavčík
lifelong [laifloŋ] adj. celoživotný, doživotný
lift [lift] v. *lift up* zdvihnúť sa
lift n. výťah
ligament [ligəmənt] n. *lek.* väzivo
light [lait] n. 1. svetlo ● *moonlight* mesačné svetlo ● *sunlight* slnečné svetlo 2. oheň 3. okno
light *lit/lighted* v. 1. *light up* rozjasniť sa 2. rozsvietiť ● *the light is on* je rozsvietené
light adj. ľahký
lighter [laitə] n. zapaľovač

lighthouse [laithaus] n. maják
lightning [laitniŋ] n. blesk
lightning conductor [laitniəŋkən,daktə] n. hromozvod
like [laik] v. 1. mať rád, páčiť sa 2. rád *urobiť*
like prep. 1. takto 2. ako 3. typický pre • *it is like him* to je celý on
like adj. 1. rovnaký 2. podobný
likelihood [laiklihud] n. pravdepodobnosť
likely [laikli] adj. 1. pravdepodobný, možný 2. nádejný
liking [laikiŋ] n. záľuba, sklon
lilac [lailək] n. orgován
lily [lili] *-ie-* n. ľalia
lily of the valley [,lili əv ðə ´væli] n. *bot.* konvalinka
limb [lim] n. úd, končatina
lime [laim] n. 1. vápno • *limestone* vápenec 2. citrusový plod
limit [limət] n. hranica, medza
limit v. obmedziť
limitation [,limi´teišən] n. ohraničenie

limited [limətəd] adj. limitovaný, obmedzený
limousine [limu:zi:n] n. limuzína
limp [limp] v. krívať
line [lain] n. čiara, priamka, linajka • *horizontal line* vodorovná čiara • *vertical line* zvislá čiara
line v. linajkovať, zoradiť, ohraničiť
linen [linən] n. 1. plátno 2. posteľná bielizeň
liner [lainə] n. dopravná loď
linger [liŋgə] v. váhať
lingual [liŋgwəl] adj. jazykový
linguist [liŋgwist] n. jazykovedec
linguistic [liŋ´gwistik] adj. jazykovedný
linguistics [liŋ´gwistiks] n. pl. jazykoveda
link [liŋk] n. kĺb, spojovací článok, ohnivko
lion [laiən] n. lev
lioness [laiənəs] n. levica
lip [lip] n. pera
lipstick [lip,stik] n. rúž
liquid [likwəd] n. tekutina
liquidate [likwideit] v. likvidovať
liquidation [,likwi´deišən]

liquor

n. likvidácia
liquor [likə] n. tvrdý alkohol *Am.*
lisp [lisp] v. šušľať
list [list] n. zoznam, prehľad, katalóg, register
listen [lisən] v. 1. počúvať koho, čo *to* 2. načúvať
lit [lit] v. **p.** light
literal [litərəl] adj. doslovný
literary [litərəri] adj. literálny
literate [litərət] adj. 1. gramotný 2. sčítaný
literature [litərəčə] n. literatúra
litre [litə] n. liter
litter [litə] n. 1. odpadky, smeti • *litterbin* kôš na odpadky 2. mláďatá
little [litl] *less/lesser, least* adj. 1. malý 2. krátky 3. mladý
little *less, least* adv. málo
little finger [,litl'fiŋgə] n. malíček na ruke
littoral [litərəl] adj. pobrežný
liturgy [litədži] *-ie-* n. liturgia
livable [livəbəl] adj. obývateľný
live [liv] v. 1. žiť, byť na žive 2. prežiť 3. bývať

live [laiv] adj. 1. živý, žijúci 2. žeravý 3. ostrý
livelihood [laivlihud] n. živobytie
liver [livə] n. pečeň
livestock [laivstok] n. statok
live wire [,laiv 'waiə] n. *elektr.* vodič pod napätím
living room [liviŋ rum] n. obývačka
lizard [lizəd] n. *zool.* jašterica
load [ləud] n. 1. náklad, bremeno 2. zaťaženie
load v. 1. *load up* naložiť 2. zbraň *nabiť*
loaf [ləuf] n. pl. *loaves* [ləuvz] bochník
loam [ləum] n. íl, hlina, úrodná pôda
loan [ləun] n. pôžička
loathe [ləuð] v. nenávidieť
lobby [lobi] *-ie-* n. 1. vstupná hala, chodba 2. kuloár
lobby v. ovplyvňovať, agitovať
lobe [ləub] n. lalok
lobster [lobstə] n. *zool.* morský rak
local [ləukəl] adj. 1. miestny • *local government* miestna samospráva 2. čiastočný
local authority [,ləukəl

long-term

o:´θorəti] n. miestne zastupiteľstvo
locality [ləu´kæləti] -ie- n. miesto, kraj, lokalita
localize [ləukælaiz] v. lokalizovať
locate [ləu´keit] v. umiestniť, situovať
location [ləu´keišən] n. umiestnenie
lock [lok] n. 1. zámka 2. stavidlo, priehrada 3. kader, prameň *vlasov*
lock v. 1. zamknúť 2. zablokovať sa
locksmith [lok,smiθ] n. zámočník
locomotive [,ləukə´məutiv] adj. pohyblivý
locomotive n. lokomotíva
locust [ləukəst] n. *zool*. kobylka
locution [lə´kju:šən] n. výraz
lode [ləud] n. rudná žila
lodge [lodž] v. 1. ubytovať sa 2. uviaznuť v *in*
lodge n. 1. vrátnica 2. zrub
lodger [lodžə] n. podnájomník
lodging house [lodžiŋ haus] n. ubytovňa, slobodáreň
lodgings [lodžiŋz] n. podnájom

loft [loft] n. povala, podkrovie
lofty [lofti] -ie- adj. vznešený
log [log] n. poleno
logarithm [logəriθm] n. logaritmus
logic [lodžik] n. logika
logical [lodžikəl] adj. logický
logo [ləugəu] n. pl. *logos* znak, logo
loin [loin] n. ľadvina
loll [lol] v. rozvaľovať sa, opierať sa
lollipop [lolipop] n. lízatko
lonely [ləunli] -ie- adj. 1. opustený, sám 2. osamelý
long [loŋ] adj. 1. dlhý 2. ďaleký
long adv. dlho • *long ago* dávno • *for a long time* dlho • *all day long* po celý deň
long-distance [,loŋ´distəns] adj. 1. diaľkový 2. medzimestský *hovor*
longitude [londžitju:d] n. zemepisná dĺžka
long jump [loŋ džamp] n. *the long jump* skok do diaľky
long-term [,loŋ ´tə:m] adj.

look

dlhodobý

look [luk] v. 1. pozerať sa na *at* 2. *look for* hľadať 3. vyzerať 4. všimnúť si • *look after* dozerať na • *look around* hľadať čo *for* • *look for* hľadať, zháňať • *look into* skúmať, vyšetrovať • *look up* dariť sa lepšie

loop [lu:p] n. slučka

loose [lu:s] adj. 1. voľný 2. nepriviazaný 3. uvoľnený

loosen [lu:sən] v. 1. uvoľniť sa 2. rozviazať sa

loot [lu:t] n. korisť

lord [lo:d] n. lord • *Lord* Pán

Lord [lo:d] n. 1. *the Lords* poslanci Hornej snemovne Britského parlamentu 2. Horná snemovňa Britského parlamentu

Lord's Prayer [,lo:dz'preə] n. Otčenáš

lorry [lori] -ie- n. nákladné auto

lose [lu:z] *lost, lost* v. 1. stratiť, prísť o 2. spôsobiť stratu 3. prehrať 4. strácať sa 5. odbočiť

loss [los] n. 1. strata čoho *of* 2. škoda

lost [lost] adj. 1. stratený 2. zablúdený 3. mŕtvy

lost v. p. lose

lot [lot] n. 1. *lots* množstvo čoho *of* • *a lot of* veľa 2. los 3. osud

lotion [ləušən] n. pleťová voda, voda po holení

lottery [lotəri] -ie- n. lotéria

loud [laud] adj. 1. hlasný 2. nápadný

loudspeaker [,laud'spi:kə] n. reproduktor

lounge [laundž] n. 1. obývacia izba 2. spoločenská miestnosť 3. čakáreň na letisku

louse [laus] n. pl. *lice* voš

lovable [lavəbəl] adj. roztomilý

love [lav] n. 1. náklonnosť, láska 2. záľuba

love v. milovať • *be° in love with* byť zamilovaný do

love affair [lav ə,feə] n. ľúbostný pomer

lovely [lavli] -ie- adj. 1. rozkošný, roztomilý, pôvabný 2. príjemný, pekný

lover [lavə] n. milenec

low [ləu] adj. 1. nízky 2. malý 3. tichý

low adv. **1.** nízko **2.** hlboko **3.** ticho
Lower House [,ləuə ˈhaus] n. Dolná snemovňa Britského parlamentu
lowlands [ləuləndz] n. nížina
low season [ləu ˌsi:zən] n. mŕtva sezóna
loyal [loiəl] adj. verný, oddaný
lubricate [lu:brikeit] v. mazať, olejovať *stroj*
lucid [lu:səd] adj. **1.** jasný **2.** bystrý
luck [lak] n. **1.** osud, náhoda **2.** šťastie ● *for luck* pre šťastie ● *good luck!* veľa šťastia! ● *bad luck* smola
luckily [lakili] adv. našťastie
lucrative [lu:krətiv] adj. výnosný, ziskový
lucre [lu:kə] n. zisk
ludicrous [lu:dikrəs] adj. smiešny
lug [lag] -gg- v. vliecť, ťahať
luggage [lagidž] n. batožina
lugubrious [lu:ˈgju:briəs] adj. žalostný
lull [lal] v. uspať, utíšiť
lullaby [laləbai] -ie- n. uspávanka
lumber [lambə] n. pl. haraburdy
luminary [lu:minəri] adj. svetelný
lump [lamp] n. **1.** kus, hruda **2.** *lump sugar* kocka cukru
luminous [lu:minəs] adj. svetielkujúci
lunacy [lu:nəsi] n. šialenstvo
lunatic [lu:nətik] adj. šialený
lunch [lanč] n. obed ● *have° lunch* obedovať ● *working lunch* pracovný obed ● *make° lunch* pripraviť obed
lung [laŋ] n. pl. pľúca
lunge [landž] v. skočiť, vrhnúť sa
lurch [lə:č] v. knísať sa, tackať sa
lure [luə] v. zvádzať, lákať
lurk [lə:k] v. zakrádať sa, číhať na
lust [last] n. túžba, rozkoš
luscious [lašəs] adj. **1.** sladučký **2.** zvodný
lustre [lastə] n. **1.** lesk **2.** sláva
lusty [lasti] -ie- adj. silný, zdravý
Lutheran [lu:θərən] adj. evanjelický

luxurious [lag´zjuəriəs] adj. prepychový, nádherný
luxury [lakšəri] *-ie-* n. prepych, luxus
lying [laiiŋ] v. p. lie
lynx [liŋks] n. *zool.* rys
lyric [lirik] adj. lyrický

M

macaroni [,mækə'rəuni] n. pl. makaróny
mace [meis] n. 1. žezlo 2. muškátový kvet
machination [,mæki-'neišən] n. pl. intrigy
machine [mə'ši:n] n. stroj
machine code [mə'ši:n ,kəud] n. počítačový jazyk
machine gun [məši:n gan] n. guľomet
machine tool [mə'ši:n tu:l] n. obrábací stroj
machinery [mə'ši:nəri] n. pl. stroje
machinist [mə'ši:nist] n. strojník
mackerel [mækərəl] pl. *mackerel* zool. makrela
mad [mæd] adj. –dd- 1. šialený od *with* 2. zbláznený do *about/on*
madam [mædəm] n. pani *oslovenie*
made [meid] v. p. make
madly [mædli] adv. bláznivo, šialene
madness [mæd'nis] n. šialenstvo
magazine [,mægə'zi:n] n. časopis
maggot [mægət] n. larva
magic [mædžik] n. kúzlo, čaro
magic adj. čarovný, zázračný
magician [mə'džišən] n. kúzelník
magnanimity [,mægnə'nimiti] n. veľkodušnosť
magnanimous [mæg'nænimət] adj. veľkodušný
magnet [mægnət] n. magnet
magnetic [mæg'netik] adj. 1. príťažlivý 2. magnetický
magnetism [mægnitizm] n. magnetizmus
magnetize [mægnitaiz] v. magnetizovať
magnificence [mæg'nifisəns] n. veľkolepost'
magnificent [mæg'nifəsənt] adj. veľkolepý, nádherný
magnify [mægnifai] v. zväčšovať • *magnifier* lupa
magnitude [mægnitju:d] n. *mat.* veličina
magpie [mægpai] n. *zool.* straka

231

mahogany [məˈhogəni] n. mahagón
maid [meid] n. slúžka
maiden [meidn] n. 1. panna 2. slúžka
maiden name [meidn neim] n. dievčenské meno
mail [meil] n. *the mail* pošta *Am.* • *air mail* letecká pošta
mailbox [meilboks] n. poštová schránka
maim [meim] v. zmrzačiť
main [mein] adj. hlavný, základný
mainly [meinli] adv. najmä, hlavne, predovšetkým
maintain [meinˈtein] v. 1. pokračovať 2. udržiavať 3. tvrdiť, zastávať *názor*
maintenance [meintənəns] n. údržba
maize [meiz] n. kukurica
majestic [məˈdžestik] adj. vznešený
majesty [mædžəsti] n. 1. majestátnosť, velebnosť 2. veličenstvo
major [meidžə] adj. väčší, dôležitejší • *the major part* väčšina
major n. major
majority [məˈdžorəti] n. –ie–

1. väčšina 2. plnoletosť
make [meik] *made, made* v. 1. vyrobiť z *from/of/out* 2. vykonať • *make° sure* presvedčiť sa • *make° friends* spriateliť sa • *make° the bed* ustlať • *make° peace* uzavrieť mier • *make° up* 1. vymyslieť 2. nalíčiť sa • *make° fun* žartovať
making [meikiŋ] n. *the makings* pl. predpoklady
malady [mælədi] n. choroba
malaise [mæˈleiz] n. malátnosť
malaria [məˈleəriə] n. malária
male [meil] adj. 1. mužský 2. samčí
malefaction [ˌmæliˈfækšən] n. zločin
malformation [ˌmælfəˈmeišən] n. deformácia
malice [mæləs] n. zloba, zlomyseľnosť
malicious [məˈlišəs] adj. zlomyseľný
malign [məˈlain] adj. zákerný, zhubný
malignant [məˈlignənt] adj. 1. nenávistný, zlomyseľný 2. *lek.* zhubný

mallet [mælit] n. palica
malnutrition [ˌmælnjuˈtriʃən] n. podvýživa
malodorous [mælˈodərəs] adj. zapáchajúci
malt [mo:lt] n. slad
malversation [ˌmælvəːˈseiʃən] n. sprenevera
mammal [mæməl] n. cicavec
mammoth [mæməθ] n. mamut
man [mæn] pl. *men* [men] n. 1. muž 2. človek 3. vojak 4. hráč 5. manžel
manacle [mænəkəl] n. puto
manage [mænidž] v. 1. riadiť, ovládať, spravovať 2. zariadiť 3. zvládnuť
management [mænidžmənt] n. riadenie, správa, vedenie
manager [mænidžə] n. 1. riaditeľ 2. manažér 3. správca
mandate [mændeit] n. rozkaz
manful [mænful] adj. chlapský, mužný
manger [meindžə] n. válov, žľab
manhood [mənhud] n. mužný vek, mužnosť

maniac [meiniæk] n. šialenec
manicure [mænikjuə] n. manikúra
manifest [mænəfest] adj. zrejmý, očividný
manifest v. prehlásiť
manifest n. prehlásenie
manifestation [ˌmænəfeˈsteiʃən] n. 1. prejav 2. dôkaz, potvrdenie
manifesto [ˌmænəˈfəstəu] pl. *manifestos/manifestoes* n. manifest
manifold [mænəfəuld] adj. mnohonásobný, rozmanitý
manipulate [məˈnipjuleit] v. narábať, zaobchádzať s
manipulation [məˌnipjuˈleiʃən] n. manipulácia
mankind [ˌmænˈkaind] n. ľudstvo
manlike [mænlaik] adj. mužný
manly [mænli] adj. odhodlaný
manmade [ˌmænˈmeid] adj. umelý
manner [mænə] n. 1. spôsob
• *in this manner* takto 2. správanie sa
manners [mænəz] n. pl.

spôsoby
manoeuvre [məˈnuːvə] n. manéver
manor [mænə] n. 1. veľkostatok, panstvo 2. vidiecke sídlo
manservant [mæn,səːvənt] n. sluha
mansion [mænšən] n. panské sídlo, rezidencia, zámok
mantle [mæntl] n. dlhý plášť
manual [mænjuəl] adj. 1. ručný 2. telesný
manual n. príručka
manufactory [,mænjuˈfæktəri] n. továreň
manufacture [,mænjuˈfækčə] v. vyrábať
manufacture n. výroba
manure [məˈnjuə] n. hnojivo
manure v. pohnojiť
manuscript [mænjəskript] n. 1. prvopis 2. rukopis
many [meni] adv., pron. 1. mnoho 2. mnohí • *how many?* koľko? • *a great many* veľmi veľa
map [mæp] n. mapa čoho *of*
map v. zakresliť, vyznačiť
maple [meipəl] n. *bot.* javor

marble [maːbəl] n. mramor
march [maːč] v. pochodovať
march n. pochod
March [maːč] n. marec • *in March* v marci
mare [meə] n. *zool.* kobyla
margin [maːdžən] n. okraj
marginal [maːdžənəl] adj. okrajový, bezvýznamný
marine [məriːn] adj. 1. morský 2. námorný
marine n. námorník
marital [mæritəl] adj. manželský
maritime [mæritaim] adj. 1. námorný 2. prímorský
marjoram [maːdžərəm] n. *bot.* majoránka
mark [maːk] n. 1. značka, stopa 2. označenie 3. známka
mark v. 1. označiť 2. vyznačiť
market [maːkət] n. 1. trh, tržnica • *black market* čierny trh 2. dopyt po *for*
marketing [maːkətiŋ] n. marketing
marketplace [maːkətpleis] n. trhovisko
market price [,maːkət ˈprais] n. trhová cena

marking [ma:kiŋ] n. označenie

marmalade [ma:məleid] n. lekvár z pomarančov

marriage [mæridž] n. 1. sobáš 2. manželstvo

married [mærid] adj. 1. vydatá 2. ženatý 3. manželský • *get° married* oženiť sa, vydať sa

marry [mæri] *-ie-* v. 1. oženiť sa, vydať sa 2. zosobášiť

marsh [ma:š] n. močiar

marshal [ma:šəl] n. maršál

martial [ma:šəl] adj. 1. vojenský 2. vojnový, bojovný

martial law [,ma:šəl´lo:] n. stanné právo

martyr [ma:tə] n. mučeník

marvel [ma:vəl] n. div, zázrak

marvel *-ll-* v. čudovať sa, žasnúť

marvellous [´ma:vələs] adj. skvelý

mascot [mæskət] n. talizman

masculine [ma:skjulin] adj. 1. mužský 2. *gram.* mužský rod

mash [mæš] v. *mash up* drviť, lisovať

mask [ma:sk] n. maska • *gas mask* plynová maska

mason [meisən] n. 1. kamenár 2. murár

mass [mæs] n. 1. hmota, masa čoho *of* 2. omša

mass v. hromadiť sa, koncentrovať sa

Mass n. *the Mass* omša

massacre [mæsəkə] v. vraždiť, zabíjať

massage [mæsa:dž] v. 1. masírovať 2. prekrútiť

massage n. masáž

masseur [mæ´sə] n. masér

massive [mæsiv] adj. 1. masívny 2. mohutný, pevný

mass media [,mæs ´mi:diə] n. *the mass media* masovokomunikačné prostriedky

master [ma:stə] n. 1. pán 2. kapitán 3. majster

master adj. majstrovský

master v. dokonale ovládať, vedieť

masterpiece [ma:stəpi:s] n. majstrovské dielo

mastic [mæstik] n. tmel

mat [mæt] n. rohožka

match [mæč] n. športový zápas

match v. 1. *match up* hodiť

match

sa k 2. súperiť s
match n. zápalka
matchbox [mæčboks] n. zápalková škatuľka
mate [meit] n. kamarát, druh
mate v. páriť sa
material [mə'tiəriəl] n. látka, hmota, materiál
material adj. materiálny
maternal [mə'tə:nl] adj. materský
maternity [mə'tə:niti] n. materstvo • *maternity leave* materská dovolenka • *maternity hospital* pôrodnica
mathematic [ˌmæθə'mætikəl] adj. matematický
mathematician [ˌmæθəmə'tišən] n. matematik
mathematics [ˌmæθə'mætiks] n. pl. matematika
matins [mætənz] n. ranná motlitba
matriculate [mə'trikjuleit] v. imatrikulovať
matriculation [məˌtrikju'leišən] n. imatrikulácia
matrimonial [ˌmætri'məunjəl] adj. manželský
matrimony [mætriməni] n. manželstvo
matt [mæt] adj. nelesklý

matter [mætə] n. **1.** záležitosť, vec čoho *of* • *no matter* na tom nezáleží **2.** *the matter* ťažkosť, problém • *what's the matter?* čo sa deje? • *matter in hand* predmet rozhovoru **3.** hmota
matter v. byť významný/dôležitý pre *to* • *it doesn't matter* na tom nezáleží
mature [mə'tčuə] adj. dospelý, zrelý
maturity [mə'tjuəriti] n. dospelosť
mawkish [mo:kiš] adj. precitlivený
maxim [mæksəm] n. zásada
maximum [mæksəməm] adj. maximálny
maximum n. pl. *maxima/maximums* maximum čoho *of*
may [mei] možno, hádam, asi • *you may be right* možno máš pravdu
May [mei] n. máj • *in May* v máji
maybe [meibi:] adv. snáď, azda, vari
mayday [meidei] n. **S.O.S.** volanie o pomoc

mayor [meə] n. starosta
maze [meiz] n. **1.** labyrint **2.** zmätok
mazy [meizi] adj. zmätený
me [mi, mi:] pron. mňa, mne, mi, ma, mnou
meadow [medəu] n. lúka
meagre [mi:gə] adj. chudý
meal [mi:l] n. jedlo
mean [mi:n] adj. **1.** lakomý na *with* **2.** protivný, zlý na *to* **3.** priemerný
mean v. *meant, meant* **1.** mieniť, zamýšľať **2.** znamenať
mean n. **1.** priemer **2.** stred
meaning [mi: niŋ] n. **1.** význam slova **2.** dôležitosť **3.** úmysel
means [mi: nz] n. pl. **1.** prostriedok, spôsob **2.** finančné prostriedky • *by all means* rozhodne • *by no means* v žiadnom prípade
meant [ment] p. mean
meanwhile [mi:nwail] adv. zatiaľ, medzitým
measles [mi:zəlz] n. pl. *the measles* osýpky
measure [meža] v. **1.** merať **2.** odmeriavať **3.** odhadnúť
measure n. **1.** opatrenie, krok **2.** miera, rozsah, množstvo čoho *of* **3.** mierka čoho *of*
meat [mi:t] n. mäso • *pork meat* bravčové mäso • *beef meat* hovädzie mäso • *veal meat* teľacie mäso
mechanic [mi´kænik] adj. mechanický
mechanician [,mekə´nišən] n. mechanik
mechanics [mi´kæniks] n. pl. mechanika
mechanism [mekənizəm] n. zariadenie, mechanizmus
mechanization [,mekənai´zeišən] n. mechanizácia
medal [medl] n. medaila, vyznamenanie
meddle [medl] v. miešať sa, zasahovať do *in/with*
medial [mi:djəl] adj. priemerný
mediate [mi:diit] adj. nepriamy
mediate v. sprostredkovať
medical [medikəl] adj. lekársky
medicament [me´dikəmənt] n. liek
medicinal [me´disənəl] adj. liečivý
medicine [medsən] n. **1.** liek

medieval

2. medicína, lekárstvo
medieval [ˌmediˈiːvəl] adj. stredoveký
meditate [mediteit] v. premýšľať
meditation [ˌmediˈteišən] n. meditácia
medium [miːdiəm] adj. 1. stredný 2. priemerný
medium n. pl. *media* [miːdiə] prostriedok
medley [medli] n. zmes, miešanina
meet [miːt] *met, met* v. 1. stretnúť sa 2. poznať, zoznámiť sa 3. zísť sa 4. uspokojiť 5. vyrovnať *účet*
meeting [miːtiŋ] n. 1. schôdza, zhromaždenie 2. stretnutie
megrim [miːgrim] n. migréna
mellow [meləu] adj. lahodný
melodic [miˈlodik] adj. melodický
melody [melədi] n. nápev, melódia
melon [melən] n. melón
melt [melt] *melt, melt* v. 1. topiť sa 2. taviť sa 3. obmäkčiť sa 4. rozplynúť sa
melt [melt] p. melt
melting [meltiŋ] adj. nežný, jemný *hlas*
member [membə] člen čoho *of*
Member of Parliament [ˌmembə əv ˈpaːləmənt] n. poslanec
member ship [membə šip] n. členstvo
memoirs [memwaːz] n. pl. pamäti
memorandum [ˌmeməˈrændəm] n. memorandum
memorial [məˈmoːriəl] n. pamätník, pomník koho *to*
memorize [meməraiz] v. memorovať
memory [meməri] -ie- 1. pamäť 2. spomienka na *of*
men [men] p. man
menace [menəs] n. hrozba
mend [mend] v. opraviť
menial [miːniəl] adj. otrocký
menses [mensiːz] n. pl. menštruácia
menstrual [menstruəl] adj. menštruačný
mensuration [ˌmensjuˈreišən] n. meranie
mental [mentl] adj. 1. duševný 2. nevyslovený
mental hospital [mentl ˌhospitl] n. psychiatrická liečebňa

mention [menšən] v. **1.** zmieniť sa **2.** spomenúť
mention n. zmienka
menu [menju:] n. jedálny lístok
mercantile [mə:kəntail] adj. obchodný
merchandise [mə:čəndaiz] n. tovar
merchandise v. obchodovať
merchant [mə:čənt] n. veľkoobchodník • *merchant ship* obchodná loď
merciful [mə:siful] adj. milosrdný
mercury [mə:kjəri] n. ortuť
mercy [mə:si] n. súcit, milosrdenstvo
mere [miə] adj., adv. obyčajný, iba, len
merely [miəli] adv. iba
merge [mə: dž] v. **1.** spojiť sa **2.** ponoriť sa
meridian [mə´ridiən] n. poludník
merit [merət] n. **1.** hodnota, cena **2.** dobrá vlastnosť **3.** výhoda
mermaid [mə:meid] n. morská panna
merry [meri] *-ie-* adj. **1.** veselý, radostný **2.** zábavný • *merry-go-round* kolotoč
mesh [meš] n. **1.** sieť, pletivo **2.** oko siete
mess [mes] n. **1.** neporiadok **2.** špina **3.** zmätok
message [mesidž] n. správa, odkaz
messenger [mesindžə] n. posol
met [met] p. meet
metabolism [me´tæbəlizm] n. metabolizmus
metal [metl] n. kov
metallic [mə´tælik] adj. kovový
metallurgy [mə´tælədži] n. hutníctvo
mete [mi:t] v. *mete out* vymerať trest, udeliť komu *to*
meteor [mi:tiə] n. meteor
meteorologic [mi:tjə,rə´lodžik] adj. meteorologický
meteorology [mi:tjə´rolədži] n. meteorológia
meter [mi:tə] n. merač, merací prístroj
method [meθəd] n. spôsob, postup, metóda
methodical [mi´θodikəl] adj. metodický
meticulous [mə´tikjələs] adj. úzkostlivý, puntičkársky

metre [mi:tə] n. meter *dĺžková miera*
metropolis [mi´tropəlis] n. metropola
mezzanine [mezəni:n] n. medziposchodie
mice [mais] **p.** mouse
microbe [maikrəub] n. mikrób
microfilm [maikrəfilm] n. mikrofilm
microphone [maikrəfəun] n. mikrofón
microscope [maikrəskəup] n. mikroskop
midday [,mid´dei] n. poludnie
middle [midl] adj. stredný, prostredný
middle n. 1. *the middle* stred, prostriedok • *in the middle of* uprostred 2. pás, driek
Middle Ages [,midl´eidžəs] n. *the Middle Ages* stredný vek v Európe
middle finger [,midl´fiŋgə] n. prostredník (prst)
midge [midž] n. *zool.* komár
midnight [midnait] n. polnoc
might [mait] v. **p.** may
might [mait] n. moc

mighty [maiti] adj. mocný
migraine [mi:grein] n. migréna
migrate [mai´greit] v. sťahovať sa
migration [mai´greišən] n. sťahovanie
mild [maild] adj. mierny, pokojný
mildew [mildju:] n. pleseň
mile [mail] n. míľa
milestone [mailstəun] n. míľnik
militant [militənt] adj. bojovný
militarization [,militəri´zeišən] n. militarizácia
military [milətəri] adj. vojenský, armádny
militia [mə´lišə] n. domobrana, milícia
milk [milk] n. mlieko • *tea with milk* čaj s mliekom
milkman [milkmən] pl. *milkmen* n. mliekar
milk shake [,milk´šeik] n. mliečny koktail
milk tooth [milk tu:θ] n. mliečny zub
milky [milki] adj. mliečny • *Milky Way* Mliečna dráha

mill [mil] n. 1. mlyn 2. továreň
miller [milə] n. mlynár
millenium [mi´leniəm] n. tisícročie
milliard [milja:d] num. miliarda
millimetre [milimi:tə] n. milimeter
million [miljən] num. milión
millionaire [‚miljə´neə] n. milionár
mime [maim] n. 1. posunky, gestá 2. pantomíma
mince [mins] v. sekať, krájať, mlieť
mincemeat [minsmi:t] n. plnka
mind [maind] n. 1. myseľ 2. zmýšľanie 3. inteligencia 4. pamäť ● *never mind* nevadí ● *come° to mind* zísť na um ● *mind your own business* staraj sa o seba
minded [maindəd] adj. túžiaci urobiť
mine [main] pron. môj
mine n. 1. baňa 2. mína
mine v. 1. dolovať 2. dobývať, ťažiť 3. podmínovať
mineral [minərəl] n. nerast, hornina

mineralogy [‚minə´rælədži] n. mineralógia
mineral water [minərəl,-wo:tə] n. minerálna voda
mingle [miŋgəl] v. zmiešať sa
miniature [minjəčə] n. miniatúra
minimum [minəməm] adj. minimálny
mining [mainiŋ] n. banský/ťažobný priemysel
minister [minəstə] n. 1. minister čoho *of* 2. duchovný, pastor 3. vyslanec
ministry [minəstri] -ie- n. ministerstvo čoho *of*
mink [miŋk] n. norka
minor [mainə] adj. menší
minority [mai´norəti] -ie- n. *the minority* menšina
minster [minstə] n. chrám
mint [mint] n. 1. mäta 2. mentolový cukrík 3. mincovňa
minus [mainəs] adj. záporný
minute [minət] n. 1. minúta, okamih ● *minute hand* minútová ručička 2. náčrt, koncept čoho *of*
minute v. zapísať, zaprotokolovať
minute [mai´nju: t] adj. 1.

drobný 2. presný, podrobný
miracle [mirəkəl] n. div, zázrak
miraculous [mi'rækjuləs] adj. zázračný
mirage [mira:ž] n. fatamorgána
mirror [mirə] n. zrkadlo
misadventure [,misəd'-venčə] n. nešťastie
misapprehend ['mis,æpri'hend] v. nepochopiť
miscarriage of justice [mis,kæridž əvdžastəs] n. justičný omyl
miscellaneous [,misi'leinjəs] adj. rozmanitý
mischief [misčəf] n. 1. nezbednosť 2. darebáctvo
misconduct [miskən'dakt] n. cudzoložstvo
miscount [mis'kaunt] v. prepočítať sa
misdeed [,mis'di:d] n. zločin
miser [maizə] n. lakomec
misery [mizəri] -ie- n. utrpenie, trápenie
misfire [,mis'faiə] v. zlyhať
misfortune [mis'fo:čən] n. nešťastie
mishap [mishæp] n. nehoda

mislaid [mis'leid] p. mislay
mislay [mis'lei] *mislaid, mislaid* v. založiť, zapatrošiť
mislead [mis'li:d] *misled, misled* v. uviesť do omylu
misled [mis'led] p. mislead
misprint [misprint] n. tlačová chyba
misprision [mis'prižən] n. nedbalosť, priestupok
miss [mis] v. 1. minúť sa 2. zmeškať ● *miss a train* zmeškať vlak 3. chýbať komu
miss n. 1. slečna 2. miss
missile [misail] n. riadená strela, raketa
missing [misiŋ] adj. chýbajúci
mission [mišən] n. 1. misia 2. poslanie 3. delegácia
missionary [mišənəri] -ie- n. misionár
mist [mist] n. riedka hmla
mistake [mə'steik] *mistook, mistaken* v. 1. pliesť si 2. mýliť si 3. zameniť
mistake n. omyl, chyba ● *by mistake* omylom ● *make° a mistake* urobiť chybu
mistaken v. p. mistake

mister [mistə] n. pán, pane
mistletoe [misəltəu] n. imelo
mistook [məs´tuk] p. mistake
mistress [mistrəs] n. pani domu, majiteľka
mistrust [mis´trast] n. nedôvera
misunderstand [,misandə´stænd] *misunderstood, misunderstood* v. zle porozumieť, nechápať
misunderstood [,misandə´stud] p. misunderstand
misuse [,mis´ju:z] v. nesprávne použiť
misvalue [mis´vælju:] v. podceňovať
mitigate [mitəgeit] v. zmierniť, utíšiť
mitten [mitən] n. 1. pl. *mittens* palčiaky 2. rukavica bez prstov
mix [miks] v. *mix up* spojiť sa, zmiešať sa s *with*
mix n. zmes
mixed up [,mikst ´ap] v. 1. zapletený do *in* 2. spriahnutý s *with*
mixture [miksčə] n. zmiešanina
moan [məun] v. stonať
mob [mob] n. dav

mobile [məubail] adj. pohyblivý, pojazdný
mobility [məu´biliti] n. pohyblivosť
mobilization [,məubilai´zeišən] n. mobilizácia
moccasin [mokəsin] n. mokasína
mock [mok] v. posmievať sa
mock adj. falošný, nepravý
mockery [mokəri] n. výsmech
modal [məudəl] adj. spôsobový ● *modal verb* spôsobové sloveso
mode [məud] n. 1. spôsob 2. móda
model [modl] n. 1. model 2. modelka, manekýnka
model *-ll-* v- tvarovať, modelovať
moderate [modərət] adj. stredný, mierny
moderate [modəreit] v. mierniť sa
modern [modən] adj. súčasný, moderný
modernize [modənaiz] v. modernizovať
modest [modəst] adj. 1. skromný 2. mierny
modesty [modisti] n. skromnosť

modification [ˌmodifiˊ-keišən] n. modifikácia
modify [modəfai] -ie- v. upraviť, zmeniť
Mohammedan [məuˊhæmədən] n. mohamedán
moil [moil] v. drieť sa
moist [moist] adj. vlhký, navlhčený
moisten [moisən] v. navlhčiť, zvlhnúť
moisture [moisčə] n. vlhkosť
molar [məulə] n. zadný zub, stolička
molasses [məˊlæsəz] n. 1. melasa 2. sirup
mole [məul] n. 1. krtko 2. materské znamienko 3. mólo
molecular [məuˊlekjulə] adj. molekulárny
molecule [molikju:l] n. molekula
molest [məuˊlest] v. obťažovať
mollify [molifai] v. upokojiť
molten [məultən] adj. nerast *roztavený*
moment [məumənt] n. 1. okamih 2. príležitosť • *at the moment* práve teraz
momentary [məuməntəri] adj. chvíľkový
monarch [monək] n. panovník, vládca
monarchy [monəki] -ie- n. monarchia
monastery [monəstri] -ie- n. kláštor
Monday [mandi] n. pondelok
monetary [manətəri] adj. peňažný, menový
money [mani] n. 1. peniaze 2. bohatstvo • *be° in the money* byť pri peniazoch, byť bohatý
money-order [mani,o:də] n. peňažná poukážka
monitor [monətə] n. monitor
monitory [monitəri] adj. varovný
monk [maŋk] n. mních
monkey [maŋki] n. 1. *zool.* opica 2. nezbedník
monocle [monokəl] n. monokel
monogram [monəgræm] n. monogram
monologue [monəlog] n. monológ
monopoly [mənopəli] -ie- n. 1. monopol 2. výsada
monotonous [məˊnotnəs] adj. monotónny, jedno-

mosquito

tvárny
monsoon [monˊsu:n] n. *the monsoon* monzún
monster [monstə] n. netvor, obluda
month [manθ] n. mesiac *kalendárny*
monthly [manθli] adv. mesačne
monument [monjəmənt] n. pamätník, pomník
monumental [ˌmonjuˊmentəl] adj. význačný
mood [mu:d] n. nálada, rozpoloženie
moody [mu:di] -ie- adj. **1.** náladový **2.** mrzutý
moon [mu:n] n. **1.** *the Moon* Mesiac **2.** mesiac
moonlight [mu:nlait] n. mesačný svit
moonshot [mu:nšot] n. let na Mesiac
moor [muə] n. slatina, bažina
moor v. kotviť, zakotviť loď
moral [morəl] adj. mravný, morálny
moral n. **1.** zásada **2.** pl. *morals* mravnosť
morale [moˊra:l] n. morálka
morbid [mo:bid] adj. chorobný
morbidity [mo:ˊbiditi] n. chorobnosť
more [mo:] adv. **1.** viac než *than* **2.** viacej • *once more* ešte raz • *no more* už nie • *more or less* viac menej
moreover [mo:rˊəuvə] adv. navyše, ba čo viac
morgue [mo:g] n. márnica
morning [mo: niŋ] n. **1.** ráno • *good morning* dobré ráno **2.** dopoludnie • *in the morning* ráno
morose [məˊrəus] adj. mrzutý, nevľúdny
morphology [mo:ˊfolədži] n. morfológia
morsel [mo:səl] n. kúsok, hlt
mortal [mo:təl] adj. smrteľný
mortality [mo:ˊtæliti] n. *mortality rate* úmrtnosť
mortar [mo:tə] n. malta
mortgage [mo:gidž] n. hypotéka, dlh
mortify [ˌmo:tifai] v. umŕtviť
mortuary [mo:čuəri] -ie- n. márnica
mosaic [məuˊzeiik] n. mozaika
mosquito [məsˊki:təu] n.

245

zool. komár
moss [mos] n. bažina
most [məust] adv. najväčšmi
most adj. 1. najviac koho/čoho *of* 2. najväčší
mostly [məustli] adv. 1. najmä 2. väčšinou
motel [məu´tel] n. motel
moth [moθ] n. moľ
mother [maðə] n. matka
mother-in-law [maðə in lo:] n. svokra
motif [məu´ti:f] n. 1. námet, téma 2. motív
motion [məušən] n. 1. pohyb 2. posunok
motion picture [,məušən ´pikčə] n. film *Am.*
motivate [məutiveit] v. motivovať
motive [məutiv] n. 1. pohnútka, motív 2. námet, téma
motley [motli] adj. pestrý, nesúrodý
motor [məutə] n. motor
motorbike [məutəbaik] n. motorka
motorcar [məutəka:] n. motorové vozidlo
motorway [məutəwei] n. diaľnica, autostráda
motto [motəu] n. heslo

mould [məuld] n. plieseň
mound [maund] n. 1. val, násyp 2. mohyla
mount [maunt] v. 1. nastúpiť na 2. jazdiť na *on* 3. stúpať
mountain [mauntən] n. vrch, hora
mountaineer [,mauntə´niə] n. horolezec
mourn [mo:n] v. smútiť, trúchliť
mourning [mo: niŋ] n. 1. smútok 2. smútočné šaty
mouse [maus] pl. *mice* n. myš
moustache [mə´sta:š] n. fúzy
mouth [mauθ] n. 1. ústa, papuľa 2. ústie 3. otvor
movable [mu:vəbəl] adj. pohyblivý
move [mu:v] v. 1. pohybovať sa 2. napredovať 3. sťahovať sa • *move in* nasťahovať sa • *move over* ustúpiť
movement [mu:vmənt] n. 1. pohyb 2. posunok 3. hnutie
movies [mu:vi] pl. n. film *Am.*
moving picture [,mu: viŋ

mushroom

ˊpikčə] n. film *Am.*
moving staircase [ˌmu:viŋ ˊsteəkeis] n. pohyblivé schody
mow [məu] *mowed/mown* v. kosiť, žať
mown [məun] p. mow
MP [ˌem ˊpi:] skr. *Member of Parliament* n. britský poslanec
Mr [mistə] skr. *Mister* n. pán
Mrs [misiz] skr. *Mistress* n. pani
Ms [miz] skr. *Miss* n. slečna, pani
much [mač] *more, most* adv. **1.** veľmi **2.** dosť **3.** často • *how much? how many?* koľko? • *so many the better* tým lepšie • *not many!* sotva!
much *more, most* adv. veľa
muck [mak] n. špina
mud [mad] n. blato, bahno
mudguard [madga:d] n. blatník
muffin [mafən] n. koláčik
muffle [mafəl] v. stlmiť
mug [mag] n. hrnček
muggy [magi] adj. dusný
mulberry [malbəri] n. *bot.* moruša
mule [mju:l] n. mulica

multiple [maltəpəl] adj. mnohonásobný
multiplication [ˌmaltipliˊkeišən] n. násobenie
multiply [maltəplai] v. násobiť čím *by*
mum [mam] n. mama
mummy [mami] -ie- n. **1.** mamička **2.** múmia
mumps [mamps] n. *the mumps* mumps
mundane [mandein] adj. svetský
municipal [mju:ˊnisəpəl] adj. mestský, obecný
munition [mju:ˊnišən] n. strelivo
murder [mə:də] n. vražda
murder v. zavraždiť
murderer [mə:dərə] n. vrah
murky [mə:ki] -ie- adj. tmavý, temný
murmur [mə:mə] v. **1.** šeptať **2.** šumieť
muscle [masəl] n. sval
muscular [maskjulə] adj. svalový
muse [mju:z] v. hĺbať, premýšľať
muse n. múza, inšpirácia
museum [mju:ˊzi:əm] n. múzeum
mushroom [mašru:m] n.

hríb
music [mju:zik] n. hudba
musical [mju:´zikəl] adj. hudobný
musical instrument [,mju:zikəl instrəmənt] n. hudobný nástroj
musician [mju:´zišən] n. hudobník
Muslim [mazləm] n. mohamedán
must [məst, mast] v. musieť, mať povinnosť
must n. mušt
mustard [mastəd] n. horčica
muster [mastə] v. 1. zhromaždenie 2. nástup, prehliadka
musty [masti] -ie- adj. plesnivý
mutation [mju:´teišən] n. premena, mutácia, zmena
mute [mju:t] adj. tichý, nemý
mutiny [mju:təni] -ie- n. vzbura na lodi
mutual [mju:čuəl] adj. 1. vzájomný 2. spoločný
mutuality [mju:tju´æliti] n. vzájomnosť
muzzle [mazəl] n. pysk, ňufák
my [mai] pron. 1. môj 2. svoj

myself [mai´self] pron. 1. sa, si 2. sám osobne
mysterious [mi´stiəriəs] adj. tajomný, záhadný
mystery [mistəri] -ie- n. tajomstvo, záhada
mystic [mistik] adj. mystický
mystify [mistəfai] -ie- v. oklamať, popliesť, zmiasť
myth [miθ] n. báj, mýtus
mythology [mi´θolədži] n. mytológia

N

nab [næb] *-bb-* v. pristihnúť

nacre [neikə] n. perleť

nag [nəg] *-gg-* v. rýpať, vadiť sa

nail [neil] n. **1.** klinec **2.** necht • *nail varnish* lak na nechty

nail v. pribiť

naked [neikəd] adj. nahý • *with the naked eye* voľným okom

nakedness [neikidnis] n. nahota

name [neim] n. **1.** meno, názov • *family name* dievčenské meno • *first name* krstné meno • *surname* priezvisko **2.** povesť, reputácia

name day [neim dei] n. meniny

namely [neimli] adv. totiž

nape [neip] n. šija, zátylok

napkin [næpkən] n. obrúsok, servítka

nappy [næpi] *-ie-* n. plienka *detská*

narcissus [na:´sisəs] pl. *narcissuses/narcissi* n. *bot.* narcis

narcosis [na:´kəusis] n. narkóza

narcotic [na:´kotik] adj. narkotický

narrate [nə´reit] v. porozprávať, opísať

narration [nə´reišən] n. príbeh, rozprávanie

narrow [nærəu] adj. úzky

nasal [neizəl] adj. nosný

nasty [na:sti] *-ie-* adj. hrozivý, škaredý, zlovestný

natal [neitəl] adj. rodný

natality [nei´tæliti] n. pôrodnosť

nation [neišən] n. **1.** národ **2.** ľud **3.** štát

national [næšənəl] adj. národný

nationalism [næšənəlizəm] n. **1.** nacionalizmus **2.** vlastenectvo

nationalist [næšənəlist] n. vlastenec

nationality [,næšə´næləti] n. **1.** štátna príslušnosť **2.** národnosť

nationalization [,næšnəlai´zeišən] n. znárodnenie

national service [,næšənəl-

native

ˈsəːvis] n. povinná vojenská služba
native [neitiv] adj. 1. rodný ● *native place* rodisko 2. rodený
native n. rodák
natural [næčərəl] adj. 1. prírodný 2. pozemský 3. prirodzený
natural gas [ˌnæčərəl gæs] n. zemný plyn
naturally [næčərəli] adv. 1. prirodzene 2. samozrejme
nature [neičə] n. 1. príroda 2. povaha, prirodzená vlastnosť ● *by nature* od prírody
naughty [noːti] -ie- adj. nemravný, neposlušný
nausea [noːziə] n. nevoľnosť
nautical [noːtikəl] adj. 1. námorný, morský 2. namornícky
naval [neivəl] adj. 1. námorný 2. lodný
navel [neivəl] n. pupok
navigate [nævəgeit] v. viesť, riadiť loď
navigation [ˌnæviˈgeišən] n. plavba
navigator [ˌnæviˈgeitə] n. navigátor

navy [nievi] n. vojnové loďstvo
near [niə] *nearer, nearest* adj. 1. blízky 2. dôverný
near *nearer, nearest* adv. 1. blízko 2. takmer
nearby [niəbai] adj. vedľajší, susedný
nearly [niəli] adv. skoro, takmer
neat [niːt] adj. 1. úhľadný 2. čistotný
necessary [nesəsəri] adj. nevyhnutný, potrebný na *for*
necessity [nəsesəti] -ie- n. nevyhnutnosť
neck [nek] n. krk
necklace [nekləs] n. náhrdelník
neckline [neklain] n. výstrih
necktie [nektai] n. kravata *Am.*
nectar [nektə] n. nektár
need [niːd] n. 1. potreba, nedostatok 2. nevyhnutnosť
need v. 1. potrebovať 2. vyžadovať si
needful [niːdfəl] adj. nutný, potrebný
needless [niːdləs] adj. zbytočný
needle [niːdl] n. 1. ihla 2. ihlica

negate [ni´geit] v. 1. zničiť 2. popierať
negation [ni´geišən] n. negácia
negative [negətiv] adj. 1. záporný 2. odmietavý
negative n. 1. odmietnutie 2. negatív, zápor
neglect [ni´glekt] v. zanedbávať, nedbať
negotiate [ni´gəušieit] v. vyjednávať
negotiation [ni,gəuši´eišən] n. vyjednávanie
Negress [ni:grəs] n. černoška
Negro [ni:grəu] pl. *Negroes* n. černoch
neighbour [neibə] n. sused
neighbour-hood [neibəhud] n. susedstvo
neither [naiðə] adj. žiadny z dvoch
neither conj. *neither ... nor* ani ... ani
nephew [nefju:] n. synovec
nerve [nə:v] n. nerv • *It gets on my nerves.* Ide mi to na nervy.
nervous [nə:vəs] adj. nervózny z *of*, pre *about*
nest [nest] n. 1. hniezdo 2. úkryt, brloh

net [net] n. 1. sieťovina 2. sieť
net *-tt-* v. uloviť
network [netwə:k] n. sieť, vedenie
neurosis [nju´rəusis] n. neuróza
neurotic [nju´rotik] adj. neurotický
neutral [nju:trəl] adj. 1. nestranný, neutrálny 2. nevýrazný
neutrality [nju:´træliti] n. neutralita
neutron bomb [nju:tron,-bom] n. neutrónová bomba
never [nevə] adv. 1. nikdy 2. vôbec nie • *never mind* nevadí
neverthless [,nevəðe´les] adv. predsa len, napriek tomu
new [nju:] adj. 1. nový 2. čerstvý
newcomer [nju:kamə] n. nováčik, začiatočník
newly [nju:li] adv. nedávno
news [nju:z] n. pl. správa, novinka • *what's the news?* čo je nové?
newsagent [nju:z,eidžənt] n. predavač novín

newscaster [nju:z‚ka:stə] n. hlásateľ, reportér

news conference [nju:z‚konfərəns] n. tlačová konferencia

newspaper [nju:z‚peipə] n. noviny

newsstand [nju:zstænd] n. knižný stánok

newsy [nju:zi] adj. klebetný

New Year's Day [‚nju: jiəz ´dei] n. Nový rok **1.** január

New Year's Eve [‚nju: jiəz i:v] n. Silvester

next [nekst] determ. **1.** budúci **2.** ďalší **3.** nasledujúci

next-door [‚nekst´do:] adj. susedný, vedľajší

nibble [nibəl] v. *nibble away* ujedať, odhrýzať

nice [nais] adj. **1.** pekný, príjemný **2.** milý, jemný

nickel [nikəl] n. nikel

nickname [nikneim] n. **1.** prezývka **2.** krycie meno

nicotine [nikəti:n] n. nikotín

niece [ni:s] n. neter

niggard [nigəd] n. lakomec

niggle [nigəl] v. vŕtať sa, rýpať sa

night [nait] n. **1.** noc **2.** večer ● *tonight* dnes večer ● *last night* včera večer **3.** *first night* premiéra ● *by night* v noci

nightclub [naitklab] n. bar, nočný podnik

nightdress [naitdres] n. nočná košeľa

nightingale [naitiŋgeil] n. slávik

nightmare [naitmeə] n. zlý sen, nočná mora

nil [nil] n. nič, nula

nimble [nimbəl] adj. bystrý, čulý, pohyblivý

nine [nain] num. deväť

ninepins [nain‚pinz] n. pl. kolky

nineteen [‚nain´ti:n] num. devätnásť

ninety [nainti] num. deväťdesiat

nip [nip] -*pp*- v. **1.** zovrieť, zahryznúť **2.** odstrihnúť

nip n. chlad, mráz

nipple [nipəl] n. **1.** prsná bradavka **2.** cumeľ

nippy [nipi] adj. mrazivý

nitrogen [naitrədžən] n. dusík

no [nəu] adv. **1.** nie *vetný zápor* **2.** nie vôbec ● *no better* o nič lepší

no pron. žiadny

nobility [nəu´bilətí] -*ie*- n.

the nobility šľachta
noble [nəubəl] adj. **1.** ušľachtilý **2.** šľachtický
nobleman [nəubəlmæn] pl. *noblemen* n. šľachtic
nobody [nəubədi] pron. nikto
nod [nod] -dd- v. **1.** kývnuť hlavou **2.** prikývnuť
node [nəud] n. **1.** uzol **2.** uzlina
noise [noiz] n. hluk, hrmot
noiseless [noizlis] adj. nehlučný
noisy [noizi] adj. hlučný, hrmotný
nominate [nomineit] v. menovať
nomination [nomineišən] n. menovanie
noncommissioned [,nonkə,-mišənd´ofisə] n. poddôstojník
none [nan] pron. **1.** žiadny, nijaký z *of* **2.** ani jeden z *of* **3.** nikto
nonetheless [,nanðə´les] adv. napriek tomu
non-existent [,nonig´zistənt] adj. nejestvujúci
non-finite [,non´fainait] adj. nekonečný
nonsense [nonsəns] n. nezmysel, hlúposť

nonsmoker [,non´sməukə] n. nefajčiar
nonstop [,non´stop] adj.,adv. priamy, bez prerušenia
noodle [nu:dl] n. rezanec
nook [nuk] n. **1.** kút, kútik **2.** skrýša
noon [nu: n] n. poludnie • *at noon* na poludnie
no one [nəu wan] pron. nikto
nor [no:] conj. ani po *zápore* • *neither... nor* ani... ani
norm [no:m] n. norma, štandard
normal [no:məl] adj. bežný, obyčajný, normálny
normalization [,no:məlai´zeišən] n. normalizácia
north [no:θ] *the north* sever
north adj. severný
northern [no:ðən] adj. **1.** severný **2.** severský
Northern Lights [,no:ðən-´laits] n. *the Northern Lights* polárna žiara
North Pole [,no:θpəul] n. *the North Pole* severný pól
Norway [no:wei] n. Nórsko
nose [nəuz] n. nos, rypák
nostalgia [nos´tældžiə] n. nostalgia
nostril [nostrəl] n. nozdra

nosy [nəuzi] adj. zvedavý
not [not] adv. nie *slovný zápor, ne-* ● *I do not know* neviem ● *not at all* niet za čo
notable [nəutəbəl] adj. 1. pozoruhodný 2. dôležitý, významný
notably [nəutəbli] adv. najmä, zvlášť
notary [nəutəri] n. notár
notation [nəu´teišən] n. zápis
note [nəut] n. 1. poznámka 2. dodatok 3. odkaz, lístok 4. bankovka 5. *hud.* nota
note v. 1. všimnúť si, spozorovať 2. uviesť
note-book [nəutbuk] n. zápisník
noted [nəutəd] adj. slávny, významný
noteless [nəutlis] adj. nenápadný
note-paper [nəut,peipə] n. listový papier
noteworthy [nəut,we:θi] adj. pozoruhodný na/v *in*
nothing [naθiŋ] pron. 1. nič 2. bezvýznamná vec
notice [nəutəs] n. 1. vyhláška, oznam 2. upozornenie
notice v. *take° notice* všimnúť si, spozorovať
notice board [nəutəs,bo:d] n. nástenka
notification [,nəutifi´keišən] n. oznámenie
notify [nəutəfai] -ie- v. oznámiť, informovať o *of*
notion [nəušən] n. 1. predstava 2. nápad 3. názor
notorious [nəu´to:riəs] adj. notorický
notwithstanding [,notwiθ-stændiŋ] prep. napriek tomu
nought [no:t] n. nula
noun [naun] n. podstatné meno
nourish [nariš] v. živiť
nourishing [narišiŋ] adj. výživný
nourishment [narišmənt] n. výživa
novel [novəl] n. román
novel adj. nový, nezvyčajný
November [nəu´vembə] n. november
novice [novis] n. nováčik
now [nau] adv. teraz, vtedy
nowadays [nauədeiz] adv. dnes, v súčasnosti
no way [,nəu´wei] adv. v žiadnom prípade
nowhere [nəuweə] adv. ni-

nymph

kde, nikam
no-win situation [nəu´win sitju,eišən] n. bezvýchodisková situácia
noxious [nokšəs] adj. škodlivý, zhubný
nozzle [nozəl] n. tryska
nub [nab] n. jadro
nuclear [nju:kliə] adj. jadrový, atómový, nukleárny
nuclear family [,nju:kliə ´fæməli] n. *úzka* rodina
nucleus [nju:kliəs] pl. *nuclei* [nju:kliai] n. **1.** *fyz.* atómové jadro **2.** bunkové jadro
nude [nju:d] adj. nahý
nude n. akt
nudge [nadž] v. šťuchnúť, strčiť
nuditi [nju:diti] n. nahota
nuisance [nju:səns] n. nepríjemnosť
null [nal] adj. nulový
nullify [naləfai] -*ie*- v. zrušiť, anulovať
nullity [naliti] n. neplatnosť
numb [nam] adj. necitlivý, ochromený
number [nambə] n. **1.** číslo **2.** pl. *numbers* veľký počet, množstvo
number v. **1.** číslovať **2.** dosiahnuť
numeral [nju:mərəl] n. číslovka
numerous [nju:mərəs] adj. početný
numismatics [,nju:miz´mætiks] n. pl. numizmatika
nun [nan] n. mníška
nunnery [nanəri] n. kláštor *ženský*
nuptial [napšəl] adj. **1.** manželský **2.** svadobný
nurse [nə:s] n. ošetrovateľka, opatrovateľka
nurse v. ošetrovať, opatrovať
nursery [nə:səri] -*ie*- n. jasle
nursing home [nə:siŋ həum] n. penzión
nut [nat] n. orech
nutriment [nju:trəmənt] n. strava, potrava
nutritious [nju:´trišəs] adj. výživný
nutshell [natšel] n. orechová škrupinka
nylon [nailon] n. nylon
nymph [nimf] n. víla

O

oak [əuk] n. 1. dub 2. dubové drevo
oar [o:] n. veslo
oarsman [o:zmən] n. veslár
oasis [əu´eisis] pl. *oases* n. oáza
oath [əuθ] n. prísaha • *on oath* pod prísahou
oatmeal [əutmi:l] n. ovsené vločky, ovsená kaša
obedience [əu´bi:djəns] n. poslušnosť
obedient [ə´bi:diənt] adj. poslušný
obeisance [əu´beisəns] n. úcta
obesity [ə´bi:siti] n. obezita
obey [əu´bei] v. poslúchať
obituary [ə´bitjuəri] -ie- n. nekrológ
object [obdžikt] n. predmet, vec, objekt
object [əb´džəkt] v. namietať, protestovať
objection [əb´džəkšən] n. námietka, protest
objective [əb´džektiv] adj. objektívny
objectivity [,obdžek´tivəti] n. objektívnosť

oblation [ə´bleišən] n. obeť
obligate [obligeit] v. uložiť ako povinnosť
obligation [,oblə´geišən] n. záväzok, povinnosť
obligatory [o´bligətəri] adj. záväzný, povinný
oblige [ə´blaidž] v. 1. donútiť 2. urobiť láskavosť niekomu
obliged [ə´blaidžd] adj. vďačný
obliging [ə´blaidžiŋ] adj. ochotný
oblique [ə´bli:k] adj. nepriamy
obliterate [ə´blitəreit] v. zničiť, vyhladiť
oblong [oblon] adj. podlhovastý
oblong n. obdĺžnik
obloquy [obləkwi] n. osočovanie, urážka
oboe [əubəu] n. *hud.* hoboj
obscene [əb´si:n] adj. neslušný
obscure [əb´skjuə] adj. nezrozumiteľný, nejasný
obscure v. zahaliť, skryť
obsecration [,obsi´kreišən]

n. prosba
observance [əb´zə:vəns] n. predpis
observant [əb´zə:vənt] adj. všímavý, pozorný
observation [,obzə:´veišən] n. pozorovanie
observatory [əb´zə:vətəri] -ie- n. hvezdáreň, observatórium
observe [əb´zə:v] v. 1. všimnúť si, sledovať, spozorovať 2. poznamenať
observer [əb´zə:və] n. pozorovateľ
obsess [əb´ses] v. posadnúť
obsession [əb´sešən] n. posadnutosť
obsolete [obsəli:t] adj. zastaraný, prekonaný
obstacle [obstəkəl] n. prekážka
obstinacy [obstinəsi] n. tvrdohlavosť
obstinate [obstənət] adj. tvrdohlavý, vzdorovitý
obstruct [əb´strakt] v. zatarasiť
obstruction [əb´strakšən] n. prekážka
obtain [əb´tein] v. 1. dostať, získať 2. byť platný
obtrude [əb´tru:d] v. vnucovať sa
obtuse [əb´tju:s] adj. nechápavý, obmedzený
obverse [obvə:s] n. lícna strana, líce
obviate [obvieit] v. odstrániť, zlikvidovať
obvious [obviəs] adj. očividný, zrejmý
occasion [ə´keižən] n. 1. príležitosť 2. zámienka
occasion v. spôsobiť, zapríčiniť
occasional [ə´keižənəl] adj. príležitostný
occult [o´kalt] adj. tajomný, magický
occultism [okəltizəm] n. okultizmus
occupant [okjəpənt] n. 1. bývajúci, nájomník 2. užívateľ
occupation [,okjəpeišən] n. 1. povolanie, zamestnanie 2. záľuba, činnosť 3. okupácia
occupy [okjəpai] -ie- v. 1. obsadiť, okupovať 2. zabrať 3. obývať
occur [ə´kə:] -rr- v. prihodiť sa, stať sa
occurence [ə´karəns] n. 1. výskyt 2. udalosť

ocean [əušən] n. oceán
o´clock [ə´klok] adv. *it´s one o´clock* je jedna hodina
octave [oktiv] n. *hud.* oktáva
October [ok´təubə] n. október
octopus [oktəpəs] pl. *octopuses/octopi* [oktəpai] n. *zool.* chobotnica
ocular [okjulə] adj. očný
odd [od] adj. 1. nezvyčajný, divný 2. nepárny 3. príležitostný
oddly [odli] adv. čudne, zvláštne
oddments [odmənts] n. pl. zvyšky
odds [odz] n. pl. pravdepodobnosť, nádej, vyhliadka
ode [əud] n. óda
odious [əudiəs] n. odporný
odium [əudiəm] n. nenávisť, odpor, opovrhnutie
odour [əudə] n. pach, smrad
of [əv, ə:, ov] prep. od, z, o ● *in case of* v prípade ● *instead of* namiesto čoho ● *of course* samozrejme
off [of, o:f] adv. 1. preč, byť preč, mať voľno ● *day off* voľný deň 2. odstránenie 3. ukončenie ● *turn the light off* vypni svetlo

off adj. 1. pokazený 2. vypredaný
offal [ofəl] n. vnútornosti, dropky
offence [ə´fens] n. 1. priestupok, zločin 2. urážka
offend [ə´fend] v. 1. uraziť, nahnevať 2. pobúriť
offender [ə´fendə] n. previnilec, delikvent
offensive [ə´fensiv] adj. 1. nepríjemný, odporný 2. urážlivý
offensibve n. útok, ofenzíva
offer [ofə] v. 1. ponúkať 2. predložiť 3. poskytnúť
offer n. ponuka, návrh ● *accept offer* prijať ponuku
off-hand [,of ´hænd] adj. nezdvorilý, neslušný
office [ofəs] n. 1. kancelária, úrad 2. ministerstvo ● *Foreign Office* ministerstvo zahraničia
office block [ofəs blok] n. administratívna budova
officer [ofəsə] n. 1. dôstojník 2. vysoký úradník 3. policajt
official [ə´fišəl] n. vysoký úradník
official adj. úradný, oficiálny

officiate [ə'fišieit] v. celebrovať

offset [ofset] -tt- offset v. **1.** vyrovnať, vyvážiť **2.** kompenzovať

offshoot [ofšu:t] n. **1.** výhonok **2.** pobočka

offshore [,of 'šo:] adj. pobrežný

offside [,of 'said] adv. **1.** postavenie mimo hry **2.** pravá strana

offspring [of,spriŋ] pl. *offspring* n. potomok

often [ofən] adv. často

ogre [əugə] n. obor, ozruta

oil [oil] n. **1.** olej **2.** ropa

oil v. olejovať

oilfield [oilfi:ld] n. ropné pole

oil slick [oil slik] n. ropná škvrna

oil tanker [oil,tæŋkə] n. tanková loď

oil well [oil wel] n. ropný vrt

okay, OK [əu'kei] adv. v poriadku, dobre

old [əuld] adj. **1.** starý **2.** dávny

old age [,əuld 'eidž] n. staroba

old age pension [,əuld eidž'penšən] n. dôchodok, penzia *peniaze*

old-fashioned [,əuld'fæšənd] adj. staromódny

old-timer [,əuld'taimə] n. veterán

oligarchy [oliga:ki] n. oligarchia

olive [oləv] n. oliva

Olympic Games [ə,limpik'geimz] n. Olympijské Hry

omen [əumən] n. predzvesť

ominous [ominəs] adj. zlý, hrozivý

omit [əu'mit] -tt- v. vynechať, vypustiť

omnipotent [om'nipətənt] adj. Boh všemocný, všemohúci

omnipresent [omni'prezənt] adj. všadeprítomný

on [on] prep. **1.** na ● *on sale* na predaj **2.** cez ● *on Sunday* v nedeľu **3.** o ● *on foot* peši

on adv. **1.** stále, neprestajne ● *and so on* a tak ďalej **2.** ďalej ● *have° nothing on* nemať nič na sebe

on adj. fungujúci

on-air [on eə] adj. vysielaný na živo

once [wans] adv. **1.** raz, kedysi • *at once* ihneď 2. voľakedy • *once more* ešte raz • *once upon a time* kde bolo tam bolo

one [wan] determ. 1. jeden 2. nejaký, dajaký • *every one* každý 3. ten istý

one another [,wan ə´naðə] pron. jeden druhému

oneself [wan´self] pron. zvratné seba sa, sebe si • *enjoy oneself* zabaviť sa

one-sided [,wan´saidid] adj. jednostranný

one-track mind [,wan træk´maind] n. jednostranná orientácia

one-way [,wan´wei] adj. jednosmerný

ongoing [on,gəuiŋ] adj. pokračujúci

onion [anjən] n. *bot.* cibuľa

online [onlain] adj. priamo spojený

onlooker [on,lukə] n. divák

only [əunli] adj. 1. jediný 2. najlepší

only adv. len, iba

onrush [onraš] n. nával, nápor

onset [onset] n. nápor

onshore [,on´šo:] adj. pobrežný

onslaught [onslo:t] n. útok, nápor

onstream [,on´stri:m] adv. v prevádzke

onto [ontə] prep. na, do, až k

onwards [onwədz] adv. dopredu

ooze [u:z] v. 1. tiecť, vytekať 2. vyprchať 3. presakovať

ooze n. bahno

opaque [əu´peik] adj. 1. nepriehľadný 2. nejasný

open [əupən] adj. 1. otvorený 2. šíry, voľný • *the open sea* šíre more 3. voľný 4. verejný

open v. otvoriť sa, začať, zahájiť

open-air [,əupən´eə] adj. *in the open* pod šírym nebom

open-air theatre [,əupən-´eə,θiətə] n. amfiteáter

opencast [əupənka:st] adj. povrchový

open-ended [,əupən´endəd] adj. neurčitý

opener [əupənə] n. otvárač

open-minded [,əupən´maindid] adj. nezaujatý

open sandwich [,əupənsændwič] n. obložený chlebík

open secret [ˌəupən ˈsiːkrət] n. verejné tajomstvo
opera [opərə] n. opera
operate [opəreit] v. **1.** obsluhovať, riadiť stroj **2.** pôsobiť **3.** operovať koho *on*, na čo *for*
operating theatre [opereitiŋˌθiətə] n. operačná sála
operation [ˌopəˈreišən] n. **1.** obsluhovanie, riadenie **2.** činnosť
operative [opərətiv] adj. platný, účinný
operator [opəreitə] n. operátor, prevádzkovateľ
opinion [əˈpinjən] n. **1.** názor ● *in my opinion* podľa môjho názoru **2.** mienka
opponent [əˈpəunənt] n. oponent, protivník, odporca
opportune [opətjuːn] adj. vhodný, príhodný
opportunity [ˌopəˈtjuːnəti] - *ie*- n. príležitosť, možnosť
oppose [əˈpəuz] v. byť proti, brániť, čeliť
opposite [opəzət] n. opak, protiklad
opposite adj. protiľahlý
opposition [ˌopəˈzišən] n. **1.** odpor, odmietnutie **2.** opozícia
oppress [əˈpres] v. utláčať, potláčať
oppression [əˈprešən] útlak
opprobrium [əˈprəubriəm] n. hanba, potupa
opt [opt] v. vybrať si, zvoliť si
optic [optik] adj. očný
optician [opˈtišən] n. optik
optics [optiks] n. pl. optika
optimism [optimizəm] n. optimizmus
option [opšən] n. voľba
optional [opšənəl] adj. voliteľný, dobrovoľný
opulence [opjələns] n. bohatstvo
opulent [opjələnt] adj. bohatý, zámožný
or [ə, əː] conj. alebo ● *either... or* buď... alebo
oral [oːrəl] adj. ústny
orange [orəndž] n. pomaranč
orange adj. oranžový
orator [orətə] n. rečník
orbit [oːbət] n. obežná dráha
orbit v. obiehať vo vesmíre
orchard [oːčəd] n. ovocný sad
orchestra [oːkəstrə] n. orchester

orchestral [o:´kestrəl] adj. orchestrálny
ordain [o:dein] v. 1. vysvätiť 2. nariadiť
order [o:də] n. 1. poradie, sled 2. poriadok • *out of order* v neporiadku 3. objednávka 4. rozkaz
order v. 1. rozkázať, prikázať 2. objednať si
orderly [o:dəli] n. sanitár
ordinance [o:dənəns] n. nariadenie, pravidlo, výnos
ordinary [o:dənri] adj. bežný, obyčajný
ordure [o:djuə] n. výkaly
ore [o:] n. ruda
organ [o:gən] n. 1. orgán 2. *hud.* organ
organic [o:´gænik] adj. organický
organism [o:gənism] n. organizmus
organization [,o:gənai´zeišən] n. organizácia, útvar • *United Nations Organization* Organizácia spojených národov
organize [o:gənaiz] v. organizovať
oriental [,o:ri´entəl] adj. východný
orientate [o:riənteit] v. orientovať, usmerniť
orientation [,orien´teišən] n. orientácia
orifice [orəfəs] n. ústie, otvor
origin [orədžən] n. 1. pôvod, zdroj 2. počiatok
original [ə´ridžənəl] adj. originálny, pôvodný
ornament [o:nəmət] v. ozdobiť, skrášliť
ornament n. ozdoba
ornamental [,o:nə´mentəl] adj. ozdobný
orphan [o:fən] n. sirota
orphanage [o:fənidž] n. sirotinec
oscillate [osəleit] v. 1. kmitať, oscilovať 2. váhať
oscillation [,osi´leišən] n. kmitanie
ostrich [ostrič] n. *zool.* pštros
other [aðə] adj. 1. iný, druhý 2. ďalší
otherwise [aðəwaiz] adv. inak, ináč
otiose [´əušiəus] adj. *hovor.* zbytočný, nadbytočný
ought [o:t] v. *I ought to do it* mal by som niečo urobiť
ounce [auns] n. 1. unca 2. štipka
our [auə] determ. náš, -a, -i, -e

Our Father [‚auə ˈfaːðə] n. Otčenáš
Our Lady [‚auə ˈleidi] n. Panna Mária
ours [auəz] pron. náš *samostatne*
ourselves [auəˈselvz] pron. seba, sa
oust [aust] v. vytlačiť
out [aut] adv. **1.** von **2.** preč **3.** nahlas
outbreak [autbreik] n. **1.** vypuknutie, vzplanutie **2.** vzbura
outburst [autbəːst] n. prepuknutie
outcome [autkam] n. výsledok, záver
outdated [‚autˈdeitəd] adj. zastaraný, nemoderný, staromódny
outdid [autˈdid] p. outdo
outdo [autˈduː] *outdid, outdone* v. prekonať, predbehnúť
outdone [autˈdan] p. outdo
outdoor [‚autˈdoːz] adv. vonku, von
outer [autə] adj. **1.** vonkajší **2.** vrchný
outfall [autfoːl] n. ústie rieky
outfit [autfit] n. výstroj

outflow [autfləu] n. únik, odčerpávanie
outgoings [aut‚gəuiŋz] n. pl. výdavky, náklady
outgrow [autˈgrəu] *outgrew, outgrown* v. vyrásť
outgrown [autˈgrəun] **p.** outgrow
outing [autiŋ] n. výlet, vychádzka
outlaw [autloː] v. **1.** vyobcovať **2.** postaviť mimo zákon
outlay [autlei] n. výdavok
outline [autlain] n. črta, obrys, kontúra
outlive [autˈliv] v. prežiť
outlook [autluk] n. **1.** výhľad, vyhliadka **2.** perspektíva
out-of-date [‚autəvˈdeit] adj. zastaraný, nemoderný
output [autput] n. produkcia, výroba, výkon
outrage [autreidž] n. násilie, krutosť
outran [autˈræn] p. outrun
outright [autrait] adj. istý, nesporný, nepochybný
outrun [autˈran] *outran, outrun* v. predbehnúť, predstihnúť
outside [autˈsaid] n. **1.** von-

outside

kajšok 2. zovňajšok
outside [aut´said] adv. von, vonku, mimo
outskirts [autskə:ts] n. pl. periféria, okraj
outstanding [aut´stændiŋ] adj. 1. vynikajúci 2. nevyrovnaný dlh
oval [əuvəl] n. elipsa
ovation [əu´veišən] n. ovácia
oven [avən] n. rúra, pec
over [əuvə] prep. 1. priamo nad 2. cez, ponad
over adv. 1. viac 2. príliš • *all over the world* na celom svete
over adj. skončený
overall [,əuvər´o:l] adv. 1. spolu, dohromady, celkovo 2. vo všeobecnosti
overall [əuvəro:l] n. pracovný plášť
overboard [əuvəbo:d] adv. cez palubu
overburden [,əuvə´bə:dn] v. preťažiť
overcame [,əuvə´keim] p. overcome
overcast [,əuvə´ka:st] adj. zamračený
overcharge [,əuvə´ča:dž] v. predražiť
overcloud [,əuvə´klaud] v. zamračiť sa, zatiahnuť sa
overcoat [əuvəkəut] n. kabát, plášť
overcome [,əuvə´kam] *overcame, overcame* v. preplniť, prepchať
overdid [,əuvə´did] p. overdo
overdo [, əvə´du:] *overdid, overdone* v. prehnať, zveličiť
overdone [,əuvə´dan] p. overdo
overdose [´əuvədəus] v. predávkovať sa
overdraw [,əuvə´dro:] *overdrew, overdrawn* v. prekročiť úver
overdrawn [,əuvə´drəun] p. overdraw
overdrew [,əuvə´dru:] p. overdraw
overdue [,əuvə´dju:] adj. 1. oneskorený 2. nevyhnutný
overflow [,əuvə´fləu] v. pretiecť, preliať sa
overheads [əuvəhedz] n. pl. réžia *peniaze*
overhear [,əuvə´hiə] *overheard, overheard* v. 1. načúvať 2. počuť
overheard [,əuvə´hə:d] p.

overhear
overjoyed [ˌəuvəˈdžoid] adj. nesmierne potešený
overland [ˌəuvəˈlænd] adv. po zemi, po súši
overleaf [ˌəuvəˈliːf] adv. na druhej strane listu
overlook [ˌəuvəˈluk] v. prehliadnuť, nevšimnúť si
overnight [ˌəuvəˈnait] adv. cez noc
overpaid [ˌəuvəˈpeid] p. overpay
overpay [ˌəuvəˈpei] *overpaid, overpaid* v. preplatiť, zaplatiť viac
overran [ˌəuvəˈræn] p. overrun
overrun [ˌəuvəˈran] *overran, overrun* v. 1. zamokriť 2. prekročiť
overseas [ˌəuvəˈsiːz] adv. za more
oversight [əuvəsait] n. nedopatrenie, prehliadnutie
oversleep [ˌəuvəˈsliːp] *overslept, overslept* v. zaspať
overslept [ˌəuvəˈslept] p. oversleep
overt [əuvəːt] adj. verejný, neutajený
overtake [ˌəuvəˈteik] *overtook, overtaken* v. predbehnúť, predísť
overtaken [ˌəuvəˈteikən] p. overtake
overtime [əuvətaim] n. nadčas
overtook [ˌəuvəˈtuk] p. overtake
overview [əuvəjuː] n. prehľad
overweight [ˌəuvəˈweit] adj. tučný *nadváha*
overwhelm [ˌəuvəˈwelm] v. 1. premôcť, zdolať 2. zaplaviť
owe [əu] v. 1. byť dlžný 2. byť zaviazaný
owing [əuiŋ] adj. dlžný, nezaplatený
owl [aul] n. sova
own [əun] adj. vlastný
own n. vlastniť
owner [əunə] n. majiteľ, vlastník
ox [oks] pl. *oxen* n. vôl
oxide [oksaid] oxid
oxygen [oksidžən] n. kyslík
oxygen mask [oksidžən maːsk] n. kyslíková maska
oyster [oistə] n. ustrica
ozone [əuzəun] n. ozón

P

pace [peis] n. **1.** krok **2.** rýchlosť
pace v. kráčať
pacifik [pæ´sifik] adj. mierumilovný, mierový, pokojný • *the Pacific* Tichý oceán
pacify [pæsəfai] *-ie-* v. ukľudniť, upokojiť, utíšiť
pack [pæk] n. **1.** náklad, batoh **2.** balík *Am.* **3.** črieda, kŕdeľ, stádo
pack v. zbaliť si, zabaliť, si
package [pækidž] n. balík
packet [pækət] n. balíček, krabička
pact [pækt] n. zmluva
pad [pæd] n. **1.** podložka, vypchávka **2.** blok
pad *-dd-* v. vypchať
paddle [pædl] n. veslo
paddle v. veslovať
padlock [pædlok] n. visiaca zámka
pagan [peigən] n. pohan
page [peidž] n. strana, stránka
paid [peid] p. pay
pail [peil] n. vedro
pain [pein] n. bolesť

pain v. bolieť
painfull [peinfəl] adj. bolestivý
painless [peinləs] adj. bezbolestný
painstaking [peinz,teikiŋ] adj. starostlivý, dôsledný, usilovný
paint [peint] n. **1.** farba, farbivo **2.** náter
paint v. farbiť, natrieť
paintbrush [peintbraš] n. štetec
painter [peintə] n. **1.** maliar-natierač **2.** umelecký maliar
painting [peitiŋ] n. maľovanie
pair [peə] n. pár
palace [pæləs] n. palác
palatable [pælətəbəl] adj. chutný *jedlo*
pale [peil] adj. **1.** bledý **2.** matný
pale n. **1.** kôl **2.** medza **3.** plot
pallet [pælət] n. paleta, podstavec
palliate [pælieit] v. zmierniť
palm [pa:m] n. **1.** palma **2.**

dlaň
palmistry [pa:məstri] n. veštenie z ruky
palmy [pa:mi] -ie- adj. úspešný, prosperujúci
palpable [pælpəbəl] adj. 1. zrejmý, očividný 2. hmatateľný
paltry [po:ltri] -ie- adj. mizerný, úbohý
pamper [pæmpə] v. rozmaznať
pamphlet [pæmflit] n. pamflet
pan [pæn] n. panvica
pancake [pæŋkeik] n. palacinka
Panda car [pændə ka:] n. policajné auto
panel [pænl] n. 1. panel 2. prístrojová doska
pang [pæŋ] n. bolesť
panic [pænik] n. panika
panic adj. panický
panorama [,pænə'ra:ma] n. panoráma
panties [pæntiz] n. dámske nohavičky
pant [pænt] v. vzdychať
panties [pæntiz] n. pl. dámske nohavičky
pantry [pæntri] -ie- n. špajza, komora

pants [pænts] n. pl. nohavice *Am.*
pap [pæp] n. kaša
papal [peipəl] adj. pápežský
paper [peipə] n. 1. papier 2. noviny 3. tapety
paperwork [peipəwə: k] n. úradovanie, papierovanie
paprika [peiprikə] n. mletá paprika
parachute [pærəšu: t] n. padák
parachutist [pærəšu:t] n. parašutista
parade [pə'reid] n. prehliadka
paradise [pærədais] n. raj
paragon [pærəgən] n. ideál
paragraph [pærəgra:f] n. odstavec
parallel [pærəlel] adj. rovnobežný
paralyse [pærəlaiz] v. paralyzovať
paralytic [pærə'litik] adj. ochrnutý
parasite [pærəsait] n. príživník, parazit
parasol [,pærə'sol] n. slnečník
parcel [pa:sl] n. 1. balík 2. parcela
parchment [pa:čmənt] n.

pergamen
pardon [pa:dn] n. odpustenie ● *I beg your pardon.* Prepáčte.
parent [peərənt] n. rodič
parental [pəˊrentəl] adj. rodičovský
parenthesis [pərenθisis] n. zátvorka
parish [pæriš] n. farnosť
parity [pæriti] n. zhoda
park [pa: k] n. park ● *in the park* v parku
park v. parkovať
parking lot [pa:kiŋ lot] n. parkovisko *Am.*
parliament [pa:ləmənt] n. parlament
parliamentary [ˌpa:ləˊmentəri] adj. parlamentný
parlor car [pa:lə ka:] n. spací vozeň
parochial [pəˊrəukjəl] adj. obecný, miestny
parody [pærədi] n. paródia
parole [pəˊrəul] n. heslo
parquet [pa:kei] n. parkety
parrot [pærət] n. papagáj
parsley [pa:sli] n. *bot.* petržlen
parson [pa:sən] n. farár, pastor, kňaz
part [pa:t] n. 1. časť, súčasť 2. diel 3. úloha 4. súčiastka
part v. 1. rozísť sa 2. rozdeliť sa
partial [pa:šəl] adj. 1. čiastočný 2. stranícky
participant [pa:ˊtisəpənt] n. účastník
participate [pa:ˊtisəpeit] v. zúčastniť sa ● *take° part in* zúčastniť sa
particle [pa:tikəl] n. čiastočka
particular [pəˊtikjələ] adj. 1. zvláštny, špecifický 2. podrobný, presný
particularly [pəˊtikjələli] adv. obzvlášť
parting [pa:tiŋ] n. rozchod
partition [pa:tišən] n. rozdelenie
partner [pa:tnə] n. druh, spoločník
partnership [pa:tnəšip] n. obchodná spoločnosť, partnerstvo
partridge [pa:tridž] n. *zool.* jarabica
part-time [ˌpa:tˊtaim] adj. čiastočný pracovný úväzok
party [pa:ti] -ie- n. 1. večierok, spoločnosť 2. strana

parvenu [pa:vənju:] n. zbohatlík
pass [pa: s] v. 1. prejsť, ísť 2. podať, dať 3. prihodiť sa 4. zložiť *skúšku* 5. *pass away* pominúť
pass n. 1. lístok, preukaz 2. priesmyk 3. šport. prihrávka
passage [pæsidž] n. chodba, pasáž, priechod
passbook [pa:sbuk] n. vkladná knižka
passenger [pæsəndžə] n. cestujúci
passerby [,pa:sə´bai] n. okoloidúci
passion [pæšən] n. vášeň, náruživosť
passionate [pæšənit] adj. vášnivý, náruživý
passive [pæsiv] adj. pasívny, nečinný
passivity [pæ´siviti] n. pasivita
passport [pa:spo:t] n. cestovný pas
password [pa:swə:d] n. heslo
past [pa:st] adj. 1. minulý 2. skončený
past adj. 1. za *miestne* 2. po *časovo*

past n. minulosť • *in the past* v minulosti
pasta [pæ:stə] n. cestovina
paste [peist] n. 1. pasta 2. lepidlo 3. tmel
paste v. lepiť
pastime [pa:staim] n. záľuba, zábava
pastor [pa:stə] n. pastor, kňaz
past perfect [,pa:st´pə:fikt] n. predminulý čas
pastry [peistri] *-ie-* n. 1. lístkové cesto 2. zákusok
pasture [pa:stčə] n. pastvina
pasty [peisti] adj. cestový
pat [pæt] *-tt-* v. 1. potľapkať 2. zaklopkať
patch [pæč] n. 1. škvrna 2. záplata
paté [pætei] n. paštéta
patent [peitənt] adj. patentovaný
patently [peitəntli] adv. očividne, celkom
paternal [pə´tə:nəl] adj. otcovský
paternity [pə´tə:niti] n. otcovstvo
path [pa:θ] n. cesta, cestička, chodník
pathetic [pə´θetik] adj. dojímavý, clivý

pathology [pəˊθolədži] n. patológia

patience [peišənz] n. trpezlivosť

patient [peišənt] adj. trpezlivý

patient n. pacient

patrimony [pætriməni] n. dedičstvo

patriot [peitriət] n. vlastenec

patrol [pəˊtrəul] n. 1. obchôdzka 2. hliadka

patrol *–ll–* v. hliadkovať, strážiť

patron [paitrən] n. priaznivec, podporovateľ

patrionize [pætrənaiz] v. chrániť

patten [pætən] n. drevák

patter [pætə] v. cupotať, cupkať

pattern [pætən] n. 1. vzor, vzorka 2. vzorec

pauper [po:pə] n. chudák, úbožiak

pause [po:z] n. prestávka, pauza

pavement [peivmənt] n. chodník

pavillion [pəˊviljən] n. pavilón

paw [po:] n. laba

pawn [po:n] v. založiť

pawn n. 1. záložňa 2. pešiak

pay [pei] *paid, paid* v. 1. platiť 2. uhradiť 3. *pay° attention* venovať pozornosť 4. *pay° away* vyplatiť

pay n. mzda, výplata

payee [peiˊi:] n. veriteľ

payment [peimənt] n. platba, úhrada

pay phone [pei fəun] n. telefónny automat

payroll [peirəul] n. výplatná listina

pea [pi:] n. *bot.* hrach

peace [pi:s] n. 1. mier • *at peace* v mieri • *peace treaty* mierová zmluva 2. kľud

peach [pi:č] n. broskyňa

peacock [pi:kok] n. *zool.* páv

peak [pi:k] n. vrchol, štít

peal [pi:l] n. 1. dunenie 2. výbuch

peanut [pi:nat] n. búrsky oriešok

pear [peə] n. *bot.* hruška

pearl [pə:l] n. perla

peasant [pəzənt] n. sedliak, roľník

peat [pi:t] n. rašelina

peck [pek] v. ďobať

peculate [pekjuleit] v. spreneveriť
peculation [pekju'leišən] n. sprenevera
peculiar [pi'kju:liə] adj. zvláštny, neobvyklý
peculiarity [pi,kju:li'æriti] n. zvláštnosť
pedagogic [,pedə'godžik] adj. pedagogický
pedagogy [pedəgogi] n. pedagogika
pedal [pedl] n. pedál
pedant [pedənt] n. pedant
peddler [pədleə] n. priekupník s drogami
pedestal [pədəstəl] n. podstavec, stojan
pedestrian [pə'destriən] n. chodec
pedicure [pedikjuə] n. pedikúra
pedigree [pedəgri:] n. rodokmeň, pôvod
pedlar [pedlə] n. podomový obchodník
pee [pi:] v. čúrať
peel [pi:l] v. lúpať, odstrániť
peep [pi:p] v. nakuknúť
peep n. pípnutie, zapípanie
peer [piə] n. šľachtic
peevish [pi:viš] adj. mrzutý, podráždený

peg [peg] n. 1. vešiak 2. kolík
pelican crossing [,pəlikən'krosiŋ] n. prechod pre chodcov
pellet [pələt] n. 1. guľka, guľôčka 2. brok
pellucid [pe'lju:sid] adj. priehľadný
pelt [pelt] v. hádzať, zasypať
pelvis [pelvis] n. *anat*. panva
pen [pen] n. 1. pero 2. ohrada
penal [pi:nəl] adj. trestný
penalize [pi:nəlaiz] v. 1. znevýhodniť 2. pokutovať, trestať
penalty [penəlti] -*ie*- n. trest, pokuta • *penalty kick* pokutový kop
pence [pens] n. penca
penchant [ponšon] n. záľuba
pencil [pensəl] n. ceruzka
pendant [pendənt] n. prívesok, medailón
pendulate [pendjuleit] v. kývať sa
pendulum [pəndjələm] n. kyvadlo
penetrate [penətreit] v. preniknúť, vniknúť

penetration [ˌpenəˈtreišən] n. preniknutie, prienik
penguin [peŋgwən] n. *zool.* tučniak
peninsula [pəˈninsjələ] n. polostrov
penis [piːnis] n. penis
penny [peni] pl. *pennies /pence* n. penca
pension [penšən] n. penzia, dôchodok
pension n. penzión
pensioner [penšənə] n. penzista, dôchodca
pensive [pensiv] adj. zamyslený
penultimate [piˈnaltəmit] adj. predposledný
penury [penjəri] n. chudoba, bieda
people [piːpəl] n. **1.** ľudia **2.** občania, ľud **3.** národ
pepper [pepə] n. **1.** korenie **2.** paprika *rastlina*
pepper v. okoreniť
per [pə] prep. **1.** za kus **2.** počas, za • *per annum* ročne
perambulator [pəˌræmbjuˈleitə] n. detský kočík
per capita [pə ˈkæpətə] adj., adv. na hlavu *osobu*
perceive [pəˈsiːv] v. pochopiť, chápať, vnímať
per cent [pəˈsent] n. percento
percentage [pəˈsentidž] n. percentná sadzba
perception [pəˈsepšən] n. vnímanie, vnem
perceptive [pəˈseptiv] adj. vnímavý
perch [pəːč] n. bidlo, pánt
percolate [pəːkəleit] v. presiaknuť, prenikať
percolator [pəːkəleitə] n. kávovar
percussion [pəˈkašən] n. *hud.* bicie
perdition [pəˈdišən] n. záhuba
peremptory [pəˈremptəri] adj. rozhodný
perennial [pəˈreniəl] adj. večný, stály, trvalý
perfect [pəːfikt] adj. dokonalý, bezchybný, presný
perfection [pəˈfekšən] n. dokonalosť
perfidy [pəːfədi] -ie- n. zrada
perforate [pəːfəreit] v. prepichnúť
perform [pəˈfoːm] v. urobiť, vykonať, uskutočniť
performance [pəˈfoːməns]

n. **1.** predstavenie **2.** výkon
perfume [pə:fju:m] n. **1.** vôňa **2.** voňavka, parfém
perfunctory [pəˈfaŋktəri] adj. povrchný
perhaps [pəˈhæps] adv. možno, azda, snáď
peril [perəl] n. nebezpečie, riziko
perilous [perələs] adj. nebezpečný, riskantný
period [piəriəd] n. doba, obdobie
periodical [,piəriˈodikəl] n. časopis, periodikum
periphery [pəˈrifəri] n. obvod
periscope [periskəup] n. periskop
perish [periš] v. zahynúť, zahubiť
perishables [perišəbəlz] n. pl. potraviny podliehajúce skaze
perjury [pə:džəri] -ie- n. krivá prísaha
perm [pə:m] n. trvalá ondulácia
permanency [pə:mənənsi] n. trvalosť, stálosť
permanent [pə:mənənt] adj. trvalý, stály

permission [pəˈmišən] n. dovolenie, povolenie
permit [pəˈmit] -tt- v. dovoliť, povoliť
permute [pəˈmju:t] v. obmieňať, meniť
pernicious [pəˈnišəs] adj. škodlivý, zhubný
perpendicular [,pə:pənˈdikjulə] adj. kolmý
perpetrate [pə:pətreit] v. spáchať, dopustiť sa čoho
perpetual [pəˈpečuəl] adj. neprestajný, ustavičný
perplex [pəˈpleks] v. zmiasť
persecute [pə:sikju:t] v. **1.** prenasledovať **2.** obťažovať
persecution [,pə:siˈkju:šən] n. prenasledovanie
perseverance [,pə:səˈviərəns] n. vytrvalosť
persevere [,pə:siˈviə] v. vytrvať
persist [pəˈsist] v. zotrvať, vytrvať
persistent [pəˈsistənt] adj. **1.** vytrvalý, neodbytný **2.** stály
person [pə:sən] n. osoba
personal [pə:sənəl] adj. osobný, vlastný
personal computer [,pə:sə-

personality

nəl kəm′pju:tə] n. osobný počítač
personality [,pə:sə′næləti] -ie- n. osobnosť, individualita
personal property [,pə:sənəl′ propəti] -ie- n. osobné vlastníctvo
personification [pə:,sonifi′keišən] n. perzonifikácia, zosobnenie
personnel [,pə:sə′nəl] n. zamestnanci, personál
perspective [pə′spektiv] n. 1. perspektíva 2. výhľad
perspective adj. perspektívny
perspicuous [pə′spikjuəs] adj. zreteľný
perspiration [,pə:spə′reišən] n. pot, potenie
perspire [pə′spaiə] v. potiť sa
persuade [pə′sweid] v. 1. prehovoriť 2. presvedčiť
persuasion [pə′sweižən] n. prehováranie, presviedčanie
pert [pə:t] adj. drzý
pertain [pə′tein] v. týkať sa
pertinent [pə:tənənt] adj. primeraný, vhodný, týkajúci sa

perturb [pə′tə:b] v. znepokojovať
pervade [pə′veid] v. šíriť sa, prenikať
pervasion [pə′veižən] n. preniknutie
perverse [pə′və:s] adj. zvrátený, zvrhlý
pervert [pə′və:t] v. zneužiť
pessimism [pesimizəm] n. pesimizmus
pest [pest] n. škorica
pesticide [pestəsaid] n. pesticíd
pestle [pesəl] n. tĺčik
pet [pet] n. miláčik *domáce zvieratko*
petition [pə′tišən] n. petícia
pet name [,pet ′neim] n. prezývka
petrify [petrəfai] -ie- v. 1. vydesiť 2. skamenieť
petrol [petrəl] n. benzín
petroleum jelly [pə,trəuliəm ′dželi] n. vazelína
petrol station [petrəl,steišən] n. benzínové čerpadlo
petticoat [petikəut] n. spodnička
pettiness [petənis] n. malichernosť
petty [peti] -ie- adj. bezvý-

znamný, nepatrný, malicherný
petty cash [‚peti ˈkæš] n. pokladničná hotovosť
petty larceny [‚peti ˈlɑ:səni] -ie- n. drobná krádež
pew [pju:] n. lavica v kostole
phantasm [fæntæzəm] n. prelud
phantasy [fæntəsi] n. fantázia
phantom [fæntəm] n. prízrak
pharmacology [‚fɑ:məˈkolədži] n. farmakológia
pharmacy [fɑ:məsi] -ie- n. 1. lekáreň 2. farmácia
pharos [faəros] n. maják
phase [feiz] n. fáza, obdobie
pheasant [fezənt] n. *zool.* bažant
phenomenal [fiˈnomənəl] adj. mimoriadny, výnimočný
phenomenon [fiˈnomənən] pl. *phenomena* n. 1. jav, úkaz 2. fenomén
philanderer [fiˈlændərə] n. záletník
philately [fəˈlætəli] n. filatélia
philharmonic [‚filɑ:ˈmonik] adj. filharmonický
philistine [filəstain] n. nevzdelanec
philology [fiˈlolədži] n. jazykoveda
philosopher [fiˈlosəfə] n. filozof
philosophy [fəˈlosəfi] -ie- n. filozofia
phlegm [flem] n. ľahostajnosť
phobia [fəubiə] n. strach, fóbia
phone [fəun] n. telefón
phone v. telefonovať
phone book [fəun buk] n. telefónny zoznam
phone box [fəun boks] n. telefónna búdka
phonetic [fəˈnetik] adj. fonetický
phonology [fəuˈnolədži] n. fonológia
phosphorus [fosfərəs] n. fosfor
photo [fəutəu] pl. *photos* n. fotka
photocopy [fəutəu‚kopi] -ie- n. fotokópia
photograph [fəutəugrɑ:f] n. fotografia
photographer [fəˈtogrəfə] n. fotograf

phrase [freiz] n. frazeologické spojenie, idiom, fráza
phraseological [,freiziə'lodžikəl] adj. frazeologický
physic [fizik] n. fyzika
physical [fizikəl] adj. 1. telesný 2. fyzický 3. fyzikálny
physical training [,fizikəl'treiniə] n. telesná výchova
physician [fə'zišən] n. lekár, doktor *Am.*
physicist [fizəsəst] n. fyzik
pfysics [fiziks] n. pl. fyzika
physique [fi'zi:k] n. stavba tela
pianist [pjənəst] n. klavirista
piano [pj'ænəu] n. klavír
pick [pik] v. 1. vybrať si, vyvoliť si 2. trhať, zbierať • *pick flowers* trhať kvety
pick n. výber, voľba
pickaxe [pikkæks] n. krompáč
picket [pikət] n. kôl, tyč
pickpocket [pik,pokət] n. vreckový zlodej
pick-up [pik ap] n. 1. dodávkové vozidlo 2. náhodná známosť
picnic [piknik] n. piknik

pictorial [pik'to:riəl] adj. obrázkový
picture [pikčə] n. 1. obraz, kresba 2. fotografia 3. film
picture v. 1. predstaviť si 2. maľovať, kresliť
picture-postcard [,pikčə'pəustka:d] n. pohľadnica
picturesque [,pikčə'resk] adj. malebný
pie [pai] n. koláč, piroh
pier [piə] n. mólo
piece [pi:s] n. 1. kus, kúsok 2. časť, diel 3. dielo 4. článok
pierce [piəs] v. 1. prepichnúť 2. preniknúť
piercing [piəsiŋ] adj. 1. ostrý, mrazivý 2. priamy, prenikavý
piety [paiəti] n. zbožnosť, nábožnosť
pig [pig] n. prasa
pigeon [pidžən] n. *zool.* holub
piggish [pigiš] adj. prasačí
piggyback [pigibæk] n. jazda na chrbte
pig iron [pig,aiən] n. surové železo
pigmy [pigmi] *-ie-* n. trpaslík, škriatok

pigtail [pigteil] n. vrkoč
pike [paik] n. 1. šťuka 2. kopija, oštep
pilchard [pilčəd] n. sardinky
pile [pail] n. kopa, hromada
pile v. 1. klásť 2. naložiť 3. *pile up* nahromadiť
pilfer [pilfə] v. kradnúť
pilgrim [pilgrəm] n. pútnik
pilgrimage [pilgrəmidž] n. púť, putovanie
pill [pil] n. pilulka
pillage [pilidž] v. plieniť, drancovať
pillar [pilə] n. pilier, stĺp
pillar box [pilə boks] n. poštová schránka
pillow [piləu] n. poduška, vankúš
pillowcase [piləukeis] n. obliečka na vankúš
pilot [pailət] n. pilot, lodivod
pilot v. pilotovať, riadiť
pimple [pimpəl] n. vyrážka
pin [pin] n. 1. špendlík • *pinhead* špendlíková hlavička 2. ihlica
pin –*nn*– v. zopnúť, pripnúť
pinafore [pinəfo:] n. zástera
pincer [pinsə] n. klepeto
pincers [pinsəz] n. pl. kliešte
pinch [pinč] v. štipnúť, stlačiť

pine [pain] n. *bot.* borovica
pine v. 1. chradnúť 2. *pine away* žialiť
pineapple [painæpəl] n. ananás
pink [piŋk] adj. ružový
pinnacle [pinəkəl] n. vrchol
pins and needles [,pinz ənd ni:dlz] n. stŕpnutie, mravčenie
pinup [pinap] n. obraz, plagát
pioneer [,paiə'niə] n. priekopník
pious [paiəs] adj. pobožný, nábožný
pip [pip] n. jadro, jadierko
pip v. pípanie
pipe [paip] n. 1. rúra, potrubie 2. fajka 3. píšťala
pipeline [paiplain] n. ropovod, plynovod
piquant [pi:kənt] adj. pikantný, ostrý
pique [pi:k] v. uraziť
piracy [paiərəsi] -*ie*- n. pirátstvo
pirate [paiərət] n. pirát
piss [pis] v. cikať
pistachio [pə'sta:šiəu] n. pistácia
piston [pistən] n. piest

pit [pit] n. 1. jama 2. baňa, šachta 3. prízemie
pitch [pič] v. 1. postaviť 2. naladiť
pitch n. 1. ihrisko 2. smola
pitcher [pičǝ] n. džbán, krčah
pitchfork [pičfo:k] n. vidly
piteous [pitiǝs] adj. žalostný
pitfall [pitfo:l] n. nástraha, pasca
pitiable [pitiǝbǝl] adj. žalostný
pitiful [pitifǝl] adj. 1. úbohý, žalostný 2. súcitný
pitiless [pitilǝs] adj. bezcitný
pity [piti] -ie- n. 1. ľútosť, súcit 2. škoda • *it's a pity* to je škoda
pixie [piksi] n. škriatok
placard [plæka:d] n. plagát
placate [plǝ'keit] v. upokojiť, utíšiť, ukľudniť
place [pleis] n. 1. miesto 2. priestor 3. námestie
place v. 1. dať, položiť 2. umiestniť sa
place setting [pleis,setiŋ] n. prestieranie, príbor
placid [plæsǝd] adj. kľudný, pokojný
plagiarism [pleidžǝrizǝm] n. plagiát

plague [pleig] n. 1. mor, nákaza 2. trápenie
plague v. sužovať, trápiť
plain [plein] adj. 1. jednoduchý, prostý 2. zrozumiteľný 3. úprimný
plain [plein] n. nížina
plain chocolate [,plein 'čoklǝt] n. horká čokoláda
plain-clothes [,plein 'klǝuðz] adj. v civile
plain sailing [,plein 'seiliŋ] n. žalobca, navrhovateľ
plait [plæt] n. vrkoč
plan [plæn] n. plán, zámer
plan -nn- v. 1. plánovať 2. navrhovať, projektovať
plane [plein] n. 1. lietadlo 2. úroveň 3. hoblík
plane adj. rovný *povrch*, plochý
planet [plænǝt] n. planéta
plank [plæŋk] n. doska
plant [pla:nt] n. 1. rastlina 2. závod, továreň
plant v. sadiť
plantation [plæn'teišǝn] n. plantáž
plasm [plæzm] n. plazma
plaster [pla:stǝ] n. 1. omietka 2. náplasť
plaster cast [,pla:stǝ 'ka:st] n. sádrový obväz

plug

plastic [plæstik] adj. umelý
plasticine [plæstəsi:n] n. plastelína
plate [pleit] n. 1. tanier 2. platňa, doska
plateau [plætəu] n. plošina
platform [plætfo:m] n. nástupisko
platoon [plə'tu:n] n. čata
plausibility [,plo:zə'biliti] n. pravdepodobnosť
plausible [plo:zəbəl] adj. prijateľný, pravdepodobný
play [plei] n. hra, zábava • *fair play* slušná hra
play v. 1. hrať sa, zabávať 2. znieť 3. pretvarovať sa
player [pleiə] n. 1. hráč 2. hudobník
playground [pleigraund] n. ihrisko
playwright [pleirait] n. dramatik
plaza [pla:zə] n. námestie, trhovisko
plea [pli:] n. 1. žiadosť, prosba 2. obhajoba
plead [pli:d] v. 1. prosiť, žiadať 2. súdiť sa
pleasant [plezənt] adj. príjemný
please [pli:z] v. potešiť, urobiť radosť
please interj. prosím
pleased [pli:zd] adj. šťastný, spokojný
pleasure [pležə] n. potešenie, radosť • *with pleasure* s radosťou
pleat [pli:t] n. záhyb
plectrum [plektrəm] n. brnkadlo
pledge [pledž] n. 1. záväzok 2. záloha 3. záruka
pledge v. zaviazať sa, sľúbiť
plenary [pli:nəri] adj. 1. neobmedzený 2. plenárny
plentiful [plentifəl] adj. hojný, výdatný
plenty [plenti] n. hojnosť, množstvo • *plenty of* veľa
pliable [plaiəbəl] adj. 1. ohybný, pružný 2. ochotný
pliers [plaiəz] n. pl. kliešte
plight [plait] n. stav *vážny*
plod [plod] -dd- v. 1. vliecť sa 2. namáhať sa, drieť
plot [plot] n. 1. osnova, zápletka 2. intriga 3. parcela
plot -tt- v. 1. intrigovať 2. zakresliť
plough [plau] n. pluh *Am.*
plough v. orať
plug [plag] n. 1. zátka 2. zástrčka

279

plum [plam] n. *bot.* slivka
plumb [plam] v. skúmať, sondovať
plumber [plamə] n. klampiar, inštalatér
plunder [plandə] v. plieniť, drancovať
plunge [plandž] v. vyrútiť sa
plural [pluərəl] n. množné číslo
plus [plas] n. plus
plush [plaš] adj. plyšový
ply [plai] -*ie*- n. ohyb, záhyb
plywood [plaiwud] n. preglejka
pm, PM [„pi: ʹem] *post meridiem* čas od 12.00
pneumonia [nju:ʹməuniə] n. zápal pľúc
poach [pəuč] v. pytliačiť
poacher [pəučə] n. pytliak
pocket [pokət] n. **1.** vrecko **2.** príjem, peniaze **3.** centrum
pocket money [pokət,mani] n. vreckové
pod [pod] n. struk
poem [pəuəm] n. báseň
poet [pəuət] n. básnik
poetry [pəuətri] n. poézia
point [point] n. **1.** hrot **2.** bod, miesto **3.** črta **4.** desatinná čiarka **5.** *point of view* hľadisko
point v. **1.** ukázať na niekoho **2.** mieriť **3.** *point out* určiť
pointed [pointəd] adj. **1.** zašpicatený **2.** zámerný
pointless [pointləs] adj. nezmyselný, zbytočný
point of view [„point əvʹju:] n. stanovisko, hľadisko
poise [poiz] n. **1.** postoj **2.** rovnováha
poison [poizən] n. jed, otrava
poison v. otráviť
poison-pen letter [„poizənʹpen,letə] n. anonymný list
Poland [pəulənd] n. Poľsko
polar [pəulə] adj. polárny
polarity [pəʹlærəti] n. protichodnosť, protikladnosť
pole [pəul] n. tyč, žrď, oje
Pole [pəul] n. Poliak
polemic [poʹlemik] n. polemika
police [pəʹli:s] n. polícia
policeman [pəʹli:smən] n. policajt
police station [pəʹli:s,steišən] n. policajná stanica
policy [poləsi] -*ie*- n. **1.** taktika, postup **2.** poistka **3.** politika

polish [poliš] v. leštiť
Polish [pəuliš] n. poľština
Polish adj. poľský
polite [pə'lait] adj. zdvorilý, slušný
politeness [pə'laitnəs] n. slušnosť, zdvorilosť
political [pə'litikəl] adj. politický
politician [,polə'tišən] n. **1.** politik *Am.* **2.** diplomat
politics [polətiks] n. pl. **1.** politika **2.** presvedčenie
poll [pəul] n. prieskum verejnej mienky
polling station [pəuliŋ,steišən] n. volebná miestnosť
pollute [pə'lu:t] v. znečistiť
pollution [pə'lu:šən] n. znečistenie
polyp [polip] n. polyp
pond [pond] n. nádrž, rybník
ponder [pondə] v. uvažovať, dumať
pong [poŋ] n. smrad, zápach
pony [pəuni] -*ie*- n. poník
pool [pu:l] n. **1.** kaluž **2.** *swimming pool* bazén
pool v. dať dohromady
poor [puə] adj. **1.** chudobný **2.** úbohý
popcorn [popko:n] n. pukance
Pope [pəup] n. pápež
poplar [poplə] n. *bot.* topoľ
poppy [popi] n. mak
popular [popjulə] adj. obľúbený, populárny
popularity [,popju'læriti] n. obľúbenosť
population [,popjəleišən] n. obyvateľstvo, populácia
porcelain [po:slən] n. porcelán
porch [po:č] n. krytý vchod, prístrešok
pork [po:k] n. bravčovina
pornography [po:'nogrəfi] n. pornografia
porridge [poridž] n. ovsená kaša
port [po:t] n. prístav
port adj. ľavá strana *lode, lietadla*
portable [po:təbəl] adj. prenosný
portage [po:tidž] n. doprava
portend [po:'tend] v. veštiť, predpovedať
porter [po:tə] n. **1.** nosič **2.** vrátnik
portion [po:šən] n. **1.** časť, diel **2.** podiel
portrait [po:trət] n. portrét, literárny opis

Portugal [po:tjugəl] n. Portugalsko
pose [pəuz] v. postaviť sa, zaujať postoj
pose n. 1. postoj, póza 2. pózovanie
position [pə'zišən] n. 1. poloha, miesto, pozícia 2. postavenie
positive [pozətiv] adj. 1. istý, presvedčený 2. kladný, pozitívny
possess [pə'zes] v. 1. vlastniť, mať 2. posadnúť
possession [pə'zešən] n. 1. dražba 2. pl. *possessions* majetok, vlastníctvo
possibility [,posə'biləti] -ie- n. možnosť, eventualita
possible [posəbəl] adj. 1. možný 2. prijateľný
post [pəust] n. 1. stĺp, kôl 2. cieľ 3. pošta
post v. vyvesiť oznam
postage [pəustidž] n. poštovné
postbox [pəustboks] n. poštová schránka
postcard [pəustka:d] n. pohľadnica
postcode [pəustkəud] n. poštové smerovacie číslo
poster [pəustə] n. plagát
posterior [pos'tiəriə] adj. neskorší
posterity [pos'teriti] n. potomstvo
postgraduate [pəust'grædjuit] n. ašpirant
posthumous [postjəməs] adj. posmrtný
postman [pəustmən] n. poštár
post office [pəust,ofis] n. pošta
postpone [pəus'pəun] v. odročiť, odložiť
postulate [postjəleit] v. žiadať, vyžadovať
postwar [,pəust'wo:] adj. povojnový
pot [pot] n. 1. hrniec 2. čajová konvica
potato [pə'teitəu] pl. *potatoes* zemiak
potency [pəutənsi] -ie- n. 1. sila, moc 2. potencia
potential [pə'tenšəl] adj. 1. možný, eventuálny 2. mocný
potential n. potenciál, kapacita, sila
pothole [pothəul] n. výmoľ, jama
potter [potə] n. hrnčiar
pottery [potəri] -ie- n. hrn-

čiarstvo
potty [poti] n. nočník
pouch [pauč] n. vrecko, mešec
poultry [pəultri] n. hydina
pound [paund] n. libra
pound v. 1. drviť 2. biť, tĺcť
pour [po:] v. 1. naliať, vyliať 2. pršať, liať 3. *pour out* vylievať
poverty [povəti] n. chudoba, bieda
powder [paudə] n. 1. prášok
• *powder sugar* práškový cukor 2. prach 3. púder
powder room [paudə ru:m] n. toaleta
power [pauə] n. 1. moc, sila
• *labour power* pracovná sila 2. právo, právomoc 3. energia 4. výkon
powerful [pauəfəl] adj. 1. mocný, silný 2. výkonný
powerless [pauəles] adj. bezmocný
power plant [pauəpla:nt] n. elektráreň *Am.*
power station [pauə‚steišən] n. elektráreň
practical [præktikəl] adj. praktický
practise [præktəs] n. 1. prax 2. zvyk

practise v. 1. cvičiť sa, trénovať 2. mať vo zvyku
pragmatism [prægmətizəm] n. pragmatizmus
prairie [preəri] n. préria
praise [preiz] v. chváliť
praise n. chvála, pochvala
pram [præm] n. *hovor.* kočík
pray [preə] n. motlidba
pray v. modliť sa, prosiť
preach [pri:č] v. 1. kázať 2. napomínať
preamble [pri:´æmbl] n. úvod
precaution [pri´ko:šən] n. 1. opatrenie 2. prevencia
precede [pre´si:d] v. predchádzať
precedence [presədəns] n. prednosť, priorita
precept [pri:sept] n. pravidlo, poučka
precious [prešəs] adj. vzácny, cenný
precise [pri´sais] adj. presný, precízny
precision [pri´sižən] n. presnosť
preclude [pri´klu:d] v. zabrániť, znemožniť, vylúčiť
preconceived [‚pri:kən´si:vd] adj. predpojatý, zaujatý

precondition [ˌpriːkənˈdišən] n. predpoklad
precursor [priˈkəːsə] n. predchodca
predator [predətə] n. dravec
predatory [predətəri] adj. dravý
predecessor [priːdəsesə] n. predchodca
predestinate [priːˈdestineit] v. predurčiť
predestination [priːˌdestiˈneišən] n. osud, predurčenie
predicate [predikeit] v. tvrdiť
predication [ˌprediˈkeišən] n. tvrdenie
predict [priˈdikt] v. predpovedať
prediction [priˈdikšən] n. predpoveď
predominance [priˈdominəns] n. prevaha
predominant [priˈdominənt] adj. prevládajúci
predominate [priˈdoməneit] v. prevládať
preface [perfəs] n. predslov, úvod
prefatory [prefətəri] adj. úvodný
prefer [priˈfəː] -rr- v. dať prednosť, uprednostniť
preferable [prefərəbəl] adj. vhodnejší, výhodnejší
preference [prefərəns] n. prednosť, uprednostnenie
prefix [priːfiks] n. *gram.* predpona
pregnancy [pregnənsi] n. tehotenstvo
pregnant [pregnənt] adj. tehotná, gravidná
prejudice [predžədəs] n. predsudok, predpojatosť
preliminary [priˈliminəri] adj. predbežný
prelude [preljuːd] n. predohra
premature [preməčə] adj. predčasný, priskorý
premise [preməs] n. predpoklad
premises [preməsəz] n. komplex budov
premium [priːmiəm] n. **1.** poistné **2.** prémia
premonition [ˌpriːməˈnišən] n. výstraha
premonitory [priˈmonitəri] adj. varovný
preordain [ˌpriːoːˈdein] v. predurčiť
preparation [ˌprepəˈreišən] n. príprava

preparatory school [pri-ˈpærətəri skuːl] n. súkromná základná škola
prepare [priˈpeə] v. pripraviť
preponderance [priˈpondərəns] n. prevaha
preposition [ˌprepəˈzišən] n. *gram.* predložka
preposterous [priˈpostərəs] adj. nezmyselný, absurdný
prerogative [priˈrogətiv] n. výsadné právo
pressage [presidž] v. zvestovať, veštiť
prescience [presiəns] n. predtucha
prescribe [priˈskraib] v. 1. nariadiť 2. predpísať liek
prescript [priːskript] n. predpis
prescription [priˈskripšən] n. lekársky recept
presence [prezəns] n. 1. prítomnosť 2. účasť
present [prezənt] n. dar, darček
present [priˈzent] v. 1. odovzdať *slávnostne* 2. spôsobiť 3. predstaviť koho, čo 4. darovať
present [prezənt] adj. 1. prítomný 2. súčasný, terajší

presenter [priˈzəntə] n. konferenciér
preservation [ˌprezəˈveišən] n. dodržiavanie, ochrana, zachovanie
preservative [priˈzəːvətiv] adj. ochranný
preserve [priˈzəːv] v. zachovať, chrániť
preside [priˈzaid] v. 1. predsedať 2. viesť
presidency [prezədənsi] -ie- n. úrad prezidenta
president [prezədənt] n. prezident
press [pres] v. 1. *press down* stlačiť 2. lisovať 3. žehliť 4. stisnúť
press n. 1. tlak 2. lis
press conference [ˌpresˈkonfərəns] n. tlačová konferencia
pressure [prešə] n. 1. tlak 2. nátlak, presviedčanie • *under pressure* pod nátlakom
presume [priˈzjuːm] v. domnievať sa, predpokladať
presumption [priˈzampšən] n. predpoklad, odhad • *presumption of innocence* prezumpcia neviny
pretence [priˈtens] n. 1.

pretend

predstieranie, pretvárka *Am.* **2.** nárok
pretend [pri´tend] v. predstierať, pretvarovať sa, domáhať sa
pretermit [,pri:tə´mit] v. pominúť
pretext [pri:tekst] n. zámienka
pretty [priti] *-ie-* adj. pekný, pôvabný
prevail [pri´veil] v. prevládať, prevažovať
prevailing [pri´veiliŋ] adj. bežný
prevent [pri´vent] v. zabrániť, zamedziť komu, čomu *from*
prevention [pri´venšən] n. predchádzanie, prevencia
preventive [pri´ventiv] adj. ochranný
previous [pri:viəs] adj. predchádzajúci, predošlý
prewar [,pri:´wo:] adj. predvojnový
prey [prei] n. korisť
prey v. loviť, chytať
price [prais] n. cena
price v. oceniť
priceless [praisləs] adj. drahocenný, neoceniteľný
prick [prik] n. pichnutie, bodnutie
prick v. pichnúť sa, svrbieť
prickle [prikəl] n. osteň, pichliač
prickle v. škriabať, svrbieť
pride [praid] n. hrdosť, pýcha
priest [pri:st] n. kňaz
primacy [praiməsi] *-ie-* n. prvenstvo, primát
primary [praiməri] adj. prvoradý, hlavný, primárny, základný
primary school [praiməri,sku:l] n. základná škola
prime [praim] adj. hlavný, najdôležitejší
Prime Meridian [,praim məridiən] n. nultý poludník
Prime Minister [,praim ´ministə] n. predseda vlády, premiér
primeval [prai´mi:vəl] adj. praveký
primitive [primətiv] adj. primitívny, pôvodný
prince [prins] n. princ
princess [,prin´ses] n. princezná
principal [prinsəpəl] adj. hlavný, najdôležitejší, základný

principal n. rektor, dekan, riaditeľ
principality [ˌprinsiˈpæliti] n. kniežatstvo
principle [prinsəpəl] n. 1. zásada, pravidlo • *on principle* zásadne 2. poučka
print [print] n. 1. tlač 2. odtlačok, stopa
print v. vytlačiť, vydať knihu
printer [printə] n. 1. tlačiar 2. tlačiareň
prior [praiə] adj. 1. predchádzajúci, skorší 2. dôležitejší
priority [praiˈorəti] -ie- n. prednosť, priorita
prison [prizən] n. väznica
prisoner [prizənə] n. väzeň
privacy [privəsi] n. súkromie
private [praivət] adj. súkromný, osobný • *private school* súkromná škola
privatize [praivətaiz] v. privatizovať
privilege [privəlidž] n. výsada, privilégium
privy [privi] adj. tajný
prize [praiz] n. 1. cena, prémia 2. korisť
prize v. oceniť

probability [ˌprobəˈbiliti] n. pravdepodobnosť
probable [probəbəl] adj. pravdepodobný
probation [prəˈbeišən] n. skúšobná lehota
probe [prəub] n. sonda
probity [prəubəti] n. bezúhonnosť, čestnosť
problem [probləm] n. problém
proceed [prəˈsi:d] v. prejsť, postúpiť
proceedings [prəˈsi:diŋz] n. pl. 1. súdne konanie 2. akty, listiny
proceeds [prəusi:dz] n. zisk, výnos
process [prəuses] n. 1. priebeh, postup 2. súdne konanie, proces
process v. spracovať, upraviť
procession [prəˈsešən] n. sprievod
proclaim [prəˈkleim] v. verejne oznámiť, vyhlásiť
proclamation [ˌprokləˈmeišən] n. prehlásenie
proclivity [prəˈkliviti] n. náklonnosť
procurator [prokjureitə] n. prokurátor

287

prodigal [prodigəl] adj. márnotratný
prodigy [prodidži] -ie- n. zázrak, div
produce [prə'dju:s] v. **1.** vyrobiť, produkovať **2.** predložiť
produce n. výrobok
producer [prə'dju:sə] n. výrobca, pestovateľ, producent
product [prodakt] n. **1.** výrobok, produkt **2.** dôsledok
production [prə'dakšən] n. výroba, produkcia
profane [prə'fein] v. zneuctiť
profession [prə'fešən] n. povolanie
professional [prə'fešənəl] n. odborník, profesionál
professional adj. profesionálny
professor [prə'fesə] n. profesor
proficient [prə'fišənt] adj. zbehlý, zdatný, zručný
profile [prəufail] n. profil, obrys, silueta
profit [profət] n. **1.** zisk **2.** úžitok, prospech
profiteer [,profə'tiə] n. šmelinár
profound [prə'faund] adj. hlboký, intenzívny
progeny [prodžəni] -ie- n. potomkovia
prognosis [prog'nəusis] n. predpoveď
programme [prəugræm] n. program • *daily programme* denný program
progress [prəugres] n. **1.** napredovanie, pokrok, postup **2.** vývoj
progress v. robiť pokroky, postupovať
progressive [prə'gresiv] adj. pokrokový
prohibit [prə'hibət] v. **1.** zakázať **2.** zabrániť
prohibition [,prəuhə'bišən] n. zákaz, prohibícia
project [prodžekt] n. projekt, úloha
project [prə'džekt] v. navrhnúť, projektovať
prolific [prə'lifik] adj. plodný
prologue [prəulog] n. prológ
prolong [prə'loŋ] v. predĺžiť
prolongation [,prəuloŋ'geišən] n. predĺženie
prominent [promənənt] adj. vynikajúci, význačný, po-

predný
promise [proməs] n. sľub, prísľub
promise v. sľúbiť
promontory [proməntəri] -ie- n. mys, útes, výbežok
promote [prə′məut] v. **1.** povýšiť **2.** propagovať **3.** podporovať
promotion [prə′məušən] n. **1.** povýšenie **2.** propagácia **3.** podpora
prompt [prompt] v. **1.** vnuknúť, navodiť **2.** šepkať
prompt adj. **1.** okamžitý, pohotový **2.** presný
promulgate [proməlgeit] v. vyhlásiť
prone [prəun] adj. náchylný k
pronoun [prənaun] n. zámeno
pronounce [prə′nauns] v. **1.** vyslovovať **2.** prehlásiť
pronunciation [prə,nansi′eišən] n. výslovnosť
proof [pru:f] n. **1.** dôkaz **2.** skúška, test
proof adj. odolný
prop [prop] n. podpera
prop -pp- v. podoprieť, oprieť
propagate [propəgeit] v. rozširovať, šíriť, propagovať
propagation [,propə′geišən] n. propagácia
propel [prə′pel] -ll- v. poháňať
proper [propə] adj. správny, vhodný
property [propəti] -ie- n. **1.** majetok, vlastníctvo • *private property* súkromné vlastníctvo **2.** nehnuteľnosť
prophecy [profəsi] n. proroctvo
prophet [profət] n. prorok, veštec
proportion [prə′po:šən] n. **1.** pomer • *in proportion to* v pomere **2.** časť
proposal [prə′pəuzəl] n. návrh, ponuka
propose [prə′pəuz] v. navrhnúť, podať návrh, predložiť
proprietary [prə′praiətəri] n. vlastníctvo
proprieties [prə′praiətiz] n. pl. zásady slušnosti
proprietor [prə′praiətə] n. vlastník, majiteľ
propriety [prə′praiəti] -ie- n. slušnosť, zdvorilosť

pros and cons [ˌprəuz ən ˈkonz] n. *the p. and c.* dôvody pre a proti

prosaic [prəuˈzeiik] adj. prozaický

prosaist [prəuzeiist] n. prozaik

prosecute [prosikju:t] v. súdne stíhať, žalovať

prosecution [ˌprosiˈkju:šən] n. stíhanie, žaloba, výkon

prosecutor [prosikju:tə] n. žalobca, prokurátor

prospect [prospekt] n. výhľad, perspektíva

prospective [prəˈspektiv] adj. prípadný, pravdepodobný

prosper [prospə] v. dariť sa, prosperovať

prosperity [prosˈperiti] n. blahobyt

prosthesis [prosˈθi:səs] n. protéza

prostitution [ˌprostiˈtju:šən] n. prostitúcia

protect [prəˈtekt] v. chrániť pred *from*, hájiť

protection [prəˈtekšən] n. ochrana, chránenie

protector [prəˈtektə] n. ochranca

protest [prəutest] n. protest, námietka

protest [prəˈtest] v. protestovať, namietať

protocol [prəutəkol] n. protokol

protract [prəˈtrækt] v. naťahovať, zdržiavať

protrude [prəˈtru:d] v. vyčnievať, trčať

protuberance [prəˈtju:bərəns] n. hrča, opuchlina

proud [praud] adj. hrdý na *of*, pyšný

prove [pru:v] v. dokázať

proverb [provə:b] n. príslovie

provide [prəˈvaid] v. obstarať si, zadovážiť si

provided [prəˈvaidəd] conj. za predpokladu

providence [provədəns] n. prozreteľnosť

province [provins] n. provincia, oblasť

provision [prəˈvižən] n. opatrenie

provisional [prəˈvižənəl] adj. dočasný, prechodný

provocation [ˌprovəˈkeišən] n. provokácia

provoke [prəˈvəuk] v. **1.** provokovať **2.** podnietiť, vyvolať

proximate [proksəmət] adj. najbližší, priamy
prudence [pru:dəns] n. opatrnosť
prudent [pru:dənt] adj. obozretný, opatrný, prezieravý
prune [pru:n] v. 1. obstrihať *stromy* 2. skrátiť
psalm [sa:m] n. žalm
pseudonym [sju:dənim] n. pseudonym
psychiatrist [sai´kaiətrist] n. psychiater
psychiatry [sai´kaiətri] n. psychiatria
psychic [saikik] adj. telepatický, psychický
psychologist [sai´kolədžist] n. psychológ
psychology [sai´kolədži] n. psychológia
pub [pab] n. *hovor.* krčma
puberty [pju:bəti] n. puberta, dospievanie
public [pablik] adj. 1. verejný • *in public* verejne 2. štátny • *public holiday* štátny sviatok
public n. verejnosť
poublic-address system [,pablik ə´dres,sistəm] n. miestny rozhlas

publication [,pablə´keišən] n. uverejnenie, vydanie
public house [,pablik ´haus] n. hostinec
publicist [pablisist] n. publicista
publicity [pa´blisəti] n. 1. publicita 2. propagácia
public school [,pablik´sku:l] n. stredná súkromná škola
publish [pabliš] v. vydať, publikovať, uverejniť
publisher [pablišə] n. vydateľ, nakladateľ
pudding [pudiŋ] n. 1. múčnik, dezert 2. puding 3. jaternica *krvavnička*
puddle [padl] n. kaluž, mláka
puff [paf] v. dychčať, fučať
puke [pju:k] v. zvracať
pull [pul] v. 1. ťahať 2. potiahnuť 3. vytiahnuť, vytrhnúť • *pull ahead* predbehnúť • *pull away* pohnúť sa • *pull apart* roztrhať • *pull sth down* zbúrať • *pull sth off* zvládnuť • *pull up* zastaviť
pullover [puləuvə] n. sveter
pulmonary [palmənəri] adj.

pľúcny
pulp [palp] n. dužina, dreň
pulpit [pulpit] n. **1.** kazateľnica **2.** kázanie
pulsate [pal´seit] v. **1.** biť, tlcť **2.** pulzovať
pulse [pals] n. pulz, tep
puma [pju:mə] n. *zool.* puma
pump [pamp] n. čerpadlo, pumpa
pump v. **1.** čerpať, pumpovať **2.** striekať
pumpkin [pampkən] n. tekvica
punch [panč] v. udrieť
punctual [pŋəkčuəl] adj. presný, dochvíľny
puncture [paŋkčə] n. defekt
punish [paniš] v. potrestať
punishment [panišmənt] n. trest, potrestanie
punitive [pju:nitiv] adj. trestný
punster [panstə] n. vtipkár
pupil [pju:pəl] n. žiak
puppet [papət] n. bábika
puppy [papi] *-ie-* n. šteňa
purchase [pə:čəs] v. kúpiť, získať
purchaser [pə:čəsə] n. kupujúci
pure [pjuə] adj. **1.** čistý, rýdzi **2.** poctivý, čestný
purebred [pjuəbred] adj. čistokrvný
purgatory [pə:gətəri] *-ie-* n. očistec
purge [pə:dž] v. očistiť sa
purity [pjuərəti] n. čistota, rýdzosť
purple [pə:pəl] adj. fialový
purpose [pə:pəs] n. účel, zámer ● *on purpose* zámerne
purposeless [pə:pəsləs] adj. bezcieľny, bezúčelný
purposely [pə:pəsli] adv. zámerne, naschvál
purse [pə:s] n. **1.** peňaženka **2.** kabelka *Am.*
pursue [pə´sju:] v. sledovať, ísť, prenasledovať
pursuit [pə´sju:t] n. prenasledovanie, stíhanie
purview [pə:vju:] n. rozsah
pus [pas] n. hnis
push [puš] v. **1.** tlačiť sa, tisnúť sa **2.** *push aside* odstrčiť **3.** *push back* zatlačiť **4.** *push out* vystrčiť
push-button [puš,batn] adj. tlačidlový
pushcart [puška:t] n. vozík, kára
pushchair [puščeə] n. kočík

skladací
pustule [pastju:l] n. vriedok
put [put] *-tt- put, put* v. **1.** položiť, dať **2.** uložiť **3.** povedať, vyjadriť **4.** zapísať **5.** *put° aside* odložiť **6.** *put° away* odstrániť **7.** *put° back* vrátiť **8.** *put° up* zvýšiť ceny • *put° sth away* odložiť • *put° back* odročiť • *put° down* zapísať si • *put° in for* požiadať • *put° on* obliecť sa
putrefy [pju:trifai] v. hniť
putsch [puč] n. puč
putty [pati] n. tmel, git
puzzle [pazəl] v. zmiasť
puzzle n. hádanka, hlavolam
pyjamas [pəˊdža:məs] n. pl. pyžamo
pyorrhoea [ˌpaiəˊriə] n. paradentóza
pyramid [pirəmid] n. pyramída
pyrotechnics [ˌpaiərəuˊtekniks] n. pl. ohňostroj

Q

quack [kwæk] n. *hovor.* mastičkár
quad [kwod] n. *hovor.* dvor
quadrate [kwoˊdreit] v. prispôsobiť
quadratic [kwoˊdrætik] adj. štvorcový
quadrilateral [ˌkwodriˊlætərəl] adj. štvorstranný
quadruped [kwodruped] n. štvornožec
quadruplet [kwodruplət] n. štvorča
quail [kweil] n. *zool.* prepelica
quaint [kweint] adj. svojrázny, kuriózny
quake [kweik] v. triasť sa, chvieť
qualification [ˌkwoləfəˊkeišən] n. kvalifikácia, spôsobilosť
qualify [kwoləfai] *-ie-* v. získať kvalifikáciu
qualitative [kwolitətiv] adj. kvalitatívny
quality [kwoləti] *-ie-* n. kvalita
qualm [kwo:m] n. nevoľnosť

quantify [kwontifai] v. stanoviť
quantitative [kwontitətiv] adj. kvantitatívny
quantity [kwontəti] *-ie-* n. 1. množstvo, počet 2. *mat.* veličina
quarantine [kworənti:n] n. karanténa
quarrel [kworəl] n. spor, hádka
quarrel *-ll-* v. vadiť sa, hádať
quarry [kwori] *-ie-* n. 1. lom, kameňolom 2. korisť, obeť
quarry v. dolovať, dobývať
quarter [kwo:tə] n. 1. štvrtina, štvrť 2. štvrťrok 3. mestská štvrť
quartet [kwo:ˊtet] v. chvieť sa *hlas*
quay [ki:] n. mólo
queen [kwi:n] n. kráľovna
queer [kwiə] adj. čulý, zvláštny
query [kwiəri] *-ie-* n. otázka, pochybnosť
query v. pochybovať
quest [kwest] n. hľadanie

question [kwesčən] n. otázka

questionable [kwesčənəbəl] adj. otázny, neistý

question mark [kwesčən ma:k] n. otáznik

questionnaire [‚kwesčə-´neə] n. dotazník

queue [kju:] n. rad, zástup

queue v. stáť v rade

quick [kwik] adj. **1.** rýchly **2.** bystrý, pohotový

quiet [kwaiət] adj. tichý, pokojný ● *keep° quiet!* buď ticho!

quill [kwill] n. vtáčie pierko

quilt [kwilt] n. paplón

quirk [kwə:k] n. náhoda, okolnosť

quit [kwit] -tt- quit/quitted v. *hovor.* prestať, nechať, opustiť

quite [kwait] adv. celkom, úplne

quitter [kwitə] n. zbabelec

quiver [kwivə] v. chvieť sa, triasť sa

quiz [kwiz] n. kvíz

quotation [kweə´teišən] n. **1.** citát **2.** cenová ponuka

quote [kweut] v. citovať

R

R, r [a:] písmeno r
rabbet [ræbit] n. drážka
rabbi [ræbai] n. rabín
rabbit [ræbit] n. králik
rabble [ræbl] n. zberba
rabid [ræbid] adj. zúrivý, nahnevaný na koho *on*
rabies [reibi:z] n. besnota
race [reis] n. **1.** závod, dostihy **2.** druh, rasa
race v. **1.** bežať **2.** závodiť
racial [reišl] adj. **1.** rasový **2.** národnostný • *racial discrimination* rasová diskriminácia
racialism [rei´šəlizəm] n. rasizmus
rack [ræk] n. **1.** polica **2.** škripec **3.** hrazda **4.** lešenie • *put° to the rack* natiahnuť na škripec
rack v. **1.** položiť na policu **2.** napínať, naťahovať **3.** mučiť **4.** zdierať
racket [rækit] n. **1.** tenisová raketa **2.** snežnica **3.** hrmot, lomoz • *stand° the racket* **1.** obstáť na skúške **2.** znášať následky • *go° on the racket* ísť sa zabaviť
racket v. **1.** odrážať *loptičku* **2.** hrmotať, lomoziť **3.** hýriť
racy [roisi] adj. **1.** svojrázny, osobitý **2.** jadrný **3.** plný života
radar [reidə, reida:] n. radar
radial [reidiəl] adj. lúčovitý, radiálny
radiant [reidjənt] n. žiarivý bod, teleso
radiant adj. **1.** žiarivý **2.** lúčovitý **3.** radostný
radiate [reidiit] v. **1.** žiariť, vyžarovať **2.** šíriť
radiation [reidi´eišn] n. žiarenie, radiácia
radical [rædikl] n. **1.** koreň **2.** *polit.* radikál
radical adj. **1.** základný **2.** radikálny
radio [reidiou] n. rádio, rozhlas
radio v. vysielať rádiom
radish [rædiš] n. *bot.* reďkovka
radium [reidiəm] n. rádium
radius [reidiəs] pl. *–i/-ai* n. **1.** lúč **2.** polomer

radix [reidiks] n. **1.** koreň slova **2.** odmocnina
raffle [ræfl] lotéria
raft [ra:ft] n. **1.** plť **2.** kryha
raft v. plaviť sa na plti
rafter [ra:ftə] n. pltník
rag [ræg] n. **1.** handra **2.** pl. *rags* handry, šaty **3.** zdrap
ragamuffin [rægəmafin] n. otrhanec
rage [reidž] n. **1.** hnev, zúrivosť **2.** nadšenie pre *for* **3.** vášeň • *rage of hunger* zúrivý hlad • *have° a rage of hunting* byť vášnivým poľovníkom
rage v. zúriť, hnevať sa na *against, at*
ragged [rægid] adj. **1.** otrhaný **2.** drsný, hrboľatý
ragout [rægu:] n. ragú
ragtime [rægtaim] n. černošská synkopovaná hudba
raid [reid] n. **1.** vpád, útok, nájazd **2.** lúpež • *a raid on the bank* lúpež banky
raid v. prepadnúť
rail [reil] n. **1.** koľaj **2.** zábradlie **3.** ohrada • *go° by rail* ísť vlakom • *go° off the rail* žiť výstredne
rail v. **1.** ohradiť **2.** položiť koľajnice **3.** cestovať vlakom **4.** posmievať sa • *turn into rail* obrátiť na žart
railway [reilwei] n. železnica • *railway accident* železničné nešťastie • *railway carriage* železničný vozeň
railwayman [reilweimən] n. železničiar
railway station [reilwei ˌsteišn] n. železničná stanica
rain [rein] n. dážď
rain v. **1.** pršať **2.** tiecť, padať • *it's raining cats and dogs* leje sa ako z krhly
rainbow [reinbou] n. dúha
raincoat [reinkout] n. plášť do dažďa
rainproof [reinpru:f] adj. nepremokavý
rainy [reini] adj. daždivý • *the rainy weather* daždivé počasie
raise [reiz] v. **1.** dvíhať, zdvihnúť **2.** postaviť **3.** podporovať **4.** spôsobiť **5.** vychovať *Am.* **6.** povýšiť **7.** najímať *do armády* • *raise one's glass* zdvih-

raise

núť pohár k prípitku • *raise one's voice* zvýšiť hlas • *raise taxes* vyberať dane • *raise the question* položiť otázku

raise n. zvýšenie platu

raisin [reizən] n. sušené hrozienko

rake [reik] n. 1. hrable 2. sklon, spád 3. samopašník, rozmarník

rake v. 1. hrabať 2. prezerať, prehrabávať sa • *rake together* pozbierať, zhromaždiť

rally [ræli] n. 1. schôdza, zjazd, politické zhromaždenie 2. zotavenie sa 3. znovupostavenie vojska (po porážke)

rally v. 1. znovu sa zhromaždiť 2. znovu nabrať sily, zotaviť sa

ram [ræm] n. 1. baran 2. baranidlo

ram v. 1. udupať 2. natlačiť, napchať

ramble [ræmbl] n. prechádzka, potulka

ramble v. 1. túlať sa 2. blúzniť

ramification [,ræmifi'keišn] n. 1. rodokmeň 2. rozvetvenie

ramp [ræmp] n. 1. svah 2. rampa 3. *hovor*. zúrivosť

rampage [ræmpeidž] n. zúrenie

rampage v. zúriť

rampant [ræmpənt] adj. 1. zúrivý, divý 2. bujný

rampart [ræmpa:t] n. val, násyp, opevnenie

ran [ræn] p. run

ranch [ra:nš] n. ranč, dobytčia farma

random [rændəm] n. náhoda • *at random* naslepo

randy [rændi] adj. chlípny

rang [ræŋ] p. ring

range [reindž] n. 1. pásmo, reťaz 2. dosah, dostrel 3. strelnica • *within range* na dostrel

range v. 1. zaradiť(sa) 2. namieriť 3. rozprestierať sa 4. potulovať sa po *over*, *along*

ranger [reindžə] n. 1. tulák 2. hájnik, revírnik

rank [ræŋk] n. 1. poradie, sled 2. trieda 3. stupeň, hodnosť

rank v. 1. usporiadať 2. roztriediť 3. mať *hodnosť* 4. patriť medzi *among*

rank adj. **1.** bujný *porast* **2.** stuchnutý, skazený **3.** odporný **4.** jedovatý
ransack [rænsæk] v. **1.** prehľadať **2.** vyplieniť
ransom [rænsəm] n. **1.** výkupné **2.** výpalné
ransom v. vykúpiť sa
rant [rænt] v. chvastať sa
rap [ræp] n. **1.** klepnutie, ťuknutie **2.** *hud.* štýl
rap v. *–pp-* klepnúť, ťuknúť na *at, on*
rapacious [rə´peišəs] **1.** dravý **2.** hladný, žravý
rape [reip] n. **1.** únos, lúpež **2.** znásilnenie
rape v. **1.** uniesť **2.** znásilniť
rapid [ræpid] adj. **1.** rýchly **2.** prudký
rapper [ræpə] n. klepadlo
rapt [ræpt] adj. uchvátený, zaujatý
rapture [ræpčə] n. nadšenie
rare [reə] adj. **1.** riedky **2.** vzácny, výnimočný
rascal [ra:skl] n. lump, darebák
rascaly [ra:skəli] adj. ničomný, lotrovský
rash [ræš] adj. prudký, nerozvážny
rash n. vyrážka

rasp [ra:sp] v. **1.** opíliť, opracovať *pilníkom* **2.** škrípať
raspberry [ra:zbəri] n. malina
rasper [ra:spə] n. pilník, strúhadlo
rat [ræt] n. **1.** potkan **2.** pren. zradca, krysa • *rats!* hlúposť! • *smell° a rat* mať podozrenie, tušiť
rat v. *–tt-* zradiť
ratable [reitəbl] adj. **1.** oceniteľný **2.** zdaniteľný
rat-catcher [ræt ‚kæčə] n. chytač potkanov
ratchet [ræčit] n. **1.** háčik **2.** ozubené koleso
rate [reit] n. **1.** stupeň, trieda **2.** sadzba, cena **3.** miera, podiel **4.** daň **5.** rýchlosť • *at any rate* za každú cenu • *at a high rate* draho • *rate of interest* úroková miera
rate v. **1.** ceniť (si) **2.** zdaniť **3.** vyhrešiť
rate-payer [reit ‚peiə] n. daňový poplatník
rather [ra: ðə] **1.** skôr, radšej **2.** vlastne **3.** dosť, celkom • *the rather that* tým skôr, že • *I would*

rather radšej by som ● *she is rather pretty* je celkom pekná

ratification [ˌrætifiˈkeišn] n. ratifikácia

ratify [rætifai] v. potvrdiť, ratifikovať zmluvu

rating [reitiŋ] n. 1. odhad 2. zdanenie 3. výkonnostná trieda (lode, vozidla)

ratio [reišiou] n. pomer

ration [ræšən] n. dávka, porcia

ration v. zásobovať prídelom

rational [ræšənl] adj. 1. rozumový, racionálny 2. rozumný

rationalize [ræšnəlaiz] v. 1. racionalizovať 2. vysvetľovať rozumom

rattle [rætl] n. 1. rapkáč 2. rachot, hrmot

rattle v. rachotať, hrmotať

rattlesnake [rætlsneik] n. *zool.* štrkáč

rat-trap [rættræp] n. pasca na potkany

raucous [ro:kəs] adj. drsný, chrapľavý

ravage [rævidž] v. spustošiť

ravage n. spustošenie

rave [reiv] v. 1. zúriť 2. blúzniť o *of, about*

ravel [rævl] n. 1. zámotok 2. komplikácia

ravel v. *–ll-* zamotať, zapliesť ● *ravel out* rozpliesť

raven [reivn] n. *zool.* havran

raven v. 1. žrať, hltať 2. pustošiť

ravish [ræviš] v. 1. pren. uchvátiť 2. znásilniť

raw [ro:] adj. 1. surový 2. hrubý, drsný 3. neskúsený ● *raw material* surovina

raw n. rana, odrenina

ray [rei] n. 1. lúč 2. prút, prúžok ● *X-rays* röntgenové lúče

raze [reiz] v. 1. zrovnať 2. škrabať ● *raze to the ground* zrovnať so zemou

razor [reizə] n. britva

razor blade [reizə bleid] n. žiletka

razor edge [reizə ˈedž] n. 1. ostrie noža 2. pren. kritická situácia

razzia [ræziə] n. lúpežný vpád

reach [ri:č] n. 1. dosah 2. rozpätie ● *within reach* na dosah ● *out of reach* mimo dosahu

reach v. 1. siahať 2. dosiah-

nuť **3.** doraziť (kam) **4.** podať
react [ri:æ´kt] v. **1.** vzájomne pôsobiť, reagovať **2.** urobiť protiútok
reaction [ri:´ækšn] **1.** spätné pôsobenie, reakcia **2.** spiatočníctvo
read [ri:d] *read, read* v. **1.** čítať **2.** učiť sa, študovať **3.** *zistiť stav* **4.** platiť *doklad* **5.** vysvetľovať si • *read° aloud* čítať nahlas • *read° for an examination* učiť sa na skúšku • *read° a s.o.´s hand* čítať niekomu z ruky • *read° a riddle* hádať hádanku • *read° out* čítať nahlas • *read° up* dôkladne preštudovať
read [red] adj. sčítaný
reader [ri:də] n. **1.** čitateľ **2.** docent **3.** lektor, korektor
readily [redili] adv. **1.** ochotne **2.** ľahko
reading [ri:diŋ] **1.** čítanie **2.** výklad, interpretácia **3.** prednáška
reading-room [ri:diŋrum] n. čitáreň
ready [redi] adj. **1.** hotový **2.** pohotový **3.** ochotný • *ready money* hotové peniaze • *ready at hand* po ruke • *get° ready* pripraviť sa
ready adv. predom, dopredu
reagent [ri:´eidžənt] *chem.* činidlo
real [riəl] adj. **1.** skutočný, reálny **2.** pravý **3.** prirodzený **4.** vecný
reality [ri:´æliti] n. **1.** skutočnosť, realita **2.** reálnosť
realization [,riəlai´zeišn] n. **1.** uskutočnenie **2.** uvedomenie si, chápanie
realize [riəlaiz] **1.** uskutočniť, splniť, vykonať **2.** uvedomiť si, chápať
really [riəli] adv. skutočne, naozaj
realm [relm] n. kráľovstvo, ríša
realty [riəlti] n. nehnuteľnosť
reap [ri:p] v. **1.** zožať úrodu **2.** pren. zozbierať plody
reaper [ri:pə] n. **1.** žací stroj **2.** žnec
reaping [ri:piŋ] n. žatva
rear [riə] n. zadná časť, tylo • *in the rear* vzadu
rear adj. zadný

rearwards [riəwədz] adv. zozadu

rear v. 1. vychovať 2. postaviť, vztýčiť 3. chovať *dobytok*

rearmament [ri:´a:məmənt] n. znovuvyzbrojenie

rearrange [ri:ə´reindž] v. znovu usporiadať, prestaviť

reason [ri:zən] n. 1. dôvod, príčina 2. rozum, zmysel 3. úsudok • *by reason of* z dôvodu • *by reason that* pretože • *without rhyme and reason* bez dôvodu

reason v. 1. usudzovať 2. tvrdiť, dôvodiť • *reason out the answer* premyslieť si odpoveď

reasonable [ri:zənəbl] adj. 1. rozumný 2. rozumový 3. primeraný 4. znesiteľný

reasoning [ri:zəniə] n. 1. úsudok, úvaha 2. dôvod

reassure [,riə´šuə] v. uistiť

rebate [ri´beit] n. zľava

rebate v. zľaviť

rebel [ri´bel] n. vzbúrenec, rebel

rebel v. –ll- vzbúriť sa proti *against*

rebelion [ri´beljən] n. vzbura

rebirth [ri:´bə:θ] n. znovuzrodenie

rebound [ri´baund] v. odraziť

rebuff [ri´baf] n. 1. odrazenie 2. odmietnutie

rebuff v. 1. odraziť 2. odmietnuť

rebuild [ri:bild] *rebuilt, rebuilt* v. znovu vystavať, prestavať

rebuke [ri´bju:k] n. pokarhanie • *give° a rebuke* pokarhať

rebuke v. pokarhať

rebus [ri:bəs] n. rébus

rebut [ri´bat] v. -tt- 1. odraziť 2. vyvrátiť

recall [ri´ko:l] n. odvolanie, zrušenie

recall v. 1. zavolať späť 2. pripomenúť 3. odmietnuť

recant [ri´kænt] v. odvolať *názor*

recapitulate [,rikə´pitjuleit] v. zhrnúť, zrekapitulovať

recast [ri:´ka:st] *recast, recast* 1. pretaviť 2. prepracovať, pretvoriť

recede [ri´si:d] 1. ustúpiť, cúvať 2. vzdať sa čoho

from **3.** klesať *cena*
receipt [ri´si:t] n. **1.** príjem **2.** potvrdenka **3.** predpis, recept
receipt v. napísať potvrdenku
receive [ri´si:v] v. **1.** prijať, obdržať **2.** prijať *hosťa* **3.** vypočuť **4.** pojať • *receive a loss* utrpieť stratu
receiver [ri´si:və] n. **1.** príjemca **2.** prijímač **3.** slúchadlo **4.** správca konkurznej podstaty
recency [ri:sənsi] n. novota
recent [ri:sənt] nedávny, nový, moderný
reception [ri´sepšn] n. **1.** príjem, prijatie **2.** vnímanie **3.** recepcia
receptionist [ri´sepšənist] n. recepčný
receptive [ri´septiv] adj. vnímavý
recess [ri´ses] n. **1.** prerušenie **2.** ústup **3.** úkryt
recession [ri´sešən] n. **1.** odstúpenie, ustúpenie **2.** odchod **3.** kríza, úpadok *Am.*
recessional [ri´sešənəl] adj. **1.** prázdninový **2.** záverečný
recipe [resipi] n. **1.** návod **2.** recept
recipient [ri´sipiənt] n. príjemca
reciprocal [ri´siprəkəl] adj. **1.** vzájomný **2.** striedavý **3.** odvetný
reciprocate [ri´siprokeit] v. **1.** vzájomne na seba pôsobiť **2.** striedať sa **3.** oplatiť čím *with*
recital [ri´saitl] n. **1.** odriekanie **2.** recitál
recitation [,resi´teišn] n. prednes, recitácia
recite [ri´sait] v. prednášať, recitovať
reckless [reklis] adj. **1.** bezstarostný **2.** bezohľadný
reckon [rekn] **1.** počítať s *with* **2.** ceniť, odhadovať **3.** považovať *for* **4.** vysporiadať sa **5.** spoliehať sa na *upon, on*
reckoning [rekniŋ] n. **1.** účtovanie **2.** odplata
reclaim [ri´kleim] v. **1.** napraviť **2.** skrotiť **3.** znovu získať
reclamation [,reklə´meišn] n. **1.** reklamácia **2.** napravenie
recline [ri´klain] **1.** položiť (sa), ležať **2.** spočívať na

upon **3.** spoliehať sa na *upon*

recluse [ri´klu:s] adj. **1.** uzavretý **2.** osamelý

recognition [,rekəg´nišən] n. poznanie, uznanie

recognizable [rekəgnaizəbl] adj. poznateľný

recognize [rekəgnaiz] v. **1.** poznať **2.** pripustiť, že *that*

recoil [ri´koil] n. **1.** odraz, odskok **2.** trhnutie • *recoil liquid* brzdová kvapalina

recoil v. **1.** odraziť sa, odskočiť **2.** zľaknúť sa čoho *from*

recollect [,rekə´lekt] v. **1.** spomenúť si **2.** spamätať sa

recommend [,rekə´mend] v. doporučiť, odporučiť

recommendation [,rekəmen´deišn] n. doporučenie • *letter of recommendation* doporučený list

recompense [rekəmpens] n. odškodnenie, náhrada

recompense v. odškodniť, nahradiť

reconcile [rekənsail] v. **1.** zmieriť sa **2.** urovnať spor

reconciliation [,rekənsili-´eišn] n. zmierenie

recondite [ri´kondait] adj. **1.** skrytý **2.** tajný

reconnaissance [ri´konisəns] n. prieskum

reconsider [ri: kən´sidə] v. znovu si premyslieť

reconstruct [ri: kən´strakt] v. rekonštruovať, prestavať

reconstruction [ri:kən-´strakšn] n. rekonštrukcia, prestavba

record [re´ko:d] n. **1.** záznam, zápis **2.** *hud.* nahrávka **3.** protokol **4.** *šport.* rekord • *off the record* neúradný • *have° a good (bad) record* mať dobrú (zlú) povesť

record [ri´ko:d] v. **1.** zapísať si, zaznamenať, nahrať **2.** uchovať si v pamäti **3.** reprodukovať

recount [ri´kaunt] v. porozprávať

recoup [ri´ku:p] v. kompenzovať

recourse [ri´ko:s] n. útočište • *have° recourse to* uchýliť sa k

recover [ri´kavə] v. **1.** znovu

získať 2. objaviť 3. zobrať, odňať 4. (vy)nahradiť čas 5. uzdraviť 6. vzkriesiť ● *recover a loss* dostať náhradu za škodu

recreate [rekrieit] v. 1. osviežiť sa, zotaviť sa 2. zabaviť sa

recreation [ˌrekriˈeišn] n. 1. osvieženie, zotavenie 2. zábava

recriminate [riˈkrimineit] v. vzájomne sa obviňovať

recruit [riˈkru:t] v. 1. odviesť na vojnu 2. posilniť sa, občerstviť sa 3. zotaviť sa ● *recruit the fire* priložiť na oheň

recruit n. branec

recruitment [riˈkru:tment] n. odvod

rectangle [rekˌtæŋgl] n. pravouholník

rectangular [rekˈtæŋgjulə] adj. pravouhlý

rectify [rektifai] v. 1. napraviť, opraviť 2. *elektr.* usmerňovať prúd

rector [rektə] n. 1. anglikánsky farár 2. rektor

rectum [rektəm] n. konečník

recuperate [riˈkju:pəreit] v. zotaviť sa, spamätať sa

recuperation [riˈkjupəreišn] n. zotavenie

recur [riˈkə:] v. *-rr-* 1. vracať sa k *to* 2. znovu sa objaviť

recurence [riˈkarəns] n. 1. návrat 2. opakovanie sa

red [red] adj. červený ● *Red Cross* Červený kríž ● *red-letter day* sviatok

red n. 1. červeň 2. rumenec

redact [riˈdækt] v. redigovať

redaction [riˈdækšn] n. redakcia

redactor [riˈdæktə] n. redaktor

redden [redn] v. červenať sa ● *redden with shame* červenať sa od hanby

redeem [riˈdi:m] v. 1. vykúpiť, vysloboditť 2. odpykať 3. zaplatiť, splatiť 4. zachrániť

redemption [riˈdempšən] n. 1. vykúpenie 2. splatenie 3. náprava

rediffusion [ri:diˈfju:žən] n. 1. rozhlas 2. televízny prenos

redintegrate [riˈdi:ntəgreit] v. sceliť, obnoviť

redintegration [ri,dintə-ˊgreišn] n. scelenie, obnovenie

redivision [ri:diˊvižən] n. prerozdelenie

redouble [riˊdabl] v. zdvojnásobiť

redoubt [riˊdaut] n. reduta, pevnosť

redound [riˊdaund] v. 1. prispieť, podporovať 2. padnúť späť na *upon*

redress [riˊdres] v. 1. napraviť krivdu 2. upraviť • *redress the balance* znovunadobudnúť *rovnováhu*

re-dress [ri:ˊdres] v. prezliecť sa

reduce [riˊdju:s] v. 1. zmenšiť, znížiť 2. premôcť 3. priviesť do určitého stavu 4. podrobiť si • *reduce the costs* znížiť náklady • *at reduced prices* za znížené ceny

reduction [riˊdakšn] n. 1. zníženie, redukcia 2. premena 3. podrobenie

redundance [riˊdandəns] n. hojnosť, nadbytok

redundant [riˊdandənt] adj. 1. nadbytočný 2. nepotrebný

red-weed [redwi:d] n. vlčí mak

reed [ri:d] n. 1. rákos, trstina 2. píšťala 3. šíp

re-educate [ri:ˊedjukeit] v. prevychovať

reef [ri:f] n. 1. útes, skalnaté morské pobrežie 2. rudná žila

reef v. *nám.* zvinúť plachty

reek [ri:k] n. 1. dym 2. zápach

reek v. 1. dymiť 2. vyparovať sa 3. páchnuť

reel [ri:l] n. 1. cievka *filmu* 2. navijak 3. valec 4. závrat • *off the reel* rýchlo za sebou

reel v. 1. navíjať, točiť 2. víriť 3. mať závrat 4. tackať sa • *my brain reels* točí sa mi hlava

re-enter [ri:ˊentə] v. znovu vstúpiť do *in*

reeve [ri:v] n. 1. *hist.* richtár 2. hospodár, gazda

refection [riˊfekšn] n. občerstvenie

refectory [riˊfektəri] n. jedáleň

refer [riˊfə:] -rr- v. 1. odkázať, poukázať na *to* 2. odvolávať sa na *to* 3. upo-

zorniť 4. predložiť 5. vzťahovať sa na *to* 6. narážať na *to*
referee [,refə´ri:] n. rozhodca
reference [refrəns] n. 1. odkaz 2. vzťah ku *to* 3. osvedčenie, referencie 4. narážka na *to* • *in (with) reference to* s ohľadom na
referendum [,refə´rendəm] n. verejné hlasovanie, referendum
refill [ri:fil] v. znovu naplniť
refine [ri´fain] v. 1. prečistiť, rafinovať 2. zlepšiť sa
refined [ri´faind] adj. 1. prečistený, rafinovaný 2. jemný, vicibrený 3. strojený
refinery [ri´fainəri] n. rafinéria
refit [ri:fit] v. *-tt-* opraviť
reflect [ri´flekt] v. 1. odrážať svetlo, zrkadliť 2. odraziť sa 3. premýšľať o *on, upon*
reflection [ri´flekšn] n. 1. odraz 2. úvaha 3. reflex 4. zlé svetlo
reflective [ri´flektiv] adj. 1. odrážajúci 2. uvažujúci
reflex [ri:fleks] n. 1. reflex, odraz svetla 2. premietanie
reflex adj. reflexívny
reflexion [ri:´flekšən] p. reflection
reflexive [ri´fleksiv] adj. 1. spätný 2. *gram.* zvratný, reflexívny
reform [ri´fo:m] n. pretvorenie, reforma
reform v. napraviť, pretvoriť, reformovať
reformation [,refə´meišn] n. náprava, reforma
refract [ri´frækt] v. lámať svetlo
refraction [ri´frækšn] n. lámanie svetla
refrain [ri´frein] v. zdržať sa čoho *from*
refrain n. refrén
refresh [ri´freš] v. občerstviť • *refresh o.s.* 1. osviežiť sa 2. zotaviť sa
refreshment [ri´frešmənt] n. občerstvenie, osvieženie
refrigerant [ri´fridžərənt] adj. osviežujúci, chladiaci
refrigerate [ri´fridžəreit] v. chladiť
refrigerator [ri´fridžəreitə] n. chladnička, ľadnička
refuel [ri:fjuəl] v. *-ll-* dopl-

niť palivo
refuge [refju:dž] n. útočisko, prístrešie • *a house of refuge* azylový dom, útulok • *take° refuge* uchýliť sa k pomoci
refugee [,refju´dži:] n. utečenec
refulgence [ri´faldžənsi] n. lesk, žiara
refulgent [ri´faldžənt] adj. žiarivý, trblietavý
refund [ri:´fand] v. vrátiť peniaze, splatiť
refusal [ri´fju:zəl] n. odmietnutie • *give° a refusal* odmietnuť, dať košom
refuse [ri´fju:z] v. odmietnuť
refuse n. odpadky
refute [ri´fju:t] v. vyvrátiť *tvrdenie*
regain [ri´gein] v. znovu získať
regal [ri:gəl] adj. kráľovský
regale [ri´geil] v. bohato pohostiť, hodovať
regalia [ri´geiliə] n. pl. kráľovské korunovačné klenoty
regard [ri´ga:d] n. 1. pohľad 2. zreteľ 3. ohľad 4. úcta 5. pozdrav • *in regard of* vzhľadom k • *with regard to* pokiaľ sa týka
regard v. 1. dívať sa, hľadieť 2. mať ohľad 3. týkať sa 4. chovať sa ku komu 5. považovať za *as* • *as regards* pokiaľ sa týka
regardful [ri´ga:dfəl] adj. majúci ohľad ku *of*, úctivý
regardless [ri´ga:dlis] adj. 1. nedbanlivý 2. ľahostajný
regatta [ri´gætə] n. regata, veslársky závod
regenerate [ri´dženəreit] v. obnoviť (sa), znovuzrodiť (sa)
regenerate adj. znovuzrodenie, obrodenie
regent [ri:džənt] n. panovník
regicide [redžisaid] n. 1. kráľovražda 2. kráľovrah
régime [rei´ži:m] n. 1. režim 2. životospráva
regimen [redžimen] n. životospráva, diéta
regiment [redžimənt] n. pluk
region [ri:džn] n. 1. krajina 2. kraj, región
regional [ri:džənəl] adj. krajový, oblastný, regionálny
register [redžistə] n. 1. zoznam 2. zápis, záznam 3.

reinstate

register 4. regulátor
register v. 1. zapísať sa do zoznamu 2. zaznamenať, registrovať • *register a letter* poslať doporučene list
registrar [,redžis´tra:] n. matrikár
registration [,redžis´treišn] n. registrácia, zapísanie
registry [redžistri] n. 1. matričný úrad 2. zápis, registrácia • *registry office* úrad práce
regnant [regnənt] adj. vládnúci, prevládajúci
regress [ri:gres] n. návrat
regress v. vracať sa
regression [ri´grešən] n. 1. spätný pohyb 2. návrat
regressive [ri´gresiv] adj. spätný
regret [ri´gret] n. 1. ľútosť 2. sklamanie • *express regret for* vysloviť poľutovanie nad
regular [regjulə] adj. 1. pravidelný 2. poriadny, správny 3. rehoľný
regular n. rádový kňaz
regularity [,regju´læriti] n. pravidelnosť
regulate [regjuleit] v. 1. regulovať, usmerňovať, kontrolovať 2. usporiadať
regulation [,regju´leišn] n. 1. regulácia, usmerňovanie, kontrola 2. predpis, smernica
regulation adj. predpísaný • *regulation speed* predpísaná rýchlosť
rehabilitate [,ri:ə´biliteit] v. rehabilitovať
rehearsal [ri´hə:sl] n. divadelná skúška, nácvik • *dress rehearsal* generálna skúška
rehearse [ri´hə:s] v. skúšať, nacvičovať
reign [rein] v. vládnuť, panovať nad *over*
reign n. vláda, panovanie
reimburse [,ri:im´bə:s] v. hradiť *výdavky*
rein [rein] n. uzda • *give° reins* popustiť uzdu
rein v. držať na uzde, ovládať
reindeer [reindiə] n. *zool.* sob
reinforce [ri:in´fo:s] v. posilniť • *reinforced concrete* železobetón
reinstate [ri:in´steit] v. 1. vrátiť do pôvodného stavu

2. znovu dosadiť

reinterpretation [ri:in,tə:pri´teišn] n. prehodnotenie

reiterate [ri:´itəreit] v. opakovať, opätovať

reject [ri´džekt] v. odmietnuť, zamietnuť

rejection [ri´dženšn] n. odmietnutie

rejoice [ri´džois] v. **1.** radovať sa, tešiť sa z *in* **2.** oslavovať

rejoin [ri´džoin] v. odpovedať, odvetiť

rejoinder [ri´džoində] n. odpoveď, replika

relapse [ri´læps] n. recidíva, návrat *choroby*

relapse v. opäť sa zhoršiť

relate [ri´leit] v. **1.** porozprávať **2.** uviesť do vzťahu s *to, with* **3.** vzťahovať sa k *to*

related [ri´leitid] n. príbuzný

relation [ri´leišn] n. **1.** vzťah, pomer **2.** príbuzenstvo **3.** príbeh, rozprávanie ● *in relation to* pokiaľ sa týka

relative [relətiv] adj. **1.** pomerný, relatívny **2.** vzťahujúci sa k **3.** príbuzný

relative n. príbuzný

relax [ri´læks] v. **1.** povoliť, uvoľniť **2.** zmierniť **3.** rozptýliť sa **4.** zotaviť sa

relaxation [,ri:læk´seišn] n. **1.** povolenie **2.** odpočinok **3.** zábava

relay [ri:´lei] n. **1.** smena, striedanie **2.** *šport.* štafeta **3.** zásoba ● *relay race* štafetový beh

relay v. *relaid, relaid* **1.** prepriahnuť **2.** pracovať na smeny

release [ri´li:s] n. **1.** oslobodenie, vypustenie **2.** vypustenie *bomby* **3.** prepustenie *z miesta* **4.** zbavenie sa **5.** zrieknutie sa *nárokov, majetku*

release v. **1.** uvoľniť, prepustiť **2.** vypustiť *bombu* **3.** odpustiť **4.** vzdať sa *nárokov,* zriecť sa **5.** premietať *film v premiére* ● *release one´s right* vzdať sa svojho práva

relegate [religeit] v. **1.** vypovedať **2.** prepustiť, degradovať

relent [ri´lent] v. **1.** obmäkčiť sa **2.** ochabnúť

relentless [ri´lentlis] adj. ne-

remember

milosrdný
relevance [relivəns] n. závažnosť
relevant [relivənt] adj. 1. dôležitý, závažný 2. týkajúci sa čoho *to*
reliable [ri´laiəbəl] adj. spoľahlivý
reliability [ri, laiə´biliti] n. spoľahlivosť
reliance [ri´laiəns] n. dôvera, spoľahnutie sa na *on, upon*
relic [relik] n. 1. pamiatka, relikvia 2. pl. pozostatky
relief [ri´li:f] n. 1. uľahčenie 2. podpora 3. reliéf, kontrast
relieve [ri´li:v] v. 1. odľahčiť 2. pomôcť, podporiť 3. oslobodiť 4. zbaviť čoho *of* • *relieve one´s feelings* uľaviť svojim citom
religion [ri´lidžən] n. náboženstvo
religious [ri´lidžəs] adj. 1. náboženský 2. zbožný 3. svedomitý
relish [reliš] n. 1. príjemná chuť, príchuť 2. pochúťka 3. záľuba v *for*
relish v. 1. pochutnávať si 2. pochvaľovať si 3. mať radosť z čoho, tešiť sa
reluctant [ri´laktənt] adj. 1. neochotný, zdráhavý 2. odporujúci, priečny
rely [ri´lai] v. spoliehať sa na *on*
remain [ri´mein] n. 1. zvyšok, zostatok 2. telesné pozostatky
remain v. zvyšovať, zostávať
remake [ri:meik] v. prerobiť, pretvoriť
remake n. nové spracovanie filmu
remark [ri´ma:k] n. poznámka • *worthy of remark* pozoruhodný • *make° a remark* poznamenať
remark v. 1. všimnúť si 2. poznamenať, podotknúť o *on, upon*
remarkable [ri´ma:kəbəl] adj. pozoruhodný
remediable [ri´mi:diəbəl] adj. vyliečiteľný
remedial [ri´mi:diəl] adj. liečivý, hojivý
remedy [remidi] n. 1. liek 2. náprava 3. pomoc
remedy v. napraviť
remember [ri´membə] v. 1.

311

pamätať si, rozpomenúť sa 2. zmieniť sa o 3. dať sprepitné
remembrance [ri'membrəns] n. 1. spomienka, pamiatka na *of* 2. pamäť 3. pl. pozdravy • *bear in remembrance* mať v pamäti • *put° in remembrance* pripomenúť
remind [ri'maind] v. pripomenúť komu čo *of*
reminiscence [ˌremi'nisns] n. 1. spomienka, spomínanie 2. črta 3. pl. pamäti
reminiscent [ˌremi'nisənt] adj. pripomínajúci čo *of*
remiss [ri'mis] adj. 1. nedbalý, lenivý 2. ochabnutý
remission [ri'mišən] n. 1. odpustenie, prepáčenie 2. povolenie, ochabnutie
remit [ri'mit] *-tt-* v. 1. prepáčiť, odpustiť 2. zmierniť 3. poukázať *peniaze* 4. odoslať
remitance [ri'mitəns] n. 1. odoslanie 2. úhrada
remitee [ˌremi'ti:] n. príjemca poukázaných peňazí
remnant [remnənt] n. zvyšok
remodel [ri:modl] *-ll-* v. pretvoriť
remonstrance [ri'monstrəns] n. námietka, protest
remonstrate [remonstreit] v. protestovať proti *against*, u koho *with*
remorse [ri'mo:s] n. výčitka, ľútosť • *without remorse* neľútostne, bezcitne
remote [ri'mout] adj. vzdialený • *remote control* diaľkové ovládanie
remount [ri'maunt] v. 1. vystúpiť na 2. vysadnúť *na koňa*
re-mount [ri:'maunt] v. znovu nasadiť
removable [ri'mu:vəbəl] adj. odstrániteľný
removal [ri'mu:vl] n. 1. preprava 2. odstránenie, odvolanie 3. premiestnenie, presťahovanie
remove [ri'mu:v] v. 1. odstrániť 2. vzdialiť sa 3. presťahovať sa 4. vylúčiť *zo školy* 5. prepustiť *z miesta*
remove n. 1. odstup, vzdialenosť 2. postup *do vyššieho ročníka*
removed [ri'mu:vd] adj. 1.

repair

vzdialený, odľahlý **2.** odlišný
remunerate [ri´mju:nəreit] v. odmeniť, zaplatiť
remuneration [ri,mju:nə´reišn] n. **1.** plat, mzda **2.** odmena
renaissance [rə´neisəns] n. renesancia *epocha*
rename [ri:´neim] v. premenovať
rend [rend] v. *rent, rent* **1.** rozštiepiť **2.** strhať, strhávať, šklbať **3.** vyvrať ● *rend° one´s hair* trhať si vlasy
render [rendə] v. **1.** oplatiť, splácať **2.** vydať *pevnosť* **3.** vykonať **4.** predložiť *účty* **5.** porozprávať **6.** preložiť ● *render good for evil* zlé oplatiť dobrým ● *render an account of* popísať ● *render useless* urobiť zbytočným ● *render the meaning* podať vysvetlenie ● *render help* pomôcť ● *render thanks* poďakovať
rendering [rendriŋ] n. **1.** preklad **2.** reprodukcia, vyobrazenie
rendezvous [rondivu:] n. miesto stretnutia
renegade [renigeid] n. odpadlík
renew [ri´nju:] v. obnoviť, osviežiť
renewal [ri´nju:əl] n. obnova
renounce [ri´nauns] v. **1.** zriecť sa, vzdať sa **2.** odvolať
renovate [renoveit] v. obnoviť
renown [ri´naun] n. sláva
renowned [ri´naund] adj. slávny, povestný
rent [rent] n. **1.** nájomné, renta **2.** trhlina, škára ● *money rent* peňažná renta
rent v. najať, prenajať za *at*
rent p. rend
rental [rentəl] n. nájomné
renter [rentə] n. prenajímateľ, nájomník
renunciation [ri, nansi´eišn] n. vzdanie sa, zrieknutie sa
reopen [ri:oupn] v. **1.** znovu otvoriť **2.** začať odznova
reorganization [ri:,o:gə nai´zeišn] n. reorganizácia
reorganize [ri:´o:gənaiz] v. reorganizovať
repair [ri´peə] n. **1.** oprava

2. dobrý stav • *in good repair* v dobrom stave • *out of repair* v zlom stave • *keep° in repair* udržiavať v poriadku

repair v. **1.** opraviť **2.** nahradiť **3.** odísť, uchýliť sa ku komu *to*

reparable [repərəbl] adj. napraviteľný

reparation [,repə'reišn] n. **1.** oprava **2.** náhrada, odškodné

repartee [repa:'ti:] n. vtipná odpoveď

repast [ri'pa:st] n. **1.** jedlo **2.** hostina

repatriate [ri:pætrieit] v. poslať späť do vlasti

repay [ri:'pei] v. *repaid, repaid* splatiť, nahradiť

repayment [ri:'peimənt] n. splátka, náhrada

repeal [ri'pi:l] v. odvolať, zrušiť

repeat [ri'pi:t] v. **1.** opakovať **2.** reprodukovať

repeatedly [ri'pi:tidli] adv. znova a znova

repel [ri'pel] *-ll-* v. **1.** zahnať, odraziť **2.** odpudzovať **3.** zamietnuť

repent [ri'pent] v. ľutovať, kajať sa z *of*

repentance [ri'pentəns] n. ľútosť, pokánie

repercussion [ri:pə:'kašn] n. **1.** odraz **2.** ozvena

repertoire [repətwa:] n. repertoár

repetition [repi'tišn] n. opakovanie

repine [ri'pain] v. ponosovať sa, sťažovať sa na *at*

replace [ri'pleis] v. **1.** položiť *na predchádzajúce miesto* **2.** nahradiť kým *by*

replacement [ri'pleis'mənt] n. **1.** preloženie **2.** náhrada • *replacement of worn-out parts* náhrada opotrebovaných častí

replant [ri:'pla:nt] v. znovu zasadiť, presadiť

replete [ri'pli:t] adj. **1.** plný čoho *with* **2.** sýty

replica [replikə] n. replika, kópia

replicate [repli'keit] v. robiť kópiu

reply [ri'plai] v. odpovedať na *upon, to*

reply n. odpoveď • *in reply to* ako odpoveď na

report [ri'po:t] n. **1.** povesť **2.** správa, referát **3.** výstrel, rana **4.** školské vysvedčenie • *make° report* podať správu

report v. **1.** podať správu, hlásiť **2.** predniesť **3.** písať správu *do novín* • *it is reported* hovorí sa, že

reportage [repo:'ta:ž] n. reportáž

reporter [ri'po:tə] n. reportér, spravodaj

reposal [ri'pouzl] n. oddych, spánok

repose [ri'pouz] v. **1.** uložiť sa k odpočinku, odpočívať **2.** dôverovať **3.** spočívať na *on, upon*

repose n. odpočinok

repository [ri'pozitəri] n. **1.** skladisko, sklad **2.** nálezisko, zdroj **3.** schránka

reprehend [repri'hend] v. karhať, hrešiť

reprehension [repri'henšən] n. výčitka, pokarhanie

represent [repri'zent] v. **1.** predstavovať, znázorňovať **2.** popísať **3.** zastupovať **4.** reprezentovať

representation [reprizen-'teišn] n. **1.** predstavenie, znázornenie **2.** popísanie **3.** zastúpenie, zastupiteľstvo

representative [repri'zentətiv] adj. **1.** predstavujúci, typický **2.** zastupujúci koho, čo *of*

representative n. **1.** predstaviteľ, typ **2.** zástupca **3.** poslanec *Am.*

repress [ri'pres] v. potlačiť

reprieve [ri'pri:v] v. odložiť, odročiť

reprieve n. **1.** lehota **2.** odročenie

reprimand [ripri'ma:nd] n. pokarhanie

reprimand v. pokarhať

reprisal [ri'praizl] n. odveta

reproach [ri'prouč] n. **1.** výčitka, hana **2.** hanba, potupa • *without reproach* bezúhonný

reproach v. vyčítať, zazlievať

reprobate [reprobeit] n. zatratenec

reprobate adj. zatratený, hanebný

reprobate v. zavrhnúť, odsúdiť

reproduce [ri:prə'dju:s] v. reprodukovať, obnoviť

reproduction [ri:prə'dakšn] n. reprodukcia

reproof [ri´pru:f] n. výčitka, pokarhanie
reprove [ri´pru:v] v. vyčítať, pokarhať
reptile [reptail] n. plaz
republic [ri´pablik] n. republika
republican [ri´pablikən] adj. republikánsky
repudiate [ri´pju:dieit] v. **1.** zriecť sa, zavrhnúť **2.** neuznať *dlh, záväzky*
repugnance [ri´pagnəns] n. **1.** odpor, nechuť ku *to, against* **2.** nezlúčiteľnosť s *of, between, with, in*
repugnant [ri´pagnənt] adj. **1.** odporný **2.** priečiaci sa, vzdorujúci
repulse [ri´pals] n. **1.** zahnanie, odrazenie **2.** odmietnutie • *meet° with a repulse* dostať košom
repulse v. odraziť, odmietnuť
repulsion [ri´palšən] n. odmietnutie
reputable [replutəbəl] adj. vážený, ctený
reputation [repju´teišn] n. **1.** vážnosť, úcta **2.** povesť, meno
repute [ri´pju:t] v. vážiť si

repute n. dobré meno, úcta
reputed [ri´pju:tid] adj. predpokladaný
request [ri´kwest] n. **1.** prosba, žiadosť **2.** dopyt po *for* • *by request* na žiadosť • *much in request* veľmi hľadaný
request v. žiadať, požadovať
requiem [rekwiəm] n. zádušná omša
require [ri´kwaiə] v. **1.** žiadať, požadovať od *of* **2.** potrebovať
requirement [ri´kwaiəmənt] n. požiadavka
requisite [rekwizit] n. potreba
requisite adj. potrebný
requisition [rekwi´zišən] n. **1.** žiadosť **2.** pohľadávka
requisition v. **1.** požadovať **2.** rekvirovať, zhabať
requital [ri´kwaitəl] n. **1.** odplata **2.** náhrada
requite [ri´kwait] v. odmeniť sa čím, za *with, for,* odplatiť sa
rescind [ri´sind] v. zrušiť, odvolať
rescission [ri´sižən] n. zrušenie, odvolanie

rescue [reskju:] n. záchrana, oslobodenie

rescue v. zachrániť pred *from*, oslobodiť

research [ri´sə:č] n. bádanie, skúmanie, výskum čoho *after, for* • *research worker* výskumník

research v. vyšetrovať, skúmať

reseda [ri´si:də] n. rezeda

resemblance [ri´zembləns] n. podoba, podobnosť s *to, between, of*

resemble [ri´zembəl] v. podobať sa

resent [ri´zent] v. 1. pohoršovať sa, rozhorčovať sa 2. cítiť sa dotknutý

resentful [ri´zentfəl] adj. 1. pohoršený 2. nedotklivý

resentment [ri´zentmənt] n. rozhorčenie, nevôľa

reservation [rezə´veišn] n. 1. výhrada 2. zamlčanie, zatajenie 3. rezervácia 4. rezervácia miesta • *without reservation* bezvýhradne

reserve [ri´zə:v] n. 1. zásoba, rezerva 2. záloha 3. výhrada

reserve v. 1. zachovať, uschovať 2. vyhradiť si, rezervovať si • *all rights reserved* všetky práva vyhradené

reserved [ri´zəvd] adj. 1. vyhradený, rezervovaný 2. zdržanlivý, odmeraný 3. mlčanlivý

reservoir [rezəvwa:] n. nádrž, rezervoár

reshuffle [ri:´šafl] n. preskupenie

reside [ri´zaid] n. 1. bývať v *at, in* 2. spočívať

residence [rezidəns] n. sídlo, bydlisko • *have one´s residence* bývať • *take° up one´s residence* usadiť sa

resident [rezidənt] n. stály obyvateľ, usadlík

residential [rezi´denšəl] adj. 1. obytný 2. usadlý, domáci

residual [ri´zidjuəl] n. zvyšok

residual adj. zvyškový

residue [rezidju:] n. zvyšok

resign [ri´zain] v. 1. vzdať sa, rezignovať 2. ponechať

resignation [rezig´neišn] n. odstúpenie z úradu, rezig-

nácia
resilient [ri´ziliənt] adj. pružný
resin [rezin] n. živica, kaučuk
resist [ri´zist] v. 1. odporovať, brániť sa 2. prekážať
resistance [ri´zistəns] n. odpor, prekážka • *offer resistance* klásť odpor
resolute [rezəlu:t] adj. odhodlaný, pevný
resolution [rezə´lu:šən] n. 1. ráznosť, pevnosť, odhodlanie 2. uznesenie 3. rozhodnutie 4. riešenie 5. premena, rozloženie *na časti* • *pass a resolution* uzniesť sa
resolve [ri´zolv] v. 1. rozpustiť (sa), rozložiť 2. vysvetliť 3. uzniesť sa na *upon* 4. rozhodnúť sa • *resolve a doubt* odstrániť pochybnosť
resolve n. 1. odhodlanie 2. uznesenie 3. rozhodnutie
resort [ri´zo:t] n. 1. útočisko 2. východisko 3. navštevované miesto • *health resort* kúpele • *in the last resort* v krajnom prípade

resort v. 1. uchýliť sa k *to* 2. dochádzať kam
resound [ri´zaund] v. 1. ozývať sa, znieť 2. mať ohlas
resource [ri´so:s] n. 1. východisko 2. zdroj, prostriedok 3. zábava
respect [ris´pekt] n. 1. vážnosť, úcta 2. ohľad 3. priazeň 4. pl. pozdravy 5. stránka *veci* • *with respect to, in respect of* vzhľadom k • *in all respects* po všetkých stránkach • *in my respect* podľa môjho názoru
respect v. 1. vážiť si 2. mať ohľad
respectable [ris´pektəbl] adj. úctyhodný
respectful [ris´pektfəl] adj. úctivý
respective [ris´pektiv] adj. 1. vzťahujúci sa 2. vlastný 3. pomerný
respiration [respə´reišn] n. dýchanie, výdych
respire [ris´paiə] v. 1. dýchať 2. oddýchnuť si
respite [respait] n. 1. odročenie 2. prestávka, úľava
respite v. 1. odložiť, odročiť

2. uľahčiť komu
resplendence [ris´plendəns] n. žiara, lesk
resplendent [ris´plendənt] adj. žiarivý, lesklý
respond [ris´pond] v. odpovedať
response [ris´pons] n. 1. odozva, reakcia 2. odpoveď
responsibility [ris,ponsə´biliti] n. 1. zodpovednosť, ručenie 2. schopnosť platenia *Am.*
responsible [ris´ponsəbl] adj. zodpovedný za *for*
responsive [ris´ponsiv] adj. citlivý, vnímavý
rest [rest] n. 1. odpočinok, kľud 2. spánok 3. prestávka, oddych 4. smrť 5. zvyšok 6. podstavec, podložka • *take° a rest* odpočinúť si • *a rest day* voľný deň • *lay° to rest* pochovať
rest v. 1. odpočívať 2. spočívať na *on, upon* 3. nechať odpočívať 4. spoliehať sa 5. upokojiť sa 6. zostať • *it rests with you* to záleží na vás
restaurant [restəro:ŋ] n. reštaurácia
restful [restfəl] adj. kľudný, pokojný
restiff [restif] p. restive
restitution [resti´tju:šən] n. náhrada, odškodnenie
restive [restiv] adj. tvrdohlavý, neústupný
restless [restlis] adj. nekľudný
restoration [restə´reišn] n. 1. obnovenie 2. uzdravenie
restorative [ris´torətiv] adj. posilňujúci
restore [ris´to:] v. 1. uviesť do pôvodného stavu, zrekonštruovať 2. (na)vrátiť 3. uzdraviť
restrain [ris´trein] v. 1. zdržiavať od *from* 2. krotiť, držať na uzde 3. prekážať v *from* 4. potlačiť
restraint [ris´treint] n. 1. zadržiavanie, brzdenie 2. kontrola 3. nátlak 4. zdržanlivosť • *without restraint* voľne, bez nátlaku
restrict [ris´trikt] v. obmedziť na *to*
restriction [ris´trikšən] n. obmedzenie, prekážka
result [ri´zalt] n. výsledok

• *as a result* následkom toho
result v. 1. vyplývať z *from* 2. mať za následok čo *in*
resultant [riˊzaltənt] adj. výsledný
resume [riˊzju:m] v. 1. začať odznova 2. pokračovať 3. zhrnúť
résumé [rezju:mei] n. obsah, zhrnutie
resumption [riˊzampšən] n. 1. obnovenie 2. pokračovanie *v činnosti* 3. rekapitulácia, prehľad
resurgence [riˊsə:džəns] n. obnova
resurrect [rezəˊrekt] v. vzkriesiť, vstať z mŕtvych
resurrection [rezəˊrekšən] n. zmŕtvychvstanie
resuscitate [riˊsasiteit] v. oživiť, vzkriesiť
retail [ri:teil] n. maloobchod • *by retail* v malom • *retail dealer* maloobchodník
retail [ri:ˊteil] v. 1. predávať v malom 2. podrobne porozprávať
retain [riˊtein] v. 1. podržať, zadržať 2. podržať si, zachovávať si 3. najímať si

retaliate [riˊtælieit] v. odplatiť rovnako
retard [riˊta:d] v. 1. zdržať, spomaliť 2. odročiť
retardation [ri:ta:ˊdeišən] n. 1. oneskorenie, spomalenie 2. prekážka
retch [ri:č] v. zvracať
retell [ri:ˊtel] v. *retold, retold* znovu rozprávať
retention [riˊtenšən] 1. zadržanie 2. väzba, väzenie 3. pamäť
retentive [riˊtentiv] adj. zadržujúci • *retentive memory* dobrá pamäť
reticence [retisəns] n. mlčanlivosť, zdržanlivosť
reticle [retikl] n. sieťka, mriežka
reticular [riˊtikjulə] adj. mriežkovaný
retina [retinə] n. sietnica
retinue [retinju:] n. sprievod, družina
retire [riˊtaiə] v. 1. odobrať sa, odísť 2. ustúpiť 3. odísť do dôchodku 4. ísť spať
retired [riˊtaiəd] adj. 1. žijúci v ústraní 2. skrytý • *retired pay* penzia
retold p. retell

retort [ri´to:t] v. **1.** odplatiť rovnako **2.** ostro odvetiť, odseknúť

retort n. **1.** odveta **2.** ostrá odpoveď

retortion [ri´to:šən] n. **1.** prehnutie **2.** odveta **3.** odseknutie

retouch [ri:´tač] v. opraviť, retušovať

retrace [ri´treis] v. **1.** stopovať **2.** vrátiť sa

retract [ri´trækt] v. zobrať späť, vtiahnuť

retreat [ri´tri:t] n. **1.** ústup **2.** útočisko **3.** súkromie

retreat v. **1.** ustúpiť **2.** vzdialiť sa

retribution [retri´bju:šən] n. **1.** odplata, pomsta **2.** odškodnenie

retrieval [ri´tri:vəl] n. **1.** znovunadobudnutie **2.** záchrana

retrieve [ri´tri:v] v. **1.** znovuzískať **2.** obnoviť, oživiť **3.** nahradiť **4.** zachrániť z *from*

retroaction [retrou´ækšən] n. spätné pôsobenie

retrocede [retrou´si:d] v. vrátiť územie

retrograde [retrougreid] adj. spätný

retrogression [retrou-´grešən] n. spätný pohyb

retrospect [retrouspekt] n. pohľad späť, retrospektíva

retrospective [retrou´spektiv] adj. retrospektívny

retry [ri:´trai] v. obnoviť proces

return [ri´tə:n] n. **1.** návrat **2.** *obch.* obrat **3.** splatenie **4.** odpoveď **5.** odveta • *in return* navzájom • *answer by return of post* odpovedať obratom pošty • *many happy returns* blahoželám

return v. **1.** vrátiť sa **2.** splatiť, nahradiť **3.** odpovedať **4.** priniesť, doporučiť **5.** voliť • *return like for like* oplatiť rovnaké rovnakým • *return one´s love* opätovať lásku niekoho

reunite [ri:ju´nait] v. znovu sa spojiť

rev [rev] n. obrátka

rev v. *–vv-* roztočiť • *rev up* roztočiť, túrovať

reveal [ri´vi:l] v. **1.** odhaliť **2.** ukázať **3.** prezradiť

reveille [ri´veli] n. *voj.* budí-

ček
revel [revl] v. *–ll-* hýriť, veseliť sa, oddávať sa čomu *in*
revel n. hody, hostina
revelation [reviˊleišən] n. odhalenie, zjavenie
revenge [riˊvendž] v. 1. pomstiť sa za *for*, na *upon* 2. oplatiť komu *on, upon*
revenge n. pomsta, odveta ● *have° a revenge on (upon)* pomstiť sa na niekom
revenue [revinju:] n. 1. dôchodok, príjmy 2. dôchodkový úrad ● *board of revenue* finančná komora
reverberate [riˊvə:bəreit] v. odrážať (sa), ozývať sa
revere [riˊviə] v. ctiť si, vážiť si
reverence [revərəns] n. úcta, vážnosť k *of, for, to*
reverend [revərənd] adj. ctihodný, velebný
reverend n. dôstojný pán, kňaz
reverent [revərənt] adj. úctivý
reverse [riˊvə:s] v. 1. obrátiť na ruby 2. zmeniť, vymeniť 3. odvolať, zrušiť ● *reverse the course of events* zvrátiť beh udalostí
reverse n. 1. rub, opak 2. zvrat, obrat 3. neúspech 4. spätný chod ● *the reverse side* opačná strana
reverse adj. obrátený, opačný
reversible [riˊvə:zəbl] adj. 1. zrušiteľný, odvolateľný 2. obojstranný
revert [riˊvə:t] v. 1. vrátiť sa do pôvodného stavu 2. odvrátiť *zrak*
revet [riˊvet] *-tt-* v. obohnať múrom
review [riˊvju:] n. 1. revízia, preskúmanie 2. posudok, kritika
review v. 1. (znovu) prehliadnuť 2. napísať posudok, kritiku (knihy)
revile [riˊvail] v. nadávať
revise [riˊvaiz] v. prehliadnuť, zopakovať, opraviť
revision [riˊvižən] n. prehliadnutie, revízia, oprava
revival [riˊvaivl] n. obrodenie, oživenie
revive [riˊvaiv] v. 1. ožívať, preberať sa 2. oživovať, obnovovať

revocation [revə'keišən] n. odvolanie, zrušenie

revoke [ri'vouk] v. odvolať, zrušiť

revolt [ri'voult] v. 1. vzbúriť sa proti *against* 2. pociťovať odpor z *from* 3. odpadnúť

revolt n. 1. odboj, vzbura 2. odpadnutie ● *rise° in revolt* vzbúriť sa

revolution [revə'lu:šən] n. 1. revolúcia, prevrat 2. obeh, otáčanie, obrátka

revolutionary [revə'lu:šnəri] adj. revolučný

revolve [ri'volv] v. 1. otáčať sa, obiehať 2. uvažovať

revulsion [ri'valšn] n. náhly obrat

reward [ri'wo:d] v. odmeniť sa

reward n. odmena, odplata

rewrite [ri:'rait] v. *rewrote, rewritten* prepísať

rhapsody [ræpsədi] n. rapsódia

rhetoric [retərik] n. rečníctvo

rhetorical [ri'torikəl] adj. rečnícky

rhetorician [retə'rišən] n. rečník

rheumatic [ru:'mætik] adj. reumatický

rhinoceros [rai'nosərəs] n. *zool.* nosorožec

rhododendron [roudə'dendrən] n. *bot.* alpská ruža

rhomb [rom] n. kosoštvorec

rhomboid [romboid] n. kosodĺžnik

rhubarb [ru:ba:b] *bot.* rebarbora

rhyme [raim] n. rým, verš ● *without rhyme and reason* nezmyselný, nezmyselne

rhyme v. rýmovať sa

rhythm [riðem] n. rytmus

rhythmical [riðmikl] adj. rytmický

rib [rib] n. rebro

rib v. 1. rebrovať 2. doberať si niekoho

ribald [ribəld] n. grobian

ribald adj. grobiansky, hrubý

riband [ribənd] p. ribbon

ribbon [ribən] n. 1. stuha, stužka 2. zdrap, handra 3. pl. opraty

rice [rais] n. ryža

rich [rič] adj. 1. bohatý na *in*, zámožný 2. úrodný 3. tučný *jedlo* 4. drahý 5. hu-

morný
riches [ričiz] n. pl. bohatstvo
rick [rik] n. stoh
rickets [rikits] pl. *lek.* krivica
ricochet [rikəšet] n. odrazená rana, odraz
ricochet v. odraziť sa *guľka*
rid [rid] *-dd- rid, rid* v. zbaviť sa čoho *of* • *get° rid of* zbaviť sa čoho
riddance [ridəns] n. zbavenie sa, oslobodenie • *good riddance* dobre, že sme sa ho (toho) zbavili
riddle [ridl] n. 1. hádanka, záhada 2. sito, rešeto
riddle v. 1. hovoriť v hádankách 2. riešiť 3. uhádnuť 4. presievať 5. rozstrieľať
ride [raid] v. *rode, ridden* 1. jazdiť 2. cestovať 3. nosiť sa 4. prechádzať • *ride° a horse* jazdiť na koni • *ride° a bicycle* jazdiť na bicykli • *ride° away* odísť • *ride° down* zísť • *ride° out* prejsť čím • *ride° over* vyhrať • *ride° up* vybočiť
ride n. 1. jazda 2. jazdecká cesta

rider [raidə] n. 1. jazdec 2. dodatková klauzula 3. dodatok, následok, dôsledok 4. *mat.* test
ridge [ridž] n. 1. hrebeň *horský, strešný* 2. rozvodie
ridge v. brázdiť • *ridge up* vyorať brázdy
ridicule [ridikju:l] n. výsmech • *turn into ridicule* zosmiešniť
ridicule v. vysmievať sa
riding [raidiə] n. 1. jazda 2. jazdecká cesta 3. *hist.* turnaj
riding adj. jazdný, jazdecký
rife [raif] adj. hojný, bohatý na *with*
rifle [raifl] n. 1. puška 2. pl. strelci, pechota
rifle v. 1. obrať, olúpiť 2. žliabkovať hlaveň pušky 3. strieľať z pušky
rifleman [raiflmən] n. strelec
rift [rift] n. trhlina, puklina
rift v. roztrhnúť, rozštiepiť
rig [rig] n. 1. výstroj *lode, lietadla* 2. oblečenie *výstroj* 3. žart. 4. podvodný trik, úskok
rig v. vystrojiť, vybaviť *loď, lietadlo* • *rig out, up* vy-

strojiť • *rig up a shelter* narýchlo postaviť úkryt

right [rait] adj. **1.** pravý **2.** rovný, priamy **3.** správny **4.** zdravý • *be° right* mať pravdu • *are you all right now* ste v poriadku • *get° right* **1.** napraviť **2.** osvedčiť sa • *he is all right* **1.** dobre sa mu darí **2.** má pravdu • *right hand* pravá ruka

right n. **1.** právo **2.** pravda **3.** pravica, pravá ruka, pravá strana • *have° a right to* mať právo na • *by right* právom • *to the right* vpravo

right adv. **1.** vpravo **2.** priamo, rovno **3.** správne **4.** práve • *right in the middle* práve uprostred • *it serves him right* dobre mu tak • *eyes right!* vpravo hľaď!

right v. vzpriamiť sa, narovnať sa

righteous [raičəs] adj. **1.** statočný **2.** oprávnený

rightful [raitfəl] adj. **1.** zákonný, právoplatný **2.** statočný, spravodlivý

right-handed [rait´hændid] adj. **1.** pravák **2.** pravotočivý

rightist [raitist] n. *polit*. pravičiar

rightly [raitli] adv. **1.** právom, oprávnene **2.** spravodlivo **3.** správne • *be° right informed* byť správne informovaný

right-minded [rait´maindid] adj. statočný

rigid [ridžid] adj. **1.** tuhý, strnulý **2.** prísny

rigidity [ri´džiditi] n. **1.** tuhosť, pevnosť **2.** prísnosť

rigor [rigo:] n. *lek.* **1.** zimnica **2.** stuhnutie *posmrtné*

rigour [rigə] n. **1.** prísnosť, krutosť **2.** drsnosť *podnebie, počasie*

rigorous [rigərəs] adj. **1.** prísny **2.** krutý

rill [ril] n. potôčik

rim [rim] n. okraj, obruba, lem

rime [raim] n. srieň, inovať

rime p. rhyme

rimer p. reamer

rind [raind] n. **1.** kôra, koža, šupka **2.** výzor, vzhľad

rind v. zbaviť kôry, olúpať

ring [riŋ] n. **1.** prsteň **2.** kruh **3.** zápasište, ring **4.** *pejor.*

banda • *sealing ring* pečatný prsteň • *wedding ring* snubný prsteň

ring v. *rang, rung* 1. zvoniť, znieť 2. vyzváňať 3. krúžkovať 4. krúžiť *vták* 5. objať 6. nastoknúť *prsteň* • *ring° false* znieť falošne • *ring° in one's ears* zvoniť v ušiach • *ring° up* zatelefonovať

ringer [riŋə] n. 1. zvonár 2. zvonidlo

ring-finger [riŋ´fiŋgə] n. prstenník

ringing [riŋiŋ] n. 1. zvonenie 2. hučanie

ringing adj. 1. zvoniaci 2. zvonivý, jasný

ringlet [riŋlit] n. 1. prstienok 2. kučera

ringworm [riŋwə:m] n. lišaj

rink [riŋk] n. klzisko

rink v. korčuľovať sa na kolieskových korčuliach

rinse [rins] v. vypláchnuť • *rinse out* vypláchnuť, premyť • *rinse down* spláchnuť

rinsing [riŋsiŋ] n. 1. vyplachovanie 2. pl. pomyje

riot [raiət] n. 1. výtržnosť, nepokoj 2. vzbura 3. neviazanosť, hýrenie • *run° riot* popustiť uzdu *správanie*

riot v. 1. robiť výtržnosti 2. hýriť

rioter [raiətə] n. 1. výtržník, burič 2. hýrivec

rip [rip] -*pp*- v. 1. trhať (sa) 2. uháňať • *rip off* odtrhnúť sa

rip n. 1. trhlina 2. mrcha, mršina *kôň*

ripe [raip] v. zrieť, dospievať

ripe adj. zrelý, dospelý pre *for*

ripper [ripə] n. trhací stroj

ripple [ripl] n. 1. vlnka, vlnenie 2. kučery

ripple v. vlniť sa, čeriť sa

rise [raiz] v. *rose, risen* 1. vstávať, vzpriamiť sa, zdvihnúť sa 2. vystupovať nad *above* 3. vznikať 4. stúpať, rásť 5. rozmnožiť sa 6. chytiť *rybu* 7. zvýšiť sa, zosilnieť *hlas* 8. povstať, vzbúriť sa • *rise° from the dead* vstať z mŕtvych • *rise° from table* vstať od stola • *rise° up early* vstávať skoro ráno • *prices rise* ceny stúpajú

- *stomach rises* žalúdok sa dvíha
- **rise** n. 1. stúpanie, vzostup 2. svah 3. vznik, pôvod 4. vzkriesenie 5. postup, pokrok 6. východ *slnka* • *rise in the prices* vzostup cien
- **risen** [rizn] p. rise
- **rising** [raiziŋ] n. 1. povstanie, vzbura 2. stúpenie 3. vzkriesenie 4. kvasenie 5. akné • *Slovak National Rising* Slovenské národné povstanie
- **rising** adj. vystupujúci, vznikajúci
- **risk** [risk] n. nebezpečenstvo, riziko • *at one's own risk* na vlastné riziko • *take° the risk of* riskovať
- **risk** v. riskovať
- **risky** [riski] adj. odvážny, riskantný
- **rite** [rait] n. obrad
- **ritual** [ritjuəl] adj. rituálny
- **ritual** n. obrad, rituál
- **rival** [raivl] n. súper(ka), sok(yňa)
- **rival** v. *–ll–* súperiť
- **rive** [raiv] v. rozštiepiť (sa), rozpoltiť (sa)
- **riven** p. rive
- **river** [rivə] n. rieka, prúd • *down/up the river* po prúde, proti prúdu
- **riverbank** [rivə´bænk] n. breh rieky
- **river-horse** [rivəho:s] n. *zool.* hroch
- **riverside** [rivəsaid] n. breh *rieky*
- **rivet** [rivit] n. nit
- **rivet** v. 1. nitovať 2. upierať *pohľad*
- **rivulet** [rivjulit] n. potôčik
- **roach** [rouč] n. *zool.* belica
- **road** [roud] n. cesta, hradská • *be° on the road* byť na cestách • *take° the road* vydať sa na cestu • *be° in the road* byť niekomu v ceste
- **roadman** [roudmən] n. cestár
- **roadside** [roudsaid] n. okraj cesty
- **roadster** [roudstə] n. dvojsedadlové auto
- **roadway** [roudwei] n. vozovka
- **roam** [roum] v. potulovať sa
- **roam** n. túlanie sa
- **roar** [ro:] n. 1. rev 2. hučanie, rachot 3. výbuch

roar v. 1. revať 2. hučať
roaring [ro:riŋ] adj. 1. búrlivý 2. skvelý
roaring n. rev, krik, dunenie
roast [roust] v. piecť (sa), opekať (sa), pražiť *kávu*
roast n. 1. pečienka 2. pečenie
roast adj. pečený
roaster [roustə] n. 1. pekáč 2. stroj *na praženie kávy* 3. kurča *na pečenie*
roasting-jack [roustiŋdžæk] n. ražeň
rob [rob] -bb- v. olúpiť o *of*
robber [robə] n. lupič
robbery [robəri] n. lúpež
robe [roub] n. rúcho, róba • *the long robe* talár
robin [robin] n. červienka
robot [roubot] n. robot, automat
robust [rə´bast] adj. silný, robustný
rock [rok] n. 1. skala, útes 2. hornina 3. kameň *Am.* 4. hudobný štýl • *be° on the rocks* byť v koncoch, na mizine
rock v. 1. kolísať (sa), hojdať (sa) 2. potácať sa 3. otriasť
rock-bottom [rokbotəm] najnižšia úroveň • *reach rock-bottom* dosiahnuť najnižšiu úroveň
rocker [rokə] n. hojdačka
rocket [rokit] n. raketa
rocket v. prudko vyletieť *do výšky*
rocking [rokiŋ] n. hojdanie, kolísanie
rocking adj. hojdajúci sa, kývajúci • *rocking chair* hojdacie kreslo
rock-oil [rok´oil] n. surová nafta
rocky [roki] adj. 1. skalnatý, kamenistý 2. skalný 3. tvrdý 4. neústupný 5. hojdajúci sa
rod [rod] n. 1. prút, tyč 2. palica 3. trstenica 4. dĺžková miera (4,6 m)
rode [roud] p. ride
rodent [roudənt] n. hlodavec
rodomontade [rodəmon´teid] v. chvastať sa
roe [roe] n. 1. srna 2. ikra
roe-buck [roubak] n. *zool.* srnec
rogation [rou´geišn] n. modlitba
rogue [roug] n. 1. darebák, podliak 2. lapaj, figliar 3. tulák 4. burina

rogue v. túlať sa
roisterer [roistərə] n. chvastúň
role [roul] n. rola, herecká úloha
roll [roul] n. 1. zvitok 2. výpis, zoznam 3. vrkoč 4. hromobitie
roll v. 1. gúľať sa, valiť sa 2. vinúť (sa) 3. baliť 4. valcovať 5. dunieť ● *roll up* zvinúť
roller [roulə] n. 1. valec 2. veľká vlna 3. ovínadlo ● *roller skate* kolieskové korčule
rollicking [rolikiŋ] adj. hlučný, žoviálny
rolling [rouliŋ] n. 1. valcovanie 2. dunenie, rachot
rolling-pin [rouliŋ pin] n. kuchynský valček
rolling-stock [rouliŋ stok] n. vozový park
Roman [romən] adj. rímsky
Roman n. Riman ● *Roman Catholic* rímskokatolícky
romance [rəˊmæns] n. 1. poviedka, romanca 2. romantika
romance adj. dobrodružný
Romanesque [romәˊnesk] n. románsky sloh
Romanesque adj. románsky
romantic [rəˊmæntik] adj. romantický, dobrodružný
Rome [roum] n. 1. Rím 2. rímska cirkev
romp [romp] n. 1. vyčíňanie 2. divoška, nezbednica
romp v. vystrájať, vyvádzať
rood [ru:d] n. 1. krucifix 2. plošná miera
roof [ru:f] n. strecha
roof v. zastrešiť
rook [ruk] n. 1. *zool.* havran 2. falošný hráč
rook v. falošne hrať, podvádzať
rookery [rukəri] n. hniezdo *vtáčie*
room [ru:m] n. 1. miestnosť, izba 2. miesto, priestor 3. vôľa, možnosť ● *make° room for* urobiť miesto komu ● *do° the room* upratať si izbu
room v. bývať v podnájme *Am.*
roomer [ru:mə] n. podnájomník *Am.*
roost [ru:st] n. 1. bidlo 2. kurín 3. pren. posteľ ● *at roost* na bidle, v posteli
roost v. sedieť na bidle

root [ru:t] n. 1. koreň 2. pôvod, počiatok 3. základ 4. úpätie ● *get° at the roots of things* dostať sa na koreň veci

root v. 1. zakoreniť (sa) 2. fandiť komu *for* ● *root up, out* vyvrátiť

rope [roup] n. 1. povraz, lano 2. niť 3. viazanica ● *rope of onions* viazanica cibule

rope v. ● *rope in* 1. upevniť *povrazom* 2. podviesť ● *rope off* zatiahnuť *povrazom*

rope-dancer [roup,da:nsə] n. povrazolezec

rorty [ro:ti] adj. slang. radostný, veselý

rosary [rouzəri] n. záhon ruží

rose [rouz] n. 1. ruža 2. ružica 3. ružová farba

rose adj. ružový

rosette [rou´zet] n. ružica

rosin [rozin] n. kolofónia

roster [roustə] n. zoznam

rosy [rouzi] adj. ružový

rot [rot] v. *–tt-* hniť, tlieť ● *rot away* upadať

rot n. 1. hniloba 2. plieseň

rota [routə] n. zoznam, poradie

rotary [routəri] adj. točivý, otáčavý

rotary n. rotor

rotate [rou´teit] v. otáčať sa, krúžiť

rotation [rou´teišən] n. otáčanie, rotácia

rote [rout] n. rutina, zvyk ● *by rote* zo zvyku

rotten [rotən] adj. 1. zhnitý, spráchnivený 2. skazený 3. bezcenný 4. mizerný

rotund [rou´tand] adj. okrúhly, tučný

rouble [ru:bl] n. rubeľ

rouge [ru:ž] adj. červený

rouge n. rúž

rouge v. nalíčiť sa, narúžovať sa

rough [raf] adj. 1. drsný, hrubý 2. nerovný 3. chlpatý 4. neotesaný, surový, nezdvorilý 5. neporiadny ● *rough estimate* hrubý odhad

rough v. 1. zdrsniť 2. zhruba vypracovať 3. drsne zaobchádzať

rough n. 1. hrubý náčrt 2. grobian ● *in the rough* zhruba

rough-cast [rafka:st] n. hru-

bá omietka
rough-cast adj. hrubo omietnutý
rough-cast v. omietať
roughly adv. zhruba
roulette [ru:´let] n. ruleta
round [raund] adj. 1. guľatý, oblý 2. plný, celý 3. hladký • *make° round* zaobliť
round n. 1. guľa 2. kruh 3. náboj 4. obrátka 5. obchôdzka 6. salva • *go° the round* vykonať obchôdzku
round adv. dookola, po rade • *round the table* okolo stola • *round the corner* za rohom • *all round* dookola • *all the year round* po celý rok • *have° a look round* poobzerať sa dookola
round v. 1. zaokrúhľovať 2. zaútočiť na koho *upon* 3. obísť 4. donášať na koho *on* • *round off* zaokrúhliť, zaguľatiť
roundabout [raundəbaut] n. 1. okľuka 2. vyhýbavá reč 3. kolotoč
roundabout adj. 1. nepriamy 2. vyhýbavý

roundly [raundli] adv. 1. okrúhlo, guľato 2. čulo 3. bez okolkov, otvorene, jasne
round-table [raund´teibl] adj. • *round-table conference* rokovanie za okrúhlym stolom
rouse [rauz] v. 1. vyburcovať z *from*, k *out* 2. pobúriť 3. povzbudiť
rout [raut] n. 1. porážka 2. útek
rout v. 1. poraziť 2. zahnať na útek
route [ru:t] n. 1. predpísaná cesta, trasa 2. trať
route v. smerovať
routine [ru:ti:n] n. pravidelný postup
rove [rouv] v. túlať sa
rover [rouvə] n. 1. tulák 2. pirát
row [rou] n. 1. rad 2. veslovanie, člnkovanie 3. krik, lomoz • *in a row* v rade
row v. 1. veslovať 2. pokarhať
row n. krik, hádka, výtržnosť
rowan [rouən] n. jarabina
rowdy [raudi] n. bitkár, darebák

rowdy adj. bitkársky, výtržnícky
rower [rouə] n. veslár
royal [roiəl] adj. 1. kráľovský 2. veľkolepý 3. znamenitý, skvelý
royalist [roiəlist] n. rojalista, monarchista
royalty [roilti] n. 1. kráľovský úrad 2. kráľovská rodina
rub [rab] -bb- v. 1. trieť (sa), škrabať 2. odrieť sa, vydrhnúť 3. brúsiť, leštiť • *rub down* obrúsiť • *rub up* 1. vyleštiť 2. obnoviť, osviežiť
rub n. 1. trenie 2. prekážka 3. výčitka
rubber [rabə] n. 1. guma, kaučuk 2. pl. galoše 3. pilník
rubbish [rabiš] n. 1. smetie, odpadky 2. nezmysel
rubble [rabl] n. úlomky
ruby [ru:bi] n. rubín • *oriental ruby* pravý rubín
ruck [rak] n. záhyb, vráska
rucksack [ruksæk] n. batoh
rudder [radə] n. 1. kormidlo 2. smerovka
ruddy [radi] adj. 1. zdravo červený 2. ryšavý

rude [ru:d] adj. 1. hrubý, drsný 2. prostý 3. drzý 4. prudký, náhly
rudiment [ru:diment] n. 1. základ, začiatok 2. základy
rue [ru:] v. ľutovať
rue n. ľútosť
ruff [raf] n. 1. naberaný golier 2. tromf v kartách
ruffian [rafjən] n. surovec, lotor, darebák
ruffle [rafl] v. 1. zhrnúť, nakrčiť 2. rozčúliť 3. skladať, zbierať 4. plápolať 5. hádať sa, správať sa arogantne
rug [rag] n. 1. prikrývka 2. koberec
rugby [ragbi] n. šport. ragby
rugged [ragid] adj. 1. drsný 2. nevľúdny
rugger [ragə] n. slang. ragby
ruin [ruin] n. 1. zrútenie, pád, skaza 2. zrúcanina • *bring° to ruin* zničiť
ruin v. zničiť, rozpadnúť sa
ruinous [ruinəs] adj. 1. na spadnutie 2. nebezpečný
rule [ru:l] n. 1. pravidlo, poriadok 2. vláda 3. pravítko • *as a rule* spravidla • *by rule* podľa predpisu

rule v. 1. vládnuť, panovať nad *over* 2. úradne stanoviť 3. ovládať

ruler [ru:lə] n. 1. panovník 2. pravítko

rum [ram] n. rum

rum adj. slang. zvláštny, podivný

Rumania [ru:´meinjə] n. Rumunsko

Rumanian [ru:´meinjən] adj. rumunský

Rumanian n. Rumun, rumunčina

rumble [rambl] v. 1. rachotiť, dunieť 2. škvŕkať *v bruchu*

rumble n. rachot, dunenie

ruminant [ru:minənt] adj. prežúvavý

ruminant n. prežúvavec

ruminate [ru:mineit] v. 1. prežúvať 2. uvažovať o *over, about, of*

rummage [ramidž] v. prehľadať

rummage n. 1. prehliadka 2. zvyšky

rumour [ru:mə] n. povesť

rump [ramp] n. zadok *zvieraťa*

rumple [rampl] v. zvraštiť, pokrčiť

run [ran] v. *ran, run* 1. bežať, utekať, hnať sa 2. prenasledovať 3. jazdiť 4. viesť *cesta* 5. ubiehať *čas* 6. preletieť cez *over* 7. tiecť 8. trvať 9. stať sa čím *into*, dosiahnuť čo *to* 10. upadnúť do *into* 11. mať sklon k *to* 12. vraziť do *into* 13. kandidovať za *for* 14. riadiť *firmu* • *run° into debts* dostať sa do dlhov • *run° to earth* vypátrať • *run° by a name* známy pod menom • *run° a race* bežať preteky • *run° a temperature* mať horúčku • *run° about* pobehávať • *run° away* 1. utiecť 2. uniesť čo *with* • *run° down* 1. odísť 2. dostihnúť 3. premôcť 4. vyčerpať, spotrebovať • *run° in* 1. zabehnúť, zaskočiť na návštevu 2. zabehnúť *stroj* • *run° off* 1. utiecť s čím *with* 2. vypustiť *vodu* 3. plynne prečítať • *run° over* pretiecť, prekypieť • *run° up* 1. ísť nahor, stúpať 2. postaviť 3. vztýčiť *zástavu* 4. sčítať 5.

run

urobiť účet ● *run° upon* naraziť na
run n. 1. beh, priebeh 2. spád 3. tok, prúd 4. dopyt po *for* 5. výbeh ● *have° a good run* dariť sa
runaway [ranəwei] n. 1. zbeh 2. splašený kôň
runaway adj. 1. na úteku 2. splašený
run-down [randaun] n. redukcia
run-down adj. vyčerpaný
rung [raŋ] n. priečka rebríka
rung p. ring
runner [ranə] n. 1. bežec 2. posol 3. utečenec 4. mlynský kameň
running [raniŋ] n. 1. beh 2. tok 3. priebeh
running adj. bežiaci, tečúci ● *runnig account* bežný účet ● *running water* tečúca voda
runway [ranwei] n. rozjazdová dráha
rupture [rapčə] n. 1. pretrhnutie, trhlina 2. roztržka
rupture v. pretrhnúť sa
rural [ruərəl] adj. vidiecky
ruse [ru:z] n. lesť, úskok
rush [raš] v. 1. vrhať (sa), (rozo)hnať sa proti *at* 2. náhliť sa, ponáhľať sa 3. zmocniť sa, dobyť 4. (narýchlo) uskutočniť ● *rush out* vybehnúť
rush n. 1. chvat, zhon 2. nával, príval 3. honba 4. trstina ● *rush hour* hodina dopravnej špičky
rusk [rask] n. suchár
russet [rasit] adj. červenohnedý
Russia [rašə] n. Rusko
Russian [rašən] n. Rus, ruština
Russian adj. ruský
rust [rast] n. 1. rez 2. plieseň
rusty [rasti] adj. 1. hrdzavý 2. ryšavý 3. zanedbaný ● *grow° rusty* hrdzavieť
rustic [rastik] adj. 1. vidiecky 2. hrubý 3. prostý 4. neohrabaný
rustic n. sedliak, vidiečan
rustle [rasl] n. šum, šelest
rustle v. šušťať
rut [rat] n. 1. stopa, brázda 2. vychodená cestička, rutina 3. ruja
ruthless [ru:θlis] adj. nemilosrdný, bezcitný, krutý
rye [rai] n. raž

S

sabbath [sæbəθ] n. šábes
sable [seibl] n. soboľ
sabotage [sæbəta:ž] n. sabotáž
sabre [seibə] n. šabľa
sac [sæk] biol. mechúrik
sacerdotal [sæsə´doutl] adj. kňažský
sack [sæk] n. 1. vrece, vak 2. mešec 3. drancovanie ● *sack coat* sako ● *give° the sack* dať dostať výpoveď
sack v. 1. vydrancovať 2. hovor. vyhodiť z práce
sacral [sekrəl] adj. bohoslužobný
sacrament [sækrəmənt] n. sviatosť
sacred [seikrid] adj. 1. posvätný 2. posvätený 3. nedotknuteľný
sacrifice [sækrifais] n. obeť, obeta
sacrifice v. obetovať komu *to*
sacrilege [sækrilidž] n. svätokrádež
sacrist [sækrist] n. kostolník
sacristy [sækristi] n. sakristia
sad [sæd] -*dd*- adj. 1. smutný 2. mrzutý 3. tmavý *o farbe*
sadden [sædn] v. 1. zosmutnieť 2. trúchliť nad *at*
saddle [sædl] n. 1. sedlo 2. horské sedlo
saddle v. 1. osedlať 2. naložiť ● *saddle with a responsibility* zaťažiť zodpovednosťou
saddler [sædlə] n. sedlár
sadism [sædizəm] n. sadizmus
safe [seif] adj. 1. bezpečný pred *from* 2. spoľahlivý 3. neriskujúci ● *safe and sound* živý a zdravý
safe n. 1. bezpečnostná schránka, pokladňa 2. špajza
safe v. zabezpečiť
safeguard [seifga:d] n. záruka
safeguard v. ochraňovať, zaručovať
safety [seifti] n. 1. istota, bezpečnosť 2. opatrnosť ● *play for safety* nerisko-

vať
safety-lock [seiftilok] n. bezpečnostný zámok
safety-match [seftimæč] n. zápalka
safety-pin [seiftipin] n. zatvárací špendlík
saffron [sæfrən] n. šafrán
sag [sæg] v. –gg– 1. prehnúť sa 2. klesnúť
sag n. 1. prehyb 2. pokles
saga [sa:gə] n. sága
sagacious [sə´geišəs] adj. bystrý, múdry
sage [seidž] adj. múdry
sage n. mudrc
sago [seigou] n. ságo
said [sed] p. say
sail [seil] n. 1. lodná plachta 2. plachetnica 3. plavba ● *lower sail* stiahnuť plachty ● *set sail* vydať sa na cestu loďou, rozvinúť plachty
sail v. plaviť sa do *for*
sailing [seiliŋ] n. plavba
sailor [seilə] n. námorník
sail-plane [seilplein] n. vetroň
saint [seint, sənt] adj. svätý
saint n. svätec
sainted [seintid] adj. posvätený

sake [seik] n. príčina, pôvod ● *for the sake of* kvôli
salable [seiləbl] adj. predajný
salacious [sə´leišəs] adj. chlípny
salad [sæləd] n. *bot*. šalát
salamander [sælə,mændə] n. mlok, salamander
salame [sə´la:mi] n. saláma
salary [sæləri] n. plat *mesačný*
sale [seil] n. 1. predaj 2. pl. odbyt 3. dražba ● *clearance sale* výpredaj ● *have° ready sale* ísť dobre na odbyt
salesman [seilzmən] n. 1. predavač 2. *obch*. agent *Am*.
salient [seiljənt] adj. 1. vybiehajúci, vyčnievajúci 2. pozoruhodný
salient n. výbežok, výčnelok
saline [seilain] adj. soľný
saline [sə´lain] n. soľné ložisko
saliva [sə´laivə] n. slina
sallow [sælou] adj. bledožltý *o pleti*
sally [sæli] n. 1. výpad 2. vtipná poznámka
sally v. *voj*. urobiť náhly vý-

pad
salmon [sæmən] n. *zool.* losos
saloon [səˊluːn] n. 1. dvorana, hala 2. kabína 3. hostinec, krčma *Am.*
salt [soːlt] n. 1. soľ 2. vtip • *the salt of the earth* dobrí ľudia
salt adj. slaný, solený
salt v. osoliť, nasoliť
saltation [səlˊteišn] n. 1. poskakovanie 2. náhla zmena
saltern [soːltən] n. soliareň
salty [soːlti] adj. soľný, slaný
salubrious [səˊluːbriəs] adj. zdravý, prospešný zdraviu
salutary [sæljutəri] adj. zdravý, prospešný
salute [səˊluːt] v. 1. pozdraviť 2. salutovať
salvage [sælvidž] n. 1. záchrana 2. náhrada
salvation [sælˊveišn] n. záchrana, spasenie • *Salvation Army* Armáda spásy
salve [sælv] v. zachrániť
salvo [sælvou] n. 1. salva 2. *práv.* výhrada
same [seim] adj. ten istý, rovnaký • *at the same time* súčasne • *it's all the same to me* je mi to jedno • *all the same* predsa však
sample [saːmpl] n. vzor, vzorka
sample v. ukázať vzorky
sanative [sænətiv] adj. hojivý, liečivý
sanatorium [sænəˊtoːriəm] n. sanatórium
sanctification [sæŋktifiˊkeišn] n. posvätenie, zasvätenie
sanctify [sæŋtifai] v. vysvätiť, posvätiť
sanction [sæŋkšn] n. schválenie, sankcia
sanction v. potvrdiť, schváliť
sanctuary [sæŋktjuəri] n. 1. svätyňa 2. azyl, útočisko
sand [sænd] n. 1. piesok 2. pl. piesčina
sandal [sændl] n. sandál
sand-bag [sænbæg] n. vrece piesku
sand-bag v. omráčiť vrecom piesku
sand-bank [sænbæŋk] n. piesčina
sand-glass [sænglaːs] n.

337

presýpacie hodiny
sandstone [sænstoun] n. pieskovec
sandwich [sænwidž] n. obložený chlebík
sandy [sændi] adj. pieskový, piesočný
sang [sæŋ] p. sing
sanguinary [sæŋgwinəri] adj. krvavý
sanguine [sæŋgwin] adj. 1. krvavý 2. horkokrvný 3. optimistický
sanguine n. krvavá farba
sanitarium [sæni'teəriəm] n. sanatórium *Am.*
sanitary [sænitri] adj. 1. zdravotný, zdravotnícky 2. hygienický, čistý
sanitation [sæni'teišn] n. asanácia
sanity [sæniti] n. 1. duševné zdravie 2. zdravý rozum
sank p. sink
Santa Claus [sæntə'klo:z] n. Ježiško
sap [sæp] n. 1. šťava, miazga 2. zákop
sap v. *–pp–* 1. vysať 2. podkopávať 2. vyčerpávať
sapling [sæpliŋ] n. mladý stromček, výrastok
sapper [sæpə] n. *voj.* zákopník, sapér
sapphire [sæfaiə] n. zafír
sappy [sæpi] adj. 1. šťavnatý, plný miazgy 2. svieži
sarcasm [sa:kəzəm] n. sarkazmus
sarcastic [sa:'kæstik] adj. sarkastický
sarcophagus [sa:'kofəgəs] pl. *sarcophagi* [*-gai*] n. rakva, sarkofág
sardine [sa:'di:n] n. sardinka
sash [sæš] n. 1. šerpa 2. posuvný *okenný rám* • *sash window* posuvné okno
sash v. opásať šerpou
sat [sæt] p. sit
satan [seitən] n. diabol, satan
satchel [sæčəl] n. školská taška
sate [seit] v. nasýtiť
sateless [seitlis] adj. nenásytný
sateen [sə'ti:n] n. satén
satellite [sætəlait] n. satelit, družica
satiate [seišiet] v. nasýtiť, uspokojiť
satin [sætin] n. satén, atlas *látka*

satire [sætaiə] n. satira
satiric [səˊtirik] adj. satirický
satisfaction [sætisˊfækšn] n. 1. spokojnosť 2. zadosťučinenie 3. zaplatenie
satisfactory [sætisˊfæktəri] adj. uspokojivý, dostatočný
satisfied [sætisfaid] adj. spokojný
satisfy [sætisfai] v. 1. uspokojiť 2. ukojiť 3. presvedčiť o *of, that*
saturate [sæčəreit] v. nasýtiť, naplniť
Saturday [sætədi] n. sobota
sauce [so:s] n. omáčka
saucer [so:sə] n. tanierik
saucy [so:si] adj. drzý, neslušný
saunter [so:ntə] v. vliecť sa
sausage [sosidž] n. klobása, jaternica
savage [sævidž] adj. divý, krutý, surový
savage n. divoch, surovec
savanna [səˊvænə] n. step, savana
save [seiv] v. 1. zachrániť pred *from* 2. ušetriť (si), sporiť 3. stihnúť • *save time* ušetriť čas • *save one's breath* mlčať • *save one's face* zachovať si tvár
save prep. okrem, mimo • *save that* iba ak
saver [seivə] n. 1. záchranca 2. sporiteľ
saving [seiviŋ] adj.1. záchranný 2. sporivý, hospodárny
saving n. záchrana
saving prep. okrem, mimo
saviour [seivjə] n. spasiteľ
savour [seivə] n. príchuť
savour v. chutiť, voňať čím *of*
saw [so:] p. see
saw n. 1. píla 2. porekadlo
saw v. píliť
sawdust [so:dast] n. piliny
sawn [so:n] p. saw
sawyer [so:jə] n. drevorubač
saxophone [sæksəfoun] n. saxofón
say [sei] *said, said* v. 1. hovoriť, povedať 2. recitovať • *they say* hovorí sa • *you don't say so!* ale choď! • *say° out* vyložiť • *say° over again* opakovať
say n. • *have one's say* povedať si svoje
saying [seiiŋ] n. príslovie,

porekadlo
scab [skæb] n. 1. chrasta 2. svrab
scabbard [skæbəd] n. pošva *na meč*
scabies [skeibii:z] n. svrab
scabrous [skeibrəs] adj. 1. nerovný, drsný 2. nevhodný *téma*
scaffold [skæfəld] n. 1. lešenie 2. popravisko
scald [sko:ld] n. obarenina
scald v. 1. obariť sa 2. variť mlieko
scale [skeil] n. 1. miska, váhy 2. šupina 3. trieska 4. stupnica, škála 5. miera, stupeň 6. schodište ● *hold° the scales even* nestranne posudzovať ● *scale of map* mierka mapy ● *on a large scale* vo veľkej mierke
scale v. 1. olúpať, zbaviť *šupín* 2. vystúpiť *po rebríku* ● *scale down* znížiť ● *scale up* zvýšiť
scallywag [skæliwæg] n. lotor, darebák
scalp [skælp] n. koža na hlave, skalp
scalp v. skalpovať
scalpel [skælpəl] n. skalpel

scaly [skeili] adj. šupinatý
scamp [skæmp] n. lotor, darebák
scan [skæn] v. 1. pozorne prehliadať, preskúmať 2. skandovať 3. snímať *obraz*
scandal [skændl] n. 1. pohoršenie, škandál 2. klebety ● *lie° under a scandal* mať zlú povesť ● *raise a scandal* vyvolať škandál, vzbudiť pohoršenie
scandalize [skændəlaiz] v. vzbudiť pohoršenie
scandalous [skændələs] adj. hanebný, škandalózny
scant [skænt] adj. nedostatočný
scapegoat [skeipgout] n. obetný baránok
scar [ska:] n. 1. jazva 2. útes, skalisko
scar v. *-rr-* 1. zjazviť (sa) 2. zahojiť (sa)
scarce [skeəs] adj. vzácny, zriedkavý
scarcely [skeəsli] adv. sotva, ťažko
scarcity [skeəsiti] n. nedostatok, núdza
scare [skeə] v. postrašiť ●

school-girl

scare up vyplašiť
scare n. panika
scare-crow [skeəkrou] n. strašiak
scarf [ska:f] n. šatka, šerpa
scarify [skeərifai] v. 1. trhať, driapať 2. zjazviť 3. skritizovať
scarp [ska:p] n. stena *priekopy*
scatter [skætə] v. rozhádzať, roztrúsiť
scatter n. 1. rozptyl 2. distribúcia
scattered [skætəd] adj. roztrúsený, rozptýlený
scavenger [skævindžə] n. zametač
scene [si:n] n. 1. scéna 2. výjav 3. hra, úloha 4. kulisa 5. krajina
scenery [si:nəri] n. scenéria, krajina
scent [sent] n. 1. vôňa 2. voňavka 3. čuch 4. stopa *zveri* • *on the scent* na stope
scent v. 1. čuchať 2. vetriť
sceptic [skeptik] adj. skeptický
sceptic n. skeptik
sceptre [septə] n. žezlo
schedule [šedju:l] n. 1. list, zoznam, ceduľa 2. cestovný poriadok
schedule v. 1. uviesť v zozname 2. určiť
schematic [ski'mætik] adj. schematický
scheme [ski:m] n. 1. nákres, zobrazenie 2. plán 3. úklad 4. schéma
scheme v. 1. robiť plány 2. navrhovať
schism [sizəm] n. rozkol, schizma
scholar [skolə] n. 1. učenec 2. štipendista 3. *zastar.* školák
scholarly [skoləli] adj. vedecký
scholarship [skoləšip] n. 1. štipendium 2. vedeckosť
scholastic [skə'læstik] adj. 1. školský 2. scholastický
school [sku:l] n. 1. škola 2. vyučovanie • *elective school* výberová škola • *nursery school* materská škola
school v. trénovať, cvičiť
school-boy [sku:lboi] n. žiak, školák
school-fellow [sku:lfelou] n. spolužiak
school-girl [sku:lgə:l] n.

341

žiačka, školáčka
schooling [sku:liŋ] n. **1.** školské vzdelanie, výcvik **2.** jazda na koni
school-master [sku:l,-ma:stə] n. učiteľ
school-mate [sku:lmeit] n. spolužiak
school-mistress [sku:lmistris] n. učiteľka
school-room [sku:lrum] n. učebňa
schooner [sku:nə] n. **1.** škuner **2.** pivný pohár
sciatica [sai'ætikə] n. *lek.* ischias
science [saiəns] n. **1.** veda **2.** zručnosť • *man of science* vedec
scientific [saiən'tifik] adj. vedecký
scientist [saiəntist] n. vedec
scintillate [sintileit] v. iskriť, sršať
scion [saiən] n. **1.** štep **2.** ratolesť, potomok
scissors [sizəz] n. pl. nožnice
sclerosis [skliə'rousis] n. kôrnatenie
scoff [skof] v. posmievať sa
scoff n. **1.** posmech, úškľabok **2.** *slang.* žrádlo

scold [skould] hrešiť, vyhrešiť
scold n. hašterivá žena
sconce [skons] n. svietnik
scoop [sku:p] n. **1.** lopatka, naberačka **2.** vareška **3.** naberanie
scoop v. • *scoop out* vyhĺbiť • *scoop up* vybrať lopatkou
scoot [sku:t] v. uháňať
scooter [sku:tə] n. **1.** skúter **2.** kolobežka
scope [skoup] n. **1.** duševný rozhľad **2.** pole pôsobnosti **3.** príležitosť
scorch [sko:č] v. **1.** popáliť (sa), spaľovať **2.** vysychať **3.** zvädnúť
scorch n. popálenina
score [sko:] n. **1.** vrub, zárez **2.** účet **3.** dvadsať **4.** príčina **5.** skóre • *pay° the score* platiť účet, oplatiť niekomu niečo
score v. **1.** vrúbkovať **2.** pripísať na účet, dlh **3.** zaviesť **4.** bodovať, skórovať **5.** mať úspech • *score out* vyškrtnúť
scoria [sko:riə] n. škvára
scorn [sko:n] v. **1.** pohŕdať **2.** považovať *za nedôstoj-*

né • *I would scorn to do it* hanbil by som sa to urobiť

scorn n. posmech, pohŕdanie

scorpion [skoːpjən] n. škorpión

Scot [skot] n. Škót

scotch [skoč] v. rozdrviť, zmariť

Scotch [skoč] adj. škótsky • *Scotch whisky* škótska whisky

Scotch n. 1. škótština 2. škótska *whisky*

Scotland [skotlənd] n. Škótsko

Scotsman [skočmən] n. Škót

Scottish [skotiš] škótsky

scoundrel [skaundrəl] n. lotor, darebák

scour [skauə] v. 1. (vy)drhnúť, čistiť 2. vypláchnuť 3. dať klystír 4. odstrániť 5. ponáhľať sa • *scour the sea* byť pirátom

scour n. vyčistenie, vydrhnutie

scourge [skəːdž] n. bič, metla

scourge v. sužovať

scout [skaut] n. 1. zved 2. hliadka, stráž 3. skaut • *scout work* výzvedná služba

scout v. vyzvedať

scowl [skaul] v. mračiť sa na *at, on*

scrag [skræg] n. 1. chudý človek 2. *slang.* krk

scrag *-gg-* v. *hovor.* vykrútiť krk, zaškrtiť

scram [skræm] *-mm-* v. zmiznúť

scramble [skræmbl] v. 1. driapať, liezť 2. ruvať sa o *for*

scramble n. 1. lezenie 2. ruvačka, ťahanica

scrap [skræp] n. 1. kúsok, útržok 2. výstrižok 3. pl. zvyšky, odpadky 4. *hovor.* bitka • *scrap of paper* útržok papiera • *scrapiron* šrot

scrap v. 1. dať do šrotu, hodiť do smetí 2. vyradiť

scrappy [skræpi] adj. nesúvislý, rozkúskovaný

scrape [skreip] v. 1. odrieť (sa), poškrabať (sa) 2. oškrabať

scrape n. 1. škrabanie 2. rozpaky 3. kôš • *get° into scrape* dostať sa do ťažkostí

scraper [skreipə] n. 1. škrabka 2. stierač 3. lakomec
scratch [skræč] v. 1. poškriabať 2. škrtať 3. vzdať *zápas* • *scratch about for* zháňať sa po • *scratch out* vyškrabať
scratch n. 1. škrabanie, škrabnutie 2. škrtnutie • *start from scratch* začať od nuly
scrawl [skro:l] v. čmárať
scrawl n. čmáranica
scrawny [skro:ni] adj. šľachovitý
scream [skri:m] v. kričať, vrieskať
scream n. výkrik, vreskot, jačanie
screech [skri:č] v. pišťať, skučať
screen [skri:n] n. 1. plenta 2. obrazovka, premietacie plátno 3. záštita 4. filter 5. sito
screen v. 1. zacloniť, zatieniť 2. chrániť 3. premietať 4. prehliadnuť 5. preosiať
screen-play [skri:nplei] n. scenár
screw [skru:] n. 1. závit, skrutka 2. lodná vrtuľa 3. lakomec • *there is a screw lose* niekde je chyba • *have° a screw loose* mať o koliesko menej
screw v. 1. (za)skrutkovať, pritiahnuť 2. otočiť *hlavu* 3. vyžmýkať 4. byť lakomý 5. vydierať
screw-driver [skru:draivə] n. skrutkovač
scribble [skribl] v. škrabať *v zmysle písať*, byť spisovateľom
scribe [skraib] n. pisár
scrimmage [skrimidž] n. bitka, ruvačka
scrimmage v. biť sa, ruvať sa
script [skript] n. 1. písané písmo, rukopis 2. originál *dokumentu* 3. text *prejavu*, scenár
scripture [skripčə] n. pl. *scriptures* Biblia
scroll [skroul] n. zvitok, zoznam
scrub [skrab] n. 1. druhoradé mužstvo *Am.* 2. krovie, húština 3. krpáň 4. vydrhnutie
scrub v. (vy)drhnúť
scrubby [skrabi] adj. 1. malý, krpatý 2. bezvýznamný

scruff [skraf] n. zátylok
scrumptious [skrampšəs] adj. *slang.* skvelý, báječný
scrunch [skranč] v. škrípať zubami
scruple [skru:pl] n. **1.** pochybnosť **2.** škrupuľa
scruple v. váhať
scrupulous [skru:pjuləs] adj. úzkostlivý
scrutinize [skru:tinaiz] v. podrobne skúmať
scrutinize n. podrobné skúmanie, prehliadka
scud [skad] -dd- v. uháňať
scuff [skaf] v. šúchať nohami
scuffle [skafl] n. bitka, šarvátka
scuffle v. biť sa, ruvať sa
scull [skal] n. krátke veslo
scull v. veslovať
scullery [skaləri] n. umyváreň riadu
sculptor [skalptə] n. sochár, rezbár
sculpture [skalpčə] n. **1.** sochárstvo, rezbárstvo **2.** skulptúra, plastika, rezba
sculpture v. robiť sochy, vyrezávať, tesať
scum [skam] n. **1.** pena **2.** kal, nečistota • *the scum of the earth* ľudská spodina
scum v. peniť
scummy [skami] **1.** penivý, pokrytý penou **2.** kalný
scurf [skə:f] n. lupiny
scurilous [skariləs] adj. hrubý, neslušný, hanlivý
scurry [skari] n. **1.** chvat, zhon **2.** metelica, fujavica
scurry v. uháňať, hnať sa
scurvy [skə:vi] adj. hanebný, podlý
scurvy n. skorbut
scutcheon [skečən] n. štítok s menom
scuttle [skatl] n. **1.** rýchla chôdza **2.** okienko *v boku lode*
scuttle v. **1.** *zbabelo* utekať **2.** úmyselne potopiť loď
scythe [saið] n. kosa
scythe v. kosiť
sea [si:] n. **1.** more **2.** vlna **3.** množstvo čoho *of* • *across the sea* cez more • *by sea* po mori • *main sea* šíre more • *heavy sea* rozbúrené more • *put° to sea* vyplávať na more
sea-bank [si:bæŋk] n. morský breh

sea-board [si:bo:d] n. pobrežie
sea-cow [si:kau] n. *zool.* mrož
sea-dog [si:dog] n. **1.** *zool.* tuleň **2.** skúsený námorník, morský vlk
seafarer [si:,feərə] n. moreplavec, námorník
sea-gull [si:gal] n. *zool.* čajka
seal [si:l] n. **1.** tuleň **2.** tulenia kožušina **3.** pečiatka, pečať, znak **4.** plomba
seal v. **1.** (za)pečatiť **2.** (za)plombovať **3.** opečiatkovať **4.** *pren.* rozhodnúť • *seal up* zapečatiť
sealing-wax [si:liŋwæks] n. pečatný vosk
seam [si:m] n. **1.** švík, šev **2.** jazva **3.** vráska **4.** sloj, žila
seaman [si:mən] n. námorník
seamless [si:mlis] adj. bezšvíkový
séance [seia:ns] n. seansa *špiritistická*
seaplane [si:plein] n. hydroplán
seaport [si:po:t] n. morský prístav

sear [siə] adj. suchý, zvädnutý
sear v. **1.** spáliť **2.** vypáliť znamenie
search [sə:č] v. **1.** hľadať čo *for*, pátrať **2.** skúmať, vyšetrovať čo *into* • *search out* vyskúmať
search n. **1.** hľadanie **2.** pátranie po *for, of* **3.** prehliadka • *be° in search of* pátrať po
searcher [sə:čə] n. pátrač, vyšetrovateľ
searching [sə:čiŋ] adj. skúmavý, prenikavý
search-light [sə:člait] n. reflektor
seashore [si:´šo:] n. morské pobrežie
sea-sick [si:sik] adj. postihnutý morskou nemocou
sea-side [si:said] adj. prímorský • *seaside resort* prímorské kúpeľné mestečko
season [si:zn] n. **1.** ročné obdobie, sezóna **2.** vhodná doba • *in season* včas • *out of season* v nepravý čas • *for a season* na nejaký čas
season v. **1.** nechať dozrieť

2. ochutiť, okoreniť **3.** mierniť, prispôsobiť (sa) • *season with sugar* osladiť

seasonable [si:znəbl] adj. **1.** primeraný **2.** vhodný, aktuálny

seasonal [si:zənl] adj. sezónny

seasoning [si:zniŋ] n. prísada, korenie

seat [si:t] n. **1.** sedadlo **2.** sídlo **3.** vstupenka **4.** poslanecké kreslo **5.** rezidencia • *the seat of goverment* sídlo vlády • *change one's seat* presťahovať sa • *take° one's seat* posadiť sa

seat v. **1.** posadiť **2.** pojať • *be° seated* sadnite si

sea-wall [si:wo:l] n. morská hrádza

sea-weed [si:wi:d] n. chaluha

seaworthy [si:,wə:ði] adj. schopný plavby

secede [si´si:d] v. odlúčiť sa od *from*, vystúpiť z

secession [si´sešn] n. odchod, secesia

seclude [si´klu:d] odlúčiť od *from*

secret

second [sekənd] adj. **1.** druhý **2.** druhotný • *second ballot* užšia voľba • *second lieutenant* podporučík

second n. **1.** sekunda **2.** sekundant **3.** človek alebo vec druhá v poradí

second v. **1.** byť druhý **2.** podporovať návrh, pomáhať **3.** *voj.* prideliť

secondary [sekndəri] adj. sekundárny, druhotný • *secondary school* stredná škola

secondary n. delegát

second hand [sekndhænd] n. sekundová ručička

second-hand [seknd´hænd] adj. **1.** obnosený, použitý **2.** nepôvodný

secondly [sekndli] adj. po druhé

second-rate [seknd´reit] adj. druhoradý

secrecy [si:krəsi] n. **1.** tajomstvo, tajnosť **2.** diskrétnosť • *in secrecy* tajne

secret [si:krit] adj. **1.** tajný, tajomný **2.** skrytý

secret n. tajomstvo • *be° in the secret* byť zasvätený • *The Secret Service* tajná služba • *an open secret* verejné tajomstvo • *in secret* potajomky

secretary [sekrətəri] n. tajomník • *general secretary* generálny tajomník

secrete [si´kri:t] v. 1. skryť, zatajiť 2. vylučovať

secretion [si´kri:šn] n. 1. výlučok 2. vylučovanie 3. prechovávanie kradnutých vecí

secretive [si´kri:tiv] adj. tajnostkársky

sect [sekt] n. sekta

section [sekšn] n. 1. úsek, časť 2. rez, rezanie 3. prierez 4. pitva 5. odbor 6. vrstva • *privileged section* kasta

sectional [sekšənl] adj. 1. oddielový 2. prierezový

sector [sektə] n. 1. výsek *kruhu* 2. sektor, úsek

secular [sekjulə] adj. 1. storočný 2. svetský

secular n. laik *kňaz*

secure [si´kjuə] v. 1. zabezpečiť pred *from* 2. opevniť 3. uzavrieť 4. zatknúť

secure adj. 1. bezpečný, istý pred *against, from* 2. bezstarostný

security [si´kjuəriti] n. 1. bezpečnosť 2. bezstarostnosť 3. ochrana • *give° security* zaručiť sa • *Security Council* Rada bezpečnosti

sedan [si´dæn] n. 1. nosidlá 2. sedan *automobil Am.*

sedate [si´deit] adj. usadlý, kľudný

sedative [sedətiv] adj. utišujúci, ukľudňujúci

sedative n. ukľudňujúci prostriedok

sedentary [sedəntəri] adj. 1. sedavý 2. stály

sediment [sedimənt] n. usadenina, kal

sedition [si´dišn] n. podnecovanie, poburovanie

seditious [si´dišəs] adj. buričský

seduce [si´dju:s] v. zvádzať

seducer [si´dju:sə] n. zvodca

seduction [si´dakšn] n. 1. zvádzanie 2. pokušenie

sedulous [sedjuləs] adj. pilný, vytrvalý

see [si:] n. sídlo, diecéza

see v. *saw, seen* 1. vidieť 2. pozorovať 3. *pren.* chápať 4. zažiť, skúsiť 5. navštevovať 6. prijímať *návštevu* 7. odprevádzať 8. predstavovať si 9. nevzdávať sa 10. zvážiť 11. preskúmať, zistiť 12. postarať sa • *I'll see you home* odprevadím vás domov • *go° to see* ísť na návštevu • *let° me see* ukážte mi • *see° you later* dovidenia • *see° off* odprevadiť • *see° out* odprevadiť • *see° through* prekuknúť

seed [si:d] n. 1. semeno, zrno 2. sejba 3. potomstvo

seed v. 1. siať 2. vyberať semená *z ovocia* 3. vysemeniť sa

seedsman [si:dzmən] n. semenár

seed-time [si:d taim] n. čas sejby

seemy [si:mi] adj. 1. plný semien 2. ošúchaný, otrhaný 3. *hovor.* nesvoj

seek [si:k] v. *sought, sought* 1. hľadať čo, *after, for* 2. snažiť sa o 3. uchádzať sa o *after, for* 4. žiadať o *of, for* • *be° to seek* chýbať • *seek° through* prehľadať

seem [si:m] v. zdať sa • *it seems* zdá sa

seeming [si:miŋ] adj. zdanlivý

seemly [si:mli] adj. 1. úhľadný 2. slušný 3. vhodný, primeraný • *seemly behaviour* slušné správanie

seen p. see

seep [si:p] v. presakovať

seer [si:r] n. veštec

see-saw [si:so:] n. hojdačka

see-saw v. hojdať sa

seethe [si:ð] v. variť sa, vrieť

segment [segmənt] n. časť, úsek, segment

segregate [segrigeit] v. 1. oddeliť, odlúčiť 2. *tech.* segregovať

segregate [segrigit] adj. oddelený

segregation [segri´geišn] n. 1. oddelenie 2. *tech.* segregácia

seismic [saizmik] adj. seizmický

seize [si:z] adj. 1. uchopiť 2. zmocniť sa 3. chopiť sa čoho *upon* 4. skonfiškovať, zabaviť • *seized with* zaujatý čím

seizure [si:žə] n. 1. uchope-

nie 2. zabavenie 3. záchvat *choroby*
seldom [seldəm] adv. zriedka
select [si'lekt] v. vybrať
select adj. vybraný, najlepší
● *select school* výberová škola
selection [si'lekšn] n. voľba, výber
selective [si'lektiv] adj. výberový
selenium [si'li:niəm] n. selén
self [self] *pron.* sám, sama, samo
self n. vlastné ja, vlastná osobnosť
self-abuse [selfəbju:s] n. onánia
self-absorbed [selfəb-'so:bd] adj. 1. zaujatý sám sebou 2. sebecký
self-centred [self'sentəd] adj. sebecký
self-command [selfkə-'ma:nd] n. sebaovládanie
self-composure [selfkəm-'použə] n. duchaprítomnosť
self-conceit [selfkən'si:t] n. ješitnosť
self-confidence [selfkonfidns] n. sebadôvera

self-contained [selfkən'teind] adj. rezervovaný, uzavretý
self-criticism [selfkritisizm] n. sebakritika
self-deceit [selfdi'si:t] n. sebaklam
self-defence [selfdi'fəns] n. sebaobrana
self-denial [selfdi'naiəl] n. sebazaprenie
self-determination [selfdi,tə:mi'neišn] n. sebaurčenie
self-esteem [selfis'ti:m] n. sebaúcta
self-goverment [self'gavnmənt] n. samospráva
self-interest [self'intrist] n. sebeckosť
selfish [selfiš] adj. sebecký
self-love [self'lav] n. sebaláska
self-made [self'meid] adj. urobený vlastnou prácou
self-possessed [self'pə'zəst] adj. 1. duchaprítomný 2. rozvážny
self-preservation [self,prezə'veišn] n. sebazáchova
self-regard [selfri'ga:d] n. sebaláska, sebectvo
self-respect [selfris'pekt] n.

sebaúcta
self-righteous [selfʻraičəs] adj. pokrytecký
self-sacrifice [selfʻsækrifais] n. obeť
sell [sel] v. *sold, sold* 1. predať, predávať 2. ísť na odbyt 3. viesť *obchod* 4. zapredať • *sell° off, out* vypredať • *sell° up* vypredať tovar na dražbe
sell n. 1. sklamanie 2. pasca
seller n. 1. predajca 2. úspešná kniha *Am.* • *best seller* najžiadanejšia kniha
seltzer [seltsə] n. minerálka
selvage [selvidž] n. lem
selvage v. olemovať
selves [selvz] pl. od self
semantics [siʻmæntiks] n. pl. sémantika
semaphore [seməfo:] n. semafor
semblance [sembləns] n. zdanie, predstava
semester [siʻmestə] n. semester
semi- [semi-] predpona polo-
semicircle [semiʻsə:kl] n. polkruh
semicolon [semiʻkoulən] n. bodkočiarka
seminary [semməri] n. *kňazský* seminár
semivowel [semiʻvaul] n. samohláska
semolina [seməʻli:nə] n. krupica
send [send] v. *sent, sent* poslať, rozoslať, vyslať • *send° flying* 1. hodiť 2. poraziť na hlavu • *send° word* odkázať • *send° away* 1. rozoslať 2. prepustiť • *send° down* 1. vylúčiť z univerzity 2. zraziť • *send° forth* vyslať • *send° off* 1. vyslať 2. odprevadiť • *send° up* 1. prihlásiť do súťaže 2. vyhodiť do povetria 3. odhaliť *podvod*
sender [sendə] n. 1. odosielateľ 2. rádiový vysielač
sending [sendiŋ] n. poslanie, odoslanie, zásielka • *sending off* rozlúčenie
senile [si:nail] adj. senilný, starecký
senior [si:njə] adj. starší • *senior officer* vyšší dôstojník
senior n. 1. senior, staršina 2. poslucháč štvrtého roč-

níka na univerzite

sensation [sen´seišn] n. **1.** vnímanie **2.** pocit **3.** senzácia

sense [sens] n. **1.** zmysel pre *of* **2.** cit, pocit **3.** zdravý rozum **4.** vedomie čoho *of* **5.** význam ● *common sense* zdravý rozum ● *make° sense* dávať zmysel ● *be° out of senses* nemať všetkých päť pohromade

sense v. **1.** cítiť **2.** tušiť

senseless [senslis] adj. **1.** nerozumný **2.** necitlivý

sensibility [sensi´biliti] n. citlivosť, vnímavosť

sensible [sensəbl] adj. **1.** citlivý na *to* **2.** vnímavý **3.** nedotklivý

sensory [sensəri] adj. zmyslový

sensual [sensjuəl] adj. zmyselný

sensuality [sensju´æliti] n. zmyselnosť, telesnosť

sensuous [sensjuəs] adj. zmyslový, zmyselný

sent p. send

sentence [sentəns] n. **1.** veta **2.** predpoveď **3.** rozsudok

sentence v. odsúdiť k *to*

sententious [sen´tenšəs] adj. **1.** duchaplný **2.** aforistický **3.** poučujúci

sentient [senšənt] adj. cítiaci, vnímajúci

sentiment [sentimənt] n. **1.** cit, cítenie **2.** citovosť **3.** názor, mienka

sentimental [senti´mentl] adj. **1.** citový, sentimentálny **2.** dojímavý

sentinel, sentry [sentinəl, sentri] n. stráž, hliadka ● *on sentry* na stráži ● *keep° sentry* stáť na stráži

sentry-box [sentriboks] n. strážna búdka

separate [seprit] adj. oddelený, samostatný

separate v. oddeliť, rozlúčiť (sa), odlúčiť (sa)

separation [sepə´reišn] **1.** oddelenie, odlúčenie **2.** odtrhnutie **3.** rozvod *manželstva*

separatist [sepərətist] n. separatista

separator [sepəreitə] n. **1.** oddeľovač **2.** odstredivka

sepia [si:pjə] n. sépia

sepsis [sepsis] n. otrava krvi

September [sep´tembə] n. september

septic [septik] adj. septický, hnisavý
sepulchral [si′palkrəl] adj. pohrebný
sepulchre [sepəlkə] n. náhrobok, hrobka, hrob
sepulture [sepəlčə] n. pochovanie, pohreb
sequel [si:kwl] n. 1. *neskorší* následok 2. pokračovanie *kapitoly* 3. dodatok • *in sequel to* následkom toho • *by sequel* postupne
sequence [si:kwəns] n. 1. postupnosť, poradie 2. následnosť • *sequence of tenses gram.* časová súslednosť
sequester [si′kwestə] v. 1. oddeliť, odlúčiť 2. zabaviť
sequestrate [si′kwestreit] v. zabaviť
Serb(ian) [sə:b(iən)] n. 1. Srb 2. srbčina
Serbian adj. srbský
sere p. sear
serenade [seri′neid] n. serenáda
serene [si′ri:n] adj. jasný, kľudný
serene n. 1. jasné nebo 2. pokojné more

serenity [si′rəniti] n. kľud, jasnosť
serf [sə:f] n. nevoľník
serfdom [sə:fdəm] n. nevoľníctvo
sergeant [sa:džənt] n. 1. seržant, čatár 2. strážnik
serial [siəriəl] adj. sériový
serial n. seriál
series [siəri:z] pl. series séria, rad
serious [siəriəs] adj. vážny, naozajstný • *be° serious* hovoriť vážne
seriously [siəriəsli] adj. 1. vážne 2. nebezpečne • *seriously ill* vážne chorý
sermon [sə:mən] n. kázeň
sermon v. kázať, rečniť
serpent [sə:pənt] n. *zool.* had
serpentine [sə:pəntain] adj. 1. hadí, haditý 2. točený
serrated [se′reitid] adj. zúbkovaný
serried [serid] adj. zomknutý
serum [siərəm] n. sérum
servant [sə:vənt] n. sluha, slúžka • *civil servant* štátny zamestnanec • *servant girl* slúžka • *public servant* štátny úradník
serve [sə:v] v. 1. slúžiť 2.

poslúžiť, pomôcť 3. podávať jedlo, obsluhovať 4. hodiť sa ako *as, for* 5. *šport.* podávať 6. doručiť ● *that will serve* to postačí ● *that serves him right* tak mu treba

service [sə:vis] n. 1. služba, práca 2. bohoslužba 3. obsluha, servis 4. zdvorilosť 5. *šport.* podanie 6. súprava, servis 7. úrady 8. doprava 9. doručenie *listiny* ● *at your service* k vašim službám ● *render a service* preukázať službu ● *give° service šport.* podávať ● *civil service* štátna služba ● *divine service* bohoslužby

service v. poskytovať služby

serviette [sə:vi′et] n. obrúsok

servile [sə:vail] adj. 1. otrocký 2. podlízavý 3. služobný

servility [sə:viliti] n. podlízavosť

servitude [sə:vitju:d] n. otroctvo, nevoľníctvo

session [sešn] n. 1. schôdza, zasadanie 2. semester *Am.* ● *be° in session* zasadať ● *hold° a session* konať schôdzu

set [set] -tt- v. *set, set* 1. dať *niekam*, položiť 2. zostaviť 3. predložiť komu *before* 4. vsadiť, zasadiť na *to*, do *in* 5. priviesť *do poriadku* 6. nastaviť 7. *polygr.* sádzať 8. dať sa do *about, to* 9. vyrovnať 10. poštvať na *against, on* 11. určiť, stanoviť 12. ustáliť sa 13. zapadnúť *slnko* 14. hodiť sa *oblečenie* 15. vyraziť na cestu do *for* ● *set° an example* byť príkladom ● *set° a fine upon s.o.* uložiť pokutu niekomu ● *set° free* oslobodiť ● *set° right* napraviť ● *set° sail* vyplávať ● *set° the table* prestrieť stôl ● *set° apart* oddeliť ● *set° aside* 1. dať stranou 2. zrušiť 3. šetriť ● *set° back* 1. prekaziť 2. odstrčiť ● *set° down* 1. zložiť 2. pripisovať čomu *to* 3. predpísať 4. vykladať si ako *as* ● *set° in* 1. vzniknúť 2. začať 3. zakotviť ● *set° off* 1. vydať sa na cestu 2.

rozosmiať ● *set° on* zaútočiť ● *set° out* 1. vyraziť, vydať sa na cestu 2. prehlásiť 3. vydať *knihu* 4. vyložiť na predaj ● *set° to* dať sa do *práce* ● *set° together* zložiť, zostaviť ● *set° up* 1. vztýčiť, vystaviť, zverejniť 2. založiť, zriadiť 3. nastaviť 4. vyvolať, spôsobiť

set n. 1. súbor, zbierka 2. sada, súprava 3. spoločnosť 4. smer, tendencia 5. usporiadanie 6. *šport.* set 7. usporiadanie ● *a set of teeth* chrup ● *set-back* nezdar ● *set-off* 1. protivník 2. vyrovnanie ● *set-out* 1. počiatok 2. vybavenie ● *set-up* 1. držanie tela 2. štruktúra 3. situácia

settee [se´ti:] n. pohovka s operadlom

setter [setə] n. 1. sádzač 2. *hud.* skladateľ 3. stavač *pes*

setting [setiŋ] n. 1. kladenie 2. nastavenie *prístroja* 3. usporiadanie 4. *polyg.* sadzba 5. západ slnka 6. divadelná výprava 7. prostredie, scenéria ● *setting in* počiatok ● *setting up* nastavenie *stroja*

settle [setl] v. 1. pevne uložiť 2. vyriešiť, urovnať 3. usporiadať 4. dohodnúť sa na *on* 5. spočinúť 6. klesať, sadnúť ● *settle down* usadiť sa ● *settle up* ustanoviť

settlement [setlmənt] n. 1. osídlenie, osada 2. usadenie, usporiadanie 3. vyrovnanie *účtu* 4. usadenina, kal 5. zmluva o prevode majetku ● *make° a settlement* vyrovnať sa

settler [setlə] n. osadník, kolonista

seven [sevn] num. sedem

seventeen [sevn´ti:n] num. sedemnásť

seventh [sevnθ] num. 1. siedmy 2. sedmina 3. *hud.* septima

seventy [sevnti] num. sedemdesiat

sever [sevə] v. 1. rozdvojiť, oddeliť 2. odseknúť 3. roztrhnúť 4. rozpadnúť sa

several [sevrəl] adj. 1. niekoľko 2. rozličný, rôzny 3. jednotlivý ● *several*

times niekoľkokrát
severally [sevrəli] adv. jednotlivo
severance [sevərəns] n. rozdelenie, oddelenie • *pay° severance* platiť odškodné
severe [si´viə] adj. 1. prísny 2. drsný, krutý 3. búrlivý 4. ťažký
severity [si´veriti] n. 1. prísnosť 2. krutosť 3. striedmosť
sew [sou] v. *sewed, sewn* ušiť, zošiť • *sew° on* prišiť • *sew° together* zošiť • *sew° up* zašiť
sewage [sju:idž] n. kal, splašky
sewer [souə] n. 1. krajčír(ka) 2. stoka, kanál
sewerage [sjuəridž] n. kanalizácia
sewing [souiŋ] n. 1. šitie 2. pl. nite
sewing-machine [souiŋ-mə,ši:n] n. šijací stroj
sewn p. sew
sex [seks] n. 1. pohlavie 2. sex 3. pohlavný styk • *sex appeal* telesná príťažlivosť • *the sterner sex* silnejšie pohlavie

sextant [sektənt] n. šestina kruhu, uhlomer
sexton [sekstən] n. 1. kostolník 2. hrobár
sexual [seksjuəl] adj. pohlavný, sexuálny • *sexual intercourse* pohlavný styk
shabby [šæbi] adj. 1. otrhaný 2. podlý 3. šetrný
shack [šæk] n. chatrč *Am.*
shackle [šækl] n. 1. článok reťaze 2. pl. putá, okovy
shackle v. spútať
shade [šeid] n. 1. tieň 2. odtieň 3. clona • *throw° (put°) into the shade* zatieniť
shade v. 1. zatieniť 2. tieňovať
shadow [šædou] n. 1. tieň 2. prítmie, šero
shadow v. 1. zatieniť 2. stopovať, sledovať
shady [šeidi] adj. 1. temný, nezreteľný 2. podozrivý
shaft [ša:ft] n. 1. držadlo, rukoväť, porisko 2. šíp 3. driek 4. oje 5. hriadeľ 6. šachta
shaggy [šægi] adj. 1. drsný 2. chlpatý 3. neupravený
shake [šeik] v. *shook, shaken* 1. zatriasť, potriasť 2.

otriasť 3. triasť sa, chvieť sa • *shake° hand with* podať si ruky s • *shake° down* 1. striasať 2. upokojiť sa 3. uvelebiť sa • *shake° up* 1. zamiešať 2. zatriasť kým • *shake° off* zbaviť sa • *shake° out* 1. vytriasť 2. rozvinúť plachty

shake n. 1. otras 2. roztrasenosť • *in two shakes* za okamžik • *shake-up* 1. prebudenie 2. reorganizácia

shakedown [šeik´daun] n. posteľ na dlážke

shaken [šiekn] p. shake

shaky [šeiki] adj. 1. chvejúci sa, roztrasený 2. nepevný 3. nespoľahlivý

shall [šæl, šəl] pomocné sloveso, p. should mám povinnosť • *I shall go* pôjdem • *shall I go?* mám odísť? • *I should go* šiel by som

shallop [šælop] n. šalupa

shallow [šælou] adj. 1. plytký 2. povrchný

shallow n. plytčina

sham [šæm] adj. 1. predstieraný, falošný 2. nepravý

sham n. 1. klam, predstieranie 2. napodobenina

sham v. oklamať, podviesť, predstierať

shamble [šæmbl] v. vliecť sa, šuchtať sa

shambles [šæmblz] n. pl. jatky

shame [šeim] n. 1. hanba, potupa 2. hanblivosť • *put° to shame* zahanbiť

shame v. 1. zahanbiť 2. hanbiť sa

shameful [šeimfl] adj. hanebný, neslušný

shameless [šeimlis] adj. nehanebný

shampoo [šæm´pu:] n. šampón

shampoo v. umývať si vlasy

shamrock [šæmrok] n. ďatelina

shank [šæŋk] n. 1. noha 2. holeň 3. držadlo

shanty [šænti] n. chatrč, búda

shape [šeip] n. 1. tvar, podoba 2. forma 3. postava • *in human shape* v ľudskej podobe

shape v. 1. tvoriť, formovať 2. vyvíjať sa

shapeless [šeiplis] adj. bez-

tvárny, neforemný
shapely [šeipli] adj. úhľadný
share [šeə] n. 1. diel, podiel 2. akcie ● *go° shares* rozdeliť sa ● *take° share in* mať podiel na
share v. 1. deliť sa, rozdeliť sa 2. mať podiel na *in*
shareholder [šeə,houldə] n. akcionár
shark [ša:k] n. 1. *zool.* žralok 2. podvodník
sharp [ša:p] adj. 1. ostrý, špicatý 2. rázny, prudký 3. rýchly *krok* 4. prísny 5. bystrý 6. mazaný, podvodnícky ● *at two o´clock sharp* presne o druhej
sharp n. 1. ostrá ihla 2. *hovor.* podvodník 3. *hud.* krížik
sharp v. 1. podvádzať, hrať falošne 2. *hud.* zvýšiť o poltón
sharpen [ša:pn] v. nabrúsiť, zahrotiť, orezať
sharpener [ša:pnə] n. 1. brúsič 2. strúhadlo
sharper [ša:pə] n. podvodník
sharp-sighed [ša:p´saitid] adj. bystrozraký

sharp-witted [ša:p´witid] adj. bystrý, inteligentný
shatter [šætə] v. 1. rozbiť (sa) 2. roztrúsiť 3. otriasť
shave [šeiv] v. 1. holiť 2. orezať 3. *pren.* okradnúť 4. prekĺznuť ● *shave o.s.* holiť sa
shave n. 1. oholenie 2. škrabka 3. podvod ● *have° a shave* oholiť sa
shaven [šeivn] adj. oholený
shaver [šeivə] n. 1. holiaci strojček 2. holobriadok
shaving-brush [šeiviŋbraš] n. štetka na holenie
shawl [šo:l] n. šatka, šál
she [ši:] pron. one
she n. žena, samica ● *shefriend* priateľka ● *she-goat* koza
sheaf [ši:f] n. snop, otep
shear [šiə] v. *sheared, shorn* (o)strihať
shear n. 1. strihanie *oviec* 2. pl. nožnice
sheath [ši:θ] n. puzdro, pošva
sheathe [ši:ð] 1. vložiť, strčiť do pošvy 2. obkladať
shed [šed] n. 1. kôlňa, búda 2. hangár, garáž
shed v. *–dd- shed, shed* 1.

shilly-shally

roniť slzy 2. prelievať *krv* 3. strácať *lístie*, zhadzovať *parohy*
sheen [ši:n] n. jas, žiara
sheep [ši:p] n. 1. ovca 2. *pren.* baránok • *a lost sheep* stratená ovca
sheep-dog [ši:pdog] n. ovčiak *pes*
sheep-fold [ši:pfould] n. ovčiareň
sheepish [ši:piš] adj. bojazlivý, plachý
sheep-skin [ši:pskin] n. 1. ovčia koža 2. kožuch z ovčej kože
sheer [šiə] adj. 1. číry, úplný 2. tenký, jemný 3. príkry • *sheer nonsense* číry nezmysel
sheer adv. strmo, príkro
sheet [ši:t] n. 1. list *papiera* 2. plachta 3. tabuľa 4. kus čoho *of*
sheet v. 1. povliecť *posteľ* 2. pokryť
shelf [šelf] n. 1. polica 2. plošina útesu • *on the shelf* odstavený
shell [šel] n. 1. skupina 2. ulita, lastúra 3. struk 4. náboj, granát
shell v. 1. lúskať, lúštiť 2. ostreľovať • *shell off* lúpať sa
shellfish [šelfiš] n. *zool.* mäkkýš
shelter [šeltə] n. 1. útulok, prístrešok 2. útočište pred *from* 3. kryt
shelter v. 1. chrániť, kryť 2. skrývať sa
shelve [šelv] v. 1. postaviť na policu 2. odložiť *riešenie* 3. mierne sa nakláňať
shepherd [šepəd] n. pastier
sheriff [šerif] n. 1. úradník 2. šerif, sudca *Am.*
shew [šou] p. show
shield [ši:ld] n. 1. štít 2. ochrana
shield v. chrániť, skrývať pred *from*
shift [šift] v. 1. posunúť, presunúť 2. vinúť sa 3. zvaliť *vinu* na *on* 4. zmeniť 5. radiť rýchlosti
shift n. 1. zmena, posunutie 2. prostriedok 3. zmena *nočná* • *make° shift* vyžiť • *night shift* nočná zmena
shiftless [šiftlis] adj. bezradný, neschopný
shilling [šiliŋ] n. šiling
shilly-shally [šili,šæli] adj.

shilly-shally

nerozhodný, váhavý
shilly-shally n. nerozhodnosť
shilly-shally v. váhať, kolísať
shimmer [šimə] v. lesknúť sa, jagať sa
shimmer n. lesk, jagot
shin [šin] n. holeň, holenná kosť
shin v. *–nn-* • *shin up* šplhať sa
shindy [šindi] n. *hovor.* krik, hluk
shine [šain] n. 1. žiara, lesk, svit 2. jasné počasie 3. *slang.* senzácia
shine v. *shone, shone* 1. svietiť, žiariť 2. lesknúť sa
shingle [šingl] n. 1. šindeľ 2. pobrežný štrk
shingle v. 1. pokryť šindľom 2. nakrátko ostrihať
shining [šainiə] adj. lesklý, svietivý
shiny [šaini] adj. lesklý, jasný
ship [šip] n. loď • *on board ship* na palube
ship v. 1. nakladať na loď, nalodiť 2. plaviť sa loďou
ship-builder [šip,bildə] n. staviteľ lodí

ship-load [šiploud] n. lodný náklad
shipment [šipmənt] n. 1. lodný náklad 2. nakladanie na loď
ship-owner [šipounə] n. majiteľ lode
shipper [šipə] n. dovozca, vývozca
shipping [šipiŋ] n. 1. loďstvo 2. lodná doprava
shipwreck [šiprek] n. 1. stroskotanie lode 2. vrak 3. *pren.* skaza
shipyard [šipja:d] n. lodenica
shire [šaiə] n. anglické grófstvo
shirk [šə:k] v. vyhýbať sa *práci*
shirt [šə:t] n. košeľa
shirt v. obliecť si košeľu
shiver [šivə] v. triasť sa
shiver n. chvenie, trasenie
shoal [šoul] n. 1. množstvo, húf, roj 2. plytčina
shock [šok] n. 1. rana, úder 2. otras, šok 3. ľaknutie 4. pohoršenie 5. chumáč • *an electric shock* elektrická rana • *give° shock* spôsobiť pohoršenie
shock v. 1. spôsobiť otras 2.

shore

dať elektrickú ranu 3. pohoršiť

shocking [šokiŋ] adj. 1. urážlivý, škandálny 2. odporný, hrozný

shod [šod] p. shoe

shodden [šodn] p. shoe

shoddy [šodi] n. 1. zlá látka 2. *pren.* brak, odpad

shoddy adj. chatrný, brakový

shoe [šu:] n. 1. topánka 2. podkova 3. päta *stĺpu* ● *be° in another person's shoes* byť na mieste niekoho iného

shoe v. *shod, shod* obuť, obúvať

shoe-black [šu:blæk] n. čistič topánok

shoe-lace [šu:leis] n. šnúrka do topánok

shoe-maker [šu:meikə] n. obuvník

shone [šon] p. shine

shoo [šu:] v. odháňať ● *shoo away* odohnať

shook [šuk] p. shake

shoot [šu:t] v. *shot, shot* 1. strieľať na *at*, vystreliť 2. vyraziť, hnať sa, rútiť sa 3. vyklopiť 4. točiť *film* 5. vypučať, vyrásť ●

shoot° ahead vyraziť dopredu ● *shoot° off* vystreliť ● *shoot° out* vyhodiť, vymrštiť ● *shoot° up* 1. vyletieť do výšky 2. týčiť sa

shoot n. 1. výstrel, rana 2. streľba 3. výhonok, ratolesť 4. naklonená *plocha* 5. revír

shooter [šu:tə] n. strelec

shooting [šu:tiŋ] n. 1. streľba 2. revír 3. lovecké právo ● *shooting star* lietajúca hviezda

shop [šop] n. 1. obchod 2. dielňa 3. remeslo ● *talk shop* hovoriť odborne

shop v. –*pp*– nakupovať

shop-assistant [šopə,sistənt] n. predavač(ka)

shop-girl [šopgə:l] n. predavačka

shop-keeper [šop,ki:pə] n. majiteľ obchodu

shop-lifter [shop,liftə] n. zlodej

shopper [šopə] n. nakupujúci

shop-window [šop´windou] n. výklad

shore [šo:] n. 1. breh, pobrežie 2. podpora

361

shore [šo:] p. shear
shorn [šo:] p. shear
short [šo:t] adj. 1. krátky, malý, nízky 2. krátkodobý 3. nedostatočný, neúplný 4. stručný 5. krehký *pečivo* 6. silný *liehovina* • *in short* skrátka • *be° short of* mať nedostatok čoho • *cut° short* skrátiť • *keep° short* držať nakrátko • *short story* poviedka • *turn short* náhle sa obrátiť
short n. pl. šortky
shortage [šo:tidž] n. nedostatok • *housing shortage* nedostatok bytov
shortcoming [šo:t´kamiŋ] n. nedostatok, chyba
shorten [šo:tn] v. skrátiť
shorthand [šo:thænd] n. tesnopis
shortlived [šo:tlivd] adj. chvíľkový, prechodný
shortly [šo:tli] adv. 1. čoskoro 2. stručne, úsečne 3. náhle 4. ostro
shortsighed [šo:t´saitid] adj. krátkozraký
shot [šot] n. 1. výstrel, rana 2. zásah 3. dostrel 4. pl. náboj, guľka 5. účet *v hostinci* 6. injekcia, dávka 7. *film.* záber, šot
shot v. nabíjať pušku
shot p. shoot
should [šud, šəd] p. shall
shoulder [šouldə] n. rameno, plece • *shrug one's shoulders* pokrčiť plecami
shoulder-blade [šouldəbleid] n. lopatka *kosť*
shout [šaut] v. 1. kričať, vykríknuť 2. pokrikovať • *shout with pain* kričať od bolesti
shout n. výkrik, pokrik
shove [šav] v. strkať
shove n. postrčenie, rýpnutie
shovel [šavl] n. lopata
shovel v. *–ll–* hádzať lopatou • *shovel up* nahromadiť *peniaze*
show [šou] v. *showed, shown* 1. ukazovať, vystavovať 2. dať najavo 3. preukázať, dokázať 4. odprevadiť 5. vyčnievať • *show° mercy* preukázať milosť • *show° in* uviesť *návštevu* • *show° off* vystaviť na obdiv • *show° out* odprevadiť *návštevu* • *show° round* previesť niekoho •

shuffle

show° up 1. odhaliť koho 2. byť prítomný pri *at*

show n. 1. predstavenie 2. výstava 3. prehliadka, sprievod 4. ukážka 5. efekt 6. podujatie 7. príležitosť • *make° a fine show* dobre vyzerať

show-case [šou'keis] n. vitrína

showman [šoumæn] n. 1. majiteľ cirkusu, zábavného podniku 2. šoumen, bavič

shower [šauə] n. 1. prudký lejak 2. *pren.* záplava, hojnosť

shower v. silne pršať, liať

shower-bath [šauəba:θ] n. sprcha

showery [šauəri] adj. daždivý

shown [šoun] p. show

showy [šoui] adj. nápadný

shrank [šræŋk] p. shrink

shrapnel [šræpnl] n. šrapnel

shred [šred] v. *-dd-* rozrezať, roztrhať na kúsky

shred n. kúsok, odrezok

shrew [šru:] n. zlá žena

shrewd [šru:d] adj. bystrý

shriek [šri:k] v. jačať, kričať

shrift [šrift] n. *zastar.* spoveď • *give° a short shrift* odbyť niekoho

shrill [šril] v. jačať, vrieskať

shrill adj. prenikavý

shrimp [šrimp] n. 1. granát *morský rak* 2. *pren.* škrečok

shrine [šrain] n. 1. hrobka 2. svätyňa

shrink [šriŋk] v. *shrank /shrunk, shrunk* 1. scvrknúť sa, zraziť sa 2. ustúpiť od *from* 3. podľahnúť

shrinkage [šriŋkidž] n. zmrštenie, zosychanie *dreva*

shrivel [šrivl] *-ll-* v. krčiť sa, scvrknúť sa

shroud [šraud] n. 1. rubáš, závoj 2. pl. sťažňové laná

shroud v. 1. zahaliť rubášom 2. pokryť

shrub [šrab] n. krovie

shrug [šrag] *-gg-* v. pokrčiť *plecami*

shrunk [šraŋk] p. shrink

shudder [šadə] v. zachvieť sa

shudder n. triaška, chvenie

shuffle [šafl] n. 1. šúchanie *nohami* 2. zamiešanie *kariet* 3. nečestnosť, lesť, úskok

shuffle v. 1. šúchať *nohami* 2. vykrúcať sa 3. miešať *karty* • *shuffle off* striasť sa

shun [šan] v. *–nn-* vyhýbať sa

shunt [šant] n. 1. presunutie 2. prepínač 3. výhybka

shunt v. 1. presunúť na inú koľaj 2. prepnúť

shut [šat] v. *–tt- shut, shut* 1. zavrieť (sa) 2. vylúčiť z *from* • *shut° down* stiahnuť roletu • *shut° off* 1. zaraziť 2. vylúčiť • *shut° up* 1. zamknúť 2. umlčať • *shut up! vulg.* zavri hubu!

shut n. 1. zatváranie 2. veko, okenica • *shut down* zastavenie práce

shutter [šatə] n. 1. obločnica, okenica 2. *fot.* záver

shuttle [šatl] n. tkáčsky člnok

shy [šai] adj. 1. plachý 2. opatrný

shy v. 1. plašiť sa *kone* 2. váhať pred *at* 3. posmievať sa čomu *at* 4. vrhať, hádzať

shy n. vrh, hod

sib [sib] n. rod

sibling [sibliŋ] n. súrodenec

sibilant [sibilənt] n. sykavka *hláska*

sick [sik] adj. 1. chorý 2. zle sa cítiaci 3. sýty čím *of* 4. smutný • *grow° sick* ochorieť • *be° sick* zvracať • *be° sick for* túžiť po

sick-bed [sikbed] n. lôžko chorého

sicken [sikn] v. 1. ochorieť 2. byť znechutený, otrávený čím *at* 3. byť unavený čím *of* 4. znechutiť

sickle [sikl] n. kosák

sickly [sikli] adj. chorý, neduživý, mdlý

sickness [siknis] n. 1. choroba 2. zvracanie • *sickness insurance* nemocenské poistenie

side [said] n. 1. strana, bok 2. svah 3. krajina 4. breh 5. politická strana 6. stránka, vlastnosť • *side by side* bok po boku • *on the other side* na druhej strane • *the wrong side up* hore nohami

side v. podporovať koho *with*

sideboard [saidbo:d] n. kre-

side-car [saidka:] n. prívesný vozík
sidelight [saidlait] n. 1. bočné svetlo 2. pohľad z boku
sidelong [saidloŋ] adj. kosý, šikmý
sidereal [sai´diəriəl] adj. hviezdny
sideview [saidvju:] n. pohľad z profilu
sidewalk [saidwo:k] n. chodník *Am.*
sideways [saidweiz] adv. stranou, bokom
siding [saidiŋ] n. výhybka, vedľajšia koľaj
sidle [saidl] v. blížiť sa bokom ● *sidle up to* prikradnúť sa
siege [si:dž] n. obliehanie
sieve [siv] n. sito, rešeto
sift [sift] v. 1. preosievať 2. triediť 3. vyšetrovať
sifter [siftə] n. sitko
sigh [sai] v. 1. vzdychať 2. túžiť po *after, for* 3. kvíliť *vietor*
sigh v. (po)vzdych
sight [sait] n. 1. zrak 2. pohľad 3. mierenie 4. okienko ● *at sight* na pohľad ● *at first sight* na prvý pohľad ● *by sight* z videnia ● *out of sight* mimo dohľadu ● *come° in sight* ukázať ● *have° in sight* mať v úmysle ● *a sight of money* množstvo peňazí
sight v. 1. spozorovať 2. mieriť, cieliť
sightless [saitlis] adj. slepý
sightly [saitli] adj. pekný, úhľadný
sightseeing [sait,si:iŋ] n. prehliadka pamätihodností
sign [sain] n. 1. znamenie 2. znak, značka 3. odznak 4. firma 5. pokyn 6. podpis ● *sign of exclamation* výkričník ● *sign of interrogation* otáznik
sign v. 1. označiť 2. podpísať 3. naznačiť ● *sign one´s name* podpísať sa
signal [signəl] n. návestie, signál
signal adj. znamenitý, výborný
signal v. *–ll–* dať znamenie, signál
signalize [signəlaiz] v. vyznačiť, vytýčiť
signature [signičə] n. 1.

podpis 2. *hud.* predznamenanie
signet [signit] n. pečať
significance [sig'nifikəns] n. význam
significant [sig'nifikənt] adj. významný
signification [signifi'keišn] n. 1. označenie 2. význam
signify [signifai] v. 1. znamenať 2. označiť 3. mať význam
silence [sailəns] n. ticho, mlčanie • *keep° silence* zachovať ticho, mlčať • *put° to silence* umlčať
silent [sailənt] adj. kľudný, tichý, mlčiaci
silicon [silikən] n. kremík
silk [silk] n. hodváb
silk adj. hodvádny
silken [silkn] adj. 1. hodvábny 2. jemný • *silk hat* cylinder
silky [silki] adj. 1. hodvábny 2. jemný
sill [sil] n. prah
silly [sili] adj. hlúpy, sprostý
silly n. hlupáčik
silo [sailou] n. silo, zásobník
silt [silt] n. kal, bahno
silver [silvə] n. striebro
silver adj. strieborný

silver v. postriebriť
silver-plate [silvəpleit] n. strieborný tanier
silvery [silvəri] adj. 1. striebristý 2. zvonivý
similar [similə] adj. podobný
similarity [simi'læriti] n. podobnosť
simile [simili] n. podobenstvo
simmer [simə] v. variť sa, vrieť
simper [simpə] v. uškierať sa
simper n. úškrn
simple [simpl] adj. 1. jednoduchý 2. prostý 3. úprimný 4. prirodzený, nestrojený
simple n. 1. jednoduchá vec 2. liečivá rastlina
simple-minded [simpl'maindid] adj. prostoduchý
simpleton [simpltən] n. hlupák
simplicity [sim'plisiti] n. jednoduchosť, prostota
simplification [simpləfi'keišn] n. zjednodušenie
simplify [simplifai] v. zjednodušiť
simulant [simjulənt] adj. *biol.* podobajúci sa čomu *of*

simulate [simjuleit] v. **1.** predstierať **2.** napodobniť, simulovať

simulation [simju'leišn] n. napodobnenie, pretvárka

sin [sin] n. hriech, priestupok proti *against*

sin v. *–nn-* hrešiť proti *against*

since [sins] adv. odvtedy

since prep. od *nejakého času* ● *since the morning* od rána

since conj. **1.** odkedy **2.** pretože

sincere [sin'siə] adj. úprimný, naozajstný

sincerity [sin'seriti] n. úprimnosť

sinecure [sainikjuə] n. výnosný úrad

sinew [sinju:] n. **1.** šľacha, sval **2.** pl. svalstvo

sing [siŋ] v. *sang, sung* spievať o *of*

singe [sindž] v. **1.** popáliť (sa) **2.** spáliť, spaľovať

singe n. popálenina

singer [siŋə] n. spevák

singing [siŋiŋ] n. spievanie

single [siŋgl] adj. **1.** jednoduchý, prostý **2.** jednotlivý **3.** slobodný

single n. **1.** *šport.* dvojhra **2.** *hud.* singel

single v. **1.** osamostatniť **2.** vybrať, vyhľadať ● *single out* vybrať

single-handed [siŋgl'hændid] adj. bez pomoci

single-hearted [siŋgl'ha:tid] adj. prostý

single-minded [siŋgl'maindid] **1.** prostomyseľný **2.** oddaný veci

singlet [siŋflit] n. tielko, tričko

singly [siŋgli] **1.** jednotlivo **2.** sám, bez pomoci

singsong [siŋsoŋ] n. monotónny prednes

singular [siŋgjulə] adj. **1.** zvláštny, neobyčajný **2.** jedinečný **3.** jednoduchý **4.** výstredný

singularity [siŋgju'læriti] n. **1.** mimoriadnosť, jedinečnosť **2.** zvláštnosť

sinister [sinistə] adj. **1.** neblahý, zlý **2.** ľavý **3.** zlomyseľný **4.** nešťastný ● *sinister look* zlý pohľad

sink [siŋk] v. *sank/sunk, sunk* **1.** klesať, sadať, padať **2.** zanikať **3.** potopiť sa **4.** znížiť sa **5.** preraziť

sink

6. vykopať 7. zatajiť • *we are sunk* sme na dne • *sink° money* spreneveriť peniaze • *sink° under* klesnúť

sink n. 1. stoka, kanál 2. ponor lode 3. umývadlo 4. prepadlisko

sinking [siŋkiŋ] n. 1. potopenie 2. vyčerpanosť 3. výlevka

sinner [sinə] n. hriešnik

sinology [si′nolədži] n. sinológia

sinous [sinjuəs] adj. točitý, haditý, kľukatý

sinus [sainəs] n. 1. záhyb, záliv 2. dutina

sip [sip] n. dúšok, glg

sip v. –pp- sŕkať, popíjať

siphon [saifn] n. 1. násoska 2. sifón

sir [sə:] n. 1. pane *oslovenie* 2. *Sir* šľachtický titul pred menom

siren [saiərin] n. 1. morská panna, siréna 2. siréna

sirloin [sə:loin] n. sviečková

sister [sistə] n. sestra

sister-in-law [sistərinlo:] n. švagriná

sisterhood [sistəhud] n. sesterstvo, sesterský rád

sit [sit] -tt- v. *sat, sat* 1. sedieť 2. zasadať, radiť sa o *on* 3. zastupovať čo *for* 4. sedieť *odev* 5. skladať skúšku • *sit° in judgement* súdiť • *sit° back* nečinne sedieť • *sit° down* sadnúť si • *sit° in* opatrovať dieťa • *sit° up* posadiť sa

site [sait] n. 1. poloha 2. stanovisko

sitting [sitiŋ] adj. sediaci

sitting n. sedenie, zasadanie

sitting-room [sitiŋru:m] n. obývacia izba

situate [sitjueit] v. umiestniť

situated [sitjueitid] adj. položený

situation [sitju′eišn] n. 1. poloha 2. situácia 3. miesto

six [siks] num. šesť, šestka

sixpence [sikspəns] n. polšiling, šesť penny

sixteen [siks′ti:n] num. šestnásť

sixteenth [siks′ti:nə] num. šestnásty

sixth [siksθ] num. šiesty

sixty [siksti] num. šesťdesiat

sizable [saizəbl] adj. značný, veľký

size [saiz] n. **1.** veľkosť, formát, rozmer **2.** číslo, miera **3.** lepidlo, maz

size v. zoradiť podľa veľkosti • *size up a situation* odhadnúť situáciu

sizzle [sizl] v. škvariť sa

skate [skeit] v. korčuľovať sa

skate n. pl. korčule

skater [skeitə] n. korčuliar

skate-rink [skeitriŋk] n. klzisko

skein [skein] n. pradeno, klbko

skeleton [skelitn] n. **1.** kostra **2.** konštrukcia **3.** náčrt, plán • *skeleton key* univerzálny kľúč

sketch [skeč] n. **1.** náčrtok, skica **2.** koncept **3.** skeč, krátka hra

sketch v. načrtnúť, nakresliť

skew [skju:] adj. kosý, šikmý

ski [ši:, ski] n. lyže

skid [skid] n. **1.** reťazová brzda **2.** podperný trám **3.** šmyk

skid v. **1.** podoprieť **2.** zabrzdiť **3.** dostať šmyk

skiff [skif] n. ľahký čln

skilful [skilfəl] adj. obratný, zručný

skill [skil] n. obratnosť, zručnosť

skilled [skild] adj. kvalifikovaný • *skilled work* odborná práca

skim [skim] n. **1.** pena **2.** smotana

skim –*mm*- v. **1.** zobrať penu, smotanu **2.** letmo sa dotknúť

skimp [skimp] adj. byť lakomý

skin [skin] n. **1.** koža, pleť **2.** kôra **3.** mech **4.** šupka

skin v. **1.** stiahnuť kožu **2.** olúpať • *skin off* vyzliecť sa

skinner [skinə] n. **1.** kožušník **2.** šťahovač koží

skip [skip] -*pp*- v. **1.** skákať, poskakovať **2.** preskakovať *text* • *skip over* preskočiť

skip n. **1.** poskok **2.** preskočenie, vynechanie

skipper [skipə] n. **1.** skokan **2.** kapitán *lode, mužstva*

skirmish [skə:miš] n. šarvátka, potýčka

skirt [skə:t] n. **1.** sukňa **2.** lem, okraj **3.** pl. predmestie

skirt v. pohybovať sa na

skit

okraji
skit [skit] n. 1. vtip, žart 2. satira, paródia
skittish [skitiš] adj. vrtošivá *žena*
skittles [skitlz] pl. 1. kolky 2. hra v kolky
skulk [skalk] v. skrývať sa
skull [skal] n. lebka
skunk [skaŋk] n. 1. tchor *Am.* 2. *slang.* podliak, ničomník
sky [skai] n. 1. obloha, nebo 2. podnebie
sky-blue [skai´blu:] adj. belasý, blankytný
sky-high [skai´hai] adj. nebotyčný
skylark [skaila:k] n. škovránok
sky-light [skailait] n. strešné okno
sky-line [skailain] n. 1. horizont 2. silueta
sky-scraper [skai,skreipə] n. mrakodrap
slab [slæb] n. 1. doska, plát 2. kus *niečoho*
slack [slæk] adj. 1. voľný, uvoľnený 2. ochabnutý 3. nedbalý 4. mierny *vietor* 5. pomalý
slack n. 1. uhoľný prach 2. voľný koniec
slacken [slækn] adj. 1. povoliť, poľaviť, ochabnúť 2. uvoľniť 3. ubúdať
slag [slæg] n. škvára, struska
slain [slein] p. slay
slake [sleik] adj. 1. mierniť 2. hasiť *vápno*
slalom [sla:lom] n. *šport.* slalom
slam [slæm] v. 1. buchnúť *dverami* 2. obohrať *v kartách*
slam n. buchnutie, tresknutie
slander [sla:ndə] n. ohováranie
slander v. ohovoriť
slang [slæŋ] n. slang
slank [slæŋk] p. slink
slant [sla:nt] adj. kosý, priečny, šikmý
slant v. nakloniť sa, zvažovať sa
slant n. svah, sklon
slap [slæp] -*pp*- v. plesknúť, (vy)fackať
slap n. facka, zaucho
slap adv. priamo, rovno
slash [slæš] v. 1. bičovať 2. posekať, rozpárať 3. práskať *bičom*
slash n. 1. rana bičom 2. rez-

ná rana
slat [slæt] n. latka, doštička
slate [sleit] n. 1. bridlica 2. bridlicová tabuľka
slate v. 1. pokryť bridlicou 2. (vy)hrešiť
slatter [sleitə] n. pokrývač
slattern [slætən] n. cundra
slaughter [slo:tə] v. 1. porážať *dobytok* 2. vraždiť, masakrovať
slaughter n. 1. porážka *dobytka* 2. vraždenie, masaker
slaughter-house [slo:tə-haus] n. jatky
Slav [sla:v] n. Slovan
Slav adj. slovanský
slave [sleiv] n. otrok, otrokyňa
slave v. 1. zotročiť 2. drieť na *for, at*
slaver [slævə] n. 1. slina 2. otrokár
slaver v. 1. slintať 2. lízať niekomu päty
slavery [sleivəri] n. 1. otroctvo 2. otročina, drina
slavish [sleiviš] adj. otrocký
slay [slei] v. *slew, slain* zavraždiť, zabiť
sleazy [sli:zi] adj. tenký, úbohý

sled, sledge [sled, sledž] n. sane
sleek [sli:k] adj. 1. uhladený, úhľadný 2. úlisný
sleek v. uhladiť, upraviť
sleep [sli:p] v. *slept, slept* 1. spať 2. uspať 3. nechať prenocovať • *sleep° on both ears* kľudne spať
sleep n. spánok • *go° to sleep* zaspať
sleeper [sli:pə] n. 1. spáč 2. spací vozeň
sleeping [sli:piŋ] adj. spiaci • *Sleeping Beauty* Šípková Ruženka
sleeping n. spanie
sleeping-car [sli:piŋka:] n. spací vozeň
sleeping draught [sli:piŋdra:ft] n. uspávací prostriedok
sleepless [sli:plis] adj. bezsenný
sleepy [sli:pi] adj. ospalý
sleet [sli:t] n. pľušť
sleet v. pršať *dážď so snehom alebo krúpami*
sleeve [sli:v] n. 1. rukáv 2. obal, trubica
sleigh [slei] p. sled
sleight [slait] n. úskok, trik
slender [slendə] adj. 1. štíhly

2. malý, nepatrný
slept [slept] p. sleep
sleuth-hound [slu:θhaund] n. **1.** sliedič *pes* **2.** detektív *Am.*
slew [slu:] p. slay
slice [slais] n. **1.** krajec, plátok **2.** nôž na rybu
slice v. krájať na tenké plátky
slick [slik] p. sleek
slid [slid] p. slide
slide [slaid] v. *slid, slid* **1.** kĺzať sa **2.** ľahko prejsť cez *over* **3.** vykĺznuť **4.** upadať, upadnúť **5.** zasunúť
slide n. **1.** kĺzačka **2.** diapozitív **3.** krycie sklíčko **4.** doštička • *slide gauge* posuvné meradlo • *slide rule* logaritmické pravítko
sliding [slaidiŋ] adj. kĺzajúci, klzný
sliding n. kĺzanie • *sliding rail* výhybka • *sliding roof* sklápacia strecha
slight [slait] adj. **1.** nepatrný **2.** štíhly, tenký
slight v. **1.** pohŕdať, podceňovať **2.** odbyť
slight n. pohŕdanie, neváženie si
slily [slaili] adv. úskočne
slim [slim] adj. **1.** tenký, štíhly **2.** nepatrný
slime [slaim] n. sliz, hlien
sling [sliŋ] n. **1.** slučka **2.** páska **3.** prak **4.** vrh, hod
sling v. *slung, slung* **1.** hádzať prakom **2.** zavesiť, prehodiť cez • *sling° up* vytiahnuť
slink [sliək] v. *slunk, slunk* **1.** plaziť sa, plížiť sa **2.** predčasne vrhnúť *mláďa* • *slink° away* odplížiť sa
slip [slip] v. *-pp-* **1.** vykĺznuť, prekĺznuť **2.** vlúdiť sa do *into* **3.** uniknúť **4.** preriecť sa **5.** plynúť **6.** spustiť *kotvu* **7.** dostať šmyk • *slip away* prekĺznuť • *slip off* utrhnúť • *slip up* potknúť sa
slip n. **1.** vykĺznutie, pokĺznutie, šmyk **2.** preriecnutie **3.** omyl, zlyhanie **4.** remeň na psa • *slip of the tongue* preriecnutie • *slip of the press* tlačová chyba
slip-knot [slipnot] n. voľný uzol
slipper [slipə] n. papuča

slippery [slipəri] adj. 1. klzký, hladký 2. nestály, nespoľahlivý 3. prostoreký
slit [slit] v. *-tt- slit, slit* rozrezať, rozpárať
slit n. štrbina, puklina
sliver [slivə] n. odštiepok, trieska
sliver v. štiepiť sa
slobber [slobə] n. sliny
slobber v. slintať
sloe [slou] n. trnka
slog [slog] n. tvrdý úder, zásah
slog v. *-gg-* 1. *šport.* tvrdo zasiahnuť 2. drieť
slogan [slougən] n. heslo
slop [slop] n. 1. tekutá strava 2. pomyje 3. konfekčné šaty
slop v. *-pp-* rozliať sa
slop-basin [slop,beisn] n. nádoba na pomyje
slop-pail [sloppeil] n. vedro na odpadky
slope [sloup] n. sklon, svah
slope v. skláňať sa, zvažovať sa
sloppy [slopi] adj. 1. blatistý 2. zamokrený 3. riedky 4. *hovor.* nedbanlivý
slot [slot] n. 1. štrbina 2. drážka 3. stopa *zveri*

slot-machine [slotmə´ši:n] n. automat na mince
sloth [slouθ] n. 1. lenivosť 2. leňochod
slothful [slouθfl] adj. lenivý
slouch [slauč] n. 1. ovisnutie 2. leňoch, darebák
slouch v. 1. ovisnúť 2. terigať sa
slough [slau] n. 1. blato, bahno 2. močiar 3. mŕtva koža
slough v. 1. lúpať sa 2. zvliecť kožu *had*
Slovak [slouvæk] s. 1. Slovák 2. slovenčina
Slovak adj. slovenský
Slovakia [slou´vækjə] n. Slovensko
sloven [slavn] n. 1. špinavec 2. lajdák
Slovene [slou´vi:n] n. 1. Slovinec 2. slovinčina
Slovene adj. slovinský
Slovenia [slou´vi:niə] n. Slovinsko
slow [slou] adj. 1. pomalý, zdĺhavý 2. opatrný, rozvážny 3. lenivý 4. hlúpy ● *the clock is slow* hodiny meškajú
slow v. zdržať, spomaliť ● *slow down* spomaliť

slow-pacing [sloupeisiŋ] adj. zdĺhavý
slow-worm [slouwə:m] n. slepúch
sludge [sladž] n. blato, bahno
slug [slag] n. 1. slimák 2. brok 3. *hovor*. úder
slug v. –gg- 1. leňošiť 2. *hovor*. udierať 3. pomaly sa pohybovať
sluggard [slagəd] n. leňoch
sluggard adj. lenivý
sluice [slu:s] n. 1. stavidlo, splav 2. vzdúvadlo
sluice v. 1. zaplaviť 2. poriadne vydrhnúť
slum [slam] n. 1. brloh, chudobné obydlie 2. špinavá ulička
slumber [slambə] n. driemota, spánok
slumber v. spať, driemať
slump [slamp] v. prepadnúť, poklesnúť
slump n. náhly pokles cien na burze
slung [slaŋ] p. sling
slunk [slaŋk] p. slink
slur [slə:] v. –rr- 1. nezreteľne vyslovovať 2. viazať *noty*
slur n. 1. škvrna, hanba 2. nadávka, pošpinenie
slush [slaš] n. 1. čľapkanica 2. mazadlo
slushy [slaši] adj. mokrý, začľapkaný
slut [slat] n. cundra, fľandra
sly [slai] adj. úskočný, ľstivý
smack [smæk] v. 1. mľaskať 2. plieskať 3. dať facku
smack n. 1. chuť 2. mľaskanie 3. plesknutie 4. rybárska šalupa
small [smo:l] adj. 1. malý 2. slabý, útly 3. úbohý 4. lakomý • *small change* drobné • *small talk* všedný rozhovor • *small wine* ľahké víno
smallish [smo:liš] adj. drobný
smallpox [smo:lpoks] n. kiahne
smalt [smo:lt] n. smalt
smart [sma:t] adj. 1. citeľný 2. prísny *trest* 3. čulý, rezký 4. šikovný, bystrý 5. nečestný 6. elegantný 7. módny 8. *hovor*. značný • *a smart distance* značná vzdialenosť
smart n. bolesť, utrpenie
smart v. 1. cítiť ostrú bolesť 2. bolieť, pôsobiť bolesť

smoky

3. pykať za *for*
smarten [smaːtn] v. vystrojiť
smash [smæš] v. 1. rozbiť (sa), roztrieštiť, zničiť 2. presekať *cestu* 3. vraziť do *into* 4. šport. smečovať
smash n. 1. tresk, rozbitie, zničenie 2. zrážka 3. šport. smeč
smear [smiə] n. škvrna
smear v. zašpiniť, zamazať *olejom*
smeary [smiəri] adj. mazavý, mazľavý, lepkavý
smell [smel] v. *smelt, smelt* 1. ňuchať, čuchať, vetriť 2. voňať 3. páchnuť čím *of* • *smell° a rat* mať podozrenie • *smell° out* vyňuchať, vypátrať
smell n. 1. čuch 2. zápach, pach 3. vôňa • *a bad smell* zápach
smelt [smelt] p. smell
smelt v. taviť *ruda*
smelting [smeltiŋ] n. tavba
smile [smail] v. usmievať sa na *at*, čomu *upon*
smile n. úsmev
smirch [sməːč] v. 1. očierniť, pošpiniť 2. očierniť *meno*

smirk [sməːk] n. úškrn
smirk v. uškŕňať sa
smit [smit] p. smile
smite [smait] v. *smote, smitten* 1. udrieť 2. poraziť 3. zničiť, rozbiť 4. zachvátiť • *smitten with* zachvátený čím
smite n. rana, úder
smith [smiθ] n. kováč
smithereens [smiθəˈriːnz] n. pl. kúsky • *break° into smithereens* rozbiť na kúsky
smithery [smiθəri] n. kováčska dielňa
smithy [smiθi] n. kováčska dielňa
smitten [smitən] p. smite
smock [smok] n. pracovné šaty
smog [smog] n. smog
smoke [smouk] n. 1. dym 2. fajčenie • *dry in the smoke* údiť
smoke v. 1. fajčiť 2. kúriť, čadiť 3. údiť
smoker [smoukə] n. 1. fajčiar 2. fajčiarsky vozeň
smoke-screen [smoukskriːn] n. dymová clona
smoky [smouki] adj. zadymený

smolder [smouldə] p. smoulder
smooth [smu:θ] adj. 1. hladký, uhladený 2. jemný, mäkký 3. lahodný, príjemný 4. kľudný
smooth v. 1. urovnať, uhladiť 2. zmierniť 3. lichotiť 4. získať, nakloniť si • *smooth away* odstrániť • *smooth down* upokojovať
smote p. smite
smother [smaθə] v. 1. (u)dusiť (sa) 2. potlačiť, zničiť
smother n. dym, prach • *keep° in smother* dusiť
smoulder [smouldə] v. čadiť, dymiť
smoulder n. dym
smudge [smadž] n. 1. šmuha, škvrna 2. dusivý dym
smudge v. pošpiniť
smug [smag] adj. 1. čistý 2. strojený, samoľúby
smuggle [smagl] v. pašovať
smuggler [smaglə] n. pašerák
smut [smat] n. 1. sadza 2. škvrna 3. oplzlosť
smut v. poškvrniť, zašpiniť
snack [snæk] n. ľahké jedlo, občerstvenie
snaffle [snæfl] n. zubadlo

snaffle v. držať na uzde
snag [snæg] n. 1. peň 2. *pren*. prekážka
snail [sneil] n. slimák
snake [sneik] n. *zool*. had
snaky [sneiki] adj. 1. hadovitý, krútiaci sa 2. plný hadov
snap [snæp] -*pp*- v. 1. lapať, chňapnúť 2. ulomiť 3. puknúť 4. (pri)cviknúť 5. roztrieskať (sa) 6. urobiť momentku • *snap up* 1. lapiť 2. surovo prerušiť niekoho, odseknúť
snap n. 1. chňapnutie 2. ulomenie 3. momentka 4. kúsnutie 5. buchnutie
snappy [snæpi] adj. živý, bystrý
snapshot [snæpšot] n. momentka
snare [sneə] n. pasca, klepec
snare v. chytiť do pasce
snarl [sna:l] v. 1. vrčať na *at* 2. chytiť (sa) do pasce
snarl n. vrčanie
snatch [snæč] v. 1. chňapnúť 2. chvatne urobiť 3. využiť príležitosť • *snatch up* lapiť
snatch n. 1. chňapnutie 2. úlomok, úryvok

sneak [sni:k] v. **1.** plížiť sa **2.** žalovať, udávať **3.** *hovor.* ukradnúť • *sneak away* odplížiť sa

sneak n. **1.** potmehúd **2.** donášač, udavač

sneakers [sni:kəz] n. pl. tenisky *Am.*

sneer [sniə] v. posmievať sa, uškierať sa, doberať si koho *at*

sneer n. posmech, úškrn

sneeze [sni:z] v. kýchať

sneeze n. kýchnutie

snick [snik] n. zárez

snicker [snikə] v. chichotať sa, smiať sa čomu *at*

sniff [snif] v. **1.** funieť, ňuchať, vetriť **2.** vdýchnuť nosom • *sniff up* nadýchať sa

sniff n. funenie, ňuchanie

snip [snip] -*pp*- v. ustrihnúť, urezať

snip n. **1.** urezanie, ustrihnutie **2.** ústrižok **3.** podiel **4.** istota

snippet [snipət] n. **1.** výstrižok, kúsok **2.** úryvok

snivel [snivl] -*ll*- v. **1.** fňukať, vzlykať **2.** mať nádchu

snivel n. fňukot, vzlykanie

snob [snob] n. **1.** snob **2.** hlupák

snooze [snu:z] v. zdriemnuť si

snore [sno:] v. chrápať

snore n. chrápanie

snort [sno:t] v. funieť, fŕkať

snot [snot] n. *vulg.* sopeľ

snotty [snoti] v. **1.** *vulg.* zasoplený **2.** *hovor.* naštvaný

snout [snaut] n. rypák

snow [snou] n. sneh

snow v. snežiť

snow-blindness [snou´blaindnis] n. snežná slepota

snow-drift [snoudrift] n. snežný závej

snowdrop [snoudrop] n. snežienka

snow-flakes [snoufleikz] pl. snehové vločky

snowman [snoumæn] n. snehuliak

snow-storm [snousto:m] n. fujavica

snowy [snoui] adj. **1.** zasnežený **2.** snehový **3.** snehobiely

snub [snab] n. ohrdnutie, odbytie

snub v. ohrdnúť, odbyť

snub adj. tupý, krátky •

snuff

snub-nose tupý nos
snuff [snaf] n. **1.** šnupací tabak **2.** mrzutosť • *take° a snuff* šnupať
snuff v. šnupať
snug [snag] adj. **1.** útulný, pohodlný **2.** skrytý, chránený
snug –gg- v. hovieť si
snuggle [snagl] v. hovieť si • *snuggle up to* pritúliť sa k
so [sou] adv. tak, takto, týmto spôsobom • *not so... as* nie tak... ako • *and so on* a tak ďalej • *so much* toľko • *so long* nazdar, dovidenia
so conj. **1.** (a) preto **2.** nuž
soak [souk] v. **1.** presiaknuť, namočiť, premočiť (sa) **2.** vyprázdniť **3.** nasávať
soak n. **1.** vsiaknutie, premočenie **2.** dážď
soaker [souk∂] n. pijan
soap [soup] n. mydlo
soap v. mydliť
soap-bubble [soup,babl] n. mydlová bublina
soap-suds [soupsadz] n. pl. mydliny
soar [so:] v. vznášať sa, prudko stúpať

sob [sob] -bb- v. vzlykať, fikať
sob n. vzlykot, fikanie
sober [soub∂] adj. **1.** triezvy **2.** striedmy **3.** rozvážny
sober v. vytriezvieť
soccer [sok∂] futbal *Am.*
sociability [souš∂'biliti] n. družnosť, spoločenskosť
sociable [souš∂bl] adj. **1.** družný, spoločenský **2.** neformálny
social [soušl] adj. **1.** sociálny **2.** družný **3.** spoločenský • *social evening* spoločenský večierok
socialist [souš∂list] adj. socialistický
socialist n. socialista
society [s∂'sai∂ti] n. **1.** spoločnosť **2.** spolok
sock [sok] n. **1.** ponožka **2.** vložka *do topánky*
socket [sokit] n. **1.** jamka **2.** *elektr.* zásuvka **3.** ložisko **4.** objímka *žiarovky*
sod n. trávnik, pažiť
soda [soud∂] n. sóda
sodden [sodn] adj. **1.** premočený, navlhnutý **2.** rozvarený, kašovitý **3.** tupý
sodium [soudj∂m] n. sodík
sofa [souf∂] n. pohovka

soft [soft] adj. **1.** mäkký, hebký **2.** nežný **3.** zženštilý **4.** láskavý **5.** slabý • *soft currency* mäkká mena • *soft drink* nealkoholický nápoj

soften [sofən] v. **1.** zmäkčiť (sa), zmäkčovať (sa) **2.** zjemniť (sa) **3.** zmierniť (sa) **4.** obmäkčiť sa

soft-headed [soft,hedid] adj. hlúpy, nerozumný

soggy [sogi] adj. premočený

soil [soil] n. **1.** pôda, zem **2.** špina, škvrna

soil v. zamazať sa, pošpiniť sa

soirée [swa:rei] n. večierok

sojourn [sodžə:n] n. dočasný pobyt

sojourn v. bývať, zdržovať sa v *in*, u *at*, medzi *among*

solace [soləs] n. útecha

solace v. potešiť (sa)

solar [soulə] adj. slnečný • *solar year* slnečný rok

sold [sould] **p.** sell

solder [soldə] n. spájka, zliatina

solder v. spájkovať

soldering [souldriŋ] n. spájkovačka

soldier [souldžə] n. vojak

sole [soul] adj. jediný, sám • *sole trade* monopol

sole [soul] n. **1.** chodidlo **2.** podošva, podrážka

sole v. podbíjať, podbiť

solely [soulli] adv. jedine

solecism [solisizəm] n. chyba, nedostatok

solemn [solm] adj. slávny, slávnostný • *solemn truth* svätá pravda

solemnize [soləmnaiz] v. sláviť, oslavovať

solicit [sə´lisit] v. **1.** žiadať, prosiť koho *of*, o čo *for* **2.** povzbudiť **3.** vnucovať sa

solicitation [sə,lisi´teišn] n. naliehavá žiadosť, prosba

solicitor [sə´lisitə] n. **1.** žiadateľ **2.** právny zástupca

solicitous [sə´lisitəs] adj. **1.** úzkostlivý **2.** starostlivý **3.** usilovný

solid [solid] adj. **1.** pevný, celistvý **2.** solídny **3.** spoľahlivý • *solid fuel* tuhé palivo

solid n. pevné teleso

solidarity [soli´dæriti] n. solidarita, vzájomnosť

solidify [səlidifai] v. **1.** ustáliť (sa), upevniť (sa) **2.** kryštalizovať

solidity [sə′liditi] n. **1.** pevnosť, tuhosť, hustota **2.** dôkladnosť **3.** spoľahlivosť

soliloquy [sə′liləkwi] n. samovrava, monológ

solitary [solitri] adj. **1.** sám, jediný **2.** osamelý **3.** pustý

solitude [solitju:d] n. **1.** samota, osamelosť **2.** ústranie

solo [soulou] n. sólo

soloist [souloist] n. sólista

solstice [solstis] n. slnovrat

solubility [solju′biliti] n. rozpustnosť

soluble [soljubl] adj. **1.** rozpustný **2.** riešiteľný

solution [sə′lu:šn] n. **1.** roztok **2.** riešenie

solvability [solvə′biliti] n. **1.** rozlúštiteľnosť **2.** spôsobilosť platby

solvable [solvəbl] adj. **1.** rozpustiteľný **2.** riešiteľný **3.** solventný

solve [solv] v. rozriešiť, rozlúštiť

solvent [solvənt] n. rozpúšťadlo

solvent adj. **1.** rozpúšťajúci **2.** solventný

sombre [sombə] adj. temný, chmúrny

some [sam] adj. **1.** nejaký, určitý, niektorý **2.** dosť

some pron. niekoľký, nejaký

some adv. asi, niečo • *some 20 minutes* asi 20 minút

somebody [sam′bədi] pron. niekto

somehow [samhau] adv. dajako, akosi

someone [samwan] pron. niekto • *someone else* niekto iný

somersault [saməso:lt] n. kotrmelec

something [samθiŋ] n. niečo, voľačo • *something like* niečo ako

something adv. asi, okolo

sometime [samtaim] adj. niekdajší

sometime adv. niekedy, raz

sometimes [samtaimz] adv. niekedy, zavše, občas

somewhere [samweə] adv. niekde, niekam

somniferous [som′nifərəs] adj. uspávajúci, narkotický

somnolence [somnələns] n. ospalosť

son [san] n. syn

sonant [sounənt] adj. znelý

sonata [sə'na:tə] n. sonáta
song [soŋ] n. pieseň, spev
song-bird [soŋbə:d] n. spevavý vták
song-book [soŋbuk] n. spevník
songster [soəstə] n. 1. spevák 2. spevavý vták
son-in-law [saninlo:] n. zať
sonnet [sonit] n. znelka
sonny [sani] n. synček
sonority [sə'noriti] n. zvučnosť
soon [su:n] adv. skoro • *as soon as* hneď ako • *the sooner the better* čím skôr, tým lepšie
soot [sut] n. sadza
sooth [su:θ] n. pravda
soothe [su:ð] v. 1. mierniť 2. upokojiť
soothing [su:θiŋ] adj. 1. lahodný 2. lichotivý
soothing n. lichotenie
soothsay [su:θsei] v. veštiť, hádať
soothsayer [su:θseiə] n. veštec
sooty [suti] adj. sadzovitý, začadený
sop [sop] n. 1. namočený kus chleba 2. úplatok
sophisticate [sə'fistikeit] v. sfalšovať
sophisticated [sə'fistikeitid] v. 1. komplikovaný 2. svetácky
sophomore [sofəmo:] n. študent druhého ročníka univerzity *Am.*
soporific [soupə'rifik] adj. uspávací
soporific n. uspávacia droga
soppy [sopi] adj. namočený, nasiaknutý
soprano [sə'pra:nou] n. soprán
sorcerer [so:sərə] n. kúzelník, čarodejník
sorcery [so:səri] n. čarodejníctvo
sordid [so:did] adj. 1. špinavý 2. sprostý 3. lakomý
sore [so:] adj. 1. bolestivý, citlivý 2. urážlivý, popudlivý • *a sore throat* bolesť hrdla
sore n. 1. bolesť, žiaľ 2. bolestivé miesto
sorrel [sorəl] adj. ryšavý, sčervenalý
sorrow [sorou] n. žiaľ, zármutok, bolesť
sorrow n. trápiť sa nad *over*, *at*
sorrowful [sorəful] adj. zar-

mútený, utrápený
sorry [sori] adj. smutný, zarmútený, ľutujúci ● *I am sorry* je mi ľúto
sort [so:t] n. 1. druh, trieda 2. hodnosť ● *a sort of* akýsi ● *out of sorts* mrzutý
sort v. roztriediť, usporiadať ● *sort out* vytriediť
sot [sot] n. ožran, opilec
sottish [sotiš] adj. opitý
sough [sau] n. skučanie *vetra*
sough v. skučať, fičať
sought [so:t] **p.** seek
soul [soul] n. duša ● *not a soul* ani živá duša ● *poor soul* úbožiak
soulless [soullis] adj. bezduchý, bezcitný
sound [saund] adj. 1. zdravý 2. platný 3. dôkladný
sound n. 1. olovnica 2. sonda 3. prieliv 4. zvuk 5. hlas
sound v. 1. skúmať, vyšetrovať 2. merať olovnicou 3. zvučať, znieť 4. zdať sa ● *sound track* zvukový záznam ● *sound wave* zvuková vlna
sounding [saundiŋ] adj. zvučný, hlasný
sounding n. 1. meranie olovnicou, sondovanie 2. hĺbka
soup [su:p] n. polievka
soup-plate [su:ppleit] n. hlboký tanier
sour [sauə] adj. 1. kyslý, trpký 2. horký
sour v. 1. zatrpknúť 2. zraziť sa *mlieko*
source [so:s] n. 1. zdroj, prameň 2. pôvod, príčina
souse [saus] v. 1. nasoliť 2. dať do octu 3. namočiť
soused [saust] adj. *hovor.* opitý
south [sauθ] n. juh
south adj. južný
south adv. na juh
south-east [sauθi:st] n. juhovýchod
southern [saðən] adj. južný
southward(s) [sauθwəd(z)] adv. na juh
southwest [sauθwest] n. juhozápad
souvenir [su:vəniə] n. pamiatka, suvenír
sovereign [sovrin] adj. 1. zvrchovaný 2. najvyšší ● *sovereign power* zvrchovaná moc

sovereign n. panovník, vládca

soviet [souvjet] n. soviet

soviet adj. sovietsky • *Soviet Union* Sovietsky zväz

sow [sau] v. *sowed, sown/sowed* siať, rozsievať

sow n. sviňa, prasnica

sower [souə] n. 1. rozsievač 2. rozsievací stroj

sown [soun] p. sow

spa [spa:] n. kúpele

space [speis] n. 1. priestor, miesto 2. lehota, doba 3. vesmír • *space flight* let do vesmíru • *space station* kozmická stanica

spaceman [speismæn] n. kozmonaut

spacious [speišəs] adj. priestranný, priestorový

spade [speid] n. rýľ

Spain [spein] n. Španielsko

span [spæn] n. 1. piaď 2. rozpätie 3. *krátke* obdobie

span –nn- v. preklenúť čím *with*

Spaniard [spænjəd] n. Španiel(ka)

Spanish [spæniš] adj. španielsky

Spanish n. španielčina

spank [spæŋk] v. (vy)plieskať

spanner [spænə] n. francúzsky kľúč

spar [spa:] n. 1. trám 2. rahno 3. bidlo 4. zápas v boxe

spar –rr- v. 1. podoprieť 2. boxovať, zápasiť

spare [speə] v. 1. šetriť, ušetriť 2. obísť sa bez 3. ušetriť od čoho *from*

spare adj. 1. šetrný 2. skromný 3. prebytočný • *spare time* voľný čas • *spare parts* náhradné súčiastky

spare n. náhradný diel

sparing [speəriŋ] adj. 1. opatrný 2. šetrný

spark [spa:k] n. iskra

spark v. iskriť sa • *spark off* podnietiť

sparkle [spa:kl] n. iskra, iskrenie

sparkle v. 1. iskriť, sršať 2. trblietať sa • *sparkling wine* šumivé víno

sparklet [spa:klit] n. iskrička

sparrow [spærou] n. *zool.* vrabec

sparse [spa:s] adj. riedky,

rozptýlený
spasm [spæzəm] n. kŕč
spasmodic [spæz´modik] adj. kŕčovitý
spat [spæt] n. 1. škriepka 2. ťapnutie
spat p. spit
spate [speit] n. záplava
spatial [speišl] adj. priestorový
spatter [spætə] v. 1. prskať, striekať 2. pošpiniť, zneuctiť
spatula [spætjulə] n. špachtľa
spawn [spo:n] n. 1. ikry 2. podhubie 3. výplod
spawn v. plodiť
speak [spi:k] v. *spoke, spoken* 1. hovoriť s *to, with* 2. prihováraťsa za *for* 3. povedať, vysloviť 4. rečniť
● *speak° the truth* hovoriť pravdu ● *speak° one's mind* povedať svoj názor ● *speak° up* hovoriť nahlas
speaker [spi:kə] n. hovorca, rečník
speaking [spi:kiŋ] n. hovorenie, reč
spear [spiə] n. oštep, kopija
spear v. 1. prebodnúť *ošte-*
pom 2. vypučať
special [spešəl] adj. zvláštny, špeciálny
specialist [spešəlist] n. špecialista, odborník
speciality [speši´æliti] n. 1. zvláštnosť 2. záľuba 3. špecializácia
specie [spi:ši:] n. kovové peniaze
species [spi:ši:z] n. pl. druh, odroda
specific [spi´sifik] adj. špecifický, určitý, typický
specification [spesifi´keišn] n. špecifikácia, výkaz, údaj
specify [spesifai] v. uviesť, špecifikovať
specimen [spesimin] n. ukážka
specious [spi:šəs] adj. 1. pekný 2. zdanlivý
speck [spek] n. škvrna
speck v. poškvrniť
speckle [spekl] n. škvrna, fľak
spectacle [spektəkl] n. 1. pohľad, výjav 2. divadlo 3. pl. okuliare
spectacle-snake [spektəklsneik] n. okuliarnik *had*
spectacular [spek´tækjulə]

adj. nápadný, okázalý
spectator [spek´teitə] n. divák
spectre [spektə] n. duch, zjavenie
spectrum [spektəm] pl. *spectra* n. spektrum, škála
speculate [spekjuleit] v. premýšľať, hĺbať, špekulovať
speculation [spekju´leišn] n. **1.** premýšľanie, špekulácia **2.** teória
speculative [spekjulətiv] adj. špekulatívny
sped [sped] p. speed
speech [spi:č] n. reč, jazyk ● *make° a speech* predniesť prejav
speechless [spi:člis] adj. nemý
speed [spi:d] n. **1.** rýchlosť **2.** úspech ● *at full speed* plnou rýchlosťou ● *make° speed* poponáhľať sa
speed v. *sped, sped* **1.** rýchlo ísť, ponáhľať sa **2.** dariť sa **3.** urýchliť ● *speed° well* mať úspech ● *speed° up* zrýchliť
speed-limit [spi:dlimit] n. najvyššia povolená rýchlosť
speedometer [spi´domitə] n. tachometer
speed-way [spi:dwei] n. diaľnica
speedy [spi:di] adj. rýchly, okamžitý
spell [spel] v. *spelt, spelt* **1.** hláskovať **2.** správne písať ● *spell° out* rozlúštiť
spell n. **1.** chvíľa, čas **2.** striedanie, zmena **3.** obdobie **4.** čaro ● *a cold spell* chladné obdobie
spell v. okúzliť, očarovať
spelling [speliŋ] n. hláskovanie ● *a spelling book* šlabikár
spelt [spelt] p. spell
spencer [spensə] n. vlnený kabátik
spend [spend] v. *spent, spent* **1.** tráviť *čas* **2.** míňať *peniaze*
spending [spendiŋ] n. nákupy
spendthrift [spendθrift] n. márnotratník
spent [spent] p. spend
sperm [spə:m] n. spermia
spew [spju:] n. zvracať, vyvracať
sphere [sfiə] n. **1.** guľa, ze-

spheric

meguľa 2. nebeské teleso 3. sféra 4. okruh, pôsobisko
spheric [sferik] adj. guľový, sférický
sphinx [sfiəks] n. sfinga
spice [spais] n. korenie, príchuť • *have° a spice of* chutiť ako
spicy [spaisi] adj. korenený, aromatický, pikantný
spider [spaidə] n. *zool.* pavúk
spied [spaid] p. spy
spigot [spigət] n. zátka
spike [spaik] n. 1. špička, hrot 2. skoba 3. klas
spike v. prebodnúť
spill [spil] v. *spilt, spilt* 1. rozliať, vyliať (sa) 2. rozsypať (sa) 3. točiť, motať • *spill° blood* preliať krv
spill n. trieska
spilt p. spill
spin [spin] -nn- v. *spun/span, spun* 1. otáčať, roztočiť 2. priasť, spriadať 3. vymýšľať si
spin n. 1. krútenie, točenie 2. krátka jazda
spinach [spinidž] n. *bot.* špenát
spinal [spainl] adj. chrbtový

• *spinal column* chrbtica
• *spinal cord* miecha
spindle [spindl] n. 1. vreteno 2. os, hriadeľ 3. ihlica
spine [spain] n. 1. chrbtica 2. tŕň, osteň
spineless [spainlis] adj. 1. bez chrbtice 2. *pren.* nerozhodný
spinner [spinə] n. pradiar
spinning-wheel [spiniŋwi:l] n. kolovrat
spinster [spinstə] n. stará dievka
spiny [spaini] adj. 1. ostnatý 2. nedotklivý
spiracle [spairəkl] n. prieduch
spiral [spaiərə] adj. špirálový, točitý
spire [spaiə] n. 1. vežička, vrchol veže 2. hrot
spirit [spirit] n. 1. duch 2. prízrak 3. duchaplnosť 4. liehovina 5. nálada 6. škriatok • *be° in spirits* byť v nálade • *in high spirits* v dobrej nálade
spirit v. oživiť, povzbudiť • *spirit up* povzbudiť
spirited [spiritid] adj. duchaplný, živý
spiritual [spiritjuəl] adj. 1.

duchovný 2. cirkevný
spirt [spə:t] p. spurt
spiry [spaiəri] adj. 1. špicatý 2. točitý
spit [spit] -tt- v. *spat, spat* 1. pľuť na *at* 2. prskať 3. prebodnúť, nabodnúť *na ražeň* • *spit° out* vypľuvnúť
spit n. 1. slina, pľuvnutie 2. ražeň, bodec
spite [spait] n. zloba, hnev • *in spite of* napriek
spite v. hnevať, zlostiť
spiteful [spaitfl] adj. zlomyseľný
spittle [spitl] n. slina, pľuvanec
spiv [spiv] n. šmelinár
splash [splæš] v. 1. ošpliechať, postriekať 2. čľapotať
splash n. 1. šplechnutie 2. čľapot 3. mláka 4. škvrna, fľak
splatter [splætə] v. špliechať
splay [splei] n. šikmá plocha
splay adj. šikmý
splay v. zošikmiť
spleen [spli:n] n. 1. slezina 2. mrzutosť
splendid [splendid] adj. nádherný, veľkolepý

splendour [splendə] n. nádhera, lesk
splenetic [spli´netik] adj. mrzutý, nevrlý
splice [splais] v. 1. zväzovať, spájať *laná* 2. *slang.* oddať *snúbencov*
splint [splint] n. *lek.* dlaha
splinter [splintə] n. trieska
splinter v. rozštiepať
split [split] -tt- v. *split, split* 1. štiepať, rozštiepiť, roztrhnúť (sa) 2. roztrieštiť
split n. 1. trhlina, rozštiepenie 2. rozkol • *a split second* zlomok sekundy
splodge [splodž] p. splotch
splotch [sploč] n. škvrna
spoil [spoil] v. *spoilt, spoilt* 1. olúpiť, obrať o *of* 2. pokaziť, zkaziť 3. maznať sa
spoil n. 1. lup, korisť 2. plienenie
spoiler [spoilə] n. lupič
spoke [spouk] p. speak
spoken [spoukn] p. speak
spokesman [spouksmən] n. hovorca
sponge [spandž] n. 1. špongia 2. piškótové cesto
sponge v. 1. utrieť špongiou 2. priživovať sa na *upon*
sponsion [sponšən] n. ruče-

nie, tajomstvo
sponsor [sponsə] n. **1.** kmotor **2.** patrón **3.** ručiteľ
sponsor v. **1.** ručiť za, **2.** podporovať *finančne*
spontaneous [spon´teinjəs] adj. spontánny, nenútený
spook [spuk] n. strašidlo
spook v. strašiť
spool [spu:l] n. cievka, vreteno
spool v. navíjať
spoon [spu:n] n. **1.** lyžica **2.** vnadidlo • *spoon drift* morská pena
spoon v. *hovor.* cukrovať sa
spoonfeed [spu:nfi:d] v. *spoonfed, spoonfed* kŕmiť *po lyžičkách*
spoon-fed [spu:nfed] adj. umele živený
sporadic [spo´rædik] adj. ojedinelý, sporadický
sport [spo:t] n. **1.** šport **2.** hra, zábava, žart **3.** *slang.* športovec **4.** pl. závody • *make° sport of* robiť si žarty • *in sport* žartom
sport v. **1.** pestovať šport **2.** zahrávať si s *with*
sporting [spo:tiŋ] adj. športový
spot [spot] n. **1.** bod, miesto **2.** škvrna • *on the spot* na mieste • *a spot* trocha • *without a spot* bez poškvrny
spot –tt– v. poškvrniť, umazať, bodkovať
spotless [spotlis] adj. **1.** čistý **2.** bezúhonný
spotlight [spotlait] n. **1.** reflektor **2.** stredobod záujmu
spotted [spotid] adj. strakatý
spotty [spoti] adj. bodkovaný, škvrnitý
spout [spaut] n. **1.** odkvap, odpadová trubica **2.** trysk, prúd
spout v. **1.** chŕliť **2.** rýchlo hovoriť
sprain [spreiə] v. vyvrtnúť
sprain n. vyvrtnutie
sprang [spræŋ] p. spring
sprat [spræt] n. šprota
sprawl [spro:l] v. vystrieť sa, natiahnuť sa
spray [sprei] n. **1.** haluz, vetva **2.** spŕška **3.** rozstrekovač, sprej **4.** postrek
spray v. postrekovať, rozprašovať
spread [spred] v. *spread, spread* **1.** rozšíriť (sa) **2.** pokryť, rozprestrieť **3.** na-

mazať čím *with* • *spread° the cloth* prestrieť na stôl • *spread° butter on bread* namazať chlieb maslom • *spread° out* rozložiť *noviny*
spread n. 1. rozšírenie 2. rozpätie *krídel* 3. rozloha
spree [spri:] n. flám
sprig [sprig] n. 1. výhonok, ratolesť 2. mladík
sprightly [spraitli] adj. čulý, živý
spring [spriə] v. *sprang, sprung* 1. skákať, vyskočiť 2. pochádzať 3. pučať 4. vyhnať 5. objaviť 6. explodovať • *spring° a light* zažať svetlo • *spring° into existence* náhle vzniknúť • *spring° up* vyskočiť
spring n. 1. skok 2. zdroj, prameň 3. jar 4. pero, pružina 5. pôvod
spring-board [spriŋbo:d] n. mostík na skákanie
spring-time [spriŋtaim] n. jarné obdobie
springe [sprindž] n. oko, slučka
springer [spriŋə] n. 1. skokan 2. päta oblúku 3. gazela
springle [spriŋgl] p. springe
sprinkle [spriŋkl] v. pokropiť, postriekať
sprinkle n. spŕška, prehánka
sprinkling [spriŋkliŋ] n. hŕstka
sprint [sprint] n. šprint
sprint v. šprintovať
sprite [sprait] n. duch, škriatok, víla
sprocket [sprokit] n. zub ozubeného kolesa
sprout [spraut] v. pučať
sprout n. výhonok
spruce [spru:s] adj. upravený, elegantný
spruce n. smrek
sprung [spraŋ] p. spring
spry [sprai] adj. živý, čulý
spud [spad] n. 1. pl. *hovor.* zemiaky
spume [spju:m] n. pena, šum
spuma v. peniť sa
spunk [spaŋk] n. 1. odvaha 2. hnev
spur [spə:] n. 1. ostroha 2. podnet 3. *horský* hrebeň
spur v. 1. popoháňať 2. povzbudzovať 3. urýchliť
spurious [spjuəriəs] adj. nepravý, predstieraný

spurn [spə:n] v. **1.** odkopnúť **2.** pohrdnúť

spurt [spə:t] v. hnať sa • *spurt out* vytrysknúť

spurt n. **1.** výtrysk **2.** výbuch *energie*

sputter [spatə] v. **1.** prskať **2.** drmoliť

sputter n. **1.** prskot **2.** drmolenie

sputum [spju:təm] n. **1.** slina **2.** chrcheľ

spy [spai] n. vyzvedač, špeh

spy v. **1.** pátrať, špehovať **2.** skúmať čo *into* • *spy out* vyšpehovať, vysliediť

squab [skwob] adj. **1.** bachratý **2.** neoperený

squad [skwod] n. **1.** čata, voj **2.** skupina

squadron [skwodrən] n. eskadra

squalid [skwolid] adj. špinavý, biedny

squallor [skwolə] n. špina, bieda

squall [skwo:l] n. **1.** náraz vetra **2.** búrka **3.** krik, hádka

squall v. kričať *dieťa*

squander [skwondə] v. mrhať

squanderer [skwondərə] n. márnotratník

square [skweə] n. **1.** štvorec **2.** štvorcové námestie **3.** príložník • *on the square* čestný, čestne

square adj. **1.** štvorcový **2.** hranatý **3.** poctivý **4.** primeraný, vhodný **5.** vyrovnaný • *a square meal* dobré jedlo

square v. **1.** urobiť štvorcovým **2.** byť v súlade **3.** umocniť **4.** *hovor.* podplatiť • *square up to* vysporiadať sa s

squash [skwoš] v. **1.** rozdrviť **2.** umlčať

squash n. **1.** squash, hra s loptičkou v miestnosti **2.** nezrelé ovocie **3.** kašovitá hmota, kaša **4.** tlačenica

squat [skwot] -tt- v. **1.** čupnúť si **2.** usadiť sa

squatter [skwotə] n. **1.** osadník **2.** farmár

squaw [skwo:] n. Indiánka

squawk [skwo:k] v. kvákať

squeak [skwi:k] v. kvičať, pišťať

squeak n. piskot, kvičanie • *give° a squeak* zakvičať

squeaker [skwi:kə] n. **1.** kri-

kľúň 2. vtáčie mláďa 3. holúbok
squeal [skwi:l] v. kňučať
squeal n. kňučanie
squeamish [skwi:miš] adj. chúlostivý, majúci slabý žalúdok
squeeze [skwi:z] v. 1. vytlačiť z *out of, from* 2. stisnúť *ruku, spúšť* 3. pretlačiť sa do *in, into*
squeeze n. stisnutie, stlačenie
squelch [skwelč] n. čvachtanie
squelch v. 1. udupať 2. čvachtať
squib [skwib] n. prskavka
squint [skwint] v. škúliť, poškuľovať po *at*
squint n. 1. škúlenie 2. pohľad úkosom
squint-eyed [skwintaid] adj. škuľavý
squire [skwaiə] n. 1. vidiecky šľachtic 2. *hist.* panoš 3. nápadník
squirm [skwə:m] v. krútiť sa, zvíjať sa
squirrel [skwirl] n. veverička
squirt [skwə:t] v. striekať
squirt n. 1. striekačka 2. trysk
stab [stæb] n. bodnutie • *stab in the back* 1. úder do chrbta 2. zákerný útok
stab –bb– v. bodať, pichať
stability [stə´biliti] n. stabilita, stálosť
stabilize [steibiliz] v. stabilizovať, spevniť
stable [steib'] adj. stály, ustálený
stable n. stajňa, chliev
stable v. dať do stajne, ustajniť
stack [stæk] n. 1. stoh, hranica *dreva* 2. kopa, množstvo
stack v. 1. postaviť stoh 2. nahromadiť
stadium [steidiəm] n. štadión
staff [sta:f] n. 1. tyč, palica 2. opora 3. žrď 4. *voj.* štáb 5. personál 6. *hud.* notová osnova • *staff officer* štábny dôstojník
stag [stæg] n. 1. jeleň 2. burzový špekulant • *stag party* pánska spoločnosť
stag-beetle [stægbi:tl] n. roháč
stage [steidž] n. 1. javisko 2. stupeň, stav 3. lešenie 4.

stage

miesto odpočinku 5. štádium, etapa ● *enter the stage* vystúpiť na scéne
stage v. 1. uviesť na javisko 2. vystaviť na obdiv
stage-fright [steidžfrait] n. tréma
stagger [stægə] v. 1. potácať sa 2. váhať, kolísať 3. prekvapiť
stagger n. 1. potácanie 2. pl. závrat
staghound [stæghaund] n. chrt
stagnancy [stægnənsi] n. stagnácia, viaznutie
stagnate [stægneit] v. stáť *voda*, viaznuť
stagnant [stægnənt] adj. 1. stojatý *voda* 2. lenivý
staid [steid] adj. 1. usadlý 2. rozvážny
stain [stein] n. 1. škvrna 2. hanba 3. farbivo, farba
stain v. 1. poškvrniť (sa) 2. zafarbiť ● *stained glass* farebné sklo
stainless [steinlis] adj. čistý, bez škvrny ● *stainless steel* nehrdzavejúca oceľ
stair [steə] n. 1. schod 2. pl. schody, schodište
stake [steik] n. 1. kôl, stĺp 2. hranica 3. podiel
stake v. 1. dať do zálohy 2. podoprieť 3. nabodnúť *na kôl* 4. odvážiť sa, vsadiť na *on*
stalagmite [stæləgmait] n. stalagmit
stale [steil] adj. 1. zvetralý 2. starý *chlieb* 3. starý, opotrebovaný ● *stale joke* otrepaný vtip
stale v. 1. zvetrať 2. opotrebovať
stale n. močovka
stalk [sto:k] n. steblo, stonka
stalk v. 1. ísť, kráčať po *along* 2. prikradnúť sa
stall [sto:l] n. 1. stajňa, maštaľ 2. stánok, búdka 3. kreslá *v divadle, kostole*
stall v. 1. ustajniť 2. vykrmovať 3. uviaznuť, zapadnúť 4. zastaviť sa *auto*
stallion [stæljən] n. žrebec
stalwart [sto:lwət] adj. 1. statný, silný 2. odvážny
stamina [stæminə] n. životná sila, energia
stammer [stæmə] v. koktať
stammer n. koktanie
stamp [stæmp] v. 1. dupať 2. orazítkovať 3. lisovať

4. raziť *mince* 5. označiť za *as* • *stamp out* potlačiť

stamp n. 1. dupnutie 2. razítko 3. známka, kolok

stamping [stæmpiŋ] n. 1. lisovanie 2. výlisok 3. razenie

stance [stæns] n. stanovisko, postoj

stanchion [sta:nšən] n. podporný trám, nosník

stand [stænd] v. *stood, stood* 1. stáť 2. zastaviť sa 3. byť pri *niekom by* 4. trvať na *on, upon* 5. dodržať *sľub* 6. platiť, byť v platnosti 7. znamenať čo *for* 8. vystáť, strpieť • *stand° a chance* mať nádej • *stand° in the way* stáť v ceste • *stand° trial* podrobiť sa skúške • *stand° aside* stáť bokom • *stand° back* odstúpiť • *stand° in* zastúpiť za *for* • *stand° off* 1. udržiavať odstup 2. odstaviť • *stand° out* 1. vyčnievať 2. trvať na *for* • *stand° up* vstať, zdvihnúť sa

stand n. 1. miesto 2. zastavenie, zastávka 3. podstavec, stojan, vešiak 4. tribúna 5. postavenie • *be° at a stand, come° to a stand* zastaviť sa

stand-by [stændbai] n. pomoc, opora

standard [stændəd] n. 1. vzor, štandard, kritérium, norma 2. úroveň 3. podstavec, stojan • *standard of living* životná úroveň

standard adj. štandardný, smerodajný

standing [stændiŋ] adj. 1. stojaci, stojatý 2. bežný

standing n. 1. miesto 2. stav, postavenie 3. trvanie 4. reputácia

standoffish [stænd´o:fiš] adj. povýšenecký, rezervovaný

standpoint [stændpoint] n. stanovisko, hľadisko

standstill [stændstil] n. prerušenie, prestávka

stank [stænk] p. stink

stanza [stænzə] n. sloha, strofa

staple [steipl] n. 1. svorka, sponka 2. hlavný produkt, výrobok, plodina 3. vlákno

star [sta:] n. 1. hviezda 2. vynikajúci herec, herečka, hviezda ● *fixed star* stálica

star v. 1. ozdobiť hviezdou 2. vystupovať

starch [sta:č] n. 1. škrob 2. škrobenosť

starch v. škrobiť

starchy [sta:či] adj. 1. škrobený 2. nútený

stare [steə] n. strnulý pohľad

stare v. uprene sa pozerať, civieť

starfish [star:fiš] n. morská hviezdica

stark [sta:k] adj. 1. stuhnutý 2. úplný

stark adv. úplne, celkom

starlet [sta:lit] n. hviezdička

starling [sta:liŋ] n. *zool.* škorec

starry [sta:ri] adj. hviezdnatý, žiarivý

start [sta:t] v. 1. začať, spustiť do chodu, naštartovať 2. vybehnúť, vydať sa 3. strhnúť sa, zľaknúť sa 4. uvoľniť sa 5. odštartovať ● *start back* uskočiť ● *start off* odchýliť sa, odskočiť

start n. 1. spustenie do chodu *stroja* 2. trhnutie 3. rozbeh, začiatok, štart 4. náskok 5. podnet

starter [sta:tə] n. štartér

starting [sta:tiŋ] n. uvedenie do chodu, spustenie ● *starting position* východzia poloha

starting-point [sta:tiŋpoint] n. východisko

startle [sta:tl] v. prekvapiť, ohromiť

starvation [sta:´veišn] n. hladovanie

starve [sta:v] v. 1. hladovať 2. moriť hladom

state [steit] n. 1. stav, postavenie 2. vzrušenie 3. štát 4. panstvo 5. nádhera ● *state apparatus* štátny aparát ● *state call* oficiálna návšteva

state v. 1. uviesť, udať, konštatovať 2. určiť, stanoviť

stately [steitli] adj. vznešený, nádherný

statement [steitmənt] n. 1. výpoveď, tvrdenie 2. údaj 3. výkaz 4. vyhlásenie, prehlásenie ● *statement of account* výpis z účtu

stateroom [steitrum] n. súkromná kajuta

statesman [steitsmən] n. štátnik

static [stætik] adj. statický

statics [stætiks] n. pl. statika

station [steišn] n. 1. postavenie *spoločenské* 2. stanovište, miesto 3. stanica ● *breeding station* chovateľská stanica ● *filling station* benzínová pumpa *Am.* ● *power station* elektráreň

station v. ubytovať, umiestniť

stationary [steišnəri] adj. nehybný, pevný

stationer [steišnə] n. papiernik *predavač*

stationery [steišnəri] n. písacie potreby

station-master [steišn,-ma:stə] n. prednosta stanice

statistical [stə'tistikəl] adj. štatistický

statistics [stə'tistiks] n. pl. štatistika

statuary [stætjuəri] n. 1. sochárstvo 2. sochár

statuary adj. sochársky

statue [stætju:] n. socha

statuette [stætju'et] n. soška

stature [stætjə] n. postava, vzrast

status [steitəs] n. spoločenské postavenie

statute [stætju:t] n. 1. zákon, nariadenie 2. štatút, stanovy

staunch [sta:nš] adj. spoľahlivý, verný

stave [steiv] v. n. 1. dužina 2. palica

stave v. 1. preraziť 2. rozbiť sa ● *stave off* odvrátiť, zmariť ● *stave in* naraziť

stay [stei] v. 1. zostať, zdržať sa 2. čakať na *for* 3. odložiť 4. podoprieť ● *stay away* nedostaviť sa ● *stay on* predĺžiť pobyt ● *stay out* zdržať sa

stay n. 1. zastavenie, zastávka 2. odklad 3. pevnosť, vytrvalosť, stálosť ● *keep° at a stay* držať na uzde

stayer [steiə] n. vytrvalec

steadfast [stedfəst] adj. pevný, stály, vytrvalý

steady [stedi] adj. pevný, stály

steady v. 1. upevniť (sa), ustáliť (sa) 2. ukľudniť (sa)

steak [steik] n. plátok mäsa, biftek

steal [sti:l] v. *stole, stolen* 1. kradnúť 2. prepadnúť koho *upon* • *steal° away* 1. potajme získať 2. odplížiť sa • *steal° in* vkradnúť sa

stealth [stelθ] n. tajnosť

stealthy [stelθi] adj. tajný, nepozorovaný

steam [sti:m] n. para • *get° up steam* pridať paru

steam v. pariť, vyparovať (sa) • *steam away* vyparovať sa

steam-boat [sti:mbout] n. parník

steam-engine [sti:mendžin] n. parný stroj

steamer [sti:mə] n. 1. parník 2. hrniec

steam-ship [sti:mšip] n. parník

stearin [stiərin] n. stearín

steel [sti:l] n. oceľ

steel adj. oceľový

steel v. zoceliť

steel-foundry [sti:l,faundri] n. zlieváreň

steel-works [sti:lwə:kz] n. pl. oceliareň

steely [sti:li] adj. oceľový, tvrdý

steep [sti:p] adj. 1. strmý 2. *hovor*. prehnaný • *a steep price* prehnaná cena

steep v. namáčať

steeple [sti:pl] n. *kostolná* veža

steer [sti:r] v. kormidlovať, riadiť *auto*

steer n. junec

steerer [sti:rə] n. kormidelník

steering-wheel [sti:riŋwi:l] n. volant

stellar [stelə] adj. hviezdnatý, hviezdny

stem [stem] n. 1. koreň, peň 2. byľ, steblo 3. rodokmeň 4. vetva *rodiny*

stem *–mm-* v. 1. zadržiavať 2. pochádzať, prameniť

sten-gun [stengan] n. druh guľometu

stench [stenš] n. zápach

stencil [stensl] n. šablóna *maliarska*

stenography [ste′nogrəfi] n. tesnopis

step [step] *-pp-* v. 1. kráčať, vykročiť 2. tancovať 3. merať na kroky • *step aside* odstúpiť stranou • *step back* cúvnuť • *step* *down* zostúpiť • *step in* zakročiť • *step over* prekročiť • *step up* vystúpiť nahor

step n. 1. krok 2. stupeň 3. schod 4. šľapaj • *step by step* krok za krokom

step adj. nevlastný

step-brother [step‚braðə] n. nevlastný brat

step-child [step‚čaild] n. nevlastné dieťa

step-daughter [step‚do:tə] n. nevlastná dcéra

step-father [step‚fa:ðə] n. nevlastný otec

step-mother [step‚maðə] n. nevlastná matka

stepney [stepni] n. rezervné koleso

stereoscope [stiəriəskoup] n. stereoskop

stereotype [stiəriətaip] n. stereotyp

sterile [sterail] adj. neúrodný, neplodný

sterility [ste′riliti] n. neúrodnosť, neplodnosť, sterilita

sterling [stə:liŋ] n. šterling • *a pound sterling* libra šterlingov

stern [stə:n] adj. 1. vážny, prísny 2. krutý

stern n. 1. zadná časť lode 2. zadná časť

stethoscope [steθəskoup] n. stetoskop

stevedore [sti:vido:] n. lodný nakladač

stew [stju:] n. 1. dusené mäso alebo zelenina 2. *hovor.* nepokoj • *in a stew* v rozpakoch • *stewed fruit* kompót

stew v. 1. dusiť (sa) 2. kompótovať

steward [stjuəd] n. 1. sluha, steward 2. správca 3. usporiadateľ

stewardess [stjuədis] n. letuška, stewardka

stick [stík] v. *stuck, stuck* 1. prilepiť (sa), nalepiť (sa) 2. strčiť, vraziť do *in, into* 3. zdržať sa, pozastaviť sa, váhať nad *at* • *stick° on* 1. pevne sa držať 2. pripočítať k účtu 3. vnucovať sa • *stick° out* vystrčiť • *stick° up* trčať

stick n. 1. palica, prút, tyč 2. tyčinka 3. taktovka

stickler [stiklə] n. zástanca čoho *for*

sticky [stiki] adj. lepkavý,

nerozhodný
stiff [stif] adj. **1.** tuhý, stuhnutý **2.** strnulý **3.** prísny, odmeraný **4.** škrobený
stiffen [stifn] v. **1.** stuhnúť, vystužiť **2.** naškrobiť
stifle [staifl] dusiť (sa), utlmiť
stigma [stigmə] n. znamenie, jazva
stigmatize [stigmətaiz] v. poznačiť
stile [stail] n. prielaz
stiletto [stiˊletou] n. bodec
still [stil] adj. **1.** tichý, kľudný **2.** nehybný **3.** stály
still adv. stále, ešte
still n. **1.** ticho, kľud **2.** destilačný prístroj
still v. utíšiť (sa), ukľudniť (sa)
still-born [stilbo:n] adj. mŕtvonarodený
stimulant [stimjulənt] adj. povzbudzujúci, dráždivý
stimulant n. povzbudzujúci prostriedok
stimulate [stimjuleit] n. povzbudiť, podráždiť k *to*
stimulation [stimjuˊleišn] n. povzbudenie, podráždenie
sting [stiŋ] v. *stung, stung* **1.** bodať, pichať **2.** poštípať

sting n. **1.** žihadlo **2.** pren. pointa vtipu **3.** bodnutie **4.** výčitka
stink [stiŋk] v. *stank/stunk, stunk* páchnuť, smrdieť čím *of*
stink n. zápach, smrad
stint [stint] v. obmedzovať, ukracovať
stint n. hranica, obmedzenie ● *without any stint* bez obmedzenia
stipend [staipend] n. plat
stipendiary [staiˊpendjəri] adj. platený
stipple [stipl] v. (vy)bodkovať
stipulate [stipjuleit] v. **1.** vyhradiť si **2.** zjednať
stipulation [stipjuˊleišn] n. dohoda, výhrada, podmienka ● *under the stipulation that* za podmienky, že
stir [stə:] -rr- v. **1.** hýbať (sa), pohnúť (sa) **2.** miešať **3.** prehrabovať *oheň* **4.** povzbudiť **5.** odísť ● *stir up* vyvolať, pobúriť
stir n. **1.** hnutie, pohyb **2.** nekľud **3.** pobúrenie ● *make° a great stir* narobiť veľa hluku

stitch [stič] v, šiť, zošívať
stitch n. steh, bodnutie
stoat [stout] *zool.* hranostaj
stock [stok] n. **1.** rod, pôvod **2.** kmeň, peň **3.** brvno **4.** pažba **5.** kôl, palica **6.** podpora, podložka **7.** kapitál, akcia **8.** cenné papiere **9.** dobytok **10.** zásoba • *in stock* na sklade, v zásobe • *stocks and bonds* cenné papiere • *stock exchange* burza
stock v. **1.** opatriť, zásobiť **2.** mať na sklade
stockbroker [stok,broukə] n. burzový maklér
stocking [stokiŋ] n. pančucha
stock-jobber [stok,džobə] n. burzový špekulant
stockpile [stokpail] n. železná zásoba
stockpile v. uložiť, nahromadiť
stock-raising [stok,reiziŋ] n. chov dobytka
stock-still [stok´stil] adj. nehybný
stock-taking [stok,teikiŋ] n. inventúra
stocky [stoki] adj. zavalitý, silný
stockyard [stokja:d] n. ohrada pre dobytok
stodgy [stodži] adj. ťažký, nestráviteľný
stoic [stouik] adj. stoický
stoicism [stouisizəm] n. stoicizmus
stoke [stouk] v. **1.** kúriť **2.** *hovor.* napchávať sa
stoker [stoukə] n. kurič
stole [stoul] p. steal
stolen [stoulən] p. steal
stolid [stolid] adj. nejasný, tupý
stolidity [sto´liditi] n. nejasnosť, tuposť
stomach [stamək] n. **1.** žalúdok, brucho **2.** chuť *do jedla*
stomach v. zjesť, stráviť
stone [stoun] n. **1.** kameň **2.** drahokam **3.** kôstka • *stone age* doba kamenná
stone v. **1.** kameňovať **2.** vydláždiť
stone-blind [stoun´blaind] adj. úplne slepý
stone-deaf [stoun´def] adj. úplne hluchý
stone-mason [stoun,meisn] n. murár-kamenár
stony [stouni] adj. **1.** kamenný, tvrdý **2.** strnulý **3.** bez-

citný
stood [stud] p. stand
stooge [stu:dž] n. panák, poskok
stool [stu:l] n. 1. stolička 2. podnožka, stolček 3. stolica *výkaly*
stoop [stu:p] v. 1. zohnúť (sa), skloniť (sa) 2. pokoriť (sa)
stop [stop] -pp- v. 1. zastaviť (sa) 2. zahradiť 3. upchať (sa) 4. zamedziť čo *from* 5. prestať ● *stop dead* náhle sa zastaviť ● *stop away from* vyhnúť sa
stop n. 1. zastávka, zastavenie 2. odpočinok 3. koniec ● *give° a stop* zastaviť ● *make° a stop* zastaviť sa
stop-gap [stopgæp] n. dočasná náhrada
stop-light [stoplait] n. červené svetlo
stoppage [stopidž] n. 1. upchanie 2. zastavenie 3. prekážka, porucha
stopper [stopə] n. zátka
storage [sto:ridž] n. uloženie, uskladnenie ● *storage battery* akumulátor
store [sto:] n. 1. zásoba, materiál 2. sklad 3. obchod *Am.* 4. nadbytok ● *in store* na sklade
store v. 1. nahromadiť 2. vystrojiť, vyzbrojiť čím *with* 3. uskladniť
store-house [sto:haus] n. sklad
store-keeper [sto:,ki:pə] n. skladník
storey [sto:ri] n. poschodie
storied [sto:rid] adj. povestný
stork [sto:k] n. bocian
storm [sto:m] n. 1. búrka 2. útok na *of*
stormy [sto:mi] adj. 1. búrlivý, prudký 2. vášnivý
story [sto:ri] n. 1. rozprávka 2. príbeh 3. výmysel
story-book [sto:ribuk] n. kniha rozprávok
story-teller [stori,telə] n. poviedkár, rozprávkar
stout [staut] adj. 1. silný, zavalitý 2. udatný 3. húževnatý 4. rozhodný
stout-hearted [staut´ha:tid] adj. smelý, odvážny
stove [stouv] n. 1. pec 2. skleník
stow [stou] v. 1. napchať 2. uložiť, uskladniť ● *stow away* 1. uložiť 2. *pren.*

zjesť *jedlo*
stowage [stouidž] n. **1.** uskladnenie **2.** lodný priestor **3.** schránka
stow-away [stouəwei] n. čierny pasažier na lodi
straddle [strædl] v. rozkročiť sa, rozkročmo sedieť
straddle n. rozkrok
strafe [stra:f] v. **1.** bombardovať **2.** vyhrešiť, zvoziť niekoho
straggle [strægl] v. **1.** trúsiť sa **2.** odchýliť sa, odtrhnúť sa **3.** byť roztrúsený **4.** nepravidelne sa vinúť
straight [streit] adj. **1.** rovný, priamy **2.** vážny *tvár* **3.** pravý **4.** poctivý
straight n. cieľová rovinka
straight adv. **1.** rovno, priamo **2.** hneď
straighten [streitn] v. narovnať
straight-forward [streitfo:wəd] adj. **1.** priamy, čestný **2.** jednoduchý, prostý
strain [strein] v. **1.** napnúť, natiahnuť **2.** tlačiť **3.** namáhať
strain n. **1.** napätie, napnutie **2.** deformácia **3.** záľuba **4.** melódia **5.** nábeh k *of* **6.** námaha
strait [streit] adj. úzky, tesný
strait n. **1.** pl. morská úžina **2.** pl. tieseň • *be° in straits* byť v úzkych
strait-jacket [streit´džækit] n. zvieracia kazajka
strand [strænd] n. breh, pobrežie
strand v. uviaznuť na plytčine
strange [streindž] adj. **1.** cudzí, neznámy, zvláštny **2.** prekvapujúci
stranger [streindžə] n. **1.** cudzinec **2.** nováčik
strangle [stræŋgl] v. škrtiť
strangle-hold [stræŋglhould] n. **1.** škrtiaci hmat **2.** *pren.* brzda
strangulation [stræŋgju´leišn] n. (u)škrtenie
strap [stræp] n. remeň, popruh
strap –*pp*- v. **1.** šľahať *remeňom* **2.** zviazať
stratagem [strætidžəm] n. lesť, úskok
strategical [strəˈti:džikl] adj. strategický
stratosphere [strætousfiə] n. stratosféra

stratum [streitəm] pl. *strata* n. vrstva
straw [stro:] n. slama, steblo
strawberry [stro:bri] n. jahoda
stray [strei] v. blúdiť, zablúdiť
stray n. 1. blúdenie 2. bezdomovec 3. poblúdenec
streak [stri:k] n. pruh, prúžok
streak v. pruhovať
streaked [stri:kd] adj. pruhovaný
streaky [stri:ki] adj. 1. pruhovaný 2. prerastený *mäso* 3. *hovor.* nestály
stream [stri:m] n. prúd, tok
● *down stream* po prúde
● *up stream* proti prúdu
stream v. 1. prúdiť 2. vyžarovať
streamlined [stri:mlaind] adj. aerodynamický
street [stri:t] n. ulica
street-car [stri:tka:] električka *Am.*
street-walker [stri:t,wo:kə] n. prostitútka
strength [streηθ] n. sila, pevnosť
strengthen [streηθən] v. posilniť, upevniť

strenuous [strenjuəs] adj. usilovný, snaživý
stress [stres] n. 1. dôraz, sila 2. dôležitosť 3. prízvuk 4. záťaž, stres ● *lay° stress on* klásť dôraz na
stress v. 1. zdôrazňovať 2. prízvukovať
stretch [streč] v. 1. natiahnuť, napnúť 2. tiahnuť sa, rozpínať sa 3. preháňať
stretch n. 1. natiahnutie, roztiahnutie 2. objem, rozloha 3. napätie
stretcher n. 1. naťahovač 2. nosidlá 3. maliarsky rám
strew [stru:] v. *strewed, strewn* roztrúsiť, posypať
strewn [stru:n] p. strew
stricken [strikn] adj. zasiahnutý, postihnutý
strict [strikt] adj. 1. prísny 2. určitý
stricture [strikčə] n. 1. sťah, stiahnutie 2. *lek.* zúženie 3. narážka
stride [straid] v. *strode, stridden* 1. kráčať 2. prekročiť
stride n. veľký krok, dĺžka kroku
strident [straidnt] adj. prenikavý

stroke

strife [straif] n. svár, spor
strike [straik] v. *struck, struck* 1. udrieť na *at, do on* 2. odbiť *hodiny* 3. pripadať, zdať sa 4. zísť na um 5. vyraziť 6. štrajkovať 7. naraziť, prísť na čo 8. naplniť 9. skloniť 10. raziť *mince* 11. horieť • *the clock strikes* hodiny odbíjajú • *strike° aside* odraziť • *strike° down* poraziť, zraziť, zabiť • *strike° in* 1. vpadnúť 2. pridať sa k *with* • *strike° off* 1. sťať hlavu 2. odbočiť 3. škrtnúť, zrušiť • *strike° out* 1. pučať, vyrážať 2. raziť 3. urobiť výpad 4. škrtnúť • *strike° through* 1. preraziť 2. preškrtnúť
strike n. 1. štrajk 2. náhly úspech, šťastie
strike-breaker [straik,-breikə] n. štrajkokaz
striker [straikə] n. štrajkujúci
striking [straikiŋ] adj. pozoruhodný, výrazný, nápadný
string [striŋ] n. 1. povraz, motúz 2. struna 3. pl. sláčikové nástroje 4. vlákno, nerv
string v. *strung, strung* 1. naladiť 2. navliecť *na šnúru* • *string° up* napnúť
stringent [strindžənt] adj. naliehavý, dôrazný
stringy [striŋi] adj. svalnatý
strip [strip] -pp- v. 1. vyzliecť (sa) 2. zbaviť, obrať, olúpiť
strip n. 1. pruh, pásik 2. nábojový pás
strip-tease [stripti:z] n. striptýz
stripe [straip] n. pruh, páska
stripe v. pruhovať
stripling [stripliŋ] n. mladík, výrastok
stripped [stript] adj. nahý, vyzlečený
strive [straiv] v. *strove, striven* 1. snažiť sa, usilovať sa o *for, after* 2. závodiť o *for* 3. zápasiť
strode [stroud] p. stride
stroke [strouk] n. 1. úder, rana, dopad 2. záchvat *choroby* 3. pohyb, rozmach 4. ťah *perom* 5. odbitie *hodín* 6. pohladenie
stroke v. 1. udávať tempo *pri veslovaní* 2. pohladiť

stroll [stroul] v. **1.** prechádzať sa **2.** potulovať sa
stroll n. prechádzka
strong [stroŋ] adj. **1.** silný, mocný **2.** energický ● *strong drink* alkoholický nápoj
stronghold [stroŋhould] n. pevnosť
strong-minded [stroŋ´maindid] adj. rozhodný
strong-room [stroŋrum] n. trezor
strophe [strofi] n. sloha, strofa
strove [strouv] **p.** strike
strow [strou] **p.** strew
strown [stroun] **p.** strew
struck [strak] **p.** strike
structural [strakčərəl] adj. štrukturálny
structure [strakčə] n. **1.** zloženie, štruktúra **2.** konštrukcia
struggle [stragl] v. bojovať, zápasiť
struggle n. **1.** zápas **2.** úsilie, námaha
strum [stram] v. brnkať
strum n. brnkanie
strumpet [strampit] n. prostitútka
strung [straŋ] **p.** string

strut [start] -tt- v. pyšne si vykračovať
strut n. trám
stub [stab] n. **1.** peň **2.** koreň *zuba* **3.** kýpeť, zvyšok
stub v. potknúť sa
stubble [stabl] n. strnisko
stubborn [stabən] adj. tvrdohlavý, neústupný
stubby [stabi] adj. zavalitý
stuck [stak] **p.** stick
stud [stad] n. **1.** cvok, gombička, ozdobný klinec **2.** žrebčinec
stud –dd– v. obiť *klincami*
student [stju:dənt] n. **1.** študent **2.** bádateľ, učenec
studied [stadid] adj. zámerný, premyslený
studio [stju:diou] n. ateliér
studious [stjudjəs] adj. pilný, usilovný, zámerný
study [stadi] n. **1.** učenie, štúdium **2.** snaha **3.** štúdia, náčrt
study v. **1.** učiť sa, študovať **2.** premýšľať **3.** snažiť sa
stuff [staf] n. **1.** látka, materiál **2.** vlnená látka **3.** *hovor.* nezmysel
stuff v. **1.** napchávať, naplňať **2.** vtláčať, vštepovať **3.** vypchávať **4.** plniť

5. napchávať sa
stuffy [stafi] adj. 1. dusný 2. mrzutý 3. nudný
stultify [staltifai] v. 1. zosmiešniť 2. znehodnotiť
stum [stam] n. mušt
stumble [stambl] v. 1. naraziť na upon 2. pohoršiť (sa) 3. zaraziť sa nad *at* 4. robiť chyby
stumble n. chyba, poklesok
stumbling-block [stambliŋblok] n. kameň úrazu
stump [stamp] n. 1. pahýľ, koreň 2. výstupok 3. zvyšok, ostatok
stump v. popliesť, zmiasť
stun [stan] -*nn*- v. omráčiť, ohromiť
stung [staŋ] p. sting
stunk [staŋk] p. stink
stunt [stant] v. brániť v raste
stunt n. *hovor.* vrcholný výkon
stupefy [stju:pifai] v. otupiť
stupid [stju:pid] adj. hlúpy, tupý
stupidity [stju:′piditi] n. hlúposť, tuposť
stupro [stju:pə] n. omráčenie, strnulosť, úžas
sturdiness [stə:dinis] n. statočnosť, robustnosť

sturdy [stə:di] adj. 1. silný, statný 2. húževnatý
sturgeon [stə:džn] n. jeseter
stutter [statə] v. zajakať sa
stutter n. zajakanie sa
sty [stai] n. chliev *prasačí*
sty v. zavrieť do chlieva
style [stail] n. 1. sloh, štýl 2. rydlo 3. letopočet 4. meno, titul 5. vkus 6. móda
style v. nazývať, titulovať
stylish [stailiš] adj. módny, vkusný
suable [sju:əbl] adj. žalovateľný
suasion [sweižn] n. dohovorenie
suave [sweiv] adj. 1. lahodný, jemný 2. zdvorilý
suavity [swæviti] n. príjemnosť, lahodnosť
subacid [sab′æsid] adj. nakyslý
subaltern [sabltən] adj. podriadený
subaqueous [sab′eikwiəs] adj. podvodný, podmorský
subconscious [sab′konšəs] adj. podvedomý
subconsciousness [sab′konšəsnis] n. podvedomie
subdivide [sabdi′vaid] v. ďalej rozdeliť

subdue

subdue [səb´dju:] v. 1. podmaniť, podrobiť 2. zmierniť ● *subdued light* tlmené svetlo
subject [sabdžikt] adj. 1. podrobený, podriadený 2. prístupný, náchylný k *to*
subject n. 1. predmet, vec, subjekt 2. osoba, prípad ● *subject matter* téma
subject v. 1. podložiť 2. podrobiť 3. vystaviť ● *subject to criticism* vystaviť kritike
subjection [səb´džekšən] n. podrobenie
subjective [sab´džektiv] adj. subjektívny, osobný
subjoin [sab´džoin] v. pripojiť
subjugate [sabdžugeit] v. podrobiť si
subjugation [sabdžu´geišn] n. podrobenie, závislosť
sublet [sab´let] v. dať do prenájmu
sublimate [sablimeit] v. 1. sublimovať 2. povýšiť
sublimation [sabli´meišn] v. 1. sublimácia 2. povznesenie, povýšenie
sublime [sə´blaim] adj. 1. velebný, vznešený 2. vyčnievajúci, vyvýšený
sublime n. velebnosť, vznešenosť
submachine-gun [sabmə,-ši:ngan] n. samopal, automat
submarine [sabməri:n] n. ponorka
submarine adj. podmorský
submerge [səb´mə:dž] v. ponoriť (sa), potopiť (sa)
submersion [səb´mə:šn] n. ponorenie, zatopenie
submission [səb´mišn] n. pokora, podrobenie sa
submissive [səb´misiv] adj. pokorný, poslušný
submit [səb´mit] -tt- v. 1. pokoriť (sa), podrobiť (sa) 2. ustúpiť 3. predložiť *dôkaz*
subordinate [sə´bo:dnit] adj. podradený, podriadený
subordinate v. podriadiť
subordinate n. podriadený
subordination [sə,bo:di´neišn] n. podradenosť, podriadenosť
suborn [sə´bo:n] v. naviesť, podplatiť
subscribe [səb´skraib] v. 1. podpísať (sa), upísať (sa) 2. plne súhlasiť s *to*

subscriber [səb´skraibə] n. predplatiteľ, abonent
subscription [səb´skripšn] n. 1. podpis 2. upísanie sa 3. predplatné
subsequent [sabsikwənt] adj. nasledujúci za *to*
subserve [səb´sə:v] v. slúžiť ako, podporovať
subservient [səb´sə:vjənt] adj. servilný
subside [səb´said] v. 1. klesať 2. prestávať 3. sadať *pôda* 4. ukľudniť sa
subsidiary [səb´sidjəri] adj. 1. pomocný, podporný 2. prideľný 3. vedľajší
subsidize [sabsidaiz] v. podporovať
subsidy [sabsidi] v. podpora, subvencia
subsist [səb´sist] v. žiť, existovať
subsistence [səb´sistəns] n. 1. existencia, jestvovanie 2. životné potreby
subsonic [sab´sonik] adj. podzvukový
substance [sabstəns] n. 1. podstata, jadro 2. hmota, látka 3. majetok 4. statok
• *in substance* v podstate
substantial [səb´stænšl] adj. 1. podstatný, značný 2. hmotný 3. výživný 4. zámožný
substantiate [səb´stænšieit] v. dokazovať, odôvodňovať, uskutočniť
substitute [sabstitju:t] v. nahradiť
substitute n. 1. zástupca 2. náhrada 3. náhradná súčiastka
substitution [sabsti´tju:šn] n. náhrada, zastúpenie
subsume [səb´sju:m] v. zahŕňať
subtenant [sab´tenənt] n. podnájomník
subterfuge [sabtəfju:dž] n. úskok
subterranean [sabtə´reinjən] adj. podzemný
subtle [sabtl] adj. 1. jemný, útly 2. dôvtipný 3. ľstivý 4. prepracovaný
subtract [səb´trækt] v. odčítať od *from*
subtraction [səb´trækšn] n. odčítanie
suburb [sabə:b] n. predmestie
suburbian [sə´bə:bən] adj. predmestský
subvention [səb´venšn] n.

subvencia, podpora
subversion [sab′vəːšn] n. skaza
subversive [sab′vəːsiv] adj. podvratný
subvert [sab′vəːt] v. rozvracať, ničiť
subway [sabwei] n. podchod, podjazd
succeed [sək′siːd] v. **1.** nasledovať po *to* **2.** podariť sa, mať úspech v *in*
success [sək′ses] n. úspech, šťastie • *bad success* smola, neúspech
successful [sək′sesfl] adj. úspešný
succession [sək′sešn] n. **1.** poradie, postup **2.** následníctvo
successor [sək′sesə] n. nástupca, následník
succinct [sək′siəkt] adj. úsečný, jadrný
succour [sakə] n. pomoc
succour v. prísť na pomoc, pomôcť
succulent [sakjulənt] adj. šťavnatý, dužinatý
succumb [sə′kam] v. **1.** podľahnúť, podriadiť sa **2.** ustúpiť pred *to*
such [sač] adj. taký • *such like things* také veci • *as such* ako taký
such pron. takýto
suck [sak] v. **1.** sať **2.** vysať, využiť koho, čoho *out of* • *suck in* vsať • *suck out* vysať
suck n. **1.** sanie, cucanie **2.** kojenie • *give° suck* kojiť
sucker n. **1.** dojča **2.** mláďa **3.** *pren.* holobriadok
suction [sakšn] n. sanie, nasávanie
sudden [sadn] adj. náhly, neočakávaný • *all of a sudden* znenazdania
sudorific [sjuːdə′rifik] adj. potný
suds [sadz] pl. n. mydliny • *be° in suds* byť v úzkych
sue [sjuː] v. **1.** žalovať za *for* **2.** uchádzať sa o *for*
suet [sjuit] n. loj
suffer [safə] v. **1.** trpieť **2.** zniesť, strpieť, znášať • *suffer change* zmeniť sa
sufferable [safərəbl] adj. znesiteľný
suffering [safriə] n. utrpenie
suffice [sə′fais] v. postačiť, stačiť komu *for*
sufficiency [sə′fiənsi] n. do-

statok
sufficient [səˈfiənt] adj. **1.** dostatočný **2.** primeraný, vhodný
suffix [safiks] n. prípona
soffocate [safəkeit] v. (u)dusiť (sa)
suffrage [safridž] n. **1.** (sú)hlas **2.** volebné právo
suffragette [safrəˈdžət] n. bojovníčka za volebné právo
suffuse [səˈfju:z] v. pokryť, zalievať
sugar [šugə] n. cukor
sugar-basin [šugə,beisn] n. cukornička
sugar-cane [šugəkein] n. cukrová trstina
sugary [šugəri] adj. **1.** cukrový **2.** sladký **3.** *pren.* lichotivý
suggest [səˈdžest] v. **1.** naznačiť, našepkať **2.** navrhnúť **3.** podotknúť
suggestion [səˈdəsən] n. **1.** vnuknutie, podnet **2.** návrh
suggestive [səˈdžestiv] adj. **1.** pripomínajúci čo *of* **2.** zvodný, podmanivý
suicidal [sjuiˈsaidl] adj. samovražedný
suicide [sjuisaid] n. samovražda
suit [sju:t] n. **1.** oblek **2.** súprava, výstroj **3.** žaloba, súdny proces
suit v. **1.** hodiť sa, vyhovovať **2.** slušať **3.** prispôsobiť sa čomu *to* **4.** obliecť
suitable [sju:təbl] adj. vhodný, primeraný
suit-case [sju:tkeis] n. kufrík
suite [sju:t] n. **1.** sprievod, družina **2.** súbor **3.** *hud.* suita
suitor [sju:tə] n. **1.** nápadník **2.** žiadateľ **3.** žalobca
sulk [salk] v. byť v zlej nálade
sulk n. zlá nálada
sulky [salki] adj. mrzutý
sullen [salən] adj. **1.** mrzutý **2.** tvrdohlavý **3.** neblahý, chmúrny
sully [sali] v. poškvrniť, pošpiniť
sulphur [salfə] n. síra
sulphuric [salˈfjuərik] adj. sírny, sírový
sultan [saltən] n. sultán
sultana [salta:nə] n. sultánka
sultry [saltri] adj. dusný
sum [sam] n. **1.** súčet **2.** ob-

nos 3. celok, suma 4. stručný obsah • *in sum* stručne povedané • *sum total* súhrn

sum –*mm*- v. zhrnúť, sčítať • *sum up* rekapitulovať

summarize [saməraiz] v. zhrnúť, zrekapitulovať

summary [saməri] n. súhrn, résumé

summary adj. súhrnný

summer [samə] n. leto • *Indian summer* babie leto

summer v. tráviť leto

summer-house [saməhaus] n. besiedka

summer-time [samətaim] n. letný čas

summery [saməri] adj. letný

summit [samit] n. 1. vrchol 2. vyvrcholenie • *summit conference* konferencia na najvyššej úrovni

summon [samən] v. 1. vyzvať 2. predvolať • *summon a meeting* zvolať schôdzu

sumptuous [samptjuəs] adj. prepychový

sun [san] n. slnko

sun –*nn*- v. slniť sa

sun-bath [sanba:θ] n. slnečné kúpele

sun-bathe [sanbeið] v. slniť sa

sun-blind [sanblaind] n. žalúzia

sun-burnt [sanbə:nt] adj. opálený

Sunday [sandi] n. nedeľa

sundry [sandri] adj. rozličný, rôzny

sundry n. pl. drobnosti, drobný tovar

sunflower [san‚flauə] n. slnečnica

sung [saŋ] p. sing

sun-glasses [sangla:siz] n. pl. slnečné okuliare

sunk [saŋk] p. sink

sun-light [sanlait] n. slnečné svetlo

sunny [sani] adj. 1. slnečný 2. jasný

sunrise [sanraiz] n. východ slnka

sunset [sanset] n. západ slnka

sun-shade [san-šeid] n. slnečník

sunshine [sanšain] n. slnečné svetlo, slnko

sun-stroke [sanstrouk] n. slnečný úpal

sup [sap] -*pp*- v. 1. sŕkať 2. večerať

sup n. glg, dúšok
super [sju:pə] n. **1.** nadbytočný tovar **2.** prebytočná vec
superabundance [sju:pərə-ˈbandəns] n. nadbytok
superabundant [sju:pərə-ˈbandənt] adj. nadbytočný
superannuate [sju:pəˈrænjueit] v. penzionovať
superb [sju:ˈpə:b] adj. nádherný
supercilious [sju:pəˈsiliəs] adj. pohrdlivý, povýšený
superficial [sju:pəˈfišl] adj. povrchný
superficiality [sju:pə,fiši-æliti] n. povrchnosť
superficies [sju:pəˈfiši:z] n. povrch, vonkajšia stránka
superfluity [sju:pəˈfluiti] n. nadbytočnosť
superfluous [sju:pə:fluəs] adj. hojný, nabytočný, zbytočný
superheat [sju:pəˈhi:t] v. prehriať
superhuman [sju:pəˈ-hju:-mən] adj. nadľudský
superintend [sju:prinˈtend] v. dozerať
superior [sjuˈpiəriə] adj. **1.** vyšší **2.** lepší **3.** nadradený **4.** kvalitný ● *superior force* prevaha ● *be° superior to* byť povznesený nad
superior n. predstavený
superiority [sju:,piəriˈoriti] n. **1.** prevaha **2.** nadradenosť
superlative [sjuˈpə:lətiv] adj. vynikajúci
superman [sju:pəmæn] n. nadčlovek
supermarket [sju:pə,ma:-kit] n. obchodný dom so samoobsluhou
supernatural [sju:pəˈnæčrəl] adj. nadprirodzený
superscription [sju:pəˈs-kripšn] n. nadpis
supersede [sju:pəˈsi:d] v. **1.** odstrániť, nahradiť **2.** odložiť
supersonic [sju:pəˈsonik] adj. nadzvukový ● *supersonic aircraft* nadzvukové lietadlo
superstition [sju:pəˈstišn] n. povera
superstitious [sju:pəˈstišəs] adj. poverčivý
supertax [sju:pə,tæks] n. daň z vyšších príjmov
supervene [sju:pəˈvi:n] v.

objaviť sa, prihodiť sa
supervise [sju:pəvaiz] v. dozerať
supervision [sju:pə´vižn] n. dozor, inšpekcia
supervisor [sju:pə´vaizə] n. dozorca, inšpektor
supine [sju:´pain] adj. **1.** ležiaci na chrbte **2.** hoviaci si, lenivý
supper [sapə] n. večera ● *take° supper* večerať
supplant [sə´pla:nt] adj. vypichnúť, vytlačiť
supple [sapl] adj. **1.** pružný, ohybný **2.** poddajný, povoľný
supple v. stať sa povoľným
supplement [sapliment] n. **1.** doplnok **2.** zásoba **3.** príloha
supplement v. doplniť
supplementary [sapli´mentəri] adj. doplnkový
suppliant adj. prosebný
supplicant adj. prosebný, pokorný
supplicate [saplikeit] v. obrátiť sa, prosiť
supply [sə´plai] v. **1.** opatriť, zásobovať **2.** nahradiť, doplniť
supply n. **1.** zásobovanie, zásoba **2.** doplnok **3.** príspevok **4.** pl. materiál, zásoby, potraviny ● *supply and demand* dopyt a ponuka
support [sə´po:t] v. **1.** podporiť **2.** podporovať **3.** živiť **4.** pomáhať **5.** znášať
support n. **1.** podpora **2.** podstavec, nosník **3.** pomoc **4.** obživa
supporter [sə´po:tə] n. **1.** podporovateľ **2.** stúpenec **3.** obranca
suppose [sə´pouz] v. **1.** predpokladať **2.** domnievať sa
supposition [sapə´zišn] n. domnienka, predpoklad
suppositional [sapə´zišnl] adj. hypotetický, domnelý
suppress [sə´pres] v. **1.** potlačiť **2.** zamlčať
suppression [sə´prešn] n. **1.** potlačenie **2.** zatajenie, zamlčanie
suppurate [sapjureit] v. hnisať
supremacy [sju´preməsi] n. zvrchovanosť, autorita
supreme [sju´pri:m] adj. vrchný, najvyšší ● *the Supreme Court* najvyšší súd (v USA)

surcharge [sə:ˈča:dž] v. preťažiť
surcharge n. 1. predraženie 2. preťaženie 3. daňová prirážka 4. pokuta
sure [šuə] adj. 1. bezpečný, istý 2. spoľahlivý 3. zaručený • *be° sure of* byť si istý čím • *he is sure to come* určite príde • *make° sure of* uistiť sa
surely [šuəli] adv. zaiste, istotne
surety [šuəti] n. ručiteľ, záruka
surf [sə:f] n. penivý príboj
surface [sə:fis] n. povrch, rovina • *on the surface* na povrchu
surface v. 1. vynoriť sa 2. natrieť
surfeit [sə:fit] v. prejesť (sa)
surfeit n. presýtenie, obžerstvo
surge [sə:dž] n. vlna, vlnenie
surge v. vlniť sa
surgeon [sə:džn] n. chirurg
surgery [sə:džəri] n. 1. chirurgia 2. ordinál
surly [sə:li] adj. mrzutý, nevrlý
surmise [sə:ˈmaiz] v. tušiť
surmise n. 1. domnienka, dohad 2. podozrenie
surmount [səˈmaunt] v. prekonávať
surname [sə:neim] n. rodné meno, priezvisko
surpass [səˈpa:s] v. 1. prekonať 2. prekročiť 3. vyniknúť nad
surplus [sə:pləs] n. 1. prebytok, nadbytok 2. zisk *firmy* • *surplus production* nadvýroba • *surplus value* nadhodnota
surprise [səˈpraiz] v. 1. prekvapiť 2. prepadnúť, ohromiť
surprise n. 1. prekvapenie, úžas 2. prepadnutie
surrender [səˈrendə] v. 1. vzdať sa, kapitulovať 2. vydať, odovzdať
surrender n. vzdanie sa, kapitulácia
surreptitious [sarəpˈtišəs] adj. kradmý, tajný
surrogate [sarogit] n. náhradník
surround [səˈraund] v. obklopiť, obkľúčiť
surroundings [səˈraundiŋz] n. pl. okolie, prostredie
surtax [sə:tæks] n. daňová prirážka

surveillance [sə:veiləns] n. dozor, dohľad
survey [sə:´vei] n. 1. prehľad 2. dozor 3. prehliadka 4. vymeriavanie *pozemkov*, mapovanie
survey v. 1. prehliadnuť si 2. odhadnúť 3. vymeriavať, mapovať
surveyor [sə:´veiə] n. 1. zememerač, geometer 2. inšpektor 3. odhadca
survive [sə´vaiv] v. 1. prežiť, zostať na žive 2. (pre)trvať
survival [sə´vaivəl] n. 1. prežitie 2. zbytok
susceptible [sə´septəbl] adj. 1. prístupný 2. vnímavý 3. náchylný, chúlostivý
suspect [səs´pekt] v. 1. podozrievať 2. tušiť, báť sa
suspend [səs´pend] v. 1. zavesiť, upevniť 2. odložiť, odročiť 3. zbaviť úradu
suspender [səs´pendə] n. 1. vešiak 2. pl. podväzky • *suspender belt* podväzkový pás
suspense [səs´pens] n. 1. odročenie, odklad 2. prerušenie 3. napätie 4. suspenzia 5. pochybnosť, neistota
suspension [səs´penšən] n. 1. záves, zavesenie 2. odklad, odročenie 3. napätie, očakávanie 4. suspenzia 5. pochybnosť
suspicion [səs´pišən] n. podozrenie, tušenie
suspicious [səs´pišəs] adj. 1. podozrivý 2. podozrievavý
sustain [səs´tein] v. 1. udržiavať, podopierať 2. podporovať, živiť 3. pomáhať 4. utrpieť 5. tvrdiť, trvať
sustenance [sastinəns] n. potrava, výživa
suture [sju:čə] n. 1. šev 2. *lek.* steh
suzerain [su:zərien] n. vrchnosť
swab [swob] n. 1. mop 2. tampón
swaddle [swodl] v. zavinúť, zabaliť
swag [swæg] *hovor.* krádež, korisť
swagger [swægə] v. pyšne si vykračovať
swagger n. 1. pyšná chôdza 2. naparovanie sa
swain [swein] n. 1. mládenec 2. milenec, milý

swallow [swolou] n. 1. lastovička 2. hlt
swallow v. hltať, prehltnúť
swam [swæm] p. swim
swamp [swomp] n. bažina
swamp v. zaplaviť, zatopiť
swan [swon] n. labuť • *swan song* labutia pieseň
swank [swæŋk] n. naparovanie, chvastanie
swank adj. elegantný
swap [swop] *-pp- hovor.* prepriahať, vymeniť
sward [swo:d] n. pažiť, trávnik
swarf [swo:f] n. triesky
swarm [swo:m] n. 1. roj, kŕdeľ 2. hemženie 3. dav
swarm v. 1. rojiť sa, hemžiť sa 2. šplhať sa po *up*
swarthy [swo:θi] adj. snedý, tmavej pleti
swash [swoš] v. špliechať
swastika [swæstikə] n. svastika, hákový kríž
swat v. zabiť
swathe [sweiθ] v. zavinúť, obviazať
sway [swei] v. 1. kývať sa 2. kolísať 3. ovládať, vládnuť 4. mávať
sway n. 1. vláda, moc 2. mávanie

swear [sweə] v. *swore, sworn* 1. prisahať na *on*, odprisahať 2. kliať, nadávať 3. zaprisahať • *swear° in* vziať pod prísahu
swear n. kliatba, nadávka
sweat [swet] n. 1. pot, potenie 2. drina
sweat v. 1. potiť sa 2. drieť 3. zvárať *kov* 4. uštvať *kone* 5. vykorisťovať, preháňať
sweater [swetə] n. 1. sveter 2. vykorisťovateľ, zdierač
Swede [swi:d] n. 1. Švéd, Švédka
Sweden [swi:dn] n. Švédsko
Swedish [swi:diš] adj. švédsky
Swedish n. švédština
sweep [swi:p] v. *swept, swept* 1. zametať 2. čistiť 3. vliecť (sa) 4. zasiahnuť 5. viať, vlniť sa 6. prejsť 7. razom odstrániť • *sweep° away* odstrániť • *sweep° by* mihnúť sa okolo
sweep n. 1. zametanie 2. vzlet, rozmach 3. vlečka 4. kominár 5. smeti 6. zákruta 7. veslo 8. nálet
sweeper [swi:pə] n. zametač

sweeping [swi:piŋ] adj. **1.** rýchly, prudký **2.** paušálny

sweet [swi:t] adj. **1.** sladký **2.** príjemný **3.** voňavý **4.** jemný, nežný

sweet n. **1.** sladkosť, cukrík **2.** múčnik **3.** miláčik, milý

sweeten [swi:tn] v. osladiť

sweetheart [swi:tha:t] n. miláčik, milý

sweetmeat [swi:tmi:t] n. **1.** cukrovinka **2.** želé

swell [swel] n. **1.** vlnenie **2.** šviháK **3.** eso, veľké zviera

swell adj. šviHácky, fičúrsky

swell v. *swelled, swollen* **1.** napuchnúť, spuchnúť **2.** napučať **3.** zväčšovať, zvyšovať

swelling [sweliə] n. **1.** opuchlina **2.** narastanie **3.** vyvýšenina

swelter [sweltə] v. pariť sa

swept [swept] p. sweep

swerve [swə:v] v. uhnúť, odchýliť sa

swerve n. **1.** úchylka **2.** falšovaná lopta

swift adj. rýchly, pohotový

swill [swil] v. **1.** opláchnuť, vypláchnuť **2.** *hovor.* sloPať

swill n. **1.** pomyje, odpadky **2.** *pejor.* žrádlo **3.** chlast

swim [swim] v. *swam, swum* **1.** plávať **2.** mať závrat

swim n. plávanie ● *be° in the swim* byť zasvätený do

swimmer [swimə] n. plavec

swimmingly [swimiŋli] adj. úspešne

swimming pool [swimiŋpu:l] n. plaváreň, kúpalisko

swindle [swindl] v. podviesť, oklamať

swindle n. podvod

swindler [swindlə] n. podvodník

swine [swain] n. prasa, sviňa

swing [swiŋ] v. *swung, swung* **1.** hojdať (sa), kývať (sa) **2.** rozkývať **3.** točiť

swing n. **1.** hojdanie, kývanie **2.** točenie, otáčanie **3.** rytmus **4.** kolísavá chôdza **5.** hojdačka **6.** rozmach

swirl v. víriť, točiť sa

swish [swiš] n. švihanie, svišťanie

swish v. **1.** svišťať **2.** švihať *prútom*

Swiss [swis] adj. švajčiarsky
Swiss n. Švajčiar, -ka
switch [swič] n. **1.** trstenica **2.** výhybka **3.** vypínač, prepínač
switch v. **1.** švihať **2.** prehodiť výhybku • *switch off* vypnúť, odpojiť • *swich on* zapnúť, zapojiť • *switch out* vypojiť • *switch over* prepnúť
Switzerland [switsələnd] n. Švajčiarsko
swollen [swouln] p. swell
swoon [swu:n] v. omdlieť
swoon n. mdloba
swoop [swu:p] v. prepadnúť koho *on, upon*
swoop n. **1.** útok *dravca* **2.** schmatnutie
swop [swop] p. swap
sword [swo:d] n. meč
swore [swo:] p. swear
sworn [swo:n] p. swear
swot [swot] v. bifľovať sa
swot n. bifľoš
swum [swam] p. swim
swung [swaŋ] p. swing
sybarite [sibərait] adj. žijúci v prepychu, zhýčkaný
syllabic [si'læbik] adj. slabičný
syllable [siləbl] n. slabika
syllabus [si'ləbəs] n. výťah, súbor
syllogism [silədžizəm] n. úsudok
symbol [simbəl] n. symbol, znak, značka
symbolic [sim'bolik] adj. symbolický
symbolization [simbəlai'zeišən] n. znázornenie
symbolize [simbəlaiz] v. znázorňovať, symbolizovať
symmetrical [si'metrikl] adj. súmerný
sympathetic [simpə'θetik] adj. **1.** súcitný, chápavý **2.** súhlasný
sympathize [simpəθaiz] v. súcitiť, mať pochopenie pre *with*
sympathy [simpəθi] n. súcit, pochopenie pre *with*
symphonic [sim'fonik] adj. symfonický
symphony [simfəni] n. symfónia
symposium [sim'pouziəm] n. **1.** hostina **2.** diskusia **3.** sympózium
symptom [simptəm] n. príznak, symptóm
synagogue [sinəgog] n. sy-

nagóga
synchronic [siŋˈkronik] adj. súčasný, synchronický
synchronize [siŋkrənaiz] v. 1. stať sa naraz 2. synchronizovať
syncope [siŋkəpi] n. 1. synkopa 2. *lek.* mdloba
syndicate [sindikit] n. 1. syndikát 2. družstvo, konzorcium
synod [sinəd] n. cirkevný zjazd
synonym [sinənim] n. synonimum
synopsis [siˈnopsis] n. prehľad, synopsia
synoptical [siˈnoptikəl] adj. prehľadný, synoptický
syntax [sintæks] n. skladba, syntax
synthesis [sinθisis] n. zlúčenie, syntéza
synthetic [sinˈθetik] adj. syntetický
syphilis [sifilis] n. syfilis
syringe [sirindž] n. *injekčná* striekačka
syringe v. striekať, vstrekovať *striekačkou*
syrup [sirəp] n. sirup
system [sistim] n. sústava, systém

systematic [sistiˈmætik] adj. sústavný, systematický
systematize [sistiˈmətaiz] v. usporiadať do systému, systematizovať
systole [sistəli] n. *lek.* sťah srdca, systola

T

table [teibəl] n. 1. stôl • *lay° the table* prestrieť stôl • *clear the table* upratať stôl 2. výbor 3. tabuľka • *table of exchanges* kurzový lístok
tablecloth [teibəlkloθ] n. obrus
tableland [teibəllænd] n. náhorná planina
tablespoon [teibəlspu:n] n. polievková lyžica
tabletennis [teibəltenis] n. stolný tenis
tablet [tæblət] n. 1. tabuľka, doska 2. tabletka
taboo [tə´bu:] n. zákaz
tabouret [tæbərit] n. taburetka
tabular [tæbjulə] adj. plochý, rovný
tactic [tæktik] n. plán postupu, taktika
tachometer [tæ´komitə] n. tachometer
tacit [tæsit] adj. tichý
tact [tækt] n. taktnosť
tactful [tæktfəl] adj. taktný
tactical [tæktikəl] adj. taktický

tactics [tæktiks] n. pl. taktika
tag [tæg] -gg- v. 1. povesiť visačku 2. označiť
tail [teil] n. chvost
tailor [teilə] n. pánsky krajčír
tailor v. šiť
taint [teint] n. 1. škvrna, špina čoho *of* 2. nákaza
taint v. 1. znečistiť, zamoriť 2. nakaziť
take [teik] *took, taken* v. 1. vziať si, odniesť (si) 2. považovať za 3. zniesť, vydržať 4. trvať *časovo* • *take° place* konať sa • *take° after* podobať sa na • *take° advice* poradiť sa • *take° notice of* všimnúť si • *take° a bath* vykúpať sa • *take° into consideration* vziať do úvahy • *take° advantage of* využiť niečo • *take° in* zahŕňať • *take° interest in* zaujímať sa o • *take° an oath* zložiť prísahu • *take° hold of* zmocniť sa • *take° part in* zúčastniť sa

taken

- *take° off* vyzliecť si
- *take° on* zamestnať

taken [teikən] v. p. take
takeover [teik,əuvə] n. prevrat
takings [teikiŋz] n. tržba
tale [teil] n. príbeh o *about*
talent [tælənt] n. talent na *for*
talisman [tælizmən] n. talizman
talk [to:k] v. hovoriť, rozprávať s *to/with* • *talk out of* odhovoriť od • *talk over* prediskutovať s *with*
talk n. 1. rozhovor s *with*, o *about* 2. prednáška o *on/about*
tall [to:l] adj. vysoký, veľký
tallow [tæləu] n. sviečka
tame [teim] adj. krotký
tame v. krotiť
tameless [teimləs] adj. neskrotný
tamping [tæmpiŋ] n. tesnenie
tang [tæŋ] n. udica
tangerine [,tændžəri:n] n. *bot.* mandarínka
tangible [tændžəbəl] adj. hmatateľný
tangle [tæŋgəl] v. zamotať (sa), zauzliť (sa)
tank [tænk] n. 1. nádrž, kontajner 2. *voj.* tank
tank v. plniť nádrž
tanker [tæŋkə] n. cisternová loď
tantalize [tæntəlaiz] v. týrať
tap [tæp] n. ventil, kohútik
tape [teip] n. 1. páska, šnúra 2. magnetofónová páska, kazeta
tape v. nahrať na pásku
tape recorder [teip rə,ko:də] n. magnetofón
tar [ta:] n. 1. decht 2. smola
tardy [ta:di] adj. váhavý
target [ta:gət] n. 1. terč čoho *of* 2. *voj.* cieľ
tariff [tærəf] n. 1. sadzba, clo 2. cenník
tarnish [ta:niš] v. zakaliť
tarry [tæri] v. meškať
tart [ta:t] adj. ostrý, kyslý
task [ta:sk] n. 1. povinnosť, úloha 2. práca
taste [teist] n. 1. chuť 2. vkus • *out of taste* nevkusný 3. záľuba v *in* • *a taste for* zmysel pre
taste v. *take° a taste* ochutnať
tasteless [teistləs] adj. 1. bez chuti 2. nevkusný

tasty [teisti] -ie- adj. **1.** chutný **2.** vkusný
taught [to:t] v. p. teach
tattle [tætl] v. kecať
tavern [tævən] n. krčma
tax [tæks] n. **1.** daň z *on* **2.** poplatok za *on* • *income tax* daň z príjmu • *tax evasion* daňový únik • *landtax* pozemková daň
tax v. **1.** zdaniť **2.** vymerať poplatok **3.** odhadnúť na *at*
taxation [tæk´seišən] n. odhad
taxi [tæksi] n. taxík • *taxi driver* taxikár
tea [ti:] n. čaj • *have° a cup of tea* dať si šálku čaju
teach [ti:č] *taught, taught* v. **1.** učiť, vyučovať koho *to* **2.** vštepiť
teacher [ti:čə] n. **1.** učiteľ **2.** inštruktor
team [ti:m] n. družstvo, skupina
teapot [ti:pot] n. čajník
tear [tiə] n. slza
tear [teə] *tore, torn* v. **1.** roztrhať (sa) **2.** odtrhnúť (sa) • *tear° apart* roztrhnúť • *tear° down* zrúcať
tear n. diera, trhlina

tease [ti:z] v. dráždiť, uťahovať si *z*
teat [ti:t] n. **1.** prsná bradavka **2.** vemeno
technical [teknikəl] adj. technický
technician [tek´nišən] n. **1.** odborník **2.** technik
technique [tek´ni:k] n. spôsob, metóda, technika
technology [tek´nolədži] n. technológia *odbor*, prístrojové vybavenie
tectonic [tek´tonik] adj. tektonický
tedious [ti:diəs] adj. nudný, nezáživný
tedium [ti:diəm] n. nuda
teem [ti:m] v. hemžiť sa
teenager [ti:neidžə] n. človek *medzi 13. a 19. rokom života*
teeth [ti:θ] n. pl. *tooth* • *set of teeth* chrup
telecast [telika:st] n. televízny prenos
telecommunication [´telikə,mju:ni´keišən] n. telekomunikácie
telegram [teləgræm] n. telegram
telegraph [teləgra:f] n. telegraf

telepathy [ti´lepəθi] n. telepatia
telephone [teləfəun] n. telefón • *telephone exchange* telefónna ústredňa • *be° on the telephone* telefonovať
telephone v. telefonovať komu *to* • *dial the number* vytočiť číslo
telephonist [ti´lefənist] n. telefonistka
telescope [teləskəup] n. ďalekohľad
television [telə,vižən] n. 1. televízor 2. televízny program
tell [tel] *told, told* v. 1. povedať, oznámiť 2. rozprávať o *about* 3. *tell° apart* rozlíšiť • *you can never tell* človek nikdy nevie • *tell° (you) the truth* úprimne povedané
telling [teliŋ] adj. významný, dôležitý
temerity [ti´meriti] n. nerozvážnosť
temper [tempə] n. 1. povaha 2. nálada • *good/bad temper* dobrá/zlá nálada 3. *hovor.* podráždenosť 4. konzistencia *materiálu*

temperament [tempərəmənt] n. povaha
temperate [tempərət] adj. mierny, striedmy
temperature [tempərəčə] n. 1. teplota 2. horúčka
temple [tempəl] n. chrám, svätyňa
temporal [tempərəl] adj. 1. spánkový 2. časový
temporary [tempərəri] adj. 1. dočasný, prechodný 2. svetský
temporize [tempəraiz] v. odkladať, váhať
tempt [tempt] v. 1. nahovárať na *into* 2. zvádzať, pokúšať čím *by*
temptation [temp´teišən] n. 1. nahováranie 2. pokušenie
tempter [temtə] n. pokušiteľ
ten [ten] num. desať
tenacious [ti´neišəs] adj. húževnatý
tenacity [ti´næsiti] n. húževnatosť
tenancy [tenənsi] n. nájom
tenant [tenənt] n. 1. nájomník 2. *práv.* majiteľ
tend [tend] v. mať sklon
tendency [tendənsi] *-ie-* n. 1. sklon na *to* 2. smer, ten-

dencia k *to*
tender [tendə] adj. **1.** *jedlo* mäkký **2.** nežný, milujúci **3.** krehký
tender n. ponuka
tendon [tendən] n. šľacha
tenement [tenəmənt] n. obytný dom, barak
tenet [ti:net] n. zásada *niečoho*
tenfold [tenfəuld] adj. desaťnásobný
tennis [tenəs] n. tenis ● *tennis-ball* tenisová loptička
tenon [tenən] v. spojiť pevne
tenor [tenə] n. *hud.* **1.** tenor **2.** tenorista
tense [tens] adj. **1.** nervózny **2.** napnutý
tense n. *gram.* čas
tension [tenšən] n. napätie
tent [tent] n. stan
tentative [tentətiv] adj. pokusný
tepid [tepəd] adj. vlažný
term [tə:m] n. **1.** obdobie, lehota **2.** pl. *terms* podmienky ● *make° terms* dohodnúť sa
terminal [tə:minəl] adj. konečný
terminal n. **1.** koniec **2.** konečná stanica
terminate [tə:mineit] v. ukončiť
termination [,tə:mə´neišən] n. ukončenie
terminology [tə:mine´lədži] n. názvoslovie
terrace [terəs] n. **1.** rad *domov* **2.** tribúna **3.** balkón, terasa
terrain [te´rein] n. terén
terrestrial [tə´restriəl] adj. pozemský
terrible [terəbəl] adj. **1.** hrozný, strašný **2.** nepríjemný
terribly [terəbli] adv. hrozne, strašne
terrific [tə´rifik] adj. hrozný
terrify [terəfai] v. vystrašiť, vyľakať
territorial [,teri´to:riəl] adj. územný
territory [terətəri] *-ie-* n. územie, kraj, oblasť
terror [terə] n. hrôza z *of*
terrorism [terərizəm] n. terorizmus
terrorize [terəraiz] v. terorizovať
terse [tə:s] adj. **1.** stručný, jadrný **2.** strohý
test [test] n. **1.** previerka **2.** skúška, test

testament [testəmənt] n. závet

testify [testəfai] -ie- v. 1. vyhlásiť 2. potvrdiť, svedčiť

testimonial [,testəməuniəl] n. osvedčenie, odporúčanie, svedectvo

testimony [testəməni] -ie- n. 1. svedectvo, výpoveď 2. dôkaz čoho *of*

test tube [test tju:b] n. skúmavka

testy [testi] -ie- adj. podráždený, nevrlý

tetter [tetə] n. ekzém

text [tekst] n. text

textbook [tekstbuk] n. učebnica

textile [tekstail] n. tkanina

textile adj. textilný

textual [tekstjuəl] adj. textový

than [ðən, ðæn] conj. 1. po 2. ako, než 3. okrem, len • *no sooner... than ...* hneď ako • *rather... than* radšej... než

thank [θæŋk] v. 1. ďakovať za *for* 2. vďačiť

thankful [θæŋkfəl] adj. 1. rád, povďačný 2. vďačný za *for*

thanks [θæŋks] n. 1. vďačnosť 2. poďakovanie

thanks interj. vďaka, ďakujem

that [ðæt] pl. *those* [ðəuz] pron. 1. ten, tento 2. tamten, onen • *that's life* taký je život

that [ðət, ðæt] conj. 1. že 2. aby, nech

thaw [θo:] v. 1. topiť (sa) 2. otepliť (sa)

thaw n. odmäk

the [ðə, pred samohláskou ði, ði:] určitý člen

the [ðə] adv. *the... the...* čím... tým... • *the sooner the better*, čím skôr, tým lepšie

theatre [θiətə] n. divadlo

theft [θeft] n. krádež

their [ðə, ðeə] determ. 1. ich 2. svoj

theirs [ðeəz] pron. *samostatne* 1. ich 2. svoj

them [ðəm, ðem] pron. nich, im, ich, nimi

thematic [θi:mætik] adj. tématický

theme [θi:m] n. téma, námet, motív

themselves [ðəm´selvz] pron. 1. seba, sa, sebe, si 2. sami, samy, osobne

then [ðen] adv. 1. vtedy 2. neskôr • *from then on* odvtedy

thence [ðens] adv. 1. odtiaľ 2. preto

theologian [θiə:ləudžiən] n. teológ

theology [θi:olədži] n. teológia

theorem [θiərəm] n. poučka

theoretical [θiə:retikəl] adj. teoretický

theorist [θiərist] n. teoretik

theory [θiəri] n. teória

therapeutic [,θerəpju:tik] adj. liečebný, terapeutický

therapy [θerəpi] -ie- n. liečba, terapia

there [ðeə] adv. tam, tamto, hentam • *there you are* nech sa ti páči

therefore [ðeəfo:] adv. 1. preto 2. teda

thermal [θə:məl] adj. 1. tepelný, teplotný 2. *prírodne* teplý

thermometer [θə:momətə] n. teplomer

these [ði:z] p. this

thesis [θi:sis] n. tvrdenie

they [ðei] pron. 1. oni, ony 2. ľudia

thick [θik] adj. 1. hrubý 2. hustý

thief [θi:f] pl. *thieves* [θi:vz] n. zlodej

thieve [θi:v] v. kradnúť

thigh [θai] n. stehno • *thigh-bone* stehenná kosť

thin [θin] -nn- adj. 1. tenký 2. chudý, štíhly

thing [θiŋ] n. 1. vec, predmet 2. záležitosť

things [θiŋz] n. 1. osobné veci 2. udalosti

think [θink] *thought, thought* v. 1. myslieť na *of* 2. premýšľať o *about* 3. domnievať sa, veriť 4. *think° out* premyslieť • *think° up* vymyslieť

third [θə:d] n. tretina

thirst [θə:st] n. smäd

thirsty [θə:sti] adj. 1. smädný 2. túžiaci, dychtivý

thirteen [,θə:´ti:n] num. trinásť

thirty [θə:ti] num. tridsať

this [ðis] pl. *these* [ði:z] pron. ten, tento, táto

this pron. to

thistle [θisəl] n. bodliak

thorax [θo:rəks] n. hrudník

thorn [θo:n] n. 1. tŕň 2. tŕnie

thorough [θarə] adj. 1. dôkladný 2. svedomitý

those [ðəuz] p. that
though [ðəu] adv. hoci, i keď
thought [θo:t] v. p. think
thought n. 1. myslenie, uvažovanie 2. zmýšľanie
thoughtless [θo:tləs] adj. 1. nepozorný 2. nepremyslený
thousand [θauzənd] num. tisíc
thrash [θrəš] v. biť, mlátiť obilie • *trash out* prediskutovať
thread [θred] n. vlákno, priadza
threat [θret] n. hrozba
threaten [θretən] v. 1. vyhrážať sa 2. hroziť 3. ohroziť
three [θri:] num. tri, traja
threshold [θresəuld] n. prah
threw [θru:] v. p. throw
thrift [θrift] n. šetrnosť
thrifty [θrifti] adj. šetrný
thrill [θril] n. napätie, vzrušenie
thrill v. rozochvieť sa
thriller [θrilə] n. thriller
thrive [θraiv] v. dariť sa
throat [θrəut] n. hrdlo
throb [θrob] n. tlkot srdca
throne [θrəun] n. trón
throng [θroŋ] v. tlačiť sa

throstle [θrosl] n. *zool.* drozd
through [θru:] prep. 1. cez, krížom 2. počas
through adv. úplne, celkom
throughout [θru:aut] prep. v, na
throve v. p. thrive
throw [θrəu] *threw, thrown* v. 1. hodiť 2. vrhnúť sa na *at/on* • *throw° in* dodať • *throw° off* zbaviť sa, odhodiť • *throw° out* vyhodiť • *throw° up* vytiahnuť
throw n. hod, vrh
throwback [θrəubək] n. návrat, krok späť
thrown [θrəun] v. p. throw
thrush [θras] n. *zool.* drozd
thrust [θrast] v. strčiť, sotiť do *into*, tlačiť sa
thrust n. útok na *to*
thug [θag] n. vrah
thumb [θam] n. palec *na ruke*
thump [θamp] v. 1. mlátiť 2. búšiť
thunder [θandə] n. 1. hrom 2. dunenie
thunder v. 1. hrmieť 2. dunieť
Thursday [θə:zdi] n. štvrtok

thus [ðas] adv. takýmto spôsobom
thwart [θwo:t] v. zmariť
thyroid [θairoid] adj. *lek.* štítny • *thyroid gland* štítna žľaza
tick [tik] v. tikať
tick n. 1. *zool.* kliešť 2. dlh
ticket [tikat] n. 1. lístok *cestovný* • *return ticket* spiatočný lístok 2. vstupenka
tickle [tikal] v. 1. štekliť 2. svrbieť
tide [taid] n. 1. príliv a odliv 2. prúd, vlna
tidy [taidi] adj. upravený, úhľadný
tidy v. *tidy up* upratať, upraviť
tie [tai] n. 1. kravata 2. šnúrka 3. puto 4. záväzok
tie v. 1. previazať 2. priviazať, pripútať
tiger [taiga] n. *zool.* tiger
tight [tait] adj. 1. tesný, utesnený 2. priliehavý
tighten [taitan] v. utesniť
tights [taits] n. pl. pančuchové nohavičky
tigress [taigris] n. *zool.* tigrica
tile [tail] n. 1. škridla 2. obkladačka
till [til] prep. až, do časovo
till conj. až, dokiaľ nie
till n. 1. zásuvka *na peniaze* 2. príručná pokladňa
tilt [tilt] v. 1. nakloniť sa 2. prevrhnúť sa
tilter [tilta] n. bojovník
timber [timba] n. 1. stavebné drevo 2. guľatina
time [taim] n. 1. čas 2. doba, lehota 3. obdobie 4. chvíľa, okamih • *at no time* nikdy • *any time* vždy • *time and again* znovu a znovu • *all the time* po celý čas • *from time to time* z času na čas • *next time* nabudúce
time-keeeper [taim,ki:pa] n. časomerač
time-lag [taimlæg] n. časový rozdiel
timeless [taimlas] adj. večný, trvalý
timetable [taim, teibl] n. 1. cestovný poriadok 2. rozvrh hodín
timid [timad] adj. 1. bojazlivý 2. plachý
tin [tin] n. 1. cín 2. konzerva
tin v. zavárať
ting [tiŋ] n. cinknutie, štrng-

ting

nutie
ting v. zvoniť
tinge [tindž] v. sfarbiť sa
tinkle [tiŋkəl] v. cengať
tinny [tini] adj. plechový
tiny [taini] *-ie-* adj. maličký, drobnučký
tip [tip] n. končiar, špička
tip *-pp-* v. 1. *tip up* prevrhnúť 2. dať sprepitné 3. tipovať
tipsy [tipsi] adj. opitý
tiptoe [tiptəu] n. špička *na nohe*
tire [taiə] v. unaviť sa
tire n. pneumatika
tired [taiəd] adj. unavený, vyčerpaný
tireless [taiələs] adj. neúnavný, vytrvalý
tiresome [taiəsəm] adj. dotieravý, otravný
tissue [tisju:] n. tkanivo
tit [tit] n. *zool.* sýkorka
titanic [tai´tænik] adj. obrovský
titbit [tit‚bit] n. pochúťka, maškrta
title [taitl] n. 1. nadpis, názov 2. hodnosť, titul
to [tə, tu, tu:] prep. 1. k, do, na miesto ● *to school* do školy ● *to the end* do

konca 2. do *čas* ● *as to* pokiaľ ide o
toad [təud] n. *zool.* ropucha
toadstool [təudstu:l] n. muchotrávka
toast [təust] n. 1. hrianka 2. prípitok komu *to*
toaster [təustə] n. opekač topiniek
tobacco [tə´bækəu] pl. *tobaccos* n. tabak
tobacconist [tə´bækənəst] n. trafikant
today [tə´dei] adv. 1. dnes 2. v súčasnosti
today n. 1. dnešok 2. súčasnosť, prítomnosť
toddle [todl] v. batoliť sa
toe [təu] n. prst *na nohe*
toffee [tofi] n. karamel
together [tə´geðə] adv. 1. spolu 2. navzájom
toil [toil] n. drina
toilet [toilət] n. 1. záchodová misa 2. záchod ● *toilet paper* toaletný papier
token [təukən] n. 1. príznak 2. dôkaz 3. znamenie
told [təuld] v. p. tell
tolerable [tolərəbl] adj. znesiteľný
tolerance [tolərəns] n. *tolerantný* postoj, znášanli-

428

vosť
tolerant [tolərənt] adj. znášanlivý
tolerate [toləreit] v. znášať
toleration [ˌtoləˈreišən] n. **1.** znášanlivosť **2.** ohľaduplnosť
toll [təul] n. **1.** poplatok, mýto **2.** zvonenie
tomato [təˈmɑːtəu] pl. *tomatoes* n. paradajka
tomb [tuːm] n. **1.** hrob **2.** hrobka
tombstone [tuːm stəun] n. náhrobný kameň
tomorrow [təˈmorəu] adv. zajtra
ton [tan] n. tona
tone [təun] n. **1.** tón **2.** odtieň
tongs [toŋz] n. pl. kliešte
tongue [taŋ] n. jazyk • *mother tongue* materinský jazyk
tonic [tonik] adj. **1.** posilňujúci, povzbudzujúci **2.** svalový
tonight [təˈnait] n. dnešný večer
tonsil [tonsəl] n. *lek.* mandľa • *tonsillitis* zápal mandlí
too [tuː] adv. **1.** priveľmi **2.** veľmi **3.** tiež, aj

took [tuk] v. p. take
tool [tuːl] n. nástroj, náradie
tooth [tuːθ] pl. *teeth* n. zub • *toothache* bolesť zubov • *set of teeth* chrup • *tooth-brush* kefka na zuby • *tooth-paste* zubná pasta
top [top] n. **1.** vrch **2.** vrchol • *on top* navrchu, hore • *from top to toe* od hlavy po päty
top adj. **1.** vrchný **2.** najvyšší
top –pp– v. prevýšiť
top hat [ˌtopˈhæt] n. cylinder
topic [topik] n. predmet rozhovoru, námet
topical [topikəl] adj. aktuálny
topmost [topməust] adj. najvyšší
top-secret [ˌtop ˈsiːkrət] adj. prísne tajný
torch [toːč] n. baterka
tore [toː] v. p. tear
torment [toːment] pl. *torments* n. bolesť, muky
torment [toːˈment] v. mučiť, trápiť
torn [toːn] v. p. tear
tornado [toːˈneidəu] n. tornádo

torrent [torənt] n. bystrina, potok
torrential [to'renšəl] adj. silný, prudký
torrid [torəd] adj. 1. horúci 2. vášnivý
torso [to:səu] n. torzo
tort [to:t] n. delikt
tortoise [to:təs] n. *zool.* korytnačka
torture [to:čə] n. mučenie
torture v. mučiť
torturous [to:čərəs] adj. mučivý
toss [tos] v. 1. vrhnúť, hodiť 2. zmietať sa 3. prehadzovať
toss n. hod, vrh
total [təutl] adj. 1. úplný, dokonalý 2. celkový
total n. 1. súčet, súhrn 2. celok
totalitarian [təu,tælə'teəriən] adj. totalitný
totality [təu'tæləti] n. 1. celok 2. súhrn 3. totalita
touch [tač] v. 1. dotknúť sa 2. ohmatať 3. dojať • *touch down* pristáť • *touch off* odpáliť • *touch up* popraviť • *be° in touch with* stýkať sa s
touch n. 1. hmat 2. dotyk

touching [tačiŋ] adj. dojemný
tough [taf] adj. 1. pevný, tuhý 2. vytrvalý 3. ťažký, zložitý
tour [tuə] n. cesta, zájazd, túra, výlet
tour v. cestovať, jazdiť
tourism [tuərizm] n. turistika
tourist [tuərəst] n. turista
tournament [tuənəmənt] n. turnaj
tow [təu] v. vliecť, ťahať
towards [təwo:dz] prep. smerom ku, do
towel [tauəl] n. 1. uterák 2. utierka
towel v. utierať sa
tower [tauə] n. veža
tower v. prevyšovať, týčiť sa
town [taun] n. mesto • *town council* mestská rada • *town hall* radnica • *in town* v meste
toxic [toksik] adj. jedovatý
toy [toi] n. hračka
trace [treis] v. 1. zistiť, objaviť 2. nakresliť 3. *trace out* vytýčiť
trace n. stopa, odtlačok
track [træk] n. 1. šľapaje,

brázda 2. cestička 3. koľaj 4. dráha
track v. sledovať stopu
track event [træki,vent] n. bežecká disciplína
tract [trækt] n. *lek*. trakt
tractability [,træktə´biliti] n. poslušnosť
tractor [træktə] n. traktor
trade [treid] n. obchodovanie • *domestic trade* domáci obchod • *retail trade* maloobchod • *trademark* obchodná značka
tradition [trə´dišən] n. tradícia
traditional [trə´dišənəl] adj. tradičný
traffic [træfik] 1. doprava 2. obchod
tragedy [trædžidi] n. tragédia
tragicomedy [´trædži- komədi] n. tragikomédia
trail [treil] v. ťahať (sa), vliecť (sa)
trail n. vlečka
train [trein] v. cestovať *vlakom*
train n. vlak • *go° by train* ísť vlakom • *slow train* osobný vlak • *fast train* rýchlik

training [treiniŋ] n. výcvik
trait [treit] n. črta
tram [træm] n. trolejbus
trammel [træməl] v. prekážať, obmedzovať
tramp [træmp] n. tulák
trample [træmpəl] v. pošliapať, podupať
transact [træn´zækt] v. obchodovať
transaction [træn´zækšən] n. obchod
transcendent [træn´sendənt] adj. mimoriadny
transcendental [,trænsen- ´dentəl] adj. nadprirodzený
transcribe [træns´kraib] v. prepísať
transcription [træns´kripšən] kópia, opis, prepis, transkripcia
transfer [træns´fə:] v. preniesť
transfer [trænsfə] n. prenos, doprava
transferable [trænsfərəbəl] adj. prenosný
transfiguration [,trænsfigju´reišən] n. premena
transform [træns´fo:m] v. pretvoriť
transformation [,trænsfə´meišən] n. pretvorenie,

transformácia
transfuse [træns´fju:z] v. *lek.* uskutočniť transfúziu krvi
transfusion [træns´fju:žən] n. *lek.* transfúzia
transgression [træns´grešən] n. priestupok
transient [trænziənt] adj. prechodný
transistor [træn´zistə] n. tranzistor
transit [trænzit] n. prechod
transitional [træn´sišənəl] adj. prechodný
translate [træns´leit] v. preložiť do *into*
translation [træns´leišən] n. preklad
translator [træns´leitə] n. prekladateľ
translocation [,trænslə-´keišən] n. premiestnenie
transmigration [,trænzmai´greišən] n. presťahovanie
transmission [trænz´mišən] n. doprava
transmit [trænz´mit] v. odoslať
transmute [,trænz´mju:t] v. premeniť
transpiration [,trænspi´reišən] n. vyparovanie
transpire [træns´paiə] v. vyparovať (sa)
transplantation [,trænspla:n´teišən] n. transplantácia
transport [træns´po:t] v. prepraviť
transport [trænspo:t] n. doprava
travel [trævəl] v. cestovať
travel n. cestovanie
traveller [trævələ] n. cestovateľ
travelling [trævəliŋ] n. cestovanie
tray [trei] n. tácka • *ashtrays* popolník
treachery [trečəri] n. podvod, zrada
tread [tred] v. *trod, trodden* šľapať
treadle [tredəl] n. pedál
treason [tri:zən] n. zrada
treasure [trežə] n. poklad • *treasury* pokladnica
treat [tri:t] v. **1.** upraviť **2.** rokovať, vyjednávať **3.** liečiť • *hospital treatment* ošetrenie v nemocnici
treaty [tri:ti] n. zmluva • *peace treaty* mierová

zmluva
treble [trebəl] adj. trojnásobný
treble n. *treble cleaf* husľový kľúč
tree [tri:] n. strom • *family tree* rodokmeň • *Christmas tree* vianočný stromček
tremble [trembəl] v. **1.** triasť sa **2.** báť sa
tremendous [tri´mendəs] adj. hrozný
tremor [tremə] n. strach
trend [trend] v. smerovať
trend n. tendencia, smer
trepidation [‚trepi´deišən] n. vibrácia
trespass [trespəs] v. prehrešiť sa, previniť sa
trestle [tresl] n. podstavec
trial [traiəl] n. **1.** pokus **2.** súdne pojednávanie • *on trial* na skúšku
triangle [traiæŋgəl] n. trojuholník
tribal [traibəl] adj. kmeňový
tribe [traib] n. kmeň, rod
tributary [tribjutəri] n. prítok
tribute [tribju:t] n. úcta
trice [trais] n. chvíľka
triceps [traiseps] n. trojhlavý sval
trick [trik] n. podvod
tricycle [traisikəl] n. trojkolka
triennial [trai´enjəl] adj. trojročný
trifle [traifəl] n. maličkosť
trig [trig] n. prekážka
trilateral [´trai´lætərəl] adj. trojstranný
trillion [triljən] n. trilión
trilogy [trilədži] n. trilógia
trim [trim] n. výstroj
trinity [triniti] n. trojica
trio [triəu] n. trio
trip [trip] v. poskakovať
tripe [traip] n. pl. *tripes* črevá
tripper [tripə] n. výletník
trite [trait] adj. opotrebovaný
triumph [traiəmf] n. triumf
trivial [triviəl] adj. všedný, bezvýznamný
triviality [‚trivi´æliti] n. všednosť, bezvýznamnosť
trod v. **p.** tread
troden v. **p.** tread
trolley [troli] n. vozík *v samoobsluhe*
troop [tru:p] n. *voj.* čata
trophy [trəufi] n. korisť
tropical [tropikəl] adj. tro-

pický
trot [trot] v. cválať
trouble [trabəl] v. obťažovať
• *take° the trouble* namáhať sa
trounce [trauns] v. vynadať
trousers [trauzəs] n. pl. nohavice
trout [traut] n. *zool.* pstruh
truck [trak] n. **1.** obchod *výmenný* **2.** nákladné auto
true [tru:] adj. pravdivý, verný, skutočný
truly [tru:li] adv. pravdivo, verne
trumpet [trampət] n. **1.** trúbka **2.** klaksón
trunk [truŋk] n. **1.** kmeň *stromu* **2.** chobot *slona* **3.** kufor • *trunk call* medzimestský hovor
trust [trast] n. **1.** dôvera **2.** záruka
trust v. **1.** dôverovať v *in, on* **2.** zveriť sa
trustee [trasti:] n. kurátor
trustful [trastfəl] adj. dôveryhodný
truth [tru:θ] n. pravda
truthful [tru:θfəl] adj. pravdivý, presný
try [trai] v. **1.** vyskúšať **2.** vyšetrovať **3.** pokúsiť sa

tube [tju:b] n. **1.** rúra **2.** hadica **3.** podzemná dráha
tuber [tju:bə] n. nádor
tuberculosis [tju,bə:kju´ləusis] n. tuberkulóza
tuck [tak] v. vyhrnúť
Tuesday [tju:zdi] n. utorok
tug [tag] v. trhať
tuition [tju´išən] n. vyučovanie
tulip [tju:lip] n. *bot.* tulipán
tumble [tambəl] n. pád, premet
tumid [tju:mid] adj. napuchnutý
tumify [tju:mifai] v. napuchnúť
tumour [tju:mə] n. nádor
tune [tju:n] n. **1.** melódia **2.** intonácia **3.** súlad
tune v. naladiť
tunnel [tanl] n. tunel
turbid [tə:bid] adj. kalný
turbine [tə:bin] n. turbína
turbulence [tə:bjuləns] n. **1.** nepokoj **2.** turbulencia
turf [tə:f] n. rašelina
Turk [tə:k] n. Turek
Turkey [tə:ki] Turecko
turkey [tə:ki] n. moriak
turmoil [tə:moil] n. zmätok
turn [tə:n] v. **1.** točiť sa **2.** *turn away* odvrátiť sa **3.**

turn back vrátiť sa **4.** *turn down* odmietnuť **5.** *turn in elektr.* zapojiť **6.** *turn off elektr.* vypnúť ● *turn the corner* zahnúť za roh ● *turn pale* zblednúť
turtle [tə:tl] n. *zool.* **1.** hrdlička **2.** morská korytnačka
tutor [tju:tə] v. vychovávať
TV n. **p.** television
tweezers [twi:zəz] n. pl. pinzeta
twelve [twelv] num. dvanásť
twenty [twenti] num. dvadsať
twice [twais] num. dvakrát
twig [twig] n. *bot.* vetvička
twilight [twailait] n. súmrak, šero
twin [twin] n. dvojička
twinge [twindž] n. bodnutie
twinkle [twiŋkl] n. záblesk
twirl [twə:l] v. točiť sa
twist [twist] n. **1.** lano **2.** vianočka
twist v. ovinúť, omotať
twit [twit] n. výčitka
twitch [twič] n. kŕč
two [tu:] num. dva ● *twofold* dvojnásobný
tympanum [timpənəm] n. ušný bubienok

type [taip] n. model, vzor, typ
type v. písať na písacom stroji
typewriter [taip´raitə] n. písací stroj
typhoid [taifoid] n. týfus *brušný*
typical [tipikəl] adj. typický, príznačný
typist [taipist] n. pisár na písacom stroji
typographer [tai´pogrəfə] n. typograf
typography [tai´pogrəfi] n. typografia
tyrannize [tirənaiz] v. týrať
tyranny [tirəni] n. diktatúra
tyrant [taiərənt] n. tyran
tyre [taiə] n. pneumatika

U

udder [adə] n. vemeno
ugly [agli] adj. **1.** škaredý **2.** odporný
ulcer [alsə] n. vred
ulcerate [alsəreit] v. hnisať
ulceration [,alsə'reišən] n. hnisanie
ulterior [al'tiəriə] adj. zadný
ultimate [altimit] adj. konečný, posledný
ultimatum [,alti'meitəm] n. pl. *ultimatums* ultimátum
ultra [altrə] adj. krajný • *ultrared* infračervený • *ultrasonic* nadzvukový
umbrella [am'brelə] n. dáždnik • *beach umbrella* slnečník
umpire [ampaiə] n. rozhodca
unable ['an'eibl] adj. neschopný
unaccustomed ['anə'kastəmd] adj. nezvyčajný
unanimous [ju:'næniməs] adj. jednohlasný
unarm ['an'a:m] v. odzbrojiť
unavailing ['anə'veiliŋ] adj. neúčinný

unbalanced ['an'bælənst] adj. nevyrovnaný
unbearing [an'beəriŋ] adj. neplodný
unbelief ['anbi'li:f] n. nedôvera
unbelievable [,anbi'li:vəbl] adj. neuveriteľný
unblemished ['an'blemišət] adj. bezúhonný
unborn [an'bo:n] adj. nenarodený
uncertain [an'sə:tn] adj. neurčitý
uncivil ['an'sivl] adj. neslušný, nezdvorilý
uncle [aŋkəl] n. strýko
unclean ['an'kli:n] adj. nečistý
uncountable ['an'kauntəbl] adj. nepočítateľný
undated ['an'deitəd] adj. nedatovaný
under [andə] prep. pod • *underage* neplnoletý • *under other conditions* za iných podmienok • *underground* podzemná dráha
undermine [,andə'main] v.

436

podkopať
undermost [andəməust] adv. najnižšie
underpass [andəpa:s] n. podjazd
underpressure [andəpreša] n. podtlak
understand [,andə'stænd] v. *understood, understood* rozumieť, chápať
understanding [,andə'stændiŋ] n. porozumenie
undertake [,andə'teik] v. *undertook, undertaken* v. podniknúť niečo, pustiť sa do niečoho
undertaker [,andə'teikə] n. podnikateľ
undertenant ['andə'tenənt] n. podnájomník
undesirable ['andi'zaiərəbl] adj. nežiadúci
undo ['andu:] v. *undid, undone* 1. anulovať 2. uvoľniť 3. zrušiť
undulate [andjuleit] v. vlniť (sa)
undulation [,andju'leišən] n. vlnenie
unemployed ['anim'ploid] adj. nezamestnaný
unemployment ['anim'ploimənt] n. nezamestnanosť

unite

unexpected ['aniks'pektid] adj. neočakávaný
unfeeling ['anfi:liŋ] adj. bezcitný
unforeseen ['anfo:'si:n] adj. nepredvídaný
unhappy ['anhæpi] adj. nešťastný
unicellular ['ju:ni'seljulə] adj. jednobunkový
unification [,ju:nifi'keišən] n. zjednotenie
unify [ju:nifai] v. zjednotiť
uniform [ju:nifo:m] n. uniforma
uniform adj. jednotný
unilateral ['ju:ni'lætərəl] adj. jednostranný
unimaginable [,ani'mædžinəbl] adj. nepredstaviteľný
unimportant ['anim'po:tənt] adj. nedôležitý
union [ju:njən] n. jednota, zväz • *trade union* odborová organizácia
unique [ju:'ni:k] n. unikát
unison [ju:nizm] n. harmónia, súlad
unit [ju:nit] n. jednotka
unite [ju'nait] v. zlúčiť (sa), spojiť (sa) • *United Kingdom* Spojené kráľov-

stvo • *United States* Spojené štáty
unity [ju:niti] n. jednotnosť
universal [ˌju:niˈvəːsl] adj. všeobecný
universe [ˈju:nivəːs] n. vesmír
university [ˌju:niˈəːsiti] n. univerzita
unjoin [anˈdžoin] v. rozpojiť
unknown [ˌanˈnəun] adj. neznámy
unless [anˈles] conj. ak nie, kým nie
unlettered [ˈanˈletəd] adj. negramotný
unlike [ˌanˈlaik] adj. odlišný
unload [anˈləud] v. vyložiť
unlock [anˈlok] v. odomknúť
unpack [ˈanˈpæk] v. rozbaliť
unpolitical [ˈanpəˈlitikl] adj. nepolitický
unprepared [ˈanpriˈpeəd] adj. nepripravený
unproductive [ˈanprəˈdaktiv] adj. neproduktívny
unqualified [anˈkwolifaid] adj. nekvalifikovaný
unruffled [ˈanˈrafld] adj. hladký

unsettle [anˈsetl] v. rozrušiť, znepokojiť
unsubstantial [ˈansəbˈstænšəl] adj. 1. nehmotný 2. nepodstatný
unsuccessful [ˈansəkˈsesfəl] adj. neúspešný
unsure [ˈanšuə] adj. neistý
untill [anˈtil] prep. až, do časovo
until conj. kým nie
untimely [anˈtaimli] adj. nevhodný
unusual [anˈju:žuəl] adj. nezvyčajný
up [ap] adv. 1. dohora 2. hore • *up and down* horedole • *speak° up* hovoriť hlasnejšie • *get° up* vstať
upbringing [ˈap,briəiə] n. výchova
upon [əˈpon] prep. na, nad, v, po, o • *once upon a time* kedysi
upper [apə] adj. vrchný, horný
upright [ˈaprait] adj. 1. vzpriamený 2. čestný
uprise [apˈraiz] v. *uprose, uprisen* povstať
uprising [ˈap,raiziŋ] n. povstanie, vzbura

upset [ap´set] adj. **1.** vztýčený **2.** zmätený
upside [apsaid] n. horná časť
upstairs [´ap´steəz] adv. hore na poschodí
upstanding [apstændiŋ] adj. čestný, poctivý
upswing [apswiŋ] n. rozmach
uptight [aptait] adj. vyľakaný, vystrašený
up-to-date [aptudeit] adj. moderný, súčasný
upturn [ap´tə:n] n. obrat k lepšiemu
upward [apwəd] adv. hore
urban [ə:bən] adj. mestský
urbanity [ə:´bæniti] n. zdvorilosť
urge [ə:dž] v. naliehať na *on*
urgent [ə:džənt] adj. naliehavý
urinate [juərineit] v. močiť
urine [juərin] n. moč
urn [ə:n] n. urna
us [as, əs] pron. nás, nám • *all of us* my všetci
usability [,ju:zə´biliti] n. použiteľnosť
usage [ju:sidž] n. zvyk
use [ju:z] v. **1.** používať **2.** *use up* spotrebovať **3.** využiť
use n. **1.** spotreba **2.** použitie
used [ju:zd] adj. starý, opotrebovaný
useful [ju:sfəl] adj. užitočný
useless [ju:slis] adj. zbytočný
user [ju:zə] n. používateľ
usual [ju:žuəl] adj. bežný, zvyčajný
utensil [ju:´tensl] **1.** nástroj, náradie **2.** nádoba
uterus [ju:tərəs] n. maternica
utility [ju:´tiliti] n. užitočnosť
utilize [ju:tilaiz] v. využiť
utter [´atə] adj. úplný, konečný, dokonalý
utterance [atərəns] n. **1.** prejav **2.** výslovnosť **3.** výkrik

V

vacancy [veikənsi] n. prázdnota
vacant [veikənt] adj. prázdny, voľný
vacation [vəˈkeišən] n. prázdniny
vaccine [væksi:n] n. vakcína
vaccinate [væksineit] v. očkovať
vaccination [ˌvæksiˈneišən] n. očkovanie
vacillate [væsileit] v. kolísať
vacillation [ˌvæsiˈleišən] n. 1. kolísanie 2. váhanie
vacuum [vækjuəm] n. vákuum • *vacuum cleaner* vysávač
vagabond [vægəbənd] adj. tulácky
vagabond n. tulák
vagina [vəˈdžainə] n. *anat.* pošva
vagrancy [veigrənsi] n. tuláctvo
vagrant [veigrənt] n. tulák
vague [veig] adj. nepresný
vain [vein] adj. márny
vale [veil] n. údolie
valence [veiləns] n. *chem.* valencia

valet [vælit] n. sluha
valiant [væljənt] adj. statočný
valid [vælid] adj. platný
validity [vəˈliditi] n. platnosť
valley [væli] n. údolie
valorize [væləraiz] v. zhodnotiť
valuable [væljuəbl] adj. cenný, hodnotný, vzácny
value [vælju:] n. cena, hodnota
value v. hodnotiť
valueless [væljulis] adj. bezcenný
valve [vælv] n. elektrónka
vampire [væmpairə] n. upír
vandal [vændəl] n. vandal
vandalism [vændəlizm] n. vandalizmus
vanilla [vəˈnilə] n. vanilka
vanquish [væŋkwiš] v. zvíťaziť
vaporize [ˈveipəˈraiz] v. vyparovať sa
vapour [veipə] n. para
variable [veəriəbl] adj. premenlivý
variance [veəriəns] n. roz-

diel, rozpor
variation [veəri'eišən] n. striedanie, variácia
varied [veərid] adj. rozmanitý
variety [və'raiəti] n. rozmanitosť
various [və'raiəs] adj. rozmanitý, pestrý
varnish [va:niš] n. lak, náter
varnish v. lakovať
vary [veəri] v. meniť (sa), striedať (sa), líšiť sa od *from*
vase [va:z] n. váza
vassal [væsəl] n. otrok
vat [væt] n. sud
vatication [,vætisi'neišən] n. veštenie
vault [vo:lt] n. **1.** klenba **2.** trezor
vault v. klenúť sa
vaunt [vo:nt] v. chváliť sa
veal [vi:l] n. mäso *teľacie*
vector [vektə] n. vektor
vegetable [vedžitəbl] pl. *vegetables* zelenina • *root vegetables* koreňová zelenina
vegetal [vedžitəl] adj. rastlinný
vegetarian [,vedži'teəriən] n. vegetarián
vegetation [,vedži'teišən] n. rastlinstvo
vehement [vi:imənt] adj. prudký
vehicle [vi:ikl] n. vozidlo
veil [veil] n. závoj
vein [vein] n. žila
velocity [vi'lositi] n. rýchlosť
velvet [velvət] n. zamat
venality [vi:'næliti] n. korupcia
venerable [venərəbl] adj. ctihodný
veneration [venə'reišən] n. úcta
venereal [vi'niəriəl] adj. pohlavný • *veneral diseases* pohlavné choroby
vengeance [vendžəns] n. pomsta
venison [venzən] n. zverina
venom [venəm] n. jed
venomous [venəməs] adj. jedovatý
venous [vi:nəs] adj. žilový
vent [vent] n. otvor, ventil
ventilate [ventileit] v. vetrať
ventilation [venti'leišən] n. vetranie
ventilator [ventileitə] n. ventilátor
veracious [və'reišəs] adj.

441

verb

vierohodný
verb [və:b] n. sloveso • *irregular verb* nepravidelné sloveso
verbal [və:bl] adj. **1.** slovný **2.** *gram.* slovesný
verbatim [və:ˊbeitim] adj. doslovný
verdict [və:dikt] n. **1.** *práv.* rozsudok **2.** rozhodnutie
verge [və:dž] n. obruba
verification [ˏverifiˊkeišən] n. overenie
verify [ˏveriˊfai] v. overiť (si)
veritable [veritəbl] adj. pravdivý
verity [veriti] n. pravda
vernal [və:nl] adj. mladý, svieži
verse [və:s] n. verš
version [və:šn] n. verzia, varianta
vertical [və:tikl] adj. zvislý
verve [və:v] n. elán, zápal
very [veri] adv. veľmi • *very well* veľmi dobre
vessel [vesəl] n. loď
vest] vest] n. vesta
vestment [vestmənt] n. rúcho
vet [vet] n. veterinár
vex [veks] n. **1.** trápiť (sa) **2.** prenasledovať
vexation [vekˊseišən] n. trápenie
via [vaiə] n. cesta
viable [vaiəbl] adj. životaschopný
vibrate [vaiˊbreit] v. kmitať, chvieť sa
vibration [vaiˊbreišən] n. kmitanie, chvenie
vice [vais] n. **1.** zlozvyk **2.** chyba, kaz **3.** prostitúcia
vicinage [visənədž] n. okolie
vicinity [viˊsənəti] n. susedstvo
victim [viktəm] n. obeť
victor [viktə] n. víťaz
victorious [vikˊto:riəs] adj. víťazný
victory [vikˊtəri] n. víťazstvo
view [vju:] n. výhľad na *of* • *in view* na zreteli • *in view of* so zreteľom na
vigilant [vidžilənt] adj. ostražitý
vigorous [vigərəs] adj. prudký, silný
vigour [vigə] n. sila
vilify [vilifai] v. ponižovať
villa [vilə] n. vila
village [vilidž] n. dedina
villain [vilən] n. lotor

vindicate [vindikeit] v. obhájiť
vine [vain] n. réva ● *vineyard* vinohrad
vinegar [vinigə] n. ocot
vinous [vainəs] adj. vínny
viola [viələ] n. *hud.* viola
violate [vaiəleit] v. **1.** porušiť *zákon* **2.** znásilniť
violation [vaiə´leišən] n. znásilnenie, zhanobenie
violence [vaiələns] n. násilie
violent [vaiələnt] adj. násilný, prudký
violet [vaiəlit] n. *bot.* fialka
violet adj. fialový
violin [,vaiə´lin] n. husle
violinist [vaiə´linist] n. huslista
viper [vaipə] n. *zool.* zmija
virgin [və:džən] n. panna
virginity [və´džənəti] n. panenstvo
virile [virail] adj. mužský
virtual [və:tjuəl] adj. skutočný
virtue [və:tju:] n. počestnosť, slušnosť
virtuous [və:tjuəs] adj. **1.** cnostný **2.** pôsobivý, kúzelný
virulent [virulənt] adj. jedovatý

virus [vaiərəs] n. nákaza, vírus
visa [vi:zə] n. vízum
visage [vizidž] n. vzhľad
visibility [,vizi´biliti] n. viditeľnosť
visible [vizəbl] adj. viditeľný
vision [vižən] n. prízrak
visit [vizit] v. navštíviť
visit n. návšteva
visitor [vizitə] n. návštevník, hosť ● *visiting-card* navštívenka
visual [vizjuəl] adj. zrakový
visualization [vizjuəl,ai´zeišən] n. predstava
visualize [vizjuəlaiz] v. predstaviť si
vital [vaitəl] adj. životný
vitality [vai´tæliti] n. vitalita
vitamin [vitəmin] n. vitamín
vituperation [vi,tju:pə´reišən] n. potupa
vivacious [vi´veišəs] adj. veselý, živý
vivid [vivid] adj. ostrý
vocabulary [və´kæbjuləri] n. slovník
vocal [´vəukəl] adj. hlasový ● *vocal chords* hlasivky
vocation [vəu´keišən] n. povolanie
voice [vois] n. hlas

443

void [void] adj. prázdny, neplatný
volcanic [vol´kænik] adj. sopečný
volcano [vol´keinəu] n. sopka
volleyball [voli´bo.l] n. *šport.* volejbal
volt [vəult] n. *elektr.* volt
voltage [vəultidž] n. napätie
volubility [,volju´biliti] n. pohotovosť
voluble [,volju´bəl] adj. pohotový
volume [voljum] n. 1. objem, rozsah 2. zväzok
voluminosity [və,lu:mi´nositi] n. objemnosť
voluminous [və´lju:minəs] adj. objemný
voluntary [voləntəri] adj. dobrovoľný
volunteer [,volən´tiə] n. dobrovoľník
vomit [vomit] v. vracať
voracity [vo´ræsiti] n. nenásytnosť
vote [vəut] n. hlasovanie
vote v. voliť, hlasovať
voter [vəutə] n. volič
vouch [vauč] v. zaručiť sa
vowel [vauəl] n. samohláska
voyage [voidž] n. plavba

vulgar [valgə] adj. hrubý, vulgárny
vulgarism [valgərizm] n. vulgárny výraz
vulnerable [valnərəbl] adj. zraniteľný

W

wad [wod] n. 1. kôpka 2. chumáč 3. tampón
wade [weid] v. brodiť sa, predierať sa
wafer [weifə] n. 1. oblátka 2. pečať 3. membrána
wag [wæg] -gg- v. 1. kývať sa 2. vrtieť sa 3. batoliť sa
wage [weidž] n. mzda, plat
wage v. viesť vojnu
waggle [wægl] v. kývať sa, vrtieť sa
wagon [wægən] n. 1. povoz 2. vagón
wail [weil] v. trúchliť
waist [weist] n. pás, driek • *waist-belt* opasok
wait [weit] v. 1. čakať na *for* • *waiting-room* čakáreň 2. striehnuť na
waiter [weitə] n. čašník
waitress [weitrəs] n. čašníčka
waive [weiv] v. zriecť sa
wake [weik] *woke, woken* v. *wake° up* zobudiť sa, prebrať sa
walk [wo:k] v. 1. kráčať, ísť peši 2. prechádzať sa • *go° for a walk* ísť na prechádzku 3. túlať sa 4. *walk in* vôjsť 5. *walk off* odísť 6. *walk up* vystúpiť
walker [wo:kə] n. chodec
wall [wo:l] n. 1. stena 2. hradba 3. múr
wallet [wolit] n. náprsná taška
wallow [woləu] v. váľať sa
wallpaper [′wo:l,peipə] n. tapeta
walnut [wo:lnət] n. vlašský orech
walrus [wo:lrəs] n. *zool.* mrož
waltz [wo:ls] n. valčík
wander [wondə] v. 1. túlať sa, putovať 2. pobehovať
wane [wein] v. 1. vädnúť 2. ubúdať, zmenšovať sa
want [wont] v. chcieť, želať si
want n. potreba, nedostatok
wanton [wontən] adj. bezohľadný, ľahkomyseľný
war [wo:] n. vojna • *declare war on* vyhlásiť vojnu
ward [wo:d] n. 1. väzba 2. ochrana 3. mestská štvrť

wardrobe [wo:drəub] n. 1. skriňa 2. šatník
ware [weə] n. tovar
warehouse [weəhaus] n. veľkosklad
warm [wo:m] adj. 1. teplý 2. srdečný
warm v. *warm up* zahriať sa
warmer [wo:mə] n. ohrievač
warn [wo:n] v. 1. vystríhať, varovať pred *against* 2. upozorniť
warning [wo:niŋ] n. 1. varovanie, výstraha 2. poplach
warrant [worənt] n. 1. záruka 2. príkaz 3. zatykač
warrant v. 1. oprávniť, splnomocniť 2. ručiť za 3. potvrdiť 4. ospravedlniť
warrantee [,worən´ti:] n. 1. splnomocnenec 2. záručný list
warranter [worəntə] n. ručiteľ
wart [wo:t] n. bradavica
wary [weəri] adj. 1. opatrný, ostražitý 2. šetrný
wash [woš] v. 1. umývať sa 2. prať • *washing-machine* práčka 3. *wash up* umývať riad

washbasin [woš,beisən] n. umývadlo
wasp [wosp] n. *zool.* osa
waste [weist] v. 1. plytvať, mrhať 2. chradnúť
watch [woč] n. 1. hodinky 2. sledovanie 3. strážca, dozorca
watch v. 1. sledovať 2. pozorovať
water [wo:tə] n. voda • *mineral water* minerálka
watercolour [wo:tə,kalə] n. 1. vodová farba 2. akvarel
waterfall [wo:təfo:l] n. vodopád
waterproof [wo:təpru:f] adj. nepremokavý, vodotesný
waterworks [wo:təwə:ks] n. vodáreň
wave [weiv] n. vlna *morská*
wave v. 1. mávať 2. viať 3. vlniť sa
wavy [weivi] adj. zvlnený
wax [wæks] n. vosk
wax v. pribúdať, rásť, zväčšovať sa
waxy [wæksi] adj. voskový
way [wei] n. 1. cesta, trať 2. smer 3. spôsob, metóda • *by the way* mimochodom • *milky way* mliečna dráha • *this way* takto •

way in vchod • *way out* východ

we [wi:] pron. my

weak [wi:k] adj. 1. slabý 2. bezradný

weaken [wi:kən] v. oslabiť

wealth [welθ] n. bohatstvo, majetok

wealthy [welθi] adj. bohatý, zámožný

weapon [wepən] n. zbraň

wear [weə] *wore, worn* v. nosiť, mať oblečené/obuté

weariness [wiərinəs] n. únava

weary [wiəri] adj. unavený, vyčerpaný, uťahaný

weasel [wi:zəl] n. *zool.* lasica

weather [weðə] n. počasie • *weather station* meteorologická stanica • *weather-forecast* predpoveď počasia

weave [wi:v] *wove, woven* v. tkať

weaver [wi:və] n. tkáč

web [web] n. 1. pavučina 2. sieť

wed [wed] n. oženiť sa, vydať sa

wedding [wediŋ] n. svadba, sobáš

wedge [wedž] n. klin

Wednesday [wenzdi] n. streda

weed [wi:d] n. burina

week [wi:k] n. týždeň

weekend [wi:kˊend] n. víkend

weekly [wi:kli] adj. týždenný

weep [wi.p] *wept, wept* v. 1. plakať, roniť slzy 2. vlhnúť

weft [weft] n. útek

weigh [wei] v. odvážiť, vážiť

weight [weit] n. 1. hmotnosť, váha 2. závažie

weird [wiəd] adj. 1. nadprirodzený, záhadný 2. osudový

welcome [welkəm] v. vítať, uvítať

welcome n. privítanie, prijatie

welcome interj. vitaj

welder [weldə] n. zvárač

welfare [welfeə] n. 1. blaho, prosperita 2. sociálna starostlivosť

well [wel] *better, best* adv. dobre • *as well as* práve tak ako • *well done!* výborne!

well

well n. 1. studňa 2. ropný vrt 3. prameň
wellbeing [wel´bi:iə] n. pohoda
well-chosen [,wel´čəuzən] adj. 1. vyberaný 2. výstižný
well-know [,wel´nəun] adj. známy
went [went] v. **p.** go
wept [wept] v. **p.** weep
were [wə:] v. **p.** be
west [west] n. západ
west adj. západný
wet [wet] -tt- adj. 1. mokrý 2. daždivý
wet wet, wetted v. 1. get° wet zmoknúť 2. namočiť, navlhčiť
whale [weil] n. zool. veľryba
wharf [wo:f] n. mólo
what [wot] pron. aký, čo
whatever [wot´evə] pron. 1. každý, akýkoľvek 2. čokoľvek
wheat [wi:t] n. pšenica
wheel [wi.l] n. 1. koleso • gear wheel ozubené koleso 2. volant, kormidlo
when [wen] adv. kedy
when conj. keď
whenever [wen´evə] adv. inokedy, hocikedy
where [weə] adv. kde, kam
whereas [weər´æz] conj. ale, kým
wherever [weər´evə] adv. kdekoľvek
whether [weðə] conj. či
which [wič] pron. kto, ktorý, čo v otázke • which of you? kto z vás?
whichever [wič´evə] pron. ktorýkoľvek
while [wail] n. chvíľka, okamih • for a while na chvíľku
while conj. 1. zatiaľ čo 2. pokým
whim [wim] n. rozmar
whimper [wimpə] v. kvičať
whimsical [wimzikəl] adj. náladový
whine [wain] v. zavýjať, kňučať
whip [wip] -pp- v. bičovať
whip n. bič
whipping [wipiŋ] n. bičovanie
whirl [wə:l] v. krútiť sa, točiť sa, vírit' • whirlpool vodný vír
whisk [wisk] n. metla
whisper [wispə] v. šepkať si
whisper n. šepot

wind

whistle [wisəl] v. pískať, hvízdať
whistle n. píšťalka
whit [wit] n. bodka
white [wait] adj. biely, bledý
whizz [wiz] v. hvízdať
who [hu:] pron. 1. kto 2. ktorý
whoever [hu:'evə] pron. 1. každý 2. ktokoľvek
whole [həul] adj. celý, všetok
whole n. súhrn, súčet
wholesale ['həulseil] n. veľkoobchod
wholesaler [həul'seilə] n. veľkoobchodník
wholesome [həulsəm] adj. 1. zdravý 2. vhodný
whom [hu.m] pron. p. who
whoop [hu:p] v. kričať, výskať
whore [ho:] n. kurva
whose [hu:z] pron. čí p. who
why [wai] adv. načo, prečo
wicked [wikəd] adj. 1. hriešny 2. zlý 3. nehanebný
wicker [wikə] adj. prútený • *wicker chair* prútená stolička
wide [waid] adj. 1. obšírny 2. široký • *far and wide* ďaleko široko

widely [waidli] adv. široko-ďaleko
widen [waidən] v. šíriť sa • *wide-spread* rozšírený
widow [widəu] n. vdova
widower [widəuvə] n. vdovec
width [widθ] n. šírka
wield [wi:ld] v. mať moc
wife [waif] n. manželka, žena
wig [wig] n. parochňa
wild [waild] adj. 1. divoký, divý 2. nespútaný
wilful [wilfəl] adj. úmyselný
will [wil] n. vôľa, ochota • *good will* dobrá vôľa
will v. chcieť, želať si
will [wil, wəl, wl, l] *would* pomocné sloveso
willing [wiliŋ] adj. ochotný, dobrovoľný
willow [wiləu] n. vŕba
wilt [wilt] v. vädnúť
win [win] *won, won* v. 1. vyhrať, zvíťaziť 2. získať • *win° a prize* získať cenu
win n. 1. výhra 2. víťazstvo
wind [wind] n. 1. vietor 2. dych
wind [waind] *wound, wound* v. 1. krútiť 2. vinúť sa 3. *wind off* roztočiť

449

wind-instrument [´wind,-instrumənt] n. dychový nástroj

wind-mill [winmil] n. veterný mlyn

window [windəu] n. okno

windy [windy] adj. veterný

wine [wain] n. víno

wing [wiŋ] n. 1. krídlo 2. blatník

wink [wiŋk] v. 1. mrkať 2. blikať

winner [winə] n. víťaz

winter [wintə] n. zima • *in winter* v zime

winter adj. zimný • *winter season* zimné obdobie

wintry [wintri] adj. zimný, mrazivý

winy [waini] adj. vínový

wipe [waip] v. utrieť si, zotrieť si

wire [waiə] n. 1. drôt 2. telegram *Am.* • *by wire* telegraficky • *wireset* rozhlasový prijímač

wisdom [wizdəm] n. múdrosť

wise [waiz] adj. múdry

wish [wiš] v. želať si

wish n. želanie, túžba

wisp [wisp] n. 1. prameň vlasov 2. snop

wit [wit] n. vtip

witch [wič] n. čarodejnica

with [wið] predl. s, pri, u, na

withdraw [wið´dro:] *withdrew, withdrawn* v. vziať späť, odvolať, odstrániť

withdrawn v. p. withdraw

withdrew v. p. withdraw

wither [wiðə] v. vädnúť, schnúť

within [wi´ðin] prep. 1. o, do, cez 2. v rozsahu, v rámci • *within reach* na dosah

without [wi´ðaut] prep. bez, mimo

withstand [wið´stænd] *withstood, withstood* v. odolať, odraziť, čeliť

withstood v. p. withstand

witless [witləs] adj. hlúpy

witness [witnəs] n. 1. svedectvo 2. svedok • *eye witness* očitý svedok

wittiness [witənəs] n. vtipnosť

witty [witi] adj. vtipný, zábavný

wizard [wizəd] n. čarodejník

wobble [wobl] v. 1. kolísať sa 2. chvieť sa

woke v. p. wake

woken v. **p.** wake
wolf [wulf] n. *zool.* vlk
woman [wumən] n. pl. *women* žena
womb [wu:m] n. lono
won v. **p.** win
wonder [wandə] n. úžas, údiv • *no wonder* niet divu
wonderful [wandəfl] adj. znamenitý, skvelý, úžasný
woo [wu:] v. dvoriť sa
wood [wud] n. **1.** drevo **2.** *the woods* les • *woodcoal* drevené uhlie
woodcraft [wudkra:ft] n. lesníctvo
woodcutter [wud,katə] n. drevorubač
wooden [wudn] adj. drevený
woodpecker [wud,pekə] n. *zool.* ďateľ
wool [wul] n. vlna
woolen [wulən] adj. vlnený
word [wə:d] n. slovo, heslo • *word of honour* čestné slovo • *keep° word* dostať slovo
wore v. **p.** wear
work [wə:k] n. práca, zamestnanie • *in work* v práci • *go° to work* ísť do práce • *out of work* bez práce • *workday* pracovný deň
working [wə:kiŋ] n. práca, činnosť
workman [wə:kmən] n. robotník
workshop [wə:kšop] n. dielňa
world [wə:ld] n. svet, vesmír • *all over the world* na celom svete • *world power* svetová veľmoc • *worlwide* celosvetový
worm [wə:m] n. červík
worn v. **p.** wear
worry [wari] v. **1.** obťažovať **2.** robiť si starosti, znepokojovať sa
worry n. **1.** nepokoj **2.** starosť **3.** trápenie
worse [wə:s] adj. **p.** bad horší
worship [wə:šip] n. uctievanie, bohoslužba
worst [wə:st] adj. **p.** bad najhorší • *at worst* v najhoršom prípade
worth [wə:θ] n. cena, hodnota
worthiness [wə:ðinis] n. dôstojnosť
worthy [wə:ði] adj. ctihodný, dôstojný

451

would [wud] v. **p.** will
wound [wu:nd] n. rana, zranenie
wound v. **p.** wind
wound v. zraniť
wounded [wu:ndəd] adj. zranený
wove [wəuv] v. **p.** weave
wraith [reiθ] n. dvojník
wrangle [ræŋgl] v. hádať sa
wrangle n. hádka
wrap [ræp] *-pp-* v. zabaliť do *in* • *wrapping paper* baliaci papier
wrath [ro:θ] n. hnev
wreath [ri:θ] n. veniec
wreck [rek] n. vrak, troska
wrench [renč] v. vyvrtnúť si
wrest [rest] v. vytrhnúť, vypáčiť
wrestle [resl] v. bojovať, zápasiť
wrestle n. boj, zápas
wretch [reč] n. chudák
wring [riŋ] *wrung, wrung* v. **1.** vykrútiť **2.** stisnúť
wrinkle [riŋkəl] n. **1.** vráska, záhyb **2.** pokyn
wrist [rist] n. zápästie
write [rait] *wrote, written* v. **1.** písať **2.** *write° back* odpísať
writer [raitə] n. spisovateľ

written v. **p.** write
wrong [roŋ] adj. **1.** nesprávny • *the wrong side* nesprávna strana **2.** zlý
wrong adv. **1.** nesprávne **2.** zle
wrote v. **p.** write
wrung v. **p.** wring

X

xenophobia [ˌzenəˈfəubjə] n. xenofóbia

xerox [ziəroks] n. xerox

xerox v. xeroxovať

Xmas [krisməs] n. *Christmas* Vianoce

X-ray [eksrei] v. röntgenovať

xylophone [zailəfəun] n. xylofón

Y

yacht [jot] n. jachta
yachting [jotiŋ] n. plachtenie
yard [ja:d] n. 1. yard 0,91 m 2. dvor
yarn [ja:n] n. priadza, vlákno *Am.*
yawn [jo:n] v. zívať
year [jə:] n. rok ● *all the year round* po celý rok ● *year* minulý rok ● *once a year* raz za rok ● *this year* tento rok
yearn [jə:n] v. túžiť po *for*
yeast [ji:st] n. droždie
yell [jel] v. jačať, kričať
yellow [jeləu] adj. žltý
yelp [jelp] v. štekať
yes [jes] áno
yesterday [jestədi] adv. včera ● *the day before yesterday* predvčerom
yet [jet] adv. ešte ● *not yet* ešte nie
yet conj. ale predsa len
yield [ji:ld] v. poskytovať, prinášať
yoga [jəugə] n. jóga
yogurt [jogə:t] n. jogurt
yoke [jəuk] n. jarmo

yolk [jəuk] n. žĺtok
you [ju:, ju] pron. ty, vy
young [jaŋ] adj. mladý
your [jo:, joə, juə, jə] determ. 1. tvoj, váš 2. svoj
yours [jo:z] pron. tvoj, váš samostatne
yourself [jo:ˈself] pron. pl. *yourselves* 1. seba, sa, sebe, si 2. osobne, sám, sami
youth [ju:θ] n. 1. mladosť, dospievanie 2. *the youths* mládež
youthful [ju:θfəl] adj. mladistvý

Z

zeal [ziːl] n. úsilie
zealous [zeləs] adj. horlivý, nadšený, zanietený pre *for*
zebra [ziːbrə] n. zebra • *zebra crossing* prechod pre chodcov
zero [ziərəu] n. nula
zest [zest] n. **1.** čaro, pôvab **2.** radosť z *for*
zinc [ziŋk] n. zinok
zip [zip] n. zips
zodiac [zəudiæk] n. zverokruh
zonal [zəunl] adj. pásmový
zone [zəun] n. pásmo, oblasť
zoo [zuː] n. ZOO
zoological [zəuə'lodžikl] adj. zoologický
zoology [zəuə'lodži] n. zoológia

SLOVENSKO - ANGLICKÝ SLOVNÍK

A

a and ● *similarly* a podobne ● *and so on* a tak ďalej ● *and others* a iní
abatyša abbess
abbé father
abdikácia abdication
abdikovať abdicate
abeceda 1. alphabet 2. ABC
abecedne 1. alphabetically 2. in alphabetical order
abecedný alphabetical ● *alphabetical order* 1. abecedné poradie 2. abecedný katalóg ● *alphabetical classification* abecedné triedenie ● *alphanumeric code* abecedno-číslicový kód ● *alphabetical index* abecedný register ● *alphabetical character* abecedný znak
abiturient school-leaver
abiturientsky farewell ● *farewell party* abiturientský večierok
abnormalita abnormality
abnormálne abnormally
abnormálny abnormal
abonent subscriber
abonentský subscription

abrázia abrasion
abreviácia abbreviation
absces abscess
absencia absence
absentér 1. absentee 2. truant
absolutista absolutist
absolutistický authoritarian, autocratic
absolutizmus absolutism, autocracy
absolútny absolute, perfect ● *utter end* absolútny koniec
absolvent graduate, school-leaver
absolventský school leaving
absolvovať graduate *univerzitu*, finish, go° down
absorbovať absorb
absorpcia absorption
absorpčný absorbent
abstinencia total abstinence
abstinent abstainer
abstinovať abstain
abstrahovať abstrakt from
abstrakcia abstraction
abstrakt abstract, summary
abstraktno the abstract

abstraktný

abstraktný abstract • *abstract concept* abstraktný pojem
absurdita absurdity
absurdný absurd, preposterous, unearthly
aby that, in order that, so that
acetát acetate
acetón acetone
acidita acidity
acylpyrín aspirin
adaptabilný adaptable
adaptácia 1. adaptation 2. adaptability
adaptér adapter *prístroj*
adaptovať adapt, alter
adaptovať sa adapt to, socialize
adekvátne adequately
adekvátny adequate
adept novice *začiatočník*, beginner
adhézia adhesion
adjektívny adjectival
adjektívum adjective
adjustácia adjustment
adjustovať adjust
administratíva administration, authorities *úrady*, management
administratívny administrative • *office-block* administratívna budova

admirál 1. admiral 2. red admiral *motýľ*
adopcia adoption
adoptívny adoptive • *foster-parents* adoptívni rodičia
adoptovať adopt, foster
adrenalín adrenalin
adresa 1. address 2. place of residence *bydlisko* 3. place of business *podniku*
adresár address book, directory
adresát addressee, recipient *príjemca*
adresný address, personalized
adresovať 1. addressed to 2. direct 3. personalize *osobne*
adsorpcia adsorption
advent cirk. Advent
adventista Adventist
adventný Advent
advokát advocate, solicitor, barrister *súdny*, counsel *Am.* • *barrister's office* advokátska kancelária • *retain a barrister* mať advokáta • *take a lawyer* vziať si advokáta
advokátsky legal • *a legal practice* advokátska

458

kancelária
aerobik *pl.* aerobics
aerodynamický *pl.* aerodynamic
aerodynamika aerodynamics
aerolínia airline, airway *Am.*
aeroplán aeroplane
aerotaxi air taxi
afázia aphasia
afekt affect, stage
afektovanosť affectedness, staginess
afektovaný affected, stagy
afektovať affect, pose
aféra scandal, sensation
aforista aphorist
aforistický aphoristic
aforizmus aphorism
africký African
Afričan African
Afrika Africa
agát acacia
agáva agave
agenda agenda
agent agent, traveller *cestujúci* ● *insurance broker* poisťovací agent ● *estate agent* realitný agent ● *emissary* tajný agent
agentúra agency, bureau ● *advertising agency* reklamná agentúra

agilný agile, enterprising
agitácia agitation, campaign, propaganda
agitátor agitator, propagandist
agitovať agitate *prejavom*, canvass *osobne*, electioneer *pred voľbami*, make° propaganda
aglomerácia agglomeration
aglutinovať agglutinate
agnostik agnostic
agónia agony
agrárnik agrarian
agrárny agrarian
agregát aggregate
agresia aggression
agresivita aggressivity
agresívnosť aggressiveness
agresívny aggresive, belligerent
agresor aggressor
agronóm agronomist
agronómia agronomy, agricultural science
agrotechnika agricultural machinery
ahoj hallo, hello, hi *Am.*
ach oh, ah
achát agate
achátový agate
aj *spoj.* **1.** and, also **2.** too *na konci vety* ● *lest* aj keby

459

ak if, in case
akadémia academy, college ● *Academy of Sciences* Akadémia vied ● *business college* obchodná akadémia
akademický academic(al), university *vysokoškolský* ● *degree* akademická hodnosť ● *campus* akademická pôda ● *session* akademický rok
akademik 1. member of an academy 2. academician
akcelerácia acceleration
akcent accent
akceptácia acceptance
akceptovať accept
akcia 1. action, activity 2. obch. share 3. voj. mission 4. charity campaign *dobročinná*
akcionár shareholder, stockholder
akciový share, stock ● *joint stock company* akciová spoločnosť
akiste probably, surely
aklamácia acclamation
aklimatizácia acclimatization
aklimatizovať acclimatize
aklimatizovať sa acclimatize

ako how, what *v otázke* ● *how are you?* ako sa máš?
ako as, like, than *pri porovnaní* ● *better than* lepší ako ● *tall as his brother* vysoký ako jeho brat ● *taller than his brother* vyšší ako jeho brat
akoby as if
akokoľvek however
akomodácia accommodation
akord hud. chord
akordeón accordion
akosi in a certain manner, somewhat, somehow
akosť quality, class
akostný of good quality
akože what, surely
akreditív letter of credit
akreditovaný accredited
akreditovať accredit
akrobacia *pl.* acrobatics
akrobat acrobat
akrobatický acrobatic
akronym acronym
akropola acropolis
akt 1. act *čin* 2. práv. action
aktér actor
aktív members' meeting
aktíva *pl.* assets ● *current*

assets bežné aktíva
aktivista activist
aktivita activity
aktívny active
aktívum 1. účt. asset **2.** gram. active
aktovka 1. briefcase **2.** kníž. portfolio
aktualita actuality, topical article
aktualizácia actualization
aktualizovať actualize, modernize
aktuálny actual, current, topical, present-day
akty *pl.* acts, documents
akumulácia accumulation
akumulačný accumulative
akumulátor 1. accumulator **2.** battery *automobilový*
akumulovať accumulate, make° profit *zisky*
akupunktúra acupuncture
akurát just, exactly • *just now* akurát teraz
akustický acoustic
akustika *pl.* acoustics
akútny acute
akuzatív accusative
akvamarín aquamarine
akvarel watercolour
akvárium aquarium
akvizícia acquisition

aký 1. what *opyt.* • *what's his name?* ako sa volá? **2.** what *zvolanie*, how • *what a pretty girl!* aké pekné dievča !
akýkoľvek any, whatever, whichever
akýsi a certain, some, a kind of
alarm alarm
alarmovať alarm, call out
albín albino
album album
ale but, still, yet
alebo or • *either ... or* alebo ... alebo
alegória allegory
aleja alley, avenue
alergia allergy
alergický allergic
alergiológ allergist
alfa alpha
algebra algebra
algoritmus algorithm • *algorithmic language* algoritmický jazyk
alchýmia alchemy
alchymista alchemist
alchymistický alchemistical
aliancia alliance, union
alias alias
alibi *pl.* alibi
alibista buck-passer

alibistický

---

alibistický buck-passing
alibizmus buck-passing
aligátor alligator
alikvotný aliquot
alimenty *pl.* aliment, alimony
alkalický alkaline
alkohol alcohol, *pl.* spirits
alkoholický alcoholic, spirituous
alkoholik hard drinker, drunkard
alkoholizmus alcoholism, drinking
almanach almanac *ročenka*
almara armoire *starožitná*, cupboard
almužna *pl.* alms, charity, pittance
aloa aloe
alobal kitchen foil
alpaka alpaca
alpský Alpine
Alpy the Alps
alt alto, contralto *ženský*
alternatíva alternative
alternatívny alternative
altový alto
altruista altruist
altruizmus altruism
alumínium aluminium
amalgám amalgam
amatér amateur, dilettante

amaterizmus amateurism
amatérsky amateurish, unprofessional
amatérstvo *p.* amaterizmus
ambasáda embassy
ambícia ambition
ambiciózny ambitious
ambrózia ambrosia *pokrm*
ambulancia 1. ambulance *auto* 2. consulting room *lekára*
amen amen
americký American
Američan American
Amerika America
amerikanizácia Americanization
amerikanizmus Americanism
ametyst amethyst
amfiteáter amphithetre
amfora amphora
amnestia amnesty, act of grace
amoniak ammonia
amorálny amoral
amorfný amorphous
amortizácia amortization
amortizovať amortize
ampér ampere
ampérmeter ammeter
amplión loudspeaker
ampula ampoule

462

anjel

amputácia amputation
amputovať amputate
amulet amulet
anafora anaphora
anachronizmus anachronism
anakonda anaconda
analfabet illiterate
analfabetizmus illiteracy
análny anal • *anus* análny otvor
analógia analogy
analogický analogical
analógový analogue
analytický analytic(al)
analytik analyst
analýza analysis
analyzovať analyze, interpret, dissect
anamnéza past history
ananás pineapple
anarchia anarchy
anarchista anarchist
anarchistický anarchic
anarchizmus anarchism
anatómia anatomy
anatomický anatomic(al)
ančovička anchovy
anekdota anecdote, joke
anémia anaemia
anemický anaemic
anestetikum anaesthetic
anestézia anaesthesia

anestéziológ anaesthetist
anexia annexation
angažovaný engaged
angažovať engage
angína angina
Anglicko England
anglický English
Angličan Englishman
Angličania the English *národ*
Angličanka Englishwoman
angličtina English *language*
anglikán Anglican
anglikanizmus Anglicizm
anglikánsky Anglican • *the Church of England* anglikánska cirkev
angloamerický Anglo-American
anglofil Anglophile
anglofób Anglophobe
ani 1. not even 2. ...*neither ... nor...* ...ani ... ani...
animácia animation
animátor animator, cartoon-film maker
animovaný animated • *animated cartoon* animovaný film
animovať animate
aníz anise
anjel 1. náb. angel 2. guardian *strážny*

anketa

anketa inquiry, poll • *questionnaire* anketový dotazník
áno 1. yes **2.** right *správne*
anóda anode
anomália anomaly
anomálny anomalous
anonym anonym
anonymita anonymity
anonymný anonymous, nameless
anorganický inorganic • *inorganic chemistry* anorganická chémia
anotácia annotation
anotovanie annotating
anotovať annotate
antagonistický antagonistic
antagonizmus antagonism
antarktický Antarctic
Antarktída the Antarctic
anténa aerial, antenna
anténový aerial
antibiotikum *pl.* antibiotics
anticipovať anticipate
antický ancient
antifašista anti-fascist
antifašistický anti-fascist
antifašizmus anti-fascism
antigén antigen
antika antiquity *starožitnosť*
antikoncepcia contraception
antikoncepčný contraceptive • *contraceptive pills* antikoncepčné tabletky
antikorózny anticorrosive
antikvariát secondhand bookshop
antilopa antelope
antimón antimony
antipatia antipathy, aversion *odpor*
antipatický antipathic
antisemista anti-Semite
antisemitizmus anti-Semitism
antiseptický antiseptic
antológia anthology
antropológ anthropologist
antropológia anthropology
antropologický anthropological
antuka entoutcas
anuita annuity
anulovanie annihilation, nullification
anulovať annihilate, annul, cancel, abrogate *zákon*
aorta aorta
aparát apparatus *riadiaci*, set
aparatúra apparatus
apartmán apartment
apatia apathy, impassiveness

apatický apathetic, impassive
apel appeal
apelácia appellation
apelovať na appeal to, exhort
aperitív aperitif
apetít appetite
aplauz applause
aplikácia application, appliqué *ozdoba*
aplikačný applicable
aplikátor applicator
aplikovať na 1. apply to **2.** appliqué *výtvarne*
apokalypsa apocalypse
apokalyptický apocalyptic
apokryf apocrypha
apolitický apolitical
apostrof apostrophe
apostrofa apostrophe
apoštol apostle
apoštolský apostolic
apríl April • *All Fools´Day* **1.** apríl • *April showers* aprílové počasie
a priori a priori
apriórny a priori
aprobácia 1. approval **2.** qualification *učiteľská*
aprobačný of approval
ár are
Arab Arab
arabčina Arabic
Arábia Arabia
arabský Arabian • *Arabic figure* arabská číslica • *Arabic type* arabské písmo
aranžér decorator, window dresser *výkladov*
aranžérstvo window-dressing
aranžmán arrangement
aranžovať 1. dress (a shop-window) *výklad* **2.** arrange *usporiadať*
arašid peanut
arbiter arbitrator
arbitráž arbitration
arbitrážny arbitrary
arcibiskup archbishop
arcibiskupstvo archbishopric
arcidiecéza archdiocese
arciknieža archduke
areál area, estate
aréna arena, bull-ring *býčia*
argón argon
argument argument for *za*, against *proti*
argumentácia argumentation
argumentovať reason, argue
archa ark • *the Ark* archa Noemova

archaický archaic *zastaraný*
archaizmus archaism
archanjel archangel
archeológ archaeologist
archeológia archaeology
archeologický archaeological
architekt architect
architektúra architecture
archív *pl.* archives, record office *úrad*
archivár archivist
archívny archive
ária aria, tune
aristokracia aristocracy, the nobility
aristokrat aristocrat
aristokratický patrician
aritmetický arithmetic(al)
aritmetika arithmetic
arizácia aryanization
arktický Arctic
Arktída the Arctic
armáda army, the forces, troops, the military *všeobecne* • *the Salvation Army* Armáda spásy
armádny of army
Armén Armenian
arogancia arrogance
arogantný arrogant
aróma aroma
aromatický aromatic, odorous
artéria artery
artérioskleróza arteriosclerosis
artičoka artichoke
artikulácia articulation
artikulovať articulate
arzén arsenic
arzenál arsenal, armoury
asanácia sanitation, decontamination
asanačný sanitary
asanovať sanitize
asfalt asphalt
asfaltovať asphalt
asi 1. perhaps, maybe *azda* 2. about *okolo* 3. circa
asimilácia assimilation
asimilovať assimilate
asistencia assistence
asistent assistant, lecturer *vysokoškolský*
asistovať assist in *pri*, to *komu*, be° present *prítomný*
askéta ascetic
asketický ascetic
asketizmus asceticism
asociácia association
asociál lout
asociálny unsocial
asociovať associate
aspekt aspect
aspik aspic

aspoň at least, anyway
asteroid asteroid
astma asthma
astmatický asthmatic
astmatik asthmatic
astrológ astrologer
astrológia astrology
astrologický astrological
astronóm astronomer
astronómia astronomy
astronomický astronomic(al) ● *astronomical calendar* astronomický kalendár
asymetria asymmetry
asymetrický asymmetrical
ašpirant aspirant *uchádzač*, postgraduate *vedecký*
ašpirantský postgraduate
ašpirovať na aspire to
atašé attaché
atavizmus atavism
atď. skr. etc., etcetera *plný tvar*
ateista atheist
ateistický atheistic
ateizmus atheism
ateliér atelier, studio
atentát plot, attempt, assassination
atest attestation, certificate
atestácia postgraduate diploma *lekárska*

atlas atlas ● *atlas of the world* atlas sveta
atlét athlete
atletický athletic ● *athletic stadium* atletický štadión
atletika *pl.* athletics
atmosféra atmosphere
atmosférický atmospheric
atóm atom
atómový atomic ● *atomic bomb* atómová bomba ● *nuclear power station* atómová elektráreň ● *atomic energy* atómová energia
atrakcia attraction
atraktívny attractive
atrament ink
atrapa dummy
atribút attribute
átrium atrium
atypický atypical
audiencia audience, reception
audiovizuálny audio-visual
audit audit
audítor auditor
auditórium auditorium
august August
aukcia auction, public sale, sale
aukčný auction

aula hall, assembly
aura aura
Austrálčan Australian
Austrália Australia
austrálsky Australian
autentický authentic
auto car, auto *Am.*
autoatlas road atlas
autobiografia autobiography, self-history
autobiografický autobiographic(al)
autobus bus, coach *diaľkový* • *by bus* autobusom • *bus service* autobusová doprava • *bus line* autobusová linka • *bus terminal* autobusové nádražie
autocenzúra self-censorship
autodoprava road transport
autodróm testing track
autogram autograph
autokar coach
autokracia autocracy
automapa road map
automat 1. automat 2. slot machine *hrací* 3. stamp machine *na poštové známky* 4. coffee dispenser *na kávu*
automatický automatic(al)

automatizácia automation
automatizovať programme
automechanik car maintenance man
automobil (motor)car, automobile *Am.* • *motor transport* automobilová doprava
automobilista motorist
automobilizmus motoring
automobilka car factory
autonehoda traffic accident
autonómia autonomy, self-control
autonómny autonomous
autoopravovňa service station, car-repair service
autoportrét self-portrait
autor 1. author 2. creator 3. writer *spisovateľ* • *dramatist* autor divadelných hier • *annotator* autor poznámok
autorádio car radio
autorita 1. authority 2. celebrity 3. control
autoritatívny authoritative
autorizovaný authorized
autorizovať authorize
autorka authoress
autorský author's • *copyright* autorské právo • *author's fee* autorský ho-

norár
autorstvo authorship
autosalón motor show
autoservis garage, service station
autostop hitch-hiking
autosugescia auto-suggestion
autoškola driving school
autožeriav truck crane
avantgarda avant-garde
averzia aversion
avízo advice, word *varovanie*
avizovať notify, advise *dať vedieť*
avokádo avocado
avšak but, however
axióma axiom
azbest asbestos
azbuka Cyrillic alphabet
azda perhaps, maybe, well *pochybnosť*
Ázia Asia
ázijský Asian
azúr azure
azyl asylum, shelter
až 1. till, until *časove*, **2.** to, up to, as far as *miestne*

B

ba of course, certainly, indeed

baba old woman pejor. *muž* • *gossamer* babie leto • *blindman's buff* slepá baba *hra*

bábä baby

bábätko babe

babica hovor. midwife, hag

babička grandmother, grandma, hovor. granny

bábika doll

babka *p.* babička

bábka puppet, marionette

bábkarstvo puppetry

bábkový marionette, puppet • *puppet-show* bábkové divadlo *hra* • *puppet government* bábková vláda

bábovka baked yeast dumpling

babračka hovor. botch

babrák hovor. bungler, dauber

babrať bungle *kaziť*

babrať sa bugger about

babský womanish

bác wham, bang, bump

bacil 1. neodb. germ 2. lek. bacterium, bacillus

bacilonosič carrier of infection

baculatý dumpy, plump

bača shepherd

bádanie 1. research *výskum* 2. investigation 3. exploration

badať notice

bádať investigate, inquire, search into, explore

bádateľ 1. investigator 2. research-worker *vedec* 3. scholar 4. explorer

bádavý inquiring

badminton badminton

badyán badian

bafkať puff, pull

bagatelizovať depreciate

bager excavator

bageta French loaf

bagrista excavator, dredger operator

bagrovať excavate

bagrovisko dredging pool

bahenný mud • *mud-bath* bahenný kúpeľ

bahniatka *pl.* catkins

bahnisko swampy ground

bahnistý marshy *pôda*, muddy, boggy, swampy

bahno swamp, bog, marsh, mire, mud
bachor 1. belly 2. paunch
báchorka cock and bull story, likely story
bachratý paunchy
báj myth, fable, tale, legend
báječný 1. wonderful 2. fabulous *nádherný*
bájka 1. fable • *fable book* kniha bájok 2. fiction *výmysel* 3. hearsay *táranina*
bájkar fabulist, story-teller
bajonet bayonet
bájoslovie mythology
bajt byte
bakalár bachelor *titul*
bakalársky bachelor
bakalárstvo bachelorship
bakelit bakelite
baklažán egg-plant, aubergine
baktéria 1. bacterium 2. germ
bakteriálny bacterial
bakteriológ bacteriologist
bakteriológia bacteriology
bakteriologický bacterial
bakuľa crook
bal bale, roll, bundle
bál ball, dance
balada ballade

baladický balladic
balalajka balalaika
balancovať 1. balance 2. poise
balast ballast
balenie 1. packing 2. wrapping *činnosť*
balerína ballerina *tanečnica*
balet ballet
baletka ballerina
baletný ballet
baliaci packing, wrapping • *packing paper* baliaci papier
baliareň packing-room
balič packer
balíček package, small parcel, packet • *pack of cards* balíček kariet
balík 1. parcel *poštový*, packet 2. package
balistický ballistic
balistika *pl.* ballistics
baliť 1. pack up 2. wrap up 3. roll up
balkón 1. balcony 2. div. balcony • *upper circle* druhý balkón
balón balloon
balónik balloon
balvan boulder, rock
balzam 1. balm *liečivá masť* 2. balsam

balzamovať embalm
bambus bamboo
bambusový bamboo
baňa mine, pit • *coal-mine* uhoľná baňa
banalita banality
banálny banal, trivial
banán 1. banana tree *banánovník* **2.** banana *plod*
banánový banana
banda pejor. gang
bandaska can
bandáž bandage
bandita bandit, brigand, gangster
banícky mining
baníctvo mining industry
baník miner, pitman
bank the bank, pot
banka bank *inštitúcia* • *data bank* banka dát • *investment bank* investičná banka • *national bank* národná banka • *credit bank* úverová banka
bankár banker, financier
banket banquet, dinner-party
bankovka note (banknote), bill *Am.* • *false banknote* falošná bankovka
bankovníctvo banking
bankový bank, banking • *bank account* bankový účet • *statement* výpis z banky
bankrot 1. bankruptcy **2.** breakdown *neúspech* **3.** bust
bankrotovať go° bankrupt
banský mining
baptista Baptist
bar 1. bar *jednotka tlaku* **2.** night-club *nočný*
barák hut
baran ram, lamb *jahňa*
baranica sheepskin cap
baranina mutton *mäso*
barbar barbarian
barbarský 1. barbarian **2.** barbarous *krutý* **3.** bestial
barbarstvo barbarism
barel barrel
baretka beret
bariéra barrier
barikáda barricade
barina swamp, marsh, bog, pool *kaluž*
bárka barge
barla crutch
barman barman
barok baroque style
barokový baroque
barometer barometer
barón baron
barónka baroness

barónsky baronial
barytón baritone
bas hud. bass
basa hud. contrabass, double bass
báseň poem • *prose poetry* básne v próze
basista 1. bass-singer *spevák* 2. bass player *hráč*
basketbal basketball
basketbalista basketball player
básnický poetic(al)
básnictvo poetry
básnička rhyme
básnik poet
básniť verse
basový bass • *bass guitar* basová gitara
bastard 1. mongrel *kríženec* 2. bastard *nadávka* 3. mutt *pes*
bašta 1. bastion 2. pren. bulwark
báť sa 1. fear *mať strach* 2. be° afraid of *obávať sa čoho* 3. concern *obávať sa*
batéria battery
baterka pocket torch, hand torch
batoh knapsack, rucksack
batoľa toddler
batoliť sa toddle

batožina luggage, baggage *Am.* • *luggage-van* batožinový vozeň
baviť amuse, entertain
bavlna cotton
bavlnárstvo cotton industry
bavlnený cotton
bavlník cotton-plant
bavlnka cotton
baza 1. elder-tree *strom* 2. elderberry *plod*
báza 1. base *základňa* 2. basis *východisko*
bazalka basil
bazár bazaar
bazén 1. swimming pool 2. basin, reservoir *nádrž*, tank
bazírovať ground on *na*
bažant pheasant
bažina moorland, mire, slough
bažiť po 1. long for, lust for *prahnúť po niečom* 2. yearn *túžiť*
bdelosť wariness, vigilance
bdelý vigilant, wakeful, watchful
bdenie waking, watch
bdieť 1. be°awake *byť hore* 2. watch over *dozerať nad*
beda cit. alas • *woe is me* beda mi

bedač the poor, wretch
bedákanie lamentation
bedákať wail, lament, moan, yammer
bedár wretch, misery • *slum* štvrť bedárov
bedľa parasol mushroom
bedliť take° care
bedlivý careful
bedrá *pl.* loins
bedro hip
bedrový lumbar
beduín bedouin
befel the order
begónia begonia
beh 1. run 2. šport. race • *steeplechase* beh cezpoľný • *long-distance run* beh na dlhé vzdialenosti • *trate sprint* beh na krátke vzdialenosti • *relay* beh štafetový • *hurdle race* prekážkový beh
behať run°, race *opreteky* • *flounce* behať hore dole • *chase* behať za ženami
behúň carpet
becherovka Becher's liqueur
bekhend backhand
belasý blue, azure
beletria fiction
beletristický fictional

Belgicko Belgium
belgický Belgian
Belgičan Belgian
belica white fish *ryba*
belieť turn white
belieť sa appear white
beľmo cataract, the white of the eye
beloch white man
beloška white woman
benediktín Benedictine
benefičný beneficial • *benefit concert* benefičný koncert
benevolencia benevolence, kindness
benevolentný benevolent
benígny benign
benzén benzene
benzín 1. petrol, gas *Am.* 2. fuel *palivo* • *filling station* benzínová stanica
benzol benzol
beryl beryl
beseda chat, talk
besednica feature *fejtón*
besedovať chat, converse
besiedka 1. alcove 2. arbour *záhradná* 3. gardenhouse *domček*
besnieť be° in a rage, go° mad
besnota fury, madness

besný wild, mad, furious
bestseller best-seller
beštia 1. beast 2. brute *človek*
beštiálne bestially
beštiálny bestial
beta beta
beťár rascal
betón concrete
betonárka mixing plant
betónovať concrete
betónový of concrete
bez 1. without, out of 2. mat. minus
bezatómový nuclear-free
bezbolestne painlessly
bezbolestný painless
bezbožne godlessly
bezbožnosť impiety
bezbožný 1. irreligious 2. impious
bezbranne defencelessly
bezbranný 1. defenceless 2. unarmed *neozbrojený*
bezcennosť worthlessness
bezcenný 1. valueless, worthless *bez hodnoty* 2. vain *márny*
bezcieľne aimlessly
bezcieľny 1. aimless 2. purposeless
bezcitne pitilessly
bezcitný unfeeling, heartless, insensitive, ruthless *krutý*
bezcolný duty-free
bezdetný childless
bezdomovec homeless person
bezdôvodne groundlessly
bezdôvodný 1. causeless 2. unfounded
bezduchý 1. brainless 2. empty
bezfarebne colourlessly
bezfarebný colourless
bezhlavo headlong
bezhlavý 1. headless 2. thoughtless *nepremyslený*
bezcharakterne spinelessly
bezcharakterný 1. characterless 2. unprincipled
bezchybne faultlessly
bezchybný 1. faultless 2. perfect 3. flawless *dokonalý*
bezjadrový *p.* bezatómový
bezkôstkový stoneless *ovocie*
bezkrvný bloodless
bezmála very nearly
bezmocnosť 1. impotence 2. helplessness
bezmocný 1. helpless 2. powerless 3. impotent
bezmotorový motorless

bezmyšlienkovitý

bezmyšlienkovitý 1. thoughtless **2.** mindless **3.** vacant **4.** silly *pochabý*
beznádej despair *zúfalstvo*
beznádejne hopelessly
beznádejný 1. hopeless **2.** futureless
beznohý legless
bezoblačný cloudless
bezočivo impertinently
bezočivosť 1. barefacedness **2.** impertinence
bezočivý 1. barefaced **2.** impertinent
bezodkladný urgent
bezohľadne recklessly
bezohľadný 1. arrogant *arogantný* **2.** inconsiderate **3.** reckless **4.** regardless **5.** unscrupulous *bez zábran*
bezpečie safeness *pocit*
bezpečne safely
bezpečnosť safety, security
bezpečnostný secure, safety ● *safety-catch* bezpečnostná poistka ● *Security Council* Bezpečnostná Rada OSN ● *precaution* bezpečnostné opatrenie ● *security forces* bezpečnostné sily ● *safety appliance* bezpečnostné zariadenie ● *safety belt* bezpečnostný pás ● *air bag* bezpečnostný vak
bezpečný safe, secure
bezplatne gratis, free (of charge)
bezplatný free of charge, unpaid, gratis
bezpodmienečne unconditionally
bezpodmienečný 1. categorical **2.** unconditional
bezpohlavný sexless
bezpochyby doubtless, without doubt, without dispute
bezporuchový trouble-free
bezprašný dust-free
bezprávie 1. anarchy **2.** injustice **3.** lawlessness
bezprávny lawless
bezpredmetný faint, subjectless
bezpríspevkový non contributory
bezprizorný unattached
bezproblémový unperturbed, slick
bezprostredne immediately
bezprostredný direct, immediate ● *immediate contact* bezprostredný kontakt
bezradný bewildered, inept

bezsenný sleepless, wakeful
bezstarostne gaily
bezstarostný careless, lighthearted
beztrestne painlessly
beztrestnosť 1. impunity 2. painlessness
beztrestný 1. non-punishable 2. painless
beztriedny classless
beztvárny shapeless, formless
bezúčelne uselessly
bezúčelný aimless
bezúhonnosť integrity, probity, spotlessness
bezúhonný blameless, clean hands, spotless
bezúročný ex-interest
bezúspešne unsuccessfully, fruitlessly
bezúspešný fruitless, futile
bezútešný comfortless, cheerless
bezvedomie faint, unconsciousness
bezvetrie calm
bezvládie anarchy
bezvládnosť paralysis
bezvládny paralyzed
bezvýhradne absolutely
bezvýhradný implicit, unconditional
bezvýchodiskový deadlock
bezvýsledne fruitlessly
bezvýsledný ineffectual
bezvýznamne insignificantly
bezvýznamný insignificant, irrelevant, trivial
bezzásadový unprincipled
bezzubý toothless
bezženstvo celibacy
bežať 1. run° 2. hurry *ponáhľať sa* • *run° for life* bežať o život
bežec runner, sprinter
bežecký running • *track events* bežecké disciplíny
bežky cross-country ski
bežne currently, usually
bežný current *prebiehajúci*, common *obvyklý*, usual • *running repair* bežná oprava na aute • *going rate* bežná taxa • *current account* bežný účet
biatlon biathlon
biblia the Bible
biblický biblical
bibliofil bibliophile
bibliograf bibliographer
bibliografia bibliohraphy
bibliografický bibliographic

biceps biceps
bicykel 1. bicycle 2. hovor. bike
bicyklista cyclist
bicyklovať sa cycle
bič whip
bičovanie flagellation
bičovať whip, lash
bičovať sa flagellate
bidet bidet
bidlo pole, bar
bieda 1. misery 2. penury 3. want *nedostatok*
biediť be° in great want, live in poor conditions
biedne barely
biedny 1. poor *chudobný* 2. miserable, wretched *úbohý* 3. pitiful *žalostný*
bieliť bleach *bielizeň*
bielizeň linen, underclothes *spodná*, bed clothes *posteľná*, washing *špinavá*
bielko white of an eye
bielkovina albumen
bielok white of an egg
bielovlasý white-haired
biely 1. white 2. pale *bledý* • *white pepper* biele korenie • *the White House* Biely Dom
bifľoš swot, cram
bifľovať swot, cram

biftek beefsteak
bigamia bigamy
bigamista bigamist
bilancia audit, balance • *balance sheet* bilancia príjmov a výdavkov
bilancovať balance
bilančný balance
bilaterálny bilateral
biliard *pl.* billiards
bilingválny bilingual
bilión billion, trillion *Am.*
binárny binary
biografia biography
biografický biographic
biochémia biochemistry
biochemický biochemical
biochemik biochemist
biológ biologist
biológia biology
biologický biological
biorytmus biorhythm
biosféra biosphere
biosférický biospheric
birmovanie confirmation
birmovať confirm
birmovka Confirmation
bisexuálny bisexual
biskup bishop
biskupský episcopal • *Christmas cake* biskupský chlebíček
biskvit biscuit

bistro bistro
bit bit
biť 1. beat° **2.** chastise *dieťa* **3.** strike°*hodiny* **4.** throb *srdce* **5.** ring°*zvon* **6.** flog *palicou* **7.** pummel *päsťami*
biť sa fight° with *s*, for *za*
bitevný battle
bitka 1. fight **2.** battle *ozbrojená* **3.** shindy *v krčme*
bitkár bully-boy
bitúnok shambles, abattoir
bizón bison *americký*, buffalo
bižutéria jewellery
bľabot prattle, babble
blaho 1. bliss, happiness **2.** welfare *verejné*
blahobyt welfare, prosperity
blahobytný affluent
blahodarný 1. beneficial **2.** healthy *zdravý*
blahoprajný congratulatory
blahopriať congratulate
blahoslavený blessed
blahoželanie congratulation
blahoželať congratulate on *k*
blamáž scandal, shame, frustration
blamovať sa compromise o. s.
blana 1. membrane **2.** web *plávacia*
blanitý membranous
blankyt azure
blankytný azure
blatistý muddy *cesta*
blatník wing, mudguard, fender *Am.*
blato mud, slush, sludge
blázinec madhouse, lunatic asylum, nut-house
blázniet' be° mad, go° mad
blázniť drive° crazy, go° crazy *blázniť sa*
bláznivo madly, crazily
bláznivý 1. crazy *veselý* **2.** foolish *pochabý* **3.** lunatic *šialený* • *crazy comedy* bláznivá komédia
blázon 1. insane person *duševne chorý* **2.** madman
blázonko silly
blažený 1. blessed **2.** happy
blbec twat, wally
blčať blaze, flame
blbosť trifle *maličkosť*
blednúť turn pale, fade out
bledosť paleness
bledučký very pale
bledý 1. bloodless **2.** light *svetlý* **3.** pale
blen henbane

blesk

blesk 1. lightning **2.** fot. flashlight
bleskovka nov. news flash
bleskový spotlight
bleskozvod lightning conductor
blcha flea
blicovať hookey
blikať flicker *plameň*, blink, twinkle *svetlo*
blízko close, near, near at hand *po ruke*
blízkosť nearness, proximity, closeness
blízky close, near • *vicinity* blízke okolie • *intimate* blízky človek • *close relative* blízky príbuzný • *the Middle East* Blízky východ
blíženec 1. twin **2.** astron. Gemini *súhvezdie*
blížiť sa 1. approach, come° near **2.** mat. approximate
bližší close
blok 1. block • *block of flats* činžiak **2.** pad *zápisník*
blokáda blockade
blokovať block, blockade
blond hovor. blond
blondín fair-haired man
blondínka blonde

blší flea´s • *flea-market* blší trh
bludisko maze, labyrinth
blúdiť 1. go° astray **2.** wander **3.** roam *bezcieľne*
bludný wandering • *vicious circle* bludný kruh
blues the blues
blúzka blouse, tunic
blúznenie delirium
blúzniť hallucinate, be° delirious *v chorobe*
blúznivý delirious
blýskať sa lighten *blesk* • *it is lightning* blýska sa
blyšťať sa glimmer, flash
bôb broad bean
bobkový bay-leaf • *bay-leaf* bobkový list
bobor beaver
bobrí beaver
bobuľa 1. berry **2.** grape *hrozna*
boby bob-sleigh
bocian stork
bôčik streaky pork
bočiť 1. avoid *vyhýbať sa* **2.** turn aside **3.** sheer *od témy*
bočný 1. side **2.** odb. lateral • *side-view* bočný pohľad • *cross-wind* bočný vietor
bod 1. mat. point • *freezing*

point bod mrazu • *bully for you* bod pre teba • *boiling point* bod varu • *clue* záchytný bod 2. dot *bodka* 3. full stop *interpunkčné znamienko* 4. item *zmluvy* 5. šport. score
bodák bayonet
bodať prick, stab
bodavý stabbing • *stick insect* bodavý hmyz
bodka point, dot
bodkočiarka semicolon
bodkovaný dotted, spotted
bodkovať dot
bodliak thistle *rastlina*
bodnúť stab *nožom*, prick *ihlou*, sting° *hmyzom*
bodnutie prick, stab
bodný prickly, stabbing
bodovací point • *a points system* bodovací systém
bodovať award points, mark
bodrý boon
boh náb. God • *the God preserve us!* Boh nás ochraňuj! • *Heaven forbid!* Boh uchovaj!
bohabojný god-fearing
boháč rich man, man of property
boháči the rich
boháčka rich woman

bohapustý infamous, impious
bohatnúť become°/get°rich
bohatstvo 1. richness *stav* 2. wealth, fortune *majetok* 3. riches *prírodné*
bohatý rich in *na*, with *čím*, wealthy, affluent *blahobytný*
bohém bohéme
bohémsky bohemian
bohorovný haughty
bohoslovec theologian
bohoslovecký theological
bohoslužba divine service, mass *omša*
bohoslužobný of worship, officiation
bohumilý pleasing to God, virtuous
bohužiaľ alas, unfortunately
bohvie hovor. who knows
bohyňa goddess
bochník loaf • *loaf of bread* bochník chleba
boj 1. voj. battle *dlhý* 2. fight *bitka* 3. struggle *zápas* 4. combat *súboj* • *life and death struggle* boj na život a na smrť • *competition* boj o život
bója buoy

bojácny timid
bojachtivý pugnatious, combative
bojaschopnosť readiness for action
bojaschopný able to fight
bojazlivosť soapiness
bojazlivý timid, shy
bojisko battlefield
bojko a timid fellow, wimp
bojkot boycott
bojkotovať boycott
bojler boiler, ellectric heater
bojovať 1. battle *zbraňami* 2. fight° *v boji* 3. struggle 4. combat 5. wrestle *zápasiť*
bojovník 1. fighter 2. combatant *účastník* 3. warrior *vojak* • *freedom fighter* bojovník za slobodu
bojovnosť fighting mood, militancy
bojovný warlike, militant, combative
bojový military, war • *alert* bojová pohotovosť
bok 1. side *strana* 2. anat. hip
bokom sideways, apart
bokombrady side-whiskers
bôľ heart-break
boľavý painful, sore
bolero bolero *tanec*

bolesť pain, ache, dolour *duševná* • *headache* bolesť hlavy • *sore throat* bolesť krku • *crick* bolesť krížov • *toothache* bolesť zubov • *bellyache* bolesti brucha
bolestivý painful, aching, sore, dolorous *duševne*
bolestne painfully, grievously *žalostne*
bolestný painful, grievous *žalostný* • *smart-money* bolestné
bolieť hurt°, ache, grieve *duševne*
bomba 1. bomb, shell *vojnová* 2. wow *obrazne*
bombardér bomber
bombardovanie bombardment, blitz *letecké*
bombardovať bombard, bomb, blitz
bombastický bombastic
bombička sparklet *sifónová*
bombový bomb • *air raid* bombový nálet
bonbón bonbon, toffee, candy *Am.*
bonboniéra sweet-box, bonboniere
bonsaj bonsai
bontón good breeding, so-

brať

cial convention
bordel 1. vulg. brothel **2.** fuck-up *neporiadok*
bordový claret
borec fighter
borievka 1. juniper tree *ker* **2.** juniper berry *bobuľa*
boriť destroy, demolish *ničiť*
boriť sa wrestle *s niečím*
borovica pine
borovička gin
bos boss
boso barefoot
bosorka witch
bosý barefooted
botanický botanical • *botanical gardens* botanická záhrada
botanik botanist
botanika botany
botulizmus botulism
box 1. šport. boxing **2.** stall *v stajni*
boxer šport. boxer
boxerský boxer • *mitt* boxerská rukavica
boxovať box
bozk kiss
bozkať kiss
bože my good Lord, my goodness
boží divine • *Commandment* Božie prikázanie
božský divine, godlike
božstvo godhead, divinity *antické božstvá*
brada 1. chin *časť tváre* **2.** beard *mužská*
bradatý bearded
bradavica wart • *small wart* bradavička
bradavka 1. nipple *prsná* **2.** odb. mammilla
bradlá *pl.* parallel bars
bradlo cliff
brak 1. shoddy **2.** pulp *literárny*
bralo cliff
brána 1. gate **2.** door **3.** šport. goal
branec recruit
brániť defend, protect from *pred,* against *proti*
brániť sa resist, oppose
bránka *p.* brána
brankár goalkeeper
branný armed, military • *conscription* branná povinnosť
brať 1. take° **2.** take° away from *odobrať z* • *take° into consideration* brať do úvahy • *drug* brať drogy • *take° a joke* brať s humorom • *buy°* brať

vážne
brat brother • *brethren* bratia • *stepbrother* nevlastný brat • *whole brother* vlastný brat
brať sa 1. undertake° *podujímať sa* 2. get° married *ženiť sa, vydávať sa* 3. be° about leave *odchádzať*
bratranec cousin
bratský brotherly, brotherlike, fraternal
bratstvo 1. brotherhood *spolok* 2. fraternity
brav pig, hog
bravčovina pork
bravčový pork • *lard* bravčová masť
bravúrne brilliantly
bravúrny bravura
brázda furrow, track *stopa*
brázdiť furrow *cestu*, cruise *vzduch*
Brazília Brazil
brblať fuss
brčkavý curly
brečka mush
brečtan ivy
breh 1. bank *rieky* 2. coast *morský*
brechať bark
brechot bark, yap
bremeno burden, load, weight *náklad*
brest elm
breviár breviary
breza birch
brezový birch • *birch-bark* brezová kôra
brička open carriage
bridlica slate
bridlicový slate
brieždenie dawning
brieždiť sa dawn
briežok knoll
brigáda 1. voj. brigade 2. working group, work-team *pracovná skupina* 3. temporary job *výpomoc*
brigádnik team-worker, voluntary worker
briketa briquette
brilantný brilliant
briliant diamond
brioška brioche
Brit 1. British 2. hist. Briton
Británia Britain, Great Britain • *British Commonwealth of Nations* Britské spoločenstvo národov
britský British
britva razor
brizolit silicon grit
brko quill
brloh den, lair *zvierat*, cave

brnenie armour, harness
brnkať jingle, tingle, thrum
brod ford
brodiť sa ford *cez čo*, wade in *v čom*
brok shot
brokát brocade
brokolica broccoli
brokovnica shot-gun
bróm bromine
bromid bromide
bronchitída bronchitis
bronz bronze, brass *zliatina*
bronzový bronze • *bronze medal* bronzová medaila
broskyňa 1. peach tree *strom* 2. peach *plod*
broskyňový peachy
brošňa brooch
brožovaný limp • *paperback* brožovaná väzba
brožúra booklet, brochure
bruchatý big-bellied
brucho belly, abdomen
brunet dark-haired man
brunetka brunette
brúsený grinned • *cut glass* brúsené sklo
brúsiť grind°
brúska grinder
brusnica red bilberry
brúsny grind • *emery-paper* brúsny papier
brušný belly, abdominal • *belly-dance* brušný tanec • *typhoid* brušný týfus
brutalita brutality
brutálne brutally
brutálny brutal, cruel
brutto gross weight
brva eyelash
brvno beam, caber
bryndza sheep-cheese
brzda brake • *emergency brake* záchranná brzda
brzdiť 1. brake *brzdou* 2. stunt *rast*
brzdný braking
brzdový brake • *brake fluid* brzdová kvapalina • *brake lever* brzdová páka • *brake lining* brzdové obloženie • *brake light* brzdové svetlo • *brake pedal* brzdový pedál
bubeník drummer
bubienok 1. tabret 2. eardrum *v uchu*
bublanina fruit sponge-cake
bublať bubble
bublina bubble, blister
bubnovať 1. drum 2. thrum *prstami*

bubon drum
bucľatý chubby
bučať bellow
buď • ...*either*... *or*... ...*buď* ...*alebo*... • *shut up !* buď ticho !
búda 1. shed *kôľňa* 2. kennel *psia* 3. hut *drevená*
budhista Buddhist
budhizmus Buddhism
budíček reveille *vojenský*
budík alarm-clock
budiť 1. wake° up 2. knock up *zaklopaním* 3. call up *hosťa* 4. drum up *záujem*
buditeľ revivalist
búdka 1. booth 2. kiosk *telefónna*
budova 1. building 2. house • *post office* budova pošty • *guardhouse* strážna budova • *White House* vládna budova
budovať 1. build° 2. construct *zostrojiť*
budovateľ 1. builder 2. creator *tvorca*
budovateľský constructive, vigorous *nadšený*
budúci future • gram. *future tense* budúci čas
budúcnosť future
bufet 1. refreshment bar, snackbar, milk bar *mliečny* 2. buffet
bufetárka snackbar girl
búchať 1. knock 2. bang 3. beat° 4. strike°*udrieť*
buchnát thump
buchnúť plump, pound *päsťou*
buchot banging, slamming
buchta 1. baked yeast dumpling 2. slang. bird *žena*
bujak bull
bujarý sprightly, vigorous, lush *človek*
bujný brisk, high-spirited *neviazaný*, rich *fantázia*
bujón bouillon, beef tea, broth
buk beech • *as fit as a fiddle* zdravý ako buk
bukový beech
bukvica beech-nut
buldog bulldog
buldozér bulldozer
Bulhar Bulgarian
bulharčina Bulgarian
Bulharsko Bulgaria
bulletin bulletin
bulteriér bull-terrier
bulvárny boulevard • *the yellow press* bulvárna tlač
bumerang boomerang
bunda anorak *športová*,

bystrý

sport jacket
bungalov bungalow
buničina cellulose, pulp
bunka cell
bunker bunker, shelter
bunkový cellular
burácať din, roar, storm, hoot *od smiechu*
búrať demolish
burcovať stir
burčiak new wine, must
burič rioter, rebel, stirrer
burina weed, overgrowth
búriť incite
búriť sa rebel, revolt, riot
burizón *pl.* puffed rice
búrka storm *víchrica*, thunderstorm *silná*
búrlivý stormy, turbulent, rousing *potlesk*
burza auction, exchange, bourse ● *stock exchange* burza cenných papierov ● *option exchange* opčná burza
burzový exchange, stock ● *stockbroker* burzový maklér
buržoázia bourgeoisie
buržoázny bourgeois
busta bust
búšiť beat°
bután butane

butik boutique
bútľavieť rot
bútľavý rotten, hollow
buzerant vulg. bugger
by in order that *aby*
býček bullock
býčí bull ● *bullfight* býčie zápasy
bydlisko dwelling, house, place of residence ● *alternative accomodations* prechodné bydlisko ● *home address* trvalé bydlisko
býk bull
byľ stalk, stem
bylina 1. herb *liečivá* 2. plant *rastlina*
bylinkárka herbalist
bylinkový herbal
bylinný herbal
bylinožravce herbivore
byro bureau
byrokracia bureaucracy
byrokrat bureaucrat
byrokratický bureaucratic
bystrina torrent
bystriť sharpen
bystrosť sharpness, cleverness
bystrozraký sharp-sighted
bystrý 1. keen, alert, clever *rozumovo* 2. astute *predvídavý*

byť

byť be°, exist
byt flat, apartment *Am.*
bytie being, existence
bytná landlady
bytosť being, entity, creature
bytovka housing unit
bytový residential • *housing cooperative* bytové družstvo
bývalý former, late
bývanie accomodation, dwelling, lodging
bývať dwell°, reside *trvalo*, live *žiť*
byvol buffalo
bzučanie zoom
bzučať buzz, zoom
bzukot buzzing, whirr

C

cap billy-goat
cár czar, tsar
cárica tsarina
cárizmus czarism, tsarizm
cárovná czarina, tsarina
cársky imperial
cárstvo czardom, tsardom
céčko hud. C-string
cedidlo strainer, filter *jemné*
cediť strain, filter
ceduľa 1. hovor. bill **2.** label *nálepka* **3.** small notice *vývesná*
cech guild, craft
cechmajster guild-master
cela cell
celebrita celebrity
celebrovať celebrate
celibát celibacy, celibate
celina virgin land
celistvosť coherence, integrity, totality, wholeness
celistvý complete, entire, integrated
celiť rare
celkom 1. altogether *úplne*, in all **2.** entirely, wholly, totally
celkove totally
celkový total *úplný*, all inclusive, complete ● *gross weight* celková hmotnosť
celodenný all-day, whole day's
celofán cellophane
celok 1. unit *jednotka* **2.** whole, complex ● *en bloc* ako celok
celonárodný national, nation-wide
celoplošný nation-wide
celoročný all the year round, whole year's
celospoločenský universal, corporate
celostránkový full page
celosvetový world-wide, cosmopolitan, global
celoštátny state, national
celoživotný lifelong, life-time ● *life-work* celoživotné dielo
celta hovor. tarpaulin, canvas
celuloid celluloid
celuloidový celluloid
celulóza cellulose, pulp
celulózka cellulose factory, paper-mill
celulózový cellulose

celý

celý 1. all, whole *všetok* **2.** entire *celistvý* • *all day long* celý deň
cement cement
cementáreň pl. cement works
cementovať cement
cena 1. price • *uniform prices* jednotné ceny • *cost price* nákupná cena • *contract price* zmluvná cena **2.** cost *náklady* **3.** value *hodnota*
cencúľ icicle
cengať ring°, clink, tinkle
cengot ringing
cenina pl. postal stationery
ceniť 1. value *oceňovať* **2.** estimate *odhadovať cenu*
ceniť si esteem s. o. *vážiť si koho*
cenník price-list *ponukový*
cennosť worth, valuable *cenná vec*
cenný valuable, valued, precious • *securities* cenné papiere
cenovka price label *označenie ceny*, price tag *visačka*
cenový price • *bid* cenová ponuka • *price control* cenová regulácia
cent hundredweight

centiliter centilitre
centimeter centimetre
centrála 1. central, exchange *telefónna* **2.** headquarters, head office
centralizácia centralization
centralizmus centralism
centralizovať centralize
centrálne centrally
centrálny central • *central bank* centrálna banka • *central nervous system* centrálna nervová sústava
centrovať šport. centre
centrum centre, center *Am.* • *city* centrum mesta
cenzor censor
cenzúra censorship
cenzurovať censor
cep flail
cepovať 1. flail **2.** expr. drill
ceremónia ceremony
ceremoniál ceremonial
ceremoniálny ceremonial
certifikát certificate
ceruza pencil
cesnak garlic
cesta 1. road *hradská*, path *cestička* **2.** way *spôsob* **3.** journey *cestovanie*, voyage *loďou*, travel *cestovanie* **4.** tour *okružná cesta* **5.** route *trasa* **6.** trip *výlet*

ciferník

- *all the way* celou cestou
cestár road maker
cestný road
cesto dough, paste
cestopis book of travel
cestopisný of travel
cestovanie travel *presun, journey* • *driving* cestovanie automobilom • *travel by car/bus/train/tube* cestovanie autom, autobusom, vlakom, metrom
cestovať 1. travel, make° a journey 2. go° round *kolovať* • *go° by car/bus/train/tube* cestovať autom, autobusom, vlakom, metrom • *hitch-hike* cestovať autostopom • *hike* cestovať peši
cestovateľ traveller, tourist
cestovina *pl.* pastries
cestovné fare, carfare
cestovný travelling • *travelling bag* cestovná taška • *travel documents* cestovné doklady • *travel insurance* cestovné poistenie • *passport* cestovný pas • *timetable* cestovný poriadok • *tourism* cestovný ruch • *traveller's cheque* cestovný šek
cestujúci 1. traveller *cestovateľ* 2. passenger *pasažier* 3. itinerant *z miesta na miesto*
cez *predl.* 1. across *smer* 2. through *krížom* 3. via *prostredníctvom*
cezpoľný 1. cross-country race *beh* 2. commuter *študent*
cibriť refine, sharpen *zrak*
cibuľa onion
cicať suck
cicavec mammal
cícer chicken-pea
cieľ 1. aim, goal *zámer* 2. mark *terč* 3. voj. target 4. destination *cesty* 5. aspiration *túžba*
cieľavedome purposefully
cieľavedomosť purposefulness
cieľavedomý purposeful, strong-minded *človek*
cieliť 1. aim *zamýšľať* 2. be° directed at *smerovať kam* 3. target *mieriť*
cieľový goal, target • *the strait* cieľová rovinka
cieva lek. vein
cievny vascular
ciferník dial, face of the

491

clock *hodín*
cifra figure, decoration
cifrovať titivate
Cigán Gipsy
cigániť 1. hovor. lie° *klamať* 2. cheat
Cigánka Gipsy woman
cigánsky gipsy life *kočovný*
cigánstvo falsehood, cheating
cigara cigar
cigareta cigarette
cikanie wee
cikať wee
cimbal cymbal, dulcimer
cín tin
cingot jingle
cinkanie clink
cinkať clink
cínovať tin, solder
cínový tin
cintorín cemetery, churchyard *pri kostole*
cíp flap
cirka circa
cirkev the Church
cirkevný church, ecclesiastic • *hymn, hymnus* cirkevná pieseň • *church wedding* cirkevný sobáš
cirkulácia circulation
cirkulačný circulation
cirkulárka circular saw

cirkulovať circulate
cirkus circus
cisár emperor
cisárovná empress
cisársky imperial
cisárstvo empire
cisterna cistern, tank *nádrž* • *tanker* cisternová loď
cit 1. feeling *vnímanie* 2. sense *zmysel*
citácia citation, quotation
citara guitar
citát quotation, citation
citeľný sensible, appreciable
cítenie feeling
cítiť 1. feel° *dotykom* 2. perceive *vnímať zmyslami* 3. smell° *čuchom* 4. experience *prežívať* 5. taste *chuť* • *feel° sorry* cítiť ľútosť • *dislike* cítiť odpor • *feel° better* cítiť sa lepšie
cítiť sa feel°
citlivo perceptively
citlivosť sensitivity, perceptiveness
citlivý 1. sensitive *pokožka* 2. perceptive *vnímavý* 3. sentimental *sentimentálny* • *a sore point* citlivé miesto

citoslovce interjection
citovať quote, cite
citovosť sentimentality, emotionality, sensibility *vnímavosť*
citový sentimental
citrón 1. lemon, lime *zelený* **2.** lemon-tree *strom*
citronáda lemonade
citrónový lemon • *zest* citrónová kôra • *salt of lemon* kyselina citrónová
citrus citrus
civieť expr. stare, ogle
civil 1. civilian *život* **2.** plain clothes *uniforma*
civilista civilian, citizen *Am.*
civilizácia civilization
civilizovaný civilized • *civilization* civilizovaná spoločnosť
civilný civil, civilian • *civilian* civilná osoba • *community service* civilná služba • *civil marriage* civilný sobáš
clivosť melancholy, nostalgia
clivý longing
clo duty *poplatok*, customs, tariff *sadzba* • *customs free* bez cla • *import duty* dovozné clo • *dutiable* podliehajúci clu
clona 1. curtain, shade **2.** fot. diaphragm
cloniť shade *tieniť*
cmar buttermilk
cmúľať expr. suck
cnieť sa long, pine for *po* • *be° homesick* cnieť sa po domove
cnosť virtue, chastity
cnostný virtuous
cól inch
colnica *pl.* Customs, customs house
colník customs officer
colný customs • *customs examination* colná kontrola • *customs documents* colný doklad • *customs union* colná únia • *customs formalities* colné formality • *border area* colné pásmo • *customs declaration* colné prehlásenie • *customs, duties* colné poplatky • *bond* colný sklad • *customs and excise office* colný úrad • *customs officer* colný úradník
ctený honoured, esteemed
ctihodnosť venerability, honourableness

ctihodný

ctihodný venerable, honourable
ctiť honour, esteem *mať v úcte*, revere
ctiť si regard
ctiteľ admirer *obdivovateľ*, worshipper *zbožňovateľ*
ctižiadosť ambition
ctižiadostivo ambitiously
ctižiadostivosť ambitiousness
ctižiadostivý ambitious
cucať suck
cudne chastely
cudnosť chastity, purity, shyness
cudný chaste, clean-living, shy *plachý*
cudzí 1. foreign *zahraničný*, alien *neznámy* 2. stranger *neznámy človek* • *foreign exchange* cudzia mena
cudzina foreign country • *abroad* v cudzine
cudzinec foreigner, alien, stranger
cudzojazyčný in a foreign language
cudzokrajný foreign, exotic *dovezený*
cudzoložiť commit adultery
cudzoložnica adulteress
cudzoložník adulterer
cudzoložstvo adultery, misconduct
cudzopasiť cadge
cudzopasník parasite
cudzopasný parasite
cudzorodý heterogeneous, incongruous
cukina zucchini
cukor sugar • *lump sugar* kockový cukor • *granulated sugar* kryštálový cukor • *castor sugar* práškový cukor
cukornatý sugary
cukornička sugar-basin
cukrár confectioner
cukráreň confectionery, confectioner's
cukrík candy, toffy
cukrovar sugar-mill
cukrovať 1. sugar 2. coo *hrkútať*
cukrovinky sweets, candies
cukrovka 1. sugar beet *repa* 2. lek. diabetes
cukrový sugar, candy • *sugar-beet* cukrová repa
cumeľ dummy
cumľať suck
cumlík nipple
cupkať toddle
cúvať 1. retreat 2. give° way *ustupovať*

cvak click
cvaknúť 1. click **2.** snap *fotoaparátom*
cval gallop, canter
cválať gallop, canter
cvengot jingle, tinkle
cverna hovor. thread
cvičebnica exercise-book, textbook, work-book
cvičenie 1. exercise **2.** practical, training *výcvik* **3.** lesson *úloha*
cvičený trained
cvičiť 1. exercise **2.** train *trénovať* **3.** drill *opakovaním*
cvičiteľ trainer, instructor, handler
cvičky *pl.* gym-shoes
cvičný drilling, practice ● *exercise book* cvičný zošit
cvik exercise, practice, training
cvikať clip *príchod*
cvikla red beet
cvrček cricket
cvrkot twitter, chirping
cyklický cyclic
cyklista cyclist
cyklistický cycling
cyklistika cycling
cyklón cyclone
cyklus cycle, series
cylinder top hat *klobúk*

cynický cynical
cynik cynic
cynizmus cynicism
cyrilika Cyrillic alphabet ● *Cyrillic type* cyrilské písmo
cysta cyst
cystitída cystitis
cytológia cytology

Č

čačkať dress up
čadič basalt
čadičový basalt
čadiť smoke
čaj tea ● *five o´clock tea* čaj o piatej
čajka gull, seagull *morská*
čajník teapot
čajovať drink° tea
čajovňa tea-room
čajovník tea-plant
čajový tea ● *tea-service* čajová súprava
čakací waiting
čakan hatchet, stick
čakanie waiting
čakanka chicory
čakáreň waiting-room ● *nursery* pre matky s deťmi
čakať 1. wait for *na* 2. expect *očakávať*
čakateľ aspirant, candidate
čalamáda *pl.* pickles
čalúnený upholstered
čalúniť upholster
čalúnnictvo upholstery
čalúnnik upholsterer
čap pin, pipe *na sude*, pivot *otočný*
čapica 1. cap 2. head *na pive*
čapík 1. anat. uvula 2. os utery *maternice*
čapovať tap, draw° *pivo*
čaptať hobble
čaptavý bandy-legged, hobble
čarbanica scrawl
čarbať scrawl, scribble
čardáš csardas
čaro charm, spell, glamour *osobnosti*
čarodejnica witch
čarodejníctvo witchery
čarodejník wizard, magician *kúzelník*
čarodejný witching
čarokrásny wonderful, lovely
čarovať charm, work magic
čarovný charming, magical *magický*, enchanting *okúzľujúci*
čas 1. time ● *lunch-time* čas obeda ● *the time of departure* čas odchodu ● *high time* najvyšší čas ● *working hours* pracovný čas ● *from time to time* z času na čas 2. gram. tense

3. weather *počasie*
časomer timepiece
časomerač time-keeper
časomerný chronometric
časomiera prosody
časopis journal *odborný*, newspaper, periodical, magazine *ilustrovaný*
časopisecký of a periodical
časopriestor time space
časopriestorový time-space
časovanie conjugation *slovies*
časovať 1. time *bombu* **2.** conjugate *sloveso*
časovo temporally ● *time-consuming* časovo náročný
časový temporal ● *time zone* časové pásmo
časť 1. part *celku*, side *aspekt*, portion **2.** share *podiel* ● *in parts* po častiach
častejšie more often
častica piece, small part, element
často often, frequently
častokrát many times, many a time
častovať treat *koho čím*
častý frequent
čaša cup, bowl

čašníčka waitress
čašník waiter
čata 1. troop **2.** voj. squad **3.** team *pracovná*
čatár sergeant
čečina pine-branch
čedar Cheddar *syr*
Čech Czech, Bohemian
Čechy Bohemia
čeľaď class, species
čeľadník domestic
čelenka headband, coronet
čeliť beard *odvážne*, confront, face, stand° up to *odhodlane*, withstand *odolávať*
čelný front *strana*, frontal
čelo 1. anat. forehead **2.** front *predná časť* ● *About turn!* Čelom vzad! ● *at the head* na čele **3.** hud. violoncello
čeľusť jaw bone
čeľustný jaw
čepeľ blade
čepiec hood, bonnet *dlhší*, caul *novorodenca*
čerešňa 1. cherry-tree *strom* **2.** cherry *plod*
čerešňovica kirsch
čerešňový cherry
čeriť dimple *hladinu*, fret, curl

čerň

čerň black, printer's ink *tlačiarenská*
černica blackberry
černieť become° black, turn black
černoch black, negro
černokňažník warlock
černoška negress
černošský negro
čerpací pumping • *petrol station* čerpacia stanica
čerpadlo pump, water engine *vodné* • *petrol station* benzínové čerpadlo
čerpať bail *vodu*, pump, draw° *naberať*
čerstvo freshly
čerstvý 1. fresh 2. latest *najnovší* 3. cool *chladivý* 4. nippy *mrazivý*
čert devil
čertica 1. expr. fury 2. virago
čertovský devilish
červ worm, little worm *červík*, grub *larva*
červavý worm-eaten
červeň 1. red colour 2. hearts *v kartách*
červenať turn red
červenať sa blush, redden
červenkastý reddish
červenolíci ruddy-faced
červenovlasý red-haired

červený red, ruddy *zdravo* • *red corpuscle* červená krvinka • *Red Cross* Červený kríž
červík maggot
červivý wormy
červotoč woodworm
česačka carding machine *stroj*
česák brush
česať comb, groom *psa*
český Czech • *the Czech Republic* Česká republika
česť honour *mravná*, credit
čestne honourably, fairly, straight *priamo*
čestnosť honourableness, honesty
čestný fair, honest, clean hands, honorary • *the seat of honour* čestné miesto • *parole* čestné slovo
Češka Czech woman
čeština Czech *language*
čevapčiči chevapchichi
či if *ak*, whether *naozaj*
čí, čia, čie whose
čiapka cap
čiara line
čiarka 1. short line 2. comma *interpunkčné znamienko*

čiastka 1. part *časť* 2. share *podiel* 3. amount *peňazí*
čiastkový partial
čiastočka fragment, fraction, particle *prachu*
čiastočne partly
čiastočný partial
čičíkať lull, calm
čierňava black soil
čiernidlo blacking
čierniť black
čiernobiely black-and-white
čiernooký black-eyed
čiernovlasý black-haired
čierny 1. black *farba* 2. dark *tmavý* • *flight-recorder* čierna skrinka • *black pepper* čierne korenie • *whooping cough* čierny kašeľ
číhanie stalking
číhať stalk, lie° in wait, watch
Čile Chile
čím whereby • *the sooner* čím prv • *the sooner the better* čím skôr, tým lepšie
čin act, action • *venue* miesto činu • *outrage* násilný čin • *criminal act* trestný čin
Čína China
Číňan Chinese

činiteľ 1. factor *sila* 2. representative *politický*
činka 1. dumbbell 2. šport. bar-bell
činnosť 1. action, activity 2. performance *osobný výkon* • *record* doterajšia činnosť • *welfare work* sociálna činnosť
činný active, effective
činohra play, drama *divadelná hra*
činorodý active, constructive, productive
čínsky Chinese
čínština Chinese
činžiak block of flats
čiperný smart, bright *duševne*
čipka lace
čipkár lace-maker
čipkárstvo lace-making
čipkovaný laced
číry pure, genuin, limpid *čistý*
číselník dial
číselný numeral, digital • *digital information* číselná informácia • *number system* číselná sústava
číslica digit, figure, numeral, number *číslo*
číslicový digital, numeral

číslo 1. code **2.** number **3.** size *veľkosť* • *house number* číslo domu • *passport number* číslo pasu • *post code* poštové smerovacie číslo • *area code* volacie číslo

číslovať number, page *stránky*

číslovka numeral

čistenie clarification, purification

čistiaci cleaning • *sewage farm* čistiaca stanica • *detergent* čistiaci prostriedok

čistiareň cleaning shop, laundry

čistič 1. cleaner, shoeshine *topánok* **2.** air filter *vzduchu*

čistička purification plant

čistiť clean, clear, polish *obuv*, brush *kefou*

čistokrvný thoroughbred

čistota 1. cleanliness **2.** purity *mravná* **3.** chastity *duchovná*

čistotný hygiene-minded

čistý 1. clean **2.** pure *rýdzi* **3.** blank *nevyplnený* • *net weight* čistá hmotnosť • *net profit* čistý zisk

čítanie reading

čítanka reading book

čitáreň reading room

čítať read°, read° out *nahlas*

čitateľ reader

čitateľne legibly

čitateľný legible, readable • *legible hand* čitateľný rukopis

čitateľský readers´

čiže that is, or, alias

čižma high boot

čižmár boot-maker

čkanie hiccup

čkať hiccup

článok 1. joint *prsta* **2.** article *v novinách, zmluvy* **3.** cell *elektrický* **4.** link *reťaze* **5.** element *ako súčasť*

čľapkanica slush

čľapkať sa splash

čľapnúť expr. splash

člen 1. member **2.** gram article **3.** fellow *príslušník* • *honorary member* čestný člen • *academician* člen akadémie • *juryman* člen poroty • *airman* člen posádky lietadla • *cabinet minister* člen vlády • *committee man* člen výboru

čudovať sa

členenie articulation, analysis, itemization
členiť articulate, analyze, itemize *na položky*, divide *deliť*
členitý articulated, rugged *krajina*
členok ankle
členský member, membership • *membership fee* členské • *membership card* členský preukaz
členstvo membership
čln boat, barge *nákladný*, rowing-boat *s veslami*
člnkovať sa boat, row
člnok 1. small boat 2. shuttle *tkáčsky*
človek body, human being, man, person
čľup splash
čmáranina scribble
čmárať 1. expr. scribble 2. scrawl
čmeliak bumblebee
čmudiť smoke, fume
čnieť 1. dominate 2. tower *týčiť sa* 3. stick° up *trčať*
čo 1. what *opyt. zámeno* • *what is it?* čo je to? 2. that, which *vzťaž. zámeno* • *concerning* čo sa týka
čoby expr. not at all

čokoláda chocolate
čokoládový chocolate
čokoľvek what(so)ever
čoraz each time • *more and more* čoraz viac
čosi 1. anything *hocičo* 2. something *niečo*
čoskoro directly, soon
čože! what! *zvolanie*
čpavok ammonia
črep 1. shrapnel *granátu* 2. splinter *skla*
črepina splinter *črepinka*, shard *úlomok*
črepník flowerpot
črevný intestinal
črevo 1. gut 2. intestine • *appendix* slepé črevo
črieda 1. flock *kŕdeľ* 2. herd *dobytka*
črta 1. sketch *náčrt* 2. feature *charakteristická* 3. attribute *vlastnosť* • *physiognomy* črty tváre
črtať make° lines
čučoriedka bilberry
čudácky strange, queer
čudák queer fellow, crank
čudný 1. funny *zábavný* 2. strange, odd *zvláštny*
čudo marvel, wonder
čudovať sa wonder, be° surprised

501

čuch smell *zmysel*
čuchať smell°
čuchový of smelling
čulosť briskness, activity
čulý active, agile, brisk, lively
čumieť gape
čupieť squat
čupnúť si squat
čušať be° quiet, be° silent
čuť hear°
čvachtať sa squelch
čvirikať chirp

D

dabing dubbing
dabovať dub
dačí, dačia, dačie someone's
dačo 1. something 2. anything *hocičo*
dajako somehow
dajaký some
dakde somewhere, someplace
dakedy sometimes
ďakovať thank • *thank you, thanks* ďakujem
ďakovný votive
dakto 1. somebody, one 2. anybody *hocikto*
daktorý 1. some 2. any *hocijaký*
daktyl dactyl
ďalej further
ďaleko far, far off
ďalekohľad telescope, *pl.* binoculars
ďalekopis teletype, telex
ďalekozraký long-sighted
ďaleký far, faraway, distant, extreme
ďalší 1. further *miestne* 2. further *časovo* 3. next *nasledujúci* 4. another *ešte jeden*
dáma 1. lady, dame 2. šach. queen • *Ladies and gentlemen* Dámy a páni!
dámsky lady's, ladies' • *lingerie* dámska bielizeň • *powder-room* dámska toaleta • *sanitary towels* dámske vložky
Dán Dane
daň tax on z, duty *clo* • *purcase tax* daň z obratu • *value-added tax* (VAT) daň z pridanej hodnoty (DPH) • *income tax* daň z príjmu • *pay-roll tax* daň zo mzdy • *profit tax* daň zo zisku • *capital transfer tax* dedičská daň • *untaxed* nepodliehajúci dani
dánčina Danish
daniel fallow-deer
daňovník tax-payer
daňový duty, tax • *a declaration of taxes* daňové priznanie • *practitioner in taxation* daňový poradca • *tax avoidance* daňový únik • *Inland Re-*

Dánsko

venue daňový úrad
Dánsko Denmark
dánsky Danish
dar gift, present, grant • *speech* dar reči
darca giver, donor, grantor • *blood donor* darca krvi
darček gift, present • *goodwill gift* reklamný darček
darebák 1. crook 2. expr. rascal 3. villain
dariť sa 1. succeed *mať úspech*, be° successful in 2. thrive° *prospievať* 3. get° on 4. flourish *prekvitať* • *how are you getting on?* ako sa vám darí?
darmožráč parasite, waster
darovať present to *komu*, give°, donate
ďasno gum
dať 1. give° 2. grant *udeliť* 3. put° *položiť* • *reorder* dať do poriadku • *cuff* dať facku • *inform* dať na vedomie • *to pay° attention* dať pozor • *tip* dať sprepitné • *give° a break* dať šancu • *godspeed* dať zbohom
dáta *pl.* data
databáza database

ďateľ woodpecker
ďatelina clover
datív dative
datľa date
datľovník date-palm
datovať date from
dátum date • *date of delivery* dátum dodania • *date of dispatch* dátum odoslania • *date of birth* dátum narodenia • *expiry date* dátum splatnosti
dátumovka date-stamp *pečiatka*
dav army *ľudí*, crowd, throng *veľký*
dávať 1. convey 2. give° 3. attend *dávať pozor*
dáviť vomit
dávka 1. dose *porcia* 2. ration *prídel* • *the benefits* dávky sociálneho poistenia • *maternity benefits* materské dávky • *medical benefits* nemocenské dávky
dávkovač dosing machine
dávkovať dose
dávno long ago, for a long time
dávnovek antiquity
dávnoveký ancient
dávny 1. historical 2. former

niekdajší **3.** ancient *starodávny*
davový crowd, mass
dážď 1. rain **2.** shower *prehánka*
daždivý rainy, showery, wet
dáždnik umbrella
dážďovka earth worm
dbať mind, care for/about *na*
dcéra daughter • *little daughter* dcérka • *goddaughter* krstná dcéra • *stepdaughter* nevlastná dcéra
debakel break-down, debacle
debata 1. debate *formálna* **2.** discussion **3.** controversy **4.** chat
debatovať 1. argue *búrlivo* **2.** debate *formálne* **3.** discuss
debit debit
debna case, chest *debnička*
debut debut
debutovať come° out
december December
decembrový December
decentnosť unobtrusiveness
decentný unobtrusive
decentralizácia decentralization
decentralizovať decentralize
deci deci-, gill of
decibel decibel
deciliter decilitre
decimácia decimation
decimálny decimal
decimeter decimetre
decimovať decimate
dedič heir • *heir-at-law* dedič zo zákona
dedička heiress
dedičnosť ancestral estate
dedičný hereditary, heritable • *original sin* dedičný hriech
dedičský hereditary, of inheritance • *death duty* dedičská daň • *right of inheritance* dedičské právo
dedičstvo alien, heritage, inheritance
dedina village
dedinčan villager
dedinský village, rustic
dediť inherit
dedko granddaddy
dedo grandfather, old man *starec*
dedukcia deduction, inference
dedukovať deduce, infer
deduktívny deductive

defekt 1. defect *chyba* **2.** breakdown *na aute* **3.** blow-out *pneumatiky*
defektný defective
defenzíva defensive
defenzívny defensive
deficit deficit • *budget deficit* rozpočtový deficit
defilé march
defilovať march past
definícia definition
definitíva tenure
definitívny definite, final, ultimate
definovať define
deflácia deflation
deflorovať deflower
deformácia deformation
deformovaný deformed
deformovať deform
defraudovať defraud
degenerácia degeneration
degenerovať degenerate
degradácia degradation
degradovať 1. degrade **2.** disgrace *znevážiť*
degustácia gustation
degustovať gustate
dehydratácia dehydration
dehydrovať dehydrate
decht tar
dechtový tarry
dej 1. plot *hry* **2.** chem. process **3.** action **4.** movement *pohyb*
dejepis history
dejinný historical
dejiny *pl.* history
dejisko scene, theatre, scenery
dejstvo div. act
deka blanket
dekáda decade
dekadencia decadence
dekadentný decadent
dekagram decagramme
dekan dean
dekanát deanery
deklamácia declamation
deklamovať declaim
deklarácia declaration • *Declaration of the Rights of Man* Deklarácia ľudských práv
deklarovať declare
dekodér decoder
dekódovať decode
dekolonizovať decolonize
dekolt obsol
dekompozícia decomposition
dekontaminácia decontamination
dekontaminovať decontaminate
dekorácia 1. decoration **2.**

demokratický

ornament *ozdoba*
dekoratér decorator
dekoratívne decoratively
dekoratívny decorative
dekorovať decorate
dekrét order, decree
deľba 1. division 2. dividing *rozdeľovanie* 3. distribution
delegácia 1. delegation *skupina* 2. deputation
delegát 1. delegate 2. representative *zástupca*
delegovaný vicarious
delegovať delegate, depute
delenec dividend
delenie division, distribution • *cut-off* deliaca čiara
delfín dolphin
delikátne delicate
delikátnosť delicacy
delikátny delicate, fine
delikt delinquency, offence
delikvent delinquent
delimitácia delimitation
delimitačný delimitation
delírium delirium
deliť 1. divide 2. separate *oddeľovať* 3. portion *na porcie*
deliť sa 1. share 2. divide into *členiť sa na* 3. branch *rozvetvovať sa*
deliteľ divisor
deliteľný divisible
delo gun, cannon
delostreľba cannonade
delostrelec gunner
delostrelecký gunnery • *bombshell* delostrelecký granát
delový gun
delta delta *písmeno*
demagóg demagogue
demagógia demagogy
demagogický demagogic
demarš démarche
dementovať contravene, deny
demilitarizácia demilitarization
demilitarizovať demilitarize
demisia demission, resignation • *hand in resignation* podať demisiu
demižón demijohn
demobilizácia demobilization
demobilizovať demobilize
demografia demography
demografický demographic
demokracia democracy
demokrat democrat
demokratický democratic

demolovať break° down, demolish
démon demon
démonický demonic
demonštrácia 1. riot 2. demonstration *verejné vystúpenie* 3. procession *sprievod*
demonštrant rioter, demonstrator
demonštrovať riot, demonstrate, protest
demontáž dismantling
demontovať dismantle, take° down
demoralizácia demoralization
demoralizovať demoralize
deň day • *day by day* deň čo deň • *open day* deň otvorených dverí • *day off* deň pracovného pokoja • *calendar day* kalendárny deň • *every day* každý deň • *day and night* vo dne v noci
denaturovaný denatured
dengľavý sickly, weak
denne every day, daily
denník 1. diary *zápisník* 2. daily *noviny*
denný daily • *daylight* denné svetlo

depilácia depilation
depilačný depilatory
depilátor depilatory
depo depot
deportácia deportation
deportovať deport
depozit deposit
depozitár depository
depresia depression
depresívne depressively
depresívny depressive
deprimovaný depressed
deprimovať depress, oppress
deprimujúci depressing
deptať tread° down
deputácia deputation
deratizácia deratization
deratizovať deratize
deravý 1. full of holes, holey, perforated 2. carious *zub*
dereš rack
derivácia derivation
derivačný derivation
derivát derivative
dermatológ dermatologist
dermatológia dermatology
des horror, fright
desať ten
desaťboj decathlon
desaťdňový of ten days
desatina one tenth part
desatinný decimal • *deci-*

mal point desatinná čiarka
• *decimal place* desatinné miesto
desaťkrát ten times, tenfold
desaťminútový ten-minute
desaťnásobný tenfold
desaťnásobok tenfold
Desatoro The Ten Command-ments, the Decalogie
desaťročie decade
desaťročný decennial
desiata snack, picnic
desiť terrify, frighten, horrify
desiť sa be° horrified
desivo horribly
desivý horrible, dreadful, terrible
despota despot, tyrant *tyran*
despotický despotic
despotizmus tyranny
destilácia distillation
destilačný distillatory
destilát distillate
destilovať distil • *distilled water* destilovaná voda
dešifrovať decipher
deštrukcia destruction, decomposition
deštrukčný destruction
deštruktívne destructively
deštruktívny destructive

detail detail
detailne in detail
detailný detailed, precise
detekčný detection
detektív detective • *inquiry agent* súkromný detektív
detektívka detective story
detektor detector
determinácia determination
determinant determinant
determinovať determine
deti *pl.* 1. children 2. hovor. kids
detinskosť childishness
detinský childish, infantile
detonácia detonation
detonačný detonation
detonátor detonator
detský baby´s, children´s • *nursery* detská izba • *polio* detská obrna • *crib* detská postieľka
detstvo childhood
detto ditto
deva girl, maiden
devalvácia devaluation
devalvovať devalue
devastácia devastation
devastovať devastate
deväť nine
deväťdesiat ninety

deväťdesiatnik nonagenarian
devätina one ninth part
devätnásť nineteen
deviácia deviation
deviant deviant
devíza foreign exchange • *foreign exchange rate* devízový kurz
dezercia desertion
dezert dessert
dezertér deserter
dezertovať desert
dezilúzia disillusion
dezinfekcia disinfection, sanitation
dezinfekčný disinfection • *germicide* dezinfekčný prostriedok
dezinfikovať disinfect, sanitize
dezinformácia disinformation
dezintegrácia disintegration
dezintegrovať disintegrate
dezorganizácia disorganization
dezorientácia disorientation
dezorientovať disorientate
diabetický diabetic
diabetik diabetic

diabol devil
diabolský devilish
diagnostický diagnostic
diagnostik diagnostician
diagnostika *pl.* diagnostics
diagnostikovať diagnose
diagnóza diagnosis
diagram diagram, chart
diakritický diacritic
diaľava distance
dialekt dialect
dialektický dialectic
dialektik dialectitian
dialektika *pl.* dialectics
diaľka distance
diaľnica motorway, freeway *Am.*
dialóg dialogue, dialog *Am.*
diamant diamond
diamantový diamond
dianie happenings, events
diapozitív slide
diaprojektor diascope
diať sa happen, take° place
didaktika *pl.* didactics
diel 1. part, portion *porcia*, volume *knihy* 2. share *podiel*
dielňa 1. workshop 2. factory hall *továrenská*
dielo work • *work of art* umelecké dielo
diera hole, gap

dierkovaný punched
dieselový diesel
dieťa 1. baby **2.** child **3.** hovor. kid • *illegitimate child* nemanželské dieťa • *stepchild* nevlastné dieťa
diéta diet
diétny dietary
dievča 1. girl **2.** girlfriend *priateľka* **3.** little girl *dievčatko* • *maiden name* dievčenské meno
diferencia difference
diferenciácia differentation
diferenciál differential
diferenciálny differential
diferencovať differentiate
difúzia diffusion
digestor hood
digitálny digital
dikcia diction
diktafón dictaphone
diktát 1. polit. dictate **2.** dictation
diktátor dictator
diktatúra dictatorship
diktovať dictate
dilema dilemma
diletant dilettante
diletantizmus dilettantism
diletantský dilettante
dimenzia dimension

dinosaurus dinosaur
dióda diod
dioptria diopter
dioptrický dioptric
diplom 1. certificate **2.** diploma *športový* **3.** degree *vysokoškolský*
diplomacia diplomacy
diplomat diplomat
diplomatický diplomatic • *diplomatic immunity* diplomatická imunita
diplomovaný qualified
direktíva direction
dirigent conductor
dirigovať 1. hud. conduct **2.** manage *riadiť*
disciplína 1. discipline **2.** science *odborná*
disciplinovaný disciplined, disciplinary
disharmónia disharmony
disharmonický disharmonious
disk 1. šport. discus **2.** tech. disc
disketa floppy disc
diskont discount
diskontný discount, of discount
diskotéka hovor. disco
diskreditovať discredit
diskrétnosť discretion

diskrétny discreet
diskriminácia discrimination ● *colour bar, racial discrimination* rasová diskriminácia
diskusia controversy, discussion, disputation
diskusný discussion ● *discourse* diskusný príspevok
diskutabilný arguable, controversial
diskutovať argue, consult, debate, discuss
diskvalifikácia disqualification
diskvalifikovať disqualify
dislokácia dislocation
dispečer controller, production manager
displej display unit
disponovať dispose, command
dispozícia 1. disposal 2. inclination *predpoklad*
disproporcia disproportion
distribúcia distribution ● *distribution of goods* distribúcia tovaru
distribučný distributive
distribuovať distribute
distribútor distributor
dištancovať sa distance
div wonder, miracle *zázrak*

divadelný theatrical ● *drama* divadelná hra
divadlo theatre
divák 1. onlooker *náhodný* 2. šport. spectator 3. viewer *televízny*
diván couch
diviak wild boar
dividenda dividend, bonus
divina 1. game *zver* 2. venison *mäso*
divízia division
divný strange, odd
divočina wilderness
divoch savage
divoký 1. wild, savage 2. violent *zúrivý*
divý 1. wild, savage 2. feral *žijúci voľne*
dizertácia dissertation, thesis *práca*
dlaha splint
dlaň palm
dláto chisel
dlažba pavement, flagstone *kamenná*
dláždený paved, flagged
dlaždica tile, paving stone
dláždiť pave, cobble *kameňom*
dlážka floor
dlh debt ● *on credit* na dlh
dlho 1. a long time 2. long

dávno
dlhodobý longdated, long-term, prolonged *predĺžený*
dlhopis bond, obligation
dlhoročný long-year, of many years' standing
dlhotrvajúci long-lasting
dlhovať be° in debt, owe
dlhoveký longevous, long-lived
dlhý 1. long 2. tall *o človeku*
dĺžeň diacritic mark
dĺžka length • *length of stay* dĺžka pobytu
dlžník debtor
dlžný indebted, owing money
dlžoba debt
dnes today, this day, nowadays *prítomnosť* • *this morning* dnes ráno • *tonight* dnes večer
dnešný today's, the present day
dnešok today, this day
dno bottom
dnu in, inside
do 1. to, into *smerovo* 2. to, by, till, untill *časovo* • *from beginning to end* od začiatku do konca
doba 1. era, epoch, period • *nowadays* v našej dobe 2. time *čas* • *flight time* doba letu • *time of departure* doba odchodu • *time of arrival* doba príchodu • *business hours* pracovná doba
ďobať peck
dobehnúť run° up to, catch° up *čas*, fox *oklamať*
doberať si tease
dobiedzať molest
dobierka cash on delivery, skr. **C.O.D.**
dobiť 1. beat° 2. charge *batériu*
dobodať stab
dobrák good-natured fellow
dobre 1. well, good 2. right, alright *v poriadku* • *I am all right, I am well* Mám sa dobre
dobro the good, welfare *blaho*
dobročinnosť charity
dobročinný benefit, charity, charitable
dobrodinec benefactor
dobrodruh adventurer *cestovateľ*
dobrodružný adventurous *odvážny*
dobrodružstvo adventure
dobropis crediting

dobroprajný well-wishing, open-hearted
dobrosrdečný kind-hearted
dobrota 1. benevolence *vlastnosť* **2.** candy *sladkosť*
dobrovoľne voluntarily, freely
dobrovoľník volunteer
dobrovoľný free, voluntary
dobrý 1. good **2.** kind *láskavý* • *good morning* dobré ráno • *good afternoon* dobrý deň • *good evening* dobrý večer
dobyť gain *získať*, capture, conquer *silou*
dobytok cattle *hovädzí*, livestock, stock *na farme*
dobyvačný aggressive
dobývať 1. extract, mine *ťažiť* **2.** conquer *pevnosť* **3.** gain *získavať*, acquire *získavať*
dobyvateľ conqueror
dobyvateľský conqueror
docent university lecturer
docieliť achieve
dočasne temporarily
dočasný 1. temporary **2.** provisory *provizórny* **3.** transitory *prechodný*
dočiahnuť reach

dočkať sa wait for
dodací of delivery • *delivery note* dodací list
dodať 1. add *pridať* **2.** deliver *doručiť* **3.** supply *zásobovať*
dodatkový additional
dodatočne in addition
dodatočný additional, supplementary
dodatok addition, supplement, amendment *zmluvy*
dodávať 1. deliver **2.** supply *zásobovať*
dodávateľ supplier, partner, deliverer
dodávka consignment *zásielka*, delivery, supply
dodnes up to now
dodržať 1. abide° by **2.** hovor. stick° to sth. • *keep° o.s. word* dodržať slovo
dodržiavať keep°
doga bulldog
dogma dogma, doctrine
dogmatický dogmatic
dogmatik dogmatist
dogmatizmus dogmatism
dohad 1. conjecture *predpoklad*, guess *náhodný* **2.** rumour *domnienka* **3.** speculation *špekulácia*
dohadovať sa 1. argue *s*

dok

kým, squabble 2. conjecture *hádať*
dohadzovač 1. middleman, agent 2. marriage broker *sobášny*
dohasínať go° out, die away
dohľad 1. view 2. supervision *dozor*
dohliadať beware
dohliadnuť 1. see° as far as *dovidieť kam* 2. oversee° *dozrieť*
dohoda agreement, alliance, treaty *politická* • *peace treaty* mierová dohoda • *trade agreement* obchodná dohoda
dohodiť 1. throw° as far *kam* 2. procure *obstarať*
dohodnúť 1. set° up 2. appoint *termín* 3. clear *ujasniť*
dohodnúť sa agree on *na*, settle on *na*, contract, compromise
dohola bare
dohoniť catch°, overtake°
dohorieť burn° out
dohovárať blame
dohovor understanding, verbal agreement, treaty
dohovoriť sa make° o.s. understood *dorozumieť sa*, agree
dohra epilogue *zakončenie*
dohromady together, in common
dohrýzť bite°
dochádzať attend *navštevovať*, visit a place *pravidelne*
dochádzka attendance *kam* • *compulsory education* povinná školská
dochutiť flavour
dochvíľnosť punctuality
dochvíľny punctual
dochytiť catch°
dojať appal
dojatie emotion
dojatý moved, touched
dojča baby, infant
dojčiť nurse
dojednať sa agree
dojem effect, impression • *impress* urobiť dojem
dojemný emotional, touching, moving
dojenie milking
dojič milkman
dojička milkmaid
dojiť milk
dojivosť milk yield
dojka wet-nurse
dojnica milch cow
dok dock, dockyard

515

dokaličiť maim, cripple
dokázať 1. prove, demonstrate *podať dôkaz* **2.** manage *zvládnuť*
dokázateľný demonstrable
dokazovací evidential
dokazovanie proof
dokedy how long
dokiaľ while, till
doklad document *listina*, certificate *potvrdenie* • *registration papers* doklady vozidla • *indenture* úradný doklad
dokladovať document
dokola round about, round and round
dokonale perfectly
dokonalosť perfection, excellence
dokonalý absolute *bezvýhradný*, perfect
dokonať pass away
dokonca 1. even **2.** throughout, fully *celkom*
dokončiť 1. achieve, finish, complete **2.** top out *zavŕšiť*
dokopy together
dokorán wide open
doktor doctor, physician *lekár* • *Doctor of Laws* doktor práv
doktorát doctorate

doktorský doctoral
doktrína doctrine
dokument act, document • *legal document* právny dokument
dokumentácia documentation
dokumentačný documentation
dokumentarista documentarist
dokumentárny documentary
dokumentovať demonstrate by documents
dokumenty *pl.* papers
dolámať break°
dolapiť capture, seize
dolár dollar *menová jednotka*, skr. $
doľava to the left
dole down
doliehať urge, press
doliezať fawn
dolina 1. valley **2.** lowland *nížina*
dolník jack
dolný lower, low • *lower deck* dolná paluba • *House of Commons* dolná snemovňa
dolovať mine, dig°
doložiť attest, add, docu-

donedávna

ment *dokázať*
doložka addition, remark
dolu 1. below *poloha* **2.** downwards *smer*
dom 1. house **2.** small house *domček* • *White House* Biely dom • *mortuary* dom smútku • *council house* nájomný dom
dóm cathedral, dome
doma at home, inside *vo vnútri*, indoors *dnu*
domáca 1. housekeeper **2.** housewife *žena v domácnosti*
domáci 1. homely **2.** domestic *zviera* • *homework* domáca úloha • *housework* domáce práce
domácnosť household • *joint family* spoločná domácnosť
domáhať sa 1. claim *nárokovať si* **2.** demand *žiadať*
domček 1. a small house **2.** shell *ulita*
doména domain
dominanta dominant
dominantný dominant
dominikán Dominican
domínium domain
domino *pl.* dominoes *hra*
dominovať dominate
dominujúci dominant
domnelý assumed, supposed *predpokladaný*
domnienka 1. assumption, conjecture *neúplná*, supposition *neistá* **2.** theory
domnievať sa 1. assume **2.** suppose *predpokladať* **3.** believe *veriť*
domobrana homeguard
domorodec native, aboriginal
domorodý native
domov 1. home **2.** native country *vlasť* • *homeless* bez domova • *rest home* domov dôchodcov
domovina fatherland, homeland, native country
domovník porter, caretaker, housekeeper
domovský home • *domicile* domovské právo
domový house
domýšľať si pretend
domýšľavý conceited, pretentious
donášač 1. informer *udavač* **2.** sneak *v škole*
donášať 1. carry *nosiť* **2.** inform against *udávať*
donáška delivery
donedávna not long ago,

517

donekonečna

until lately
donekonečna incessantly, on and on
doniesť 1. bring° 2. carry *dopraviť* 3. inform about *na koho* 4. fetch *priniesť*
donucovať compel, constrain
donútiť 1. force, compel 2. provoke *vyprovokovať*
doobeda in the morning, a.m., before noon
doobedie morning
dookola all around
dopad incidence, impact
dopadnúť land *na zem*
dopisovateľ correspondent
dopiť drink° up, finish up
doplácať pay° off, pay° for *na čo*
doplatiť pay° the balance *zaplatiť sumu*
doplatok extra charge, balance
doplniť 1. fill up *naplniť* 2. complete 3. amplify *rozšíriť*
doplnkový complementary, supplementary
doplnok addition, suplementation, complement *dodatok*
doplňovací complementary

doplňujúci complementing • *rider* doplňujúca poznámka
dopodrobna in detail
dopoludnia in the morning, a.m., before noon
dopoludnie morning
dopoly half
doporučene Registered mail
doporučenie recommendation, reference *osobou*
doporučený registered • *registered letter* doporučený list
doporučiť recommend
doposiaľ till now, up to now
doprava *prísl.* to the right
doprava 1. transit, transport, traffic *cestná* 2. sending *odoslanie* • *shipping* doprava loďou
dopravca carrier, transporter
dopraviť transport, send°
dopravník conveyer
dopravný transport, traffic • *traffic accident* dopravná nehoda • *traffic police* dopravná polícia • *traffic jam* dopravná zápcha • *rush-hour traffic* dopravná špička • *moto-*

dospieť

ring offence dopravný priestupok • *traffic lights* semafory

dopredaj clearance sale

dopredu 1. forward, ahead on **2.** in advance *časovo*

dopriať grant, allow

dopriať si allow, afford

dopustiť allow, let°

dopustiť sa commit

dopyt demand *po tovare*, inquiry

dorábať make°, produce

dorast rising generation

dorásť grow° up, grow° *koho*

dorastenec junior

dorastenecký junior

doraziť come° in *prísť*

dorezať cut° up

doriešiť solve completely

dorozumenie understanding, agreement

dorozumieť sa come° to an understanding, arrange, settle *dohodnúť sa*, speak° *cudzou rečou*

dorozumievací communication

dorozumievať sa communicate

doručiť deliver, hand in

doručovateľ postman, letter-carrier *Am.*

dosadiť 1. put° to **2.** appoint *koho* **3.** substitute *do rovnice*

dosah 1. reach **2.** range **3.** import *význam*

dosiahnuť 1. reach *úroveň* • *within reach* na dosah **2.** achieve *cieľ* **3.** touch *rukou*

dosiaľ till now, up to now

doska board, plank *drevená* • *breadboard* doska na krájanie chleba • *ironing-board* doska na žehlenie • *memorial tablet* pamätná doska

doskočisko pit

doskočiť jump as far as

doskok landing, jump-down

doslov epilogue

doslova literally, verbatim

doslovne verbatim, word by word, verbally

doslovný verbal, literal • *literal translation* doslovný preklad

dospelosť adult age, maturity • *school-leaving examination* skúška dospelosti

dospelý grown-up, adult, mature

dospieť 1. achieve, attain

dosiahnuť **2.** reach **3.** grow° up *vyspieť* **4.** infer *k názoru*
dospievanie adolescence
dosť enough, plenty of
dostačujúci sufficient, satisfactory
dostať 1. get°, receive *prijať*, be° given **2.** obtain *získať* • catch° *flue* dostať chrípku
dostať sa 1. get°, arrive at *kam* **2.** reach *dosiahnuť*
dostatočný *p.* dostačujúci
dostatok abundance, plenty *hojnosť*
dostaviť sa appear before, answer, turn up
dostihnúť catch° up with *dohoniť*, overtake°
dostihový racing • *racetrack* dostihová dráha
dostihy the races • *steeplechase* prekážkový beh
dostrel range *pušky*, shot *dela*
dostupnosť accessibility, availability
dostupný available
dosvedčiť certify, attest, proclaim, swear° to *pod prísahou*
doširoka broadly, wide

doštička tablet, lath
dotácia grant, subsidy
dotaz question
dotazník form, questionnaire *anketový*
doteraz till now, up to the present time
dotiaľ till then, as long as
dotieravec intruder
dotieravosť importunity
dotieravý intrusive, obtrusive
dotknúť sa 1. touch **2.** mention *spomenúť* **3.** affect *citovo*
dotlač over-run, reprint
dotovať give° a grant, finance
dotyk touch, contact *vzájomný*
dovážať import
Dovidenia! Good bye!
dovidieť see° as far as
doviesť 1. bring° **2.** lead° **3.** follow *do konca*
doviezť carry, import
dovliecť pull
dovnútra inside, into
dovolenka leave, holiday • be° *on holiday* byť na dovolenke • *maternity leave* materská dovolenka
dovolenkár holiday-maker

dovoliť allow, permit
dovoliť si afford *môcť*
dovoz supply, import *zo zahraničia*
dovozca importer
dovŕšiť complete *dokončiť*
dovtedy till then
dovtípiť sa find° out, guess
dóza box
dozadu backwards, to the back
dozerať control, oversee°, supervise *kontrolovať*
dozor control, supervision, inspection
dozorca 1. guard *stráž* 2. supervisor 3. inspector 4. custodian *múzea*
dozretý ripe
dozrieť 1. ripen 2. mature *dospieť* 3. oversee° *dať pozor* 4. see° as far as *dovidieť*
dožadovať sa 1. demand 2. claim *domáhať sa* 3. clamour *nahlas*
dožičiť allow
dožičiť si afford
dožinky harvest festival
dožiť pass away
dožiť sa live to see
doživotie for life, lifelong
doživotný lifelong

dôchodca pensioner • *old-age pensioners* dôchodcovia • *retirement age* dôchodkový vek
dôchodcovský pensioner
dôchodok 1. income *príjem*, annuity *renta* 2. pension *penzia* • *old age pension* starobný dôchodok
dôjsť 1. come°, arrive 2. reach *dosiahnuť*
dôkaz 1. argument, proof, evidence 2. confirmation *potvrdenie*
dôkazný evidential
dôkladný thorough *komplexný*, solid
dôležitosť importance, significance
dôležitý 1. important, significant 2. burning *naliehavý*
dôraz stress, emphasis, accent
dôrazný strong, emphatic
dôsledne consequently
dôslednosť consistency
dôsledný consistent
dôsledok consequence, result
dôstojník officer
dôstojnosť dignity
dôstojný dignified

dôvera trust, confidence, faith in *v*
dôverčivo credulously
dôverčivosť credulity
dôverčivý credulous
dôverník trustee
dôvernosť familiarity, intimacy
dôverný 1. familiar *známy* 2. confidential *tajný*
dôverovať trust, have° confide in *komu*
dôveryhodne credibly
dôveryhodnosť credibility
dôveryhodný trustworthy, credible
dôvod argument for *za*, against *proti*, reason, cause *príčina*
dôvodový reasoned
dôvtip ingenuity, sagacity
dôvtipný ingenious
dračí dragon
dračica dragon, termagant, fury *žena*
dráha 1. course, šport. track 2. railway *železničná* 3. orbit *obežná* 4. trajectory *strely* • *Milky Way* mliečna dráha
draho expensively
drahocenný precious, valuable, costly

drahokam precious stone, gem *opracovaný*
drahota dearth
drahý 1. dear *milý* 2. expensive *cenovo* 3. precious *vzácny*
drahý dear *oslovenie*
drak 1. dragon 2. kite *šarkan*
dráma drama, play
dramaticky dramatically
dramatický dramatic • *play* dramatické dielo
dramatik dramatist, playwright
dramatizácia dramatization
dramatizovať dramatize
dramaturg dramaturgist
dramaturgia drama theory
drancovať plunder, ransack
drankať wheedle
drapľavý rugged, harsh
draslík potassium
drasticky drastically
drastický drastic • *strong measures* drastické opatrenia
drať 1. tear° 2. wear° out *nosením* 3. flay *z kože*
dravec carnivorous animal
dravo rapaciously
dravosť rapacity, ferocity
dravý 1. wild 2. rapacious *bezohľadný* 3. ferocious

krutý
dražba auction, public sale, sale
dráždiť 1. irritate 2. needle *podpichovať* 3. excite 4. allure *priťahovať*
dráždivosť irritability, stimulativeness
dráždivý 1. irritable 2. erogenous *vzrušujúci*
dražiť auction off
dražoba dearness
drdol chignon
dreň 1. pitch 2. marrow *kostná*
drenáž drainage
drenážovať drain
drep squatting posture
dres sports dress
dreváreň woodshed
drevárstvo timber-trade
drevenica wooden cottage
drevený wooden
drevina tree species
drevo wood, timber *stavebné*
drevokaz wood-worm
drevopriemysel wood industries
drevorubač wood-worker
drevorytec wood-engraver
drez sink
drezúra breaking-in, drill

drgať bump, jog
driapať scratch
driapať sa climb up, clamber *po skalách*
driblovať dribble
driek trunk, bodice, waist
driemať doze, snooze
drieť 1. toil 2. expr. drudge *pracovať* 3. grind° *učiť sa*
dril drill
drilovať drill
drina drudgery, toil
drkotať rattle, chatter *zubami*
drnčať clink
drobiť crumble
drobizg kids, the little ones
drobky offal
drobné small change
drobnosť trifle
drobný 1. tiny 2. diminutive *nepatrný* • *small change* drobné peniaze
droga drug, dope • *dependence on drugs* drogová závislosť • *hard drug* tvrdá droga
drogéria drugstore *Am.*, chemist´s
drogéristický chemist
drogista druggist *Am.*, chemist
drôt wire

523

drotár tinker
drôtený wire
drozd thrush
droždie leaven, yeast
drsnosť roughness, rigour *prísnosť*
drsný 1. rough *ruky* 2. inconsiderate *bezohľadný* 3. vulgar *vulgárny*
druh 1. kind, sort *sorta*, type, species *živočíšny* 2. associate, mate *človek* 3. breed *plemeno*
druhoradý second-rate
druhorodený second-born
druhostupňový second-stage
druhotný secondary
druhotriedny second quality
druhý 1. second 2. another *iný* 3. next *ďalší*
družba 1. best man *ženícha na svatbe* 2. friendship *priateľstvo*
družica satellite
družička bridesmaid
družina suite, retinue, after-school centre *školská*
družiť sa associate
družka 1. female companion 2. práv. common-law wife

družnosť 1. companionability 2. sociableness *srdečná*
družný companionable, sociable
družstevný cooperative
družstvo 1. cooperative 2. housing society *bytové* • *consumer cooperative* spotrebné družstvo • *cooperative society* výrobné družstvo
drvič crusher
drviť crush, grind°
drzo cheekily
drzosť arrogance, cheek, impertinence
drzý arrogant, impertinent, cheeky
držať 1. hold° 2. keep° *v tajnosti* 3. hold° fast *pevne* 4. keep° step *krok* 5. diet *diétu* • *Hold° the line.* Držte linku. *pri telefonovaní*
držať sa 1. hold° on to *čoho* 2. abide° by *predpisov* 3. hang° on *visieť* 4. keep° away *bokom* • *Keep° behind me.* Držte sa za mnou. 5. hold° hands *za ruky*
držiak handel, holder
držiteľ holder, keeper
držky tripe • *tripe soup*

držková polievka
dualistický dualistic
dualizmus dualism
dub oak
dubák boletus
dubový oak
dudrať mumble
duel duel
dueto duet
dúfať hope, believe *veriť*
dúha rainbow
dúhovka iris *očná*
dúhový rainbow
duch 1. spirit 2. ghost *strašidlo* • *Holy Spirit* Duch svätý
duchaplný witty
duchaprítomnosť presence of mind
duchaprítomný calm, prompt
dúchať blow°
duchovenstvo clergy
duchovne spiritually
duchovný clergyman, priest *katolícky*, spiritual
dukát ducat
dumať ponder over *nad*, meditate
ďumbier ginger
dunieť roll, rumble
duo duo
dupačky *pl.* baby tights

dupať stamp, trample
duplicita duplicity
duplicitný duplicate
duplikát duplicate
duplikovať duplicate
dupnúť step
dupot stamping
duriť hound
dusený roasted, stewed
dusičnan nitrate
dusík nitrogen
dusiť 1. suffocate *dusiť sa*, stifle *v sebe* 2. stew *mäso*
dusiť sa suffocate
dusivý stifling
dusný stuffy, muggy
duša soul, mind
duševne mentally, intellectually *intelektuálne* • *insane* duševne chorý
duševný mental, intellectual *intelektuálny*, psychic, spiritual *duchovný*
Dušičky *pl.* All Souls
dúšok draught • *at one draught* jedným dúškom
duť blow°
dutina cavity, hollow • *oral cavity* ústna dutina
dutý concave, hollow
dužina stave, pulp
dužinatý pulpy
dva two • *twice* dva razy

dvadsať twenty
dvadsiatnik a twenty-heller piece
dvakrát twice • *two times a day* dvakrát denne
dvanásť twelve, dozen *tucet*
dvere door
dvestoročný bicentenary
dvierka wicket
dvíhať 1. lift 2. raise *zvyšovať* 3. curtain *oponu*
dvíhať sa 1. rise° *vietor* 2. turn *žalúdok*
dvojaký twofold, double
dvojbodka colon
dvojča twin
dvojčíslo coupled issue *novín*
dvojčlenný binominal
dvojdielny bipartite
dvojdom pair of semidetached houses
dvojfarebný in two colours
dvojfázový biphase
dvojhlas duet
dvojhláska diphthong
dvojhlasný for two voices
dvojhlavý double-headed
dvojhra double
dvojica couple, pair
dvojičky *pl.* twins
dvojitý double, dual
dvojjazyčne bilingually

dvojjazyčný bilingual
dvojkový binary • *binary code* dvojkový kód
dvojlôžkový double-bedded
dvojmo double, in duplicate
dvojnásobný double
dvojnásobok double
dvojník double
dvojpodlažný two-storeyed
dvojpohlavný bisexual
dvojposchodový two-storeyed
dvojposteľový • *a double room* dvojposteľová izba
dvojramenný two shouldered
dvojročný two years old
dvojslabičný disyllabic
dvojspev duet
dvojstranný bilateral
dvojverš distich
dvojzmysel ambiguity
dvojzmyselný ambiguous, double
dvojženstvo bigamy
dvor yard, court
dvoran courtier
dvoriť court *komu*
dych breath • *in one breath* jedným dychom
dýchací respiratory, breathing
dýchanie respiration, breat-

hing • *mouth-to-mouth resuscitation* dýchanie z úst do úst
dýchať 1. breathe 2. odb. respire
dýchavičnosť short wind
dychčať pant
dychtivý eager, keen
dýka dagger *bodák*
dym smoke, fume *výpar*
dymiť smoke, fume
dymový fume
dyňa watermelon
dynamický dynamic
dynamika *pl.* dynamics
dynamit dynamite
dynamo dynamo
dynastia dynasty
dynosaurus dinosaur
džavot warble
džbán jug, pitcher *Am.*
džem jam, marmalade
džez jazz
džínsy *pl.* jeans
džíp jeep
džudo judo
džungľa jungle
džús juice

E

eben ebony
ebenový ebony
ebonit vulcanite
edém dropsy
edícia edition • *publishing scheme* edičný plán
edičný edition
editor publisher
editovať edit
efekt effect, result *výsledok*
efektivita efficiency, effectivity
efektívne effectively
efektívnosť efficiency, effectiveness
efektívny effective *účinný*, efficient *výkonný*, actual *skutočný*
efektnosť effectiveness, impressiveness
efektný impressive *pôsobivý*
ego ego
egocentrický egocentric, self-centred
egocentrik egotist
egocentrizmus egocentricity
egoista egoist
egoisticky egoistically
egoistický egoistic

egoizmus egoism
egreš gooseberry
egrešový gooseberry
egyptológia egyptology
egyptský Egyptian
echo echo
eidam Edam (cheese)
ejakulácia ejaculation
ejakulovať ejaculate
eklekticizmus eclecticism
eklektický eclectic
eklektik eclectic
ekológ ecologist, environmentalist
ekológia ecology
ekologicky ecologically
ekologický ecological
ekonóm economist
ekonómia 1. *pl.* economics 2. economy *hospodárstvo*
ekonomicky economically
ekonomický economical, economic • *feasibility study* ekonomický rozbor
ekonomika economy, economics *veda*
ekosystém ecosystem
ekumenicky ecumenically
ekumenický ecumenical
ekumenizmus ecumenism

ekvivalencia equivalence
ekvivalent equivalent
ekvivalentný equivalent
ekzém eczema
elaborát account, report
elán ardour, vigour, verve
elastický elastic
elegán smart fellow
elegancia elegance, smartness
elegantne elegantly
elegantný elegant, smart *odevom*
elégia elegy
elegický elegiac
elektráreň power station, power plant ● *atomic power station* atómová elektráreň ● *hydroelectric power station* vodná elektráreň
elektricky electrically
elektrický electric, electrical ● *electric flex* elektrická šnúra ● *death-chair* elektrické kreslo ● *electricity* elektrické napätie ● *electric field* elektrické pole ● *electric charge* elektrický náboj ● *ring mains* elektrický obvod ● *electricity* elektrický prúd ● *electrical appliance* elektrický spotrebič
električka tram, trolley *Am.*
elektrifikácia electrification
elektrifikačný electrification
elektrifikovať electrify
elektrikár electrician
elektrina electricity
elektrizovať electrify
elektróda electrode ● *positive/negative electrode* kladná/záporná elektróda
elektrokardiograf electrocardiograph
elektrokardiogram electrocardiogram
elektroliečba electrotreatment
elektrolyt electrolyte
elektrolýza electrolysis
elektromagnet electromagnet
elektromagnetický electromagnetic
elektromagnetizmus electromagnetism
elektromechanik electrician
elektromer electrometer
elektromontér p. elektromechanik
elektromotor electromotor
elektrón electron

elektronicky electronically
elektronický electronic ● *electronic music* elektronická hudba ● *email* elektronická pošta
elektronika *pl.* electronics
elektrospotrebič electric appliance
elektrotechnický electrical
elektrotechnik electrical engineer
elektrotechnika *pl.* electronics, electrical engineering
elektrovodič conductor
element element ● *antisocial elements* protispoločenské elementy
elementárny elementary
eliminácia elimination
eliminačný elimination
eliminovať eliminate
elipsa 1. mat. ellipse 2. gram. ellipsis
elipsovitý elliptical
elita élite
elitný élite
elixír elixir ● *elixir of life* elixír života
emancipácia emancipation
emancipačný emancipation ● *emancipation movement* emancipačné hnutie
emancipovaný liberated

emancipovať emancipate
embargo embargo
emblém emblem
embólia embolism
embryo embryo
embryológ embryologist
embryológia embryology
ementál Emment, Swiss cheese
emigrácia emigration
emigračný emigration
emigrant emigrant, refugee *utečenec*
emigrovať emigrate
Eminencia Eminence
eminentný eminent
emisár emissary
emisia emission
emisný emission
emócia emotion
emocionálnosť emotional
emocionálny emotional
emotívne emotionally
emotívny emotive
empíria experience
empirický empirical
empirik empiricist
empirizmus empiricism
emulzia emulsion
emulzný emulsion
encyklika encyclical
encyklopédia encyclopedia
encyklopedický encyclo-

pedic
energetický energetic • *energy value of foodstuffs* energetická hodnota potravín • *energy industry* energetický priemysel • *energy source* energetický zdroj
energetik power engineer
energetika *pl.* energetics
energia energy, power *priemyslová*, vigour • *nuclear energy* atómová energia • *electric energy* elektrická energia
energický ebullient *temperamentný*
enkláva enclave
enormný enormous
entita entity
entomológ entomologist
entomológia entomology
entrópia entropy
entuziazmus enthusiasm
environmentálny environmental
enzým enzyme
enzymatický enzymatic
enzýmový enzyme
epicentrum epicentre
epický epical • *epic novel* epický román
epidémia epidemic
epidemický epidemic, epidemical
epidemiológ epidemiologist
epidemiológia epidemiology
epigraf epigraph
epigram epigram
epik epic poet
epika epic poetry
epilepsia epilepsy
epileptický epileptic • *epileptic fit* epileptický záchvat
epileptik epileptic
epilóg epilogue
epištola epistle
epitaf epitaph
epiteton epithet
epizóda episode
epizodický episodic, episodical
epocha epoch
epopeja epopee, epic
epos epos
epoxid epoxide
éra era, epoch, age
erárny national, state
erb coat of arms, bearing
erbový bearing arms, armorial
erdžanie horse laugh
erdžať neigh
erekcia erection

eroticky erotically
erotický erotic
erotika *pl.* erotics *pôsobenie*
erotoman sex-maniac
erózia erosion
erudícia erudition
erudovane eruditely
erudovaný erudite, proficient
erupcia eruption
erupčný eruption
esej essay, composition
esejista essayist
esejistický essay
esencia essence
eskalácia escalation
eskorta escort
eskortovať escort
eso 1. šport. ace **2.** top man *človek*
esperanto Esperanto
espreso espresso, coffee bar
estét aesthete
esteticky aesthetically
estetický aesthetic
estetika *pl.* aesthetics
estráda music hall art, show
estragón tarragon
estrogén oestrogen
ešte 1. still *stále* **2.** yet *po zápore* ● *another* ešte jeden ● *once more* ešte raz
etán ethane

etapa stage, phase *fáza*
éter ether
éterický ethereal ● *essential oils* éterické oleje
etický ethical
etika 1. *pl.* ethics *filozofia* **2.** ethic *morálka*
etiketa 1. etiquette *súhrn pravidiel* **2.** label *nálepka*
etiketovať label
etnický ethnic
etnograf ethnographer
etnografia ethnography
etnografický ethnographic
etnológ ethnologist
etnológia ethnology
etnologický ethnological
etuda étude
etylén ethylene
etymológia etymology
eufória euphoria
euforický euphoric
eunuch eunuch
Európa Europe, Continent
Európan European
európsky European, continental
eutanázia euthanasia
evakuácia evacuation
evakuačný evacuation
evakuovať evacuate
evanjeliár gospel-book
evanjelický evangelical

evanjelik Lutheran, Protestant
evanjelista evangelist
evanjelium gospel
eventualita eventuality, alternative *z dvoch*
evidencia record, files *usporiadaná*, evidence
evidenčný control • *registration number* evidenčné číslo
evidentný evident, apparent *zrejmý* • *an obvious mistake* evidentná chyba
evidovať keep° files of, register
evolúcia evolution
evolučný evolutionary • *theory of evolution* evolučná teória
exaktne exactly
exaktný exact • *exact sciences* exaktné vedy
excelencia Excellency • *Your Excellency* Vaša Excelencia
excentrický eccentric
excerpcia excerption
excerpt excerpt
exekúcia distraint, execution *výkon*
exekučný distrain
exekútor bailiff, distrainer

exemplár copy *výtlačok*, sample *vzorka*
exhalát exhalation
exhalovať exhale
exhibícia šport. exhibition
exhibicionista exhibitionist
exhibicionizmus exhibitionism
exhibičný exhibition
exhumácia exhumation
exhumovať exhume
exil exile
exilový exile • *government in exile* exilová vláda
existencia being, existence • *a queer customer* pochybná existencia
existencionalizmus existentialism
existenčný existential • *subsistence level* existenčné minimum
existovať exist, be° in existence
exkluzívny exclusive
exkurzia excursion
exotický exotic
exotika the exotic
expandovať expand
expanzia expansion
expanzívny expansive
expedícia expedition *výprava* • *scientific expedition*

expedičný

vedecká expedícia
expedičný expeditionary
experiment experiment
experimentálny experimental
experimentovanie experimentation
experimentovať experiment
expert expert
expertíza expertise, expert opinion
explodovať explode
explózia explosion
exponát exhibit
exponent mat. exponent
exponovať expose *film*
export export
exportér exporter
exportovať export
expozícia exposure
expozitúra branch-office
expres express
expresionista expressionist
expresionizmus Expressionism
expresívny expressive
expresne expressly
expresný express
exspirácia expiry
extáza ecstasy
exteriér exterior, the outside
externe externally

externý outside *vonkajší*, external
extra specially, separate *oddelene*
extrakcia extraction
extrakt extract, essence
extrém extreme
extrémista extremist
extrémny extreme
exulant exile
ezoterický esoteric

F

fabrika factory, manufacture
fabrikant manufacturer
fabula fable
fabulovať fable
facka 1. hovor. slap in the face 2. smack • *get° a slap on the face* dostať facku • *Aunt Sally* fackovací panák
fackať smack
fádne blandly
fádnosť blandness, drabness, monotony
fádny bland, dull, monotonous
fagot bassoon
fajčenie smoking • *no smoking* fajčenie zakázané
fajčiar smoker
fajčiť smoke
fajka pipe • *peace-pipe* fajka mieru
fakír fakir
fakľa torch
fakt fact, matter of fact
faktický factual • *marginal note* faktická poznámka
faktor factor *činiteľ*
faktový factual

faktúra invoice, bill • *make° out an invoice* vystaviť faktúru
fakturácia invoicing
fakturovanie billing
fakturovať invoice
fakulta faculty, college • *Faculty of Arts* filozofická fakulta • *Faculty of Medicine* lekárska fakulta • *Faculty of Science* prírodovedecká fakulta
fakultatívny facultative, optional • *optional subjects* fakultatívne predmety
fakultný faculty
faloš falsehood, falsity, lie, pretence *predstieranie*
falošnica deceitful woman
falošník deceitful man
falošnosť pretentiousness, pretension
falošný 1. false *neúprimný* 2. wrong *nesprávny* 3. counterfeit *falšovaný* 4. delusive *klamný* • *fixation* falošná predstava • *red herring* falošná stopa • *discord* falošný tón
falšovanie forgery

falšovaný

falšovaný fake, forged
falšovať fake, falsify, forge
• *fake the signature* falšovať podpis
falšovateľ falsifier, forger
falzet falsetto
falzifikácia falsification
falzifikačný falsification
falzifikát falsification, counterfeit, fake, forgery
fáma fame, rumour
familiárne familiarly
familiárnosť familiarity
familiárny familiar
fanaticky fanatically
fanatický fanatic
fanatik 1. náb. bigot 2. fanatic
fanatizmus fanaticism
fanatizovať fanaticize
fanfára 1. flourish *na privítanie* 2. odb. fanfare
fantasta fantast, dreamer
fantasticky fantastically
fantastický fantastic, imaginary *vymyslený*
fantázia fancy, imagination *umelecká*, fantasy
fantazírovať be° delirious, fantasize
fantazmagória phantasmagoria
fantóm phantom

fanúšik fun
fara 1. hovor. parsonage *úrad* 2. parish *farnosť*
faraón Pharaoh
farár priest *kresťanský*, parson *protestantský*
fárať mine, go° down
farba 1. colour *sfarbenie* 2. paint *maliarska* 3. dye *farbivo* 4. complexion *pleti*
farbenie dyeing
farbiar dyer *zamestnanie*
farbička crayon, pastel
farbistý richly coloured
farbiť colour, paint, dye *látku*
farbivo dye *na tkaniny*, colouring *potravinárske*
farboslepost daltonism, colour-blindness
farboslepý colour-blind
farbotlač colour printing
farebný coloured • *coloured illustration* farebná ilustrácia
farizej pharisee
farma farm, grange *dvor*
farmaceut pharmacist
farmaceutický pharmaceutical
farmácia pharmacy
farmakológ pharmacologist
farmakológia pharmacolo-

536

gy, pharmacy
farmakologický pharmacological
farmár farmer, rancher
farmáriť farm
farník parishioner
farnosť parish
farský parochial
fasáda front, facade, exterior
fascikel file
fascinovať intrigue, fascinate, captivate *upútať*
fascinujúci fascinating
fašiangy carnival
fašírka mincemeat
fašírovať mince
fašista fascist
fašistický fascist
fašizmus fascism
fatalista fatalist
fatalistický fatalistic
fatalizmus fatalism
fatálnosť fatality
fatálny fatal ● *fatal error* fatálna chyba
fatamorgána fata morgana, mirage
faul šport. faul
fauna fauna
favorit the favourite
fax fax
faxovací fax
faxovať fax

faxový fax
fáza phase, period
fazóna fashion, style
fazuľa bean ● *butter-bean* biela fazuľa ● *string beans* zelená fazuľa
február February
federácia federation
federalista federalist
federalizácia federalization
federalizmus federalism
federálny federal ● *Federal Bureau of Investigation* Federálny úrad pre vyšetrovanie
federatívny federative
fejtón feuilleton
fejtonista feuilleton writer
fekálie sewage
felčiar bleeder
feministka feminist
feminizácia feminization
feminizmus feminism *aj hnutie*
fén hair-drier
fenikel fennel
feniklový fennel
fenol phenol
fenomén phenomenon
fenomenálny phenomenal
fénovať fan
fér fair ● *fair play* fér hra ● *that's not fair* to nie je

fermentácia

fér
fermentácia fermentation
fermentovať ferment
fermentový ferment
fermež varnish
festival 1. festival *prehliadka* **2.** feast *slávnosť* • *film festival* filmový festival • *music festival* hudobný festival
fešák toff
fetiš fetish
fetišista fetishist
fetišizmus fetishism
fetovanie glue-sniffing
fetovať dope, drug
feudál feudalist
feudalizmus feudalism
feudálny feudal
fiaker cab
fialka violet
fialový purple, violet
fiasko failure, flop, fiasco
fičať 1. whizz **2.** sough *autom*
figa fig
fígeľ hovor. trick
figliar wag, jester
figliarsky waggish, funny
figliarstvo roguery
figovník fig-tree
figový fig • *fig-leaf* figový list

figúra figure *postava*, wax figure *vosková*
figúrka šach. chessman
figurovať feature
fikcia fiction
fiktívny fictitious, fictional
filantrop philanthropist
filantropia philanthropy
filantropický philanthropic
filantropizmus humanitarianism
filatelia philately
filatelista philatelist
filatelistický philatelistic
filé fillet • *fillet of fish* rybie filé
filharmónia philharmonic orchestra, philharmony
filharmonický philharmonic
filiálka agency, branch office
film 1. film, moving pictures **2.** hovor. movies • *animated film* kreslený film • *silent film* nemý film
filmár film producer
filmotéka film collection
filmovať make° a film, shoot° *záber*
filmový film • *film star* filmová hviezda • *screenplay* filmový scenár • *mo-*

538

vie industry filmový priemysel
filodendron philodendron
filológ philologist
filológia philology
filologický philological
filozof philosopher
filozofia philosophy
filozofický philosophical • *Faculty of Arts* filozofická fakulta
filozofovať philosophize
filter filter • *air filter* vzduchový filter
filtrácia filtration
filtračný filtration • *filter paper* filtračný papier
filtrát filtrate
filtrovanie filtration
filtrovať filter
finále 1. hud. finale **2.** šport. final
finalista finalist
finálny final
finálový final • *cup final* finálový zápas
financie finance • *Minister of Finance* minister financií
financovať finance, bankroll *Am.*
finančne financially
finančník financier
finančný financial • *finance company* finančná inštitúcia • *question of finance* finančná otázka • *monetary reserve* finančná rezerva • *cash reserve* finančná situácia • *grant* finančná výpomoc • *financial circles* finančné kruhy • *expences* finančné náklady • *funds* finančné zdroje
fingovaný fictitious, simulated
fingovať feign, simulate
finiš finish
Fínsko Finland
finta trick
fintiť sa doll
firemný firm • *firm catalogue* firemný katalóg • *logo* firemný znak
firma firm, business *podnik* • *owner of the company* majiteľ firmy
firn corn snow
fistula hud. falsetto
fit fit • *be° fit* byť fit
fixácia fixation
fixátor fixative
fixka felt-tip pen
fixný fixed • *fixed costs* fixné náklady

fixovať fix
fízel pejor. copper
fľak stain, blot *machuľa*
flákať sa diddle
fľakatý blotched
flám spree, booze-up
flámovať hovor. be° out on a spree
flanel flannel
flanelový flannel
fľaša bottle • *empty bottle* prázdna fľaša
fľaškový bottled
flauš soft-piled cloth
flauta flute
flautista flautist
flautový flute
flegmaticky phlegmatically
flegmatický phlegmatic, stolid
flegmatik phlegmatic person
flexia flexion
flexibilita flexibility
flexibilný flexible
flirt flirt
flirtovanie flirtation
flirtovať flirt
flór gauze, fluorine
flóra flora
flotila fleet, flotilla • *merchant navy* obchodná flotila
fluktuácia changing jobs, fluctuation
fluktuant job-changer, truant
fluktuovať fluctuate
fluorid fluoride
fňukanie whimper
fňukať whimper
fóbia phobia
fólia foil • *kitchen foil* hliníková fólia
folklór folklore
fond 1. fund *finančné prostriedky* 2. stocks *zásoba* • *International Monetary Fund* Medzinárodný menový fond
fondán fondant
fondue fondue
fonéma phoneme
foneticky phonetically
fonetický phonetic • *phonetic transcription* fonetický prepis
fonetika *pl.* phonetics
fonológ phonologist
fonológia phonology
fonologický phonological
fonotéka gramophone record library
fontána fountain • *drinking water fountain* fontánka
forhend forehand

foremný shapely
forma form *tvar*, shape, model • *be° in form* byť vo forme • *content and form* obsah a forma
formácia formation
formalín formaldehyde
formalita formality • *customs formalities* colné formality
formalizácia formalization
formalizmus formalism
formalizovať formalize
formálne pro forma
formálny formal, ceremonial
formát form, size
formátovať format *disketu*
formovanie formation
formovať constitute *zakladať*, form *tvarovať*, shape, mould • *take° shape* formovať sa
formujúci formative
formula formula
formulácia formulation, definition
formulár form, blank • *application form* formulár žiadosti • *fill in a form* vyplniť formulár
formulovanie formulation
formulovať formulate, frame, draw° up, shape *myšlienky*
fórum forum • *in public* na verejnom fóre
fosfát phosphate
fosfor phosphorus
fotel armchair, easy chair
fotiť take° snaps
fotka snap • *take° a snap* urobiť fotku
fotoaparát camera
fotoarchív picture library
fotobunka photocell
fotoelektrický photoelectric
fotogenický photogenic
fotograf photographer • *amateur photographer* amatérsky fotograf
fotografia photograph, photo
fotografický photographic • *photographic memory* fotografická pamäť
fotografovanie photography
fotografovať take° a snap, photograph
fotokópia photocopy
fotolaboratórium photographic laboratory
fotomontáž (photo-)montage
fotoreportáž picture report

fotosyntetický

fotosyntetický photosynthetic
fotosyntéza photosynthesis
fragment fragment
fragmentácia fragmentation
frajer 1. boy friend *milý* 2. dandy *švihák* 3. amour *priateľ*
frajerka 1. girl-friend *milá* 2. amour *priateľka*
frak 1. evening suit 2. hovor. *pl.* tails
frakcia 1. fraction 2. polit. faction
frakčný 1. fractional 2. factious
fraktúra lek. fracture
Francúz Frenchman
Francúzka Frenchwoman
Francúzsko France
francúzsky French • *double bed* francúzska posteľ • *croissant* francúzsky rožok
francúzština French *language*
františkán Franciscan
fraška farce
fráza phrase, tag • *empty phrase* prázdna fráza • *closing* zdvorilostná fráza
frazeológia phraseology

frazeologický phraseological • *dictionary of phrases* frazeologický slovník • *locution* frazeologický zvrat
frazeologizmus phraseologism
frázovanie phrasing
frázovať phrase
frázovitý phrasal
fregata frigate
frekvencia frequency
frekvenčný frequency
frekventovaný frequent
freska fresco, wall-painting
freskár fresco-painter
fréza cutter machine, hob
frézovať mill
frfľať snort
frigidita frigidity
frigidný frigid
fŕkať 1. snort *kôň* 2. spatter *špliechať*
front 1. voj. front 2. queue *rad*
fronta frontage
frontálny frontal • *frontal attack* frontálny útok
frontový front • *front line* frontová línia
frustrácia frustration
frustrovaný frustrated
frustrovať frustrate
fučať 1. blow°, whizz *vietor*

2. snort *dýchať*
fuj fie, pshaw
fujara shepherd's pipe
fujavica blizzard, snowstorm *snehová*
fúkací blowing
fúkať blow°
fundovaný 1. qualified *kvalifikovaný* 2. informed *informovaný*
fungovať work, function, operate
funkcia function, working
funkcionár official, functionary
funkčne functionally
funkčnosť functionality, utility
funkčný functional, working • *tenure* funkčné obdobie
fúra car load
fúria fury *žena*
fúrik wheelbarrow
fusak baby warmer *detský*
fušer bungler, botcher
fušerina bungling, tinker
fuška teaser
fušovať bungle, botch, tinker
futbal football, soccer
futbalista footballer
futbalový football • *football* futbalová lopta • *football ground* futbalové ihrisko • *football match* futbalový zápas
futurista futurist
futuristický futuristic
futurizmus Futurism
futurológia futurology
fúzatý bearded
fúzy *pl.* moustache
fyzicky physically
fyzický physical, material *hmatateľný* • *labour* fyzická práca
fyzik physicist
fyzika *pl.* physics • *nuclear physics* atómová fyzika
fyzikálny physical
fyziognómia physiognomy
fyziológ physiologist
fyziológia physiology
fyziologický physiological
fyzioterapia physiotherapy

G

gáfor camphor
gágať cackle
gágavý cackling
gágor throat
gagot cackle
gajdoš piper
gajdovať pipe
gajdy *pl.* bagpipes
galaktický galactic
galantéria 1. fancy goods *tovar* 2. haberdashery *obchod* ● *leatherware* kožená galantéria
galantne thoughtfully
galantnosť gallantry, thoughtfulness
galantný gallant, polite, thougtfull
galaxia galaxy
galeje galley
galejník galley-slave
galéria gallery, art-gallery *obrazov*
galón gallon
galop gallop
galoša *pl.* galoshes, rubbers
galvanický galvanic ● *galvanic cell* galvanický článok
galvanizácia galvanization
galvanizovanie plating
galvanizovať plate
gama gamma
gamaše *pl.* leggings
gamba lip, mouth
gang gang, band
gangréna gangrene
gangster gangster
gániť look askance, frown
garancia cover up, guarantee, warranty
garančný guarantee ● *term of guarantee* garančná doba
garantovať guarantee, warrant, stand° for
garáž garage
garážovať garage
garbiar tanner
garbiareň leather works, tannery
garbiarstvo tannery
garda escort, guard, homeguard *dobrovoľníkov*
garderóba wardrobe
gardista guardist
garnitúra set
garniža console
garsoniéra *pl.* chambers
gastronóm gastronomist

gastronómia gastronomy
gastronomický gastronomic
gašparko Punch
gaštan 1. chestnut tree *strom* **2.** chestnut *plod*
gaštanový auburn
gauč couch, sofa
gauner expr. crook, twister
gaunerstvo roguery
gavalier gentleman, gallant
gavalierstvo gallantry
gáza gauze
gazda farmer
gazdiná housewife, housekeeper
gazdovať farm
gazdovský agricultural, farm
gazdovstvo farming, property
gazela gazelle
gáža pay, salary
gejša geisha
gejzír geyser
gél gel
gén gene
generácia generation ● *generation problem* generačný problém
generál general
generalizácia generalization
generalizovať generalize
generálny general ● *overhaul* generálna oprava ● *General Assembly* generálne zhromaždenie ● *director general* generálny riaditeľ ● *general staff* generálny štáb ● *general strike* generálny štrajk ● *general secretary* generálny tajomník
generátor generator
generálplukovník lieutenant general
geneticky genetically
genetický genetic ● *genetic code* genetický kód
genetik geneticist
genetika *pl.* genetics
genéza genesis
genialita charisma, geniousness, ingenuity
geniálne ingeniously
geniálny 1. ingenious *dômyselný* **2.** highly gifted, talented *nadaný* ● *genius* geniálny človek
genitálie *pl.* genitals, private parts
genitív genitive
génius genius, prodigy
genocída genocide
gentleman gentleman
geocentrický geocentric
geodézia geodesy

geofyzik geophysicist
geofyzika *pl.* geophysics
geofyzikálny geophysical
geograf geographer
geografia geography
geografický geographical
geológ geologist
geológia geology
geologický geological ● *geological map* geologická mapa
geometria geometry ● *descriptive geometry* deskriptívna geometria
geometrický geometric
gepard cheetah
geriatria *pl.* geriatrics
Germán Teuton, German
germanizácia Germanization
germanizmus Germanism
germánsky Teutonic, Germanic
gerontológia gerontology
gerundium gerund
gestapák Gestapo man
gestikulácia gesticulation
gestikulovať gesticulate
gesto gesture *posunok* ● *empty gesture* prázdne gesto
geto ghetto
gigant giant

gigantický giant, gigantic
gilotína guillotine
git putty, mastic
gitara guitar
gitarista guitarist
gitovať putty
gladiátor gladiator
gladiola gladiolus
glazúra glaze
glej glue
glejiť glue
glejovitý gluey
glg draught, draft *Am.*, gulp
glgať gulp, swig
globál total
globálne globally
globálny global
glóbus globe
glorifikácia glorification
glorifikovať glorify
gloriola gloriole, aura
glosa gloss
glosár glossary
glukóza glucose
glycerín glycerine
gniaviť treat
gnozeológia epistemology
gnozeologicky epistemologically
gnozeologický epistemological
gobelín gobelin, tapestry

gól goal • *own goal* vlastný gól
golf golf • *golfer* hráč
golfový golf • *golf ball* golfová loptička • *golf club* golfová palica • *golf course* golfové ihrisko
Golfský prúd the Gulf Stream
golier collar, ruff *nariasený*
gombík button • *buttonhole* gombíková dierka
gondola gondola
gondolier gondolier
gong gong
goniometria goniometry
goniometrický goniometric
gordický Gordian • *Gordian knot* gordický uzol
gorila gorilla
gotický Gothic
gotika Gothic
grácia grace
graciózne gracefully
graciózny graceful
gradácia gradation
gradačný gradation
graf graph, diagram
graficky graphically
grafický graphic, graphical • *typographical design* grafická úprava • *art print* grafický list
grafik graphic artist
grafika *pl.* graphics
grafikon flow sheet, schedule
grafit graphite
grafológ handwriting expert, graphologist
grafológia handwriting analysis, graphology
grafologický graphologic
grafoman polygraph
gram gramme
gramaticky grammatically
gramatický grammatical
gramatika grammar
gramofón record player, gramophone • *stylus* gramofónová ihla
gramotnosť literacy
gramotný literate
granát 1. garnet *minerál* **2.** voj. grenade, shell • *handgrenade* ručný granát
grandiózne magnificently
grandióznosť magnificence
grandiózny grandiose
grant grant
granulácia granulation
granulovaný granular
granulovať granulate
grapefruit grapefruit
gratulácia congratulation

gratulant congratulant
gratulovať congratulate • *congratulations!* gratulujem!
gravidný pregnant
gravírovaný graven
gravírovať engrave
gravitácia gravitation
gravitačný gravitational • *gravity* gravitačná sila • *the law of gravity* gravitačný zákon
Grécko Greece
grécky Greek, Hellenic
gréčtina Greek
Grék Greek, Hellene
gremiálka board-session
grémium board, corporate
grep p. grapefruit
grgať belch, eructate
gril grill, firedog *krbový*
grilovaný grilled • *grilled chicken* grilované kura
grilovať grill, broil *Am.*
grimasa grimace
griotka cherry brandy
grobian boor, churl
gróf count, duke, earl
grófka countess
grófstvo 1. county *kraj* 2. dukedom *titul*
Grónsko Greenland
groš penny

groteska grotesque, animated cartoon
groteskný grotesque
grúň grassy slope
Gruzínec Georgian
Gruzínka Georgian
Gruzínsko Georgia
guľa globe, ball • *snowball* snehová guľa • *shot put* vrh guľou
guláš goulash
gúľať roll
gúľať sa roll
guľatina round timber
guľatý round, globular
gulička gully, marble *na hranie* • *ball-point pen* guličkové pero
guľka bullet *náboj*
guľomet machinegun
guľovať sa snowball
guľovitý spheric
guľovnica rifle
guľový spherical, ball-shaped
guma 1. rubber, eraser *Am.* 2. tyre *pneumatika* 3. rubber strink *šnúra*
gumárenstvo rubber industry
gumovať rub out, erase
gumovník rubber tree
gumový rubber

gynekologický

gunár gander
guráž pluck
gurmán gourmand
gusto taste
guvernér governor
guvernérsky gubernatorial
gýč kitsch
gymnasta gymnast
gymnastický gymnastic
gymnastika *pl.* gymnastics
• *do° gymnastics* robiť gymnastiku
gymnazista grammar school boy
gymnazistka grammar school girl
gymnázium grammar school, high school *Am.*
gynekológ gynaecologist
gynekológia gynaecology
gynekologický gynaecological

549

H

habarka twirling-stick
habať snatch
habilitácia habilitation
habilitovať habilitate
habit habit
habkať fumble
háčik 1. little hook 2. fish hook *na ryby* 3. crochet *na háčkovanie*
háčkovací crocheting
háčkovanie crochet work
háčkovaný crochet
háčkovať crochet, hook
had snake • *asp* jedovatý had
hádam perhaps
hádanka riddle, puzzle *detská* • *solve a riddle* vylúštiť hádanku
hádankár puzzler
hádať 1. guess 2. solve *hádanku*
hádať sa argue, quarrel, wrangle
hádavý quarrelsome
hadí snaky, snake´s • *snake poison* hadí jed
hadica hose, tube *trubica*
hádka quarrel *zvada*, dispute, disagreement *roztržka*

hádzaná šport. handball
hádzanár handball player
hádzanie throwing, darts *šípkami*
hádzať throw°, deliver • *shoot° the craps* hádzať kocky
hádzať sa thrash
háj grove, wood
hájiť defend *obhajovať*, protect *chrániť*
hajlovať heil
hájnik gamekeeper, ranger *horár*
hájovňa gamekeeper´s cottage
hák hook, crook, hanger
háklivo delicately
háklivý delicate
hákovať hook *v hokeji*
hala hall, entry • *sports hall* športová hala • *exhibition hall* výstavná hala
halda dump, heap *hromada*
halena smock-frock
halier heller
haliť veil *závoj*, wrap
haló hello, hey *volanie*
halogén halogen
halový indoor

halucinácia hallucination, vision
halucinogén hallucinogen
halucinogénny psychedelic
haluška dumpling
haluz branch, twig, sprig *halúzka*
hamovať brake
hana blame, insult *urážka*
hanba shame, infamy *verejná*, disgrace
hanbiť sa be° ashamed of *za*, blush *červenať sa*
hanblivosť modesty, shyness
hanblivý shy
handicap disability, handicap
handra rag, clout
handrkovať sa haggle
handrový rag
hanebne ignominiously
hanebnosť ignominy, infamy, shamefulness
hanebný shameful, ignominious, infamous
haniť blame sb. *koho*
hánka knuckle
hanlivo abusively
hanlivý abusive, defamatory
hanobenie defamation
hanobiť abuse, defame, insult *urážať*

haraburda rubbish, tat
hárať sa be° on heat *zviera*
hárem harem
harfa harp
harfista harpist
haring herring
harmanček camomile
harmónia harmony, consonance
harmonickosť harmony
harmonický harmonic, harmonious • *harmonious relations* harmonické vzťahy
harmonika accordion *akordeon*, harmonica *ústna*, concertina *ťahacia*
harmonikár harmonica player
harmonizácia harmonization
harmonizovať harmonize, consort with *ladiť*
harmonogram flow chart, graphic schedule
hárok sheet (of paper), list *zoznam*
harpúna harpoon
hasenie quenching, extinction of fire *ohňa*
hasiaci extinguishing • *extinguisher* hasiaci prístroj
hasič fireman

hasiť

hasiť 1. extinguish *oheň* 2. quench *smäd*
hasnúť go° out, die away
hašiš hashish
hašlerka cough lozenge
haštěriť sa quarrel, squabble
hašterivý quarrelsome, contentious
hať weir
hatiť bar, thwart
havária crash *náraz*, breakdown, accident *nehoda*
havarijný average • *breakdown service* havarijná služba • *personal indemnity* havarijné poistenie
havarovať crash, break° down
háveď rabble, pack
havkať expr. bark
havran rook
hazard hazard, gambling
hazardér gambler
hazardne hazardously
hazardný hazardous • *gambling* hazardná hra • *gambler* hazardný hráč
hazardovať risk, hazard, gamble *v hre*
hebkosť softness
hebký soft, fine
hegemónia hegemony

hegemónny hegemon
hej hi, yes
hektár hectare
hektický hectic
hektoliter hectolitre
helikoptéra helicopter
heliocentrický heliocentric
heliocentrizmus heliocentrism
hélium helium
helma helmet
hematológ haematologist
hematológia haematology
hematologický haematologistic
hemisféra hemisphere
hemoglobín haemoglobin
hemžiť sa be° crowded, teem
heraldický heraldic
heraldik heraldist
heraldika heraldry
herbár herbarium, herbal book
herec actor, player, star *hviezda* • *film actor* filmový herec
herecký theatrical • *dramatic art* herecké umenie
herectvo dramatic art
herečka actress
hermelín ermine *úrad aj syr*
hermetický hermetic
herňa gambling house,

playroom *detská*
heroický heroic
heroín heroin
herpes herpes
heslo 1. password *kód* **2.** slogan *myšlienka* **3.** headword *v slovníku*
heterogénny heterogeneous
heterosexuálny heterosexual
heuristický heuristic
heuristika *pl.* heuristics
hever jack, lever
hexagonálny hexagonal
hierarchia hierarchy
hierarchickosť hierarchy
hierarchicky hierarchically
hierarchický hierarchic
hieroglyf hieroglyph
híkať 1. bray *osol* **2.** hee-haw *somár*
hipík hippie
histológia histology
histologický histological
história history
historicky historically
historický historic(al) ● *historic event* historická udalosť
historik historian
historka story, tale ● *funny story* žartovná historka
hitparáda hit parade

hľa lo, look
hlad hunger, starvation ● *starve* umierať hladom
hľadaný wanted
hľadať look for, seek°, scout *vyhľadávať*
hladička iron
hľadieť 1. look at *na* **2.** stare at *zízať na*
hladina surface, level *úroveň*, water-surface *vody* ● *above sea level* nad hladinou mora
hľadisko 1. standpoint *stanovisko* **2.** auditorium *v divadle* ● *from this point of view* z tohto hľadiska
hladkať caress, stroke
hladko smoothly, cleanly
hladkosť smoothness
hladký smooth *rovný*
hladný hungry ● *I am hungry* som hladný
hladomor famine
hladomorňa dungeon
hladovanie starvation
hladovať starve, hunger
hladovka hunger strike
hladovkár hunger-striker
hlas 1. voice ● *in a low voice* tichým hlasom **2.** vote *pri voľbách*
hlásať proclaim, declare

hlásateľ 1. announcer *rozhlasový, televízny* **2.** newscaster *spravodajský* **3.** commentator *športový*
hlásateľka presenter
hlásenie run-down *služobné*
hlásiť 1. notify *úradne* **2.** report to *komu* **3.** announce *v rozhlase, televízii* **4.** own up *sa k niečomu*
hlásiť sa 1. register *kde,* report to *komu* **2.** hold° up o.s. hand *v škole*
hlasitosť loudness, volume *intenzita*
hlasitý loud, noisy
hlasivky *pl.* vocal chords
hláska sound, phone
hláskoslovie phonology
hláskoslovný phonological
hláskovanie spelling
hláskovať 1. spell° *písmenká* **2.** odb. vocalize
hláskový phonetic
hlásnik watchman
hlasno aloud, loudly
hlásny loudhaller, watch
hlasný loud, noisy • *cackle* hlasný rozhovor
hlasovací voting, of vote, polling *volebný* • *polling-station* hlasovacia miestnosť • *ballot paper* hlasovací lístok • *franchise* hlasovacie právo
hlasovanie ballot, vote, voting, polling *činnosť*
hlasovať vote, poll • *blackball* hlasovať proti • *have° a secret ballot* hlasovať tajne
hlasový vocal • *vocal range* hlasový rozsah
hlava 1. anat. head • *I have a headache* bolí ma hlava **2.** chapter *kapitola* **3.** chief, leader *vodca* • *goodman* hlava rodiny • *Head of State* hlava štátu • *cheer up* hlavu hore
hlavátka tadpole-fish
hlaveň barrel
hlavica 1. capital *stĺpu* **2.** warhead *rakety* • *atomic warhead* atómová hlavica
hlavička 1. caption *článku v novinách* **2.** header *do vody aj vo futbale*
hlávka head • *head of cabbage* hlávka kapusty • *lettuce* hlávkový šalát
hlavne mainly, especially, primarily
hlavolam brain-twister
hlavný basic, cardinal *rozhodujúci,* main *rozvodný,*

hluk

major, chief ● *main building* hlavná budova ● *high road* hlavná cesta ● *tenor* hlavná myšlienka ● *protagonist* hlavná postava ● *main clause* hlavná veta ● *capital* hlavné mesto ● *stopcock* hlavný uzáver ● *front door* hlavný vchod ● *chief source* hlavný zdroj
híbať meditate
híbavo contemplatively
híbavosť meditativeness
híbavý contemplative, inquiring
hlbina depth
hlbinný deepwater
híbiť dig°, excavate
híbka depth
híbkomer fathometer
híbkotlač photogravure, offset
híbkový depth
hlbočina depth
hlboký deep, low *výstrih* ● *flesh-wound* hlboká rana ● *deep-breathing* hlboké dýchanie ● *dreamless sleep* hlboký spánok
hliadka watch, guard *stráž*
hliadkovací patrol
hliadkovanie patrol

hliadkovať patrol, picket
hlien slime
hlina earth, clay *hrnčiarska*
hlinený clayey, earthen *dlážka*
hliník aluminium
hlísta worm
hliva truffle
hlivieť idle
hlodať gnaw, nibble at *kúsky*
hlodavec rodent
hloh hawthorn
hlt bite *jedla*, draught, draft *Am.*
hltan 1. gullet 2. lek. pharynx
hltať swallow, gobble *jesť*
hltavo gluttonously ● *bolt* hltavo jesť
hltavosť greediness
hltavý greedy, gluttonous
hlúb stump
hlúčik small crowd
hlučne noisily
hlučnosť noisiness
hlučný noisy ● *carousal* hlučná zábava
hluchonemý deaf and dumb
hluchota defective hearing, deafness
hluchý deaf
hluk noise, din *silný*, cla-

hlupáctvo

mour *vrava*
hlupáctvo doltishness
hlupák 1. expr. blockhead **2.** dunce
hlúpo foolishly
hlúposť stupidity
hlúpy stupid, silly, thick
hlušiť strike°
hľuza tuber
hľuznatý tuberous
hmat touch, feel
hmatať touch, feel° about *po čom*
hmatateľne tangibly, concretely
hmatateľnosť tangibility
hmatateľný concrete *konkrétny*, tangible, material *hmotný*
hmatový of touch
hmkať hem
hmla mist *opar*, fog
hmlisto mistily, vaguely *nejasne*
hmlistý 1. misty, foggy **2.** dim *spomienky*
hmlovina nebula
hmlovitý nebulous
hmota 1. substance *podstata* **2.** material, matter • *fuels* pohonné hmoty • *plastic* umelá hmota
hmotnosť 1. weight, materiality **2.** fyz. mass • *atomic mass* atómová hmotnosť • *gross weight* celková hmotnosť
hmotný material • *material goods* hmotné statky
hmýriť sa be° swarming with
hmyz insect, vermin
hmyzožravce insectivora
hmyzožravý insectivorous
hnací driving • *driving force* hnacia sila • *driving wheel* hnacie koleso
hnačka diarrhoea
hnát bone, limb
hnať 1. drive° *poháňať* **2.** sweep° **3.** urge *uháňať*
hnať sa 1. rush **2.** run° after *za kým*
hneď at once, instantly, in a moment
hnednúť turn brown
hnedooký brown-eyed
hnedouhoľný brown-coal
hnedý brown • *kidney bean* hnedá fazuľa • *brown coal* hnedé uhlie
hnev anger, irritation *podráždenosť*
hnevať angry, make° angry, irritate *dráždiť*
hnevať sa be° angry, shirty

556

hnevlivý irascible, exasperating
hniezdiť nest
hniezdiť sa fidget, nestle
hniezdo nest • *wasps' nest* osie hniezdo
hniloba decay, putrefaction
hnilobný putrescent
hnilý rotten
hnis pus
hnisajúci purulent
hnisanie purulence, suppuration
hnisať fester, suppurate
hnisavý purulent, suppurative, festering
hniť rot, decay *rozkladať sa*
hnoj manure, dung
hnojisko dunghill
hnojiť manure, dung, fertilize *chemicky*
hnojivo manure, fertilizer
hnojovka dung-water
hnus disgust, loathing *odpor*
hnusiť detest
hnusiť sa loathe, be° disgusted
hnusný loathsome, disgusting, horrid *hrozný*
hnúť move, stir
hnúť sa move
hnuteľný movable • *personal property* hnuteľný majetok
hnutie movement
hoblík plane
hobliny *pl.* shavings
hobľovací planing
hobľovať plane, shave°
hoboj oboe
hobojista oboist
hoci though *aj keď*, although
hocičo anything, whatever *čokoľvek*
hocijaký whatever, of any kind
hocikde anywhere, wherever
hocikedy whenever, at any time
hocikto whoever, anyone, anybody
hociktorý anyone, whichever, whoever
hod throw *vrh* • *throwing the discus* hod diskom • *grenade throwing* hod granátom • *throwing the javelin* hod oštepom
hodina 1. hour 2. lesson *vyučovacia* • *what time is it?* koľko je hodín?
hodinár watchmaker
hodinárstvo watch-maker's
hodinky watch
hodinový hourly • *hourly-*

paid work hodinová mzda
hodiny clock *nástenné* • *hour-hand* hodinová ručička • *sundial* slnečné hodiny
hodiť sa suit, be° fit *pristať*, match *k sebe*
hodiť throw°, cast°, chuck *šmariť*
hodnosť dignity *úrad*, rank *vojenská*, degree *akademická*, title *titul*
hodnostár dignitary, official
hodnota value *cena*, worth, virtue *prednosť* • *monetary value* peňažná hodnota • *market value* trhová hodnota • *book value* účtovná hodnota
hodnotenie classification
hodnotiť classify, value, appraise *znalcom*, rate
hodnotný valuable, of value
hodnoty *pl.* values
hodnovernosť authenticity, plausibility, trustworthiness
hodnoverný trustworthy, authoritative, plausible
hodovať feast, banquet
hodovník banqueteer, feaster
hodváb silk • *artificial silk* umelý hodváb

hodvábnik silk moth
hodvábny silken
hody feast
hojdací rocking • *rocker* hojdacie kreslo
hojdačka swing
hojdať rock, swing°
hojdať sa rock, swing°
nojiť sa heal, cure
hojivý healing, curative
hojne abundantly, plentifully
hojnosť abundance, plenty of *dostatok čoho*
hojný abundant, plenteous
hokej hockey • *ice hockey* ľadový hokej
hokejista hockey player
hokejka hockey-stick
hokejový hockey
hoľa ridge
Holanďan Dutchman
Holanďanka Dutchwoman
holandčina the Dutch language
Holandsko the Netherlands
holandský Dutch
hold homage
holdovať do° homage
holeň shinbone
holenie shaving • *aftershave* voda po holení
holenný shin, tibial • *tibia*

holenná kosť
holiaci shaving • *safety razor* holiaci strojček
holič barber
holičstvo barber's
holiť sa shave
holograf holograph
hologram hologram
holohlavý bald, hairless
holokaust holocaust
holub pigeon • *carrier pigeon* poštový holub
holubica 1. pren. dove • *dove of peace* holubica mieru 2. hen pigeon
holubník dove-cot
holý bald, bare, naked, broke *bez peňazí*
homeopatia homoeopathy
homogenizácia homogenization
homogénne homogeneously
homogénnosť homogenity
homogénny homogeneous
homonymia homonymy
homonymný homonymous
homonymum homonym
homosexuál homosexual, gay
homosexualita homosexuality, gayness
homosexuálny homosexual, gay

hon chase *lov*, hunt • *foxhunting* hon na líšku
honba chase, haunt, pursuit
honiť hunt, chase
honorár fee, royalty *opakovaný*
honorárny honorary
honorovať pay° a fee, compensate
honosiť sa brag
honosný lofty, pompous
hopkanie scuttle
hopkať skip *na mieste*, trip, bounce *nadskakovať*
hora 1. mountain 2. forest, wood *les*
horák burner • *gas burner* plynový horák
horal mountaineer
horár gamekeeper, forester
horáreň gamekeeper's cottage
horčica mustard
horčík magnesium
hore above, up • *upstairs* hore po schodoch
horekovať lament
horeuvedený above-mentioned
horiaci burning
horieť burn°, be° on fire
horizont horizon
horizontála horizontal

horizontálne horizontally
horizontálny horizontal
horkastý bitter
horknúť grow° bitter
horko heat
horkokrvnosť hot blood
horkosť bitterness
horko-ťažko barely
horký bitter
horľavina combustible material
horľavý combustible, flammable
horlenie ardour
horlivec zealot
horlivo zealously, eagerly
horlivosť zeal, eager
horlivý zealous, eager
hormón hormone
hormonálny hormonal
hornatina uplands, hilly country
hornatý mountainous, hilly
hornina rock, mineral
horný upper, top ● *upper floor* horné poschodie
horolezec mountaineer
horolezectvo mountaineering
horor horror film
horoskop horoscope
horský mountain ● *chalet* horská chata

horší worse
horšiť sa grow° worse
horúci hot, boiling hot *vrelý*
horúčava heat
horúčka fever
horúčkovitý feverish, febrile
hospitalizácia hospitalization
hospitalizovať hospitalize
hospodáriť 1. manage 2. economize 3. farm *na statku*
hospodárne rationally
hospodárnosť rationality
hospodárny rational, economical, economic *úsporný*
hospodársky 1. economical 2. agricultural, farming ● *economic situation* hospodárska situácia ● *economic geography* hospodársky zemepis
hospodárstvo 1. economy 2. management *hospodárenie* 3. farm ● *national economy* národné hospodárstvo ● *planned economy* plánované hospodárstvo
Hospodin God
hosť 1. guest ● *frequent guest* častý hosť 2. visitor *ná-*

560

hračkárstvo

vštevník **3.** resident *ubytovaný* **4.** customer *zákazník*
hosteska hostess
hostina banquet, feast • *wedding banquet* svadobná hostina
hostinec pub, inn
hostinský innkeeper
hostiť entertain *zabávať*, banquet
hostiť sa feast
hostiteľ host
hostiteľka hostess
hosťovať guest
hotel hotel
hoteliér hotelier
hotelový hotel
hotoviť make°
hotovosť cash, ready money *peniaze*
hotový 1. finished, completed **2.** ready *pripravený* • *dinner is ready* obed je hotový
hovädo head of cattle
hovädzí cattle *dobytok* • *bouillon* hovädzí vývar
hovädzina beef
hovienko *pl.* droppings
hovieť si rest
hovno vulg. shit
hovor talk, conversation *rozhovor*, call *telefónny* • *freefone* hovor na účet volaného • *long-distance call* medzimestský hovor • *international call* medzinárodný hovor • *local call* miestny hovor
hovorca speaker, voice
hovoriť discuss *diskutovať*, say°, talk, speak°
hovorový talkative • *informal word* hovorový výraz
hôrny mountain
hra play, game *kolektívna* • *game* milostná hra • *the Olympic Games* Olympijské hry
hrabáč haymaker
hrabanie haymaking
hrabať rake, cock *seno*
hrabina hornbeam forest
hrabivý greedy
hrable rake
hraboš fieldmouse
hrací playing • *dice* hracia kocka • *juke-box* hracia skrinka
hráč 1. player **2.** gambler *hazardný* • *cheat* falošný hráč
hračka 1. toy **2.** doddle *ľahká úloha*
hračkárstvo toy-shop

hráčsky playing
hrad castle • *castle courtyard* hradné nádvorie
hradba *pl.* walls
hradiť compensate, cover, refund, repay° *platiť*
hrádza dike *nábrežie*, dam *priehrada*
hrach *pl.* peas, pea *zrnko* • *pease-pudding* hrachová kaša
hrachor vetchling
hrachovisko pea-field
hrachový pea • *pease pudding* hrachová kaša • *pea soup* hrachová polievka
hrana edge, corner
hranatý angular, square *postava* • *angle bracket* hranatá zátvorka
hranica 1. frontier, border • *cross the border* prejsť hranicu 2. boundary *medza* 3. limit *situácia*
hraničiť border with *s niečím*, neighbour *susediť*
hraničný border, frontier • *borderline* hraničná čiara • *border crossing* hraničný prechod
hranol prism
hranolky *pl.* hovor. chips
hranostaj ermine

hrant trough
hraný acted, affected *predstieraný*
hrať 1. play športovať • *play fair* hrať fér • *play tennis* hrať tenis 2. div. perform 3. gamble *hazardne* • *play for money* hrať o peniaze 4. craps *kocky* 5. fiddle *na husliach*
hrať sa play, toy
hravosť playness
hravý playful, skittish
hrazda horizontal bar
hrb hump, crook-back
hŕba pile
hrbáč expr. hunchback
hrbatý 1. hunchbacked 2. square *písmo*
hrbiť sa bend°, stoop, crook
hrboľ protuberance, hump
hrboľatý bumpy, rough
hrča lump
hrdina hero • *hero of the hour* hrdina dňa
hrdinka heroine
hrdinskosť heroism
hrdinsky bravely *statočne*, heroically
hrdinský heroical, feat • *heroic feat* hrdinský čin
hrdiť sa pride, glory

hrdlačenie toil
hrdlačiť toil
hrdlička turtle-dove
hrdlo throat, neck *fľaše* ● *I have a sore throat* bolí ma hrdlo
hrdosť pride
hrdý proud of *na*
hrdza rust, corosion
hrdzavieť rust, corrode
hrdzavý rusty
hrebeň comb
hrejivý warming
hrešiť 1. sin *robiť zlo* 2. rebuke *karhať* 3. curse *kliať* 4. swear° *nadávať*
hriadeľ axle-tree
hriadka garden-bed, seed-bed, patch *zeleninová*
hrianka toast
hriať warm
hríb mushroom
hriech sin ● *original sin* dedičný hriech ● *capital sin* smrteľný hriech
hriešnik sinner, trespasser
hriešnosť sinfulness
hriešny sinful
hriva mane, thatch *vlasov*
hrkálka rattle
hrkať rattle
hrkot rattle, clatter
hrkotať rattle, clatter
hrkútať coo
hrmieť thunder
hrmot din
hrnček little pot, mug
hrnčiar potter ● *potter's wheel* hrnčiarsky kruh
hrnčiarstvo pottery
hrniec pot ● *enamel pot* smaltovaný hrniec
hrnúť gather
hrnúť sa pile into, stream
hrob grave ● *mass grave* hromadný hrob ● *family grave* rodinný hrob
hrobár sexton, grave-digger
hrobka tomb, repository, vault ● *family vault* rodinná hrobka
hrobový sepulchral ● *deadly silence* hrobové ticho
hroch hippopotamus, hippo
hrom thunder
hromada heap, pile ● *heap of sand* hromada piesku
hromadenie heaping up
hromadiť accumulate, heap up, pile up
hromadiť sa mount
hromadný collective, mass ● *public transport* hromadná doprava
Hromnice Candlemas

hromobitie thunderstorn
hromozvod lightning-conductor
hromžiť swear°, thunder
hrot point, edge
hrozba threat, menace
hroziť threaten
hrozivý threatening
hrozne awfully, terribly
hrozno grape
hroznový grape ● *grape juice* hroznová šťava ● *grape-sugar* hroznový cukor
hrozný awful, horrible, terrible ● *that's awful !* to je hrozné !
hrôza horror, terror
hrôzovláda reign of terror
hrsť handful of *čoho*
hrtan larynx
hrúbka thickness
hrubnúť grow° thick
hrubosť abusiveness, crudity, vulgarity
hrubozrnný coarse-grained
hrubý 1. thick 2. coarse *drsný* 3. tough *násilnícky* ● *bad mistake* hrubá chyba
hruď chest, breast
hruda clod, lump
hrudka small clod, lump
hrudkovitý lumpy

hrudník 1. chest, breast 2. lek. thorax
hrudný chest ● *rib-cage* hrudný kôš
hruška 1. pear tree *strom* 2. pear *plod*
hruškovica pear-brandy
hrvoľ goitre *chorobný*, crop
hryzák incisor
hrýzť gnaw, bite°
huba sponge *špongia*
hubár mushroom-picker
hubárčiť mushroom
hubiť destroy *ničiť*
hubovitý fungus
huckať incite
hučanie zoom
hučať roar, rumble
hudba music ● *classical music* klasická hudba ● *dance music* tanečná hudba
hudobne musically
hudobník musician
hudobný musical ● *music band* hudobná skupina ● *composition* hudobné dielo ● *musical instrument* hudobný nástroj
húf crowd, flight *vtákov*
húfne in crowds
húkačka hooter
húkanie howling, hoot *siré-*

ny
húkať hoot
hukot boom, hum
hulákanie hoot
hulákať shout, brawl, roar, scream *jačať*
hulvát rowdy
humanista humanist
humanistický humanist
humanita humanity
humanitárny humanitarian
humanizmus humanism
humánny humanitarian
humno barn
humor humour • *black humour* čierny humor • *sense of humour* zmysel pre humor
humoreska humoresque
humorista humorist • *comic paper* humoristický časopis • *humorous literature* humoristická literatúra
humorne humorously
humorný humorous, witty *vtipný*
humus humus, mould
huňatý shaggy, woolly
huncút rogue
huncútstvo roguery
hundranie grumble
hundrať expr. grumble

hurá hurrah, hurray
hurhaj tumult, turmoil
hurikán hurricane
hus goose • *wild goose* divá hus
husacina goose-meat
húsenica caterpillar
husí goose • *goose-flesh* husia koža
husle violin, fiddle • *play the violin* hrať na husliach • *violin clef* husľový kľúč
huslista violinist, fiddler
huspenina brawn, aspic
hustiť condense, pump
hustnúť thicken
husto thickly
hustomer densimeter
hustota density *fyzikálna vlastnosť aj osídlenia*, thickness
hustý dense, thick
húština thicket, covert
hútať meditate
hutnícky smelting
hutníctvo foundry industry, metallurgy
hutník founder, smelter
hutný compact
húževnatosť toughness
húževnatý tough, stubborn
húžva snarl
hvezdár astronomer

hvezdáreň

hvezdáreň observatory
hvezdársky astronomical
hvezdárstvo astronomy
hviezda star
hviezdicovitý star-shaped
hviezdička starlet
hviezdnatý starry
hviezdny astral
hvizd whistle
hvízdanie whistling
hvízdať whistle
hýbať sa make° a move, stir
hybný mobile, lively *živý* • *impetus* hybná sila
hybrid hybrid
hybridný hybrid
hydina poultry
hydináreň poultry farm
hydrant hydrant
hydraulický hydraulic • *hydraulic brake* hydraulická brzda
hydraulika *pl.* hydraulics
hydrodynamický hydrodynamic
hydroelektráreň hydroelectric power station
hydroelektrický hydroelectric
hydrológ hydrologist
hydrológia hydrology
hydrologický hydrological
hydrolýza hydrolysis

hydroxid alkali
hyena hyena
hygiena hygiene
hygienický hygienic, sanitary
hygienik hygienist
hymna anthem, hymn
hynúť 1. perish 2. decay *upadať*
hynutie decay
hyperbola 1. mat. hyperbola 2. gram. hyperbole
hyperbolický hyperbolical
hypnotický hypnotic
hypnotizér hypnotist
hypnotizovať hypnotize
hypnóza hypnosis
hypochonder hypochondriac
hypochondria hypochondria
hypochondrický hypochondriac
hypotéka mortgage
hypotéza inference, hypothesis
hýrenie debauchery
hýriť revel, be° prodigal
hystéria *pl.* hysterics
hysterický hysterical • *hysterics* hysterický záchvat
hysterik hysterical person
hysterka hysteric female

CH

chabo feebly, flabbily *ochabnuto*
chabosť faintness, limpness
chabý 1. feeble **2.** faint *nejasný* **3.** weak *slabý*
chajda shanty
chalan boy
chaluha sea-weed
chalupa cottage
chalúpka little cottage
chameleón chameleon
chamtivec grasping fellow
chamtivo graspingly
chamtivosť greediness
chamtivý grasping, avaricious
chaos chaos
chaoticky chaotically
chaotický chaotic
chápadlo zool. tentacle
chápanie understanding, comprehension
chápať understand° *rozumieť*, comprehend, appreciate *problém*
chápavo penetratingly
chápavosť understanding, wit
chápavý apprehensive, comprehensive, perceptive

charakter character, nature
charakteristicky characteristically
charakteristický characteristic, specific, typical *typický* • *touch* charakteristická črta
charakteristika characterization, characteristic *rys*
charakterizovať characterize
charakterný of principle
charita charity
charitatívny charitable • *welfare work* charitatívna činnosť
charizma charisma
charizmatický charismatic
charta charter • *the Charter of the United Nations* Charta OSN
chartizmus Chartism
chasa youth *mládež*
chata hut *domček*, cottage *víkendová*, chalet *turistická* • *hutted camp* chatová osada
chatár cottage owner
chátrať wear° out, waste away

chatrč shanty, hovel
chatrný 1. shabby 2. flimsy *slabý*
chcieť 1. want, wish *želať si* 2. will
chechtať sa snicker
chémia chemistry • *inorganic chemistry* anorganická chémia • *organic chemistry* organická chémia
chemicky chemically
chemický chemical • *dry-cleaning* chemické čistenie
chemik chemist
chemikálie *pl.* chemicals
chemlon nylon six
chemoterapia chemotherapy
chichot giggling
chichotať sa 1. expr. giggle 2. titter
chili chili *korenie*
chiméra chimera
chinín quinine
chinínový quinine
chirurg surgeon
chirurgia surgery • *plastic surgery* plastická chirurgia
chirurgický surgical • *surgery* chirurgický zákrok
chlad cold, cool

chladený cooled, ice *nápoj*
chladiaci cooling, refrigerant • *cooler* chladiaca nádoba
chladiarenský refrigeration • *refrigeration plant* chladiarenské zariadenie
chladič cooler, radiator *motora*
chladiť cool, refrigerate, ice *ľadom*, quench *vodou*
chladne coldly
chladnička cooler, fridge, ice-box *Am.* • *fridge-freezer* chladnička s mrazničkou
chladno cold
chladnokrvne in cold blood
chladnokrvnosť cold blood, coolness
chladnokrvný cold-blooded, cool • *cold-blooded murder* chladnokrvná vražda
chladnúť get° cool
chladný 1. cool *citovo* 2. cold *nepríjemne* 3. frigid *frigidný* 4. chilly *mrazivý* • *cold weather* chladné počasie
chládok 1. freshness *tieň* 2. lock-up *väzenie*
chlácholiť soothe, appease,

mitigate
chlácholivý consoling, soothing
chlap 1. man 2. husband *manžel*
chlapčenský boyish • *boyhood* chlapčenské roky
chlapec boy, youth *mladík*
chlapík chap, fellow
chlapiť sa claim to be a man
chlapský manly
chľast booze, drink *pitie*
chľastať booze, tipple
chlebník knapsack, bread-bin *nádoba*
chlebodarca bread-giver
chlebový bread
chlieb bread • *loaf of bread* bochník chleba • *bread and butter* chlieb s maslom
chliev pigsty *pre ošípané*, cow-house, goat-shed *pre kozy*
chlípať expr. sip, lap
chlipník lecher
chlipný lecherous, sensual
chlopňa valve
chlór chlorine
chlorid chloride • *sodium chloride* chlorid sodný
chloroform chloroform
chlorofyl chlorophyll

chlórovať chlorinate
chlórový chloride
chlp 1. hair 2. bot. trichome
chlpáč hairy fellow
chlpatieť grow° hairy
chlpatý 1. hairy 2. thick-haired *vlasatý* 3. thick-bearded *fúzatý*
chĺpok fuzz
chmára black cloud *mrak*
chmat hold
chmatnúť snatch
chmeľ 1. hop *rastlina* 2. hops *plody* • *pick hops* česať chmeľ
chmeľnica hop-garden
chmúriť sa cloud over, darken
chmúrny cloudy, dark *zatiahnutý*, sombre *tmavý*
chňapnúť snatch
chobot trunk *slona*
chobotnica octopus
chod 1. work *fungovanie* 2. run *činnosť* 3. process *priebeh* 4. course *jedlo*
chodba 1. corridor 2. passage *priechod* 3. underground passage *podzemná*
chodec walker, pedestrian • *pedestrian crossing* prechod pre chodcov
chodidlo sole

chodiť 1. go° **2.** walk *ísť pešo* • *walk to and fro* chodiť sem a tam **3.** attend *navštevovať* **4.** go° with *mať známosť*
chodník pavement, sidewalk *Am.*
chochol crest
cholera cholera
cholerický choleric
cholerik choleric
cholesterol cholesterol
chomút horse-collar, yoke *jarmo*
chopiť sa seize, grasp, take° up, take° a chance *príležitosti* • *take° the initiative* chopiť sa iniciatívy
chór choir *spevácky*, chorus *zbor*
chorál chorale, hymn *pieseň*
choreograf choreographer
choreografia choreography
choreografický choreographic
chorľavieť be° ailing, peak
chorľavý ailing, sickly
choroba illness, disease, malady *vážná* • *insanity* duševná choroba • *occupational disease* choroba z povolania • *infectious disease* infekčná choroba

chorobne pathogically
chorobnosť sickness rate
chorobný sickly, pathological • *lesion* chorobná zmena
chorobopis clinical picture
choroboplodný infectious • *pathogenic organism* choroboplodný zárodok
choromyseľnosť insanity
choromyseľný insane, mad
Chorvátsko Croatia
chorý sick, diseased, ill, insane *duševne*
chotár territory
chov breeding *mláďat*, raising, rearing *pestovanie*
chovať 1. breed°, raise *zvieratá* **2.** feed° *kŕmiť*
chovateľ breeder *dobytka*
chovateľský breeding
chôdza walk, gait
chrabrý gallant, valorous
chradnúť fade, languish
chrám temple, cathedral *kresťanský*, church
chránenec ward
chránený protected, copyright *autorským právom*, overshadowed *krytý*
chránič shield, mask, protector
chrániť 1. protect **2.** defend

brániť 3. guard *strážiť*
chrániť sa beware of *pred*
chrániť si preserve *ochraňovať*
chrápanie snoring
chrápať snore
chrapčať crackle
chrapľavo hoarsely
chrapľavý hoarse
chrapot hoarseness
chrasta scab
chrbát back, chine *horský*
chrbtica spine, backbone, spinal column
chrbtový spinal, dorsal
chrčanie rattling
chrčať rattle
chren horse raddish
chrestomatia chrestomathy
chrcheľ sputum
chrchlať sputter
chripieť speak° hoarsely
chrípka 1. influenza 2. hovor. flu • *have° flu* mať chrípku
chripľavý hoarse
chrlenie discharge
chrliť spout out
chrobák insect, beetle
chrochtanie grunting
chróm chromium
chromatický chromatic
chrómovaný chromium
chrómový chrome
chromozóm chromosome
chromý 1. lame *krivý* 2. crippled *ochrnutý* 3. limp *bezvládny*
chronicky chronically
chronický chronic
chronológia chronology
chronologicky chronologically
chronologický chronological
chrt greyhound
chrúmať crunch
chrumkavý crunching, crispy
chrup set of teeth • *false teeth* umelý chrup
chrupavka cartilage
chrúst cock-chafer
chtivo eagerly
chtivosť eagerness
chtivý eager, greedy for *po*, libidinous *sexuálne*
chúďa poor thing, poor child
chudák poor man
chudera poor woman
chudnúť lose° weigh
chudoba poverty, penury, poorness • *live in poverty* žiť v chudobe
chudobinec alms-house

chudobne poorly
chudobnieť become° poor
chudobný 1. poor, miserable 2. lacking in *majúci nedostatok*
chudokrvný anaemic
chudý thin, slim *štíhly*
chuligán hooligan
chuligánstvo hooliganism
chúliť sa cower, huddle
chúlostivosť delicacy
chúlostivý tricky
chumáč 1. tuft *vlasov* 2. wisp *slamy* 3. fuzz *chlpov*
chumeliť sa snow
chuť 1. taste *jedla*, savour *ostrá* 2. appetite *apetít* 3. liking for *chuť na* • tasteless *bez chuti*
chutiť taste
chutne tastily
chutný 1. tasteful 2. savoury *pikantný*
chvála 1. praise 2. repute, name, glory *sláva*
chvalabohu fortunately
chváliť praise, commend *vyzdvihovať*, compliment *vychvaľovať*
chváloreč eulogy
chválorečný eulogistic
chválospev song of praise, eulogy

chválvhodne praiseworthily
chválvhodný commendable, praiseworthy, creditable
chvastať sa talk big, brag of *čím*
chvastúň braggart
chvastúnsky boastful
chvastúnstvo bluster, rant
chvat hurry, rush
chvatný hurried
chvenie trembling, vibration *vibrácia*
chvieť sa tremble *triasť sa*, vibrate, shiver *zimou*
chvíľa while, short time, moment *chvíľka* • constantly každú chvíľu
chvost tail
chyba 1. defect *vada* 2. mistake *omyl* 3. fault *zavinenie* 4. error *omyl* 5. erratum *tlačová*
chýbajúci absent, missing *stratený*
chýbať 1. be° lacking in *mať nedostatok čoho* 2. be° missing, be° absent *byť neprítomný* 3. want
chybiť err, make° a mistake
chybný wrong, incorrect *nesprávny*, faulty • false step chybný krok

chýliť sa 1. be° inclined 2. come° near *blížiť sa*
chýr rumour, *pl.* news *zvesť*
chýrny famous
chystať prepare, make° ready, set° up
chytať catch°, take° • *fish* chytať ryby
chytiť 1. catch° 2. seize *uchopiť* 3. overtake° *dohoniť*
chytiť sa 1. catch° at *čoho* 2. catch° fire *začať horieť*
chytľavý catchy, infectious
chytrák clever
chytrosť quickness
chytrý 1. quick, fast *rýchly* 2. clever *dôvtipný*
chyžná chambermaid

I

i *spoj.* **1.** and **2.** also *aj* **3.** even *dokonca*
iba only, just, merely
ibaže only
idea idea, thought *myšlienka*
  • *idée fixe* fixná idea
ideál ideal
idealista idealist
idealisticky idealistically
idealistický idealistic
idealizácia idealization
idealizmus idealism
idealizovať idealize, glorify *glorifikovať*
ideálne ideally
ideálny ideal
identicky identically
identický identical
identifikácia identification
identifikovať identify
identita identity
ideogram ideogram
ideológ ideologue
ideológia ideology
ideologicky ideologically
ideologický ideological
ideový ideological
idilický idyllic
idióm idiom
idiomaticky idiomatically
idiomatický idiomatic
idiomatika *pl.* idiomatics
idiot idiot
idiotsky idiotically
idiotský idiotic
idiotstvo idiocy
idol idol
idyla idyll
idylicky idyllically
idylický idyllic
igelit plastic
ignorant ignorant person
ignorantstvo ignorance
ignorovať ignore, disregard
ihla **1.** needle *na šitie* **2.** gramof. stylus
ihlan pyramid
ihlica pin, needle • *hair-pin* ihlica do vlasov • *knitting-needle* ihlica na pletenie
ihličie pine-needles
ihličnan conifer
ihličnatý coniferous
ihneď immediately, at once, instantly
ihrisko playground
ich their, them *4. pád*
ikona icon
ikra spawn

íl clay
ilegalita illegality
ilegálne illegally
ilegálny illegal, illegitimate
• *clandestine press* ilegálna tlač • *clandestine trade* ilegálny obchod
ilegitimita illegitimacy
ilegitímny illegitimate
ílovitý clayey
iluminácia illumination
iluminačný illuminating
iluminovať illuminate
ilustrácia illustration
ilustračný illustrative
ilustrátor illustrator
ilustrovanie illustration
ilustrovaný illustrated, pictorial • *picture-book* ilustrovaná kniha
ilustrovať illustrate
ilúzia illusion, phantasm • *disillusioned* bez ilúzií
iluzionista illusionist, dreamer
iluzórny imaginary, illusory, phantasmal
imaginácia imagination
imaginárny imaginary • *imaginary number* imaginárne číslo
imanentný immanent
imanie capital, property

imatrikulácia matriculation
imatrikulovať matriculate
imbecil moron, imbecile
imbecilita imbecility
imbecilný moronic
imelo mistletoe
imigrácia immigration
imigrant immigrant
imigrovať immigrate
imitácia imitation, imitant • *imitation leather* imitácia kože
imitátor imitator
imitovať imitate, parody *parodovať*
imobilita immobility
imobilizácia immobilization
imobilizovať immobilize
imobilný immobile
impedancia impedance
imperatív imperative
imperatívny imperative
imperátor emperor
imperfektum imperfect
imperialista imperialist
imperialistický imperialist
imperializmus imperialism
imperiálny imperial
impérium empire
impertinencia impertinence
impertinentný impertinent
implantácia implantation

implantát implant
implantovať implant
implicitný implicit
implikácia implication
implikovať involve, imply, implicate
imponovať impress
import import
importér importer
importovať import
impotencia impotence
impotent impotent
impotentný impotent
impozantne imposingly
impozantný imposing
impregnácia impregnation
impregnovaný impregnate
impregnovať impregnate
impresionista impressionist
impresionistický impressionistic
impresionizmus Impressionism
improvizácia improvisation
improvizátor improviser
improvizovaný extemporaneous
improvizovať improvise, extempore
impulz impulse
impulzívne impulsively
impulzívny impulsive
imunita immunity ● *diplomatic immunity* diplomatická imunita ● *privilege of Parliament* poslanecká imunita ● *immune system* imunitný systém
imunizácia immunization
imúnny immune
imunológia immunology
ináč otherwise, in a different way
inakší of another kind
inaugurácia inauguration
inauguračný inaugural
inaugurovať inaugurate
incident incident
in flagranti in the very act
Ind Indian
inde elsewhere
index index, calendar ● *be° on the index* byť na indexe
indexácia indexation
indexovať index
India India
Indián Red Indian
indiánsky Indian
indícia indication, clue
indický Indian
indiferencia indifference
indigo indigo
indikácia indication
indikatív indicative
indikátor indicator, detector
indiskrétnosť indiscretion

indiskrétny indiscreet
indisponovaný indisposed
indispozícia indisposition
individualista individualist
individualistický individualistic
individualita 1. individuality 2. personality
individualizmus individualism
individualizovať individualize
individuálne individually
individuálny individual, several
indivíduum specimen
Indoeurópan Indo-European
indoeurópsky Indo-European
Indonézia Indonesia
indukcia induction
indukčný inductive ● *induction coil* indukčná cievka
induktívny inductive
industrializácia industrialization
industrializmus industrialism
industrializovať industrialize
infarkt hovor. heart-attack

infekcia infection
infekčný infectious ● *infectious disease* infekčná choroba
infikovať infect with *čím*
infiltrácia infiltration
infiltrovať infiltrate
infinitív infinitive
inflácia inflation
inflačný inflationary ● *inflationary spiral* inflačná špirála
informácia information ● *Inquiry Office* informačná kancelária
informácie 1. information 2. public relations ● *inside* dôverné informácie
informačný information, informative ● *information barrier* informačná bariéra ● *information explosion* informačná explózia ● *information centre* informačné stredisko
informatika information science
informatívny informative
informátor informant
informovanosť information
informovať 1. inform, advise 2. report
informovať sa ask for infor-

infračervený

mation, inquire
infračervený infra-red
infraštruktúra infrastructure
infúzia infusion
inhalátor inhaler
inhalovať inhale
iniciálka initial
iniciatíva initiative • *civic initiative* občianska iniciatíva
iniciatívny initiative, enterprising
iniciátor initiator
iniciovať initiate
injekcia injection • *syringe* injekčná striekačka
inkaso cash in hand, collection, collecting
inkasovať cash in, collect
inklinovať tend to *k čomu*, incline to
inkognito incognito
inkriminácia incrimination
inkubácia incubation
inkubačný • *period of incubation* inkubačná doba
inkubátor incubator
inkvizícia inquisition
inkvizičný inquisitive
inkvizítor inquisitor
inokedy another time, next time *nabudúce*

inovácia innovation
inovať hoarfrost
inovovať innovate
inscenácia setting
inscenovať put° on
inseminácia insemination
inseminovať inseminate
insolventný insolvent
inšpekcia inspection
inšpektor inspector • *police inspector* policajný inšpektor • *inspector of schools* školský inšpektor
inšpirácia inspiration
inšpiratívny inspirational
inšpirátor inspirer
inšpirovaný inspired
inšpirovať inspire
inštalácia installation
inštalatér plumber
inštalovať install, fit *zaviesť*
inštancia competent authority
inštinkt instinct
inštinktívny instinctive
inštitúcia institution, establishment *verejná*
inštitút institute
inštrukcia directive, instruction
inštruktáž briefing
inštruktor instructor
inštrumentál instrumental

introvert

inštruovať instruct
integrácia integration
integrál integral
integrálny integral
integrita integrity
integrovaný integrated ● *integrated circuit* integrovaný obvod
integrovať integrate
intelekt intellect, mind
intelektuál intellectual
intelektuálny intellectual
inteligencia intelligence, brain ● *innate intelligence* vrodená inteligencia
inteligentne intelligently
inteligentný intelligent
intenzifikácia intensification
intenzita intensity
intenzívne intensively
intenzívny intensive, intence ● *intensive care* intenzívna starostlivosť
interakcia interaction
interiér interior, inside
internacionalizmus internationalism
internacionálny international
internát boarding house, hostel ● *boarding-school* internátna škola
interne internally
interný lek. internal
interpelácia interpellation
interpelovať interpellate
interprét interpreter
interpretácia 1. interpretation **2.** construction
interpretačný interpretative
interpretovať interpret
interpunkcia punctuation ● *punctuation mark* interpunkčné znamienko
interupcia abortion
interval interval
intervencia intervention
intervenovať intervene
interview interview
intimita intimacy
intímne intimately
intímny close, intimate, familiar
intolerancia intolerance
intolerantný intolerant
intonácia intonation
intoxikácia intoxication
intoxikovať intoxicate
intriga intrigue, plot
intrigán intriguer, conspirator
intrigovať intrigue, cabal, plot
introvert introvert *človek*

intuícia intuition
intuitívny intuitive
invalid invalid
invalidita disability, invalidism • *permanent disability* trvalá invalidita
invalidný invalid, disabled • *invalidity* invalidný dôchodok
invázia invasion
invektíva invective
inventár inventory, stock *zásoba*
inventarizácia stock taking
inventúra inventory, stocktaking • *do° the stock-taking* robiť inventúru
inverzný inverse
investícia 1. investment 2. holding • *tangible assets* hmotné investície
investičný capital • *investment bank* investičná banka • *capital goods* investičný majetok
investor investor
investovať invest in *do*
iný other, different *odlišný*, another, else *ďalší*
inzerát advertisement
inzerent advertiser
inzerovať advertise *robiť reklamu*

inzulín insulin
inžinier engineer
inžinierstvo engineering
ión ion
ionizácia ionization
ionizovať ionize
ionosféra ionosphere
Ír Irishman, Irish
iracionalizmus irrationalism
iracionálny irrational
írečitosť originality
irelevancia irrelevancy
irelevantný irrelevant
iritovať irritate
irónia irony
ironicky ironically
ironický ironic(al)
ironizovať speak° ironically
Írsko • *Northern Ireland* Severné Írsko
írsky Irish
ischias sciatica
iskra spark
iskriť sa sparkle
iskrivý sparkling
islam Islam
islamský Islamic
Island Iceland
ísť 1. go°, walk *pešo* 2. travel *cestovať* 3. work *fungovať* 4. be° good at *dariť sa* • *go° to school*

ísť do školy ● *go° for a walk* ísť na prechádzku ● *go° away* ísť preč
iste, isto certainly, surely
istota 1. certitude, assurance **2.** safety **3.** confidence *dôvera* **4.** security *bezpečie*
istý 1. certain *určitý*, sure ● *be° sure* byť si istý **2.** secure, safe *bezpečný*
izba 1. room **2.** small room *izbička*
izolácia isolation, separation ● *heat insulation* tepelná izolácia ● *sound-proofing* zvuková izolácia
izolačný insulating ● *sickbay* izolačka
izolovanie insulation, separation *oddeľovanie*
izolovanosť isolation
izolovaný insulated, isolated *od ľudí*
izolovať isolate *oddeliť*, insulate
izometrický isometric
izotop isotope
Izrael Israel

J

ja 1. I 2. ego
jablko apple • *apple pie* jablkový koláč
jablkový apple
jabloň apple-tree
jačanie yell
jačať 1. expr. scream 2. yell
jačmeň barley
jačmenný barley of
jadierko little grain
jadro 1. kernel *orecha*, stone *kôstka*, grain *zrnko* 2. odb. nucleus • *burden* jadro veci
jadrový nuclear • *nuclear power* jadrová energia • *nuclear war* jadrová vojna
jagať sa glitter, sparkle
jagavý glittering
jagot glitter
jaguár jaguar
jahňa lamb
jahňacina lamb
jahoda strawberry
jahodový strawberry
jachta yacht
jachtár yachter
jachtárstvo yachting
jachtať stammer
jaj alas

jajkať whine
jalovica heifer
jalový 1. barren *neplodný* 2. vain *hlúpy*
jama hole *zvieraťa*, pit, ditch *priekopa*
jamka 1. dimple *líca* 2. hole *golfová*
jantár amber
jantárový amber
január January
japončina the Japanese
Japonec Japanese
Japonsko Japan
japonský Japanese
jar spring
jarabica partridge
jarabina rowan
jarmo yoke
jarmočný market
jarmok fair, market *trh*
jarník spring coat
jarný spring, fresh *svieži*
jarok ditch *pri ceste*, brook *potôčik*
jas brightness, glare
jasať expr. rejoice at *od*
jasavý joyful
jaseň ash-tree *strom*
jaskyňa cave, cavern

582

jeden

jasle nursery, creche
jasno clear sky
jasnovidec clairvoyant, thought-reader
jasnovidecký clairvoyant
jasnovidectvo clairvoyance
jasný 1. bright, clear 2. evident *zrejmý* 3. pellucid *myseľ*
jaspis jasper
jastrab hawk
jastriť strain
jašiť sa whoop it up
jašo rash fellow
jašter lizard, saurian
jašterica lizard
jaternica sausage
jav phenomenon, occurence, process *proces*
javisko stage, scene
javiskový stage, staging
javiť sa 1. become° known *prejaviť sa ako* 2. show° up *ukázať sa* 3. appear *objaviť sa*
javor maple
javorina maple-grove
jazda ride *na koni*, drive *na dopravnom prostriedku* • *carriage way* jazdný pruh
jazdec rider
jazdecký riding, equestrian
jazdectvo cavalry *umenie*

jazdiť ride°, drive°
jazero lake, loch, sea *veľké* • *little lake* jazierko
jazmín jasmine
jazva scar
jazvec badger
jazvečík basset, dachshund
jazviť bite°
jazyčnica gossip
jazyk 1. anat. tongue 2. language *reč* • *mother tongue* materinský jazyk • *computer language* počítačový jazyk
jazykoveda *pl.* linguistics
jazykovedec linguist
jazykovedný linguistic
jazykový • *language barrier* jazyková bariéra • *stylistic revision* jazyková úprava • *language sign* jazykový znak
jed poison *otrava*, venom *hada*
jedák eater
jedáleň 1. dining room 2. refreshment room *verejná* 3. canteen *závodná*
jedálenský eating • *parlour car* jedálenský vozeň
jedálny dining • *menu* jedálny lístok
jeden one • *one another*

jedenásť

jeden - druhý ● *one by one* po jednom
jedenásť eleven
jedenástka football eleven
jedenie eating
jedenkrát once
jednáčik the only child
jedinec individual, person
jedinečný unique, matchless, unusual
jediný only, sole, odd *výnimočný*
jedľa fir tree *strom*
jedlo 1. food *potravina*, meal *pravidelné* ● *pastry* múčne jedlo 2. dish *chod*
jedlý eatable, consumable
jednať sa bargain, dicker *na trhu*
jednoaktovka one-act play
jednobunkový unicellular
jednočlenný single
jednodenný one-day
jednodielny monotome
jednodňový one-day
jednoducho simply, merely, primitively
jednoduchosť simplicity, primitiveness
jednoduchý simple, primitive, elementary, easy *ľahký*
jednofarebný unicoloured

jednohlasne with one voice
jednohlasný unanimous, with one voice
jednoizbový one-room
jednojazyčný monolingual
jednokoľajný single-track
jednokolesový single-wheel
jednoliaty compact
jednolôžkový single-room
jednomiestny one-seat
jednomocný univalent
jednomotorový single-engine
jednomyseľne unanimously
jednomyseľnosť unanimity
jednomyseľný unanimous
jednonohý one-legged
jednooký one-eyed, single-eyed
jednoposchodový two-storeyed
jednoposteľový single-room ● *single room* jednoposteľová izba
jednoradový 1. of one row 2. single-breasted *kabát*
jednoramenný one-arm
jednorazový single, unrepeated
jednoriadkový single-line
jednoročný annual, one-year

584

jednorozmerný one-dimensional
jednorožec unicorn
jednoruký p. jednoramenný
jednoslabične monosyllabically
jednoslabičný monosyllabic
jednosmerný one-way
jednostranný 1. one-sided 2. partial *neobjektívny*
jednostupňový one-stage
jednota unity, union *spoločnosť*, association
jednotiť unite
jednotka 1. first, best mark *známka* 2. mat. unit 3. unit *základ mier*
jednotkový mat. unitary
jednotlivec individual
jednotlivo 1. individually *individuálne* 2. separately 3. one by one *po jednom*
jednotlivý several, individual *ojedinelý*, single
jednotne unanimously
jednotnosť accord, uniformity, homogeneity, unity
jednotný unanimous, united *zjednotený*, uniform
• *uniform price* jednotná cena • *singular* jednotné číslo

jednotvárne monotonously
jednotvárnosť uniformity, monotony
jednotvárny monotonous, uniform
jednoznačný definite, unambiguous, unequivocal *nepochybný*
jednozväzkový (in) one volume, single volume
jedovatosť toxicity, venom
jedovatý 1. poisonous, toxic *toxický* 2. venomous *had*
jeho 1. his *on* 2. its *ono (neživotné)*
jej her
jeleň stag, red deer
jelenica 1. deer-skin 2. chamois *kus látky*
jelša alder
jemne gently, softly
jemnocit sensitiveness
jemnocitný sensitive
jemnosť fineness, delicacy
jemný 1. fine, soft *materiál* 2. gentle *mierny* 3. sensitive *citlivý* 4. mild *jedlo*
jeseň autumn
jesenný autumnal
jeseter sturgeon
jesť eat°, have° meals *pravidelne*
jestvovanie existence

jestvovať be°, exist
ješitný vain, conceited
jež hedgehog, sea-urchin *morský*
ježibaba witch
Ježiš Jesus
ježiško Christchild, Santa Claus *cez Vianoce*
ježiť sa bristle
jód iodine • *iodine tincture* jódová tinktúra
jódlovať yodel
jódový iodine
jóga yoga
jogín yogi
jogurt yoghurt
joj ah, oh
jubilant person celebrating an anniversary
jubileum anniversary *výročie*, jubilee
juh south • *in the south* na juhu
juhovýchod southeast
juhovýchodný southeastern
juhozápad southwest
juhozápadný south-western
júl July
júlový July
jún June
junácky gallant
junák brave young man
junior junior

juniorský junior
júnový June
justícia judiciary, justice
justičný judicial • *a miscarriage of justice* justičný omyl
juta jute
jutový jute
južan southerner
južný 1. southern 2. tropical *ovocie* • *the South Pole* južný pól

K

k 1. *predl.* to *smer*, towards *smerom k* ● *to the point* k veci **2.** as far as *až po*
kabaret cabaret *zábava*
kabaretný cabaret
kabát coat, overcoat, jacket *sako*
kábel cable
kabelka handbag
kabína 1. cabin, cab *Am.* **2.** booth *pri voľbách* **3.** box *oddelená*
kabinet 1. cabinet **2.** museum *školský* ● *shadow cabinet* tieňový kabinet
káblový cable ● *cable television* káblová televízia
kabriolet cabriolet
kacír heretic
kacírsky heretical
kacírstvo heresy
káčatko duckling
káčer drake
kačiatko duckling
kačica 1. duck, teal *divá* **2.** canard *novinárska*
kaďa tub, vat
kade which way, where ● *here and there* kade-tade
kadečo whatever, all sorts of things
kadejaký whosever
kadekoľvek whichever way
kadekto whoever
kader lock, curl *kučera*
káder voj. cadre
kaderníctvo hairdresser´s *dámske*, barber´s *pánske*
kaderník hairdresser *dámsky*, barber *pánsky*
kadet cadet
kadiaľ which way
kadidlo incense
kadiť sa cense
kadmium cadmium
kádrovák personnel officer
kádrový personnel
kahan burner *horák*
kachle tile stove
kachlička tile
kachličkovať tile
kajak šport. kayak
kajakár kayak-paddler
kajakárstvo kayakpaddling
kajať sa repent of *z*, feel° regret
kajúcne penitentially
kajúcnik penitent
kajúcny penitent

kajuta cabin
kakao cocoa
kakaovník cacao-tree
kakaový cocoa
kaktus cactus
kaktusovitý cactoid
kal 1. mud *blato*, slush *špina* **2.** *pl.* dregs *usadenina*
kalamár inkpot
kalamita calamity, disaster
kálať chop
kalcium calcium
kaleidoskop kaleidoscope
kaleidoskopický kaleidoscopic
kalendár 1. calendar **2.** diary *zápisník* ● *calendar month* kalendárny mesiac ● *civic year* kalendárny rok ● *wall calendar* nástenný kalendár
kalený tempered
kaleráb kohlrabi
kaliber calibre
kaličiť maim
kaligrafia calligraphy
kalich 1. chalice *na bohoslužbe* **2.** goblet *na víno* **3.** calix *rastliny*
kalika cripple
kaliť 1. make° muddy **2.** temper *železo* **3.** blear *zrak*
kaliť sa 1. grow° dim **2.** harden
kálium potassium
kalkulácia calculation, speculation
kalkulačka calculator
kalkulačný calculation
kalkulant calculator
kalkulovať calculate, speculate *uvažovať*, estimate *odhadovať*
kalný dim *zahmlený*, thick, muddy
kalória calorie
kalorický caloric ● *calorific value* kalorická hodnota
kalorimetria calorimetry
kaluž puddle, pool
kalvária Calvary
kalvín Calvinist
kalvinizmus Calvinism
kam where, to what place
kamarát friend, mate, good fellow ● *schoolmate* kamarát zo školy
kamarátiť sa be° friends, get° on together
kamarátka girlfriend
kamarátsky familiar, friendly
kamarátstvo friendship
kamaše *pl.* leggings
kamélia camellia

kamelot newsboy
kameň stone, rock *Am.* • *a sore point* kameň úrazu • *millstone* mlynský kameň • *grave stone* náhrobný kameň • *tartar* zubný kameň
kamenár quarry man
kamenie stones
kameninový earthen
kamenistý stony • *stony soil* kamenistá pôda
kamenný 1. stone 2. stony *bezcitný* • *Stone Age* doba kamenná
kameňolom quarry, stone-pit
kameňovať stone
kamera camera • *film camera* filmová kamera
kameraman cameraman
kamienok little stone • *flint* kamienok do zapaľovača
kamión lorry, truck
kamkoľvek anywhere, wherever
kampaň campaign, drive • *hustings* volebná kampaň
kamsi somewhere
kamufláž camouflage
kamzík chamois
Kanada Canada

Kanaďan Canadian
kanadský Canadian • *practical joke* kanadský žartík
kanady *pl.* knee boots
kanál 1. drain, sewer *stoka* 2. canal *vnútrozemský* 3. channel *morský, televízny* 4. tunnel *podzemný* 5. gutter *cestný* • *drainage ditch* odvodňovací kanál • *irrigation canal* zavlažovací kanál
kanálik drain
kanalizácia guttering *kanalizačný systém*, sewerage, canalization *regulácia*
kanárik canary
kanasta canasta
kancelár chancellor
kancelária office, bureau • *information office* informačná kancelária • *land agency* realitná kancelária
kandidát 1. candidate 2. competitor 3. nominee *volebný* • *list of candidates* zoznam kandidátov
kandidatúra candidature
kandidovať go° in, run°, stand° for *uchádzať sa na*
kandizovaný crystallized
kanec boar
kanibal cannibal

kanibalizmus cannibalism
kanister canister, can
kankán cancan
kanoe canoe
kanoista canoeist
kanoistika canoeing
kanón cannon
kanonáda cannonade
kantáta cantata
kantína canteen
kántriť destroy
kanva can • *churn* kanva na mlieko
kanvica kettle
kapacita capacity, volume *objem* • *memory capacity* kapacita pamäti • *vital capacity* kapacita pľúc
kapela band
kapelník bandmaster
kapilára capillary
kapitál capital, stock, funds • *intellectual capital* duševný kapitál • *financial capital* finančný kapitál • *invest capital* investovať kapitál
kapitalista capitalist
kapitalistický capitalist • *capitalist countries* kapitalistické krajiny
kapitalizmus capitalism
kapitálny capital

kapitálový capital • *capital investment* kapitálové investície • *asset* kapitálový vklad
kapitán captain, skipper *posádky*
kapitola chapter, head
kapitulácia capitulation, surrender
kapitulovať capitulate, surrender
kaplán chaplain
kaplnka chapel
kapor carp
kapota bonnet *auta*
kapsa pocket
kapucňa hood
kapusta 1. cabbage 2. sauerkraut *kyslá kapusta*
kapustnica soup of sauerkraut juice
kapustný cabbage
kar funeral festival, drift
kára pushcart
karabína carabine
karambol clash, collision
karamel caramel, candy
karamelizovať caramelize
karamelka toffee
karamelový caramel
karanténa quarantine
karas crucian carp
karát carat

karatista karatist
karate karate
karavan caravan
karavána caravan
karbid carbide
karbol carbolic
karbonizovať carbonize
karburátor carburettor
karcinogén carcinogen
karcinogénny carcinogenic
karcinóm carcinoma
kardiak cardiac
kardinál cardinal
kardinálny cardinal
kardiograf cardiograph
kardiografia cardiography
kardiogram cardiogram
kardiológ cardiologist
kardiológia cardiology
kardiologický cardiology
kardiostimulátor pacemaker
karé cutlet *druh mäsa*
karfiol cauliflower
karhanie chastisement
karhať rebuke, admonish *napomínať*
kariéra career, course of life
karierista career-hunter, caree-rist
karierizmus careerism
karikatúra caricature, cartoon *séria*, parody
karikaturista caricaturist, cartoonist
karma geyser
karmín carmine
karneval carnival ● *carnival procession* karnevalový sprievod
kárny punitive *trestný*, disciplinary
káro 1. check 2. *pl*. diamonds *karty*
karoséria body
karotka carrot
károvaný checked
karpavý blear-eyed
karta 1. card 2. postcard *pohľadnica* ● *play at cards* hrať karty ● *credit card* úverová karta
kartáč brush
kartár card-player
kartel cartel, trust
kartograf cartographer
kartografia cartography
kartografický cartographical
kartón 1. cardboard 2. carton, box *krabica* ● *bandbox* kartónová krabica
kartónový cardboard
kartotéka 1. card index 2. file *evidencia*

kasáreň *pl.* barracks
kasárenský barracks, soldierly
kasíno casino, club
kaskáda cascade
kaskadér stunt-man
kaskádový cascade
kasový box-office
kasta caste
kastelán castellan
kastový caste
kastrácia castration, emasculation
kastračný castration
kastról saucepan, pot
kastrovať castrate, emasculate
kaša 1. pulp, porridge *ovsená* 2. gruel *pokrm* • *mashed potatoes* zemiaková kaša
kašeľ cough • *dry cough* suchý kašeľ
kašička pap
kašľať cough, sputter *vykašliavať*
kašmír cashmere *vlna*
kašovitý pulpy, pasty, pappy • *mushy food* kašovitá strava
kaštieľ manor house, castle
kat executioner, hangman
katafalk catafalque

katakomby *pl.* catacombs
katalóg catalogue, card index, register • *catalogue card* katalógový lístok
katalogizácia cataloguing
katalogizačný cataloguing
katalogizovať catalogue
katalýza catalysis
katalyzátor catalyzer, catalyst
katapult catapult
katapultovať catapult
katar catarrh
kataster cadastre, land register • *extract from the land register* výpis z katastra
katastrálny cadastral
katastrofa catastrophe, disaster
katastrofálne catastrophically
katastrofálny disastrous, calamitous, catastrophic
katastrofický catastrophic
katedra 1. teacher's desk 2. faculty *oddelenie*
katedrála cathedral
kategória 1. category 2. class • *age group* veková kategória
kategorický categorical, mandatory

kategorizácia categorization
kategorizovať categorize
katechéta catechist
katechizmus catechism
katión cation
katóda cathode
katolicizmus Catholicism
katolícky hovor. Catholic • *Catholic Church* katolícka cirkev
katolíctvo Catholicism
katolík Catholic
kaucia bail bond, caution, security • *back for bail* zložiť kauciu
kaučuk India rubber
kaučukovník gum-tree
kaučukový caoutchoue
kauza case, lawsuit
kauzálny causal
káva coffee • *coffee with milk* biela káva • *black coffee* čierna káva • *ground coffee* mletá káva • *make° coffee* urobiť kávu
kaviár caviar
kaviareň coffee-house, tea-shop
kaviarnička café
kavka daw
kávovar coffee maker
kávovník coffee plant
kávový coffee • *teaspoon* kávová lyžička • *coffee bean* kávové zrno
kaz faw, blemish, defect, fault *chyba* • *dental caries* zubný kaz
kazajka jacket
kázanie homily, sermon, preaching
kázať 1. order, command 2. preach *v kostole*
kazateľ preacher
kazateľnica pulpit
kázeň sermon, preaching *kázanie*
kazeta 1. casket *ozdobná* 2. cassette
kazetový cassette
kaziť sa get° out of order, break°, spoil°
kaziť 1. detract *dojem* 2. pervert *mravne* 3. spoil°, damage *poškodiť*
kazový defective, faulty
každodenne every day, daily
každodenný daily, everyday
každoročne every year, annually
každoročný annual, yearly
každý 1. each, every *sám o sebe* 2. everyone, every-

kde

body, anyone *človek* • *hourly* každú hodinu • *per minute* každú minútu
kde where • *once upon a time* kde bolo, tam bolo • *here and there* kde-tu
kdečo anything
kdejaký anybody, whatever
kdekto anybody, whoever
kdekoľvek wherever, anywhere
kdesi somewhere
kdeže wherever
keby if, would • *If I were you* Keby som bol na tvojom mieste
kecať yack
kečup ketchup
keď 1. when *časovo* 2. if *ak* 3. while *kým* • *unless* keď nie
kedy when • *now and then* kedy-tedy
kedykoľvek whenever, at any time
kedysi once, at one time
keďže because, since
kefa brush, hairbrush *na vlasy*, clothes-brush *na šaty*
kefír kefir
kefírový kefir
kefka toothbrush *na zuby*, bottle-brush *na fľaše*

kefovať brush
keks biscuit, cracker, cookie *Am.*
kel 1. cabbage *zelenina* 2. fang *sloní*
Kelt Celt
keltský Celtic
kemp hovor. camp
kemping camping *stanovanie*
kempový camping
kengura cangaroo
ker bush, shrub
keramický ceramic
keramika 1. *pl.* ceramics *umenie* 2. pottery, chinaware *výrobky*
kiahne smallpox, chicken pox *ovčie*
kiež if only
kikiríkať crow, cock-a-doodle-doo
kilogram kilogramme
kilohertz kilohertz
kilometer kilometre
kilometrovník kilometre stone
kilometrový kilometre
kilowatt kilowatt
kilowatthodina kilowatt-hour
kimono kimono
kinematografia cinemato-

klasifikovateľný

graphy
kinematografický cinematographic
kinetický kinetic
kinetika *pl.* kinetics
kino cinema, movies *Am.*
kinofilm cine-film
kiosk kiosk, stall
kivi kiwi fruit *ovocie*
kľačanie kneeling
kľačať kneel°
klad virtue *stránka*, positive side ● *likes and dislikes* klady a zápory
klada beam
kladina šport. balancing form
kladivko mallet *malé*
kladivo hammer, beetle *veľké*
kladka padlock
kladkostroj block
kladne affirmatively
kladný positive, affirmative *priaznivý*, optimistic *optimistický* ● *positive pole* kladný pól
kľakať kneel° down
klaksón klaxon, motor horn
klam 1. illusion 2. fraud *podvod* 3. fallacy ● *optical illusion* optický klam
klamár cheat, deceiver, liar

klamať deceive, delude, cheat, tell° a lie
klamlivo speciously
klamlivý deceptive, illusory, specious
klampiar tinsmith, tinner
klampiarstvo tinsmith's shop
klamstvo lie, fraud, deceit
klan clan
klaňať sa bow down, make° a bow ● *worship* klaňať sa Bohu
klapka flap, lid, clapper-board *filmárska*
klarinet clarinet
klarinetista clarinetist
klas ear of grain ● *corncob* kukuričný klas
klasicistický classicist
klasicizmus classicism
klasický classical *gréckorímsky*, classic ● *classical literature* klasická literatúra ● *a classic example* klasický príklad
klasifikácia classification, marking *v škole*, diagnosis *choroby*
klasifikovať 1. classify 2. grade, mark *známkovať* 3. type
klasifikovateľný classi-

595

fiable
klasik classic
klasika classicism
klások ear
klasový ear
klásť put° *kam*, lay°, deposit
 • accentuate klásť dôraz
 • put° questions klásť otázky • stress klásť prízvuk • lay° eggs klásť vajcia
kláštor nunnery *pre mníšky*, monastery *pre mníchov* • take° the veil vstúpiť do kláštora
kláštorný monastical, cloister *život* • convent school kláštorná škola
klát beam, log
klátiť rock
klátiť sa shake°
klaun clown, buffoon
klaustrofóbia claustrophobia
klaustrofóbny claustrophobic
klauzula clause
kláves key
klávesnica keyboard
klávesový keyboard
klaviatúra keyboard
klavír piano • *play the piano* hrať na klavíri • *piano piece* klavírna skladba
klavirista pianist
kĺb joint
klbčiť sa expr. fight°, scrap
klbko ball, clew
kĺbový articular, joint
klčovať grub up, stub
klebeta gossip, prattle, tale
klebetársky gossiping
klebetiť gossip, prattle
klebetnica gossiper, prattler
klebetný gossipy
klebety hearsay
klenba vault, arch *oblúk*
klenbový vaulted
klenot gem, stone, jewel • the crown jewels korunovačné klenoty
klenotnica treasury *miestnosť*
klenotníctvo jewellery
klenotník jeweller
klenúť sa vault, arch *oblúkovito*
klenutý vaulted
klepať 1. type *na stroji* 2. beat° *mäso* 3. knock *v motore*
klepec trap
klepeto claw, pincer
klepnúť give° a knock
klepot clack
kleptoman kleptomaniac

kleptománia kleptomania
klerik clergyman, cleric
klerikál clerical
klerikalizmus clericalism
klerikálny clerical
klérus clergy
klesajúci down-ward
klesanie decline, fall, ramp
klesať 1. fall° down *mravne*, sink° 2. decline *trend* 3. drop *prudko* 4. go° down *ceny*
klesnúť dip, sink°
kliať curse, swear°
kliatba curse, ban
klíček sprout
klíčenie germination
klíčiť germinate, sprout
klíčivý germinant
klient client, customer ● *clientage* klientela
kliešť tick
kliešte *pl.* 1. pliers 2. lek. pincers 3. forceps *zubárske*
klietka cage ● *birdcage* klietka pre vtákov
klimakterický climacteric
klimaktérium climacteric, menopause
klimaticky climatically
klimatický climatic
klimatizácia air conditioning ● *air condition* klimatizačné zariadenie
klimatizovaný air-conditioned
klin wedge, spike
klinček carnation
klinec nail
klinický clinical
klinika clinical hospital, dispensary
klinový cuneiform
klipkať blink *očami*, wink
kliše cliché
klitoris clitoris
klobása sausage
klobúk hat, bonnet *ženský* ● *sailor hat* slamený klobúk
klokan kangaroo
klokot gurgle
klokotanie gurgle
klokotať gurgle, bubble, seethe
kloktadlo gargling water
kloktanie gargle
kloktať gargle
kloniť 1. incline 2. bend° *ohnutím*
klonovať clone
klopanie knock
klopať beat, knock, rap
klopiť cast° down one's eyes
klub 1. club *spolok* 2. clubhouse° *budova*

klubovňa clubroom
kľúč key • *latchkey* kľúč od vchodu • *lockpicker* pakľúč
kľučka knob *guľová*, handle *dverová*, dribble *vo futbale*
kľučkovať 1. quibble, dodge 2. dribble *s loptou* 3. weasel out *vykrúcať sa*
kľúčny clavicular • *collarbone* kľúčna kosť
kľúčový key • *keyhole* kľúčová dierka • *keyword* kľúčové slovo
kľud calm, quiet • *at rest* v kľude
kľuka crank
kľukatiť sa curve, crankle
kľukatý crooked, curvy
klus trot
klusák trotter
klusať 1. jog 2. trot *kôň*
klystír enema, clyster
klzačka slide
klzák glider
klzanie gliding
klzať sa slide° *šmýkať sa*, glide
klzavý gliding
klzisko skating rink, rink
klzkosť slipperiness
klzký slick, slippery

kmásať tear°, pluck
kmeň 1. trunk, stem *stromu* 2. family, clan *rod* 3. tribe *ľudí*
kmeňoslovie word-formation
kmeňotvorný word-formative
kmeňový 1. tribal 2. basic *základný*
kmit 1. fyz. oscillation 2. flash 3. twinkle *oka*
kmitanie 1. fyz. oscillation 2. vibration *vibrácia*
kmitať 1. fyz. oscillate 2. glimmer, flash *svetlo* 3. twinkle *nohami* 4. pulsate *pulzovať* 5. vibrate *vibrovať*
kmitavý oscillating
kmitočet frequency
kmotor godfather
kmotra godmother
kmotrovci godparents
kmotrovstvo godfather's /godmother's relation
kňaz priest *katolícky*, clergyman *evanjelický*
kňazský priestley, clerical • *clergy* kňazský stav
kňažná 1. princess 2. countess
knedľa dumpling

knieža prince
kniežací princely, royal
kniežatstvo principality, princely
kniha book, textbook *učebnica* • *fable book* kniha bájok • *attendance book* kniha návštev • *order book* kniha objednávok • *book of complaints* kniha sťažností • *psalm-book* kniha žalmov
knihárstvo bindery
kníhkupec bookseller
kníhkupectvo bookshop, bookstore *Am.*
knihomoľ bibliomaniac
knihovať book *rezervovať*
knihoveda bibliology
knihovníctvo librarianship
knihovník librarian
kníhtlač book print
kníhtlačiar printer
kníhtlačiareň printing house, printing office
kníhtlačiarsky printing
kníhviazačstvo bindery
knísať sa swing°, rock
knižnica 1. library *inštitúcia* 2. bookcase *kus nábytku* • *library rules* knižničný poriadok • *book fair* knižný veľtrh

knižôčka booklet
knokaut knockout, K.O.
knokautovať knockout
knôt wick
kňučanie whine
kňučať whine
koagulácia coagulation
koagulovať coagulate
koala koala
koalícia coalition • *coalition government* koaličná vláda • *National Government* vládna koalícia
koaxiálny co-axial
kobalt cobalt
kobaltový cobalt
kobercový carpet
koberček rug
koberec carpet, tapestry *na stenu*
kobka cell, dungeon
kobra cobra
kobyla mare
kobylka 1. young mare 2. grasshoper *lúčná*, locust *hmyz*
kocka 1. cube 2. dice *na hranie* 3. check *vzor*
kockovaný chequered, checked
kockový cubic • *cube sugar* kockový cukor
kocúr tom-cat, male cat

kocúrik puss
Kocúrkovo Gotham
koč carriage *ťažký*, cart *ľahký*
kočík 1. baby carriage 2. hovor. pram • *doll's pram* pre bábiku
kočiš coachman, driver
kočovať wander, tour
kočovnícky nomadic
kočovník nomad
kočovný nomadic, migratory • *nomadic life* kočovný život
kód code • *secret code* tajný kód
kodeín codeine
kódex codex
kodifikácia codification
kodifikačný codification
kodifikátor codifier
kodifikovať codify
kódovací coding
kódovanie coding
kódovaný coded, encoded
kódovať code, encode
kódový code
koedukcia coeducation
koedukovaný coeducational
koeficient coefficient
koexistencia coexistence
koexistovať coexist

kofeín caffeine
kofeínový caffeine
koherencia coherence
koherentný coherent
kohút cock, rooster *Am.*
kohútik 1. cockerel *kohúta* 2. cock, tap *uzáver* 3. trigger *spúšť*
kochať sa delight in *v*
koitus coitus
kojenec suckling • *infant food* kojenecká výživa
kojiť breastfeed°, nurse
kokaín 1. cocaine 2. slang. coke
kokakola 1. coca-cola 2. hovor. coke
koketa coquette
koketnosť coquetry
koketný coquettish
koketovať coquet, flirt
kokos coconut
kokosovník coconut palm, coconut tree
kokosový coconut • *grated coconut* kokosová múčka
kokršpaniel cocker-spaniel
koks coke
koksáreň coke plant
koktať stammer, stutter *zajakávať sa*
koktavo stammeringly

koktavý stammering, stuttering
kokteil 1. coctail, milk-shade *nealkoholický* **2.** party *spoločnosť*
kolaborácia collaboration
kolaborant collaborator
kolaborantstvo collaboration
kolaborovať collaborate
koláč 1. cake, cookie *Am.* **2.** small cake *koláčik* **3.** pie **4.** dessert
kolagén collagen
koľaj 1. rut *stopa* **2.** rail *železničná* **3.** track
koľajnica rail
kolaps collapse, breakdown
kolaterálny collateral
kolaudácia approval
kolaudovať pass, approve
koláž collage
koleda carol • *Christmas carol* vianočná koleda
koledovať 1. carol **2.** ask for *si o niečo*
kolega 1. colleague, fellow-worker **2.** partner
kolegialita comradely spirit, free masonry
kolegiálny collegiate, comradely
kolégium 1. board **2.** college *inštitúcia*
kolegyňa colleague
kolekcia set, collection • *assortment of Christmas tree sweets* vianočná kolekcia
kolektív collective, team, group
kolektivistický collectivistic
kolektivizácia collectivization
kolektivizmus collectivism
kolektívne collectively
kolektívnosť collectivity
kolektívny collective, team • *team-work* kolektívna práca • *collective agreement* kolektívna zmluva
kolektor collector
kolenačky kneeling
koleno 1. knee **2.** knee-joint *rúry*
koleso wheel, gear *ozubené*
koliba shelter
kolibrík humming bird
kolík peg *na zavesenie*, pin, baton *štafetový*
kolika lek. colic
kolíkovať stake
kolísanie wobbling
kolísať cradle
kolísať sa 1. rock **2.** swing°

kolísavý

hojdať sa 3. wobble
kolísavý wobbly
kolíska cradle
kolízia 1. collision 2. clash *časová*
kolkár bowler
kolkáreň bowling-alley
koľko how much, how many ● *what's the time?* koľko je hodín? ● *how much is it?* koľko to stojí?
koľkokoľvek as many as
koľkokrát how many times, how often
koľkoraký of how many kinds
kolkovaný stamped
kolkovať stamp
kolkový bowling
kolky bowling
koľký which
kolmica perpendicular, vertical line
kolmo vertically, upright
kolmý vertical, perpendicular
kôlňa shed, wood-shed *na drevo*
kolo 1. circle, ring 2. šport. round 3. lap *pri pretekoch*
kolobeh circulation, cycle, run ● *the life cycle* kolo-

beh života
kolobežka scooter
kolofónia collophony
koloid colloid
kolok stamp
kolóna convoy
kolonáda colonnade
kolónia colony
kolonialista colonialist
kolonialistický colonial
kolonializmus colonialism
koloniálny colonial
kolonista colonist
kolonizácia colonization
kolonizátor colonizer
kolonizovať colonize
kolónka column
kolorit colouring
kolos colossus
kolosálny colossal
kolotoč merry-go-round, carousel
kolovanie circulation
kolovať circulate, go° round
kolovrat spinning wheel
kolportér book-hawker, distributor
kolportovať distribute
kolt colt
kóma coma
komandant commandant
komando 1. command *velenie* 2. commando *skupina*

komandovať command, order about
komár mosquito, gnat *Am.*
kombajn combine harvester
kombajnista combine operator
kombinácia combination
kombinačný combination
kombinačky *pl.* pliers
kombinát combine
kombiné hovor. slip
kombinéza *pl.* overalls
kombinovanie combination
kombinovaný conjunction
kombinovať 1. accompany 2. combine 3. speculate
komédia comedy
komediálny comedial
komediant 1. comedian 2. pren. baffoon
komentár commentary, gloss
komentátor commentator
komentovať comment, annotate *poznámkami*
komerčne commercially
komerčný commercial
kométa comet
komfort comfort
komfortný comfortable *pohodlný*, luxury
komickosť comicality
komicky comically, ludicrously
komický comic, ludicrous
komik comedian, comic
komín 1. chimney 2. stact *továrenský*
kominár chimney sweep
komisár commissioner, commissar, trustee
komisariát 1. commissariat 2. police station
komisia committee, commission, board • *establish a commission* zriadiť komisiu
komisionálne in commission
komisionálny commission
komnata chamber, hall
komoda commode
komodita commodity
komoliť mutilate
komora 1. pantry, storeroom 2. všeob. chamber 3. larder *špajza* • *chamber of commerce* obchodná komora • *gas chamber* plynová komora
komorná chamber maid
komorník chamberlain, valet
komorný chamber • *chamber music* komorná hudba • *chamber or-*

komótny

chestra komorné teleso • *chamber concert* komorný koncert • *chamber orchestra* komorný orchester
komótny slow
kompa ferry *trajekt*, raft *plť*
kompaktne compactly
kompaktný compact, close
komparatív comparative
komparatívny comparative
kompas compass
kompatibilita compatibility
kompatibilne compatibly
kompatibilný compatible
kompenzácia compensation
kompenzačný compensation, compensatory
kompenzovať compensate, offset°
kompetencia 1. práv. competence 2. *pl.* powers
kompetentne competently
kompetentný competent, qualified
kompilácia compilation
kompilovať compile
kompletizácia assembling
kompletizovať assemble
kompletne completely
kompletnosť entirety
kompletný 1. complete, full 2. entire *v plnom rozsahu*

komplex 1. set *celok* 2. complex *pocity* • *inferior complex* pocit menejcennosti
komplexne completely
komplexnosť completeness
komplexný complete • *overhaul* komplexná prehliadka
komplic accomplice
komplikácia complication, difficulty
komplikovane intricately
komplikovaný complicated, difficult
komplikovať complicate
kompliment compliment
komplot plot
komponent component, constituent
komponovať compose *hudbu*
kompost compost
kompostovať fertilize with compost, compost
kompót 1. compote *v náleve* 2. stewed fruit, fruit salad • *stewed apples* jablkový kompót
kompótovať preserve
kompozícia composition
kompozičný composition
kompresia compression

kompresor compressor
kompresorový compressor
kompromis compromise • *make° a compromise* urobiť kompromis
kompromisný compromise • *compromise solution* kompromisné riešenie
kompromitovať compromise
kompromitujúci compromising
komúna commune
komunálny communal, municipal • *local elections* komunálne voľby
komunikácia communication
komunikačný communication • *means of communication* komunikačné prostriedky
komunikatívny talkative
komuniké communiqué • *issue a communiqué* vydať komuniké
komunikovať communicate
komunista communist
komunistický communistic • *the Communist party* komunistická strana
komunizmus communism

koňak cognac, brandy
konanie action, doing, proceedings
konár 1. branch, bough 2. twig *konárik*
konať 1. do° *robiť*, act 2. make° *podnikať*, take°
konať sa take° place
koncentrácia concentration
koncentračný concentration • *concentration camp* koncentračný tábor
koncentrovaný concentrated
koncentrovať concentrate
koncepcia 1. conception *predstava* 2. concept *myšlienka*, idea
koncepčne conceptually
koncepčný conceptual
koncept 1. rough draft 2. sketch *náčrt*
koncern concern, trust, syndicate
koncert 1. concert 2. concerto *skladba*
koncertný concert • *concert-hall* koncertná sieň
koncertovať give° a concert, tour
koncesia 1. concession 2. licence *povolenie*
koncesionár concessionaire

koncesný

Am., licensee
koncesný concessionary
koncipovať draft, draw°
koncoročný annual
koncovka 1. jaz. ending **2.** el. terminal **3.** tech. end piece
koncový final, end
končatina limb
konček tip *jazyka*, end
končiar peak
končina region, part
končistý pointed, peaked
končiť 1. end, finish, make° an end **2.** finalize, close
končiť sa end, make° an end, finish up
kondenzácia condensation
kondenzačný condensation • *condensation chamber* kondenzačná komora
kondenzátor condenser
kondenzovaný condensed
kondenzovať condense • *evaporated milk* kondenzované mlieko nesladené
kondícia 1. physical condition **2.** fitness *telesná*
kondicionál conditional
kondicionér conditioner
kondolencia condolence
kondolovať condole
kondóm condom
konečne finally, at least

konečník rectum
konečnosť finality
konečný absolute, closing, definitive, final, ultimate • *the final decision* konečné rozhodnutie • *flat* konečné slovo • *deadline* konečný termín
konektor connector
konexia connection, contact
konfederácia confederation, confederacy
konfederovať confederate
konfekcia manufacture, confection
konferencia 1. conference, convention *Am.*, table **2.** staff meeting *školská* • *press conference* tlačová konferencia
konferencier announcer, speaker
konferovať confer, announce
konfesia confession
konfident informer
konfigurácia configuration
konfigurovať configure
konfirmácia confirmation
konfirmovať confirm
konfiškácia confiscation, sequestration
konfiškovať confiscate, sei-

ze, sequester
konflikt conflict, clash, collision *záujmov* ● *armed conflict* ozbrojený konflikt
konfliktný discordant
konformista conformist
konformistický conformistic
konformizmus conformism
konformný conform
konfrontácia 1. confrontation 2. collation *urovnanie*
konfrontovať confront, face
konfúzia confusion
konfúzny confused
konglomerácia conglomeration
konglomerát conglomerate
kongregácia congregation
kongregačný congregational
kongres congress
kongresový congress
koniareň stable, mews
koníček 1. hobby *záľuba* 2. little horse, pony *poník*
koniec 1. end 2. tip *špička* 3. expiry *doby* 4. conclusion *záver* 5. result *výsledok* 6. the rest *zvyšok* ● *after all* koniec koncov
konjunkcia conjuncture

konjunktúra prosperity, boom
konkláva conclave
konkretizácia concretization
konkretizovať concretize
konkrétne concretely
konkrétny concrete, particular *určitý*, special
konkubína concubine
konkubinát concubinage
konkurencia competition, rivalry *súperenie*
konkurenčný competing, competition
konkurent competitor, rival
konkurentka competitress
konkurovať compete with *komu, čomu*
konkurz audition, competition
konkurzný of competition
konope hemp
konopný hempen
konsenzus consensus
konský horse ● *horsepower* konská sila
konsolidácia consolidation ● *the process of consolidation* konsolidačný proces
konsolidovať consolidate
konspekt abstract *obsah*,

konšpirácia

design *náčrt*
konšpirácia conspiration
konšpiračný conspiratorial
konšpirátor conspirator
konšpirovať conspire, plot
konštanta constant
konštantne constantly
konštantný constant
konštatovať 1. state, make° out 2. claim *tvrdiť*
konštelácia constellation
konštitúcia constitution
konštitucionalizmus constitutionalism
konštitučný constitutional
konštituovať constitute
konštrukcia 1. construction *zostrojenie* 2. design *návrh*
konštrukčný constructional ● *structural defect* konštrukčná chyba
konštruktér constructor, designer
konštruktívne constructively
konštruktívnosť constructivity
konštruktívny constructive
konštruovať 1. design *zostaviť* 2. build° *budovať* 3. construct
kontajner container
kontakt contact, communication ● *establish contact with* nadviazať kontakt s
kontaktný contact ● *a contact lens* kontaktné šošovky
kontaminácia contamination
kontaminovať contaminate
kontesa countess
kontext context
kontinent 1. continent *svetadiel* 2. the Continent *Európa*
kontinentálny continental
kontingent contingent
kontinuálne continually
kontinuálny continual
kontinuita continuity
konto account ● *bank account* bankové konto
kontra versus, contra
kontraband contraband
kontrabas contrabass, double bass
kontrabasista double bass player
kontradikcia contradiction
kontraindikácia contraindication
kontrakcia 1. contraction *pri pôrode* 2. contracting *skracovanie*

608

kontrakt contract
kontrarevolúcia counter-revolution
kontrarevolucionár counter-revolutionist
kontrarevolučný counter-revolutionary
kontrarozviedka counter-intelligence
kontrast contrast, counterpoint
kontrastný contrastive
kontrastovať contrast
kontraverzia conflict, controversy
kontrola 1. examination *prehliadka*, inspection *detailná* 2. control 3. audit *účtovnícka* 4. supervision *dozor* • *passport control* pasová kontrola • *under supervision* pod kontrolou
kontrolný counter, check, control, supervisory • *countermark* kontrolná značka • *code number* kontrolné číslo • *control body* kontrolný orgán • *control system* kontrolný systém
kontrolór checker, examiner, inspector, auditor
kontrolovať check, examine, inspect, audit
kontrovať counter
kontroverzia controversy
kontumácia contumacy
kontúra contour, outline
konvalinka lily of the valley
konvektor convector
konvencia convention
konvenčnosť conventionality
konvenčný conventional
konvergencia convergence
konvergentný convergent
konvertibilita convertibility
konvertibilný convertible
konverzácia conversation, talk • *lively conversation* živá konverzácia
konverzačný conversational
konverzia conversion
konverzovať converse
konvoj convoy
konzerva tin *mäsová*, can *Am.*
konzervácia conservation
konzervačný preservative • *preservative* konzervačný prostriedok
konzervatívec conservative
konzervatívny conservative
konzervatórium conserva-

konzervovaný

toire
konzervovaný canned, preserved
konzervovať conserve, tin, pot *mäsové výrobky*, preserve *zaváraním*, cure *soľou*
konziliárny consultation
konzílium lek. consultation
konzistencia consistence
konzistentný consistent
konzola console, corbel
konzorcium consortium, syndicate
konzul consul
konzulárny consular
konzulát consulate
konzultácia consultation ● *tutorial hours* konzultačné hodiny
konzultačný tutorial ● *tutorials* konzultačné hodiny
konzultant adviser, consultant, tutor *na škole*
konzultovať consult
konzum consumption
konzument consumer
konzumný consumption ● *consumer society* konzumná spoločnosť
konzumovať consume, use up

kooperácia cooperation
kooperátor cooperator
kooperovať cooperate
kooptovať coopt
koordinácia coordination
koordinátor linkman
koordinovaný coordinate, coordinated
koordinovať coordinate
kop kick ● *penalty kick* pokutový kop ● *corner kick* rohový kop
kopa 1. heap, pile 2. stack *sena*
kopáč digger
kopačka *pl.* football boots
kopanec kick
kopanica solitary cottages
kopanie digging
kopať 1. dig° *jamu* 2. kick *nohami* 3. channel *kanál*
kopcovitosť hilliness
kopcovitý hilly
kopec 1. hill, mount 2. slope *svah*
kópia copy, duplicate *duplikát*
kopírovať copy, imitate
kopiť heap up *vŕšiť*, pile up
kopírka copier
kopírovací copy ● *carbon paper* kopírovací papier
kopírovať copy

kopnúť kick *nohou*
kopov setter
koprodukcia co-production
kopula copula
kopulácia copulation
kopulovať copulate
kopyto 1. hoof *zvieraťa* 2. last *obuvnícke*
koráb ark
koral coral
koralový coral, coralline • *coral island* koralový ostrov • *coral reef* koralový útes
korán Koran
korba body of a carriage
korbáč whip, scourge
korčuľa *pl.* skates
korčuliar skater
korčuľovanie ice-skating
korčuľovať sa skate
kord sword *zbraň*
kordón cordon
Kórea Korea
korekcia correction • *correction marks* korektúrne znamienka
korekčný corrective
korektne tactfully
korektnosť tactfullness
korektný correct, tactful
korektor corrector, proofreader

korektúra correction • *author's proof* autorská korektúra
koreň 1. root *rastliny* 2. word root *slova* • *radical* koreň rovnice
korenený spiced
korenička spice-box
korenie *pl.* spices • *pepper* čierne korenie • *the spice of life* korenie života
korenina seasoning
korenistý seasoned, spicy
koreniť 1. root 2. originate *mať pôvod* 3. season *jedlo*
koreňový root • *root vegetable* koreňová zelenina
korepetícia coaching
korepetítor singing coach
korešpondencia correspondence
korešpondenčný correspondence • *postcard* korešpondenčný lístok
korešpondent correspondent
korešpondovať correspond
korheľ hovor. drunkard
koriander coriander
koridor corridor, lane *letecký*
korigovanie correction

korigovať correct, proofread
korisť capture, prey *úlovok*, boodle *z lúpeže*
koristiť 1. plunder *drancovať* 2. take° booty *lúpiť*
koriť sa worship, adore
korkový cork
kormidelník helmsman, pilot
kormidlo helm, wheel
kormidlovanie steerage
kormidlovať steer, pilot, cox
kormorán cormorant
kornút cone
korodovať corrode
korodujúci corrosive
korok cork
koronárny coronary
korózia corrosion
korporácia association, corporation *obchodná Am.*
korporatívny corporate
korpulentný corpulent
korpus corpus
korumpovanie depravation
korumpovať corrupt, nobble
koruna 1. crown *platidlo aj kráľovská* 2. head *stromu*
korunka 1. coronet *šľachtická* 2. crown cap *zubu*

korunný crown • *crown prince* korunný princ • *queen's evidence* korunný svedok
korunovácia coronation
korunovačný coronation
korunovať crown, queen *za kráľovnú*
korupcia corruption, jobbery
korupčný corruption
korytnačka tortoise, turtle *morská*
koryto 1. trough *nádoba* 2. riverbed *rieky*
korzár corsair
korzet corset, girdle
korzo promenade
korzovať promenade
kosa scythe
kosačka mower, landmower, lawn-mover *na trávnik*
kosák sickle
kosatec iris
kosatka killer-whale *ryba*
kosba mowing *kosenie*, cutting
kosec mower, haymaker
kosínus cosine
kosiť mow°, cut°, scythe
kosodrevina dwarfed pine
kosoštvorec rhombus

kosť 1. bone 2. horn *rohovina* • collarbone kľúčna kosť
kostnatenie ossification
kostnatý bony, angular *hranatý*
kostný bone • marrow kostná dreň
kostol church
kostolník verger, sacristan
kostra 1. skeleton 2. frame *motora* 3. outline *osnova* • human skeleton kostra človeka
kostrbato bumpily
kostrbatosť bumpiness
kostrbatý bumpy, rugged, knobby • scrawly handwriting kostrbaté písmo
kostrč coccyx
kostrnka quill
kostým 1. suit 2. costume • trouser suit nohavicový kostým
kostýmový costume
košatieť spread
košatý bushy, spreading
košeľa shirt • night shirt nočná košeľa
košiar pen, sheepfold
košík basket, creel *na ryby*
košikár basket-maker
košikárstvo basket-making

koštiaľ bone
kotiť sa drop *zvieratá*, kitten *mačka*
kotkodákať cackle
kotleta chop *bravčová*, cutlet *teľacia*
kotlík small kettle
kotlina basin, hollow
kotol kettle, cauldron *veľký*
kotolňa boiler room, stokehole
kotolník stoker
kotrmelec somersault
kotúč disc, wheel, roll
kotúľať sa roll
kotva anchor *na lodi*
kotviť anchor, harbour *v prístave*
kov metal
kováč blacksmith
kováčsky blacksmith's • forge kováčska dielňa
kovanie 1. hammering *činnosť* 2. plating *ozdoba*
kovať forge, plate
kovboj cowboy
kovoobrábací metal-working
kovopriemysel metal industry
kovorobotník metalworker
kovorytec engraver
kovový metallic

kovovýroba metalwork
kovral fitted carpet
koza goat, she-goat
kozľa kid
kozľacina kid flesh, goat meat
kozliatko p. kozľa
kozmetický cosmetic • *face pack* kozmetická maska • *cosmetic changes* kozmetické úpravy • *beauty salon* kozmetický salón
kozmetička cosmetician
kozmetika *pl.* cosmetics
kozmický cosmic, space • *spacecraft* kozmická loď
kozmológia *pl.* astronautics
kozmonaut cosmonaut, astronaut, spaceman
kozmonautika p. kozmológia
kozmopolita cosmopolitan
kozmopolitický cosmopolitan
kozmos cosmos
Kozorožec Capricorn
kozub hearth, fireplace
koža 1. skin *pokožka* 2. leather
koženka leatherette
kožený leather • *full binding* kožená väzba
kožiarstvo tannery

kožný 1. skin 2. odb. dermal, dermic
kožuch fur coat
kožušina coat, fur
kožušinový furry • *necklet* kožušinový golier
kožušníctvo furrier's
kožušník furrier
kôl pile, stake
kôlňa shed
kôň 1. horse 2. šach. knight
kôpor dill
kôra 1. bark *drevín* 2. peel *šupka*
kôrka crust *z chleba*
kôrovec crustacean
kôrový crusty
kôstka pit *jadierko*, stone *z ovocia*
kôš basket • *clothes-basket* kôš na bielizeň • *litter-bim* kôš na odpadky
krab crab
krabica box
kráčať 1. walk, march 2. proceed *dopredu*
krádež 1. theft 2. burglary *vlámanie* 3. shoplifting *v obchode*
kradmo furtively, stealthily
kradmý furtive, stealthy • *leer* kradmý pohľad
kradnúť 1. steal°, thieve 2.

614

lift *v obchode*
krach bankruptcy, failure, crash *obchodu*
krachovať go° bankrupt
kraj 1. edge, border *okraj* 2. country *krajina* 3. region *oblasť*
krájač cutter
krajan fellow-countryman, compatriot
krájanie cutting
krajanka fellow-countrywoman
krájať cut°, slice *na plátky*
krajčír tailor, dressmaker *dámsky*
krajčírstvo tailor's
krajec slice of *plátok čoho*
krajina country, land, region ● *mountainous country* hornatá krajina ● *dream-land* krajina snov
krajinský regional
krajka lace
krajnica verge
krajnosť extremity
krajný 1. end, outer *vonkajší* 2. extreme
krajový regional
krajský district
krákanie croaking
krákať caw, croak
kráľ king ● *king of hearts* srdcový kráľ ● *The Three Magi* Traja králi
králik rabbit
králikáreň rabbit-hutch
kráľovať reign
kráľovič prince royal, crown prince
kráľovná queen ● *queen mother* kráľovná matka
kráľovražda regicide
kráľovský royal, kingly, princely ● *royalty* kráľovská rodina
kráľovstvo kingdom, royalty ● *the Kingdom of Heaven* kráľovstvo nebeské
krám 1. shop, stall 2. hovor. trash *nepotrebná vec*
kras karst
krása beauty, loveliness
krásavec a handsome man
kráska beauty
kraslica painted Easter egg
krásne beautifully
krásny beautiful, lovely
krasokorčuliar figure skater
krasokorčuľovanie figure skating
krasopis calligraphy
krasopisný calligraphic
krasový karst

krášlenie

krášlenie beautification
krášliť sa beautify, adom *zdobiť*
krát times • *how many times?* koľkokrát? • *once* jedenkrát • *twice* dvakrát • *three times* trikrát
krátenie shortening • *tax evasion* krátenie daní
kráter crater
krátiť cut°
krátiť sa become°/get° shorter, draw in *dni*
krátiť si beguile *čas*
krátko briefly, shortly
krátkodobý short, short-range, short-term
krátkonohý short-legged
krátkovlnný short-wave
krátkozraký shortsighted
krátky 1. short 2. brief *stručný* • *call* krátka návšteva • *tag* krátka otázka • *chit* krátka správa • *shorts* krátke nohavice • *short waves* krátke vlny
kraul crawl
krava cow
kravata tie, necktie
kravín cowshed
kravský cow's • *cow's milk* kravské mlieko
krb p. kozub

kŕč cramp, spasm, colic *v bruchu*
krčah jug, pitcher
krčiť crease, wrinkle
krčiť sa 1. shrink°, wrinkle 2. shrug *plecami*
krčivý crease
krčma inn, pub, beer *výčap*
krčmár inkeeper, publican
krčný neck
kŕčovitý convulsive, spasmodic
kŕčový spasmodic • *varicose veins* kŕčové žily
kŕdeľ flock, gaggle, flight
kreácia creation
kreativita creativity
kreatívny fanciful
kreatúra creature
kredenc 1. hovor. sideboard 2. cupboard 3. kitchen-cabinet
kredit credit • *credit card* kreditná karta
krédo credo
krehkosť brittleness, fragility
krehký fragile, brittle *sklo* • *puff pastry* krehké cesto
krehnúť stiffen
krém 1. shoe wax 2. cream *kozmetický*
kremácia cremation

krematórium crematorium, crematory
kremeň flint, silica
kremík silicon
krémovať 1. cream 2. polish *obuv*
krémový cream-coloured *farba*, creamy
kreol creole
krep crepe *textília* • *crinkled paper* krepový papier
krepčiť dance, frisk
krepový crepe
kresadlo tinderbox
kresať hew° *tesať*, strike
kresba drawing, picture, sketch
kreslenie drawing
kresliaci drawing
kreslič designer, draftsman
kresliť draw°, sketch, pencil *ceruzkou*, crayon *pastelkou* • *animate cartoon* kreslený film
kreslo armchair • *electric chair* elektrické kreslo • *seat* kreslo v parlamente
kresťan Christian
kresťanský Christian, ecclesiastic *duchovný*
kresťanstvo Christianity
kretén cretin
kretenizmus cretinism

kreténsky cretinous
kreveta shrimp, prawn
krhľa can, sprinkler
kričať 1. shout, scream *dieťa*, yell *jačať* 2. shout to *volať na* • *scream with pain* kričať od bolesti
krídlo 1. wing 2. hud. grand piano 3. bay *budovy*
krieda chalk
kriedový chalky
kriesenie reviving
kriesiť bring° round, revive, resuscitate
kriesiteľ resuscitater
krík bush
krik shouting, scream, cry
kriket cricket
krikľavý brash *farba*, gaudy, gross, strident
krikľúň loudmouth, bawler
kriminál prison, jail *Am.*
kriminalista criminalist
kriminalistický criminological
kriminalistika criminological practice
kriminalita crime, criminality
kriminálka criminal police
kriminálnik criminal, jailbird
kriminálny criminal • *job*

kriminológ

kriminálny čin
kriminológ criminologist
kriminológia criminology
krinolína crinoline
kripel cripple
Kristus Christ • *before christ (BC)* pred Kristom
krištáľ crystal • *crystal ball* krištáľová guľa
krištáľový crystal
kritérium criterion, standard
kriticizmus criticism
kriticky critically
kritický critical • *juncture* kritický okamih
kritik critic • *music critic* hudobný kritik • *literary critic* literárny kritik
kritika criticism • *constructive criticism* konštruktívna kritika
kritizovať criticize, express
krívať limp
krivda wrong, injustice
krivdiť do° wrong
krivica rachitis
kriviť bend°, twist
kriviť sa stoop *hrbiť*, twist
krivka curve
krivkať limp, hobble
krivý 1. crooked, curved, twisted *skrivený* 2. lame *chromý* • *perjure* krivá prísaha • *allegation* krivé obvinenie
kríza 1. crisis 2. depression *hospodárska* • *cabinet crisis* vládna kríza
krízový crisis
kríž 1. cross 2. kresť. crucifix 3. tribulation *trápenie*
kríže 1. *pl.* loins 2. anat. back
kríženec crossbreed, hybrid
kríženie cross breeding
križiak hist. crusader
krížiť 1. cross 2. crossbreed *plemenne*
krížiť sa intersect, cross
krížnik cruiser
krížom across *naproti* • *crisscross* krížom-krážom
križovať sa 1. cross 2. intersect *cesty*
križovatka crossroad, crossing
krížovka crossword
krížový cross • *the way of the cross* krížová cesta • *cross-fire* krížová paľba • *cross examination* krížový výsluch
krk 1. neck 2. throat *hrdlo*
krkavčí raven
krkavec raven
krkolomný cutthroat,

break-neck
krkovička pork neck *mäso*
kŕmenie feed
kŕmič feeder
kŕmidlo feeder, bird-table *pre vtákov*
kŕmiť feed°
krmivo fodder, feedstuff, bait *pre kone*
krmník pigsty
kŕmny nutritive
krmovina fodder crop, forage
kročiť step, make° a step
krochkanie grunt
krochkať grunt
kroj costume ● *national costume* národný kroj
krojovaný costumed
krok 1. step, stride *veľký* 2. measure *opatrenie* ● *step by step* krok za krokom ● *at a walking pace* krokom ● *dispositions* kroky
krokodíl 1. crocodile 2. hovor. croc
krompáč pick, pickaxe
kronika 1. *pl.* annals 2. chronicle
kronikár annalist, chronicler
kropaj drop, trickle
kropiť sprinkle, water *rastlinky*, spray
krotiť sa control
krotiť tame, break° in *koňa*
krotiteľ tamer
krotkosť gentleness, tameness
krotký 1. tame 2. gentle *mierny*
krov roof, truss
krovie bush, shrubbery
krovinatý bushy
krpatieť become° stunted, get° dwarfed
krpatý dwarfish, puny, stunt
krst baptism, christening *krstenie*
krstenie baptism, christening
krstiny christening party
krstiť baptize, christen
krstiteľ baptist
krstiteľnica font
krstňa hovor. godchild
krstný godfather *otec*, godmother *mama* ● *goddaughter* krstná dcéra ● *Christian name* krstné meno ● *godparents* krstní rodičia ● *birth certificate* krstný list ● *godson* krstný syn
krt mole
krtinec molehill

kruh 1. geom. circle • polar circle *polárny kruh* **2.** ring • *hoop* kruh na vyšívanie • *political circles* politické kruhy
kruhový round, circular
krúpa 1. peeled barley **2.** hail *ľadovec*
krupica semolina, *pl.* grits
krupičný semolina
krupier croupier
krupobitie hailstorm
krúpy *pl.* groats
krušný hard, severe
krútiť 1. turn, wag *chvostom* **2.** twist *skrúcať* **3.** bridle *hlavou*
krútiť sa 1. turn round **2.** dance **3.** twirl **4.** spin° *rýchlo*
krútňava whirlpool
kruto cruelly
krutosť brutality *brutalita*, cruelty, severity, grimness, rudeness
krutovláda tyranny
krutovládca tyrant
krutý brutal *brutálny*, cruel, drastic *drastický*, severe *bolesť*, hard, rude • *animal* krutý človek
krúženie twirl, wheel
kružidlo compass

krúžiť 1. turn round **2.** rotate *rotovať* **3.** revolve *okolo stredu* **4.** circle
krúživý circling
kružnica circle
krv blood • *blood donor* darca krvi
krvácajúci bleeding
krvácanie bleeding
krvácať bleed°
krvavo bloodily
krvavý bloody, blood stained
krvilačný bloodthirsty
krvinka blood corpuscle • *white corpuscle* biela krvinka • *red corpuscle* červená krvinka
krvipreliatie bloodshed, slaugter
krvismilný incestuous
krvismilstvo incest
krvný blood • *blood bank* krvná banka • *blood group* krvná skupina • *clot* krvná zrazenina • *blood count* krvný obraz • *blood pressure* krvný tlak
krvotvorný blood-forming
krycí covering • *pseudonym* krycie meno
kryha floe

krypta crypt
kryptografia cryptography
kryptogram cryptogram
krysa 1. rat 2. swine *o človeku*
kryštál crystal • *granulated sugar* kryštáľový cukor
kryštalický crystallic
kryštalizácia crystallization
kryštálový crystal
kryt 1. cover 2. guard *ochranný* 3. shelter *úkryt*
kryť 1. cover, shelter 2. protect *chrániť*
krytina covering, roofing • *floor covering* podlahová krytina • *roofing material* strešná krytina
krytinový roofing
krytý roofed *strechou*
kšeft funny business
kšeftár hustler
kšeftovať hustle
kto who, which *z viacerých* • *which of you?* kto z vás?
ktohovie nobody knows
ktokoľvek whoever, anyone
ktorý 1. who *osoba,* which *neživotné* 2. that *vypustiteľná spojka*
ktorý *zám.* 1. what *opyt.* 2. which *opyt.*
ktorýkoľvek whichever, whoever
ktorýsi certain, some, someone
ktosi somebody, someone
ktovie who knows
ku *predl.* to
kubatúra cubature
kubický cubic
kubík cubic metre
kubo dolt, dunce
kučera curl, lock
kučeravieť sa curl
kučeravý curly, curly-haired • *kale* kučeravý kel
kúdoľ cloud, wreath *dymu*
kufor 1. suitcase 2. boot *auta*
kufrík briefcase *na doklady,* small suitcase
kuchár cook • *chef* šéfkuchár
kuchársky cooking, culinary • *cookery* kuchárska kniha
kuchárstvo cookery
kuchyňa 1. kitchen *miestnosť* 2. cuisine *príprava jedál* • *cold and hot meals* studená a teplá kuchyňa
kuchynský kitchen, cooking

kukať

- *fitted kitchen* kuchynská linka • *kitchen table* kuchynský stôl
kukať 1. look *pozerať* 2. peep out *vykukovať*
kukátko peep-hole
kukla 1. hood, cap *na hlavu* 2. chrysalis *hmyzu*
kukučka cuckoo
kukurica maize, corn *Am.* • *cornflour* kukuričná múka
kulisa 1. pren. coulisse 2. wing
kulisár stage-hand
kulma curling iron
kulminácia culmination
kulminovať culminate
kulmovať curl
kuloár lobby, lounge
kuloárový lobby
kult cult, worship • *personality cult* kult osobnosti
kultivácia cultivation
kultivačný cultivation
kultivátor cultivator
kultivovane prissily
kultivovaný polished, prissy, well-spoken *v prejave*
kultivovať cultivate
kultový of a cult
kultúra civilization, culture *duchovná*

kulturista body-builder
kulturistika šport. body building
kultúrne culturally
kultúrnosť civilization
kultúrny cultural, cultured, civilized
kumulácia accumulation
kumulatívny cumulative
kumulovaný cum
kumulovať cumulate
kumulujúci cumulative
kuna marten
kúpa buy, purchase, bargain *výhodná* • *hire purchase* kúpa na splátky • *contract of sale* kúpna zmluva • *bill of sale* kúpnopredajná zmluva
kúpací bathing • *bathrobe* kúpací plášť
kúpalisko swimming pool, bathing pool
kúpanie bathing
kúpať 1. bathe *plávať* 2. give° a bath *umývať*
kúpať sa 1. bathe *plávať* 2. have° a bath *umývať sa*
kupčiť traffic
kupé compartment *vo vozni*, coupé
kupec 1. buyer, purchaser 2. trader *obchodník*

kúpeľ bath, tub *vo vani*
kúpele spa
kúpeľňa bathroom
kúpeľný spa • *bather* kúpeľný hosť
kupírovať crop, dock
kúpiť buy°, purchase
kupliar procurer
kúpny buying, purchasing • *purchasing power* kúpna sila • *contract of purchase* kúpna zmluva
kupola cupola, dome
kupolovitý domed
kupón coupon, voucher
kupónový coupon
kupovať buy°, purchase
kupujúci buyer, purchaser, customer *zákazník*
kúra cure, treatment
kura broiler, chicken, hen, roaster *na pečenie*
kuratela curacy, guardianship, trusteeship
kurátor trustee, curator, keeper *správca*
kurča chicken
kúrenár heating mechanic
kúrenie heating
kurí hen • *corn* kurie oko
kúria 1. curia *súd* 2. manor *sídlo*
kuriatko chick
kurič stoker, fireman
kuriér courier
kurín chicken-house
kuriozita curiosity, rarity
kuriózne oddly
kuriózny rare *zriedkavý*, odd
kúriť make° fire *zakúriť*, heat *vykurovať*, stoke
kurivo fuel, firewood
kurizovať chat up
kurt šport. court • *tennist court* tenisový kurt
kurtizána courtesan, prostitute
kurva vulg. whore
kurz 1. course 2. direction *smer* • *rate of exchange* kurz na burze
kurzíva pl. italics
kurzor cursor
kurzový exchange-rate
kus piece, bit *časť*
kúskovať divide into pieces, dismember
kúsok bit, a little *trošku* • *gobbet* kúsok jedla
kustód custodian
kusý fragmentary, incomplete *neúplný*
kuť 1. forge *kovať* 2. plot *sprisahanie*
kút 1. corner *roh* 2. spot,

place *miesto*
kutica cell
kútik hook, corner
kutiť stir, dabble *robiť*
kuvik barn owl
kuvikať screech
kúzelnícky magical
kúzelník magician, illusionist, wizard *čarodej*
kúzelný magic *magický*, charming *okúzľujúci*
kúzlo 1. trick 2. charm *čaro* 3. magic
kužeľ geom. cone
kužeľovitý conical
kužeľový conic
kváder ashlar, block
kvadrant quadrant
kvadrát quadrate
kvadratický quadratic • *quadratic equation* kvadratická rovnica
kvak quack
kvákať quack, blab *tárať*
kvalifikácia qualification
kvalifikačný qualificatory
kvalifikovaný qualified, competent
kvalifikovať qualify
kvalita quality, class, standard
kvalitatívne qualitatively
kvalitatívny qualitative

kvalitný high quality, fine • *quality products* kvalitné výrobky
kvantifikácia quantification
kvantifikovať quantify
kvantita quantity
kvantitatívne quantitatively
kvantitatívny quantitative
kvantum quantum
kvapalina fluid, liquid
kvapalný liquid
kvapavka gonorrhoea
kvapeľ stalactite, stalagmite
kvapka drop, drip • *drops* kvapky
kvapkanie drip
kvapkať drop, drip *vodovodný kohútik*
kvapôčka bead, droplet
kváriť molest *sužovať*
kvartál quarter
kvartálny quarterly
kvarteto quartet
kvas ferment, leaven *kvások*
kvasenie fermentation
kvasený fermentated
kvasiť sa ferment, leaven
kvasnice barm, leaven, yeast
kvasnicový yeasty
kvasný fermentation
kvások yeast
kvet flower
kvetináč flowerpot

kvetinárstvo the florist's
kvetinový flower, flowery • *flower bed* kvetinový záhon
kvetnatý flowery, ornate
kvetný floral
kvičanie squealing, whine
kvičať squeal, whine
kvíkanie squeal
kvíkať squeak
kvílenie wail
kvíliť wail, lament, scream
kvinteto quintet
kvitnúť blossom, bloom, flourish
kvíz quiz
kvízový quiz
kvocient quotient
kvočať squat
kvočka clucking-hen
kvokať cluck
kvoknúť si squat, crouch
kvóta quota
kvôli for the sake of sth. • *for my sake* kvôli mne
kyanid cyanide
kýbeľ hovor. bucket
kybernetický cybernetic
kybernetik cybernetician
kybernetika *pl.*cybernetics
kydať muck, pitch *vidlami*
kýchanie sneezing
kýchať sneeze

kyjak club, cudgel
kýl keel
kým 1. while *zatiaľ čo* **2.** till, untill *až, do časovo*
kymácať sa lurch, roll
kynológ cynologist
kynológia cynology
kynožiť exterminate, annihilate
kýpeť stump
kypieť boil over, run°
kypriť cultivate *pôdu*, mellow • *baking powder* kypriaci prášok
kyprý light, mellow
kyselina acid • *citric acid* kyselina citrónová • *acetic acid* kyselina octová • *sulphuric acid* kyselina sírová
kyselinový acidic
kyselka mineral water
kyslastý sourish
kysličník oxide
kyslík oxygen
kyslíkový oxygen
kyslosť acidity *kyseliny*, sourness, tartness *ovocia*
kyslý 1. sour **2.** chem. acid **3.** vinegary • *sauerkraut* kyslá kapusta • *sour cream* kyslá smotana • *curd* kyslé mlieko

kysnúť 1. go° sour 2. rise° cesto • *sourdough* kysnuté cesto
kysnutie 1. souring *skyselenie* 2. fermentation *cesto*
kýška curdled milk
kytica bunch of flowers *kvetov*, bouquet
kyvadlo pendulum
kývať 1. oscillate 2. move *hýbať* 3. wave *mávať* 4. nod *hlavou*
kývať sa swing°, wobble
kývnuť 1. move 2. nod *súhlasiť* 3. wave *mávnuť*

L

laba pad *psa*, paw, claw
labilita unstableness
labilný labile, unstable *nestabilný*, unsteady *nestály*
laborant laboratorian
laboratórium laboratory, lab
laboratórny laboratory
labuť swan
labužnícky dainty, epicurean
labužník gourmet, epicure
labyrint labyrinth
lacnieť cheapen, become° cheap, low-priced
lacno cheaply, inexpensively
lacný cheap *cenovo*, budget
lačný 1. hungry *hladný* 2. desirous *dychtivý*
ľad ice
ladič tuner
ladiť tune *zvukovo*, tone in *farebne*, harmonize
ladne gracefully
ladnosť grace, neatness
ladný neat, graceful
ľadoborec icebreaker
ľadovatieť become° icy
ľadovcový glacial

ľadovec 1. glacier *horský* 2. iceberg *ľadový* 3. floe *kryha*
ľadový ice, icy *studený*, glacial • *ice hockey* ľadový hokej
ľadvina kidney
lagúna lagoon
ľahko easily, lightly
ľahkomyselne frivolous, light-mindedly
ľahkomyselnosť light-mindedness
ľahkomyselný frivolous *nerozvážny*, light-headed, thoughtless
ľahkosť easiness, lightness
ľahkovážne blithely, lightly
ľahkovážny blithe, light-hearted
ľahkoverne credulously
ľahkovernosť credulousness
ľahkoverný credulous
ľahký 1. light *hmotnosť*, soft *jemný* 2. easy *obsahom* • *English is easy.* Angličtina je ľahká.
ľahnúť si 1. lie° down 2. go° to bed *ísť spať* 3. lie° back

627

lahodiť

na chrbát
lahodiť please, be° pleasing
lahodný 1. sweet, lovely **2.** delicious *chuť* **3.** pleasant *príjemný*
ľahostajne indifferently, stolidly
ľahostajnosť indifference, stolidity
ľahostajný indifferent, stolid
lahôdka titbit, delicasy, dainty
lahôdkárstvo delicatessen
ľahtikár 1. expr. loafer **2.** frivolous person
ľahtikárstvo foolhardiness
laický lay, unprofessional
laik layman
lajdačiť hang° about, loiter about
lajdák lazybones, slacker, skiver
lajno dirt, dung
ľak fright, shock
lak 1. lacquer *jemný*, polish **2.** nail-varnish *na nechty* **3.** hair-spray *na vlasy*
lákať 1. attract, beguile **2.** entice *vábiť*
ľakať scare, frighten
ľakať sa be° frightened
lákavý alluring, attractive, luscious
lakeť elbow
lakmus litmus
lakmusový litmus ● *litmus-paper lakmusový papierik*
lakomec miser, niggard
lakomiť sa covet, be° greedy of
lakomosť avarice, greadiness, miserliness, niggardliness
lakomý close, greedy, miserly, greedy
lakonicky laconically
lakonický laconic
lakovať varnish, lacquer, paint
lakovňa painting shop
laktácia lactation
laktóza lactose
ľalia lily
lalok 1. lobe **2.** fold *časť tváre*
lama llama,
lámač breaker, crusher ● *stone-breaker* lámač kameňa
lámanie breaking
lámať break°, wonder *si hlavu*, quarry *kameň*
lámavý breaking
lamela plate

628

lamentácia lamentation
lamentovanie lamentation
lamentovať 1. lament **2.** expr. wail
laminát laminate
laminovaný laminated
laminovať laminate
lámka gout
lampa 1. lamp **2.** elektr. valve
lampáš lantern, torch
lampión Chinese lantern
lampiónový lantern
lán hide, field *pole*
ľan linen *tkanina* ● *linseed oil* ľanový olej
laň roe, hind
langusta lobster
lanko string
lano rope, cable *kovové* ● *climb a rope* šplhať sa po lane
lanolín lanoline
ľanovisko flax-field
lanovka cableway
ľanový flaxy
lapač catcher, snatcher
lapaj scamp, rogue
lapať 1. catch° **2.** gasp *dych*
larva larva, grub
larválny larval
laryngitída laryngitis
laser laser
laserový laser

lasica weasel
láska 1. love, affection *náchylnosť* **2.** liking *záľuba* **3.** love *milovaná osoba* **4.** charity *kresťanská láska* ● *love at first sight* láska na prvý pohľad ● *maternal love* materinská láska ● *platonic love* platonická láska ● *parental love* rodičovská láska
láskanie caress
láskať sa caress
láskavo kindly, graciously
láskavosť 1. kindness **2.** favour *čin* **3.** charity **4.** attention *pozornosť*
láskavý 1. attentive *pozorný* **2.** kind **3.** good **4.** amiable **5.** charitable *dobrotivý*
láskyplný affectionate
laso lasso
lastovička swallow
lastúra shell
lastúrnik conch
lata lath, board
látať patch, darn *pančuchy*
latencia latency
latentne latently
latentný latent
latinčina Latin
latinka Latin alphabet, Roman type

latinský Latin, Roman *písmo*
látka 1. matter, material, substance *hmota* 2. cloth, fabric, material *tkanina*
latrína latrine, privy
laureát laureate
láva lava
ľavačka left hand
ľavák left-handed person
lavica 1. bench 2. desk *v škole* 3. dock *na súde* 4. pew *v kostole*
ľavica 1. left-hand *ruka* 2. polit. the left
ľavicový left-wing
ľavičiar polit. leftist
ľavičiarsky left-wing
lavička bench
lavína avalanche
lávka foot-bridge
lavór washbasin
lávový lava
ľavý 1. left 2. clumsy *neobratný* • *outside left* ľavé krídlo
laz mountain settlement
lazy backwoods
lazaret hospital, infirmary
lebečný cranial • *cranial bone* lebečná kosť
lebka 1. skull 2. lek. cranium • *fracture of the skull* zlomenina lebky
lebo because *pretože*
lečo vegetable stew
ledabolo carelessly, laxly
ledačo all sorts of things
ledajaký any
ledva 1. as soon as *len čo* 2. hardly *takmer nie*
legalizácia legalization
legalizovať legalize
legálne lawfully
legálnosť legality, legitimacy
legálny legal, legitimate
legenda fable, legend, caption
legendárny legendary, fabulous
légia legion • *foreign legion* cudzinecká légia
legionár legionary *rímsky*, legionnaire
legionársky legionary
legislatíva legislation, legislature *moc*
legislatívec legislator
legislatívny legislative
legitimácia identity card • *party card* členská legitimácia
legitimita legitimacy
legitímne legitimately
legitímnosť legitimity

lepiť

legitímny lawful, legitimate
legitimovať legitimate, entitle, seek° identity
legitimovať sa prove one´s identity
lehota term, time limit • *term of delivery* dodacia lehota • *probation* skúšobná lehota
lejak downpour, heavy rain
lekár 1. doctor, physician *praktický* 2. surgeon *chirurg* 3. dentist *zubár* 4. specialist *odborný* • *paediatrician* detský lekár
lekáreň pharmacy, drugstore
lekárnička first aid box
lekárnik pharmacist, druggist
lekársky medical • *medical* lekárska prehliadka
lekárstvo medicine • *forensic medicine* súdne lekárstvo
lekcia lesson
lekno water-lily
lektor lecturer *na VŠ*, lector *zahraničný*
lektorovať read°, lecture
lektorský tutorial • *reader´s report* lektorský posudok

lekvár jam
lem 1. hem *odevu* 2. rim *nádob* 3. border *obruba*
lemovať border, edge, hem
lemovka binding, edging
len only, just *práve*, merely • *as soon as* len čo
leniť sa be° lazy to do, feel° lazy
lenivec idler, lazybones, loafer
lenivieť grow lazy
lenivo lazily
lenivosť laziness
lenivý lazy, idle, sluggish
leňoch idler, lazy-bones
leňošiť idle away, lie° about, laze
leňoška easychair
lentilky *pl.* smarties
lenže but
leopard leopard
lep glue, paste
lepenka cardboard
lepenkový cardboard
lepený glued
lepiaci gluey • *sticky tape* lepiaca páska
lepič gluer
lepidlo paste, glue, gum *na papier*
lepiť 1. glue, paste 2. affix *pripevňovať*

lepiť

lepiť sa agglutinate, stick°, cling *na niekoho*
lepkavosť stickiness
lepkavý sticky, adhesive, agglutinative
lepok gluten
lepra lek. leprosy
lepší better
lepšie better
lepšiť sa become° better, improve
leptanie etch
leptať etch
leptavý caustic, corrosive
les wood, forest ● *fir-wood* ihličnatý ● *green-wood* listnatý
lesbický lesbian
lesbička lezzy, lesbian
lesbizmus lesbianism
lesík grove
lesk lustre, gloss, glitter *zlata*
lesklý 1. lustrous, glossy 2. brilliant *jasný*
lesknúť sa shine°, glitter *jagať sa*
lesnatý woody
lesník forester
lesný woodland ● *wood strawberries* lesné jahody
lesť ruse, trick, fraud
lešenie scaffold, staging

leštený polished
leštidlo polish
leštiť polish, shine°
let flight ● *chartered flight* nepravidelný let ● *schedule flight* pravidelný let
leták pamphlet, leaflet
letargia lethargy
letargicky lethargically
letargický lethargic
letec flier, pilot
letecky by plane
letecký air, aerial ● *airmail* letecká pošta ● *air base* letecká základňa
letectvo 1. airnavigation 2. voj. air force
letenka air ticket, flight ticket
letiaci flying
letieť 1. fly° 2. glide *vznášať sa*
letisko airport ● *terminal* budova letiska
letmo cursorily
letmý fleeting, cursory ● *dab* letmý dotyk
letný summer ● *summer holidays* letné prázdniny ● *midsummer* letný slnovrat
leto summer ● *Indian summer* babie leto ● *in sum-*

632

lícny

mer v lete
letohrádok villa, country seat
letokruh annual ring
letopočet 1. era, epoch 2. date ● *AD* nášho letopočtu ● *BC* pred naším letopočtom
letovací soldering
letovačka soldering-iron
letovať solder
letovisko summer-resort, holiday-inn
letový air, of flight ● *flight path* letová dráha ● *flight schedule* letový poriadok
letún plane
letuška air hostess, stewardess
leukémia lek. leukaemia
lev lion
levanduľa lavender
leví leonine
levica lioness
levíča lion's cub
lexika vocabulary
lexikálne lexically
lexikálny lexikal
lexikológ lexicographer
lexikón lexicon
ležadlo lawn chair, deck
ležať 1. lie° 2. be° in bed *spať* 3. be° situated *roz-prestierať sa*
ležérne casually
ležérnosť casualness
ležérny casual, easygoing, leisurely
ležiak 1. lager *pivo* 2. dead stock *tovar*
ležmo lying
liahnuť sa hatch, incubate
liana liana
liať pour *dážď*, shed°
liatina cast iron
liatinový cast-iron
liaty cast
liberál liberal
liberalistický liberal
liberalizácia liberalization
liberalizmus liberalism
liberálne liberally
liberálnosť liberality
liberálny liberal
libra pound ● *English pound* anglická libra
libretista librettist
libreto libretto
líce 1. cheek, face 2. right side, front *vonkajšia strana* 3. obverse *mince* ● *cheek-bone* lícna kosť
licencia licence ● *license* udeliť licenciu
licitácia auction, public sale
lícny facial

633

lícny

líčidlo *pl.* cosmetics, make up
líčiť 1. paint *natierať* **2.** make° up *maskovať* **3.** describe *opisovať*
líčiť sa put° on make-up
liečba treatment, therapy • *hormone therapy* hormonálna liečba
liečebňa treatment centre, sanatorium • *mental institution* psychiatrická liečebňa
liečebný healing, therapeutic • *method of treatment* liečebná metóda • *cure* liečebný postup
liečenie cure
liečiť heal, cure, treat *chorobu*
liečiteľnosť curability
liečiteľný curable
liečivý curative, healing
lieh alcohol, spirit
liehovar distillery
liehovina liquor *destilát*
liehový alcoholic, spirituous
liek cure, remedy, medicine, drug
lieň tench
lienka lady-bird
lieska hazel
lieskovec hazel-nut *oriešok*

lietadlo aircraft, aeroplane, plane
lietajúci flying
lietanie flying
lietať 1. fly° **2.** soar *plachtiť*
lietať *p.* letieť
lievanec griddle cake
lievik funnel
lievikovitý funnel
liezť 1. creep°, crawl **2.** climb *škriabať sa*
liga league *športová*
ligot glitter
ligotať sa shine°, glitter
ligotavý glittering
ligový league
líhať si lie° down
lichotiť flatter, butter up
lichotivo flatteringly
lichotivý complimentary, flattering
lichôtka compliment, flattery
likér liqueur
likvidácia disposal, liquidation
likvidátor liquidator • *assessor* likvidátor škôd
likvidovať adjust *škodu*, liquidate
limit limit *časový*, limitation *obmedzenie*
limitovanie limitation

literárny

limitovaný limited, bound
limitovať limit
limonáda lemonade
limuzína limousine
linajka line
lineárne lineally
lineárny linear
lingvista linguist
lingvistický linguistical
lingvistika *pl.* linguistics
línia 1. line *čiara* **2.** outline, contour *obrys* • *straight line* priama línia
líniový line
linka line • *hold the line, please* držte linku (pri telefonovaní) • *airline* letecká linka • *helpline* linka dôvery
linoleum linoleum
lipa lime, linden
lipnúť adhere to, cling° on, hold° on
lis press
lisovací press
lisovanie press
lisovať press, squeeze
list 1. leaf° *stromu* **2.** sheet *papiera* **3.** letter *písomná správa* **4.** missive *úradný* • *insured letter* cenný list • *delivery note* dodací list • *registered letter* doporučený list • *certificate of baptism* krstný list • *birth certificate* rodný list • *certificate of marriage* sobášny list • *certificate of death* úmrtný list • *bond* úverový list • *indenture* výučný list
listár postman
listáreň record office
lístie foliage, leaves
listina act, document, certificate, paper • *attendance list* prezenčná listina • *official document* úradná listina
listnatý leafy *strom*, deciduous *les*
lístok 1. menu *jedálny* **2.** ticket *cestovný* **3.** voting paper *hlasovací*
listovať turn the pages
lišajník lichen, moss
lišiak 1. fox **2.** pren. punster
líšiť sa differ from *od*, distinguish, vary
líška fox
líškať sa fawn upon
lišta lath, ledge
liter litre
literárny literary • *history of literature* literárna história • *literary sup-*

635

plement literárna príloha
● *author-craft* literárne dielo ● *literary critic* literárny kritik
literát man of letters
literatúra literature
litografia lithography
litrový litre
liturgia liturgy
liturgický liturgical
lízanie licking
lízanka lollipop, lolly
lízať lick, lap
loď ship, boat *čln*, vessel *plavidlo* ● *space ship* kozmická loď ● *cargo boat* nákladná loď ● *merchant ship* obchodná loď ● *wrecker* záchranná loď
lodenica shipyard, dockyard
lodiar shipbuilder *staviteľ*, shipowner *majiteľ*
lodník boatman, seaman
lodný ship, naval ● *shipping traffic* lodná doprava ● *ship's crew* lodná posádka ● *trunk* lodný kufor ● *shipload* lodný náklad
loďstvo 1. fleet 2. voj. navy
logaritmický logarithmic ● *log tables* logaritmické tabuľky
logaritmus logarithm
logicky logically
logický logical, argumentative ● *inference* logický záver
logik logician
logika logic
logistický logistical
logistika *pl.* logistics
logo logo
logopédia *pl.* logopaedics
loj suet, tallow
lojalista loyalist
lojalita loyalty, constancy
lojálne loyally
lojálnosť loyalty
lojálny loyal, constant
lojový tallow
lokaj footman, lackey
lokál bar, local
lokalita locality
lokalizácia localization
lokalizovať locate, localize
lokálny local ● *local anaesthetic* lokálne umŕtvenie
lokomotíva engine, locomotive *Am.*
lom 1. break 2. crack *trhlina* 3. quarry *kameňolom* ● *refraction* lom svetla
lomcovať shake°, toss
lomený broken

lomiť bend°
lomoz noise, uproar
Londýn London • *the City* londýnska city
Londýnčan Londoner
lono lap
lopár cutting board
lopata shovel
lopatka spade, dustpan *na smetie*
lopota 1. expr. toil 2. drudgery
lopotiť sa 1. expr. toil 2. drudge
lopta ball • *ball game* loptová hra
lopúch bot. burdock
lord lord
lordstvo lordship
los elk
lós lottery ticket, lot
losos salmon
losovanie draw
losovať draw° lots
lotéria lottery
lotor 1. villain 2. blackguard *zločinec* 3. scamp, rascal *lapaj*
lov hunt, chase
lovec hunter, chaser
lovecký hunting • *harrier* lovecký pes
loviť 1. hunt 2. chase *zver* 3. fish *ryby*

loziť crawl, creep°
lož lie, falsehood, untruth
ložisko bed *nerastov*, deposit
lôžko bed, berth *vo vlaku* • *sleeping-car* lôžkový vozeň
ľstivo cunningly
ľstivosť cunning, guile
ľstivý cunning, guileful, sly
ľúbezný sweet, lovely, melodious
ľúbiť 1. love *milovať* 2. like *mať rád*
ľúbosť love
ľúbostný amatory, love • *love-letter* ľúbostný list
ľubovoľne arbitrarily, optionally
ľubovoľný arbitrary, optional
ľubovôľa despotism
ľúbozvučne melodiously
ľúbozvučnosť melodiousness
ľúbozvučný harmonious, melodious
ľúby beloved, dear
lúč beam, ray • *X-ray* röntgen
lúčina meadow, grassland
lúčiť sa part with *s*, say° good-bye

637

lúčny grass ● *grasshopper* lúčny koník
ľud the people, nation, mob *dav*
ľudia people, men, humans
ľudnatosť populousness
ľudnatý populous
ľudomil philanthropist
ľudomilnosť philanthropy
ľudomilný philanthropic
ľudoop anthropoid, primate
ľudoprázdny empty, depopulated
ľudový popular, folk ● *folk music* ľudová hudba ● *folk song* ľudová pieseň ● *folk-tale* ľudová povesť
ľudožrút cannibal
ľudožrútstvo cannibalism
ľudskosť humanity
ľudský human ● *human rights* ľudské práva ● *anatomy* ľudské telo
ľudstvo mankind, human race
luhár liar
luhať lie°, tell° lies
lúhovanie infusion
lúhovať infuse
luk bow
lúka meadow
lukostreľba archery
lukostrelec archer, bowman

lukratívne lucratively
lukratívny lucrative
lump 1. drunkard *pijan* 2. expr. knave *darebák*
luna moon
lunapark fair, funfair
lup heist, plunder, loot, spoils *korisť*
lupa magnifying glass, pocket lens
lúpať peel, shell *hrach*, husk *obilie*
lúpať sa peel, come° off
lupeň bot. petal
lúpež robbery, burglary, heist
lúpežník looter, bandit, plunderer
lúpežný marauding ● *hold-up* lúpežný prepad
lupič robber, burglar *v noci*, marauder
lupičstvo robbery
lupienok chip, crisp
lupina dandruff, scurf *vo vlasoch*
lúpiť rob, plunder, heist
lusk legume *struk*
lúskať 1. crack 2. snap *prstami* 3. pod *fazuľu*
luster chandelier
lúštiť solve, do° crosswords *krížovku*

ľúto feel° sorry • *I am sorry.* Ľutujem.
ľútosť pity, compassion, sorrow *žiaľ*
ľútostivo sensitively
ľútostivý sensitive, sorrowful
ľutovať be° sorry for *súcit*, regret, compassionate
ľutovať sa mope
luxus luxury
luxusne luxuriously
luxusný luxurious, de luxe
lýceum lycée
lyko bast
lykožrút bark beetle
lymfa lymph
lymfatický lymphatic
lynčovať lynch
lýra lyre
lyrickosť lyricism
lyricky lyrically
lyrický lyric(al) • *lyrical poem* lyrická báseň • *lyrical poetry* lyrická poézia
lyrik lyric writer
lyrika lyric poetry
lysina blaze, bald spot
lysý bald *bez vlasov*, hairless
lýtko calf
lyže ski • *pole* lyžiarska palica • *ski-lift* lyžiarsky vlek

lyžiar skier
lyžica spoon
lyžička teaspoon
lyžovačka skiing
lyžovať sa ski, go° skiing

M

macko teddy bear
maco bear, bruin
macocha stepmother
macošský harsh
mača kitten
mačací cat
máčací dipping, soaking
máčanie drenching
máčať 1. soak *bielizeň* 2. dip *ponoriť*
mačeta machete
mačiatko kitten
mačka cat • *lucky dip* mačka vo vreci
mačkovitý feline
madam Madame
Maďar Hungarian
maďarčina Hungarian
Maďarsko Hungary
maďarský Hungarian, Magyar
mädliť rub • *rub one's hands* mädliť si ruky
mafia maffia, cabal
mág magician
magazín magazine
mágia magic art, magic
magicky magically
magický magical, magic • *magic eye* magické oko

magister 1. master *akademická hodnosť* 2. qualified pharmacist
magisterský magisterial
magistrála artery, arterial road
magistrát council, the magistracy
magnát magnate
magnet magnet
magneticky magnetically
magnetický magnetic • *magnetic needle* magnetická ihla • *magnetic tape* magnetická páska • *magnetic field* magnetické pole
magnetizácia magnetization
magnetizmus magnetism
magnetizovať magnetize
magnetka magnetic needle
magnetofón tape recorder, casette recorder *kazetový*
magnetofónový recording • *recording* magnetofónový záznam
magnézium chem. magnesium
magnólia magnolia

mahagón mahagony
mahagónový mahagony
mach moss
macher 1. hovor. macho 2. crack, an old hand
machinácia machination, plotting
machový mossy
machuľa blot, blotch • *ink blot* atramentová machuľa
máj May • *May Day* 1. Máj
maják 1. lighthouse 2. lightship *loď* 3. básn. pharos
majáles May festival
majer farm, manor
majestát 1. Majesty *hodnosť* 2. pride of place *vysoké postavenie*
majestátne majestically
majestátnosť majesty, kingliness
majestátny kingly, majestic, imposing *impozantný*
majetkový 1. possessive, property 2. means *pomery*
majetný well-to-do, wealthy, rich
majetnícky proprietary
majetníctvo proprietorship, ownership
majetok 1. possession, property 2. wealth 3. belongings *osobný* • *patrimony* cirkevný majetok • *family estate* rodinný
majetkoprávny of property rights
majiteľ holder, keeper, owner, proprietor • *householder* majiteľ domu • *release* nový majiteľ • *land-owner* majiteľ statku
majolika majolica
majonéza mayonnaise, salad-cream
major major
majorán marjoram
májovka St George's mushroom
májový May-
majster 1. master, craftsman *remeselník* 2. foreman *predák* 3. master *maliar* 4. šport. champion
majstrovský masterly • *masterpiece* majstrovské dielo
majstrovstvo masterliness
mak 1. poppy 2. poppy-seed *zrnko*
makaróny macaroni
makať slog away, low
maketa dummy, model, maquette
maklér broker
maklérsky 1. broker's 2. pro-

maklérstvo

kerage *poplatok*
maklérstvo broker's job/ /trade, broking
makovica 1. poppy-head **2.** expr. nut *hlava*
makovník poppy-cake
makový poppy
makrela mackerel
makrobiotický macrobiotic
makrobiotika *pl.* macrobiotics
makromolekula macromolecule
makroskopický macroscopic
makroštruktúra macrostructure
malária malaria
maláriový malarial
malátnosť sickliness, torpidity, stupor
malátny 1. languid **2.** weary *unavený* **3.** downcast *sklesly* **4.** apathetic *apatický*
maľba 1. painting **2.** picture *obraz* **3.** paint *náter*
malebný picturesque
malér 1. hovor. mishap **2.** trouble **3.** tough luck *smola*
maliar 1. painter, artist *umelec* **2.** decorator *izieb* **3.** cartoonist *karikatúr* **4.** portraitist *portrétov*
maliarka paintress
maliarsky painter's, decorator's
maliarstvo 1. art of painting **2.** painting and decoration *izieb*
malíček little finger
máličko little bit, a little
maličkosť trifle, bagatelle
maličký 1. tiny **2.** minute *drobný* **3.** measly *úbohý*
malígny malign, malignant
malichernosť 1. captiousness **2.** illiberality **3.** trifle *bezvýznamnosť*
malicherný 1. captious **2.** little-minded, small-minded **3.** trifling *bezvýznamný*
malina raspberry
malinčie raspberry bushes ● *raspberry bed* záhon
malinovka raspberry drink, soft drink
malinový raspberry ● *malinová šťava* raspberry juice
máliť sa seem too little
málo *prísl.* little, a little/a bit, few ● *little of* málo z, *for a little while* krátko ● *far too little/*

mandľovník

/few/ až príliš ● *at /the very/ least* aspoň ● *no less/fewer than* nie menej než
máločo hardly anything
málokde hardly anywhere
málokedy seldom, rarely *zriedkavo*
málokto hardly anybody
máloktorý hardly any
maloletý under age, minor
malomestský provincial, small-town
malomeštiak philistine, bourgeois
malomocenstvo leprosy
malomocný leprous, leper
malomyseľnosť lack of spirit, faint-heartedness
málomyseľný faint-hearted, spiritless
maloobchod retail-trade
maloobchodník retailer, retail dealer, shop-keeper
maloobchodný retail
maloroľník small farmer
maľovaný painted
maľovať paint *farbami*, decorate
maľovka paint
málovravný silent, taciturn
malovýroba small-scale production
malovýrobca small-scale producer
malta mortar, plaster *omietka*
malý 1. small, little *vekom* 2. short *výškovo* 3. less *nepočítateľné*
mama mother ● *godmother* krstná mama
mámenie deception, delusion
mamička mum, mummy, mammy
mámiť stupify, narcotize, cheat *niečo*
mámivý deceptive, doping
mamľas ninny, noodle, dolt
mamonár mammonist, money-grubber
mamonárstvo money-grubbing
mamut mammoth
manažér manager
manažérka manageress
manažérsky managerial, managing
manažérstvo managing
mandant client
mandarínka tangerine, mandarine
mandát mandate
mandľa bot. almond
mandľovník almond-tree

643

mandľový almond
mandolína mandoline
manekýn dummy, mannequin
manekýnka 1. model 2. mannequin *figurína*
manéver game, manoeuvre
manévrovací manoeuvring
manévrovať manoeuvre
manéž circus ring
mangán manganese
mangánový manganese
mango mango
mangovník mango-tree
mánia mania
maniak maniac
manifest manifesto
manifestácia demonstration, manifestation, mass meeting
manifestačný of manifestation
manifestovať manifest, take° part in a demonstration, demonstrate
manikúra manicure • *manicure set* súprava
manipulácia 1. handling 2. manipulation *falšovanie*
manipulačný manipulative, handling
manipulátor manipulator
manipulovať 1. handle 2. manipulate
manko deficit, shortage, difference
mantinel 1. barrier 2. chicane *pri pretekoch*
manuálne by work of hand, manual worker • *wage-earner* manuálne pracujúci
manuálny manual
manufaktúra manufacture
manzarda attic, garret
manžel goodman, partner, husband • *a married couple* manželia • *a young couple* mladomanželia • *wedded husband* zákonitý manžel
manželka wife, partner • *wedded wife* zákonitá manželka
manželský marital, married, matrimonial • *marriage guidance* manželská poradňa • *family loan* manželská pôžička • *merital status* manželský stav
manželstvo marriage, married life • *digamy* druhé manželstvo • *marriage of convenience* manželstvo z rozumu • *wed* vstúpiť do manželstva

manžeta cuff, wrist *na rukáve* • *buttons* manžetové gombíčky
mapa map, chart
mapovanie cartography
mapovať map, map out *detailne,* chart
maratón marathon
maratónec marathon runner
maratónsky race *beh, preteky* • *marathon* maratónsky beh
marcipán marchpane, marzipan
marcipánový marzipan
marec March
margaréta bot. daisy
margarín 1. margarine 2. hovor. marge
marhuľa 1. apricot tree *strom* 2. apricot *plod*
marihuana 1. marijuana, marihuana 2. hovor. grass, Maryjohn
marináda marinade
maringotka caravan
marinovať marinade
marioneta marionette
mariť 1. spoil° 2. waste *mrhať* 3. cross *ničiť*
mariť sa loom, seem
marka mark
markantný marked, striking
marketing marketing
markíz marquis, marquess
markíza marchioness, marquise
marmeláda marmalade
marmeládový jam, marmalade
márnica mortuary, dead-house
márniť waste, squander, mark time *čas*
márnivosť vanity, vainglory
márnivý vainglorious, vain
márnomyseľný vain
márnosť vanity, uselessness, emptiness
márnotratník prodigal, waster, dissipator
márnotratnosť prodigality, extravagance, dissipation
márnotratný prodigal, wasteful, extravagant, dissipating
márny 1. useless *zbytočný* 2. worthless *bezcenný*
maród 1. ill 2. hovor. sick person
marš 1. hud. march 2. marching *pochodovanie*
maršal marshal
marxista Marxist
marxistický Marxian,

Marxist
marxizmus Marxism
masa mass, crowd
masaker massacre
masakrovať massacre, slaughter
masáž massage
masér masseur
masérka masseuse
masérsky massage, massaging
masírovať massage
masív massif
masívne massively
masívny massive, solid, heavy
maska 1. mask 2. fancy dress *karnevalová* 3. disguise, masquerade *pretvárka*
maskér visagiste, make-up man
maskérka make-up woman
maskovací masking
maskovať 1. mask, make° up 2. camouflage *zastierať*
maslo butter • *bread and butter* chlieb s maslom
maslový butter
masmédium massmedium
masochista masochist
masochistický masochistic
masochizmus masochism

masovokomunikačný medial • *mass media* masovokomunikačné prostriedky
masový mass, solid *mohutný*
masť 1. lard, fat 2. ointment *mazadlo*
mastičkár quack
mastičkárstvo quackery
mastiť 1. grease 2. lard *natierať*, lubricate *mazadlom*
mastiť sa get° greasy
mastnota fat, grease
mastný fat, greasy, oily • *fat meat* mastné mäso
masturbácia masturbation
masturbovať masturbate
mašinéria machinery
mašírovať march, troop
maškara 1. scarecrow 2. mask
maškaráda masquerade
maškarný masked • *masked ball* maškarný ples
maškrta dainties, nibble
mašľa 1. tie *uzol* 2. ribbon *stužka* 3. bow
maštaľ stable
mať 1. have°, have° got 2. possess, own *vlastniť*, have° to *mať povinnosť*, ought to *mať vykonať*
mat mate • *chess and ma-*

te šach mat
mať mother
mať sa 1. be° *žiť* **2.** have° a time ● *how are you?* ako sa máš?
mátať haunt, fantom
matematicky mathematically
matematický mathematical ● *mathematical sign* matematické znamienko
matematik mathematician
matematika *pl.* mathematics
materčina mother tongue
materský mother
matéria matter
materiál 1. material **2.** matter *látka* **3.** hovor. stuff
materialista materialist
materialisticky materialistically
materialistický materialist, materialistic
materializmus materialism
materiálny material, financial *peňažný*
materiálový of material
materinsky motherlike
materinský maternal ● *mother tongue* materinský jazyk
maternica 1. womb **2.** lek. uterus
matersky motherly
materský maternal, parent, maternity ● *maternity leave* materská dovolenka ● *kindergarten, nursery school* materská škola ● *maternity benefits* materské dávky ● *freckle* materské znamienko
materstvo maternity, motherhood
matica 1. nut **2.** mat. matrix
matika hovor. maths
matka 1. mother **2.** dam, female *u zvierat* ● *Queen Mother* Kráľovná Matka ● *Mother Superior* Matka predstavená ● *stepmother* nevlastná matka ● *grass widow* slobodná matka ● *queen bee* včelia matka
matne dimly
matný 1. dim, dull **2.** obscure *nejasný*
mátoha ghost, phantom, shade
mátožiť expr. haunt
matrac mattress
matriarchálny matriarchal
matriarchát matriarchy
matrica polygr. matrix

matrika register of ..., registry
matrikár registrar
matróna matron
maturant graduate from secondary school
maturita 1. school-leaving examination, final examination, GSE examination ´A´ Levels, examination for school-leaving certificate **2.** hovor. matric • *General Certificate of Education* maturitné vysvedčenie • *school farewell-party* maturitný večierok
maturovať matriculate, sit° for GCE ´A´ Levels in *z*
mávať 1. wave to *na* **2.** swing° **3.** flourish *triumfálne* **4.** dismiss *odmietavo*
maximalista maximalist
maximalistický maximalist
maximalizácia maximization
maximalizovať maximize
maximálny maximum, maximal *veľmi veľký*
maximum maximum
maz 1. lek. wax **2.** paste, glue *lepidlo*
mazací lubricating, grease

mazadlo lubricant, grease, polish *leštidlo*
mazaný fly, smart
mazať 1. grease, annoint *natierať* **2.** lubricate *stroj* **3.** spread°, smear *maslo* **4.** scribble, scrawl *čmárať*
mazľavý sticky, viscous • *soft soap* mazľavé mydlo
maznať sa caress, make° love, fret with *s*
mazovitý greasy, wax-like
mazový lek. wax
mažiar mortar
mädliť knead, rub
mäkčeň diacritic mark
mäkkosť softness
mäkký 1. soft **2.** gentle *jemný*
mäkkýš mollusc
mäsiar butcher
mäsiarstvo butchery, butcher´s *obchod*
mäsitý fleshy, meat
mäso meat, flesh
mäsový meat, fleshy
mäsožravec carnivorous animal
mäsožravý carnivorous
mäta mint, pepper-mint *pieporná*
mätový pepper-mint
mdloba faintness, swoon

mdlý faint, feeble, week, bloodless *bez života*
mé baa
mecenáš patron, backer
mecenášstvo patronage, generous
meč sword
mečať baa
mečovitý sword-shaped
meď chem. copper
med honey
medaila 1. medal 2. commemorative coin *pamätný peniaz*
medailista medallist
medailón medallion
medailónik locket *prívesok*
medený copper, coppery *obsahujúci meď*
medicína medicine *veda*
medicínsky of medicine, medical
medik medic, medical student
meditácia meditation, pondering
meditačný meditative
meditovať meditate, ponder over *nad*
médium medium
meďnatý coppery, cupreous
medonosný melliferous
medovina 1. mead 2. nectar
medovník honey-cake, gingerbread
medový honey, honey-sweet
medúza jelly fish
medveď bear, she-bear *medvedica*
medvedík teddy-bear *hračka*
medvieďa bear cub
medza balk *poľná*, limit *hranica*, boundary
medzera space, blank *miesto*, interval *čas*
medzerník space-bar
medzi between *dvomi*, among *viacerými* • *interlinear* medzi riadkami • *in private* medzi štyrmi očami
medzičasom in the meantime
medzihra interlude
medziiným among other things
medzikontinentálny intercontinental
medziľudský interpersonal
medzimesto trunk exchange
medzimestský intercity, trunk call *hovor*
medzinárodný international • *treaty* medzinárodná zmluva

medziodborový interdisciplinary
medziposchodie mezzanine
medzištátny international
medzitým meanwhile
medzivládny intergovernmental
medzník boundary stone *kameň*
megalománia megalomania
mech sack, leather bag
mechanicky mechanically
mechanický mechanical
mechanik mechanic, technician
mechanika *pl.* mechanics
mechanizácia mechanization
mechanizmus mechanism, machinery
mechanizovať mechanize
mechúr bladder
melanchólia melancholy
melancholický melancholy, melancholic
meliorácia amelioration
melódia 1. melody 2. tune *pieseň*
melodickosť melodiousness
melodicky melodiously
melodický melodious, melodic
melodika melody

melodráma melodrama
melón 1. honeydew, melon *žltý* 2. watermelon *dyňa*
meluzína wailing wind
membrána membrane
membránový membranous
memento memento
memoáre *pl.* memoirs, reminiscence
memorandum memorandum, memo
memoriál memorial
memorovať memorize
mena currency, exchange ● *fixed currency* pevná mena
menej less, fewer ● *less time* menej času
menejcennosť inferiority ● *inferiority complex* komplex menejcennosti
menejcenný inferior, second-rate
meniny name's day
meniskus meniscus
meniť 1. change, transform *premeniť* 2. change *vymeniť*, exchange *peniaze*, replace ● *budge* meniť názor ● *alter* meniť tvar
meniť sa 1. change into *na*, turn 2. interchange *striedať sa*, vary
menlivý changing

meno 1. name **2.** reputation *povesť* • *Christian name* krstné meno • *maiden name* dievčenské meno • *first name* rodné meno
menopauza menopause
menoslov roll
menovanie appointment, nomination
menovať 1. name, entitle **2.** call *nazývať* **3.** appoint *vymenúvať*
menovať sa be° called
menovec namesake
menovitý explicit
menový currency • *parity of exchange* menový kurz
menší smaller, fewer
menšina minority, smaller part • *minority government* menšinová vláda
menštruácia menstruation, period
menštruačný menstrual • *tampon* menštruačná vložka
menštruovať menstruate
mentalita mentality, temper *povaha*
mentálne mentally • *mentally retarded* mentálne retardovaný
mentálny mental • *mental disorder* mentálna porucha
mentol menthol
mentolka menthol drop
mentolový menthol
merací measuring
merač measurer, gauger
meradlo 1. measure, scale *mierka* **2.** criterion *kritérium* **3.** gauger *kaliber*
merať 1. measure, tape *páskou* **2.** compare with *porovnávať s* **3.** time *čas*
merateľný measurable
meravieť become° numb, stiffen
meravo torpidly
meravosť numbness, torpidness
meravý numb, torpid
meridián meridian
merný measuring
mesačne monthly
mesačník monthly
mesačný monthly • *moonlight* mesačný svit
mesiac 1. Moon *planéta* **2.** month *obdobie*
mesiáš messiah
mestečko small town, township
mesto town, city • *capital* hlavné • *county seat*

mestský

krajské/okresné mesto • *port* prístavné
mestský urban *patriaci mestu* • *town council* mestská rada • *townhall* mestská radnica • *village* mestská štvrť • *municipal office* mestský úrad
mešec purse, pouch *na tabak*
mešita mosque
meškanie delay
meškať 1. be° late, come° late 2. delay *oneskorovať sa* 3. be° slow *hodiny*
mešťan townsman, citizen
metabolický metabolic
metabolizmus metabolism
metabolizovať metabolize
metafora metaphor
metaforický metaphorical
metafyzický metaphysical
metafyzika *pl.* metaphysics
metalurgia metallurgy
metalurgický metallurgical
metamorfóza metamorphosis
metastáza metastasis
metať throw°, fling° *vrhať*, cast° *pohľady*
metelica blizzard, squall, snowstorm
meteor meteor
meteorický meteoric
meteorit meteorite
meteorológ meteorologist
meteorológia meteorology
meteorologický meteorological • *meteorological map* meteorologická mapa
meter 1. metre 2. measuring tape *meradlo*
metla 1. broom 2. whisk *kuchynská*
metóda method, process
metodicky methodically
metodický methodical, systematic
metodik methodologist
metodika methodology
metodológia complex of methods, methodology
metrák quintal
metrický metric
metro underground, tube, subway *Am.*
metronóm metronome
metropola metropolis
metropolita metropolitan
metrový metre
metyl methyl
miasť confuse, bewilder, puzzle, muddle *pliesť*, disorder
miazga lek. lymph
miecha spinal cord
mienený intended

652

mieniť 1. mean °, think° **2.** intend *zamýšľať, mať v úmysle*
mienka estimation *odhad*, opinion *názor*, view, conclusion *záver* • *in my opinion* podľa mňa • *public opinion* verejná mienka
mier peace • *break ° peace* porušiť mier • *make° peace* uzavrieť mier
miera 1. measure *meradlo*, standard *predpísaná*, rate *sadzba* **2.** scale **3.** *pl.* bounds, limits *hranica*
mieriť aim at *cieliť na*, point to *ukazovať na*, level *puškou*
mierka measure, gauge, scale
mierne temperately, mildly, softly
mierniť 1. mitigate, alleviate, appease **2.** relieve *bolesť* **3.** pacify *krotiť*
mierniť sa restrain, control
mierny gentle, mild, moderate, temperate
mierový peaceful
mierumilovný pacific, peaceable
miesiť 1. knead *cesto* **2.** mix *miešať*

mihalnica

miestenka seat reservation
miestnosť room, office *kancelárska*
miestny civic, local • *local government* miestna samospráva • *local call* miestny hovor
miesto 1. place, seat *na sedenie* **2.** geogr. locality **3.** space *priestor* **4.** position *pozícia* • *birthplace* miesto narodenia • *a point of departure* miesto odchodu • *destination* miesto určenia
miestodržiteľ governor
miestopredseda vice-president
miešací mixing
miešačka mixer
miešanec 1. half blood, cross-breed **2.** bot. hybrid
miešanie mixing, mixture
miešať mix, stir *lyžicou*, scrumble *silno*
miešať sa meddle in *zasahovať do*, interfere *medzi*
migrácia migration
migréna migraine, megrim
migrovať migrate
mih 1. wink *oka* **2.** moment *okamih*
mihalnica eyelash

653

mihať sa twinkle, flash *rýchlo*
mihnúť sa flash
mihot shimmering, twinkling
mihotavý flashing, sparkling
mikrób microbe
mikrobiológ microbiologist
mikrobiológia microbiology
mikrobiologický microbiologic
mikroelektronický microelectronic
mikroelektronika *pl.* microelectronics
mikrofilm microfilm
mikrofiš microfiche
mikrofón microphone
mikrokozmos microcosm
mikrológia micrology
mikroorganizmus microorganism
mikroprocesor microprocessor
mikroskop microscope
mikroskopicky microscopically
mikroskopický microscopic
míľa mile
milá sweetheart, girl-friend, beloved
miláčik 1. darling, pet *zvieratko* **2.** dear *oslovenie*
milenec lover, sweetheart
milenecký amorous
milenka mistress, sweetheart
miliarda milliard, billion *Am.*
miliardár billionaire
milícia militia
milicionár militiaman
miligram milligramme
mililiter millilitre
milimeter millimetre
milión million
milionár millionaire
militantný militant
militarista militarist
militaristický militaristic
militarizácia militarization
militarizmus militarism
militarizovať militarize
míľnik milestone, milepost
milodar gift out of charity, charitable gift
milosrdenstvo 1. mercy, pity *súcit* **2.** charity *skutok*
milosrdný 1. merciful **2.** charitable *dobročinný*
milosť 1. grace, favour *priazeň* **2.** pardon *omilostenie*, amnesty

minimalizovať

milostiplný full of grace
milostivo mercifully, graciously
milostivý gracious
milostný love, amorous • *affair* milostný pomer
milovanie love, amour
milovaný 1. beloved 2. cherished *vec*
milovať love
milovník lover • *bibliophile* milovník kníh
míľový • big strides *míľové kroky*
milučký sweet
milý 1. dear, favourite *obľúbený*, nice *v správaní* 2. graceful *pôvabný* • *dear friend* milý priateľ
mím mime
mimický mimic
mimik mimic artist
mimika mimic art
mimo 1. out of, outside of *miesto, dej* 2. out of order *nefunkčný* 3. above, past, aside, on the side
mimochodom by the way, incidentally *náhodou*
mimomanželský extramaritál
mimoriadne extraordinarily, specially *zvlášť*

mimoriadny 1. special, extra, emergency *naliehavý* 2. remarkable *pozoruhodný* 3. uncommon *nezvyčajný*
mimosúdny extrajudicial
mimoškolský outside the school
mimovoľný involuntary, unconscious
mína mine
míňať sa pass, spend°, consume
míňať 1. spend° *peniaze* 2. consume *zásoby*
minca coin
mincovňa mint
mincový coin
minerál mineral
minerálka mineral water
minerálny mineral
mineralóg mineralogist
mineralógia mineralogy
mineralogický mineralogical
miniatúra miniature
miniaturista miniature painter
miniaturizovať miniaturize
miniatúrny miniature
minigolf minigolf
minimalista minimalist
minimalizovať minimalize

655

minimálny minimum, minimal ● *minimum wage* minimálna mzda ● *living wage* minimálny príjem
minimax fire-extinguisher
minimum minimum ● *to the minimum* na minimum
minister minister ● *the Exchequer* minister financií ● *Minister of Foreign Affairs* minister zahraničia
ministerský ministerial ● *Prime Minister, Premier* ministerský predseda
ministerstvo ministry, department *Am.* ● *the Exchequer* ministerstvo financií ● *Home Office* ministerstvo vnútra ● *Ministry of Foreign Affairs/Foreign Office* ministerstvo zahraničných vecí ● *Board of Health* ministerstvo zdravotníctva
minisukňa miniskirt
miništrant server, ministrant
miništrovať officiate
minorita minority *menšina*
minuloročný last year's
minulosť 1. the past 2. history *dejiny*
minulý 1. past, old *dávny* 2. previous *predošlý* 3. historical *historický* ● *past tense* minulý čas ● *last week* minulý týždeň
mínus minus
minúť spend° *peniaze*
minúť sa 1. pass *čas* 2. miss *netrafiť*
minúta minute
minútový minute
misa bowl, dish *pokrm*
misia mission
misijný missionary
misionár missionary
mixér 1. mixer *technik* 2. blender *Am.* prístroj
mixovať mix, blend
mizéria misery, poverty
mizerný wretched, miserable
mizina ruin
miznúť disappear, fade° away
mláďa young one
mládenec young man *milenec* ● *bachelor* starý mládenec
mládenecký youthful
mládež young people, youth, teenagers *dospievajúci*
mladica young woman *žena*

mladícky 1. youthful 2. puerile *nerozvážny*
mladík youngman, youngster
mladistvý youngful, juvenile *nedospelý*
mladnúť grow° young
mladomanželia newly married couple
mladomanželský newlywed
mladosť youth
mladoženích bridegroom
mladučký very young
mladucha bride
mladý 1. young, teen 2. junior *mladší*
mláka puddle, pool
mľandravý flabby, soft *slabý*
mľaskať 1. click 2. smack *pri jedle*
mláťačka threshing machine, thresher
mlatba threshing
mlátiť 1. thresh 2. strike° *udierať* 3. whip *bičom* 4. whop *biť*
mlčanie silence, taciturnity
mlčanlivosť 1. secrecy *utajenie* 2. taciturnity *povaha*
mlčanlivý taciturn *málo vravný*, silent *tichý*

mlčať be°/keep° silent, say° nothing
mlčky in silence, silently
mletý ground ● *pepper* mleté korenie
mlieč milkweed
mliečny milk, milky ● *milk chocolate* mliečna čokoláda ● *the Milky Way* Mliečna dráha ● *milk bar* mliečny bar ● *milk-tooth* mliečny zub
mliekár dairyman, milkman
mliekárka dairywoman, milkwoman
mliekáreň dairy
mlieko milk ● *sour milk* kyslé mlieko
mlieť 1. grind°, mill *v mlyne* 2. rattle away *rozprávať* 3. mince *mäso*
mlkvy 1. silent, quiet 2. mute *nemý*
mlok salamander
mlyn 1. mill 2. watermill *vodný mlyn* 3. windmill *veterný mlyn*
mlynár miller
mlynček 1. grinder 2. mincing machine *na mäso* 3. pepper-mill *na korenie* 4. coffee grinder *na kávu*
mlynský mill ● *mill-stone*

mňau

mlynský kameň
mňau miaow
mňaučať miaow
mních monk
mníška nun
mnohí plenty of, lot of • *plenty of people* mnohí ľudia
mnoho much *nepočítateľné*, many *počítateľné*, lot/lots of
mnohobožstvo polytheism
mnohobunkový multicellular
mnohočlen polynom
mnohočlenný mat. polynomial
mnohohlasný many-voiced
mnohokrát many times
mnohomanželstvo polygamy
mnohonásobný multiple, manifold *rozmanitý*
mnohostranný many-sided, multirateral
mnohotvárny of many forms
mnohoženstvo polygamy
množenie reproduction
množina mat. set
množiť copy, multiply
množiť sa 1. multiply *pestovaním* **2.** breed° *zvieratá* **3.** increase, reproduce
množstvo 1. multitude *veľa*, quantity **2.** plenty *hojnosť* **3.** amount
mobilita mobility
mobilizácia mobilization
mobilizačný mobilization
mobilizovať mobilize
mobilnosť mobility
mobilný mobile, portable *prenosný*
moc 1. power, strength **2.** ability *schopnosť* **3.** power, authority *právomoc* **4.** force *vojenská* • *armed forces* ozbrojené sily • *governance* vládna moc
mocenský power
mocnár monarch
mocnárstvo monarchy
mocnieť grow° strong
mocnosť power
mocný 1. powerful, mighty **2.** strong *statný*
moč urine
močarina marsh, swamp
močarisko moor, marsh, swamp
močaristý marshy, swampy
močiar marsh, swamp
močiť 1. soak, wet° **2.** urinate *vylučovať moč*
močopudný diuretic

močovka dung water
močovod ureter
močový urinary • *calculus* močový kameň
móda 1. fashion, style, vogue 2. craze *bláznivá* • *the latest fashion* najnovšia móda
modálny modal
model model, pattern *vzor*
modelár designer, pattern-maker
modelárstvo modelling
modelka model, mannequin
modelovací modelling
modelovanie modelling
modelovať model
modelový of models
modem modem
moderátor moderator
moderna modernism *hnutie*
moderne fashionably
modernista modernist
modernizácia modernization
modernizmus modernism
modernizovať modernize, bring° up to date
moderný 1. modern 2. fashionable *módny* 3. up-to-date *súčasný*
modifikácia modification
modifikačný modification

modifikovať modify
modistka dressmaker, milliner
modla idol, image *zobrazenie*
modlikať beg, plead° for *o*
modliť sa pray
modlitba prayer, grace *pred jedlom*
modlitebňa chapel, house of prayer
modlitebník prayer-book
modlitebný praying, prayer book *knižka*
módnosť fashionability
módny fashionable *dobový*, stylish • *fashion show* módna prehliadka
modrina bruise
modrooký blue-eyed
modrý blue
modul module
modulácia modulation
modulačný of modulation
modulovať modulate
mohamedán Mohammedan
mohér mohair
mohutnieť grow° strong, intensity
mohutný robust, powerful, voluminous *objemný*
mohyla grave mound, barrow

659

mok potion *nápoj*
mokasína moccasin
moknúť 1. be° out in the rain 2. get°/become° wet, soaked *premočiť celkom*
mokro 1. wet 2. rain weather *počasie*
mokrý 1. wet 2. drenched *premočený*, soaked *navlhnutý*
mokvať trickle, bleed° *krv*
moľa moth
molekula molecule
molekulárny molecular
mólo mole
moment 1. fyz. moment 2. instant *okamih* 3. factor *činiteľ*
momentálny momentary *prechodný*
monarcha monarch
monarchia monarchy
monarchický monarchic
monarchista monarchist
monarchistický monarchist
monitor monitor
monitorovať monitor
monočlánok cell
monogamia monogamy
monografia monograph
monografický monographic
monogram *pl.* initials, monogram
monokel eyeglass, black eye *pod okom*
monológ monologue
monologický monological
monopol monopoly
monopolista monopolist
monopolistický monopolistic
monopolizácia monopolization
monoskop test-card
monoteista monotheist
monoteistický monotheistic
monoteizmus monotheism
monotematický monothematic
monotónne monotonously
monotónny monotonous
monštrum monster
montáž 1. mounting *stroja* 2. fitting-on, assembly *zmontovanie*
montážny assembly, mounting
montér fitter, mechanic, installer
montérky *pl.* overalls
montovaný assembled
montovať assemble, set up°, mount *pripevňovať*
monzún monsoon
mor 1. plague 2. pestilence

i zvierat **3.** rinderpest *dobytka*
mora nightmare *sen*
moralista moralist
moralistický moralistic
moralizmus moralism
moralizovať moralize
morálka 1. morality **2.** *pl.* morals *osobný život*
morálne morally
morálnosť morality
morálny moral, ethical • *moral support* morálna podpora • *moral victory* morálne víťazstvo
moratórium moratorium
morbidita morbidity
morbídnosť morbidity
morbídny morbid
morča guinea-pig
mordovať 1. torture **2.** kill, murder *zabíjať*
mordovať sa 1. hovor. plod **2.** struggle with *zápasiť s*
more sea, ocean, flood • *high seas* šíre more
moreplavba voyage, seafaring
moreplavec seafarer, mariner, voyager
morféma morpheme
morfium morphine
morfológia morphology

morfologický morphological
moriak turkey
moridlo tan, stain
moriť 1. torment, torture *trápiť* **2.** tan, stain *napúšťať moridlom*
moriť sa struggle with *s*
morka turkey hen
morský 1. sea, ocean **2.** voj. naval • *seasickness* morská choroba • *ground* morské dno • *bay* morský záliv
moruša mulberry *plod*
morušovník mulberry tree
mosadz brass
mosadzný brass
moskyt mosquito
moslim Moslem
most bridge
mostík 1. footbridge **2.** šport. springboard
mosúriť sa frown
motať reel, wind°
motať sa roam, rove, be° about *okolo*
motív 1. ground, motive **2.** reason *príčina*
motivácia motivation
motivačný motive
motivovaný motivated
motivovať motivate

motlitba prayer
motocykel motorbike
motocyklista motor-cyclist
motokros moto-cross
motor motor, engine
motorest roadhouse
motorický motory
motorista motorist
motorizmus motoring
motorka 1. motor-bike 2. hovor. bike
motorový motor • *motorboat* motorový čln
motto epigraph, motto
motúz twine *silný*, string, cord
motyka hoe
motýľ zool. butterfly
motýlik 1. tiny butterfly 2. bowtie *ku košeli*
mozaika mosaic
mozgový brain
mozog brain, brains *rozum*
mozoľ callosity
mozoľnatý callous
možno maybe, perhaps • *it is possible* je možné
možnosť alternative *alternatíva*, possibility *pravdepodobnosť*, opportunity *príležitosť*, choice *výber*
možný acceptable, possible, feasible

môcť can°, be° capable, may°, be° able to *dovolenie*
môj, moja, moje my, mine *samostatné*
môžbyť perhaps, maybe
mračiť sa 1. be° cloudy *o počasí* 2. frown, look sour *o ľuďoch*
mrak dark, cloud
mrákava heavy clouds
mrakodrap skyscraper
mramor marble
mramorový marble
mraštiť sa wrinkle, frown
mraučať whine, miaow
mrav 1. *pl.* manners *správanie* 2. custom *obyčaj* • *morality* mravné zásady
mravec ant
mravenisko ant-hill
mravne morally
mravnosť morality
mravný moral, ethical *morálny*
mravy *pl.* morals, ethics
mráz frost, freeze, cold *zima* • *freezing point* bod mrazu
mrazený frozen, iced *ľadový*
mraziaci freezing • *freezer* mraziaci box

muky

mraziareň chamber
mraziarenský cooling
mraziť freeze°, chill *studeniť*
mrazivý frosty, chilly
mraznička freezer
mrazuvzdorný frost-proof
mreža bar, lattice, grate
mrhanie waste
mrhať waste, squander
mrholenie drizzle
mrholiť drizzle
mrieť die
mriežka lattice, grating
mrk dusk, twilight
mrkať blink, flutter *očami*, wink at *na*
mrkva carrot
mrmlať growl, murmer, grumble *šomrať*
mrnčať 1. expr. whimper 2. grizzle
mrož walrus
mŕtvica 1. stroke 2. paralysis *ochrnutie* 3. heart failure *srdca*
mŕtvola corpse *človeka*, dead body
mŕtvolný cadaverous, deadly
mŕtvy dead, deceased, lifeless *bez života* ● corpse mŕtve telo

mrviť crumble *drobiť*
mrviť sa fidget, wriggle
mrzačiť maim, cripple
mrzák cripple
mrzieť vex *sužovať*, worry about, feel° grieved
mrzkosť ugliness
mrzký ugly, nasty
mrznúť freeze°
mrzutosť sourness, trouble
mrzutý cross, sulky
mučenie torture
mučiareň torture chamber
mučiť agonize *duševne*, torture, torment
mučivý torturing
múčka fine flour
múčnik pastry, dessert
múčny floury
mudrc sage, wise man
múdrieť become° wise
múdro sagely
múdrosť wisdom
mudrovať philosophize, ponder
múdry wise, intelligent, clever
mucha fly
mucholapka fly-paper
muchotrávka fly agaric
múka flour, meal *hrubá*
muknúť peep
muky pain, torture ● *ago-*

mulice

ny smrteľné muky
mulica mule
multilaterálny multilateral
multimilionár multimillionaire
mumák dunce, twit
múmia mummy
mumifikácia mummification
mumifikovať mummify
mumlať mumble, mutter
munícia ammunition
muničný ammunition
múr wall, rampart *hradba*
murár mason, bricklayer
murárstvo masonry
múrik low wall
murovanie walling
murovaný walled
murovať lay° bricks, build° in brick *tehlami*
musieť must°, have° to *mať za povinnosť*, be° obliged *byť povinný*
mušelín muslin
muškát muscatel • *mace* muškátový kvet • *nutmeg* muškátový oriešok
mušketier musketeer
mušľa shell
mušľovitý shell-shaped
mušt must, grape-juice • *cider* jablčný mušt

mutácia 1. biol. mutation **2.** version *verzia*
mútiť stir *vodu*, muddy, churn *mlieko*
mútny muddy, troubled
mutovať break° voice, mutate
múza muse *inšpirácia*
múzejný museum
múzeum museum
muzika music, band *kapela*
muzikál musical
muzikálny musical
muzikant musician, player
muzikológ musicologist
muzikológia musicology
muž 1. man **2.** husband *manžel*
mužatka virago
mužíček 1. little man **2.** goblin *škriatok*
mužne manly
mužnieť grow° into manhood, become° a man
mužnosť manliness, manhood *zrelosť*
mužný 1. manly, masculine **2.** manful *statočný*
mužský musculine *rysy*, male, mannish • *masculine* mužský rod
mužstvo 1. team *športové* **2.** voj. *pl.* troops **3.** crew

664

posádka
my we ● *both of us* my obaja ● *all of us* všetci
mycí washing
mydliť soap, lather *pri holení*
mydlo soap
mydlový soapy ● *soap-bubble* mydlová bublina
mykať jerk *mykať sa*, jolt, wrest *šklbať*
mýliť puzzle, confuse, mislead°
mýliť sa be° mistaken, be° in the wrong, make° a mistake
mýlka error, mistake *chyba*
mylne erroneously
mylný erroneous, wrong
myokard myocard
myrha myrrh
mys cape, promontory
myseľ mind
myslieť 1. believe, think° 2. have° in mind *mať na mysli* 3. gather *usudzovať* 4. mean° *mieniť vážne*
mysliteľ thinker
mysteriózny mystery
mystérium mystery
mysticizmus mysticism
mystický mystical
mystifikácia mystification

mzdový

mystifikátor mystifier
mystifikovať mystify
mystik mystic
mystika mysticism
myš mouse
myšacinec mouse-daung
myšička mousie
myšlienka thought, idea *nápad*
myť wash
mýto toll, duty
mytológia mythology
mytologický mythological
mýtus myth
mzda 1. day *denná*, wage *týždenná*, salary *mesačná* 2. earning *zárobok*
mzdový pay, wage- ● *wage bracket* mzdová kategória ● *pay-roll* mzdová listina

665

N

na *predl.* **1.** on, upon *miestne* **2.** for *účel* **3.** to, into *smer* **4.** for, towards *časovo*
nabádať spur on, prompt to *na*, evoke, inspire
nabalamutiť impose *komu*
nabažiť sa have° enough, get° fed up, tire of *čoho*
nábeh tendency, inclination *sklon*, start
nabehnúť 1. run° on *nárazom* **2.** rush upon *útočne*
naberačka 1. kuch. ladle **2.** table spoon
naberať 1. gather **2.** fold *záhyby*
nabíjačka charger
nabiť 1. beat° up *zbiť* **2.** hammer in *do* **3.** load *pušku*
nabitý filled, loaded, crowded *ľuďmi*
nablízku near by, near at hand, around
nabodnúť 1. stick° on **2.** stab *prebodnúť* **3.** broach *na ražeň*
náboj 1. cartridge *strela* **2.** elektr. charge

nábojnica cartridge-case
nabok aside
nábor 1. recruiting *dobrovoľníkov* **2.** advertising *zákazníkov* **3.** drive *propaganda*
náborový advertising
naboso barefoot
náboženský religious
náboženstvo religion
nábožný religious
nabrať 1. take° in **2.** fill up *naplniť* **3.** dip, draw° *tekutinu* **4.** gore *na rohy* **5.** breathe in *dych* **6.** pluck up *odvahu*
nábrežie embankment *rieky*
nábrežný wharfinger
nabrúsiť sharpen, grind°
nabrýzgať scold, scoff at *na*
nabudúce next time, in future
nábytkárstvo furniture-making
nábytkový furniture
nábytok furniture • *unfurnished* bez nábytku
nacionálie personal form
nacionalista nationalist
nacionalistický nationalist

nacionalizmus nationalism
nacionálny national
nacista Nazi
nacistický Nazi
nacizmus Nazism
nacvičiť drill, practice
nácvik training, drill, practice, exercise
načakať sa wait for a long time
načas on time, in time *včas*
náčelník chief, leader, head
● *station master* náčelnícka stanica
načerpať 1. draw° 2. obtain *získať*
načesať do° up *vlasy*
načiahnuť reach
načiahnuť sa reach
načierno without licence, without paying
náčinie 1. *pl.* tools, implements *náradie* 2. *pl.* utensils *kuchynské*
načisto absolutely, quite, wholly *celkom*
načmárať scribble
načo 1. what for *účel* 2. why *príčina*
náčrt 1. outline *obrys* 2. sketch *skica*
náčrtník sketch-book
načrtnúť 1. draft, sketch 2. outline *opísať*
načúvať listen to
nad, nado over, beyond, above
nadácia foundation, grant
nadájať nurse, breastfeed°
naďalej henceforward, in the future *v budúcnosti*
nadanie talent, gift *dar*
nadaný talented, gifted
nadarmo in vain, no purpose *bezdôvodne*
nadávať 1. call names 2. swear° *kliať*
nadávka abuse *niekomu*, swear-word, insult *urážka*
nadbiehať 1. outrun° *komu* 2. overtake° *dohoniť*
nadbytočný excessive, redundant, superfluous
nadbytok abundance, plenty, redundance, surplus *prebytok*
nadčas overtime
nádej 1. hope 2. expectation *očakávanie*
nádejný hopeful, promising
nádhera magnificence, luxury *prepych*, pomp
nádherný 1. splendid *skvelý*, magnificent *veľkolepý* 2. luxurious
nadhľad bird´s eye view

nadhodiť

nadhodiť 1. throw° up **2.** lift *zdvihnúť* **3.** bring° up *tému* **4.** suggest *naznačiť*
nadhodnota surplus value
nadhodnotenie overvaluation
nadhodnotiť overvalue
nádcha cold
nadchádzajúci coming
nadchnúť 1. inspire **2.** hovor. enthuse **3.** encourage *povzbudiť*
nadchnutie inspiration
nádielka gift, present
nádievka force-meat, filling
nadjazd overpass, viaduct
nadľahčiť lighten *uľahčiť*
nadlho for long
nadľudský superhuman
nadmernosť oversize
nadmerný oversized, excessive
nadmorský above sea level ● *altitude above sea level* nadmorská výška
nadnárodný supranational
nadnášať float *vo vode*, undulate
nadnes for today
nadnesený stilted
nádoba vessel, bin, vase *na kvety* ● *dustbin* smetná nádoba

nadobro for good, completely *úplne*
nadobudnúť acquire, obtain, gain
nadol down, downwards
nádor lek. tumor
nádorovitý tumorous
nadosmrti for life
nadovšetko above all
nadpis 1. title *titul* **2.** heading *hlavička v novinách* **3.** caption *článku*
nadpolovičný more than a half ● *clear majority* nadpolovičná väčšina
nadporučík first lieutenant
nadpozemský unearthly
nadpriemerný above the average, extraordinary
nadprirodzený supernatural
nadradenosť superiority
nadradený superior
nadránom at dawn
nadriadený 1. superior, senior *starší* **2.** chief, superior *osoba*
nadrieť sa 1. hovor. drudge **2.** work very hard
nadrobno in small pieces
nádrž 1. container, basin *vodná* **2.** dam *priehrada* **3.** tank *na vozidle*

nadržať favour, side with *komu*
nadskočiť skip
nadstavba superstructure
nadstranícky impartial
nadšenec 1. enthusiast 2. hovor. bug
nadšenie enthusiasm
nadšený enthusiastic, zealous *horlivý*
nadurdiť sa make° angry
nadúroda bumper harvest
nadutosť haughtiness
nadutý haughty
nadúvať sa swell°
nadváha overweight
nadviazať 1. tie into, fasten *zviazať*, connect *spojiť* 2. establish relations *styky*
nadvihnúť lift up
nadvláda 1. rule 2. hegemony
nádvorie courtyard
nadvýroba overproduction
nádych 1. breath 2. shade *odtieň*
nadýchnuť sa breathe in, take° in *vdýchnuť*
nadzvukový supersonic
nadživotný above life-size
nafarbiť 1. paint, stain 2. dye *vlasy*
nafta crude oil, oil, petroleum
naftalín naphthalene
naftár oilman
nafúkanosť conceit, swelled head
nafúkaný conceited, swollen-headed, arrogant
nafukovací blow-up
naháč naked person, nude
naháňať chase
nahlas aloud, loudly *hlasno* • speak° up hovor nahlas
náhle all of a sudden, suddenly *zrazu*
nahliadnuť examine, peep into *do*, look into
náhliť 1. urge 2. hurry, rush *ponáhľať*
náhlivý hasty
náhly sudden, unexpected, rash
nahmatať touch, find°
nahnevaný angry, cross
nahnevať make° angry, anger
nahnitý half-rotten
nahnúť bend°
nahnutý bent
náhoda chance, accident
náhodne by chance
náhodný accidental, casual, random
náhodou by chance, by

accident • *by a lucky hit* šťastnou náhodou
nahor up
náhorný upland • *plateau* náhorná rovina
nahota nakedness, nudity
nahovoriť 1. incite **2.** persuade *nanútiť*
nahrabať make° a pile
náhrada 1. compensation, satisfaction **2.** substitution *zastúpenie* **3.** consideration *protihodnota* **4.** recompense *odškodnenie*
nahradiť 1. compensate, cover, refund **2.** substitute *zastúpiť* **3.** recompense for *odškodnením*
nahraditeľný replaceable, reparable
náhradník 1. substitute **2.** šport. stand in
náhradný compensatory • *spare parts* náhradné súčiastky
nahrať record, tape
nahrávka 1. recording **2.** šport. pass
náhrdelník necklace, necklet
nahriať warm
nahrnúť sa crowd, rush in
náhrobný grave • *grave-stone* náhrobný kameň • *epitaph* náhrobný nápis
nahromadiť accumulate, heap up, pile up *navŕšiť*
nahrubo thickly
náhubok muzzle *zvierací*
nahuckať incite
nahustiť pump up
nahusto thickly
nahý naked, nude
nachádzať find°
nachádzať sa be° situated, occur *vyskytovať sa*
nachladnúť catch° a cold • *I have a cold.* Mám nádchu.
náchylnosť propensity, disposition, liability
náchylný disposed to *na*, liable, tending to *na*
nachystať prepare
nachytať 1. catch° **2.** fool *nalákať* **3.** hovor. take° in
naisto for sure, for certain, surely
naivnosť naiveté, simplicity
naivný naive, simple • *foolish notion* naivná predstava
najať hire, lease *zmluvou*, rent
najať si hire, take°, retain
najavo come° to light *výjsť*

najavo, become° evident
nájazd raid, invasion *prepad*
najbližšie the next time *časovo*
najedovať make° angry
najesť sa eat° to one´s fill
naježiť sa bristle
najmä especially, particularly
najmenej the least, in the least, at least *aspoň*
najneskôr at the latest
najnovšie most recently
nájom rent, lease, hire
nájomca 1. renter 2. tenant 3. leaseholder
nájomné rent, mail ● *contract of conveyance* nájomná zmluva
nájomník lodger, renter, tenant
najprv first, at first, first of all
najskôr in the first place, the soonest ● *as soon as possible* čo najskôr
nájsť find°, discover, find° out *zistiť*
najväčší greatest, biggest
najviac most, at most, the most
najvyšší chief, highest
nákaza 1. contagion *stykom* 2. infection *infekcia* 3. contamination *znečistenie*
nakaziť infect, contaminate *znečistiť*
nákazlivosť contagiousness, infectiousness
nákazlivý contagious *stykom*, infectious
náklad 1. load, cargo *lodný* 2. freight *tovar* 3. expense, cost *výdavok*
nakladateľ publisher
nakladateľstvo publishing firm, publishing house ● *publisher´s agreement* nakladateľská zmluva
nákladný 1. goods, cargo, freight 2. costly, expensive *drahý* ● *truck* nákladné auto
naklásť 1. load, pile 2. build°
naklepať 1. type 2. beat° *mäso*
nakloniť lean° *v smere*
náklonnosť 1. favour 2. inclination *sklon*
nakoniec finally, in the end
nakradnúť make° away with, steal°
nakrátko for a short time, in short, briefly
nákres drawing, sketch

nakresliť draw°, sketch
nakrivo obliquely
nakŕmiť feed°
nakrútiť 1. wind° 2. shoot° *film* 3. record *platňu*
nakuknúť expr. peep into *do*
nákup purchase, shopping • *shopping-list* zoznam
nakúpiť buy°, purchase
nákupný purchase, shopping • *purchase price* nákupná cena • *shopping centre* nákupné stredisko
nakupovať do° shopping, go° shopping
nakvapkať drip into
nákyp 1. soufflé, pudding 2. hovor. pud • *rice pudding* ryžový nákyp
nakysnúť rise° *cesto*
nálada mood, temper, humour • *be° in a good mood* mať dobrú náladu • *be° in a bad mood* mať zlú náladu
naladiť hud. tune
náladový capricious, moody
naľahko lightly
nalákať con into, cozen
naľakať frighten, scare
naľakať sa get° scared
nalakovať varnish
naľavo on the left *kde*

nalepiť stick°, glue
nálepka label, sticker, ticket
nálet air raid, blitz *veľký*
naletieť 1. fly° into *na* 2. bump against *naraziť na* 3. be° taken by sb. *nachytať sa*
nález 1. discovery *objav* 2. finding *zistenie* • *medical report* lekársky nález
nálezca finder
nálezisko discovery site, finding-place
náležitosť fitness
náležitý proper, due, appropriate *primeraný*
naliať pour, serve out
naliehať press, urge, insist on *na*
naliehavý urgent, instant
nalodiť 1. embark *cestujúci* 2. take° on board 3. load *tovar*
nalomiť fracture
nálož charge
naložiť 1. load up 2. preserve *konzervovať*
námaha strain, effort *úsilie*
namáhať 1. tire 2. strain *napínať*
namáhať sa strive°, take° the trouble
namáhavý difficult, hard,

nápadný

tiring *únavný*
namaľovať paint
námesačník sleep-walker
námesačnosť sleep-walking
námesačný sleep-walker
námestie square
námet subject, theme, topic
námetový thematic
namieriť 1. aim at *na* 2. point *zbraň*
namiesto instead of, in place of
namiešať prepare, mix
namietať dispute, take° objection, reply
námietka 1. objection, protest 2. práv. plea ● *without question* bez námietok ● *under protest* s námietkami
namočiť dip, moisten *navlhčiť*
namoknúť get° wet, get° soaked
namontovať install, mount
námorníctvo voj. navy
námorník seaman, sailor, mariner
námorný marine, sea, naval *lodný*
namosúrený angry
namotať roll up, wind, reel

námraza icing
namrzene crossly
namydliť soap
namyslený conceited, haughty
nanešťastie unfortunately
nanič no good, groggy *zle*
naničhodník idler, loafer
naničhodný worthless
nános deposit, sediment, silt *piesku*
nanovo anew, afresh
naobedovať sa have° lunch/dinner
naoko seemingly
naokolo around, round about
naolejovať oil
naopak 1. upside down, the wrong way 2. on the contrary *protiklad*
naozaj really, indeed
naozajstný true, real
nápad idea, fancy
napádať have° a limp *krívať*
nápaditosť resourcefulness
nápaditý inventine, creative, resourceful
nápadník 1. suitor 2. hovor. follower
napadnúť 1. fall° down 2. attack *zaútočiť*
nápadný striking, shouting

farba
napájadlo watering place
napájať water
napajediť sa get° angry
naparovať sa brag
napätie 1. tension **2.** elektr. voltage **3.** strain, stress
nápev melody, tune
napchať stuff, cram
napichnúť stick°, pin on *na*
napínavý thrilling, exciting *vzrušujúci*
nápis 1. notice *vývеska* **2.** sign *firemný*
napísať write° down
napiť sa have° a drink
naplánovať plan, schedule
náplasť plaster
naplavenina alluvium, deposit
náplň 1. filling **2.** *pl.* contents *obsah*
naplniť 1. fill with *čím* **2.** bottle *do fliaš*
naplno fully
napodobnenina imitation, copying, simulation
napodobniť imitate, simulate, take° off
napodobňovať imitate
nápoj 1. drink **2.** kniž. beverage ● *soft drink* nealkoholický nápoj

napojiť 1. give° a drink, water *zviera* **2.** lay° on *elektrinu*
napokon at last *konečne*, eventually, in the end
napoludnie at noon
napoly in two, half
napomáhať aid, help
napomenúť admonish, reprove *dohováraním*, rebuke
nápomocný helpful
naponáhlo hurriedly, hastily
nápor impact, stress
naposledy 1. last time ● *for the last time* posledný raz **2.** lastly ● *finally* nakoniec
napospas at the mercy of *čoho*
napovedať suggest *naznačiť*, indicate
napraviť set°/put°/make° right, correct, repair *škodu*
nápravný corrective, reformatory ● *house of correction* nápravné zariadenie
napravo on the right
naprázdno idly, in vain *márne*
napred 1. forward, ahead of, in front of **2.** beforehand

národný

skôr
napredovať 1. advance, go° forward 2. make° progress
napriamiť straighten up
naprieč across
napriek on purpose, out of spite, in spite of *navzdor*
napríklad for instance, for example
naprostred in the middle
naproti on the opposite side, opposite *oproti*
náprstník foxglove
náprstok thimble
napuchnúť swell°
napustiť 1. let° in *do* 2. fill *naplniť* 3. stain *farbou*
narábať handle, use
náradie *pl.* implements, tools
narafičiť expr. bring° about
náramok bracelet
naraňajkovať sa have° breakfast
narásť grow° up
naraz at the same time, suddenly *zrazu*
náraz 1. stroke *úder* 2. clash, collision *zrážka* 3. gust *vetra*
naraziť collide with *do*, clash, strike° against *na*
nárazník fender, bumper

auta Am.
narážka allusion
nárečie dialect
nárečový dialectal
nárek lament, plaint
nariadenie 1. act, order, decree *úradné* 2. ordinance *príkaz*
nariadiť order, direct, decree
nariekať lament
narkoman drug addict, habitual
narkotický narcotic
narkotikum narcotic, drug
narkóza narcosis • *under narcosis* v narkóze
náročný 1. exacting, demanding *činnosť* 2. difficult *ťažký*
národ 1. nation 2. people 3. community *spoločenstvo*
narodenie birth
narodeniny birthday • *birthday present* darček k narodeninám
narodený born
narodiť sa be° born • *I was born ...* Narodil som sa ...
národnosť nationality
národný national, popular *ľudový* • *National Theatre* Národné divadlo

nárok 1. right *právo*, title *oprávnenie* 2. claim *požiadavka*
nárokovať si claim, require
narovnať straighten
naruby inside out
náruč armful
narukovať 1. hovor. enlist 2. join the army, join up
narušiť 1. affect *zasiahnuť* 2. break° *prerušiť* 3. disturb *vyrušiť*
náruživosť passion, fancy
náruživý passionate
narýchlo in a hurry, hastily, hurriedly
nárys drawing, project, design
narysovať draw°, design
nás us
nasadiť fix *silno*, set°, put° on
nasadnúť get° on, board
nasať suck in, take° in
naschvál deliberately, on purpose *úmyselne*
nasiaknuť soak
nasiať sow°
násilie force *fyzické*, brutality, violence ● *by force* násilím
násilník brute, tyrant
násilnosť brutality

naskočiť 1. jump on *na* 2. start *fungovať*
náskok start ● *get° a start* získať náskok
naskytnúť sa occur, happen, turn up
následník successor
následok effect, result, outcome ● *as a result* následkom toho
nasledovať 1. follow 2. come° next 3. succeed *v poradí*
nasledovník follower, adherent
nasledujúci following, next *ďalší*
naslepo at random, blindly
násobenie multiplication
násobiť multiply
násobok multiple
nasoliť salt
naspamäť by heart
naspäť back
naspodu at the bottom, below
nasporiť save
nasťahovať sa 1. move in 2. migrate *do inej krajiny*
nastálo for good, permanently, forever
nastať begin°, happen
nastaviť expose, set°

nástenka notice board, wall newspaper
nástojiť insist upon *na*
nastoliť 1. install *do funkcie* 2. raise, bring° up *predostrieť*
nástraha snare, trap *pasca*
nastrašiť scare, frighten
nastriekať spray
nástroj tool, instrument *jemný* • *musical instrument* hudobný nástroj
nástup 1. getting on 2. line-up *zoradenie* 3. start *začatie* 4. taking up *do služby*
nástupca successor
nástupište platform
nastúpiť 1. get°, board *Am. do čoho* 2. fall° in, form up *zoradiť sa* 3. begin°, start *začať* 4. enter 5. take° over *na miesto* 6. sign on *do služieb*
nasvedčovať attest, indicate *čomu*, show°
násyp dike, levee
nasypať fill
nasýtiť feed°, satiate
náš our, ours *samostatné*
našepkať whisper
našinec one of us, fellow countryman *krajan*
naškrobiť starch
naštartovať start
našťastie fortunately, by luck, happily
naštudovať study, learn°
nátačka curler, roller
náter coat, polish, varnish, paint material
natiahnuť stretch, pull°, spread°, tighten *napnúť*
natierať paint *farbou*, varnish *lakom*
natierač painter, coater
nátlak pressure, compulsion *nútenie* • *under pressure* pod nátlakom
nato 1. for that purpose, to that effect *preto* 2. afterwards *potom*
natočiť 1. curl *vlasy* 2. shoot° *film* 3. record *pieseň*
natoľko so far that
natrieť paint, lacquer *lakom*
nátura temper, nature
naturalista Naturalist
naturalizácia naturalization
naturalizmus Naturalism
naučiť sa learn°
naučiť teach°
náuka 1. science *vedný odbor*, study 2. theory *učenie*
náušnica ear-ring
navádzať direct, instigate

nával 1. crowd, crush 2. flush *hnevu*
navariť make°, cook
navečerať sa have° supper
naveky for ever
naviesť 1. induce, instigate 2. vector *nasmerovať*
navigácia navigation
navigátor navigator
navigovať navigate
navliecť 1. put° on, slip on 2. thread *niť*
návnada bait
navnivoč nothing
návod 1. instruction, guide 2. *pl.* directions *pokyny*
navonok outwardly
navôkol all around
návrat return, coming-back, returning, home-coming *domov*
návratka receipt on delivery
návratnosť comeback, return
návratný returnable
návrh proposal, project *plán*, proposition *Am.* • bill návrh zákona
návrhár designer
navrhnúť 1. propose, draw° up, design *vzor* 2. put° forward *predložiť*

navrhovateľ proposer, projector, designer
navrch to the top, up, upwards *smer*
navrchu on top, up
navŕšiť heap up
navŕtať sink° a hole
návšteva 1. visit, call 2. stay *pobyt*
návštevník 1. visitor, guest 2. customer *zákazník*
návštevnosť attendance
navštevovať 1. attend *školu* 2. call, visit
navštívenka visiting card
navštíviť 1. attend 2. visit, call on, go° to see
návyk habit, custom
navyknúť si 1. get° accustomed 2. get° into the habit of
navyknutý accustomed
navzájom mutually, one another, each other
navždy for ever
nazad backwards, back
nazbierať gather, collect
nazlostiť anger
nazmar go° to pot, come° to naught • *go° to rack and ruin* výjsť nazmar
naznačiť 1. indicate 2. hint, suggest 3. sketch

náznak hint, sign, suggestion

názor opinion, point of view, view • *in my opinion* podľa môjho názoru

názornosť obviousness

názorový opinion • *differences of opinion* názorové rozdiely

názov title, name, term *termín*

nazrieť look into *do*, have° a look

nazvať call, name

názvoslovie terminology

názvoslovný terminological

nazvyš more than enough

nažívať get° along with, get° on

nažive alive, living

nealkoholický nonalcoholic, soft • *soft drink* nealkoholický nápoj

neaktuálny untopical

nebesá *pl.* heavens

nebeský heavenly

nebezpečenstvo danger, risk, jeopardy, peril *ohrozenie*

nebezpečný dangerous, perilous, risky

nebo 1. the sky *obloha* • *in the open air* pod šírym nebom 2. náb. heaven • *in heaven* v nebi

nebohý dead, deceased

nebojácny fearless, daring

nebožtík late, decedent, dead man

necitlivosť insensitiveness

necitlivý insensitive

necudnosť shamelessness

necudný shameless, immoral, obscene

nečakaný unexpected

nečas bad weather

nečestnosť dishonesty

nečestný dishonest, dishonourable

nečinnosť inactivity, idleness

nečinný inactive, idle *nepracujúci*

nečistota impurity, dirtiness *špinavosť*

nečistý dirty *špinavý*, unclean

nečitateľný illegible

nečudo no wonder

neďaleko not far off, close, near

nedávno recently, not long ago, short time

nedávny recent, late

nedbalosť negligence

nedbalý negligent, careless

679

nedbať

nedbať neglect
nedeľa Sunday
nedeliteľný indivisible
nedeľný Sunday
nedisciplinovaný undisciplined
nedobrovoľný compulsory, involuntary
nedobytný impregnable
nedoceniť undervalue
nedočkavosť impatience
nedočkavý impatient, anxious
nedohľadný immense
nedokonalosť imperfection
nedokonalý imperfect
nedokonavý imperfective
nedokončiť drop
nedonosený prematurely born *predčasne narodený*
nedoplatok *pl.* arrears
nedorozumenie misurderstanding
nedosiahnuteľný unattainable
nedospelosť minority
nedospelý minor, underage, immature *nezrelý*
nedostatočný insufficient
nedostatok absence from, lack, shortage, insufficiency
nedostupný inaccessible

nedotknuteľný inviolable
nedotknutý untouched
nedovolený unlawful
nedovoliť forbid°
nedôsledný inconsequent, inconsistent
nedôvera distrust, mistrust
nedôverčivý distrustful, diffident
nedôverovať distrust, mistrust
neduh disorder
nedýchateľný irrespirable
neefektívny inefficient
neestetický tasteless
neexistujúci non-existent
nefajčiar nonsmoker
nefalšovaný pure, simple
neforemný formless, shapeless *beztvarý*
neformálnosť informality
neformálny informal
negácia negation
negatív negative
negativizmus negativism
negatívny negative
negramotnosť illiteracy
negramotný illiterate
neha kniž. tenderness
neharmonický disharmonic
nehlučný noiseless
nehmotný immaterial
nehnuteľnosť real estate,

neliečiteľný

property
nehnuteľný fixed, immovable
nehoda accident
nehoráznosť rudeness
nehorázny wicked
nehybnosť immobility
nehybný immobile, fixed *pevný*
nech 1. let *príkaz nepriamy* 2. may, will *želanie*
nechápavý dull, dense
nechať 1. let° *dopustiť* 2. leave° *odísť* 3. keep° *uschovať*
nechránený unprotected, uncovered
necht nail
nechtiac unwillingly
nechuť dislike, disgust, aversion *odpor*
nechutenstvo want of appetite
nechutný 1. tasteless *o jedle* 2. disgusting *odporný*
neinformovanosť lack of information
neistota uncertainty, doubt
neistý uncertain, doubtful, unsure
nejako somehow, anyhow, in some way
nejaký 1. some, any, some sort of 2. certain *určitý*
nejasný 1. dim, obscure, vague 2. unclear
nejednotný heterogeneous
nejestvujúci absent, nonexistent
nekalý unfair, wicked
nekompetentný unqualified
nekompromisný uncompromising
nekonečno the infinite
nekonečný 1. infinite, boundless 2. endless *bez konca*
nekonkrétny indefinite
nekorektný indelicate
nekresťanský unchristian
nekritický uncritical
nekrológ necrologue
nekrytý uncovered
nektár nectar
nekultúrnosť lack of culture
nekultúrny uncivilized, uncultured
nekvalifikovaný unqualified, incompetent
nekvalitný of inferior quality, low quality
neláskavý unkind, unfriendly
nelegálny illegal
neliečiteľný uncurable

681

nelogický

nelogický illogical
neľúbosť dislike
neľudskosť inhumanity
neľudský inhuman
neľútostný pitiless
nemajetný indigent, poor person *chudobný*
nemálo not a few *počítateľné*, not a little *nepočítateľné*
nemanželský illegitimate
nemčina German
Nemec German
Nemecko Germany
nemecký German
nemeniteľný invariable, unchangeable, unalterable
nemilosrdne mercilessly
nemilosrdnosť cruelty, ruthlessness
nemilosrdný merciless, ruthless, cruel
nemilý unpleasant
nemluvňa baby, infant
nemoc illness, disease
nemocnica hospital
nemohúcnosť impotence
nemorálny immoral, obscene
nemotorný clumsy, awkward *pohybovo*
nemožný impossible, unfeasible

nemravnosť immorality
nemravný immoral, indecent, obscene
nemý mute ● *silent film* nemý film
nenahraditeľný irreplaceable
nenápadný inconspicuous
nenapraviteľný incorrigible, irreparable
nenáročný modest *skromný*, unpretentious
nenásilný unforced
nenávidieť hate, detest
nenávisť hatred, hate
nenávistný hateful
nenazdajky suddenly, unexpectedly
nenormálny abnormal
nenútený casual
neoblomný firm, hard-hearted
neobľúbený unpopular
neobmedzený unlimited, unrestricted
neobratný unskilful, awkward *pohybovo*
neobsadený vacant
neobvyklý unusual, uncommon, strange *zvláštny*
neobyčajný extraordinary, unusual
neoceniteľný invaluable,

unappreciable
neočakávaný unexpected
neodborník layman° *laik*, nonspecialist, nonexpert
neodborný lay, unskilled, incompetent *zlý*
neoddeliteľný inseparable
neodkladný urgent, pressing
neodvratný inevitable
neofašizmus neo-fascism
neohrabaný clumsy
neohybný inflexible
neochota unwillingness
neochotný unwilling
neomylný 1. infallible 2. unmistakable *presný*
neón neon
neopatrnosť carelessness
neopatrný careless, incautious
neosobný impersonal
nepárny odd
nepatrný slight, slender, trivial *bezvýznamný*
neplánovaný unplanned
neplatnosť invalidity
neplatný bad, invalid, void
neplnoletý underage, minor
neplodnosť sterility
neplodný 1. sterile 2. barren *pôda*
nepoctivý dishonest, unfair

konanie
nepodstatný minor, unimportant
nepohoda bad weather, disharmony
nepohodlný uncomfortable
nepohyblivý immovable
nepochopenie lack of sympathy
nepochopiteľný incomprehensible
nepochybne no doubt
nepochybný indubitable
nepokoj disorder, uneasiness, stir *rozruch*
nepokojný restless, stormy *rušný*
nepomer disproportion
nepopulárny unpopular
neporiadny untidy, disorderly
neporiadok 1. disorder 2. hovor. mess 3. chaos
neporovnateľný unequalled
neporušený intact
neposedný fidgety
neposlušnosť disobedience
neposlušný disobedient, disorderly
nepotrebný unnecessary, useless *zbytočný*
nepovinný optional

nepovolaný incompetent, unauthorized
nepozorný inattentive, careless
nepraktický unpractical
nepravda falsehood, untruth
nepravdepodobnosť improbability, unlikelihood
nepravdepodobný improbable
nepravdivosť untruthfulness
nepravdivý untrue, false, truthless
nepravidelný irregular
neprávom injustly, wrongly
nepravý wrong, false *falošný*
nepredajný unmarketable
nepredvídaný unforseen
neprehľadný disarranged, intricate
neprekonateľný insuperable
nepremokavý waterproof
neprenosný stationary
nepresný inaccurate
nepretržitý continuous, uninterrupted
nepriamo indirectly
nepriamy indirect
nepriateľ 1. enemy 2. adversary, rival *protivník*
nepriateľský unfriendly
nepriateľstvo enmity, hostility
nepriazeň disfavour, adversity
nepriaznivý unfavourable, adverse
neprijateľný unacceptable
nepríjemný unpleasant, bad
neprípustný inadmissible
neprirodzený unnatural, affected *strojený*
neprístupný inaccessible
neprítomnosť absence
neprítomný 1. absent 2. missing 3. absent-minded *duchom*
neprívetivý inaffable
nerád unwillingly
neradostný cheerless
nerast mineral
neraz not once, many a time
nereálny unreal, unrealistic
neregistrovaný unlisted
neresť vice
neriešiteľný insolvable, insoluble
nerovnaký unequal, unidentical
nerovnoprávny underprivileged
nerovnorodý unequal

nerovnosť inequality, disparity
nerovnováha imbalance, unequal
nerovný 1. uneven *povrch* **2.** curved, different *odlišný*
nerozhodnosť irresoluteness *vlastnosť*
nerozhodný indecisive, undecided
nerozpustný insoluble
nerozum imprudence *nerozvážnosť*, foolishness *pochabosť*
nerozumný unreasonable, imprudent *nerozvážny*, foolish *pochabý*
nerv nerve • *it gets on my nerves* lezie mi to na nervy
nervový nervous
nervozita nervousness
nervózny nervous
nesamostatný lacking independence, dependent *závislý*
neschopnosť inability, impotence, incapability, disability
neschopný impotent, incapable, unable
neskoro late
neskorý late, tardy *oneskorený*

neskôr later, later on, afterward
neskromný immodest
neskúsený inexperienced
neskutočnosť unreality
neskutočný unreal, imaginary
neslušný indecent, rude *hrubý*
nesmelo timidly
nesmelosť timidity, shyness
nesmelý timid, shy *plachý*
nesmrteľnosť immortality
nesmrteľný immortal, undying
nespavosť insomnia
nespokojný dissatisfied with *s*
nespoľahlivý unreliable
nesporný indisputable, undoubted
nespôsobilosť incapacity
nespôsobilý unfit
nesprávny wrong, incorrect
nespravodlivosť injustice, wrong *krivda*
nespravodlivý unjust, unfair
nestály unstable, unsteady
nestranný impartial
nestráviteľný indigestible
nesúhlas disagreement, disapproval *neschválenie*

nesúlad disharmony • *matrimonial disharmony* manželský nesúlad
nesúmerný unsymmetrical
nesúrodý heterogeneous
nesúvislý incoherent, discontinuous
nešikovný clumsy
neškodný harmless
nešťastie misfortune, calamity, accident *nehoda*, bad luck *smola*
nešťastník wretch
nešťastný unfortunate, unhappy, unlucky
netaktný tactless
neter niece
netopier bat
netrpezlivo impatiently
netrpezlivý impatient
netvor monster
netypický untypical
neúcta disrespect
neúctivosť impoliteness
neúctivý disrespectful, impolite
neúčasť nonparticipation, absence
neúčinný ineffectual
neúhľadný untidy
neúmerný disproportionate
neúmyselne unintentionally
neúmyselný unintentional

neúplný incomplete, defective
neúprimný insincere
neurčitok infinitive
neurčitý indeterminate, undetermined
neúroda bad harvest, crop failure
neúrodnosť barrenness
neúrodný barren, infertile *pôda*
neurológ neurologist
neurológia neurology
neuróza neurosis
neúspech failure
neúspešný unsuccessful
neuspokojený unsatisfied
neustály constant, permanent
neústupný obstinate
neutralita neutrality
neutralizovať neutralize
neutrálny neutral
neuveriteľný unbelievable, incredible
nevďačný ungrateful
nevedomosť ignorance
nevedomý ignorant
neveľa not very much
nevera infidelity
nevernosť infidelity
neverný unfaithful, infidel
nevesta 1. bride *žena* 2.

nezvyčajný

daughter-in-law *synova manželka*
nevhodný unsuitable, inapt
neviditeľný invisible
nevinný 1. innocent 2. clear, chaste *čistý*
nevkus bad taste
nevkusný tasteless
nevľúdny unfriendly
nevojak citizen, civilian
nevôľa dislike, indignation
nevrlý surly
nevšedný remarkable, extraordinary
nevšímať si ignore
nevšímavý inattentive
nevyhnutnosť necessity, inevitability
nevyhnutný inevitable
nevýhoda disadvantage
nevychovaný uneducated, ill-mannered *neslušný*
nevýrazný blank
nevyrovnaný unsettled
nevyspytateľný inscrutable
nevzdelaný uneducated
nezábudka bot. forget-me-not
nezabudnuteľný unforgettable
nezákonne unlawfully
nezákonný illegal, unlawful
nezamestnanosť unemployment ● *unemployment benefit* podpora v nezamestnanosti
nezamestnaný unemployed, jobless
nezáujem lack of interest, indifference *ľahostajnosť*
nezávisle independently
nezávislosť independence
nezávislý independent, single
nezbedný naughty
nezdvorilosť impoliteness
nezdvorilý impolite, rude *hrubý*
nezhoda discord, disagreement
nezištný altruistic
nezmysel nonsense
nezmyselný nonsensical
neznámy unknown
neznášanlivosť intolerance
neznášanlivý intolerant
nezodpovednosť irresponsibility
nezodpovedný irresponsible
nezrelý unripe *ovocie*
nezrozumiteľný unintelligible
nezvestný missing
nezvyčajne unusually
nezvyčajný unusual

než

než 1. than *ako* **2.** before *skôr*
nežnosť tenderness
nežný tender, gentle
nič 1. nothing **2.** mat. nought
ničiť 1. destroy **2.** devastate *pustošiť* **3.** kill *zabíjať*
ničivý destructive
ničomný vile
nie 1. no **2.** not *záporná častica po slovese* • *not at all* vôbec nie
niečo something
niekam somewhere, anywhere
niekdajší former, one-time
niekde somewhere, anywhere
niekedy sometimes • *once upon a time* kedysi dávno
niekoľko several, a few, some
niekoľkokrát several times
niekoľkoročný of some years
niekto somebody, someone
niektorý some, any
nielen not only
niesť 1. carry **2.** bring° *prinášať* **3.** bear° *znášať* **4.** lay° *vajíčka*
nijaký 1. no **2.** no kind of *neurčitý*

nik nobody
nikam nowhere
nikde nowhere
nikdy never • *never ever, never more* nikdy viac
nikotín nicotine
nikto nobody, no one, none
niť thread
nivočiť devastate, destroy
nízky 1. short **2.** low *nízky*
nížina lowland
no 1. *cit.* well *dobre* **2.** *spoj.* but
noc night
nocľah night's lodging, overnight accommodation
nocľažník lodger
nocovať stay overnight, spend° the night
nočník chamber pot
nočný night-
noha leg, foot *chodidlo*
nohavice *pl.* trousers
nohavičky *pl.* panties, underpants
nomenklatúra nomenclature
nominovať nominate
nora den, lair
norma norm, code
normalizácia standardization
normálny average, regular,

normal
Nórsko Norway
nos nose • *lead° by the nose* vodiť za nos
nosič porter, carrier *prenášač*
nosiť 1. carry 2. wear° *na sebe*
nosorožec zool. rhinoceros
nota hud. note
notár notary
notárstvo notary's office
notes notebook
notorický notorious
notorik habitual drinker
noty music
nováčik beginner, novice
novela short story • *amendment* novela zákona
novelista novelist
november November
novina *pl.* news
novinár journalist • *fake* novinárska kačica
novinárstvo journalism
novinový newspaper
noviny newspaper, the daily press *denná tlač*
novodobý modern
novomanželia newly-married couple, newlyweds
novoročný New Year's
novorodenec newborn child
novostavba new building
novota novelty
novotvar neologism
nový 1. new • *New Year's Day* Nový rok • *the New Testament* Nový zákon 2. recent *nedávny* 3. fresh *čerstvý* 4. latest *najnovší*
nozdra nostril
nožík pen-knife
nožnice *pl.* scissors
nôta tune, melody
nôtiť tune
nôž knife
nuda tedium, boredom
nudiť sa be° bored
nudizmus nudism
nudný tedious, boring
núdza 1. poverty 2. penury *chudoba* 3. shortage *nedostatok*
núdzový emergency • *emergency exit* núdzový východ
ňufák snout, nose
ňuch scent, smell
ňuchať 1. sniff, scent 2. snoop *sliediť*
núkať offer, tender, bid°
nula 1. zero, nought • *above zero* nad nulou • *below zero* pod nulou 2. šport. nil

nulový zero, null
nultý 1. zero **2.** mat. null
numerický numerical
numizmatika *pl.* numismatics
nútený forced, bound
nútiť force, compel, constrain *obmedzovaním*
nutnosť necessity, imperative, obligation
nutný necessary, essential
nuž well now

O

o *predl.* **1.** about, of **2.** at *čas* • *at five o'clock* o piatej
oáza oasis
obaja both, the two *tí dvaja*
obal 1. wrapper, cover, packing **2.** envelope *spisu*
obalamutiť fool, snow
obalený wrapped
obaliť 1. wrap up *zabaliť*, cover *pokryť* **2.** enfold *čím* **3.** lap *ovinúť*
obálka 1. envelope *listu* **2.** cover *knihy*
obalový package, wrapping
obariť sa scald with *čím*
obava 1. apprehension **2.** anxiety *tieseň* **3.** fear *strach* **4.** uneasiness *neistota*
obávať sa fear for *koho*, be° anxious *o čo*, be° afraid of *čoho, koho*
občan citizen, subject • *resident* miestny občan
občas occassionally, from time to time, now and then, at intervals *s prestávkami*
občasný occasional, sporadic
občerstvenie fast, refreshment, road-side *pri ceste*, snack *rýchlé*
občerstviť sa refresh, brush up *obnoviť*
občiansky 1. civic **2.** civil *civilný* • *civil war* občianska vojna • *civil rights* občianske práva • *identity card* občiansky preukaz • *civil marriage* občiansky sobáš • *civil code* občiansky zákonník
občianstvo citizenship • *dual nationality* dvojité občianstvo • *nationality* štátne občianstvo
obdariť endow, present with *čím*, make° a present
obdarovanie donation
obdarovaný rewarded
obdarovať 1. kniž. accomplish **2.** endow *trvale*
obdiv admiration, adulation, wonder *úžas*
obdivovať admire, worship
obdivovateľ admirer
obdivuhodný admirable, miraculous, wonderful
obdĺžnik rectangle

obdobie 1. period, term *funkčné* 2. season *ročné*
obdobný analogous, parallel
obdržať get, obtain *získať*, receive
obec 1. municipality *samospráva* 2. community 3. locality *miesto* 4. parish *územná jednotka* • *the council* rada obce
obecenstvo 1. the audience *v divadle* 2. the public *publikum* 3. the spectators *diváci*
obecný 1. common *spoločný* 2. public 3. municipal *obce* 4. local, parish • *common land* obecná pôda • *local board* obecné zastupiteľstvo • *council-flat* obecný byt • *common land* obecný pozemok
obed 1. dinner *hlavné jedlo*, lunch *obed* 2. midday *poludnie*
obedovať dine, have° dinner • *have for dinner* mať na obed
obeh 1. circulation *krvi* 2. cycle *kolobeh* 3. orbit *po obežnej dráhe* 4. rotation *v kruhu* • *blood circulation* krvný obeh
obehnúť 1. run° round, make° a round of *v kruhu* 2. call round *úrady*
oberač picker
oberať pick, pluck
obesenec hanged man
obesiť sa hang° o.s.
obeť 1. sacrifice *obeta* 2. victim 3. quarry *prenasledovaná*
obetavosť altruism, self-sacrifice, devotion
obetavý self-sacrificing *obetujúci sa*, self-denying
obetný sacrificial • *sacrificial lamb* obetný baránok
obetovať 1. offer 2. sacrifice *venovať* 3. victimize *niekoho*
obezita obesity
obézny corpulent
obeživo currency, circulation
obežnica planet
obežník circular, tracer *Am.* • *government circular* vládny obežník
obežný circulating, rotation • *orbit* obežná dráha
obhádzať throw° round

obhajca defender, counsel *na súde*, advocate
obhájiť defend, justify
obhajoba pleading *súdna*, defence, advocacy
obhajovať advocate
obhliadka inspection, examination, visit
obchádzať 1. go° round *v miestnosti* 2. hang° round *bezcieľne*
obchádzka 1. bypass 2. detour *na ceste*
obchod 1. business, trade *vnútroštátny* 2. deal *výmena a predaj* 3. shop *predajňa*, store *Am.* 4. sale *predaj* • *retail trade* maloobchod • *trade agreement* obchodná dohoda • *trade mark* obchodná značka • *business mind* obchodný duch • *dealing* obchody • *wholesale trade* veľkoobchod • *barter* výmenný obchod
obchodník 1. businessman, merchant 2. shopkeeper *majiteľ obchodu*
obchodný commercial, mercantile • *business* obchodná firma • *company* obchodná spoločnosť • *trade mark* obchodná značka • *supermarket* obchodný dom
obchodovať trade, deal° in *s*, do° business
obchôdzka 1. walk, walkabout, tour *naplánovaná* 2. round *služobná*
obchytkávať thumb
obidvaja both
obiehať 1. circulate *v obehu* 2. orbit *po obežnej dráhe*
obilie 1. *pl.* cereals *tovar* 2. corn *zrno*, grain *Am.*
obilnina cereal
obísť 1. go° round *dookola* 2. pass by *popri* 3. avoid *vyhnúť sa* 4. circumvent *zákon*
objasnenie clarification
objasniť explain, make° clear, clarify, clear up
objať enfold, bosom
objať sa embrace
objatie close embrace, embrace
objav discovery, invention *vynález*
objaviť 1. find° out *zistiť* 2. discover *nájsť* 3. reveal *odhaliť* 4. invent *vynájsť*
objaviť sa appear, come° up, occur

objaviteľ

objaviteľ discoverer, inventor *vynálezca*
objednaný ordered
objednať 1. book *rezervovať* 2. order 3. reserve
objednávateľ buyer, customer
objednávka 1. order 2. reservation 3. booking
objekt 1. object *predmet* 2. establishment, building
objektív object-glass
objektivistický objectivist
objektivizmus objectivism
objektívne objectively
objektívnosť objectivity
objektívny objective, open-minded
objem 1. size *rozmer* 2. volume *rozsah* 3. capacity
objemnosť voluminosity, volume
objemný voluminous, capacious *rozmerovo*
objemový volume
obklad facing, boarding *drevom*
obkladať face *stenu*, revet *kameňom*, board *drevom*, tile *kachličkami*
obklopiť surround, enclose
obkľúčiť encompass, encircle

obkresliť make° a copy
obkročiť step round
obkročmo astride
oblačnosť cloudiness
oblačný cloudy
oblak cloud
oblasť 1. area, region *kraj* 2. district *okres* 3. territory *územie* 4. zone *pásmo*
oblastný 1. area 2. district *okresný* 3. regional *krajský* 4. zone *pásmový*
oblátka 1. wafer 2. cirk. host
oblečenie dress, wear
oblek suit *pánsky*, dress *šaty*
oblepiť paste round, paper *papierom*
obletieť 1. orbit 2. fly° round
obliať pour on, spill° *vyliať*
oblička anat. kidney
obličkový renal
obliecť sa put° on, dress
obliečka pillowcase *na vankúš*
oblievať water
obligácia bond, obligation
oblizať lick
obloha sky, trimming *jedla*
oblok window
obložiť 1. cover *pokryť* 2. line with *čím* 3. board up *drevom*

obľuba 1. liking **2.** favour *priazeň* **3.** pleasure *potešenie*
obľúbenosť popularity
obľúbený favourite, popular *populárny* • *hobby-horse* obľúbená téma
obľúbiť si favour, become° fond of, take° a liking
obluda monster
obludnosť monstrosity
obludný monstrous
oblúk 1. bow **2.** stav. arch **3.** bend *ohyb*
oblúkový arched, bow-shaped
oblý round *okrúhly*, oval
obmäkčiť mollify, soften
obmedzenie limitation, restriction, reduction *zníženie*
obmedzený 1. narrow-minded *duševne* **2.** limited, restricted
obmedziť 1. restrict, limit **2.** border *ohraničiť* **3.** reduce *znížiť*
obmedzovanie limitation
obmena variation, modification *úprava*
obmeniť alter *pozmeniť*, change *zmeniť*, modify *upraviť*

obmyť wash off
obnažený bare, uncovered
obnažiť sa strip, denude *odhaliť*
obnos amount, sum *suma*
obnosený worn-out
obnosiť wear° out
obnova restoration, renewal, renovation, regeneration, innovation, reform *reforma*
obnovenie innovation, restoration
obnoviť 1. restore, renovate *prestavbou* **2.** re-establish **3.** revive *oživiť*
obočie eyebrow • *eyebrow pencil* obočenka
obohacovanie enrichment
obohatiť sa become° rich, make° rich
obojok collar
obojpohlavný bisexual
obojsmerný two-way
obojstranný double, bilateral *dvojstranný*, reciprocal *vzájomný*
obojživelník amphibian
obor giant
oboznámený acquainted, familiar
oboznámiť sa acquaint with, inform

obozretnosť awareness, caution
obozretný aware, cautious, vigilant *ostražitý*
obrábací working
obrábanie cultivation, tillage *pôdy*
obrábať cultivate, till *pôdu*
obracať 1. turn round **2.** toss *seno*
obrad ceremony, ceremonial • *religious ceremony* náboženský obrad
obradný ceremonial
obrana defence, protection *ochrana*
obranca 1. defender **2.** šport. back
obrániť defend, protect *ochrániť*
obranný defensive • *defences* obranný systém
obrat 1. turn **2.** change *zmena* **3.** ekon. turn over **4.** reversal *zvrat*
obrať 1. pick **2.** deprive of *olúpiť o*
obrátiť sa turn about, reverse *smer*
obratnosť skill *zručnosť*
obratný skillful, prompt *pohotový*
obratom promptly

obraz 1. painting, picture **2.** reflection *v zrkadle* **3.** portrait *osoby*
obrazáreň picture/art gallery
obrazec figure
obrázkový illustrated • *picture book* obrázková kniha
obraznosť imagination
obrazotvornosť fantasy, imagination
obrazovka screen
obrazový pictorial, graphic
obriezka circumcision
obrna 1. paralysis **2.** lek. polio *detská*
obrnený armoured, ironclad *rozhodný*
obrniť voj. arm, fortify *opevniť*
obrobiť 1. cultivate, work **2.** tool *nástrojom* **3.** machine *strojom*
obrovský giant, gigantic, colossal
obruba 1. hem **2.** border *okraj* **3.** welt *látky*
obrubník curbstone *chodníka*
obruč hoop *suda*, tyre *kolesa*
obrúčka 1. ring **2.** wedding

obytný

ring *svadobná*
obrus tablecloth
obrúsiť grind° off
obrúsok table-napkin
obrva eyebrow
obrys contour *obrys*, silhouette *silueta* • *in rough outline* v hrubých obrysoch
obsadiť 1. take° *mesto* 2. occupy, fill up *miesto* 3. squat *bez povolenia* • *take° a seat* obsadiť miesto
obsah 1. *pl.* contents 2. summary *skrátený* 3. volume *objem* 4. area *plošný*
obsahovať contain, include *zahŕňať*
obscénny obscene
observatórium observatory
obsiahnuť 1. embrace 2. comprehend *pochopiť*, comprise *zahrnúť*
obsluha service, attendance
obslúžiť serve, attent
obstarať procure *zadovážiť*, provide
obstáť pass *na skúške*
obšírne in detail
obšírny extensive, detailed *podrobný*
obšívať sew° round

obštrukcia obstruction
obťažovať bother *otravovať*, trouble with *čím* • *importune* sexuálne obťažovať
obtočiť wind° round, twist *natočiť*
obuť put° shoes on
obuv footwear, shoes
obuvník shoemaker
obväz bandage
obveseliť cheer, brighten, amuse *pobaviť*
obviazať wrap, bandage *obväzom*
obvinený the accused
obviniť accuse of *z*, charge with *z*
obvod 1. perimeter 2. geom. circumference 3. district *mestský*
obvyklý customary, habitual *návykom*, usual *normálny*
obyčaj custom, habit *zvyk*
obyčajne usually
obyčajný usual *bežný*, common *všedný*, simple *jednoduchý*
obydlie dwelling *príbytok*, residence *sídlo*
obytný habitable, residential • *floor space* obyt-

obývačka

ný priestor
obývačka sitting room
obývať inhabit, dwell°, live *žiť*
obyvateľ inhabitant, occupier *bytu*, resident *inštitúcie*
obyvateľstvo population, *pl.* inhabitants
obzerať look round
obzor horizon, sky-line
obzvlášť especially, namely *zvlášť*, primarily *hlavne*
obžaloba 1. accusation *obvinenie* 2. indictment *trestná* 3. suit *súdna*
obžalobca prosecutor
obžalovaný accused, defendant *v súdnom spore* ● *in the dock* na lavici obžalovaných
obžalovať accuse, indict *súdne*
obživa keeping, living, food *potrava* ● *means of subsistence* prostriedok obživy
oceán ocean ● *the Atlantic Ocean* Atlantický oceán ● *the Pacific Ocean* Tichý oceán
oceánografia oceanography
oceánsky ocean

oceľ steel ● *as hard as steel* tvrdý ako z ocele
oceliareň *pl.* steelworks
oceľový steel
oceniť 1. estimate *cenou* 2. evaluate *ohodnotiť*
ocko daddy
ocot vinegar ● *be° left out* zostať na ocot
octový vinegar
očakávať 1. expect from *od* 2. anticipate *predpokladať*
očariť charm, enchant
očervenieť become° red
očiernit' 1. expr. blacken 2. slander *ohovoriť*
očíslovať mark with numbers
očista purification, purgation *duchovná*
očistiť 1. purify, cleanse 2. peel *olúpať*
očitý personal, visible ● *eye witness* očitý svedok
očividne evidently
očividný evident, obvious
očko mesh *pri pletení*, stitch *na pančuche*
očkovať lek. vaccinate against *proti*
očný eye-, optic ● *eye specialist* očný lekár
od 1. from *priestor*, of, out

odhalit'

of *miestne* **2.** since, from *časovo* • *since the morning* od rána **3.** by, of, for *príčina*

óda ode

odber subscription, consumption *spotreba*

odberateľ receiver, consumer *spotrebiteľ*

odbiť 1. strike° *hodiny* **2.** return *vrátiť úderom* **3.** reject, refuse *odmietnuť* **4.** beat° off *odraziť*

odbočiť turn, deviate *z dráhy*

odbočka turning

odboj revolt, resistance *ilegalita*

odbor 1. section, department *oddelenie* **2.** sphere, field *oblasť*

odborník expert, specialist

odborný expert, special, professional • *technical literature* odborná literatúra • *specialized publication* odborná publikácia • *paper* odborný článok

odbyt market, sale *predaj*

odcudziť steal°, pilfer

odčerpať drain

odčleniť set° apart

oddanosť attachment, devotion, loyalty *verná*

oddaný attached, given, devoted

oddať marry, wed

oddávna for a long time, since long ago

oddelenie section, department, compartment *vo vlaku*

oddeliť separate, divide, detach

oddialiť 1. move away, separate *odlúčiť* **2.** postpone *časovo*

oddiel division, section, squad *policajný*

oddnes from today on

oddych relaxation, rest, break *prestávka*

oddýchnuť si rest up, take° a rest/break

odev *pl.* clothes, clothing *šatstvo*

odfarbiť decoulorize

odfúknuť blow° away

odhad estimation *ceny*, valuation *hodnoty*

odhadnúť 1. estimate *význam* **2.** value *hodnotu* **3.** judge *úsudkom* **4.** appraise *odborne*

odhaliť 1. uncover, denude *obnažiť* **2.** reveal *odkryť*

odháňať

odháňať drive° away
odhlásiť 1. cancel *zrušiť* 2. report, check out
odhlasovať pass *zákon*
odhodiť throw° away, get° rid of
odhodlaný resolved, resolute
odhodlať sa resolve
odhovoriť dissuade
odhrabať rake away
odhryznúť bite° off
odchádzať go° away
odchod departure, retirement
odchovanec 1. pupil 2. šport. disciple
odchýliť 1. divert, deflect 2. open slightly
odchýlka deviation, declination
odísť 1. go° away, drive° away *autom* 2. leave° *opustiť*
odkaz 1. message 2. heritage *dedičstvo* 3. reference
odkázať 1. send° word/ /message 2. leave° *poručiť*
odkiaľ from where ● *where do you come from?* odkiaľ pochádzaš?
odklad delay *zdržanie*, deferment *odloženie*, reprieve *výkonu trestu*
odklon deflection, diversion *dopravy*
odkloniť decline
odkopnúť kick off
odkrojiť cut° off
odkryť uncover, bare
odkúpiť buy° up *všetko*
odkvap gutter
odkvapnúť drip off
odľahlý remote, distant *vzdialený*
odlákať entice/get° away
odlepiť unstick°, unglue
odlet take ° off, flight away *vtákov*
odletieť fly° away
odlíšiť differentiate
odlišný different, distinct *rozdielny*, separate
odliv low tide
odlomiť break° off, sever *silou*
odložiť put° aside, set° off, take° off *odev* ● *Take off your things.* Odložte si.
odlúčiť separate, detach
odluka separation
odmäk thaw
odmena reward, merit award *ocenenie*
odmeniť reward, compen-

odporný

sate
odmeranosť reserve
odmeraný reserved
odmerať measure, dose *dávkovať*
odmerka measure
odmietavý negative
odmietnuť 1. refuse, reject 2. decline 3. disapprove, disagree *nesúhlasiť*
odmlčať sa become° silent
odmontovať dismantle, take° down
odmotať unwind°
odnášať carry away
odňať take° away, confiscate
odniekiaľ from somewhere
odniesť take°/ carry away
odohrať sa take° place
odolať resist
odolnosť resistance, immunity, stability
odolný resistant, immune against *voči*
odomknúť unlock
odopnúť unbutton *gombíky*, undo° *hodinky*
odoprieť deny, refuse
odosielateľ sender
odoslať send°, post *poštou*, mail *Am.*
odostlať make° the bed
odovzdať 1. deliver 2. relay, forward 3. hand over
odôvodniť give° reasons for, explain *objasniť*
odpad waste, refuse, trash
odpadky *pl.* rubbish
odpadnúť 1. fall° off, drop off 2. faint *omdlieť*
odpis 1. copy, transcript 2. remission *z daní*
odpísať 1. write° back, reply 2. copy 3. charge off *odrátať*
odplata reward, revenge *pomsta*
odplatiť sa pay° off
odplaviť wash away
odpočinok rest
odpočinúť take° a rest
odpočítať count off, count down *odrátať*
odpočívať rest, relax
odpočúvať 1. intercept *tajne* 2. wiretap *telefón*
odpojiť disconnect
odpoludnia in the afternoon
odpoludnie afternoon
odpor 1. resistance *sila* 2. disgust, antipathy *nechuť* 3. protest
odporca opponent, antagonist
odporný repulsive *odpu-*

odporovať

dzujúci, disgusting
odporovať 1. resist **2.** oppose **3.** protest
odporúčanie reference
odporúčať recommend, advise
odporučenie recommendation
odporučiť commend *do pozornosti*
odpoveď response, answer, reply
odpovedať answer, reply ● *answer the question* odpovedať na otázku
odpredaj sale
odpredať sell° off
odprevadiť see° off, accompany
odprisahať swear° off
odprosiť ask sb. pardon, apologize *ospravedlniť sa*
odpudiť repel, repulse, ward off *odvrátiť*
odpudivosť repulsiveness
odpudivý repellent, repulsive, forbidding *protivný*
odpuchnúť swell° off
odpustiť forgive°, pardon
odpykať atone for, expiate *trest*
odradiť dissuade, discourage, put° off

odrastený grown up
odrátať discount
odraz take-off, reflexion
odraziť 1. strike° off, knock off **2.** chip *odbiť* **3.** reflect *odzrkadliť*
odrazu suddenly, all at once, at once
odreagovať work off
odrecitovať recite
odrenina scratch, bruise *modrina*
odrezať cut° off
odriecť 1. cancel *zrušiť* **2.** recall *odvolať* **3.** refuse *odmietnuť*
odriekanie renunciation, self-denial
odrobinka crumb
odroda variety, mutation, kind
odsek paragraph, part, section *časť*
odseknúť cut° off, retort *odvrknúť*
odskočiť jump off, bounce *odraziť sa*
odsotiť shove aside, push away
odspodu from the bottom
odsťahovať sa move away
odstrániť abolish, do° away with *skoncovať s*

odvliecť

odstrašiť scare away, frighten off
odstrčiť push away
odstrihnúť shear°, snip off
odstup interval *časový*, distance *priestorový*
odstúpiť 1. step aside 2. resign, abdicate *abdikovať*
odsúdenie condemnation
odsúdiť sentence • *sentence for life* odsúdiť na doživotie
odsudzovať 1. condemn 2. práv. sentence
odsun 1. transfer *presun* 2. evacuation, displacement *dobrovoľný*
odsunúť 1. set° aside 2. evacuate
odsypať pour out
odškodné *pl.* damages, compensation
odškodniť 1. compensate, requite 2. make° good *napraviť*
odšťavovač juice extractor
odtajiť conceal
odťať hew off, chop off
odtekať flow off
odteraz from now on
odtiaľ from there
odtieň shade
odtlačiť push away

odtlačok print • *fingerprint* odtlačok prsta
odtok outlet
odtrhnúť rip off, tear° off, sever *silou*
odtučňovať defat, free from fat
odumrelý extinct, dead
odumrieť 1. die off, perish, die away 2. become° extinct *vyhynúť*
oduševnenie enthusiasm
oduševnený enthusiastic
oduševniť sa inspire, inflame
odvábiť entice away
odvaha 1. courage *statočnosť* 2. daring *trúfalosť*
odvážať carry away
odvážiť weigh out
odvážny 1. courageous, brave *statočný* 2. daring *trúfalý*
odvďačiť sa reward *odmeniť sa*
odveký everlasting, eternal *večný*
odvetvie line, branch, sector
odviať blow° away
odviazať untie
odviesť 1. take° away, lead° away *kam* 2. return *daň*
odvliecť drag away

703

odvodený derived
odvodiť derive, deduce *logicky*, infer from *vyvodiť z*
odvodniť 1. drain 2. chem. dehydrate
odvolanie 1. appeal *na súde* 2. recall *z funkcie*
odvolať 1. call away *z pracoviska*, call back *k návratu*, call out *z pobytu* 2. recall *koho* 3. cancel *zrušiť*
odvolať sa appeal from
odvoz carriage, transport
odvrátený reverse
odvrátiť sa 1. turn away from *od* 2. avert *zamedziť*
odvrhnúť cast° away
odvtedy since then
odvyknúť si wean away from *od*, give° up *prestať*
odzadu from behind, from the back
odzbrojenie disarmamend
odzbrojiť disarm
odznak badge, emblem
odznova again
odzrkadliť sa reflect
odzvoniť ring° out *komu*, ring° off *skončiť*
ofenzíva offensive
oficiálny official, formal *odmeraný*

ofina hovor. fringe, hair-line
ohanbie *pl.* private parts
ohavný hideous
oheň fire
ohľad 1. consideration, regard, respect • *with regard to* s ohľadom na 2. view *hľadisko*
ohľaduplnosť consideration
ohľaduplný considerate, tactful
ohlas resound, echo, response
ohlásiť report, announce *oznámiť*
ohlášky *pl.* weddings, marriage banns
ohluchnúť become° deaf
ohmatať feel°, finger
ohnisko 1. fireplace *kozub* 2. fyz. focus
ohňostroj *pl.* fireworks
ohňovzdorný fire-proof
ohnúť bend°, crease *pokrčiť sa*
ohodnotiť appraise, evaluate, value
oholiť sa shave, have° a shave
ohorieť burn° up
ohovárať defame
ohrada fence, enclosure

ohradiť 1. fence, enclose 2. protest *vzniesť námietky*
ohradiť sa protest against *voči*, object to *namietať proti*
ohraničiť 1. limit, define *vymedziť* 2. bound *obmedziť*
ohrev fuel
ohriať heat, warm up
ohrievač heater
ohromiť stupefy, stagger *prekvapiť*
ohromný enormous, huge, wonderful *vynikajúci*
ohroziť 1. endanger 2. threaten
ohryzok core
ohyb bend, curve, fold
ohybný flexible, pliable
ochabnúť become° weak
ochabnutý feeble, soft
ochladiť cool off
ochlpenie hair down
ochorenie sickness, illness
ochorieť fall° ill, become° ill
ochota willingness, readiness *rýchlá*
ochotne willingly
ochotník amateur
ochotný willing, ready
ochrana protection, ward *osôb* • *conservation* ochrana prírody
ochranár conservationist *prírody*
ochranca protector, guardian, defender
ochrániť protect against *proti*, defend, save *koho* • *give protection* poskytnúť ochranu
ochranný protective, preventative
ochrnúť become° paralysed
ochutnať taste
okamih moment, instant
okamžite at once, immediately
okamžitý immediate, instant
okenica shutter
oklamať cheat, mislead° *podviesť*, lie°
okno window
oko eye • *corn* kurie oko
okolie *pl.* surroundings, environment *prostredie*
okolitý surrounding
okolnosť circumstance
okolo round, around
okoloidúci passing by
okopávať hoe, dig°
okoreniť spice, season
okovať bind° *železom*

okovy 1. *pl.* fetters, irons **2.** shackles *putá*
okraj border, edge *koniec*
okrajový marginal, border-
okrášliť beautify, decorate
okrem 1. except for, apart from **2.** besides, in addition
okres district, division, county
okresný district, county • *district office* okresný úrad
okríknuť snap at
okruh 1. circle *kruh* **2.** area *oblasť*
okrúhly round
okružný circular
október October
okuliare *pl.* glasses, spectacles • *sunglasses* slnečné okuliare
okupácia occupation
okupant occupier, invader
okúpať sa have° a bath
okupovať occupy
okúzliť enchant, charm *očariť*
okysličiť oxidize
olej oil
olejnatý oily
olejomaľba oil painting
olejovať oil

oliva 1. olive tree *strom* **2.** olive *plod*
olízať lick, lap
olovený lead
olovo lead
olovrant snack, afternoon tea
oltár altar
olúpať peel, strip
olúpiť rob, despoil *orabovať*
oľutovať regret, rue *oželieť*
olympiáda Olympiad, Olympic games, *pl.* Olympics
olympijský Olympic
omáčka sauce, gravy *mäsová*
omámiť daze, narcotize, drug, dope *drogou*
omamný dazing
omastiť lard, grease
omdlieť faint, pass out, swoon
omeleta omelette
omeškať sa be° late for, come° late *prísť neskoro*
omietka plaster
omilostiť pardon
omínať pinch, press *tlačiť*
omladnúť become° younger
omotať 1. wind° **2.** wrap up

obaliť
omráčiť 1. knock out *úderom* 2. astound *užasnúť*
omrzieť be° sick, grow° tired
omrzlina frostbite
omrznutý frozen
omša mass • *Holy Mass* svätá omša
omyl 1. error 2. mistake *chyba* 3. fault
omylom by mistake, erroneously
on he
ona she
onanovať masturbate
ondatra musk-rat
ondulácia wave, hair-do
onedlho soon, before long
onemieť become° dumb
onen, oná, ono that
oneskorený late, overdue
oneskoriť sa 1. be° late, come° late 2. delay
oni, ony they
ono it
oňuchať smell°, scent, snuff
opačne conversely
opačný reverse, opposite *protiľahlý*
opadnúť drop *postupne*, fall° off

opak 1. reverse side 2. reverse, contrary, opposite *protiklad*
opakovací 1. repeating 2. revision, recapitulation
opakovanie repetition
opakovať repeat, echo *ozvena* • *repeat after me* opakujte po mne
opálený sunburnt
opáliť sa 1. burn° *ohňom* 2. get° sunburnt *slnkom*
opar haze *hmla*
opásať belt, girdle
opásať sa gird, engird with *s*
opasok belt, girgle
opát abbot
opatera 1. care 2. nursing
opatrenie 1. step, measure *ustanovenie* 2. disposal *individuálne* 3. action *súdne*
opatriť 1. take° care of, nurse *chorého* 2. mark *značkou*
opatrnosť caution, care
opatrný careful *starostlivý*, cautious, prudent
opatrovať take° care
opatrovateľka nurse, nursemaid
opátstvo abbey, abbacy

úrad
opäť again
opätok heel
opätovať return
opečiatkovať stamp
opekať 1. roast, grill 2. broil *na slnku*
opera opera
operácia surgery, operation • *face-lift* kozmetická operácia
operadlo arm rest, back *stoličky*
operátor operator
opereta operetta, light opera
operný opera
operovať operate
opevnenie fortification
opevniť fortify
opica monkey
opierať sa lean° against
opíjať sa drink° hard
opilec drunk, drunkard
ópiový opium
opis description, characterization, specification
opísať characterize, describe, depict *vykresliť*
opisný descriptive
opiť sa get° drunk, booze
opitý drunk, boozy
ópium opium
opláchnuť 1. rinse 2. wash off *zmyť*
oplatiť pay° back, refund *vrátiť*
oplešivieť get° bald
oplodnenie fecundation
oplodniť fecundate, fertilize *zem*
oplotenie fencing
oplotiť 1. enclose, fence *Am.* 2. hedge *živým plotom*
opľuť spit° on
oplývať abound
oplzlosť obscenity
oplzlý obscene
opodstatnený grounded, well-founded
opojenie ecstasy, high spirits *nálada*
opojiť frenzy, intoxicate
opona curtain • *iron curtain* železná opona
oponent opponent, examiner
oponentúra opposition
oponovať oppose, argue *komu*, object to *čomu*
opora support, prop
oporný of support
oportunista opportunist
oportunizmus opportunism
opotrebovaný used
opotrebovať sa wear° out

opovážiť sa dare
opovážlivý arrogant, cheeky *drzý*
opovrhnúť despise, flout
opovrhnutie contempt, disdain
opozícia opposition
opozičník opposer
oprášiť dust off, brush *kefou*
oprať wash
oprava correction, repair, reform *zdokonalenie*
opravár repairman
opraváreň repair shop
opraviť 1. repair, mend 2. correct
oprávnenie authorization, competence, licence • *driving licence* vodičské oprávnenie
oprávnený authorized, competent, eligible
opravný corrective
oprieť 1. rest on *o*, lean° against *o* 2. base on *odôvodniť*
oproti opposite, across, towards
optický optical, visual *zrakový* • *optical illusion* optický klam
optik optician

optika *pl.* optics
optimálny perfect, optimum
optimista optimist
optimistický optimistic
optimizmus optimism
opuchlina swelling
opuchnúť swell°
opustenosť destitution
opustený deserted
opustiť 1. leave° 2. abandon *ponechať osudu* 3. desert *majetok, rodinu*
opýtať sa ask, inquire
oráč ploughman, plowman *Am.*
oráčina ground
orálny oral
oranie ploughing
oranžový orange
orať plough, plow *Am.*
ordinácia medical practice, surgery, consulting room *Am.*
ordinovať receive patients, prescribe *predpísať* • *prescribe a medicine* predpísať liek
orech nut • *hazelnut* lieskový oriešok • *walnut* vlašský orech
orgán 1. organ, factor *činiteľ* 2. authority *výkonná*

moc
organ organ
organický organic
organizácia organization • *United Nations Organization* Organizácia spojených národov
organizačný administrative
organizátor organizer
organizmus organism
organizovať organize, arrange
orgazmus orgasm
orchester orchestra
orchestrálny orchestral
orientácia orientation
orientačný orientation • *office-plan* orientačná tabuľa
orientovať sa orientate, be° orientated
originál 1. original **2.** model *vzor*
originálny original
orlí eagle-
orlica female eagle
orlíča eaglet
orloj calendar clock
ornament ornament
ornitológ ornithologist
ornitológia ornithology
orný arable
orodovanie intercession

orodovať intercede, plead, pray *motlitbou*
orol eagle
ortieľ 1. kniž. verdict **2.** sentence
ortodoxný orthodox
ortopéd orthopedist
ortopédia orthopedy • *surgical boots* ortopedická obuv
ortuť mercury, quicksilver
os mat., fyz. axis
osa zool. wasp
osada 1. settlement, colony **2.** community *obec* **3.** recreation *rekreačná*
osadník settler, colonist
osamelosť solitude, seclusion
osamelý single, lonely, solitary
osamostatniť sa become° independent
osedlať saddle
osem eight
osemdesiat eighty
osemdesiatnik octogenarian
osemnásť eighteen
osev sowing
oschnúť dry up
osídlenie settlement
osídliť colonize, inhabit,

ospravedlniť

populate, settle *obývať*
osídľovanie colonization
osídľovať populate
osirieť be°orphaned
osirotený orphaned
osivo seed
oslabený enfeeble
oslabiť weaken, soften
osladený sugary
osladiť sweeten, sugar *cukrom*
oslava anniversary *výročia*, celebration, jubilation, party ● *birthday party* oslava narodenín
oslávenec honoured person
oslaviť celebrate
oslepiť blind, dazzle *oslniť*
oslepnúť become° blind
oslniť dazzle
oslobodenie liberation, release
oslobodený liberated, tax-free *od dane*
oslobodiť 1. liberate, free 2. acquit *zbaviť viny*
osloboditeľ liberator
oslovenie address, addressing
osloviť address, ask, request
osmeliť sa dare
osmutnieť turn sad
osnova rough draft, staff *notová*
osoba 1. person, body 2. individual *jednotlivec*
osobitný separate, individual
osobitosť individuality, particularity
osobne personally, in person
osobnosť personality, person, authority
osobný 1. personal, single ● *personnel department* osobné oddelenie ● *personal data* osobné údaje ● *personal property* osobné vlastníctvo ● *identity card* osobný preukaz 2. individual *subjektívny*
osočovať slander
osoh benefit, gain, profit
osol ass, donkey *somár*
osoliť salt
osový axial
osožiť benefit, do°good
osožný beneficial, useful *užitočný*
ospalý drowsy
ospanlivý sleepy
ospravedlnenie apology
ospravedlniť apologize, excuse

711

osprchovať sa take° a shower
ostarieť become° old
ostať 1. stay 2. keep°, go° on *pokračovať*, continue
ostatný 1. the rest *zvyšok* 2. last, final *posledný*
ostatok 1. left over *zvyšok*, the rest *zostatok* 2. end *koniec*
osteň quill
ostnatý pricky • *barbed wire* ostnatý drôt
ostražito vigilantly
ostražitosť vigilance
ostražitý wary, vigilant, watchful *bedlivý*
ostrie edge, knife-edge *noža*
ostriekať spray, spatter, sprinkle
ostriež perch
ostrihať cut° • *cut the hair* ostrihať vlasy
ostriť sharpen
ostro sharply
ostrosť sharpness, tartness
ostrov island, isle • *the British Isles* britské ostrovy
ostrúhať sharpen *ceruzku*
ostružina blackberry
ostrý sharp, acute, pointed *špicatý* • *twinge* ostrá bolesť
ostych shyness
ostýchať sa be° shy
osud fate *strašný*, destiny, fortune *náhodnosť*
osudný fateful, fatal *ničivý*
osušiť dry up
osuška bath towel
osvedčenie certificate *listina*, testimony, attestation
osvedčiť certify, testify, verify *overiť*
osvetlenie lighting
osvetlený spotlighted
osvetliť 1. light° *svietidlom* 2. clarify *objasniť*
osviežiť refresh, brush up *vedomosti*
osviežovač freshener *vzduchu*
osviežujúci refreshing • *long drink* osviežujúci nápoj
osvojiť si master, acquire *získať*, adopt *prijať*
osýpky *pl.* measles
ošarpaný shabby, scrubby, worn down
ošatiť clothe, dress
ošatiť sa clothe, dress
ošedivieť become° grey, turn grey
ošetriť treat *ranu*, attend to

pacienta
ošetrovateľ 1. lek. male nurse **2.** tender *dobytka*
ošetrovateľka nurse, tender
ošiaľ fancy
ošípaná pig, sow *prasnica*
ošklbať 1. pluck, plume *perie*, tear° off *otrhať* **2.** deprive *obrať*
oškrieť sa graze
ošpliechať splash
oštep javelin
oštiepok smoked sheep-cheese
ošúchaný shabby, worn out
ošúchať rub, wear° out *obnosiť*
ošumelý ragged, time-worn
ošúpať peel
otáčať turn
otáčka rev
otáľať hesitate, put°off *odkladať*
otázka question, issue *problém* • *a matter of time* otázka času • *hot issue* sporná otázka
otáznik question mark
otázny questionable
otcovsky paternally
otcovský paternal
otcovstvo paternity, fatherhood

otčenáš The Lord´s Prayer
otčim stepfather
otec father • *godfather* duchovný/krstný otec
otecko daddy, dad
otehotnieť become° pregnant
oteliť sa calve
otepliť sa warm up, get° warmer
otesať hew°, cut°
otestovať attest
otlak callosity
otočiť 1. turn **2.** turn round *obrátiť auto* **3.** face about *o človeku*
otočný rotating
otras judder • *concussion* otras mozgu
otrava 1. poison *jed* **2.** intoxication • *blood-poisoning* otrava krvi
otrávený poisoned
otráviť 1. poison *jedom* **2.** get° fed up *znechutiť*
otravný annoying, boring *o ľuďoch*
otravovať annoy, trouble
otrhaný plucked
otrhať pick
otriasť 1. shake°, toss **2.** shake° off *striasť*
otrocký slavish

otroctvo slavery
otrok slave, captive
otrokár slaver
otupený inert, insensible
otupiť 1. blunt *ostrie* **2.** dull *záujem*
otupný lonesome, dull *nudný*
otužilosť hardiness
otužilý hardy, tough
otužiť harden
otvárač opener, tin-opener *na konzervy*
otvor opening, gap, hole *diera*
otvorenie opening
otvorený 1. open **2.** free *voľný* **3.** unsolved *nevyriešený*
otvoriť open
ovál ellipse
oválny elliptic, oval
ovca sheep
ovčiak shepherd dog
ovčiar shepherd
ovdovieť become° a widow
oveľa much • *much better* oveľa lepší • *many more* oveľa viac
overenie attestation, verification, legalization
overený accredited
overiť 1. verify, attest *listinu* **2.** check up, verify *overiť si*
ovešať hang° with, decorate *ozdobiť*, adorn *ozdobami*
ovinúť lap, wrap round, wind° round
ovisnúť hang° down, drop, droop *klesnúť*
ovládací control
ovládnuť get° control *riadiť*, master *naučiť sa*, seize *zmocniť sa*
ovocie fruit
ovocný fruit • *fruit juice* ovocná šťava • *fruit salad* ovocný šalát
ovoňať smell°, get° a smell
ovos *pl.* oats
ovplyvniť influence, affect, determine
ovsený oat • *porridge* ovsená kaša • *cornflakes* ovsené vločky
ovulácia ovulation
ovzdušie atmosphere
ozaj 1. by the way **2.** really, indeed *naozaj*
ozajstný actual, real, true
ozbrojený armed
ozbrojiť arm, weapon
ozdoba ornament, decoration
ozdobiť adorn, decorate, ornament

ozdobný decorative, ornamental
ozdravieť recover, get° well
ozdravovňa sanatorium
oziabať feel° cold
označenie designation, indication, signature, specification
označiť 1. mark 2. indicate *určiť*
oznam announcement
oznámenie notification, notice • *death notice* úmrtné oznámenie
oznámiť announce, notify, inform *udať*
oznámkovať 1. mark, grade 2. stamp
oznamovateľ announcer
ozón ozone
ozónový ozone • *ozone hole* ozónová diera • *ozone layer* ozónová vrstva
ozubený toothed
ozvať sa 1. sound, resound 2. respond *reagovať*
ozvena echo
ozývať sa echo
oželieť get° over, get° over the loss *oželieť stratu*
oženiť marry, get° married
oženiť sa get° married

ožiariť irradiate
ožiť 1. come° back to life 2. revive *obnoviť*
oživenie reflation
oživiť animate, refresh
ožobráčiť beggar
ožran soak

pacient

P

pacient patient
páčiť sa like, please ● *how do you like* ● ako sa vám páči ?
pád 1. fall, drop 2. decline *rozpad*, fall
padák parachute
padať fall°, drop
pádlo paddle
pahorok hill, hillock
pahreba *pl.* embers
pach odour, scent, smell
páchať do° damage, commit
páchateľ offender, criminal *zločinec*
páchnuť smell°, stink° *zapáchať*
páka bar, control stick
pakľúč false key, picklock
palác palace
palacinka pancake
paľba fire
palčiak *pl.* mittens
pálčivý 1. hot, burning 2. urgent, pressing *naliehavý*
palec thumb, toe *na nohe*
pálenica distillery
pálenka brandy, spirit, whisky
paleta pallet, palette
palica stick ● *hockey stick* hokejka
páliť 1. fire, heat, burn° 2. bite°, sting° *štípať* 3. fire at *strieľať na*
palivo fuel
palma palm, palm-tree *strom*
paluba 1. deck *na lodi* 2. board *priestor*
pamäť memory ● *by heart* naspamäť ● *from time immemorial* od nepamäti
pamätať na allow
pamätať remember, recollect, keep° in mind
pamätihodnosť sight
pamätihodný memorable
pamätník 1. album *kniha* 2. monument, memorial *socha*
pamiatka 1. memory, commemoration 2. monument *pamätihodnosť*, sight *turistická* 3. souvenir *vec*
pán 1. gentleman 2. master *nadriadený*, ruler *vládca* 3. boss *šéf* 4. sir, mister

pardón

Mr *označenie osoby*
pánboh the Lord, Lord God
pancier armour
pančucha stocking, hose • *tights* pančušky
panel panel
pani 1. lady 2. mistress *nadriadená* 3. owner *majiteľka* 4. wife *manželka* 5. Mrs *pred menom* • *goodwife* pani domu • *baby-minder* pani k deťom
panic chaste young man
panika panic
panna 1. virgin, girl, maid *dievča* 2. spinster *stará panna* • *the Holy Virgin* Panna Mária
panoráma panorama
panovačný imperious
panovať 1. rule over, reign, dominate, govern 2. prevail, predominate *prevažovať*
panovník sovereign, monarch, ruler *vladár*
panstvo 1. domination 2. domain, empire
pantomíma pantomime
panva pan
panvica frying pan
papagáj parrot

pápež pope
papier 1. paper 2. *pl.* papers, documents *úradné* • *bonds, stocks* cenné papiere
papiernictvo stationer's, stationery
papierový paper
paplón quilt
paprika green/red/yellow pepper *plod*, cayenne pepper *korenina*
papuča slipper
papuľa muzzle *tlama*, mouth *huba* • *shut your gob!* zavri hubu!
pár couple *ľudia*, pair *veci, zvieratá*
para steam • *full steam ahead!* plnou parou vpred!
paráda pomp
paradajka tomato
paragraf 1. paragraph *odsek* 2. article *zákona*
parašutista parachutist
párať 1. strip *perie* 2. undo° *látku*
parazit parasite
parcela lot, site • *houselot* stavebná parcela
pardón excuse me • *I beg your pardon* prepáčte mi

717

parenisko bed, hotbed
parfum parfume
páriť sa 1. mate, copulate with *s* 2. pair up *spájať sa s*
park park • *national park* národný park
parketa parquet
parkovať park • *no parking* parkovanie zakázané
parkovisko parking place
párkrát a few times
parlament parliament, the House
parlamentný parliamentary
parník steamer
párny 1. paired 2. even *číslo*
paródia parody
paroháč 1. stag *zviera* 2. cuckold *človek*
parohy *pl.* antlers
parochňa wig
párok sausage, frank • *hot dogs* teplé párky
partia company, group, game *hra*
partizán partisan
partner partner
partnerstvo partnership
pás 1. strip *pruh* 2. geogr. zone 3. waist *driek*
pas passport • *gun licence* zbrojný pas
pasáž passage
pasažier passenger
pasca trap
pasienok pasture
pasívny passive
páska strip, band, tape, ribbon *stužka*
pásmo zone *zóna*, area *oblasť*
pásomnica tapeworm
pásť sa graze, pasture
pasta paste
pastelka ceayon
pastier herdsman, shepherd *oviec*
pašeráctvo smuggling
pašerák smuggler
pašovať smuggle
paštéta pie, paste
patent patent, licence, copyright
páter clergyman, padre, priest
patológ pathologist
patológia pathology
pátranie investigation, search
pátrať search for *po*, investigate *skúmať*
patriot patriot
patriť 1. belong to 2. be° part of *byť súčasťou*

patrón 1. sponsor, patron *ochranca* **2.** cartridge *náboj*
patronát patronage
pauza pause, break, interval
páv peacock
pavián baboon
pávica peahen
pavilón pavilion
pavučina cobweb, spider web
pavúk spider
pazucha armpit
pazúr claw, talon
pažba butt, stock
pažerák gullet
pažítka *pl.* chives
pažravý greedy
päsť fist
päť five
päta heel, foot *šľapa*
päťboj pentathlon
päťdesiat fifty
päťdesiathaliernik fifty-heller piece
päťdesiatnik quinquagenarian
pätnásť fifteen
pätolízač bootlicker
pec 1. oven **2.** stove *kachle*
peceň loaf
pečať seal, stamp
pečeň liver

pečený roast, baked
pečiatka stamp ● *postmark* poštová pečiatka
pečiatkovať stamp
pečienka roast meat
pečivo baker´s ware/goods
pedagóg pedagogue, teacher
pedagogický pedagogical
pedagogika pedagogy
pedál pedal
pedant pedant
pedikúra pedicure
peha freckle
pekáč frying pan, baking pan, roasting tin
pekár baker
peklo hell
pekný 1. pretty *žena*, handsome *muž* **2.** nice, fine
peľ pollen
pelerína pelerine
pelikán pelican
peň trunk, stem
pena foam ● *shaving foam* pena na holenie
penále penalty, damages
peňaženka purse, wallet
peňažníctvo banking
peniaz coin, piece of money ● *change* drobné ● *cash* v hotovosti
peniaze money, finance

penicilín penicillin
penzia pension *plat*, retirement *odpočinok* • *full board* plná penzia • *half board* polovičná penzia
penzionát boardinghouse
penzista pensioner *vekom*
pera lip
peračník pencilbox
percento percentage, per cent/percent
perfektný perfect, immaculate *bezchybný*
pergamen parchment
perie *pl.* feathers
periféria periphery
perina eiderdown
perióda period
periodický periodic(al)
perkelt meat stew
perla pearl
permanentka pass
permanentný permanent, lasting, standing
perník gingerbread
pero 1. feather *vtáčie*, plume *ozdobné* 2. pen *na písanie* • *fountain pen* plniace pero
perón hovor. platform
peroxid peroxide
personál personnel, staff
personifikácia personification

perspektíva perspective
perzekúcia persecution
pes dog, hound *poľovný*
pesimista pessimist
pesnička song • *folk song* ľudová pieseň
pestovať 1. cultivate, grow° *rastliny* 2. breed°, rear *zvieratá* 3. promote, foster *rozvíjať*
pestovateľ cultivator, grower, breeder *chovateľ*
pestrofarebný many-coloured
pestrý fancy, varied *rozmanitý*
pestúnka nursemaid
peši on foot
petícia petition
petrolej petroleum
petržlen parsley
pevnina continent, land *zem*
pevný 1. strong *silný*, solid *masívny* 2. firm *duševne*
pianista pianist
piano piano
piatok Friday • *Good Friday* Veľký piatok
piecť 1. bake, roast 2. heat *hriať*
pieseň song
pieskovisko sand pile

piesok sand
pigment pigment
pichať 1. stab *bodať* 2. bite°, sting°*hmyz* 3. prick *ihlou*
pichľavý 1. captious 2. stinging 3. sarcastic, prickly
pichliač thistle
pijan drunkard, alkoholic, drunk
pijavica zool. leech
pikantný piquant
piknik picnic
píla saw
pilier pillar, column *stĺp*
pilina sawdust, filling
páliť saw°
pílka hand-saw
pilník file
pilot pilot
pilulka pill
pingpong ping-pong, table-tennis
pinzeta *pl.* tweezers
pionier pioneer
pirát pirate
piroh pie
písací stroj typewriter
písaný written • *holographic* ručne písaný • *handwritten* rukou písaný
pisár 1. clerk, copyist 2. typist *na stroji*
písať 1. write° 2. type *na stroji*
pisateľ writer
pískať whistle
piskot whistling
písmeno letter, type *tlačené* • *capital letter* veľké písmeno
písmo handwriting, script • *Arabic script* arabské písmo • *Latin script* latinské písmo
písomka written test
pistácia pistachio
piškóta sweet biscuit
píšťala pipe, whistle *píšťalka*
pišťať peep
pištoľ pistol
piť 1. drink° 2. guzzle *opíjať sa* • *drink° like a fish* piť ako dúha
pitný drinkable
pitva dissection
pitvať dissect, examine
pivnica cellar
pivo beer • *lager* svetlé pivo • *porter* tmavé pivo
pivovar brewery
pláca salary *plat,* wage *mzda*
placka potato pancake

721

plač crying, weeping
pľačkanica slush
plačlivý tearful
plagát poster, placard
plachetnica sailing-ship
plachosť shyness
plachta 1. sheet *na posteľ* 2. sail *na lodi*
plachtiť 1. glide vo *vzduchu* 2. sail *plachetnica*
plachtovina canvas, duck
plachý shy, timid
plakať cry, weep°
plákať rinse
plameň flame, blaze
plameňomet flame-thrower
plán 1. plan, project 2. design *návrh*
pláň plain
planéta planet
planina plateau
plánovať 1. plan 2. design *navrhnúť*
plantáž plantation
plantážnik planter
planúť blaze, flame *plápolať*
planý 1. barren, unfruitful *neplodný* 2. bad *zlý*
plápolať flame *oheň*, flutter, flap *zástava*
pľasnúť slap

plást honeycomb
plast plastic
plastelína plasticine
plastický plastic
plašiť frighten, scare, chase away *zver*
plášť overcoat • *overall* pracovný • *raincoat* pršiplášť
plát plate
plat pay, salary *mesačný*, wage *denný/týždenný* • *gross salary* hrubý plat • *fixed salary* pevný plat
plátať mend
platba payment
plátenný linen
platidlo means of payment, currency
platina chem. platinum
platiť 1. pay° 2. be° valid *byť v platnosti*
platiteľ payer
platňa 1. plate 2. record *gramofónová*
plátno linen
platnosť validity
platný valid, legal
plátok slice, steak *mäsa*
plavák float
plaváreň swimming pool
plávať swim°
plavba shipping, voyage,

plodný

passage
plavčík 1. cabin boy, deckhand *na lodi* **2.** life-guard *na plavárni*
plavec swimmer
plavidlo vessel, craft
plaviť sa 1. sail *loď* **2.** navigate
plavky swimming costume, swimsuit *dámske*, swimming trunks *pánske*
plavovláska blonde
plavovlasý fair-haired
plavý blond, fair
plaz reptile
plaziť sa 1. slither *had* **2.** crawl *človek*
pláž beach
plece shoulder
plecniak rucksack
plech sheet metal, tin *tenký*
plechovka tin, can
plemeno 1. race *rasa* **2.** breed *zvierat*
plénum plenary session
ples ball, fancy-dress party *maškarný*
pleseň 1. mould *povlak* **2.** fungus *choroba*
plesk splash
plesnivieť mould
plesnivý mouldy, mildewy
 • *mouldy cheese* plesnivý syr
pleso tarn, mountain-lake
plešatý bald
plešina bald
plešivieť become° bald
pleť complexion, skin
pletka 1. affair **2.** hovor. trifle
plieniť plunder, ransack, ravage
plienka nappy, napkin
plieskať 1. crack *bičom* **2.** smack, spank *po zadku*
pliesť knit°
plieť weed
plniť 1. fill up, fuel *palivom* **2.** fulfil *povinnosť*
plnka forcemeat
plnokrvný full-blooded
plnoletý of age, fully-grown
 • *come° of age* dosiahnuť plnoletosť • *major* plnoletá osoba
plnoprávny rightful
plnoštíhly well-rounded, shapely
plný full of, filled
plod fruit, product
plodina crop, fruit *lesná*
plodiť 1. beget *deti* **2.** produce *o rastlinách* **3.** engender **4.** breed°
plodnosť fertility
plodný fertile, fecund

plocha area, surface
plochý flat
plomba 1. seal *pečať* 2. filling *zubná*
plombovať plumb
ploský flat
plošina plateau, tableland
ploštica bug *odpočúvanie*
plot fence, hedge *živý*
plsť felt
plť raft
pľúca anat. lungs • *pneumonia* zápaľ pľúc
pluh plough
pluk regiment
plukovník colonel
plus plus
pľuť spit°
plutva fin, flipper
pľuzgier blister
plyn gas
plynáreň *pl.* gasworks
plynovod pipeline
plynový gas • *a gas mask* plynová maska
plynulý 1. fluent 2. continuous
plynúť 1. flow° *tiecť* 2. pass *čas*
plyš plush
plytčina shallows, shoal
plytký shallow
plytvať waste, burn° *čím*

pĺznuť moult
pneumatika tyre
po 1. to *priestor* 2. after *čas* 3. for *účel*
pobádať encourage, spur to
pobehlica wanton
poberať sa be° going
pobočka branch office, agency
pobozkať kiss
pobožnosť devotion, mass *omša*
pobrať take° away
pobrať sa be° going
pobrežie seaside, seashore, coast, shore
pobrežný coast, coastal
pobrobiť sa 1. submit 2. undergo° *podstúpiť*
pobúriť outrage, agitate
pobyt stay, place of residence
pocestný traveller
pocikať sa wet°
pocit feeling, sense
pocítiť 1. feel° 2. perceive *uvedomiť si*
pocta honour, adoration, privilege
poctivý 1. honest 2. virgin *panenský*
počarbať scribble, scrawl
počas during, over

počasie weather
počať conceive *dieťa*
počesť honour
počestnosť honorability, respectability
počestný honourable
počet account, number, amount
počiatočný initial, elementary, early
počítač personal computer
počítadlo counter
počítať count, calculate, reckon
počkať wait for *na* • *wait a minute* počkaj chvíľku!
počudovať sa be° amazed
počuť hear° • *by hearsay* z počutia
počúvať listen to *čo*, hear°
pod 1. under 2. below *nižšie* • *alias* pod menom
poďakovať sa thank for *za*
podanie 1. submission 2. performance *umelecké* 3. tradition *ústne*
podariť sa succeed
podať 1. pass 2. shake° hands *podať si ruky* 3. give° *dať*
podateľňa mail room, filing room
podbehnúť run° under

podbradník bib
podbradok double chin
podceniť underestimate, underrate
podčiarknuť underline, emphasize *zdôrazniť*
poddajný pliable, adaptable, flexible
poddať sa surrender, give° up, submit
podhlavnica bolster, pillow
podhodiť throw° under
podchod subway
podchytiť catch°
podiel share, part, portion
podieľať sa 1. share *na zisku* 2. participate *zúčastňovať sa* 3. take° part in
podísť approach
pódium stage, dais podium *rečnícke*
podivuhodný admirable, remarkable *pozoruhodný*
podjazd underpass
podkasať tuck up
podkolienka knee sock
podkopať undermine
podkova horse shoe
podkrovie attic, loft
podkúriť make° a fire
podľa 1. in accordance with *v súlade s* 2. by *pôvod* •

podlaha

in my opinion podľa mňa
● *according as* podľa toho
podlaha floor
podlažie storey
podlepiť paste
podliatina bruise, extravasation of blood *krvná*
podlizovať sa fawn upon *komu*
podlomiť 1. strike° **2.** undermine *zdravie*
podložka base
podlý mean, vile, base
podmet subject
podmienečne conditionally
podmienečný conditional
podmienený contingent on *závislý na*
podmieniť make° dependent, condition
podmienka 1. condition **2.** proviso *výhrada* ● *on condition* pod podmienkou
podmieňovací conditional
podmínovať mine
podmorský submarine
podnájom 1. *pl.* lodgings **2.** hovor. *pl.* digs
podnájomník lodger
podnebie climate
podnecovať incite, instigate

podnet 1. impulse, initiative **2.** motive, stimulus
podnietiť 1. instigate, incite *provokovať* **2.** stimulate, spur *povzbudiť*
podnik 1. enterprise, plant, firm, company **2.** club *zábavný*
podnikanie enterprise, business
podnikať be° in business
podnikateľ enterpreneur, businessman ● *capital* podnikatelia
podnos tray
podoba 1. form, shape **2.** appearance *výzor*
poďobať peck
podobnosť likeness, similarity
podobný resembling, similar *obdobný*
podobrotky willingly
podojiť milk
podoprieť support, prop up
podošva sole
podotknúť mention, add
podozrenie suspicion
podozrievať suspect of *z*
podozrivý suspect, suspected
podpaľač firebug
podpaľačstvo fire-raising

podpáliť set° fire, set° on fire
podpalubie steerage
podpazušie armpit
podpätok heel
podpis signature
podpísať complete, sign, underwrite°
podpísať sa sign, subscribe
podplatiť bribe, sweeten
podplukovník lieutenant colonel
podpora support, prop, help *pomoc*
podporiť 1. support, back, sponzor 2. endorse *súhlasiť*
podporučík second lieutenant
podpredseda vice-chairman, vice-president
podpriemerný below average, substandard
podprsenka bust-bodice, bra *Am.*
podradený subordinate
podradný inferior
podrásť grow° up a little
podraziť trip up *nohy*
podráždenosť irritation
podráždiť irritate
podriadený subordinate
podriadiť subordinate

podriapať tear°
podrobne in detail
podrobný detailed, particular, special
podržať hold°
podstata substance, essence
• *merit* podstata veci
podstatný substantial, essential, principled *zásadný*
podstavec pedestal
podstrčiť push under
podstúpiť undergo°, submit
podsvetie underground, underworld
podšiť line
podšívka lining
podťať cut° down
podujať sa undetake°
podujatie event, happening, activity
poduška cushion, pillow
podvádzať cheat, swindle, delude
podväzok suspender belt
podvečer nightfall
podvedomie subconsciousness
podvod deceit, deception, fraud *finančný*
podvodník cheater, deceiver, fraud *finančný*
podvojný double

727

podvýživa malnutrition, undernourishment
podzemie 1. basement *suterén* **2.** underground *podsvetie*
podzemný underground
poézia poetry
pohádať sa quarrel, have° a row with *s*
pohan pagan, heathen
poháňať drive°, urge on *súriť niekoho*
pohár 1. glass **2.** jar *zaváracií* **3.** cup *v súťaži*
pohľad 1. look **2.** view *výhľad*
pohľadať look for, seek°
pohladiť caress, fondle
pohľadnica picture postcard
pohlavie sex ● *male sex* mužské ● *female sex* ženské
pohlavný sexual ● *venereal disease* pohlavná choroba ● *sexual intercourse* pohlavný styk
pohltiť 1. absorb **2.** swallow up *zmiznúť*
pohnať drive° on
pohnúť sa move
pohnútka consideration, motive, reason

pohodlie comfort
pohodlný 1. comfortable, convenient **2.** indolent *lenivý*
pohorie *pl.* mountains
pohoršenie offence, scandal
pohoršený indignant at *čím*
pohoršiť 1. make° worse **2.** offend *rozhorčiť*
pohostenie entertainment, the full treatment, reception
pohostinstvo 1. hospitality **2.** restaurant, pub *podnik*
pohostiť entertain, treat, give° the full treatment
pohotovosť emergency
pohotový ready, prompt
pohov voj. stand easy!
pohovka sofa, couch, settee
pohovor interview
pohraničie borderland
pohraničný frontier
pohŕdanie contempt, scorn
pohŕdať despise
pohreb funeral, burial *pochovanie*
pohrebný burial, funeral
pohroma disaster, catastrophe, calamity
pohroziť 1. threaten **2.** warn *napomenúť*
pohyb motion, movement

poklus

- *lack of exercise* nedostatok pohybu

pohybovať sa 1. move 2. mix
pochábeľ fool
pochabosť foolishness
pochádzať come° from *z*, originate
pochlebovať flatter
pochod march
pochodovať march
pochopenie understanding, comprehension
pochopiť understand°, comprehend
pochovať bury
pochúťka delicacy, titbit
pochvala praise
pochváliť praise
pochybnosť doubt
pochybovať doubt, question
pochytať catch°
poistenec insurant
poistenie insurance • *health insurance* nemocenské poistenie • *social insurance* sociálne poistenie
poistiť 1. secure against *proti* 2. insure *poistkou*
poistka 1. elektr. safety 2. insurance policy *zmluva* • *life policy* životná poistka
poistné premium
poisťovňa insurance company
pojednávanie hearing, trial *súdne*
pojem notion, conception
pokálať chop
pokarhať rebuke
pokazený 1. broken *stroj* 2. spoilt *jedlo*
pokaziť 1. break° *stroj* 2. spoil° *jedlo*
pokiaľ 1. as far as *čo sa týka* 2. while *časovo* 3. as for *zreteľ* • *as for me* pokiaľ ide o mňa
poklad treasure
pokladnica 1. safe 2. checkout *v obchode* 3. Treasury *štátna*
pokladnička piggybank *detská*
pokladník 1. cashier *v obchode* 2. teller *v banke*
pokľaknúť kneel°
poklepať tap
pokles 1. fall 2. decrease *číselný* 3. slump *náhly*
poklona bow, compliment *lichôtka*
pokloniť sa bow
poklus trot

pokĺznuť sa

pokĺznuť sa slip, slide°
pokoj 1. rest, quiet **2.** peace, calm *nerušenie*
pokojný peaceful, calm, quiet
pokolenie generation
pokora humility, submission *poslušnosť*
pokoriť sa humble
pokožka skin
pokračovať continue, go° on, carry on
pokrčiť sa crumple, crease, crinkle
pokrievka lid, cover
pokriviť sa warp
pokrm nourishment
pokročilý advanced
pokrok progress, advancement, improvement *zlepšenie* • *advance* robiť pokroky
pokrokový progressive
pokrovec carpet
pokrstiť baptize
pokryť cover, coat
pokrytectvo hypocricy
pokrývač roofer
pokrývka 1. blanket **2.** cover *snehová*
pokus 1. attempt **2.** trial, experiment *skúška* • *corpus vile* pokusný králik

pokúsiť sa attempt, try *snažiť sa*
pokusný experimental
pokušenie temptation, seduction
pokuta penalty, fine *peňažná* • *penalize* uložiť pokutu
pokutovať 1. fine *za priestupok* **2.** šport. penalize
pokým as long as, till, untill
pokyn 1. sign **2.** *pl.* instructions
pol half • *half past six* pol siedmej
pól pole • *South Pole* južný pól • *North Pole* severný pól
poľadovica glazed frost
polárka North Star
polárny polar, arctic
poláskať caress, fondle
polčas half time
pole 1. field **2.** sphere *oblasť*
polemika polemic, controversy
polemizovať polemize, controvert
poleno log, bear *o ľuďoch*
polepšiť sa grow° better
polepšovňa reform school
poletovať fly° about
polhodina half an hour

pomer

Poliak Pole
poliať splash, water
polica shelf
policajný police
policajt 1. policeman **2.** hovor. bobby
polícia police
polievka soup
polihovať lie° idle
poliklinika health centre
politický political
politik politician
politika *pl.* politics
polkruh semicircle
polmesiac crescent
polnoc midnight
poľnohospodár farmer
poľnohospodársky agricultural
poľnohospodárstvo agriculture
pólo šport. polo
pologuľa hemisphere
poloha position, location *miesto*
polohluchý half-deaf
polomer radius
polomŕtvy half-dead
polonahý half-naked
poloprázdny half-empty
poloslepý half-blind
polostrov peninsula
polotovar semi-manufactured product
poľovačka hunt, chase
poľovať hunt, chase, shoot°
polovica half
poľovníctvo hunting
poľovník hunter, huntsman
položiť lay° down, put° down
polročný biannual
polrok half-year
Poľsko Poland
poľský Polish
poľština Polish
poltopánka moccasin, shoe
poludnie noon, midday • *at midday* na poludnie
poludník meridian • *prime meridian* nultý poludník
poľudštiť humanize
poľutovať pity
pomáhať help, aid
pomalý slow
pomaranč orange
pomarančovník orange-tree
pomätený crazy, mad
pomedzi between
pomenovať describe, name, call
pomer 1. relationship *príbuzenský* **2.** ratio *číselný* **3.** employment *pracovný*

731

4. familiarity *intímny*
pomerne relatively
pomerný proportionate
pomestiť sa accommodate
pomiasť sa go° mad
pomiešať mix up, stir *zamiešať*
pominúť sa pass away
pomlčka pause, dash *interpunkčné znamienko*
pomliaždenina bruise
pomlieť grind°, mince *mäso*
pomník monument, memorial *pamätník*
pomoc help, aid, benefit
pomocník helper, assistant, accomplice *spolupáchateľ*
pomôcka aid, device, implement
pomôcť help, aid, assist
pomsta revenge
pomstiť sa revenge
pomstiteľ revenger
pomyje *pl.* slops
pomýliť mislead°, confuse *popliesť*
pomýliť sa make° a mistake
pomyslieť think° of s. t.
ponad over
ponáhľať sa hurry, be° in a hurry
ponárať sa dive
poňatie conception, idea

ponaučenie lesson, instruction
pondelok Monday
ponevierať sa potter, ramble
poník pony
ponížiť humiliate, degrade, humble
ponor dive *do vody*
ponorka submarine
ponosa complaint
ponosovať sa complain of s. t.
ponožka sock
ponuka 1. offer **2.** tender **3.** bit *na dražbe* ● *supply and demand* ponuka a dopyt
ponúkať offer
poobedie afternoon
pop pope
popálenina burn
popáliť sa burn°
popierať deny, dispute
popíjať drink°
popis description, account
popísať describe, give° an account
poplach alarm, warning
poplašný alarming
poplatky *pl.* dues ● *customs* colné poplatky
poplatník payer ● *tax*

payer daňový poplatník
poplatok fee, charge, duty, tax
popliesť confuse, puzzle
popliesť si confuse
popod beneath
popol ash
popolník ashtray
popoludnie afternoon • *in the afternoon* popoludní
Popoluška Cinderella
popraskať chap
poprášiť spray
poprava execution
popravca executioner
popraviť execute
popredný leading, prominent
poprehadzovať disorder
popŕhliť sa nettle
popŕchať spit°, spot, sprinkle
popri by, next to, along
poprosiť ask for *o,* beg
poprsie bosom
popud instigation, impulse *podnet*
popudiť irritate, incite *podnietiť*
populácia population
popularita popularity
populárny popular
popýtať ask

pór pore
porada meeting, session, conference
poradca adviser, consultant
poradenský advisory, consultative
poradenstvo consultancy
poradie order, sequence *sled*
poradiť advise, give° an advice
poradňa advice centre
poradovník waiting list
poranenie injury, wound *úmyselné*
poraniť injure, hurt°, wound
poraziť beat°, defeat
porážka 1. defeat 2. stroke *mozgová*
porcelán porcelain, china
porcia portion
porekadlo old saying, proverb
porezať sa cut°, slice
poriadok 1. order 2. timetable *cestovný* 3. seating *zasadací* • *all right* v poriadku
pornografia pornography
porodiť give° birth to
porota jury *súťažná,* panel *konkurzná*

porovnanie comparison • *in comparison with* v porovnaní
porovnať compare
porovnávací comparative
porozumenie understanding, comprehension
porozumieť understand°, comprehend
portál portal
portrét portrait
Portugalsko Portugal
porúčať sa say° good-bye
poručík lieutenant
poručiť 1. bequeath *v záveti* **2.** command *rozkázať*
porucha 1. breakdown, breakage **2.** disorder *mentálna*
poruke at hand, handy
porušiť 1. damage **2.** break° *sľub*
posadiť place
posadiť sa sit° down, take° a seat
posádka 1. voj. garisson **2.** crew *lode, lietadla*
posadnutý obsessed, posessed *šialený*
poschodie storey, floor
poschodový • *double decker* poschodový autobus
posielať send°

posila 1. voj. reinforcement **2.** support *podpora*
posilniť strengthen, reinforce
posilovňa fitness centre
poskočiť jump up
poskytnúť grant, provide, supply with *čo,* offer *ponúknuť*
poslanec Member of Parliament • *crossbencher* nezávislý poslanec
poslanie mission *úloha*
poslať send°, forward *zásielku*
posledný last, *current* najnovší
poslepiačky blindly
poslucháč listener
poslucháreň lecture-room
poslúchať obey
poslušnosť obedience
poslušný obedient
posmech derision, mockery
posmeliť encourage
posmievať sa ridicule, deride
posmrtný post-mortem, posthumous
posol messenger, envoy *vyjednávač*
posoliť salt
posolstvo message

poštový

pospolu together
postarať sa provide, look after *o*, take° care
postava 1. figure *telo* **2.** character *v umení*
postavenie position, post
postaviť build°, erect *sochu*
postaviť sa 1. stand° up *vstať* **2.** queue *do radu*
posteľ bed • go° to bed ísť spať • double bed manželská posteľ
postgraduálny postgraduate
postih regress
postihnúť affect, befall°
postiť sa fast
postoj 1. pose *telesný* **2.** standpoint *stanovisko* **3.** attitude *prístup*
postrčiť give° a push
postreh acumen, observation
postrehnúť perception
postrek spray
postriekať sprinkle, splash
postrieľať shoot° down
postup 1. progress, voj. advance **2.** process, method *metóda* **3.** promotion *povýšenie* **4.** pay rise *platový*
postúpiť proceed
postupne gradually

postupný gradual
posúdiť judge
posudok reference, criticism • *expert opinion* odborný posudok
posudzovať review, view
posun shift, change *časový*
posunok gesture
posunúť shift, move
posúriť accelerate
posvätný holy, sacred
posypať 1. grit *cestu* **2.** dredge *jedlo*
pošepkať whisper, prompt *našepkať*
poškodiť damage, injure
poškrabať sa scratch
pošliapať tread° upon, trample down
pošmyknúť sa slip, slide°
pošpiniť discredit, scandalize
pošta 1. post office *inštitúcia* **2.** post, mail *zásielka*
poštár postman
pošťastiť sa happen
poštípať sting°, bite° *komár*
poštovné postage
poštový postal, post • *postal order* poštová poukážka • *P.O.Box* poštová schránka • *post code* poštové smerovacie číslo

735

pot

- *post office box* poštový priečinok

pot sweat, perspiration
poťah covering
potajomky in secret
potápač diver
potápať sa dive
potencia potency
potenciálny potential, perspective
potešenie pleasure, joy *radosť*
potešiť cheer up, please
potichu quietly
potiť sa sweat, perspire
potkan rat
potknúť sa stumble over
potlačiť 1. push 2. press *stlačiť* 3. quell *vzburu*
potľapkať pat
potlesk applause, clap
potme in the dark
potok brook, stream
potom then, afterwards, thereafter
potomok descendant, child
potopa flood, deluge *záplava*
potopiť sa sink°
potrat abortion
potratiť abort
potrava food, nourishment
potraviny *pl.* foodstuffs, *pl.* groceries
potreba necessity, need, want
potrebný needed, necessary
potrebovať need, want
potrestať punish, chastise *telesne*
potrhať tear°
potriasť shake°
potrieť spread°
potrpieť si be° particular
potrubie pipeline
potulovať sa rove
potupa disgrace, dishonour
potupiť disgrace, dishonour, insult
potvrdenie confirmation, certificate, testification
potvrdenka receipt, check
potvrdený certified, testified
potvrdiť 1. confirm, acknowledge 2. approve *schváliť*
poučenie 1. advice, information 2. lesson
poučiť advise, inform, guide
poučiť sa learn° one's lesson
poukaz indication
poukázať refer to *na*, transfer

poukážka order ● *money order* peňažná poukážka ● *postal order* poštová poukážka
použiť use, apply *aplikovať*
použitie use, application
používateľ user
povadiť sa quarrel
povaha 1. character, nature 2. disposition, temper
povala 1. loft 2. ceiling *strop*
povaľač idler, loafer
povaľovať sa 1. idle 2. be° littered *o veciach*
považovať consider
povďačný thankful, grateful
povedať tell°, say°
povedomý familiar
povel command
povera superstition
poverčivosť superstitiousness
poverčivý superstitious
poveriť commission, charge, entrust ● *delegate* poveriť niekoho
povesť 1. myth, tale, legend 2. rumour *chýr* 3. reputation *renomé* ● *name* dobrá povesť ● *bad name* zlá povesť

poveternostný meteorological
povetrie the air
poviedka story, tale *rozprávka*
povievať blow°
povinnosť duty, obligation *záväzok*
povinný obliged, bound, due, compulsory ● *compulsory education* povinné vzdelanie ● *be obligate* byť povinný
povlak covering, film
povliecť cover
povodeň flood, inundation *záplava*
povojnový postwar
povolanie profession, occupation
povolať 1. summon, call up 2. voj. conscript
povolenie agreement, permission ● *work permit* pracovné povolenie
povoliť agree, grant, allow, permit *dovoliť*
povraz rope, cord
povrch surface
povrchnosť superficiality
povrchný superficial
povrchový surface
povstanie rebellion, upri-

povstať

sing
povstať 1. stand° up, rise° 2. rebel, rise° *vzbúriť sa*
povšimnúť si notice
povýšiť promote, raise°, elevate
povzbudiť encourage, cheer *skandovať*
povzdych sigh
povzdychnúť si sigh
povzniesť sa be° free
póza pose, poise
pozadie background
pozadu backward, behind
pozajtra the day after tomorrow
pozdĺž along
pozdrav 1. greeting 2. voj. salute
pozdraviť 1. greet 2. voj. salute
pozemkový ground • *land register* pozemková kniha
pozemok ground, lot, real estate *veľkostatok* • *common land* obecný pozemok • *close* ohradený pozemok
pozemský earthly
pozemšťan terrestrial
pozerať sa look at *na*
pozícia 1. posture, pose 2. position *postavenie*

pozitívny positive
pozlátiť gild
pozmeniť alter, modify
poznačiť 1. brand, mark 2. note, make° a note *poznačiť si* 3. mark *zanechať stopu*
poznámka 1. remark, comment, observation 2. note *písomná*
poznanie 1. knowledge 2. understanding
poznať 1. know° *vedieť* 2. master *ovládať* 3. recognize *zbadať* 4. meet° *zoznámiť sa*
poznať sa know° each other, know° one another
poznatok experience, piece of information
pozor attention, care *opatrnosť* • *pay attention* dávaj pozor
pozor *interj. ready, steady, go* pripraviť, pozor, teraz
pozornosť 1. concentration 2. attention *starostlivosť*
pozorný 1. attentive 2. watchful *obozretný*
pozorovať examine, observe, watch
pozorovateľ examiner, observer

738

pozoruhodný remarkable, notable
pozostatok 1. remainder 2. *pl.* remains *telesné*
pozrieť sa have° a look
pozvanie invitation
pozvánka invitation card
pozvať ask, invite
požadovať require, ask, claim, demand
požehnanie blessing, benediction
požehnať bless
požiadať 1. ask, request 2. suit *o ruku*
požiadavka requirement, demand, claim
požiar fire
požiarnik fireman
požičať lend°
požičať si borrow
požierať devour, eat°
požuť chew
pôda 1. ground 2. soil, land • *arable land* orná pôda
pôdorys ground plan
pôrod delivery, parturition
pôrodnica maternity hospital
pôsobenie influence
pôsobiť 1. cause 2. influence *vplývať*
pôsobivý 1. impressive 2. telling *účinný*
pôsobnosť 1. efficiency 2. competence *kompetencia*
pôst fast
pôvab grace, charm *čaro*
pôvabný graceful, charming
pôvod 1. origin 2. source *prameň*
pôvodca originator, author
pôvodný 1. initial 2. original
pôžička loan, advance
pôžitok relish, pleasure
práca job, work, labour • *mental work* duševná práca • *manual work* telesná práca • *labour market* trh práce
pracka buckle
praclík cracknel
pracovať work, labour • *work overtime* práca nadčas
pracovisko place of work, working place
pracovitý hard-working
pracovňa office, study
pracovník worker, employee • *clerical worker* administratívny pracovník
pracovný working • *contract* pracovná zmluva •

práčka

work permit pracovné povolenie ● *working hours* pracovný čas
práčka washing machine
pračlovek primeval man
práčovňa laundry
pradávny ancient
pradedo great grandfather
prah threshold
prach dust
práchnivieť moulder
prachovka duster
prak sling
praktický practical
prales primeval forest
pralinka praline
prameň 1. well, spring *rieky* 2. source *zdroj*
prameniť rise°
pranier pillory
pranierovať denounce
pranostika prognostic
prápor voj. batallion
prasa hog, pig
praskať crack
prasklina crack
prasnica brood
prášiť dust
prašivý scabby
prašný dusty
prášok 1. powder 2. lek. medicine, pill
prašťať crash

prať wash, do° the washing
pravda truth, right ● *gospel truth* svätá pravda
pravdaže surely
pravdepodobnosť probability, likelihood
pravdepodobný probable, likely
pravdivosť truthfulness
pravdivý true, truthful
práve just, exactly, right
pravidelne regularly
pravidelný regular, continuous
pravidlo rule, axiom ● *ruleless* bez pravidiel ● *regulations* pravidlá
pravítko ruler
právne de jure, legally
právnička lawyeress
právnik lawyer, legist
pravnučka great granddaughter
pravnuk great grandson
právo 1. right 2. law *zákony* ● *human rights* ľudské práva ● *rights and duties* práva a povinnosti
právomoc legality, power, authority
pravopis orthography
právoplatný lawful, legitimate, valid

740

predložka

pravý right, genuine *nefalšovaný*, true *skutočný*
prax 1. practice **2.** training, experience *skúsenosť*
prázdniny holiday, vacation • *summer holiday* letné prázdniny
prázdny empty, vacant
praženica scrambled eggs
pražiť roast, fry
pre for *zreteľ*, on account of
prebehnúť 1. run° across *cez* **2.** glance *očami* **3.** pass *čas*
prebodnúť stab
prebrať sa awaken
prebudovať rebuild°, restructure
prebytočný redundant, surplus *zásoby*
prebytok redundancy
precediť strain, filter
precitlivený over-sensitive
precliť go° through the customs
preč away, off
prečesať comb
prečiarknuť strike° off/out, cross off, cancel *zrušiť*
prečítať read°
prečo why
pred 1. before, ago *časovo* **2.** in front of *miestne*

predaj sale, selling, distribution • *for sale* na predaj
predajňa shop, outlet
predavač shop assistant, salesman *Am.*
predávať sell°
predávkovať sa overdose
predbehnúť outrun°, outstrip, outdo°, overtake° *autom*
predbežne provisionally, preliminarily
predbežný preliminary, provisional
predčasne early, prematurely
predčasný premature, anterior, early
predchádzajúci preceding, previous
predizba hall, anteroom
predjedlo hors d´oeuvre
predkladať put° before
predkloniť sa bend° forward
predloha model, pattern, bill *zákona*
predložiť 1. submit, move *návrh* **2.** bring° forward *dôkaz*
predložka 1. rug **2.** ling. preposition

741

predĺžiť

predĺžiť 1. lengthen, extend *priestorovo* 2. prolong *časovo*
predmestie suburb
predmet object, article, subject *vyučovací*
prednášať lecture
prednášateľ lecturer
prednáška lecture, class
prednes performance, presentation
predniesť 1. recite 2. address
prednosť priority, precedence *prednostné právo* ● *right of way* prednosť v jazde
predný fore, front
predohra overture
predok ancestor, front, forefather *prarodič*
predovšetkým above all, most of all, first of all
predpis 1. rule, regulation 2. prescription *lekársky*
predpísať 1. order, command 2. prescribe *liek*
predplatiť subscribe
predpojatý biassed
predpoklad 1. supposition 2. assumption 3. ability *schopnosť*
predpokladať suppose, assume
predpoveď 1. prediction, prognosis 2. forecast *počasia* ● *weather forecast* predpoveď počasia
predpovedať 1. predict, prognosticate 2. forecast° *počasie*
predrať 1. wear° down *šaty* 2. elbow *lakťami*
predsa yet, still, nevertheless
predsavzatie resolution, resolve ● *New Year resolution* novoročné predsavzatie
predseda chairman ● *Prime Minister, Premier* ministerský predseda
predsieň hall
predslov 1. preface *v knihe* 2. introduction *úvodn*
predstava conception, idea, image
predstavenie 1. performance 2. introduction *zoznámenie*
predstaviť introduce *koho komu*, present *predviesť*
predstaviť sa introduce one´s
predstaviť si imagine
predstierať pretend, shm,

742

preložiť

simulate
predstúpiť step before
predtým before, formerly
predvádzať bring° up, demonstrate
predvádzať sa parade
predvčerom the day before yesterday
predvídať foresee°, anticipate *tušiť*
predviesť 1. bring°up 2. demonstrate *názorne ukázať*
predvolanie 1. *pl.* summons 2. call
predvolať 1. summon 2. call up
predvolebný election • *election campaign* predvolebná kampaň
prefarbiť redye
prefíkaný sly, subtle
preglejka veneer
preglgnúť swallow
prehánka shower
prehľad survey, summary, résumé
prehľadať search, ransack
prehlásiť report
prehĺbiť deepen
prehliadať look over
prehliadka 1. search, examination *lekárska* 2. voj. parade, fashion show *módna* 3. sightseeing *pamätihodností*
prehliadnuť 1. examine, inspect 2. pass *ísť okolo*
prehnúť bend°
prehovoriť make° a speech
prehra loss
prehrať lose°
prechádzka walk
prechladnúť catch° a cold
prejav 1. address 2. performance
prejsť go° through, cross, pass
prejsť sa have° a walk
prekážka barrier, obstruction
preklad translation
prekladateľ translator, interpreter *tlmočník*
prekliať curse, execrate
prekročiť cross, step over
prekrútiť misrepresent, distort, falsify
prekvapenie surprise
prekvapiť surprise
prekvitať flower
preľaknúť sa get° scared
prelepiť glue over
preliezť climb over
preložiť 1. transfer, move 2. postpone, put° off *odročiť* 3. translate *z jazy-*

743

premáhať

ka do jazyka
premáhať overcome°
premárniť waste, squander
premávka traffic ● *heavy traffic* hustá premávka
premena change, transformation, conversion
premeniť change, transform, vary
premet cartwheel, somersault *kotrmelec*
prémia premium, bonus
premiér Premier, Prime Minister
premiéra premiere, first night
premietnuť project
premoknúť get° wet, get° drenched
premôcť overcome°, overwhelm, vanquish
premrznúť freeze° through
premyslieť consider, think° over
premýšľať consider, think°, reflect on *nad*
prenáhliť sa be° rash
prenajať let° out *dom*, hire out *auto*
prenajať si rent *dom*, hire *auto*
prenájom letting, lease *zmluvný*

prenasledovanie persecution
prenasledovať pursue, persecute *stíhať*
prenášať carry over
preniknúť 1. penetrate 2. pervade *šíriť sa*
prenocovať stay the night
prenos transfer, transmission *televízny*
prenosný portable, transferable
prepáčiť excuse, be° sorry, pardon ● *Sorry.* Prepáčte.
prepadnúť 1. attack, raid 2. fail *neuspieť*
prepichnúť 1. puncture 2. pierce *urobiť dierku*
prepísať 1. rewrite° 2. transribe *foneticky* 3. assign to *majetok na*
prepiť waste on drink
prepitné gratuity, tip
preplnený overcrowded
prepnúť 1. switch over 2. put° through *telefonický hovor*
preprava shipment *tovaru*, transport *osôb*
prepraviť convey, transport, cross
prepustiť release, free,

preventívny

dismiss *zo zamestnania*
prepych luxury
prepychový fancy, luxury
prerábať redo°
prerieknuť sa make° a slip in speaking
prerokovať discuss, dispute
prerušiť 1. interrupt *rozhovor*, break° *cestu* 2. sever, break° off *styky*
preskok jump
preskúmať examine, inspect
preslaviť sa become° famous
presne exactly
presný exact, punctual, strict ● exact time *presný čas*
presťahovať sa move
prestať stop, quit
prestavba reconstruction
prestávka break *školská*, pause, stop
prestieradlo blanket *posteľné*
prestrieť lay° the table
prestup change *pri cestovaní*
prestúpiť change, transfer
presun transfer, shift
presvedčenie conviction, persuation, opinion
presvedčiť convince, persuade
pretekár competitor
pretekať compete
preteky race, competition *súťaž*
pretlačiť sa push forward
pretlak tomato puree *paradajkový*, tomato sauce
pretlmočiť interpret
preto that is why, therefore
pretože because, since, as, for
pretrhnúť break° off
pretrvávajúci outlasting, outstanding
pretvárka dissimulation, pretence
pretvarovať sa dissimulate, pretend
preukaz card, licence, pass ● *identity card* občiansky preukaz ● *driving licence* vodičský preukaz
prevádzka operation, running, service
prevaha predominance, primacy
prevažne prevailingly
prevažný overwhelming
prevencia prevention
preventívny preventative

745

preveriť verify, check up
priviesť 1. guide 2. show°, guide *sprievodca*
previezť transport, convey, ferry *cez rieku*
prevoz conveyance
prevrat overthrow, revolution
prevrátiť 1. turn inside *šaty* 2. reverse *papier* 3. upset°, overturn *prevrhnúť niečo*
prevziať 1. take° over 2. assume *úlohu*
prezentácia presentation
prezervatív condom
prezident president
prezídium board
prezieravý prudent, provident
prezimovať winter
prezliecť sa change
prezradiť reveal, disclose
prezrieť look, see° the sights *pamätihodnosti*
prezúvka overshoe, galosh
prezývka nickname, pet name
prežehnať sa bless, cross
prežiť 1. outlive 2. experience *skúsiť* 3. survive *nehodu*
pŕhľava nettle

pŕhliť nettle
prchký irascible
pri 1. at , by, near *miesto* 2. at *čas*
priadza yarn
priamka straight line
priamo 1. straight *rovno* 2. directly *bezprostredne*
priamy 1. direct *rovný* 2. straight, direct *otvorený* 3. direct, proximate *bezprostredný*
prianie wish
priať wish, want
priateľ friend ● *close friend* dôverný priateľ ● *girl-friend* priateľka
priateliť sa be° friends
priateľský friendly
priateľstvo friendship, amity
priazeň favour, goodwill
priaznivý favourable
príbeh story
priblížiť sa come° near, approach
približne approximately
približný approximate, estimative
príboj surf
príbor cutlery
príborník sideboard, cupboard

prihlásiť sa

pribrať put° on weight *na váhe*
pribúdať increase
príbuzenstvo relationship
príbuzný relative • *close relatives* blízki príbuzní • *closest relatives* najbližší príbuzní
príčina cause, reason *dôvod*
pričiniť sa make° an effort
pričleniť associate
pridať 1. add 2. speed° up *do kroku* 3. accelerate *plyn*
pridať sa join
prídavok addition, appendix • *child benefit* prídavky na deti
prídel ration
priebeh course, process
prieberčivý choosy
priečinok 1. drawer *zásuvka* 2. post box P.O.Box *poštový*
priečiť sa 1. resist 2. defy *klásť odpor*
priečka rung *rebríka*
priehľadný transparent
priehrada 1. enclosure 2. dam *vodná*
priehrštie handful
priechod passage • *zebra crossing* priechod pre chodcov

priekopa ditch
priekupník middleman, drug trafficker *s drogami*
prieliv strait
priemer diameter *kruhu*, average *hodnota* • *on the average* priemerne
priemerný average
priemysel industry, trade
priemyselný industrial
priepasť chasm, gulf
prieplav canal
priepustka permit
priesada seedling
prieskum inquiry, research, opinion poll, survey *verejnej mienky*
priesmyk pass, defile
priestor 1. area 2. space 3. room
priestupný • *leap year* priestupný rok
priestupok delict, offence, wrong • *driving offence* dopravný priestupok
priesvitný transparent
prietrž cloudburst
prievan draught
priezvisko surname, family name, last name
prihlásiť register
prihlásiť sa claim, apply, report

prihláška 1. application 2. registration
príhoda event, incident
prihodiť sa happen, occur
príhovor intercession
prihovoriť sa address, mediate
prihrať šport. pass
prichádzať come°
príchod arrival, coming
príchuť taste
prichystať sa prepare
prijať 1. accept 2. receive *hostí* 3. appoint *do zamestnania*
prijateľný acceptable, palatable
príjem 1. receipt *tovaru* 2. income *zárobok* • *gross income* hrubý príjem • *annual income* ročný príjem
príjemca receiver
príjemný pleasant, pleasing
prijímač 1. receiver 2. techn. set
príkaz order, command, directions
prikázať order, command • *the Ten Commandments* Desatoro prikázaní
príklad 1. example, instance 2. mat. problem • *for instance* napríklad
prikloniť sa incline
priklopiť cover
príkorie injury, wrong
prikryť cover
prikrývka blanket, quilt *prešívaná*, cover
prikývnuť nod
priľahnúť lie° close
prilba helmet
prilepiť stick°, glue
priletieť come° flying
príležitosť 1. opportunity, occasion 2. chance • *job opening* pracovná príležitosť
príležitostný occasional, incidental, casual
priliať pour in
príliš too
príliv tide
príloha 1. supplement *novín* 2. enclosure *k listu* 3. side dish, garnish *k jedlu*
priložiť 1. put° on 2. affix, enclose
primár head physician
primátor mayor • *Lord Mayor* primátor Londýna
primeraný adequate, proportionate, appropriate *vhodný*
primitívny primitive

prímorský seaside
princ prince
princezná princess
princíp principle
priniesť 1. bring° 2. fetch
prínos 1. contribution 2. benefit ● *economic proposition* ekonomický prínos
prinútiť force, compel
prípad case, occasion ● *in case of* v prípade ● *in no case* v žiadnom prípade
pripadnúť 1. devolve *dedičstvo* 2. fall° *časovo* 3. seem *zdať sa*
pripevniť fix, fasten
pripináčik drawing pin
pripiť drink° health
prípitok toast
pripnúť tack
pripočítať include
pripojiť 1. connect 2. enclose *k žiadosti*
pripojiť sa join
pripomenúť 1. commemorate, remember 2. remind *upozorniť*
pripomienka mention, comment
prípona suffix
príprava 1. preparation 2. arrangement

pripravený prepared, ready
pripraviť arrange, prepare, set°
pripraviť sa get° ready
prípravok preparation
pripustiť 1. allow, let° 2. admit, acknowledge *priznať*
pripútať fasten ● *fasten your belts, please* pripútajte sa, prosím
prírastok increase
príroda nature, life
prírodný 1. natural 2. open-air
prírodopis zoology
prirodzene naturally
prirodzenie *pl.* private parts, hovor. privates
prirodzený familiar, natural, innate *vrodený*
prirovnať compare
príručka manual, handbook, guidebook *turistická*
prísada additive
prísaha oath, swear ● *under oath* pod prísahou ● *swear° an oath* zložiť prísahu
prisahať swear°, take° an oath *na súde*
príslovka adverb

prísľub promise, undertaking
prisľúbiť promise
príslušník member, dependant *rodinný*, national, citizen *Am. národa*
príslušnosť competence, nationality *štátna*
prísne strictly
prísny strict, severe
príspevok 1. *pl.* dues *členský* 2. benefit *sociálny* 3. contribution *finančný* 4. grant • *compensatory benefit* štátny vyrovnávací príspevok
prispieť contribute, help
prispôsobiť sa adapt, accommodate, adjust
prispôsobivý adaptable, flexible
prísť 1. come° 2. arrive *dopravným prostriedkom*
prisťahovalec immigrant, incomer
pristať 1. agree with *súhlasiť s* 2. suit, fit *svedčať*
pristáť land
prístav port, harbour
pristihnúť catch°
prístrešie shelter
prístroj apparatus, instrument *presný*

prístup access, admittance *vstup*
prísudok predicate
príšera spectre, monster
prišiť sew° on
priťahovať attract
príťažlivosť attractiveness, gravitation *zemská*
príťažlivý attractive, appealing
prítmie dusk
prítok 1. flow 2. tributary *vodný*
prítomnosť presence, attendance *účasť*
prítomný contemporary, present, actual
pritúliť sa snuggle
prítulný affectionate, snuggling
príval flow, rush, torrent *vody*
prívarok side dish
privát *pl.* lodgings, hovor. digs
priväzať carry
priveľa too much
príves trailer, caravan *obytný*
prívetivosť kindness
priviesť bring° *osobne*, lead°
priviezť convey, drive°

privilégium privilege
privinúť sa cling°
privítať welcome
prívod conduction, pipe *potrubie*
privolať call
prívrženec supporter, adherent
prízemie ground floor
príznak symptom, indication *náznak*
priznanie acknowledgement • *tax return* daňové priznanie
priznať admit, acknowledge
priznať sa 1. confess 2. plead°
prízrak phantom, phantasm
prízvuk accent
príživník parasite
problém problem, issue
problematický arguable, problematic
procedúra procedure
proces 1. trial, proceedings 2. process *priebeh*
producent producer
produkcia production
produkovať produce
produkt product
produktivita productivity
profesia occupation, profession
profesionál professional
profesor professor
profil profile
prognóza prognosis
program programme, program *Am.* • *schedule* pracovný program
programátor programmer
programovanie programming
programovať programme
projekt draft, project, design *návrh*
projektant designer, draftsman
proklamovať proclaim
prokurátor public prosecutor • *Attorney General* generálny prokurátor
prokurátorka procuratrix
prokuratúra prosecution
prológ prologue
promócia graduation
propagácia promotion, publicity, propagation
propaganda propaganda
propagátor propagandist
propagovať 1. promote, propagate, publicize 2. hovor. plug
proroctvo prophecy
prorok prophet

prorokovať prophesy
prosba demand, request, entreaty *pokorná*
prosím please
prosiť 1. ask, request, beg 2. entreat *naliehavo*
proso millet
prospech 1. benefit, profit 2. marks *v škole*
prosperovať profit, progress
prospešný beneficial, profitable
prospieť benefit
prostitúcia prostitution
prostitútka prostitute
prostredie background, environment, surroundings ● *social environment* spoločenské prostredie
prostredníctvom by means of, through, via
prostredný 1. middle 2. medium *stredný* 3. average *priemerný*
prostriedok. 1. middle 2. pl. means *finančný, dopravný* ● *contraceptive* antikoncepčný prostriedok ● *means of transport* dopravný prostriedok
protekcia 1. favour, influence 2. hovor. pull
protest protest, demur
protestovať protest, make° objection
protéza prosthesis
proti 1. opposite *oproti* 2. compared to *na rozdiel* 3. against *účel* 4. anti-, contra
protichodný contrary, antinomical
protiklad antinomy, contradiction, contrast
protiľahlý opposite
protipól antipole
protiprávny unlawful, illegal
protislužba consideration
protištátny treasonable, treasonous
protiústavný unconstitutional
protiviť sa disgust
protivník opponent, antagonist, adversary
protizákonný illegal, lawless
provincia province
provinčný provincial
provízia commission
provizórny provisory, temporary
provokácia provocation

provokatér agent provocateur
provokovať provoke, incite
próza prose
prozaický prosaic
prsia breast, chest *hruď*
prskať sputter
prskavka cracker, sparkler
prsník breast
prsný chest
prst finger, toe *na nohe*
prsteň ring
prstenník ring finger
pršať rain, pour *silno*
prúd 1. flow, stream, current, torrent *silný* 2. current *elektrický*
prúdiť 1. flow, run° 2. rush, flock *ľudia*
prudkosť rashness
prudký 1. vehement 2. heavy, torrential 3. severe *bolesť* 4. steep *svah*
pruh stripe, band
prút 1. stick, osier *vŕbový* 2. rod *rybársky*
pružina spring
pružnosť elasticity, flexibility
pružný elastic, flexible
prv sooner
prvok element
prvopis original

prvorodený first-born
prvotný primary, original
prvotriedny first-class, prime
prvý best, first ● *first aid* prvá pomoc
pseudonym pseudonym
pstruh zool. trout
psychiater psychiatrist
psychiatria psychiatry
psychika psychic
psychológ psychologist
psychológia psychology
pšenica wheat
pštros ostrich
puberta puberty, adolescence
publicista publicist, journalist
publicistika journalism
publicita publicity
publikácia publication
publikovať publish
publikum audience, public, spectators *diváci*
puč putsch
pud instinct
púder powder
puding pudding
puch bad smell
puchnúť swell° up
puk 1. puck *v hokeji* 2. crease *na nohaviciach* 3. bud

kvetu
puklina crack
pulóver pullover, jumper
pult counter, desk, bar *barový*
pulz pulse
pumpa pump • *filling station, petrol station* benzínová pumpa
pumpovať pump
punc stamp
punč punch
puntičkár 1. nitpicker 2. pejor. pedant
púpava bot. dandelion
pupok navel
pustatina wasteland
pustiť 1. drop 2. release, free *na slobodu*
pustošiť devastate, lay° waste
pustý deserted, desolate *dom*
puška gun, rifle
púšť desert
púť pilgrimage
pútač boarding, billboard *Am.*
pútať attract attention *pozornosť*
pútec parting
pútnik pilgrim
puto *pl.* handcuffs *okovy,* shackles
puzdro case, box
pýcha pride
pykať regret, atone for *za*
pýr quitch
pyramída pyramid
pysk lip
pýšiť sa pride with
pyšný proud of
pytač suiter
pýtať ask for *žiadať čo*
pýtať sa 1. ask 2. inquire 3. question
pytliačiť poach
pytliak poacher
pyžamo *pl.* pyjamas, jammies

R

rab slave, thral
rabat discount, profit-margin, rebate
rabín rabbi
rabovať expr. plunder
racionalista rationalist
racionalistický rationalistic
racionalizácia rationalization
racionalizačný labour-saving
racionalizmus rationalism
racionalizovať rationalize
racionálne rationally
racionálny practical, rational
rád 1. like *mať rád* 2. be° glad *byť rád/potešený* 3. order *stav*
rad 1. line *za sebou*, row *vedľa seba* 2. series *skupina* 3. turn *poradie* 4. queue *zástup* 5. *Order vyznamenanie*
rada 1. advice 2. board *predstavenstvo* 3. council *zbor* ● *editorial board* redakčná rada
radar radar
radca adviser, guide
riadiaci changing
radiácia radiation
radiačný radiation
radiálny radial
radiátor radiator
radikál radical
radikalizmus radicalism
radikálne radically
radikálny drastic *bezohľadný*, radical
rádio radio ● *on the radio* v rádii
rádioaktivita radioactivity
rádioaktívny radioactive
rádioprijímač receiver
rádioterapia radiotherapy
radiť 1. advise, give° advice 2. recommend *odporúčať*
radiť sa confer, consult *s kým*, consult together *spolu*
rádium radium
rádius radius
radnica town hall, city hall *Am.*
radosť pleasure *prijemnosť*, joy, delight *potešenie* ● *with pleasure* s radosťou
radostne cheerfully, joyful-

755

radostný

ly
radostný joyful, cheery, cheerful • *happy event* radostná udalosť
radovať sa rejoice
radový common • *ordinal number* radová číslovka
radšej rather, better, prefer *robiť radšej* • *rather than* radšej ako
rafinácia refinement
rafinéria refinery
rafinovane artfully
rafinovaný artfull *prefíkaný*, cunning *človek*, crafty
ragbista rugby-player
rachitída pl. rickets
rachot crash, rattle, noise, rumble *bubnov*
rachotiť hurtle, rattle
raj paradise
rajón 1. zone, district, sphere 2. beat *policajný*
rajský paradisaical • *the garden of Eden* rajská záhrada
rak 1. zool. crayfish, lobster *morský* 2. Cancer *znamenie* • *tropic of the Cancer* obratník Raka
raketa 1. voj. rocket 2. space rocket *kozmická* 3. šport. racket • *long-range missile* raketa s dlhým doletom • *short-range missile* raketa s krátkym doletom
raketomet rocket launcher
raketoplán rocket-plane
raketový rocket, bomb, plane
rakovina lek. cancer
Rakúsko Austria
rakúsky Austrian
Rakúšan Austrian
rakva coffin, caket *Am.*
rám 1. frame *hranatý* 2. tambour *na vyšívanie* 3. rim *okrúhly*
rámec 1. frame, border *okraj* 2. scope *možností*
rameno shoulder, upper arm • *humerus* ramenná kosť
ramienko coat hanger *vešiak*, shoulder-strap *na šatách*
rámovať frame
rampa 1. ramp *prekladacia* 2. pad *odpaľovacia*
rana 1. injury *poranenie* wound *úmyselná* 2. shot *výstrel* 3. stroke *úder*, punch *päsťou*
raňajkovať have° breakfast
raňajky breakfast

reagovať

raňajší morning
ranč ranch
rande appointment, date *Am.*
ranený wounded
raniť injure *fyzicky*, hurt° *citovo*, wound *úmyselne*, inflict *smrteľne*
ranný dawn, morning • *in the small hours* v skorých ranných hodinách
ráno morning, in the morning *kedy* • *yesterday morning* včera ráno • *tomorrow morning* zajtra ráno
rapavý pock-marked
rapkáč rattle
rapídny rapid • *boost* rapídny nárast
rapotať gaggle
rapsódia rhapsody
rarita rarity
rasa race, breed
rasca cumin, caraway
rasista racist
rasistický racially
rasizmus rasism
rasový racial • *racial discrimination* rasová diskriminácia • *raceriot* rasové nepokoje
rásť 1. grow°, go° up 2. rise° 3. increase
rast escalation *nárast*, growth, increase • *economic growth* ekonomický rast
rastlina plant, herb
rastlinný plant, vegetable
rastový of growth
rašelina peat
rašelinový peaty
rátať count, calculate, numerate
ratifikácia ratification
ratifikovať ratify, confirm
ratolesť spring, offspring *potomok*
raz once *jedenkrát*, the first time *prvýkrát* • *once and for all* raz a navždy
rázcestie *pl.* crossroads
razia reid
raziť 1. coin, strike° *mince*, sink° 2. make° a way through *cestu*
razítko stamp
rázne crisply
rázny crisp, energetic, brisk *pohyb*
rázporok slit, slash
raž rye
raždie *pl.* dead twigs
ražeň spit, berbecue
reagovať react, respond

reakcia reaction, response
reakčný backward
reaktor reactor
realista realist
realisticky realistically
realistický realistic
realita 1. reality, actuality 2. estate *nehnuteľnosť*
realizácia realization
realizmus realism
realizovať implement, execute, realize
reálny 1. real 2. objective 3. actual *skutočný* • *a sporting chance* reálna šanca • *real number* reálne číslo
rebel rebel
rebelovať rebel, riot
rebrík ladder
rebro anat. rib
recenzia review
recenzovať review
recepcia reception
recepčný receptionist • *reception room* recepčná miestnosť
recept 1. lek. prescription 2. kuch. recipe
recesia recession
recidíva relaps
recidivista criminal, recidivist

reciprocita reciprocity
recipročný reciprocal
recitácia recitation
recitál recital
recitátor reciter
recitovať recite
reč 1. address, speech *rečníka* 2. language, tongue *jazyk* 3. talk, conversaton *rozhovor* • *closing speech* záverečná reč
rečnenie rhetoric
rečnícky oratorical
rečník speaker, orator
rečniť make° a speech
redakcia 1. editing *redigovanie* 2. editorial staff, the editors *kolektív*
redakčný editorial
redaktor editor
redigovanie editorship
redigovať edit
reďkovka radish
rednúť become° thinner, thin
redukcia reduction
redukčný reduction • *slimming diet* redukčná diéta
redukovať reduce
redundancia redundancy
referát paper *odborný*, report *správa*

referendum referendum
referent officer *úradník*, official *odborný*
referovať 1. read° a paper *prednášať* **2.** report *podávať referát*
reflektor reflector, headlight *na aute*
reflex reflex
reflexia reflexion
reforma reform
reformácia reformation
reformátor reformer
reformovať reform
refrén chorus, refrain
refundovať refund
regál rack, shelf
regenerácia regeneration
regeneračný regeneration
● *restorer* regeneračný prostriedok
regenerátor restorer
regenerovať regenerate
región region
regionálny regional
register calendar, file, register
registrácia registration, registry
registračný registration ● *file card* registračná karta
registrovaný registered
registrovať register, record

rekomando

regrút recruit
regulácia 1. regulation **2.** control
regulačný regulation
regulátor controller
regulovať 1. control **2.** regulate *riadiť*
rehabilitácia rehabilitation, restitution
rehabilitačný corrective
rehabilitovať rehabilitate, restitute
rehoľa order
rehot guffaw
rehotať sa guffaw
rekapitulácia recapitulation, résumé, summary
rekapitulovať recapitulate
reklama publicity, advertisement *osobitná*
reklamácia 1. claim, reclamation **2.** complaint *sťažnosť* ● *claims department* reklamačné oddelenie
reklamný advertising, publicity ● *advertising agency* reklamná agentúra ● *booster* reklamný agent ● *handbill* reklamný leták
reklamovať claim
rekomando registered letter

759

rekonštrukcia

rekonštrukcia reconstruction, restoration *do pôvodného stavu*
rekonštrukčný reconstruction
rekonštruovať reconstruct, restore
rekonvalescencia convalescence
rekonvalescent convalescent
rekord record • *hold° a record* držať rekord • *break° a record* prekonať rekord
rekordér record-breaker
rekordný record
rekreácia holiday, recreation
rekreačný recreational • holiday inn *rekreačné stredisko*
rekreant holiday maker, recreant
rektor chancellor, rector *Am.*
rekultivácia recultivation
rekvizita property
relácia 1. reporting, broadcasting 2. relation *vzťah*
relativita relativity
relatívne relatively
relatívny relative

relaxácia relaxation
relaxovať relax
relevantnosť pertinence, relevance
relevantný pertinent, relevant
reliéf relief
religiózny religious
remeň strap, belt *opasok*
remeselník craftsman
remeslo craft, trade
remíza draw
remizovať šport. draw°
renesancia Renaissance
renovácia face-lift
renovovať renovate
renta rent
reorganizácia reorganization
reorganizovať reorganize
repa sugarbeet *cukrová*
reparát re-sit, make-up *Am.*
repertoár repertoire
replika replica
reportáž report, reportage
reportér reporter, commentator
represálie *pl.* reprisals
represia repression
reprezentácia representation
reprezentant representative
reprezentatívny represen-

tative
reprezentovať represent *zastupovať*
repríza night, rerun
reprodukcia reproduction
reprodukovať reproduce
reproduktor amplifier, loudspeaker
republika republic
republikový nation-wide
reputácia reputation, repute
resekcia resection
respirátor respirator
resumé summary
rešerš research
rešpekt respect, esteem *obdiv*
rešpektovať respect
reštaurácia 1. restaurant, eating house 2. restoration *obnova* • *dining car* reštauračný vozeň
reštaurátor restorer
reštaurovať restore *obnoviť*
reštitúcia restitution
reštrikcia restriction
reštriktívny restrictive
reťaz chain
reťazový chain • *chain reaction* reťazová reakcia
retiazka chain • *a gold chain* zlatá retiazka
rétorický rhetorical

rétorika rhetoric
retušovať retouch
reuma rheumatism
reumatický rheumatic
reumatik rheumatic
rev roaring, bawl, yell
réva vine, grape *hrozien*
revať roar, scream
revír 1. hunting-ground *poľovný* 2. ward *policajný*
revízia inspection
revízor inspector, controller, auditor *účtov*
revolta revolt
revolúcia revolution
revolucionár revolutionary
revolučný revolutionary
revolver revolver, gun
rez cut, chop
rezačka cutter, chopper
rezanec *pl.* vermicelli
rezať cut°, chop
rezbár wood-carver
rezbárstvo wood-carving
rezeň cutlet • *beef steak* hovädzí rezeň • *veal cutlet* teľací rezeň
rezerva 1. bank, reserve *zásoba* 2. spare *na aute*
rezervácia reservation, booking *hotela* • *national park* prírodná rezervácia

rezervný spare • *spare-tyre* rezervné koleso
rezervovať reserve, book
rezidencia residence
rezignácia resignation
rezignovaný resigned
rezignovať resign
rezivo saw-wood
rezko swiftly
rezkosť briskness, swiftness
rezký brisk, swift
rezolúcia resolution
rezolútny resolute
rezonovať resound
rezort sphere *oblasť*, industry *ministerský*
réžia 1. *pl.* general expenses, overheads *náklady* 2. production *vo filme*
režim 1. regime *vládny* 2. routine *denný*
režisér producer, director *Am.*
riad *pl.* dishes, kitchen utensils
riadenie administration, control, management *podniku* • *running* riadenie činnosti
riadiaci control, governing • *steering commitee* riadiaci výbor

riadiť 1. direct, manage *podnik*, run° 2. drive° *auto* 3. clean, tidy up, do° *upratovať*
riaditeľ boss, director, manager, headmaster *školy* • *general manager* generálny riaditeľ
riaditeľka manageress, directress
riadkovať drill, row
riadny ordinary, proper, ordered *usporiadaný*
riadok line, row
riasa 1. eyelash *očná* 2. *pl.* algae, seaweed *morské*
ríbezľa currant • *redcurrants* červené ríbezle • *blackcurrants* čierne ríbezle
ribstol *pl.* wall-bars
riecť say°
riečny river, fluvial
riedenie dilution
riedený dilute
riedidlo thinner, diluter
riediť dilute, thin
riedky thin, tenuous, light *hmla*
rieka river
riešenie resolution, solution
riešiť solve, resolve
riešiteľný solvable

rigorózny rigorous, examination *skúškový*
Riman Roman
rímsa ledge, moulding
rímsky Roman • *Roman law* rímske právo • *Roman-catholic* rímskokatolícky
rinčať clank *reťaz*
ring arena, ring *zápasnícky*
ringlota dog-plum
risk risk
riskantne hazardously, riskily
riskantný risky, hazardous, perilous *nebezpečný*
riskovať run° a risk, hazard, venture
ríša empire, kingdom
rituál ritual
rival rival, competitor *konkurent*
rivalita rivalry
riziko risk, danger, hazard, peril *nebezpečie*
rizoto risotto
robiť 1. do° 2. work *pracovať* • *work like a black* robiť ako otrok • *work hard* usilovne pracovať 3. make° *vyrábať*
robot robot
robota work *práca*, toil *drina*
robotnícky labour, worker • *the working class* robotnícka trieda
robotník worker, workman, labourer *nekvalifikovaný*
robustný robust, massive
ročenka almanac, annual
ročne annually, yearly
ročník class, vintage *vína*
ročný annual, yearly
rod 1. kin *kmeň* 2. family *pôvod* 3. gram. gender
rodák native
rodený born, native
rodič parent • *parents* rodičia • *adoptive parent* adoptívny rodič • *parentless* bez rodičov • *godparents* krstní rodičia
rodičovský parental
rodičovstvo parentage, parenthood
rodina family, relatives *príbuzní*
rodinný domestic, family • *family seat* rodinné sídlo • *villa* rodinný dom • *dependant* rodinný príslušník • *domesticity* rodinný život
rodisko birthplace, native place

rodiť 1. bear°, give° birth **2.** fruit *ovocie*
rodiť sa be° born
rodný native • *citizen's card index number* rodné číslo • *native city* rodné mesto • *homeland* rodný kraj • *birth certificate* rodný list
rodokmeň 1. family tree *názorný* **2.** pedigree *zvierací*
roh 1. horn *zvieraťa* **2.** corner *kút*
rohatý horned
rohový corner • *corner kick* rohový kop
rohož doormat, matting
roj swarm *včiel*
rojiť sa swarm
rok year • *for a year and a day* do roka a do dňa • *New Year* Nový rok • *leap year* priestupný rok • *annually* rok čo rok
rokovanie discussion, debate, conference, negotiation, trial *súdne*
rokovať discuss, negotiate, deal° with *s niekým*
rola 1. role **2.** part *úloha*
roláda swiss roll, rolled meat *mäsová*

rolák hovor. polo neck, turtleneck *Am.*
roľa field *pole*
roleta blind, shutter, shade *Am.*
roľníctvo agriculture, farming, peasantry
roľnička bell
roľník peasant, farmer
román novel, romance *milostný*
románový novel
romantický romantic
romantik romanticist
romantika romance, glamour *čarovná*
romantizmus romanticism
roniť shed°, weep *slzy*
röntgen X-rays, X-ray machine *prístroj*
röntgenovať x-ray
ropa oil, crude oil, petroleum
ropný oil • *oil-slick* ropná škvrna
ropovod pipeline
ropucha zool. toad
rosa dew • *dew-drop* kvapka rosy
rôsol jelly
rošt grate, gridiron *na mäso*
roštenka roast-beef
rota company, troop *oddiel*

rotovať rotate, whirl
rovesník contemporary, peer
rovina plain, lowland
rovinatý flat
rovnako 1. equally 2. alike *bez zmeny*
rovnaký 1. the same *ten istý* 2. equal *množstvom*
rovnať sa equal, add up
rovnica equation
rovník equator
rovno straight *smer*, directly
rovnobežka parallel
rovnobežný parallel
rovnocennosť equivalence
rovnocenný equivalent
rovnodennosť equinox
rovnodenný equinoctial
rovnomerne evenly
rovnomerný equable, even
rovnoprávnosť equality
rovnorodý homogeneous
rovnosť equality, parity
rovnostranný equilateral
rovnošata uniform
rovnováha balance, equilibrium
rovný 1. straight 2. upright *postava* 3. flat, plane *terén*
rozbaliť unwrap, undo°, unpack *vybaliť*
rozbeh start
rozbehnúť sa start running, begin° to run
rozbiť break°, break° up
rozboliet' get° sore
rozbor analysis
rozbúrať demolish
rozcítiť sa become° sentimental
rozčúliť sa fret, lose° one's temper
rozdať give° away, hand out, distribute, deal° out
rozdelenie distribution, division, donation
rozdeliť divide, share, distribute
rozdiel difference, distinction *jemný* ● *unlike* na rozdiel od
rozdielnosť difference
rozdielny different, distinct, separate
rozhádzať 1. distribute 2. disorder *neporiadok* 3. scatter, waste *minúť*
rozhľad 1. view, outlook 2. scope of knowledge *vedomosti*
rozhlas broadcasting
rozhnevať sa get° angry
rozhodnúť decide, choose°,

rozhodnúť sa

determine
rozhodnúť sa decide
rozhovor talk, conversation, interview
rozchod 1. parting *rozlúčenie* 2. break
rozchýriť spread°
rozísť sa 1. separate, part 2. differ *názorovo*
rozjasniť sa 1. clear up *obloha* 2. brighten up *tvár*
rozkaz voj. order, command
rozklad decomposition
rozkoš delight, pleasure
rozkošný charming
rozkročiť sa straddle
rozkrojiť cut° apart
rozkrok crotch
rozkvet 1. bloom 2. prosperity *rozmach*
rozkvitnúť 1. blossom 2. flourish *rozvinúť*
rozkývať swing°
rozladiť 1. displease *znechutiť* 2. put° out of tune *hudobný nástroj*
rozľahlý extensive, broad, wide *široký*
rozlámať break°
rozlepiť unglue
rozliať spill°
rozličný various, varied, different *odlišný*

rozlievať pour out
rozlíšiť distinguish *odlíšiť*, identify
rozlišovať distinguish
rozloha extent, area *územie*
rozložiť space out *časovo*, decay *hnilobou*
rozlúčenie parting
rozlúčiť sa take° leave of, say° goodbye
rozlúčka farewell, parting
rozlúsknuť crack *orech*
rozlúštiť solve, decode
rozmach flowering, whim
rozmanitosť variety
rozmanitý manifold, varied, various
rozmar vagary, whimsy
rozmarný humorous, moody
rozmarín rosemary
rozmazaný muzzy
rozmaznať pamper, spoil°
rozmeniť change, break° *peniaze*
rozmer 1. dimension 2. measurement *miera*
rozmery pl. dimensions
rozmiestnenie distribution, disposition
rozmiestniť 1. space *priestorovo* 2. voj. deploy
rozmiešať mix up, dissolve

766

vo vode
rozmnožiť duplicate, manifold, reproduce
rozmnožiť sa multiply
rozmontovať dismantle, take° to pieces
rozmyslieť si think° over • *think it over* rozmysli si to
rozmýšľať think° about
roznášať hand out, distribute
rozobrať 1. take° to pieces, demount 2. analyse
rozopnúť undo°, unbutton *gombík*
rozoznať distinguish, recognize *rozpoznať*
rozpačitý embarrassed, puzzled *neistý*
rozpadnúť sa break° up, disintegrate
rozpamätať sa recollet
rozpárať rip
rozpätie span *časové*, expanse
rozpínať sa expand
rozpis schedule • *roster* rozpis služieb
rozplynúť sa melt, vanish *zmiznúť*
rozpočet budget
rozpočtový budgetary
rozpojiť disconnect, uncouple
rozpoliť break° into halves
rozpoloženie disposition
rozpomenúť sa call to mind, recollect
rozpor conflict, disagreement
rozporný contradictory, ambivalent
rozposlať send° out
rozpoznať distinguish, identify *identifikovať*
rozpracovať elaborate
rozprášiť spray, pour out *vysypať*
rozprava debate
rozprávať talk about
rozprávať sa debate, chat
rozprávka fairy tale, story • *bedtime story* rozprávka na dobrú noc
rozprávkový fairy-tale • *story-book* rozprávková kniha
rozpredať sell° off
rozprestierať sa extend, spread°
rozptyl diffusion
rozptýlený diffuse
rozptýliť disperse, scatter
rozpustiť 1. let° down *vlasy* 2. break° up *schôdzu*
rozpútať break° out *vojnu*

rozrásť sa grow°, spread°
rozriešiť solve
rozruch excitement, sensation
rozrušiť excite, bewilder, disorder
rozsah extent, range, volume *objem*
rozsiahly extensive, widespread, large
rozsudok verdict *rozhodnutie*, sentence *trest*
rozsvietiť switch on, turn on the light
rozšírený widespread
rozšíriť amplify, widen *rozšíriť sa* • *broaden the knowledge* rozšíriť si vedomosti
rozštvrtiť quarter
rozťať cut°
roztok dilution, solution
roztopiť melt°
roztrhať tear° to pieces
roztrhnúť sa sever, break° *lano*
rozum 1. intellect, reason 2. brain *mozog* • *common sense* zdravý rozum
rozumieť 1. understand°, comprehend 2. catch° *zachytiť*
rozumne reasonably, intelligently
rozumný 1. rational, sensible 2. reasonable *správny*
rozvariť boil to pieces
rozvážny deliberate, considerate, prudent
rozvedený divorced, divorcee *človek*
rozveseliť cheer up *rozveseliť sa*, make° merry
rozviazať 1. untie, undo° *uzol* 2. sever, break° off *vzťahy*
rozviesť 1. distribute 2. divorce *manželstvo*
rozvíjať develop, promote
rozvíriť whirl up
rozvod 1. divorce, separation 2. conduction *tepla*
rozvoj development, progress
rozvojový developing • *developing countries* rozvojové krajiny
rozvoz distribution, delivery *dodávka*
rozvrh plan, scheme, timetable *rozvrh hodín*
rozzúriť infuriate
rožok roll, croissant *plnený*
rôzny 1. various 2. varied *pestrý* 3. different *odlišný*

rub reverse *opak*, lower side
rúbať hew, cut°, chop *polená*
rubrika column, section
rúcať demolish, destroy, pull down
ručenie guaranty
ručička 1. hand *na hodinách* • *second hand* sekundová ručička 2. indicator, needle *na prístroji* 3. little hand
ručiť guarantee, warrant *za niekoho*
ručiteľ guarantor, warrantor
rúčka handle, broomstick *na metle*
ručne by hand
ručník scarf, towel
ručný hand • *handbrake* ručná brzda • *hand-made* ručná výroba • *hand-grenade* ručný granát
ruda ore • *iron ore* železná ruda
rugby Rugby
rúhať sa blaspheme, profane
ruch hustle and bustle
rúcho clothing
ruina ruin
ruja rut

ruka hand *dlaň*, arm *horná časť* • *arm of the law* ruka zákona • *by hand* rukou
rukáv sleeve
rukavica glove, mitten *palčiak*, boxing-glove *boxerské*
rukojemník hostage
rukopis manuscript, handwriting *písmo*
rukoväť grip, handle
rukovať join up
ruksak rucksack
ruleta roulette
rum rum
rumanček camomile
Rumun Rumanian
rumunčina Rumanian
Rumunsko Rumania
rúra 1. pipe 2. oven *na pečenie*
Rus Russian
Rusko Russia
ruský Russian
rušeň locomotive, engine
rušiť abolish, disturb, break° *slovo*
rušivý distracting, displeasing • *disturbance* rušivý prvok
rušný busy
ruština Russian

rutina routine, skill *zručnosť*
rúž rouge, lipstick *na pery*
ruža bot. rose
ruženec rosary
ružový rosy, pink
ryba 1. fish 2. Pisces *znamenie* ● *go° fishing* ísť na ryby
rybací fishy
rybár fisherman
rybárčiť hovor. fish, go° fishing
rybársky piscatorial ● *fish-hook* rybársky háčik
rybník pond, lake *veľký*
rybolov fishing
rýdzi 1. pure 2. genuine *pravý*
ryha slot, groove
rýchlik express
rýchlodráha elevated railroad *Am.*
rýchlik fast/express train
rýchlo quickly, speedily
rýchločistiareň express loundry
rýchloobväz plaster
rýchloopravovňa quick-repair
rýchlosť speed *veličina*, rapidity, swiftness *šikovnosť*
rýchly quick, speedy, fast

rýľ spade
rýľovať dig°
rým rhyme
rýpadlo excavator
rys lynx *šelma*
rysovací drawing ● *drawing-board* rysovacia doska
rysovať draw°
ryšavec redhead
ryšavý red-haired
ryť 1. dig° *v zemi* 2. engrave *do kovu*
rytec engraver
rytier knight
rytmus rhythm
ryža rice
ryžovať pan *zlato*

S

s, so with, and, by, together with *spolu s*
sa 1. oneself **2.** each other *vzájomnosť*
sabotáž sabotage
sabotér saboteur
sabotovať sabotage
sací sucking
sáčok bag, sachet
sad 1. orchard *ovocný* **2.** park, public garden *park*
sada set • *paintbox* sada farieb
sadať seat, subside *klesať*
sadať si sit° down
sadenica plant
sadista sadist
sadisticky sadistically
sadistický sadistic
sadiť plant, pot *do črepníka*
sadizmus sadism
sadlo grease, lard *bravčové*, fat *na človeku*
sadnúť si sit° down, take° a seat
sadomasochista sadomasochist
sadra plaster
sadrokartón plasterboard
sadrovať plaster
sadza soot
sádzať set° *v tlačiarni*
sadzba composition *tlačiarenská*
sadzobník tariff
safaládka sausage
sacharín saccharine
sako jacket, coat
sála 1. auditorium, hall *sieň* **2.** operating room *operačná* **3.** ballroom *tanečná*
saláma salami
salaš chalet, sheep-farm
sálať glow, radiate
salón 1. beauty parlour *kozmetický*, hairdresser's *kadernícky* **2.** car show *autosalón*
salto šport. somersault
salutovať salute
salva salvo, volley *výstražná*
sám 1. alone *jediný* **2.** oneself *samostatne* **3.** lonely *opustený*
samčí male
samec male
samica female, she
samičí female
samička doe

samočinný automatic
samohláska vowel
samoľúby conceited
samoobsluha self-service shop, supermarket
samopal machinegun, submachine gun
samopašný dissolute, roguish
samooplodnenie self-fertilization
samospráva autonomy
samostatne independently
samostatnosť independence
samostatný independent *nezávislý*, separate *oddelený*
samota 1. loneliness, solitude 2. wilderness *pustatina*
samotár hovor. solitary man, loner
samotársky solitarily
samouk self-educated person
samourčenie self-determination
samovláda autocracy
samovládca autocrat
samovoľne unpromptedly
samovoľný spontaneous, unprompted
samovrah suicide

samovražda suicide • *commit suicide* spáchať samovraždu
samozrejme of course, evidently
samozrejmý evident, obvious, apparent *zjavný*
sanatórium sanatorium
sandál sandal
sane sledge, toboggan
sangvinik sanguine person
sanitárny sanitary
sanitka hovor. ambulance
sánka lower jaw, jawbone
sánkár sledger
sankcia sanction
sankcionovať penalize
sánkovať sa sledge, toboggan
sánky sledge
saponát detergent
sardela anchovy
sardinka sardine • *sardine tin* krabička sardiniek
sarkastický sarcastic, wry
sarkazmus sarcasm
sarkofág sarcophagus
sať suck, absorb, take° up
satelit 1. satellite *družica* 2. satellite dish *anténa*
satén satin
satira satire
satirický satiric • *comedy*

772

of manners satirická komédia
satirik satirist
satisfakcia satisfaction
sauna sauna
saxofón hovor. saxophone, sax
sazka *pl.* pools
scediť strain off
scéna scene • *make° a scene* urobiť scénu
scenár script, scenario • *screenplay* scenár filmu
scenárista script-writer
scenéria scenery
scvrknúť sa shrivel *suchom*, shrink° *zmenšiť sa*
sčernieť turn black
sčervenieť redden, turn red
sčítanie summation • *scrutiny* sčítanie hlasov • *census* sčítanie ľudu
sčítať sum up
sebadisciplína self-discipline
sebadôvera self-confidence
sebaistota assurance
sebaistý self-assured
sebaklam self-delusion
sebakritický self-critical
sebakritika self-criticism
sebaľútosť self-pity
sebaobrana self-defence

sebaovládanie self-control
sebapoznanie self-knowledge
sebaúcta self-respect
sebaurčenie self-determination
sebavedomie self-confidence
sebavedomý self-confident
sebec egoist
sebeckosť egoism, selfishness
sebecký selfish, egoistic
sebectvo egotism, self-seeking
sebestačný self-sufficient, self-catering
sedací sit-down • *hip-bath* sedací kúpeľ
sedačka 1. settee, sofa, couch 2. stool
sedadlo seat
sedatívum sedative
sedem seven • *seven times* sedemkrát
sedemdesiat seventy
sedemdesiatnik septuagenarian
sedemnásť seventeen
sedieť sit°, brood *na vajciach*
sediment sediment
sedimentácia sedimentati-

sedlať

on
sedlať saddle *koňa*
sedliacky rustic ● *common-sense* sedliacky rozum
sedliak peasant, farmer
sedlo saddle
sedlový saddle ● *saddleback* sedlová strecha
sedmokráska bot. daisy
segment segment
seizmológia seismology
sejací sowing
sejačka drill, sower
sejba sowing
sekáč chopper *na mäso*, cutter
sekaná force-meat
sekať cut°, chop, hack *sekerou*, chisel *dlátom*
sekcia section, division *Am.* oddelenie
sekera axe, hatchet *sekerka*
sekrét secretion
sekretár 1. secretary *tajomník*, 2. cupboard *skriňa*
sekretariát secretariat
sekretárka secretary, assistent
sekta sect
sektár sectarian
sektor sector ● *sectional* sektorový nábytok

sekunda second
sekundárny secondary ● *houseman* sekundárny lekár
sekundový second ● *second hand* sekundová ručička
sekvencia sequence
selekcia selection
selektívny selective
sem here ● *to and fro* sem a tam ● *here and there* sem a tam
semafor 1. signal 2. traffic lights *pre chodcov*
sémantický semantic
sémantika *pl.* semantics
semenník seed-vessel
semeno seed
semester semester, term
semifinále semifinal
semifinalista semifinalist
seminár 1. seminar *školenie* 2. workshop *pracovný* 3. course *kurz*
semiotika *pl.* semiotics
sen dream
senát senate
senátor senator
sendvič sandwich
senilita senility
senilný senile
senior senior

senník hayloft
senný hay • *hay fever* senná nádcha
seno hay
sentimentálny sentimental
senzácia sensation
senzibilný sensitive
senzitívny sensitive
senzor sensor
separácia separation
separovať separate
september September
séria *pl.* series, set
seriál serial
sériový serial, series *zapojenie*
seriózny serious, staid
serpentína winding road
sérum serum
servilný servile, compliant
servírka waitress
servírovací serving • *tea-trolley* servírovací vozík
servírovať serve
servis service *služba*
servítka napkin, serviette
seržant sergeant
sesternica cousin
sesterský sister
sestra sister, nurse *opatrovateľka* • *stepsister* nevlastná sestra
sever north

Severná Amerika North America
severný north
severovýchod northeast
severozápad northwest
sex sex
sexualita sexuality
sexuálne sexually • *oversexed* sexuálne založený
sexuálny sexual • *sex appeal* sexuálna príťažlivosť
sexuológia sexology
sezóna season, campaign
sezónny seasonal
sfalšovať fake, falsify, forge *podpis*
sfarbenie pigmentation, colour
sféra sphere
sfinga sphinx
sformovať form up
sformulovať formulate
sfúknuť blow° off, blow° out
schádzať sa meet° *stretávať sa*
schéma draft, schema
schizofrénia schizophrenia
schladiť quench
schod step, stair *v budove* • *downstairs* dolu po schodoch • *upstairs* hore po schodoch

schodište staircase, stairway
schodok deficit
schopnosť ability, capability *predpoklad*
schopný able *telesne*, capable, competent
schovať hide°, put° away, palm *do dlane*
schovať sa shelter, dive
schovávačka hide-and-seek
schôdza conference, meeting, session
schôdzka appointment, engagement
schránka box • *safe* bezpečnostná schránka • *letter box* poštová schránka
schudnúť lose° weight, become° thin
schudobnieť become° poor
schúliť sa cower, cringe
schválenie approval, passage *zákona*
schválený approved
schváliť approve, endorse, agree, confirm, legislate *zákon*
schválne on purpose, deliberately, intentionally *úmyselne*
siahať reach

siakať blow° o.´s nose
siať sow°, seed
síce no doubt, quite
sídlisko housing estate
sídlo 1. seat 2. headquarters, place of business *firmy* 3. residence *súkromné*
sieň auditorium, hall, room • *court* súdna sieň
sieť 1. net *pletivo* 2. network
signál signal, light *dopravný*
signalizovať signalize
sila 1. strength *telesná* 2. force *prírodná* 3. power *fyzikálna* 4. intensity *intenzita* 5. energy *nahromadená*
silák strong man
siláž silage, ensilage
silný strong, powerful *mocný*
silón nylon • *nylons* silónky
silueta outline, silhouette *osoby*
silvester New Year´s Eve
simulácia simulation
simulant malingerer
simulovať 1. feign 2. simulate *napodobniť* 3. malinger *chorobu*

sipieť hiss *syčať*
sipot hissing, hiss
síra chem. sulphur
siréna siren
sirota orphan
sirotinec orphanage
sirup syrup, linctus *proti kašľu*
sitko strainer, tea-strainer *na čaj*
sito sieve
situácia 1. ekon. situation, position 2. set-up *momentálna* • circumstances finančná situácia
situovať situate, locate *umiestniť*
sivovlasý grey-haired
sivý grey
skafander diving suit, space suit *kozmonautov*
skákať jump, hop
skala rock, stone, cliff *útes*
skalka cobble
skalnatý rocky
skalpel scalpel
skamenelina fossil
skandovať scan
skanzen open-air-museum, outdoor historical museum
skaut scout
skaza destruction, ruin

skaziť corrupt, demoralize
skepsa scepticism
skeptický sceptical
skeptik sceptic
skica sketch, draft
sklad storehouse, stores
skladačka jigsaw
skladať sa be° composed of, consist of
skladateľ composer, author
skladba composition, structure, pattern *štruktúra*
skládka rubbish dump *odpadkov*
skladník stockman
skladovať store
sklamanie disappointment, frustration
sklamaný disappointed, frustrated
sklamať disappoint
skláňať bend° down
sklár glassworker
skláreň *pl.* glassworks
sklenár glazier
skleník greenhouse
sklený glass
skleróza lek. sclerosis
skleslý depressed
sklo glass
sklon 1. slope *spád* 2. inclination, disposition • *bias* sklony

777

skloniť incline, bend°
sklopiť sink°, lower
skľúčený dejected
skoba cramp, hook
skočiť jump, leap°, spring° *svižne*, jump over *cez čo*
skok jump, spring • *long jump* skok do diaľky • *high jump* skok do výšky
skokan 1. jumper 2. green frog *žaba*
skomponovať compose
skoncovať abolish, break°, make° an end
skončiť finish, end, close
skonfiškovať confiscate, take°
skontrolovať check up, revise, control
skóre score
skoro 1. early 2. soon, shortly *čoskoro* 3. almost *takmer*
skórovať score
skorý early, speedy *rýchly*
skôr 1. sooner, earlier 2. before *predtým*
skrachovať go° bankrupt, go° bust
skrat short circuit
skrátiť abbreviate
skratka 1. abbreviation *slova* 2. short cut *cesta*

skriňa 1. wardrobe *na šaty* 2. showcase *výkladná*
skrinka 1. cabinet, case *na bielizeň* 2. locker *v úschovni*
skriviť curve
skrížiť cross
skromnosť modesty
skromný modest
skrotený domestic, tamed
skrotiť tame
skrutka screw
skrutkovač screwdriver
skrutkovať screw
skrýša hide-out, hiding-place, blind *pre zvieratá*
skryť sa hide°
skrývať sa skulk
skrz through
skúmať 1. study, examine, investigate 2. observe *niekoho alebo niečo*
skúmavka test tube
skupina group, category
skúpy mean, stingy
skúsenosť experience
skúsený experienced, skilled
skúsiť try, attempt *pokúsiť sa*
skúšať 1. examine *učiteľ* 2. try *pokúšať sa*
skúška 1. trial *akosti* 2. exa-

mination *vedomostná* **3.** driving test *vodičská* **4.** blood test *krvná*
skúšobný experimental, trial
skutočnosť reality, fact, truth • *de facto* v skutočnosti
skutočný real, actual
skutok deed, fact
skvelý splendid, excellent *vynikajúci*, superlative • *a glittery occasion* skvelá príležitosť
skvost jewel
skysnúť turn sour *o mlieku*
slabika morpheme, syllable
slabikovať spell°
slabina 1. groin **2.** weak point *slabá stránka*
slabnúť become° weak
slabosť weakness, feebleness
slabý 1. weak *zdravie*, feeble *chabý*, frail *krehký* **2.** weak, poor *výkon*
sláčik bow
sladidlo sweetener
sladiť sweeten, sugar *cukrom*
sladkosť sweet, candy *Am.*
sladkovodný freshwater
sladký sweet

slalom slalom • *slalom course* slalomová dráha
slama straw
slamený straw • *a grass widower* slamený vdovec
slamka straw
slanina bacon
slaný salty, salted
sláva glory, fame *povesť*, publicity, pomp *pompa*
slávik nightingale
sláviť celebrate
slávnosť celebration, festival, ceremony
slávny 1. glorious **2.** famous, honourable
slečna young lady, Miss *pred menom*
sled sequence, string
sledovať 1. follow, spy *špehovať* **2.** watch *televíziu* **3.** observe
slepota blindness
slepúch blind-worm
slepý blind, blank *náboj* • *blind love* slepá láska
sliediť search, follow
sliepka hen
Sliezsko Silesia
slimák snail
slina saliva, spittle
sliniť slaver, salivate
slivka plum

slivovica plum-brandy
slizký lubricious, slimy, mucous
sliznica mucous membrane
slnečnica sunflower
slnečník sunshade, parasol
slnečný sunny, solar • *the solar system* slnečná sústava • *sundial* slnečné hodiny • *sun-glasses* slnečné okuliare • *sunbeam* slnečný lúč
slniť sa sunbathe
slnko sun
sloboda freedom, liberty • *freedom of speech* sloboda slova • *freedom of press* sloboda tlače
slobodáreň hostel
slobodný 1. free 2. independent *nezávislý* 3. single *nie ženatý/vydatá*
sloh 1. style 2. composition *predmet* 3. style *štýl*
slon elephant • ivory *slonovina*
Slovák Slovak
Slovan Slav
slovanský Slavonic
slovenčina Slovak
Slovensko Slovakia
slovenský Slovak
sloveso gram. verb

slovníček vocabulary
slovník dictionary
slovný of words, verbal • *vocabulary* slovná zásoba
slovo word • *honestly* čestné slovo • *word by word* slovo za slovom
sľub promise, undertaking
sľúbiť promise, vow
slučka noose, loop
sluha servant
sluch hearing
slucha temple
slúchadlo receiver
slušnosť decency, propriety
slušný 1. polite, well-mannered 2. decent, proper, becoming *vhodný*
služba 1. service 2. duty *vojenská* 3. consultancy *poradenská* • *be° on duty* byť v službe • *secret service* tajná služba • *public service* verejné služby • *duty* vojenská služba
slúžiť serve *aj v armáde*, attend, solemnize *obrad*
slúžka maidservant, maid
služobne on business
slza tear
slziť water
smažiť fry, roast

780

smäd thirst
smädiť be° thirsty
smädný thirsty
smeč šport. smash
smelý courageous, daring
smer 1. direction *cesty* 2. course *kurz* 3. trend 4. tendency ● *postcode* smerové číslo
smerovať 1. aim, direct 2. tend *mať sklon*
smeti *pl.* sweepings, rubbish *odpad*
smetiar dustman
smetisko rubbish-heap
smiať sa laugh at na, ridicule *posmievať sa*
smiech laughter, laugh
smiešny funny
smieť may, be° allowed to
smilstvo adultery
smog smog
smola 1. resin *živica* 2. pitch *čierna hmota* 3. bad luck *nešťastie*
smotana cream
smrad stench, stink *silný*
smradľavý stinking
smrdieť stink°, pong
smrek pine
smrkať sniff
smršť whirlwind
smrť death, decease ● *hereafter* po smrti
smrteľný mortal, deadly
smútiť grieve for *za*
smutný sad, grieved
smútočný 1. mourning 2. funeral *pohrebný* ● *funeral service* smútočná bohoslužba ● *mass for the dead* smútočná omša ● *funeral rites* smútočný obrad
smútok sorrow, grief
snáď perhaps
snaha effort *úsilie*, endeavour, struggle *usilovná*, tendency
snár dream-book
snažiť sa try one´s best, do° one´s best, make° an effort
snaživý diligent, keen, sedulous *vytrvalý*
sneh snow
snehuliak snowman
snemovňa the house, parliament ● *the House of Lords* horná snemovňa ● *the House of Commons* dolná snemovňa
snežienka bot. snowdrop
snežiť snow
snímka photo *fotografia*, snap *momentka*

snívať dream°
snop sheaf, stook
snovať warp *tkať*
snúbenec fiancé
snúbenica fiancée
snubný wedding • *wedding ring* snubný prsteň
sob reindeer
sobáš wedding, marriage • *church marriage* cirkevný sobáš • *civil marriage* civilný sobáš
sobota Saturday
socialistický socialist
socializmus socialism
sociálny social • *social welfare* sociálna starostlivosť • *social worker* sociálny pracovník
sociológ sociologist
sóda soda
socha statue, sculpture *dielo*
sochár sculptor
sója soya
sok rival, competitor
sokol zool. falcon
soľ salt
solidarita solidarity, fellowship
solidárny solidary
sólista soloist
soliť take° salt
soľnička saltcellar

sólo solo
somár donkey, ass *osol*
sonáta sonata
sonda sound, probe
sondovať sound
sonet sonnet
sopeľ expr. snot
sopka volcano
soprán soprano
sosna pine
sotiť shove
sotva hardly, scarcely, barely *s námahou*
sova owl
spáč sleeper
spád slant, slope
spadnúť fall° down
spájať connect, join, unite
spáliť burn°
spálňa bedroom
spamäti by heart
spánky *pl.* temples *sluchy*
spánok sleep, sound *hlboký*
spariť scald
Spasiteľ Redeemer
spať sleep° • *go° to bed* ísť spať
späť back, backwards
spečatiť seal
spermia sperm
spev singing, chorus *zborový*
spevák singer

spevník náb. songbook, hymn book
spevniť harden, strengthen
spiatočný return, back • *return ticket* spiatočný lístok
spievať sing°
spinka clip *na spisy*
spis document, file
spisovateľ writer, author
splácať repay°
spláchnuť wash down, flush out *záchod*
spľasnúť flatten
splatiť pay°, meet° *dlh*, pay° back
splátka instalment, payment
splatnosť expiration, maturity
splesnieť become° moudly
spliesť sa make° a mistake
spln full moon
splniť complete, keep°, fulfil *vyhovieť*
splodiť beget°, breed°
splynúť blend
spodky *pl.* underpants
spodnička petticoat, slip
spodný bottom, lower • *underwear* spodná bielizeň
spochybniť doubt, infirm

spoj 1. joint, join 2. connection *dopravný* • *pl. communications* spoje
Spojené štáty americké the United States of America
spojenectvo alliance
spojiť 1. tech. join, put° together, connect *pripojiť* 2. put° through *telefonicky*
spojiť sa 1. unite, merge *zlúčiť sa* 2. contact
spojka 1. gram. coupling, conjunction 2. clutch, contact man *osoba*
spokojnosť satisfaction
spokojný satisfied
spoľahlivý reliable, responsible, solid
spoliehať sa rely on, trust
spoločenský 1. social 2. sociable *družný*
spoločenstvo association, society, union • *Commonwealth* Spoločenstvo národov
spoločník 1. companion 2. partner, associate *v obchode*
spoločnosť 1. society 2. company *organizácia*, society, association, corporation *združenie*

spoločný collective, common
spolok alliance, association, club • *Humane Society* spolok na ochranu zvierat
spolu together, in common
spoluhláska consonant
spolunažívanie common life, coexistence
spolupráca cooperation, collaboration
spolupracovať cooperate, collaborate
spoluúčasť partnership, participation
spolužiak school-mate, school-fellow
spomenúť si recall, recollect
spomienka memory, recollection
spontánny spontaneous
spor 1. conflict, dispute 2. quarrel *hádka* 3. case *právny*
sporák cooker, stove *Am.*
sporiť save
sporný controversial, disputable
spotiť sa sweat, perspire
spotreba consumption, usage
spotrebiteľ consumer

spoveď confession
spoznať 1. get° to know 2. recognize *totožnosť* 3. realize *zistiť*
spozorovať 1. notice *zbadať* 2. perceive *postrehnúť*
spôsob 1. way *postup* 2. *pl.* manners *správanie* • *course* spôsob života • *in this way* týmto spôsobom
spôsobiť cause, harm *škodu*
spracovať 1. process, treat *upraviť* 2. cultivate *pôdu*
správa 1. *pl.* news, message *odkaz*, report *informácia* 2. management *riadenie* 3. administration *administratíva*
sprava from the right
správanie 1. behaviour 2. *pl.* manners *spôsoby*
správať sa 1. behave, conduct *počínať si* 2. react *reagovať*
spraviť do°, make° • *make° a mistake* spraviť chybu
správne right
správny 1. correct *presný* 2. right *náležitý*
spravodlivosť justice

starať sa

spravodlivý just
spresniť specify, exact
sprevádzať accompany, guide *ako sprievodca*
sprcha 1. shower 2. douche *prúd*
sprchovať sa have° a shower
spriateliť sa make° friends
sprievod procession *ľudí*, parade
sprievodca 1. companion *spoločník* 2. conductor *vo vlaku* 3. guide *turistov*
sprisahanie conspiracy, plot
sprostý stupid
spúšť trigger *na zbrani*
spútať shackle *putami*
spyšnieť become° proud
spýtať sa ask, question
srdce heart
srdečný hearty
sŕňa roe-calf
srna red-deer hind, roe
srnec roebuck
srsť coat, hair, fur *hustá*
sršeň hornet
stabilita constancy, stability
stabilizácia stabilization
stabilný stable, fixed
stačiť 1. suffice, do° *postačovať* 2. keep° up *nezao-*

stávať 3. manage *stihnúť*
stádo herd *dobytka*, flock *oviec*
stagnácia stagnation
stagnovať stagnate
sťahovák the wheel-brace *auto*
sťahovať sa move, migrate
stajňa stable
stále for ever, all the time, constantly, permanently
stály 1. continual *neprerušený* 2. stable *nemenný* 3. regular *pravidelný* 4. constant *vlastnosťami* 5. permanent
stan tent
stanica station • *bus station* autobusová stanica • *police station* policajná stanica • *railway station* železničná stanica
stánok 1. stall, stand, kiosk 2. boutique *menší*
stanovať camp
stanovisko 1. position, attitude *postoj*, view *názor* 2. taxi rank *taxíkov*
stanoviť 1. appoint 2. determine *určiť* 3. fix *pevne*
starať sa 1. look after, take° care of *o koho* 2. care about *starieť sa* 3. be°

concerned *mať starosť*
starec old man
starena old woman
starnúť grow° old
staroba 1. old age 2. senility
starobinec alms-house, old people's home
starobylý ancient, antique
staromódny old-fashioned, out-of-date
starosť anxiety, care for, trouble, worry
starostlivosť carefullness ● *medical care* lekárska starostlivosť ● *due diligence* povinná starostlivosť ● *social welfare* sociálna starostlivosť
starostlivý careful, worried
starovek antiquity
starožitníctvo antique shop
starožitnosť antiquity *predmet*
starožitný antique
starý 1. old, aged *vekom* 2. stale *nie čerstvý* 3. second-hand *obnosený* ● *grandmother* stará mama ● *grandfather* starý otec ● *bachelor* starý mládenec ● *grandparents* starí rodičia

Starý zákon the Old Testament
stáť 1. stand° *na nohách* 2. be° situated 3. stop *nefungovať* 4. cost° *mať cenu* ● *how much does it cost?* koľko to stojí?
stať sa 1. become° *kým/čím* 2. happen *prihodiť sa*
statkár landowner, farmer
statočnosť bravery, courage
statočný brave, courageous
statok estate, farm, cattle *dobytok*
stav 1. condition *trvalý, state celkový* 2. marital status *rodinný* 3. level *hladina*
stavať build°, construct
stavba building *budova*, construction, structure *zloženie*
stavbár builder
stavebnica lego, *pl.* bricks
stavenisko building-site
staviť sa make° a bet
stávka bet, stake
sťažnosť complaint, claim, protest
sťažovať sa complain of *na*, protest
steblo stalk, stem

strana

steh stich
stelesňovať abstract, impersonate
stemnieť become° darker
stena wall, partition *priečka*, screen *ochranná*
stenať groan
sterilizácia sterilization
sterilizovať sterilize
sterilný sterile
stiahnuť 1. pull off 2. skin *kožu*
stiecť flow down
stiesnený cramped, distressed *skľúčený*
stíhačka fighter
stíhať pursue, prosecute *súdne*
stihnúť come° in time, manage, catch° *vlak*
stíchnuť become° quiet
stimulácia stimulation
stimulovať stimulate
stisk pressure, grip *ruky*
stisnúť clasp
stíšiť calm
stlačiť 1. clasp, grip 2. press *tlačidlo* 3. compress *vzduch* 4. press down *tlakom*
stĺp column, pillar, post
stĺporadie colonnade
stmievať sa grow° dark

sto hundred
stodola barn
stoh rick
stojan stand, rack
stojatý standing, stationary *nepohyblivý*
stojka handstand
stoka sink, sewer *kanál*
stolár joiner
stolica 1. stool, seat 2. stool *výkaly* • *high chair* detská vysoká stolička
stolička chair
stolovať sit° at the table
stonať groan
stopa 1. track, trail *odtlačok* 2. footprint 3. foot *miera*
stopka stem, stalk *kvetu*
stopovať hitchhike *auto*
storočie century
stotožniť sa identify
stožiar mast, pole
stôl table, desk *pracovný* • *lay° the table* prestrieť stôl
strácať lose°
strach fear, fright *zdesenie*
strachovať sa fear for *o*, be° afraid
straka magpie
stráň hillside
strana 1. side 2. page *v knihe* 3. polit. party • *the*

stránit' sa

four cardinal points svetové strany ● *contracting party* zmluvná strana
stránit' sa avoid *koho*
strapatý uncombed, dishevelled
strašidelný ghostly
strašidlo 1. ghost, bogey *mátoha* 2. scarecrow *v poli*
strašiť 1. haunt *o duchoch* 2. frighten *naháňať strach*
strašný hovor. horrible, terrible, awful *hrozný*
strata loss, waste, damage
stratégia strategy
strategický strategic
stratiť lose° ● *waste time* stratiť čas ● *expire* stratiť platnosť
stratiť sa 1. lose° o's way *zablúdiť* 2. disappear *zmiznúť*
strava 1. food *jedlo*, meals 2. board *stravovanie* ● *luncheon voucher* stravný lístok
stráviť spend°, digest *jedlo*
stravník boarder
stravovať sa be° boarded
stráž 1. guard 2. duty *povinnosť* ● *bodyguard* telesná stráž

strážca guard, keeper ● *body guard* osobný strážca
strážiť guard, watch
strážnik policeman, watchman, constable *policajný*
strčiť 1. thrust°, shove into *vopchať do*, insert *kľúč* 2. shove *sotiť*
stred centre ● *downtown* stred mesta
streda Wednesday
stredisko centre, center *Am.*
stredný central, middle *prostredný*, medium *priemerný* ● *secondary school* stredná škola
stredovek the Middle Ages
stredoveký medieval
strecha roof
strela shot, bullet *náboj*
streľba shooting, firing
strelec shooter, marksman
streliť 1. fire *zo zbrane* 2. šport. shoot°
strelnica *pl.* shooting-grounds
stres stress
stretnúť sa meet°
stretnutie meeting, appointment *schôdzka*
strhnúť pull down
striasť shake° down

striebro silver
striedať 1. šport. change 2. alternate *pravidelne*
striedať sa take° turns, alternate *pravidelne*
striedavý alternating, alternate
striedka crumb
striehnuť look° out, watch, spy
striekačka 1. fire-engine *požiarnická* 2. syringe *injekčná*
striekať spray *vodou*
strieľať shoot°
striga witch
strigôň wizard
strih cut, fashion
strihať cut°, shear° *ovce*
striptérka stripper
strmý sheer, steep
strohý reserved, dour *odmeraný*
stroj machine, engine • *typewriter* písací stroj
strojárstvo engineering industry
strojopis typewriting
strom tree • *Christmas tree* vianočný stromček
strop ceiling
stroskotať be° wrecked *loď* • *wreckage* stroskotanci

strpieť put° up with, bear° *zniesť*
stŕpnuť become° numb
stručný brief *krátky*
strúhadlo grater
strúhanka *pl.* breadcrumbs
strúhať 1. grate *syr* 2. sharpen *ceruzku*
strukoviny *pl.* podders
struna string
stružliny *pl.* shavings
strýko uncle
studený cold, chilly • *cold war* studená vojna • *cold sweat* studený pot
studňa well, spring *prameň*
stuha ribbon, bow *mašľa*
stuhnúť stiffen
stúpať 1. tread°, climb *hore* 2. rise° *ceny*
stupeň 1. step *schod* 2. stage *fáza* 3. degree *v stupnici* 4. grade *vzdelania*
stupnica scale
stupňovanie gradation
stužka ribbon
stvárniť form, depict *zobraziť*
Stvoriteľ Creator *Boh*
styk contact, touch, *pl.* relations *vzťah* • *diplomatic relations* diplomatické styky • *intercourse* po-

stýkať sa

hlavný styk • *public relations* styk s verejnosťou
stýkať sa contact, associate with, meet°, join each other *navzájom*
subjektívny subjective
súboj duel
súbor 1. set, collection 2. group, ensemble *umelecký*
subtropický subtropical
súci capable
súcit pity, sympathy, compassion
súčasne actually, instantly
súčasnosť the present
súčasný actual, current, present
súčasť part, component, element *zložka*
súčiastka part, component
sud barrel *drevený*, drum *plechový*
súd court, trial *súdne konanie* • *military tribunal* vojenský súd
sudca arbiter, judge
súdiť 1. try *obžalovaného* 2. judge *posudzovať*
súdny court, judicial • *court room* súdna sieň • *lawsuit* súdny proces
súdržnosť solidarity, fellowship
sugerovať suggest
sugescia suggestion
sugestívny suggestive
súhlas agreement, approval *úradný*
súhlasiť agree, accept • *I agree with you* súhlasím s tebou
súhrn *pl.* contents, summary
súhrnný comprehensive, summary
suchár biscuit, cracker *Am.*
suchý dry, arid *pôda*
suka bitch
sukňa skirt
súkromie privacy
súkromný private, privy, personal *osobný*
súlad harmony, conformity *zhoda*
súlož coitus, sexual connection
suma amount, sum • *all together* suma sumárum
súmerný symmetrical, proportionate
súmrak twilight, dusk
súostrovie archipelago, group of islands
súper rival, opponent *protivník*

súperiť compete with, oppose, rival
suplovať substitute, stand° in *zaskočiť*
súprava 1. set, tea set *čajová* 2. tracksuit *tepláková* 3. unit *nábytková*
súrny urgent, pressing
súrodenec sibling ● *half blood* nevlastný súrodenec ● *brothers and sisters* súrodenci
surovina raw material
surový 1. raw, crude *nespracovaný* 2. cruel, rough *brutálny* 3. severe *počasie*
sused neighbour
susediť border on, neighbour
susedný neighbouring
susedstvo neighbourhood
súsošie statuary
sústava system, network
sústrasť sympathy ● *accept my condolences* prijmite moju sústrasť
sústrastný condoling
sústredenie concentration
sústrediť sa concentrate, centre
súš dry land, mainland *pevnina*

sušička dryer
sušienka biscuit, snap
sušiť dry
súťaž competition, rivalry *súperenie*
súťažiť compete with
suterén basement
suvenír souvenir
suverén sovereign
suverenita sovereignty
súvisieť be° connected with *s*
súvislosť coherence, continuity, connection
súvislý connected, coherent
sužovať trouble, plague
svadba wedding, marriage
svadobný of wedding ● *honeymoon* svadobná cesta ● *a wedding present* svadobný dar
svah slope, hillside
sval anat. muscle
svalstvo musculature
svár *pl.* quarrels
svat father of the bride
svätec saint
svätožiara aureole
svätý náb. saint, sainted, holy ● *Holy Father* Svätý otec
svedčať suit, fit *komu*
svedectvo testimony, wit-

svedok

ness, evidence *dôkaz*
svedok witness • *eye witness* očitý svedok
svedomie conscience
svedomitosť conscientiousness
svedomitý thorough *dôkladný*, painstaking *usilovný*
svet 1. universe *vesmír* 2. world *Zem* • *all over the world* na celom svete
svetadiel continent
sveter jumper, sweater
svetlo 1. light 2. lamp *zdroj* • *switch on/off* rozsvietiť/zhasnúť
svetlý clear *obloha*, fair *vlasy*, light *farba*
svetonázor world outlook
svetový 1. universal 2. world, global *rozšírený* • *World War* svetová vojna
svetoznámy world-known
svetský 1. wordly, mundane 2. profane *nie náboženský*
sviatok holiday, saint's day, cirk. feast • *bank holiday* štátom uznávaný sviatok
sviatosť Host, sacrament
svieca candle, taper *tenká*
svietiť shine°, glow *rozpálením*

svietnik candlestick
svieži brisk *vietor*, crisp *vzduch*, fresh *čerstvý*
sviňa pig, sow *prasnica*, boar *kanec*
svišť marmot
svit shine • *sunshine* slnečný svit • *moonlight* mesačný svit
svitať dawn
svižný smart
svoj 1. one's, my, your, his, her, its, our, their 2. mine, yours, his, hers, its, ours, theirs *samostatne* • *in a way* svojím spôsobom
svojský 1. specific, special 2. peculiar *zvláštny*
svojvoľný irresponsible
svojvôľa irresponsibility, high hand
svokor father-in-law
svokra mother-in-law
svokrovci people-in-law
svorka clasp, pack *kŕdeľ*
svorný harmonious
svrab scab
svrček zool. cricket
syčať 1. hiss 2. sizzle *pri smažení* 3. fizzle *para*
sychravý raw, damp and cold
sýkorka zool. tit, titmouse

sykot hissing
symbióza symbiosis
symbol symbol, emblem, sign *znak*
symbolicky symbolically
symbolický symbolic
symetria symmetry
symetrický symmetrical
symfónia symphony
symfonický symphonic
sympatia sympathy
sympatický likeable *milý*, pleasant, sympathetic *to komu*
sympózium symposium
syn son ● *godson* krstný syn ● *stepson* nevlastný syn ● *the Son of God* Syn Boží ● *little son* synček
synagóga synagogue
syndikát syndicate, trust
syndróm syndrome
synonymum synonym
synovec nephew
syntax syntax
syntéza synthesis
sypať pour, strew°
sypať sa spill° *trúsiť*, drop *padať*, fall° down *sneh*
sýpka granary, barn
syr cheese
systém system, scheme *plán*

● *legal system* právny systém ● *control system* riadiaci systém
systematicky systematically
systematický systematic
systémový systemic ● *systems analysis* systémová analýza
sýty sate, full *najedený*

Š

šabľa sabre
šablóna 1. stencil *maliarska* 2. pattern *vzor*, model
šach pl.chess *hra*, check *ťah*
šachista chessplayer
šachovnica chess-board
šachový chess • *chessman* šachová figúrka
šachta coal-mine, shaft, pit
šakal jackal
šál shawl, scarf *šátok*
šalát lettuce *druh zeleniny*, salad *zeleninový*
šalieť be° crazy, turn mad
šálka cup • *a cup of tea* šálka čaju
šampanské champagne
šampión champion
šampionát championship
šampón shampoo
šanca chance • *odds* šance
šantenie frisk, romp
šantiť frisk, romp
šarkan dragon, kite *detský*
šarlach scarlet fever
šarlatán charlatan, pretender
šarlatánstvo quackery
šarm charm, zest
šarmantný graceful
šarvátka 1. voj. skirmish 2. squabble *nepatrná*
šarža voj. rank
šašo clown, droll, jester *dvorný*
šatiť clothe, dress
šatka scarf, headscarf *na hlavu*, neckerchief *na krk*
šatňa 1. cloakroom *prezliekáreň*, wardrobe 2. šport. dressing-room
šatniar dresser
šatník wardrobe
šatstvo clothing, wear
šaty 1. clothes, wear 2. dress *dámske* 3. suit *oblek*
šedivieť become° grey
šedivý grey
šedý grey • *eminence grise* šedá eminencia
šéf 1. chief, head, principal 2. hovor. boss
šéfkuchár chef
šéfovať boss
šéfredaktor editor-in-chief
šek cheque, check *Am.*
šekový cheque • *checque card* šeková karta • *checkbook* šeková knižka

794

šelest rustle • *cardiac murmur* srdcový šelest
šelma beast of prey, predator *dravá*
šepkanie whispering
šepkár prompter
šepkať whisper, prompt *napovedať*
šepot whisper
šerm fencing, swordsmanship *mečom*
šermiar fencer
šermovať fence
šero gloom, dusk *súmrak*, twilight *na úsvite*
šesť six, half a dozen • *sixfold* šesťnásobný
šesťdesiat sixty
šestina sixth
šestnásť sixteen
šestonedieľka woman in childbed
šetriť 1. economize, spare *neplytvať* 2. save for *sporiť na*
šetrný 1. sparing, economical 2. considerate *ohľaduplný*
šev seam *látky*
šialenec madman, maniac, lunatic
šialený 1. mad, crazy *bláznivý* 2. insane, lunatic

šibačka Easter whipping
šibal rascal, wag
šibať whip
šibenica *pl.* gallows
šifra cipher, *pl.* initials • *cipher* šifrovaná správa
šichta shift, turn
šija neck, nape
šijací sewing • *sewing machine* šijací stroj
šík voj. file, array
šikanovať chicane, bully
šikmo skew
šikmooký squinting
šikmý 1. oblique 2. leaning *naklonený* 3. pitched *strecha*
šikovný skilful, competent, dexterous *obratný*, handy *zručný*
šiltovka flat-cap
šimpanz chimpanzee
šíp arrow
šípka 1. hip *plod* 2. brier *ker* 3. dart *papierová* 4. arrow *smer* 5. header *do vody*
šírenie spreading, difusion
šíriť 1. broaden, widen 2. spread° *reči, oheň* 3. diffuse *do okolia* 4. peddle *klebety*
šíriť sa 1. expand, broaden

šíriteľ

2. widen *rozpínať sa* 3. spread° *prenikať*
šíriteľ propagator
šírka 1. breadth, width, span *rozpätie* 2. latitude *zemepisná*
široko widely • *far and wide* široko-ďaleko • *wide-angle* širokouhlý
široký 1. wide *rozpätie* 2. spacious *priestranný* • *avenue* široká ulica • *broad spectrum* široké spektrum
široširy far and wide
šíry wide • *the high sea* šíre more
šiška bot. cone
šiť sew°, do° sewing, make° dress *šaty*
škála scale *stupnica*, range, spectrum
škandál scandal
škandalizovať scandalize
škára slot *štrbina*, cranny *prasklina*
škaredý ugly, hideous
škatuľa box, case
škeriť sa grin
šklbať pluck, tear° *trhať*, pull *mykať*
škoda 1. damage *poškodenie* 2. loss *znehodnotenie*

3. injury *zranenie*, harm *ublíženie* • *what a pity!* aká škoda!
škodiť 1. harm *komu* 2. damage *ničiť*
škodlivosť harmfulness
škodlivý damaging, harmful, injurious
škodoradosť glee, malicious joy
škodoradostný gleeful, feeling of malicious joy
škola 1. school, institute *večerná* 2. school builing *budova* • *primary school* prvý stupeň • *secondary school* druhý stupeň • *secondary school* stredná škola • *university* vysoká škola
školáčka schoolgirl
školák schoolboy
školenie course
školený trained
školiť train, teach°, instruct
školiteľ instructor, trainer
školné school-fee
školník caretaker
školopovinný schoolgoing
školský school, academic • *black-board* školská tabuľa • *satchel* školská taška

školstvo education system
škorec starling
škorica bot. cinnamon
škorpión scorpion
Škót Scot, Scotsman
Škótsko Scotland
škótsky Scottish, Scots, Scotch • *kilt* škótska sukňa
škovránok zool. skylark, lark
škôlka kindergarten
škrabať 1. scratchy *nechtami* 2. scrape *šúpať*, peel *lúpať*
škrečať squeak, screech
škrečok zool. hamster
škriabať scratch, scrabble
škriatok elf, goblin *zlý*
škriekať cry *kričať*, screech
škriepiť sa 1. dispute, argue 2. quarrel *hašteriť*
škriepka quarrelling, dispute
škrípať shrill, screech *brzdy*, gnash *zubami*
škrobiť starch
škrtať 1. strike° *zápalkou* 2. cross out *zrušiť*
škrtiť strangle *tesný*, throttle
škrupina shell, eggshell *z vajíčka*

škuľavý cock-eyed, squinty
škúliť squint
škvrna blemish, stain, spot, smear *mastná*, splash *blatová*
škvrnitý spotted, blotched
šľahač whisk
šľahačka whipped cream
šľahať lash, whip
šľacha tendon
šľachetnosť generosity
šľachetný noble, high-minded
šľachta nobility, aristocracy
šľachtic nobleman, aristocrat
šľachtický aristocratic, noble
šľapa sole *chodidlo*, footprint *stopa*
šmyk skid
šmýkať sa slide°, slip *kĺzať sa*
šmykľavý slippery
šnúra 1. lace, string *povrázok* 2. lead *vedenia* 3. flex *spotrebiča* 4. clothes-line *na prádlo*
šnúrka lace, bootlace *do topánok*
šnurovať tie up, lace up
šofér driver, lorry man *závozník*, trucker *na náklad-*

nom aute
šok shock
šokujúci shocking
šomrať grumble, mutter
šopa shed
šošovica lentil
šošovka *pl.* lens
šovinista chauvinist
šovinizmus chauvinism
špagát string, cord
špagety *pl.* spaghetti
špajza pantry, storeroom
Španiel Spaniard
španielčina Spanish
Španielsko Spain
španielsky Spanish
špáradlo hovor. toothpick
špargľa asparagus
špásovať lark
špecialista expert, specialist
špecialita speciality
špeciálny peculiar, special
špecifický several, specific
špecifikovať specify
špehovať spy on *koho*, peep *cez kľúčovú dierku*
špehúň sneak
špekulácia speculation, manipulation *na burze*
špekulant speculator, profiteer
špekulovať speculate
špenát spinach

špendlík pin ● *pinhead* špendlíková hlavička
šperk gem, jewel
špička 1. point *hrot* **2.** tip toe *chodidla*
špina dirt, filth *usadená*, grime *zažratá*
špinavý black, dirty, filthy
špiniť dirty, foul, grime
špión spy
špionáž espionage
špirála spiral ● *inflation spiral* inflačná špirála
špľachot splashing
šplhať sa climb up, shin *po lane*
špongia sponge
šport sport, *pl.* sports *činnosť*
športovať go° in for sports
športovec sportsman
športovkyňa sportswoman
šprintér sprinter
šramotiť rustle, rattle
šrot *pl.* groats, scrap *kovový odpad*
štáb staff , *pl.* headquarters *hlavný*
štadión stadium
štádium stage, phase, period
štafeta relay *pretek*, baton ● *relay race* štafetový

798

beh
štart start, launch *rakety*
štartovať start, take° off *lietadlo*
šťastie happiness, bliss *dokonalé* • *have° a good luck* mať šťastie
šťastný 1. happy 2. favourable *priaznivý* 3. lucky 4. cheerful *radostný*
štát state, country *krajina*
štátnik statesman, politician
štátny state, public *verejný*, national *národný*
štatút statute
šťava 1. juice, squash *prírodná* 2. gravy *mäsová*
šťavnatý 1. juicy 2. succulent *mäkký*
štebotať chirp, warble
štedrý generous, liberal • *Christmas Eve* Štedrý večer
štekať bark, bay *silný*
štekliť tickle
šteňa pup, puppy *psa*
štetec brush
štetka brush
štica tuft
šticovať pull by the hair
štiepiť sa split°
štíhly slender, slim

štípať bite° *mucha*, sting° *osa*
štipec *pl.* pincers, nippers
štipendium scholarship, fellowship
štipka pinch of *čoho*
štipľavý sharp, biting *ostrý*
štít 1. shield, buckler *okrúhly* 2. peak *horský*
štítok label *nálepka*
štopkať darn
štrajk strike • *general strike* generálny štrajk • *blackleg* štrajkokaz
štrajkovať strike° for *za*
štrbavý toothless
štrbina crack *škára*
štrk gravel
štrkáč zool. rattlesnake
štrnásť fourteen
štruktúra structure
študent student • *university student* univerzitný študent
študentský student
štúdio studio
štúdium study, reading
študovať study at *na*, read° *odbor*
študovňa study, reading-room
šťuka zool. pike
štvorcový square

štvorec square
štvorhlas quartet
štvorlístok quarterfoil
štvoruholník square
štvrť 1. fourth, quarter 2. district *mestská*
štvrtina fourth, quarter
štvrtok Thursday
štvrťročie quarter of the year
štýl style
štylizovať stylize, word
štýlový stylish
štyri four
štyridsať forty
štyridsiatnik a man of forty years
šúchať rub, grate
šúľok roll
šum hum, gurgle *vody*
šumieť hum, gurgle *zurčať*, fizzle *nápoj*
šunka ham, gammon *údená* ● *ham and eggs* šunka s vajcom
šúpať strip, bark *kôru*, peel *zeleninu*
šupina scale
šuškať whisper
šušlať lisp
šušťať rustle, swish
švagor brother-in-law
švagriná sister-in-law

Švajčiarsko Switzerland
Švédsko Sweden
švih lash
švihadlo skipping rope
švihák dandy
švihať swish, lash
švindľovať swindle
švitoriť twitter

T

tá *p.* ten
ta there
tabak tabacco, snuff
tabatierka tobacco-box, snuff-box
tabletka odb. pill, tablet
tábor camp • *concentration camp* koncentračný tábor • *death-camp* tábor smrti • *prison camp* zajatecký tábor
táborák camp-fire
táborisko camping-site
táboriť camp
tabuľa 1. blackboard *školská* 2. table *vývesná* 3. board *doska*
tabuľka tablet, plate *firemná*, bar *čokolády*
tackať sa dodder, stagger
tácňa tray
tade that way
ťah 1. pull, tug 2. stroke *štetcom* 3. draw *žrebovanie*
ťahák hovor. crib
ťahať pull, draw°, drag *vliecť*
tachometer speedometer
tajfún typhoon

tajga taiga
tajiť conceal, keep° close about, hold° back, hide° from *pred*
tajne secretly, in secret, confidence
tajný secret, hidden, covert *skrytý* • *Secret Service* tajná polícia • *ballot* tajné hlasovanie pri voľbách • *cabal* tajný spolok
tajomník secretary
tajomný mysterious, mystic
tajomstvo mystery *záhada*, secret
tak 1. so, thus *mieru* 2. in this/that way *spôsob* • *as - as* tak ako • *one way or other* tak či onak • *well* tak teda • *so-so* tak-tak
takisto in the same way, just so
takmer almost, nearly
takt 1. hud. bar, measure *rytmus* 2. tact *spoločenský*
taktik tactician
taktika tactic
taktne tactfully
taktnosť diplomacy, tact-

fulness
taktný diplomatic, tactful
takto in this/that way, like this
taký such, like this/that *prirovnanie*, kind/sort of *vlastnosť*, of this/that size *veľkosť* ● *as ... as* aký ... taký
takzvaný so-called
takže so that, so as
talent gift, talent for *na*
talentovaný talented
Taliansko Italy
talizman talisman, amulet
tam there, at that place, in that place, outdoors *vonku*
tamojší local *miestny*, native *domorodý*
tampón tampax menštruačný
tamten that one, the over there
tancovať dance
tanec dance
tanečník dancer
tanečný dancing ● *dance-hall* tanečná miestnosť ● *ballroom* tanečná sála ● *dancing floor* tanečný parket
tanier plate
tanierik saucer, soup-plate *na polievku*
tank voj. tank
tankista tank-driver
tankovať fill up, tank
tápať grope, fumble *hľadať*
tapeta wallpaper
tapetovať paper
táranina expr. prattle
tárať prattle, say° nonsense
tárať sa roam
ťarbavý clumsy, awkward, sluggish
ťarcha weight, burden *bremeno*, load *náklad*
ťarchavosť pregnancy
tarifa tariff *dopravná*, rate
taška bag, schoolbag *školská*, handbag *dámska*
ťať hew°, cut°
táto this
ťava camel
taviť melt°, fuse
taxík taxi
taxikár taxi-driver
taxislužba taxi service
ťažba extraction, mining
ťažiť extract, exploit, mine
ťažkať si hovor. complain of
ťažkopádny heavy, weighty
ťažkosť difficulty *obťažnosť*, trouble *nepríjemnosť*, complaint *zdravotná*

ťažký weighty, heavy, difficult *obťažný*
teda then, therefore *dôsledok*
tehelňa brickyard
tehla brick
tehotenstvo odb. gravidity, pregnancy
tehotná pregnant, odb. gravid
technický technical • *Technical University* vysoká škola technická
technik techniciant *odborník*, engineer
technológ technologist
technológia technology
tekutina liquid *kvapalina*, fluid
tekutý liquid, fluid
tekvica pumpkin
teľa calf, little calf *teliatko*
teľacina veal
telefón telephone, hovor. phone • *be° on the phone* mať telefón
telefonát telephone message, telephone call *hovor* • *trunk call* medzimestský
telefónny telephone, phone • *call box* telefónna búdka • *telephone directory* telefónny zoznam
telefonovať phone, telephone, call up, ring° up
telegraf telegraph
telegram telegram, wire
telepatia telepathy
telepatický telepathic
teleskop telescope
telesný 1. body *orgán*, physical *námaha* 2. manual *práca* • *bodyguard* telesná stráž
teleso 1. body 2. geom. solid
televízia television, T.V. • *on TV* v televízii
televízor television set, T.V. set
telo body, corpse *mŕtvola*
telocvičňa gymnasium, hovor. gym
telocvik *pl.* gymnastics, physical training
telovýchova physical education
téma theme, subject
tematický thematic, subject
temeno top of the head, crown
temný dark, obscure *záhadný*, gloomy *chmúrny*
temperament disposition, temperament
tempo rate, hud. tempo

ten, tá, to this, that, the
tendencia tendency, trend
tendenčný tendentious
tenis tennis, lawn tennis *na trávniku*
teniska tennis shoe
tenista tennis-player
tenký thin, slender *postava*, slim *štíhly*
tenor tenor
tento, táto, toto this, that
● *this time* tento raz
teológ theologian
teológia theology
teologický theological
teoreticky theoretically
teoretický theoretical
teoretik theoretician, theorist
teoretizovať theorize
teória theory
tep pulse, pren. pulsation
tepláky track-suit *súprava*
teplo warmth, heat ● *warm weather* teplé počasie
teplomer thermometer
teplota temperature, fever *horúčka*
teplý hot, warm
tepna 1. anat. artery 2. arterial road *dopravná*
terajší present, actual

terapeutický therapeutic
terapia therapy
terárium vivarium
terasa terrace, sun roof *na streche*
teraz now, nowadays, at present time
terč target, mark
terén ground
teritórium territory
termálny thermal
termín term, date, time, limit ● *deadline* posledný termín
terminál terminal
terminológia terminology
termofor hot-water bottle
termoska thermos
teror terror
terorista terrorist
teroristický terrorist
terorizovať terrorize
tesár carpenter
tesný tight, close, narrow *úzky*
test proof, test
testament last will, testament
testovať testify
tešiť 1. please, give° a pleasure, make° happy, delight *obšťastniť* 2. comfort *utešovať*

804

tešiť sa 1. be° glad **2.** feel° delight **3.** look forward
teta aunt
tetovať tattoo
text text, reading
textár text-writer
textil textile
textový textual
tchor polecat
tí *p.* **ten**
tie *p.* **ten, tá, to**
tiecť run°, flow *plynúť*, pour *liať sa*
tieň shade, shadow
tienidlo screen, lampshade
tieniť shadow, cast° a shadow
tieseň pressure, depression
tieto these
tiež also, too, as well
tiger zool. tiger
tigrica tigress
ticho silence, quiet
tichý silent, soft *slabý*, calm, quiet *pokojný*
tikať tick
tinktúra tincture ● *tincture of iodine* jódová tinktúra
tisíc thousand
tisícročie millennium
tisícročný millenial
tíšiť calm down, quiet down

títo these
titul title, heading *kapitoly*
tkáč weaver
tkáčsky weaving
tkanina texture, fabric
tkanivo tissue
tkať weave°
tlač printing, press *noviny*
tlačený printed, published *vydaný*
tlačiareň printing house
tlačiť press, push *tisnúť*, print *noviny*
tlačivo blank, form
tlačový press ● *press agency* tlačová agentúra ● *press conference* tlačová konferencia
tlak press *nátlak*, pressure *vzduchu* ● *under pressure* pod tlakom
tlakomer barometer
tlakový pressure ● *pressure cooker* tlakový hrniec
tĺcť hit°, slap, beat° *srdce*
tlieskať applaud, clap
tlieť rot, decay
tlkot beating
tlmiť deaden, muffle *zvuk*
tlmočiť interpret
tlmočníčka interpretress
tlmočník interpreter

tlstý

tlstý thick, fat *tučný*, bulky *objemný*
tma darkness, dusk *súmrak*
tmavý dark, obscure *nejasný*
tmel putty
tmoliť sa reel
to p. ten
toaleta 1. toilet, robe *šaty* 2. lavatory *záchod*
tobogan toboggan
točiť sa revolve, circle
točiť 1. turn, roll, whirl 2. spin° *víriť* 3. shoot° *film*
tok flow, stream *rieky*
tolerancia tolerance
tolerantný tolerant
tolerovať permit, tolerate
toľko so much/many *prirovnanie*
tón hud. tone, signal
tona ton
topánka shoe, boot *vysoká*
topiť sa 1. drown, go° down 2. melt° *roztápať sa*
topoľ bot. poplar
torta cake
totalita totality
totiž namely, skr. viz.
toto this
totožnosť identity
totožný identical, the same
tovar article, goods • *consumer goods* spotrebný tovar
továreň factory, works
tradícia tradition
tradičný traditional
trafika tobacconist´s
trafikant tobacconist
trafiť 1. score a hit *cieľ* 2. go° home 3. hit° with *zasiahnuť*
tragédia tragedy
tragický tragic
tragikomédia tragicomedy
trajekt car-ferry, ferry-boat
traktor tractor
traktorista tractor-driver
traky pl. traces
trampoty pl. worries, troubles
transformácia transformation
transformačný transformation
transformátor transformer
transformovať transform
transfúzia transfusion • *blood transfusion* transfúzia krvi
transplantácia transplantation
transplantát transplant
trápenie bother, trouble, worry

trápiť annoy *znepokojovať*, trouble, vex, worry *sužovať*
trápiť sa worry, grieve
trápny distressing
trasľavý trembling
trať track *koľaje*
traumatizovať traumatize
tráva grass
tráviť 1. pass *čas* 2. spend° *účelne* 3. digest *zažívať*
trávnatý grassy
trávnik lawn
trčať stick° out, tower *týčiť sa*
treba it is necessary
tréma stage fever
trémista neurotic
trenažér trainer
tréner coach, trainer
tréning training
trenírky *pl.* shorts
trénovať practice, train *cvičiť*
trepotať sa flutter
treska zool. codfish
trest 1. punishment 2. penalty *pokuta* 3. práv. judgement, sentence • *capital punishment* trest smrti
trestanec convict, prisoner
trestať punish, chastise *telesne*, penalize
trestný criminal, punishable • *complaint* trestné oznámenie • *bad mark* trestný bod
tretí third
tretina third
trezor depository, safe
trh market, fair *pravidelný* • *black market* čierny trh • *domestic market* domáci trh
trhať 1. pull 2. claw *driapať* 3. pick *plod* 4. extract *zub*
trhovisko market, marketplace
tri three
triangel triangle
triasť sa 1. shake° *ruky* 2. shiver *telo* 3. quake *od strachu*
tričko T-shirt
tridsať thirty
trieda 1. category, class 2. classroom *učebňa* • *working class* robotnícka trieda • *social class* spoločenská trieda
triediť categorize, sort, type
triedny form • *the class struggle* triedny boj
trieska chip, splinter

trieskať strike°, bang
triezvy sober *aj rozumom*
trilógia trilogy
trinásť thirteen
trio trio
triptych triptych
triumf triumph
triumfálny triumphal
triviálny trivial ● *trivia* triviálna záležitosť
tŕň thorn, prickle *pichliač*
trnka bot. blackthorn
trofej trophy
trocha a bit, a little, a drop
trojboj triathlon
trojčatá *pl.* triplets
trojhlavý three-headed
trojica 1. trio 2. náb. Trinity
trojkolka tricycle
trojlístok trefoil
trojnožka tripod
trojskok triple jump
trojuholník triangle
trolejbus trolley-bus
trón throne
tróp trope
tropický tropical ● *the tropics* tropické pásmo
troska wreck, dross, crock *človek*
trovy *pl.* costs *náklady*
trpaslík dwarf, pygmy
trpezlivosť patience
trpezlivý patient
trpieť 1. be° in pain *bolesťou* 2. suffer *ujmou* 3. want *nedostatkom*
trpký acrid, bitter *zatrpknutý*
trstenica cane
trstina cane, reed ● *sugarcane* cukrová trstina
trúba 1. hud. horn 2. pipe *rúra*
trubač trumpeter
trubica tube, pipe, windpipe *dýchacia*
trúbiť blow°
trúbka trumpet
trucovať be° wilful
trúfať si be° cheeky, dare, have° the courage
truhla 1. chest *nábytok* 2. coffin *rakva*
truhlár joiner
trúchliť lament, grieve for *smútiť*
trup 1. anat. trunk 2. body *stroja*
trvalý lasting, continued, permanent *definitívny* ● *permanent address* trvalé bydlisko
trvanlivý durable
trvať last, go° on, keep° on, take° time *zaberať čas*

808

trvať na abide°, maintain
tržnica market, market hall
tu here
tuba tube
tuberkulóza lek. tuberculosis
tucet dozen
tučniak penguin
tučnieť become° fat
tučný fat, thick *hrubý*
tuha graphite, lead *náplň*
tuhnúť become° stiff
tuhý stiff, rigid *neohybný*
tuk oil, fat *živočíšny*
ťukať tap
tulák vagabond, tramp
túlať sa wander, roam, tramp
tuleň zool. seal
tunel tunnel
tuniak tunny
tupý blunt, pointless *zaoblený*
túra walk, hike, tour *okružná*
turbína turbine
Turecko Turkey
turecký Turkish ● *Turkish coffee* turecká káva ● *Turkish nougat* turecký med
Turek Turk
turista tourist
turistika tourism, hiking *pešia*
turnaj šport. championship
turnus turn-taking
tušiť forebode, suspect, sense, anticipate *predvídať*
túžba longing, craving, lust *pohlavná*
túžiť long, yearn
tvár face, visage, air *výraz*
tvar form, shape *stvárnenie*
tváriť sa put° on, pretend *predstierať*
tvaroslovie morphology
tvarovať shape
tvoj your, yours *samostatne*
tvor creature, being
tvorba creation, production *výroba*, formation *tvorenie*
tvorca originator, author, umel. creator
tvoriť form, make°, create, produce
tvorivý active, creative, productive *plodný*
tvrdiť affirm, declare, assert, claim
tvrdnúť become° hard
tvrdohlavosť wilfulness
tvrdohlavý wilful, wrongheaded

tvrdý

tvrdý hard, heartless *bezcitný*, strict *prísny*
ty you
tyč bar, rod, stick
týčiť sa rise°, kniž. tower
tykadlo feeler
tykať address
typ type, class *druh*, character *človek*
typický typical, characteristic of *pre*
typológia typology
tyran tyrant
týrať maltreat, manhandle
týždeň week ● *fortnight* dva týždne
týždenník weekly

U

u at, by, with *niekoho, niečoho* ● *at the doctor's* u lekára
ubezpečiť assure of
ubezpečiť sa make° sure, reaffirm
ubiedený miserable
ubiť beat° to death *k smrti*
ublížiť injure, hurt° *citovo*, wrong
úbočie slope, hillside
úbohosť misery, wretchedness
úbohý pitiable, poor, miserable *biedny*
úbor clothes, dress ● *evening dress* večerné šaty
úbožiak poor wretch
ubrať 1. take° away from 2. reduce *zmenšiť*
úbytok 1. decline 2. fall *pokles*
ubytovanie accommodation, housing
ubytovať hovor. accommodate, put° up, lodge *v podnájme*
ubytovňa hostel, lodginghouse
ucelený complete

úcta regard *ohľaduplnosť*, respect, reverence *hlboká*
uctiť si 1. honour 2. treat to *pohostiť čím*
úctivo respectfully
úctivý respectful, reverent *človek*
úctyhodný 1. respectable, honorable *ctihodný*, venerable *dôstojný* 2. remarkable *pozoruhodný*
učarovať bewitch *komu*
účasť 1. participation, share in *podiel na* 2. attendance at *prítomnosť na*
účastník attendant, participant, competitor *súťaže*
učebňa classroom ● *curriculum* učebný plán
učebnica textbook
účel 1. aim, end *cieľ* 2. purpose *zámer* 3. use *použitia*
účelne purposefully
účelnosť reasonableness
účelný reasonable, suitable *vhodný*, useful
účelový purposebuilt
učeň apprentice, learner
učenie learning
účes hovor. hair-do, hair-sty-

učesať

le, haircut *pánsky*
učesať comb, do° the hair
účet 1. invoice *faktúra*, bill 2. account *konto* • *current account* bežný účet • *budget account* sporožírový účet
účinkovať 1. work *pôsobiť* 2. take° part in *v programe* 3. perform
účinne effectually
účinnosť effectiveness
účinný active, effective, influential *vplyvný*
účinok 1. influence, effect 2. result *výsledok*
učiť sa learn°, memorize *naspamäť*, study
učiť teach° *koho*, instruct in *čo*, lecture *prednášať*
učiteľ instructor, teacher, master of *čoho*
účtovník accountant, bookkeeper
účtovný accounting • *book value* účtovná hodnota
úd 1. limb *končatina* 2. member *pohlavný*
údaj *pl.* facts, data
udalosť affair, event, occurrence, happening *spoločenská*

udanie denunciation
udať inform
udatnosť bravery
udatný brave, valiant
udavač informer, sneak *v škole*
udeliť grant, give° • *award* udeliť cenu • *grant pardon* udeliť milosť • *call* udeliť slovo • *visa* udeliť vízum
údený smoked
úder bang *rana*, blow *osudu*, punch *päsťou*, stroke • *deep hit* úder pod pás
udiareň smoking-chamber
udiať sa happen
udica fishing-rod
údiť smoke, cure *slaninu*
údiv surprise, wonder
udiviť astonish, amaze *užasnúť*
údolie valley, glen *pusté*
udrieť blow°, punch *päsťou*, strike° *blesk*
udrieť sa knock, bump
udržať hold°, keep° *zachovať*
udržať sa hold° out
údržba maintenance
udržiavať maintain, uphold°
udupať trample down
udusiť stifle

812

ufúľať sa soil
uhádnuť guess
uhasiť 1. put° out *oheň* **2.** quench *smäd*
uhlie coal • *brown coal* hnedé uhlie
uhlopriečka diagonal
uhnúť sa turn° off, give° way
uhol angle • *acute angle* ostrý uhol • *obtuse angle* tupý uhol
uhorka cucumber
uhradiť cover, pay°, refund
uhryznúť bite°, nibble off
uchádzač applicant, candidate
uchádzať sa solicit, try • *apply for a job* uchádzať sa o prácu
ucho 1. anat. ear **2.** eye *ihly* **3.** catch *tašky*
uchopiť catch°, grip, hold°
uchovať keep°, save
uchrániť save
uchýliť sa shelter *do úkrytu*
úchylka deviation, deviance *odklon*
úchylný perverse, deviant *človek*
uchytiť sa find° a position
uistiť assure, make° sure
ujasniť make° clear

ujať sa take° care of *koho*, take° the floor *slova*
ujsť get° away, run° away, escape *uniknúť*
úkaz sight, phenomenon
ukázať 1. point to *na* **2.** show°, produce *vytiahnuť*
ukazovací demonstrative *zámeno*
ukazovák forefinger
ukazovať 1. point *prstom* **2.** demonstrate, indicate
ukazovateľ index, indicator
ukážka 1. exhibit, exhibition **2.** illustration *vzor* **3.** trailer *z filmu*
ukladať put°
úklon bend
ukloniť sa bow
úkon act, function, operation
ukončiť close, complete, end, finish, close down
ukoristiť capture, seize
ukradnúť steal°
ukrižovať crucify
ukrutnosť brutality, cruelty
ukrutný cruel, brutal, savage
ukryť conceal, hide°, keep° secret *utajiť*
úkryt hiding place, shelter
ukryť sa hide°, find° shel-

ter
úľ beehive
uletieť fly°
ulica street ● *on the street* na ulici
ulička 1. lane *malá*, alley *medzi budovami* 2. passage *priechod*, corridor *vo vlaku*
úlisný fulsome, greasy
ulita shell
úloha 1. commission, mat. problem, task *poslanie* 2. homework *školská* 3. exercise *cvičenie*
ulomiť break° off
úlomok fragment, splinter
uloviť hunt down, catch°
uložiť bank *v banke*, box *do krabice*, put°, set°, lay°
ulúpiť kidnap, rob
um mind, intellect, brains, skill *zručnosť*
umelec artist, craftsman
umelecký artistic, art
umelkyňa woman artist
umelý 1. artificial 2. chem. synthetic ● *artificial respiration* umelé dýchanie
umenie art, arts *výtvory* ● *the fine arts* výtvarné umenie
umieráčik deathbell, knell

umierať 1. die 2. be° starving *hladom*
umiestnený 1. set°, situated 2. šport. be° placed
umiestniť place, situate *rozvrhnúť*, locate, fix *pevne*
umlčať 1. silence, mute 2. hovor. shut° up
umožniť allow, make° possible
umrieť die
úmrtie death, decease
úmrtný of death ● *obituary* úmrtné oznámenie ● *death certificate* úmrtný list
úmysel intention, plan ● *intend* mať v úmysle
úmyselný intentional, deliberate, purposeful *zámerný*
umyť wash, wash up *riad*
umývadlo washbasin
unáhliť sa be° hasty
unášať carry away, drift *vodou*, waft *vzduchom*
únava fatigue, exhaustion
unavený tired
unaviť sa become° tired, exhaust o.s.
únia union ● *customs union* colná únia

uniesť carry away, bear° *udržať*, kidnap *odvliecť*
uniforma uniform
únik escape *útek*, evasion *nelegálny*
unikať escape, make° an escape
univerzálny universal, general
univerzita university, college *Am.*
únos kidnapping, abduction
únosca kidnapper
upadnúť fall° off, drop, become° weak *zoslabnúť*
úpal sunstroke, lek. heatstroke
upáliť burn° off, burn° to death
úpätie foot
upečený baked, roast
upevniť establish, strengthen, reinforce *posilniť*, fix *pripevniť*
upiecť bake, roast
upír vampire, vamp *žena*
uplakaný tearful
uplatniť apply, assert
uplatniť sa do° well
úplatok bribe, graft *Am.*
úplný complete, whole, full, total
uplynúť flow away *voda*, elapse *čas*
upodozrievať suspect
upokojiť calm, appease *vzťahy*, salve *svedomie*
upokojiť sa calm down
upratať clean, tidy up
upratovačka charwoman
úprava modification, normalization, regulation
upraviť arrange, order, settle *vzťahy*, adapt *prispôsobiť*
uprieť deprive komu čo
úprimnosť sincerity
úprimný sincere, frank, honest
uprostred in the middle of *čoho*
úrad office, board, *pl.* authorities ● *employment agency* úrad práce ● *Office of the Presidium* úrad vlády
úradník clerk, official *vyšší*
úradný authorized, legal, official
úraz injury, accident *pracovný*, casualty *smrteľný*
uraziť offend, insult
uraziť sa take° offence, be° offended
urážka injury, insult, offence

815

určiť determine, assign, appoint
určite certainly
určitý definite, precise *presný*
urgovať urge
urna urn ● *ballot box* volebná urna
urobiť do°, make°
úroda crop, harvest
úrodnosť fertility
úrodný fertile, productive
úroveň 1. level 2. standard
urovnať accomodate, settle
urýchliť speed up, hasten, hurry
úryvok fragment, passage, extract *vybraný*
usadenina sediment, deposit
usadiť settle *usídliť*
usadiť sa settle down
usadlík settler
úsek section, sector *oblasť*, length *cesty*
úsilie effort, endeavour
usilovať sa try hard
usilovný diligent, industrious
uskladniť store, house
úskok wile, trick
uskromniť sa become° modest

uskutočniť realize, carry out
usmerniť 1. direct 2. control
úsmev smile ● *keep smiling* vždy s úsmevom
usmievať sa smile at *nad*
usmrtiť kill
uspávanka lullaby
úspech success ● *make° good* dosiahnuť úspech
úspešný successful
uspokojenie satisfaction
uspokojiť sa be° satisfied, abide°
uspokojiť satisfy, accommodate *vyhovieť*, content *upokojiť*
úspora cut, saving
usporiadať arrange, set° in order *zoradiť*, run° *organizovať*
úsporný saving
ústa mouth ● vulg. *shut up!* zavri hubu!
ustáliť establish, stabilize
ustanovenie appointment, constitution, statute
ustanoviť 1. determine, fix *určiť* 2. set° up, establish *založiť* 3. appoint *menovať*
ustať get° tired

ústav institution, institute *výskumný*
ústava constitution
ustavične constantly, continually
ustavičný continual, incessant
ústie mouth *rieky*, estuary *do mora*
ústiť flow° in *do*, empty into *do*
ustlať make° the bed
ústny oral, verbal
ústredie centre, head office
ústredňa central office, telef. exchange
ústredný central ● *central heating* ústredné kúrenie
ústroj organ
ustúpiť step back ● *make° concession* urobiť ústupok
úsudok opinion, conclusion
usudzovať conclude
usušiť dry
úsvit dawn, daybreak
ušetriť save
ušiť sew°, make° dress *šaty*
úškľabok grimace
uškrnúť sa expr. smirk
ušľachtilý 1. nobleminded 2. graceful *krásny*
utajovať keep° close

uťať cut° off
utečenec escapee, escaper
útecha comfort, consolation for *pre*
útek 1. flight from *od*, run° from *pred* 2. escape *únik*, breakout *z väzenia*
uterák towel
útes cliff, rock
utiahnuť sa retire
utiecť run° away, break° out *z väzenia*
utierať mop, dry
utíchnuť calm down
utláčať press down
útlm damping
útly slim, slender
útočiť charge, attack at *na*
útočník attacker, šport. forward
útočný aggressive
útok attack, charge
utópia utopia
utopiť sa get° drowned
utorok Tuesday
utrpenie suffering, distress *duševné*
utrpieť suffer, sustain *prehru*
útulný snug, cosy
útulok asylum, shelter
utužiť strengthen
útvar formation

utvrdiť confirm
utýrať torment to death
uvádzač attendant
uvádzať show° into
úvaha consideration, reflection, essay *článok*
uvažovať consider, speculate
uvädnúť wither
uväzniť jail, put° in prison
uvedomiť si realize, understand°, be° aware of *čo*
uverejniť publish
uveriť believe
uviazať tie
uvidieť see°
uviesť take°, show° into *do*, bring° out *do spoločnosti*, introduce to *do rodiny*
uvítať welcome
uviverzálny general, universal
úvod introduction, preface *predhovor*
uvoľniť release, untie *povoliť*
uvoľniť sa relax
uzákoniť constitute, legalize
uzáver close, end
uzavretý close
uzavrieť conclude, close, bargain *obchod*

uzda bridle, bit
uzdraviť cure
uzdraviť sa recover from
územie area, territory, region *kraj*
územný areal, regional, territorial
úzkosť anxiety
úzkostlivý anxious
úzky narrow, tight *tesný*
uznanie recognition
uznať accredit, approve, admit *pripustiť*
uznesenie decision, resolution
uzniesť sa pass a resolution
uzol knot
už already, well *teda*, even *dokonca*
užasnúť be° amazed
úžasný amazing, astonishing
úžina *pl.* narrows, straits *morská*
užiť take° *liek*, experience *okúsiť*
užitočnosť usefulness
užitočný useful
úžitok benefit, gain, profit *zisk*

V

v 1. in *miesto* • *in the school* v škole *budove*, at, inside *vnútri* **2.** in *časovo* • *in winter* v zime, • *on Sunday* v nedeľu
vábiť lure
vada defect, flaw *kaz* • *physical defect* telesná vada
vadiť sa quarrel
vagón carriage, coach • *dining car* jedálenský vozeň • *sleeping car* spací vozeň
váha weight, scale *prístroj*
váhanie hesitation
váhať hesitate, dither, hang° back, linger *otáľať*
vajce egg • *soft-boiled egg* vajíčko na mäkko • *hard-boiled egg* vajco na tvrdo
vak bag, sack, wallet *na nástroje*
vakcína vaccine
vákuum vacuum
val moundline, line, vallum *rímsky*
valčík waltz
valcovať roll, steam-roll *parným valcom*
valec roller *stroj*, steam-roller *parný*
váľanda French bed, couch
váľať roll out, roll down, lie° about *povaľovať sa*
váľok rolling pin
valorizácia valorization
valorizovať monetize
vaňa bath, tub *Am.*, tech. tank
vandalizmus vandalism
vandrák vagabond, hobo, sponge *príživník*
vandrovať wander, roam
vanilka vanilla
vánok breeze
vanúť blow°, waft
vápencový limestone
vápenec limestone, odb. calcite
vápnik calcium
vápno lime
var boil *stav*, boiling *dej*
varecha ladle, dipper, spoon
varhan organ
vari perhaps, maybe
variácia variation
varič stove, cooker • *gas-*

varič

819

variť

cooker plynový varič, oven *Am.*
variť cook, boil
varovanie caution, warning
varovať warn, caution
varovný cautionary, warning, monitory *napomínajúci*
vartovať be° on guard, watch over
váš your, yours *samostatne*
vášeň passion, fancy *záľuba*
vášnivosť vehemence *prudkosť*, passionateness
vášnivý passionate
vata cotton wool, candy floss *cukrová*
vatra campfire
váza vase, bowl, urn *antická*
vazelína petroleum jelly
vážiť si respect, esteem *vysoko*, prize
vážiť weigh, balance *porovnávať*
vážnosť estimation, respect, dignity *dôstojnosť*
vážny grave, serious *dôležitý*, sad *smutný*, weighty *závažný*
väčšina majority
väčšmi more
vädnúť wither

väzeň prisoner, convict
väzenie gaol, prison, jail *Am.*
väzenský captive, prison • *warder* väzenský dozorca
väznica prison house, jailhouse
väzniť keep° in prison
väzy nape, back of the neck • *break your neck!* zlom väz!
vbehnúť run° in
včas on time, in due time, early *zavčasu*
včela honeybee, bee,
včelár bee-keeper
včelárstvo bee-keeping
včelí bee- • *queen-bee* kráľovna • *beebread* kašička
včera yesterday, yesterday evening *večer*
vďačnosť gratefulness, gratitude, thankfulness
vďačný grateful, thankful
vďaka thanks
vdova widow • *grass widow* slamená vdova
vdovec widower
vdýchnuť take° in breath, odb. inhale
vec thing, matter, affair *záležitosť*, issue *problém*,

otázka
vecnosť reality
vecný real, material *hmotný*, factual *faktický*
večer evening • *Christmas Eve* Štedrý večer • *prísl.* in the evening/tonight dnes večer
večera supper, dinner, evening meal
večerať have°/take° dinner/supper, dine
večernica evening star
večerníček "Good Night Children" programme
večierok party
večnosť eternity, perpetuity
večný eternal, everlasting, unending *nekonečný*, perpetual
veď indeed, yes
veda science, learning, scholarship
vedec scientist, scholar
vedecký 1. scientific 2. science-fiction, sci-fi *vedeckofantastický*
vedenie 1. admin. management 2. elektr. main 3. leadership
vedieť know°, be° aware *byť si vedomý*
vedľa 1. close to/by, next to *pri*, by the side, beside, along side *blízko* 2. out *mimo* 3. side by side *vedľa seba*
vedľajší 1. next, additional 2. secondary *menej dôležitý* 3. unimportant, irrelevant, inessential *nedôležitý* 4. supplementary *doplnkový*
vedný disciplinary • *discipline* vedný odbor
vedomie consciousness
vedomosť knowledge, *pl.* achievements
vedomý knowing, aware of *si čoho*
vedro bucket, pail, kit *drevené*
vedúci 1. *príd. m.* leading, commanding 2. head, chief, boss, leader, director
vegetácia vegetation
vegetarián vegetarian
vejár fan
vek 1. ages *úsek* 2. era, epoch *obdobie* 3. age *ľudský* 4. old age *vysoký* 5. middle-age *stredný* 6. century *storočie*
vekový age • *age limit* veková hranica

veľa

veľa much *nepočítateľné*, many *počítateľné*, a lot of
velebiť glorify
velenie command
veličenstvo Majesty
velikán giant, colossus
veliť command, order
veliteľ commander
veliteľstvo commandership, *pl.* headquarters
Veľká noc Easter
veľkoleposť magnificence
veľkolepý grand, magnificent
veľkomesto large town, big city
veľkoobchod wholesale trade, warehouse
veľkoobchodník wholesaler
veľkorysosť broad-mindedness, tolerance
veľkorysý large-scale
veľkosť greatness, size
veľkostatok great estate
veľkostatkár landowner, farmer
veľký 1. big, large *plochou* 2. tall, high *vysoký* 3. great *významný, slávny, vznešený*
Veľký piatok Good Friday

veľmi very, much, very much
veľryba zool. whale
veľtok mighty stream, big river
veľtrh fair, trade fair
veľvyslanec ambassador
veľvyslanectvo embassy
veľvyslankyňa ambassadress
vemeno udder
veniec wreath
veno marriage portion
venovať present, devote *poskytnúť* • *pay° attention* venovať pozornosť
ventil valve
ventilácia ventilation
ventilátor ventilator, fan
veranda veranda, piazza *Am.*
verbovať recruit
verejnosť the public • *general public* široká verejnosť
verejný open, public • *public order* verejný poriadok • *public service* verejné služby
veriaci believer, worshipper *uctievajúci*
veriť believe, trust *dôverovať*

vernisáž private view, opening
vernosť faithfulness, loyalty, constancy
verný faitful, truthful, loyal to *komu*
verš verse • *in verse* vo veršoch
veršovať versify, write° verse
verzia version
veselo joyfully
veselohra comedy
veselý merry, jolly *zábavný,* cheerful, delighted, lively *čulý*
veslo oar
veslovať row
vesmír space, universe
vesmírny cosmic, tech. space
vesta waistcoat *pánska,* cardigan *dámska,* life-jacket *záchranná*
vestibul vestibule
vešať hang°, hang° up *bielizeň,* hook on *na hák,* put° up
vešiak rack, clothes hook *háčik,* hanger
veštba prophecy
veštec soothsayer
veštica prophetess
veštiť prophesy
veta sentence
veterinár vet
veterný windy
vetranie ventilation
vetrať air, ventilate
vetroň glider
vetrovka windjacket, anorak
vetva branch, twig *tenká*
vetviť sa branch, ramify
veverica squirrel
veža tower, keep *hradu,* šach. castle
vhodný suitable, fit for *na,* appropriate *primeraný*
vchádzať walk in
vchod 1. entrance *miesto* 2. entry *vstup* • *no entry* vstup zakázaný
viac more
viackrát several times
viac-menej more or less
viacnásobný manifold
viacročný of several years
Vianoce Christmas, skr. Xmas
vianočný Christmas • *Christmas tree* vianočný stromček • *Christmas present* vianočný darček
viať blow° *vietor,* wave *zástava,* flutter *povievať*

viazanka neck-tie *Am.*, tie, cravat *široká*
viazať 1. tie *uzol* 2. bunch *kyticu* 3. sheaf, sheave *snopy* 4. bind° *knihu* 5. knit° up *spájať*
viaznuť 1. stick° in 2. hitch, stagnate *zaostávať* 3. falter *v reči* 4. stagnate *obchod*
vibrácia vibration
vidiečan countryman
vidiek the country, countryside
vidieť see° *pozerať*, watch *sledovať*, visualize *predstavovať si*
vidina vision *predstava*, illusion *ilúzia*, chimera *fantazírovať*
viditeľný visible
vidlička fork
vidly pitch-fork
viečko eyelid
viecha wine-vault *predajňa*
viera faith *presvedčenie*, náb. belief
vierohodnosť veracity, credibility, reliability
vierohodný credible, trustworthy, reliable, authentic
vierovyznanie náb. profession, religion *príslušnosť*

viesť lead°, drive° *vozidlo*, run° *podnik*, guide *usmerňovať*, show° *vyprevádzať*, conduct *organizovať*, keep° *udržiavať*, pursue *sprevádzať*, make° for *smerovať k*, make° war *viesť vojnu* /against *proti*, be° in conflict with *spor s kým*
vietor wind, breeze *slabý*
viezť sa carry
víchor strong wind, storm *prudký*
víchrica windstorm, snowstorm *snehová*
vila villa
víla nymph *morská*, fairy *rozprávková*
vina 1. blame *zodpovednosť* 2. fault *priestupok*
vináreň wine bar
vinič vine
viniť blame, accuse
vinník culprit, offender
víno wine • *white wine* biele víno • *red wine* červené víno
vinohrad vineyard
vinúť sa wind°, snuggle up to *nežne*
violončelo cello
vír whirl, whirlpool *vodný*,

vlhký

whirlwind *vzduchový*
vírit' whirl
vírus virus
visiet' hang°, hang° down *ovísať*
višňa black cherry *plod*
viť wreathe
vitalita vitality
vitamín vitamin
vítať salute, welcome
víťaz 1. victor 2. šport. winner
víťaziť win°, gain a victory
víťazstvo victory, šport. win, triumph *obrovské*
vitrína showcase
vízia vision
vizita visit
vízum visa, entry visa *vstupné*
vkus 1. taste 2. style *štýl*
vkusný tasteful, stylish
vláčny lithe, ductile *tvárny*
vláda government, dominance *nadvláda*
vládca ruler, dominator
vládnuť 1. reign *panovať* 2. govern *politicky*, rule *panovať* 3. dominate
vlaha humidity
vlajka flag, ensign *vojenská*, standard *kráľovská*
vlak train ● *goods train*
nákladný vlak ● *express train* rýchlik
vlákno fiber, harl *ľanové*
vlámať sa break° into *do*
vlani last year
vlas *pl.* hair
vlasť native country *rodná*, home *domovina*
vlastenec patriot, nationalist
vlastenectvo nationalism, patriotism
vlastizrada high treason
vlastníctvo property, *pl.* possessions *majetok*, ownership
vlastník owner, proprietor
vlastniť own, possess, hold°, be° the owner
vlastnoručný autographical
vlastnosť 1. quality *znak* 2. attribute, feature *črta*
vlastný own, private, real *skutočný*
vľavo to the left *smer*, on the left *miesto*
vlažný modist, indifferent *nezúčastnený*
vlečka trailer *príves*
vlek tow
vletieť fly° in
vlhkosť humidity
vlhký moisty *podnebie*,

825

vlhnúť

damp
vlhnúť moisten, become° damp
vliecť drag *ťahať*, carry *namáhavo*
vlievať sa fall° into
vlk wolf
vlna 1. wave, billow *mohutná*, surge *príval* 2. wool *ovčia*
vlniť sa ripple, wave *zástava*
vločka flake, snowflake *snehová*, cornflakes *ovsené*
vložiť put° into *do*, place, deposit *peniaze*
vložka filter *výplň*, sanitary towel *hygienická*
vľúdny charitable
vmestiť sa get° into
vmiešať sa interfere
vnem perception, sensation
vnikať penetrate
vnímať take° in, perceive, feel° *cítiť*, sense
vnímavý sensitive *citlivý*, perceptive
vnúča grandchild • grandson vnuk • granddaughter vnučka
vnútri inside, within, in, indoors

vnútro inside, interior
vnútrozemie inland
vnútrozemský continental
voči towards, to
voda water, wash *roztok*
vodáreň *pl.* waterworks
vodca leader, voj. chief
vodič driver *šofér*, conductor *električky*
vodiť lead°, guide *ako sprievodca*, take° *sprevádzať*
vodopád waterfall, fall
vodorovný horizontal, level
vodotesný waterproof
vodovod 1. water main, waterpipes 2. water-tap *v byte*
vodstvo *pl.* waters
vojak soldier, airman *letectva*
vojenský army-, military
vojna war • *civil war* občianska vojna • *military service* vojenská služba
vojnový war-
vojsko army *armáda*, troops *vojaci*, the forces *jednotky*, navy *námorné*
vojsť enter *vstúpiť*, go°, come°, step into, get° into *autom*
voľačo something
voľakde somewhere

voľakto somebody
volanie calling
volant steering wheel
volať cry *kričať*, shout, call *telefonovať*, call for *dožadovať sa*
volavka heron
voľba choice, selection
volebný election, voting • *polling station* volebná miestnosť
volejbal volleyball
volič voter, elector
voliť choose°, select, elect *koho*, vote *hlasovať*
voľno holiday
voľnosť freedom, liberty
voľný 1. unattached *pohyblivý*, loose *odev* 2. vacant, empty *nezaplnený*, free *voľný*
von out, outside, outward, abroad
voňať smell°, scent
voňavka perfume
vonkajší outside, external
vonkajšok exterior
vonkoncom cut and out, throughout, on the whole
vonku out, outside, exterior, out of doors, outdoors, in the open air *v prírode*
vopred beforehand, in advance *časovo*
vosk wax, beeswax *včelí*
voš louse
votrelec intruder, invader *nepriateľ*
voz waggon, car *nákladný*
vozeň carriage, coatch • *dining car* jedálny vozeň • *sleeping-car* spací vozeň
vozidlo vehicle, motor-car
voziť sa drive°, ride° on, travel *dopravným prostriedkom*
voziť take° by *na*, drive°, perambulate *dieťa v kočíku*
vozovka carriageway, roadway
vôbec after all, on the whole, absolutely
vôkol round about
vôl ox
vôľa will • *last will* posledná vôľa • *goodwill* dobrá vôľa
vôňa smell, scent *pach*, perfume *kvetov*, aroma *kávy*
vpád invasion
vpísať enter
vpisovať enter, fill in
vplyv influence *pôsobenie*
vplývať influence

827

vplyvný

vplyvný 1. influential **2.** powerful *mocný*
vpravo to the right *smer*, on the right *miesto*
vpredu in the front
vpustiť let° in
vrabec sparrow
vracať sa return
vracať 1. vomit, hovor. puke *dáviť* **2.** give° back *odovzdávať*
vrah murderer, killer
vrahyňa murderess
vraj it is said, one says
vrak wreck
vrana crow
vráska wrinkle
vrátiť 1. put° back *na miesto*, send° back *zásielku* **2.** give° back *niekomu* **3.** return *odplatiť*
vrátiť sa return, come° back
vrátnik door-keeper, porter *hotelový*
vravieť say°, tell°
vraziť run°, knock *do koho*
vražda murder, killing
vraždiť murder, kill *zabíjať*, massacre
vražedný murderous
vŕba willow
vrčať growl, grumble, grunt *ľudia*
vrece sack *zemiakov*, bag
vreckár pick-pocket
vrecko pocket *odevu*
vreckové pocket money
vreckovka handkerchief
vrh throw *hod*, cast
vrch hill, top *plocha*
vrchnák lid
vrchný upper, top, chief *hlavný*
vrchol 1. summit, top *kopca* **2.** top, height *stupeň*
vrcholiť culminate
vrchovina hill country
vrieť boil, simmer *slabo*
vrkoč plait of hair
vrodený inborn, habitual
vrstva layer, stratum *zemská* • *social class* spoločenská vrstva
vŕtať bore, drill for *čo*
vrtoch caprice
vrtuľa propeller, screw, rotor
vŕzgať creak
vrzgot creaking
vstať rise°, stand° up *na nohy*, get° up *z postele*, wake° up *zobudiť sa*
vstup admission, entry, entrance • *no admittance* vstup zakázaný • *free*

admission vstup voľný
vstupenka admission ticket, season ticket *predplatená*, free *voľná*
vstúpiť enter, come° in *vojsť*, join stať sa členom • come in! vstúpte!
vstupné admission charge, entrance fee
všade everywhere, anywhere
však but
všedný everyday, ordinary *obyčajný*, working
Všechsvätých All Saint's Day
všeličo anything, this and that
všeobecný universal, general
všestranný universal, all-sided
všetko all, everything, anything
všímavý attentive, perceptive *bystrý*
všimnúť si notice, mark, perceive • *pay° attention* venovať pozornosť
vták bird
vtedy then, at that time
vtieravý intruding
vtip joke, *žart*

vtipkár joker
vtipný witty
vulgárnosť grossness, vulgarity
vulgárny gross, vulgar
vy you, yourself *sami*
vybaliť unwrap
výbava trousseau *nevesty*, outfit *na cestu*
vybaviť execute *vykonať*, arrange *zariadiť*, fix up, settle for *komu*
vybehnúť run° out
výber choice, selection • *natural selection* prirodzený výber
výbojný aggressive *útočný*, offensive
výbor board, committee, commission *komisia*
výborný excellent, good for you, well done
vybrať si choose°, select, take° out *vytiahnuť*
výbuch explosion, detonation, geol. eruption
vybuchnúť 1. explode 2. burst° out *od zlosti*
výbušnina explosive
vycítiť feel°
výcvik exercise, practice, training
výčap bar pult, tap-room

vyčasiť sa

miestnosť
vyčasiť sa clear up
vyčerpať exhaust *spotrebovať*, draw° *odčerpať*
vyčiarknuť strike° out, cross
vyčistiť clean, brush *zuby*,
vyčítať read° *čítaním*, reproach *výčitky*
výčitka reproach, reprimand, rebuke
vydaj marriage
vydanie publication, edition *úprava*, reprint *nové*
vydať publish, spend° *peniaze*, utter *zvuk*, draw° out *vystaviť*
vydať sa marry *za koho*, get° married, set° off *odísť*
výdatný productive, rich
vydavateľ publisher, editor *redaktor*
vydavateľstvo publishing firm, publishing company
vydierať blackmail
vydláždiť pave
vydra otter, sea-otter *morská*
vydržať stay *zostať*, stand°, bear° *zniesť*, keep° fine *počasie*
výdych expiration

výfuk exhaust
vyháňať drive° out
výherca winner
výhľad view, outlook
vyhľadať look up
vyhladnúť get° hungry
vyhlásenie declaration *politické*, proclamation *verejné*
vyhlásiť announce, proclaim *úradne*, declare *vojnu*, advertise *súťaž*
vyhláška notification, proclamation, *pl.* regulations *predpisy*
vyhliadka 1. view, lookout 2. prospect, chance *nádeje*
vyhnať drive° out, turn out *z domu*
vyhnúť sa get° out of the way *z cesty*, go° out
výhoda advantage, privilege
vyhodiť 1. throw° away 2. blow° up *do vzduchu*
výhodný advantageous, beneficial, profitable
výhonok sprig, shoot
vyhovárať sa make° excuses
vyhovieť comply, satisfy
výhovorka excuse, plea
výhra win *v súťaži*, prize

cena
vyhrabať dig° out
vyhrať win°, get° *získať*, be° awarded *cenu*
vyhrážať sa threaten
vyhriať warm, heat
vyhynúť die out *rodina*, die off *zaniknúť*, become° extinct *druh*
vychádzka trip, walk, excursion
vychladnúť cool
východ 1. exit *miesto*, opening, outlet 2. sunrise *slnka* 3. the east *svetová strana*
východisko base, starting point
východný east, eastern, oriental
východoeurópsky East-European
výchova upbringing *dieťaťa*, cultivation, education *vzdelávanie*
vychovávať bring up, raise, educate • *civics* občianska výchova
vyjadrenie expression
vyjadriť sa express, frame *slovami*
vyjasniť clear up
výjav scene

vyjsť 1. go° out, come° out *von* 2. go° up, come° up, climb *hore* 3. appear *na povrch* 4. be° published *tlačou*
výkal excrement
výklad 1. shop-window *obchodu* 2. interpretation *vysvetlenie*
vykladať explain *vysvetľovať*, tell fortune *karty*
vykloniť sa lean° out
vykoľajiť derail
výkon performance
vykonať execute *rozkaz*, perform, do°, make° *uskutočniť*
výkonnosť efficiency
výkonný effective, executive • *executive power* výkonná moc
vykopávka excavation
vykradnúť rob, steal°
výkres drawing, design *technický*, sketch *náčrt*
výkričník exclamation-mark
výkrik cry, shout *silný*, yell *prenikavý*
vykŕmiť fatten
vykročiť step out
vykrvácať bleed° to death
vykúpiť buy° out, purchase,

Vykupiteľ

ransom *oslobodiť*
Vykupiteľ Saviour
vykvitnúť be° in flower
vyleštiť polish
výlet trip, excursion, picnic
vyletieť fly° out, leave° *z hniezda*
výletník tripper, tourist, holiday-maker
vyliahnuť sa hatch out
vyliať pour out, spill° *rozliať*
vyliečiť heal, cure
vyliezť climb
vyložiť unload *tovar*, let° off *cestujúcich*
vylúčiť exclude from *z*, šport. send° off, šport. disqualify
vylúštiť solve
vymáhať claim, demand
vymazať cancel, delete
výmena exchange, interchange *vzájomná*, barter *obchodná*
vymerať measure
vymrieť die out, die off, become° extinct
výmysel fancy, invention
vynájsť invent, discover *objaviť*
vynález invention, patent
vynálezca inventor

vyniesť bring° out *von*, carry out, take° out *von*, carry up *hore*, take° up *hore*
vynikajúci excellent, extraordinary, prominent *osobnosť*
vyniknúť excel, be° prominent
výnimka exception
výnimočný exceptional, extraordinary
vypadnúť fall° out, drop out, be° out of *z tempa*, slip out *z rúk*
vypáliť burn° out, fire *vystreliť*
vypátrať search out
vypätie strain
vypestovať cultivate
vypínač switch
vypínať switch off
vypísať write° out
vypiť drink° up
výplata payment, *pl.* wages *mzda*
vyplatiť pay° out *mzdu*, pay° off *dlh* • pay in cash vyplatiť v hotovosti
vyplávať swim° up
vypliet weed
vyplniť complete, fill in
vypľuť spit° out
vypnúť switch off *vypína-*

vyzuť sa

urovnať
vysvetlivka annotation, note
vysvetľovať explain, interpret
vysypať pour
vyšetrenie examination, inquiry, trial *súdne*
vyšetriť examine, find° out
vyšívať embroider
výška height, altitude *nadmorská*, level *úroveň*
vyť howl, bay at *na*
výťah 1. lift, elevator *Am.* 2. abstract
výťažok extract, essence
výtlačok copy, print
vytopiť drown
vytriezvieť become° sober
vytrvalý persevering *neúnavný*, persisting
vytvárať create, make°
výtvarný plastic, creative
výtvor creation, product, composition *literárny*
vytvoriť achieve, create
vyučovanie teaching, instruction, lessons *hodiny*
vyučovať teach°
využiť take° advantage, make° use of
vyvesiť hang° out
vyvetrať air

vyvierať spring°
vyvinúť exert *úsilie*, odb. develop
vyvinúť sa grow° *vzniknúť*, form *formovať sa*, develop *v procese vývoja*
vývoj development, trend *smer*
vyvolať call out of *z*, call up *žiaka*, cause *podnietiť*
vývoz export
vyvrcholiť culminate
vyvrieť boil over
vývrtka corkscrew
vyzbrojiť arm, weapon
výzdoba adornment
vyzerať look
vyzliecť sa take° off, undress, strip *do naha*
vyznačiť mark out
význam signification, meaning, sense, importance *dôležitosť*
vyznamenanie honour *pocta*, decoration *ocenenie*, medal *medaila*
významný important, significant
vyznať sa be° good at *v niečom*
výzor appearance, looks *podoba*
vyzuť sa take° off, hovor.

výzva

shirk
výzva call, appeal
vyzvať call, appeal, challenge *súpera*
vyzvedať spy
vyžadovať ask, claim, demand
výživa nourishment, food *potrava*
výživné aliment, alimony *Am.*
vzácny precious, rare *zriedkavý*, costly *cenný*, nobble *významný*
vzadu at the back, behind
vzájomný mutual, reciprocal, bilateral *obojstranný*
vzbura revolt, riot
vzbúrenec rebel
vzdať sa abandon, give° up, resign *nároku*
vzdelanie education, schooling *školské*
vzdelaný well-educated, erudite, learned
vzdialenosť distance
vzdialený distant *v priestore*, far-away *v čase*, remote *odľahlý*
vzdialiť sa depart, go° back, leave° *odísť*
vzdor resistance
vzduch air, fresh air, open air *príroda*
vzducholoď airship
vzduchotesný hermetic
vzdušný airy, aerial
vzdychať sigh
vzchopiť sa recover
vziať si 1. take° *do rúk* **2.** take° away *odňať*
vzkriesiť bring° round, revive *oživiť*
vzlyk sobbing
vznešenosť magnificence
vznešený noble, grand, majestic
vzniknúť come° into existence, arise° *objaviť sa*, originate *mať pôvod*
vzor pattern, model *predloha*, example *príklad*
vzorec formula
vzorka sample, pattern *obrazec*, specimen
vzorný exemplary
vzpriamiť sa straighten o.s., get° up, stand° up *vstať*
vzrušenie excitement
vzrušiť excite, disturb *rozrušiť*
vzrušujúci thrilling
vzťah relation between *medzi*, attitude *postoj* • *close relationship* blízky

vzťah
vždy always, constantly *stále* ● *for ever* navždy

Z

z, zo 1. from, out of, of *miestne* 2. from, of *časovo* 3. for, on, in *dôvod*
za 1. back *dozadu*, behind *vzadu*, beyond *miestne* 2. during, in *počas* 3. for *cenu*, of, about 4. after *po* 5. against *niečo* 6. per *kus* ● *at the cost* za cenu ● *at any cost* za každú cenu ● *not at any price* za žiadnu cenu ● *on equal terms* za rovnakých podmienok ● *on easy terms* za výhodných podmienok
zaangažovať engage
zababrať smut
zababušiť cover up, bundle up
zábal wrap, wrapping
zabaliť wrap up, envelop
zabalzamovať embalm
zabarikádovať barricade
zábava 1. amusement 2. play *hra* 3. entertainment *podujatie* 4. fun
zabávať entertain, crease *rozveseľovať*
zabaviť 1. amuse, divert *rozptýliť*, entertain *koho* 2. confiscate *zhabať*
zabaviť sa have° fun
zábavne entertainingly, funnily
zábavný amusing, entertaining, funny
zabehnúť 1. run° in *stroj* 2. go° and fetch *po čo*
záber 1. range *dosah* 2. bite *ryby* 3. still *filmový*
zaberať take° up *miesto*
zabetónovať concrete
zabezpečený secure
zabezpečiť provide *obstarať*, ensure *zaistiť*, secure *zaručiť*, protect *chrániť*
zabezpečiť sa make° sure, protect oneself
zabezpečovať organize *organizovať*
zabíjačka pig-slaughtering
zabíjať drive° in *do steny*
zabiť kill, hammer in *klinec*, slaughter *dobytok*
zablahoželať congratulate
zablatený muddy
záblesk blink, flash, twinkle *v očiach*
zablokovať block
zablúdiť lose° o.´s way, go°

záhadný

astray, get° lost
zablýskať sa lighten *blesk*
zabočiť turn off, round the corner *za roh*
zábradlie railing, *pl.* banisters *na schodoch*
zábrana barrier
zabrániť prevent, stop, restrain *zamedziť*, deter *niečomu*
zabrzdiť stop *auto*
zábudlivý forgetfull
zabudnúť forget°, unlearn°
zabudnutie oblivion
zabudnutý forgotten
zabudovať build° in
zabúchať knock
záclona curtain
začarovať bewitch
začať begin°, start, precede, reopen *od začiatku* ● *start from scratch* začať od nuly ● *start over* začať odznova
začervenať sa turn red
začiatočník beginner, cadet, novice *nováčik*
začiatočný initial, opening ● *initial letter* začiatočné písmeno
začiatok 1. beginning, start, opening *otvorenie* 2. commencement *úvod* 3. hud. prelude *predohra*
začínať begin°, start
začlenenie integration
začleniť integrate, incorporate *začleniť sa*
začudovať sa bewilder
zadarmo free of charge, gratis
zadať set° ● *send° an order* zadať objednávku
zadĺžiť sa get° into debts
zadný back, hinder, backward
zadok back, bottom
zadosťučinenie satisfaction
zadovážiť procure
zadriemať take° a nap
zadržať stop, hold°, keep° *zabrániť* ● *hold° the breath* zadržať dych
zadumaný pensive
zadusiť sa stifle with *čím*
zadychčať sa be° upset, wind
zadymený smoky
zafajčiť si have° a smoke
zafarbený coloured
zagágať cackle
záhada mystery, puzzle *problém*, enigma, riddle *hádanka*
záhadne mysteriously
záhadný enigmatic, myste-

zahál'at'

rious, puzzling
zahál'at' be° idle
zahalit' cover, clothe
zahanbený ashamed
zahanbit' dishonour, shame
zahasit' blow° out *sviečku*, put° out *oheň*, switch off *svetlo*
záhlavie heading, headword
zahmlený muzzy, nebulous
zahnat' drive° away, ward off *nebezpečenstvo*
zahnút' 1. bend° 2. hem *okraj látky* 3. turn *odbočit'*
zahodit' throw° away
zahojit' sa heal up
záhon flower-bed *kvetinový*, patch *zeleniny*
zahrabat' hide° in the earth, bury *pochovat'*, fill up *zasypat'*
záhrada garden
záhradník gardener
záhradný garden
zahraničie foreign country • *abroad* do zahraničia
zahraničný alien, foreign • *foreign trade* zahraničný obchod
zahriat' warm up
zahrmiet' thunder, grumble
zahŕňat' include, embrace
záhrobie the beyond • *the hereafter* posmrtný život
záhuba destruction, confusion, ruin
zahubit' kill
zahustit' condense
záhyb fold *látky*, crinkle
zahynút' perish, die *zomriet'*
záchod lavatory, toilet, privy, closet
zachovalý well-preserved
zachovat' keep° *udržat'*, hold°, preserve
záchrana rescue, refuge, deliverance
záchranca rescuer, deliverer, saver
zachránit' rescue, save, redeem *spasit'* • *life-jacket* záchranná vesta • *ambulance* záchranka • *life-boat* záchranný čln • *safety-belt* záchranný pás
zachrípnut' become° hoarse
zachrípnutý throaty
záchvat attack, fit *epileptický*
záchvev trembling, vibration
zachviet' sa shiver
zachytit' 1. catch° 2. stop, hold° up *zadržat'* 3. clip on *pripevnit'*

záchytný grab • *pointer* záchytný bod
zainteresovaný involved
zainteresovať involve
zaiste certainly, surely
zaistiť ensure
zajac hare, rabbit *králik* • *bunny* zajačik
zajakať sa stammer *rečová vada*
zajať capture
zajatec captive • *prison camp* zajatecký tábor
zajatie captivity, capture
zájazd excursion, sightseeing, tour, trip
zajtra tomorrow • *tomorrow in the morning* zajtra ráno
zakašľať cough
zákaz prohibition • *no smoking* zákaz fajčiť • *curfew* zákaz vychádzania
zakázaný prohibited
zakázať prohibit, forbid°, ban *úradne*
zákazka order, job
zákazník customer, client *v banke*, consumer *návštevník*
zákerný treacherous, malicious, mean
zakiaľ while, as long as

základ 1. foundation **2.** ekon. ground, base
zakladať base, establish, found • *founder-member* zakladajúci člen
zakladateľ founder, establisher
základňa 1. voj. base **2.** ekon. basis
základný basic, constitutional, fundamental, elemental, primary • *concept* základná myšlienka • *primary school* základná škola • *primary education* základné vzdelanie • *capital stock* základný kapitál
zaklopať knock
zakódovať encode
zákon law *právo*, act, code *mravný* • *ruleless* bez zákona
zakončiť close, conclude, end, finish
zákonitý causal, legal, legitimate *oprávnený*
zákonník code • *civil code* občiansky zákonník • *penal code* trestný zákonník
zákonný lawful, legal, legitimate • *proper way* zá-

zákonodarca

konný postup
zákonodarca lawmaker
zákonodarný legislative • *legislature* zákonodarný zbor
zákonodarstvo legislation
zákop trench, ditch
zakopať dig° in , bury in *do zeme*
zakoreniť sa root *strom*
zakotviť anchor
zakrádať sa slink°, creep
zakrátko shortly
zakričať bawl, shout
zakriviť curve
zákrok intervention, treatment, abortion *potrat*
zakrpatieť dwarf
zákruta bend, curve, turn
zakrútiť turn round, twist, wrap
zakrvavený bloody
zakryť cover, cover up *utajiť*
zákulisie backstage, off-stage
zakúpiť buy°
zakúriť make° fire
zákusok cake, dessert
zakvitnúť blossom
zakývať wave
zalepiť glue, tape over *páskou*

záležať depend upon *na čom*
záležitosť 1. matter *vec* 2. affair *dej* 3. business *obchodná*
zaliať water
záliv bay, gulf
záloha retainer
založený founded
založiť base, establish, found, file *spisy*
záľuba hobby, liking, pleasure *potešenie,* fancy *vášeň*
zaľúbený in love with *do,* fond of
zaľúbiť sa fall° in love
záludný tricky
zamat velvet
zamávať wave
zamdlieť faint
zamedziť prevent *zabrániť,* block off
zameniť replace, substitute, swap *výmenou za iný*
zámeno pronoun
zámer intention *úmysel,* aim, intent, purpose *cieľ*
zámerne deliberately, wittingly
zámerný intentional, considered, deliberate, purposeful

842

zamestnanec employee • *civil servant* štátny zamestnanec
zamestnanie business *podnikanie*, employment, job, work, occupation • *out of work* bez zamestnania
zamestnať employ, engage *najať*
zamestnávateľ employer, principal *šéf*, boss *Am.*
zameškať come° late, miss *zmeškať*
zametať sweep°
zamieriť aim, direct, point
zamiešať stir
zamietnuť reject *žiadosť*, refuse, quash *žalobu*
zamilovaný affectionate, in love with *do*
zamilovať sa fall°/be° in love
zamínovať mine
zámka lock, padlock *visiaca*
zamknúť lock, lock up *byt*
zamlčať conceal
zámočník locksmith
zámok castle, country-house, manor *panské sídlo*
zamoriť contaminate
zámožný well-to-do, rich
zamračený cloudy

zamračiť sa become° cloudy, gloom *zachmúriť sa*
zamraziť freeze°, chill
zamrežovaný grilled
zamrznúť freeze°, freeze° over *na povrchu*
zamurovať wall up, brick up *tehlami*
zamykať lock up *kľúčom*
zamyslený thoughtful
zamyslieť sa think° about, ruminate
zamýšľať intend, plan, mean°
zanedbaný neglectful, uncared for *neudržiavaný*
zanedbať uncare, neglect *povinnosti*
zanedbateľný neglectable, negligible
zanedlho in a short time
zanechať leave°, bequeth *dedičstvo*, drop, give° up *prestať*, withdraw°
zaneprázdnený busy, occupied with *čím*
zaniesť take° *niekam*, carry, silt up *nánosom*
zanietený enthusiastic
zánik extinction, destruction, end *koniec*
zaniknúť become° extinct, disappear, fade out *zmiz-*

núť, pass away
zaoberať sa occupy, concern, deal° with *niečím,* handle
zaobchádzať treat, handle *rukami*
zaobísť sa do°, make° without *bez*
zaobliť round
zaobstarať get°, provide, obtain *získať*
zaočkovať vaccinate
zaopatriť find°, provide, set° up, board *postarať sa*
zaostalý backward, dull *aj duševne,* undeveloped
zaostriť point
západ 1. sunset *slnka* 2. west *svetová strana*
zapadnúť 1. set° *slnko* 2. be° covered with *pokryť sa* 3. interlock *do seba* 4. bog *do blata*
západný western, west
západoeurópsky West European
zápach bad smell, odour
zapáchať smell°, stink°
zápal 1. inflamation *rany,* cystitis *močového mechúra,* pneumonia *pľúc,* bronchitis *priedušiek* 2. enthusiasm, verve *nadšenie*

zapáliť light° *svetlo,* start the fire, set° on fire *podpáliť,* switch on *svetlo*
zápalka match • *matchbox* zápalková škatuľka
zápalný incendiary • *fuse* zápalná šnúra
zapaľovač lighter
zapamätať si bear° in mind, keep° in mind *v pamäti,* remember
zaparkovať park *automobil*
zápas 1. struggle 2. šport. fight, match *futbalový*
zápasenie wrestling
zápasiť 1. struggle, fight° 2. šport. wrestle
zápästie wrist
zapečatiť seal up
zapínať button up *gombík*
zápis 1. registration, entry *záznam* 2. minutes *protokol* 3. imatriculation *do školy*
zapísať 1. put° down *si* 2. register *úradne*
zapísať sa sign on, book in *ako hosť*
zápisník notebook, hovor. memo pad
zapisovať write° down, register, tabulate *do tabuľky*
záplata patch

zaplatiť pay° ● *pay in cash* zaplatiť v hotovosti
záplava flood, deluge, verbiage *slov*
zaplaviť inundate *rieka*, overflow°
zápletka complication, incident, plot *diela*
zapliesť sa get° caught at *do*, get° mixed up *do nepríjemností*
zaplniť fill up, pack, crowd *ľuďmi*
zaplombovať seal, fill *zub*
zapnúť button up *na gombíky*, zip up *zips*, switch on *vypínačom*, turn on *uviesť do činnosti*
započítať count in, include
zapojiť sa connect to *do*, engage *zaangažovať sa*
zápor negation
záporný negative
zapôsobiť impress
zapožičať lend°
zaprášiť cover with dust
zapriať wish
zapríčiniť cause, bring° about
zaprieť 1. deny *poprieť* 2. conceal *zatajiť*
zaprisahať adjure, obtest
zapýriť sa blush

zarábať earn, make° money
zaradiť arrange, class, classify, enlist *začleniť*
zaradovať sa rejoice
zarámovať frame
zaraz at once, immediately
zareagovať reply
zarezať butcher *dobytok*, cut° *hydinu*
zariadenie arrangement, device *prístroj*, equipment *technika*
zariadený furnished
zariadiť 1. arrange *vybaviť* 2. furnish *nábytkom* 3. settle *záležitosti*
zarmútiť grieve, fill with sorrow
zármutok grief, sorrow
zarobiť earn, make° money, gain *mať zisk*
zárobok *pl.* gains, profit, *pl.* earnings *pravidelný*
zárodok germ, embryo
zároveň at the same time, together
zárubňa door frame
zaručiť warrant, guarantee
záručný guarantee
záruka guarantee, warrant, security *peňažná*, caution ● *under guarantee* v zá-

845

ruke
zasa again
zásada principle *princíp*, rule *pravidlo*
zasadací sitting • *plan* zasadací poriadok • *boardroom* zasadacia miestnosť
zasadanie meeting, session, conference, sitting
zasadať be° in session, be°/sit° on
zasadiť plant
zásaditý alkaline
zásadne on principle
zásadný basic, essential, principal
zásadový consistent, principled
zásah hit, intervention *intervencia*
zasiahnuť hit°, strike° *blesk*, take° action *úradne*
zasielať post, forward
zásielka mail *list*, parcel *balík*
zaskliť glaze, glass
zásluha merit
zaslúžený deserved • *just* zaslúžený trest
zaslúžiť deserve, earn
zaslúžiť si earn, deserve, merit

zasnený dreamy
zasnežený snowy
zasnúbenie engagement
zasnúbený engaged
zasnúbiť sa become° engaged
zásnuby engagement • *wedding-ring* zásnubný prsteň
zásoba stock, store, provisions *potravín,* reserve • *water supply* zásoba vody
zásobiť provide, supply *plynule*, provision *potravinami*
zásobovač supplyer
zásobovanie supply
zaspať fall° asleep
zastaraný old-fashioned, out-of-date, out-dated, obsolete
zastať stop, stand° *brániť*
zástava flag, ensign, standard
zastavať build° up
zastávať sa advocate
zastaviť sa stop, pause, call *autobus*
zastaviť stop, turn off *vypnúť,* close down
zastávka 1. stop, stopping, break *prestávka* 2. stop *autobusu*, station *vlaku*

zástera apron
zastierať conceal
zastrašovať intimidate
zástrčka plug *elektrická*
zastreliť shoot° dead, gun down, gun to death
zastrúhať whet
zástup crowd *rad*, queue *čakajúcich*
zástupca representative, delegate *vyslaný*, attorney *právny*
zastúpenie representation
zastúpiť stand° in for, take° the place of s.o.
zastupiteľstvo agency, board of representatives
zastupovať represent, stand° for *v práci*
zásuvka 1. drawer *v skrini* 2. elektr. plug socket
zasvätený sacred, well-informed *informovaný*
zasvätiť consecrate to *komu*
zásyp powder
zasypať fill up, bury *zavaliť*, powder *zásypom*
zašepkať whisper
zašiť mend, overcast° *roztrhnuté*, sew° up *zošiť*
zaškoliť instruct
zaškoliť sa train in
zaškrtiť strangle to death, strangulate
zašliapnuť squash
zašomrať mumble
zašpiniť soil, dirty, smudge
zaštekať woof, yelp
zať son-in-law
zatáčať turn
zatáčka curve
záťah pull, raid *policajný*
zatajený concealed
zatajiť conceal, keep°, hide° from *pred*
zatarasiť barricade of, block, close up
záťaž weight, load *náklad*
zaťažiť weigh down, debit *finančne*
zatelefonovať call, phone
zatiaľ 1. so far, by now *doteraz*, by then *dovtedy* 2. for the present *nateraz* 3. meanwhile ● *not just yet* zatiaľ ešte nie
zatiaľ čo whereas
zátišie refuge
zátka stopper, plug, cork *korková*
zatknúť arrest, apprehend
zatlačiť 1. press, push in *do* 2. get° press down *pritisnúť*
zatĺcť drive° in, hammer in
zatmenie eclipse

zátoka bay, gulf
zatopiť flood, overflow° *rieka*
zatriasť shake°
zatriedenie classification, rating
zatriediť class, categorize
zatrpknutý rancorous
zatúlať sa go° stray, wander
zatvoriť 1. shut°, close 2. turn° off *prívod* 3. enclose *do ohrady* 4. lock up *zamknúť*
zátvorka bracket, round bracket *okrúhla*, square bracket *hranatá*
zatykač warrant
zatýkať arrest
zátylok nape, back of the neck
zaucho slap, smack
záujem attention, interest, care, concern, favour • *in the interest* v záujme
záujemca applicant
zaujímať attract attention, interest
zaujímať sa be° interested in
zaujímavo interestingly
zaujímavosť interest
zaujímavý interesting, attractive
zauzliť knot, tie
závada defect, fault *chyba*
zavadzať hinder
zaváhať hem
zavalitý stout, blocky
zaváranina bottled fruit
zavárať preserve, bottle, pickle
závažie weight
záväzne obligatorily
záväzný effectual, obligatory
záväzok obligation, bond *zmluvný*
zavčasu early
závej snowdrift, wreath
záver end, close *ukončenie*, inference *domnienka*, conclusion *myšlienkový*
záverečný final • *finals* záverečné skúšky
záves curtain *z látky*, drapes
zavesiť hang° up, hang° out *prádlo*
závet testament, last will
zaviať 1. snow up *zasypať* 2. blow° *zaduť*
zaviazaný obliged
zaviazať sa pledge, commit
závidieť envy
zaviesť 1. bring°, take°, lead° 2. apply, establish

sanity *duševné*
zdraviť salute
zdravo healthily
zdravotníctvo health service
zdravotný hygienic, sanitary • *physical* zdravotná prehliadka • *complaint* zdravotné problémy
zdravotníctvo health service
zdravý healthy, well, normal *duševne*
zdražieť increase in prices, go° up, rise°
zdrevenieť grow° numb
zdriemnuť si take° a nap
zdrobnenina diminutive
zdroj source, fountain, spring *vodný*
združenie association *asociácia*, syndicate *syndikát*, union
združený united
združiť associate, combine, unite
zdržanlivý moderate *odmeraný*, temperate
zdržať sa stay, be° delayed *oneskoriť sa*
zdvihnúť sa get°up, raise
zdvojený double
zdvorilosť politeness

zdvorilostný complimentary • *complimentary close* zdvorilostná fráza
zdvorilý polite, well-mannered, attentive *pozorný*
zebra zebra • *zebra crossing* priechod pre chodcov
zelenina *pl.* vegetables, root crop *koreňová*
zeleninár greengrocer
zeleninárstvo greengrocer´s
zelený green, unripe *nezrelý*
zeler bot. celery
zelina herb, plant
zem earth, world, land *pevnina*, ground *pôda*
zemeguľa earth, globe *glóbus*
zemepis geography
zemepisný geographical • *longitude* zemepisná dĺžka • *latitude* zemepisná šírka
zemetrasenie earthquake
zemiak potato
zemina earth, soil
zemný terrestrial
zháčiť sa be° startled
zhasiť 1. blow° out *sfúknuť* 2. switch off *svetlo, rádio*
zhlboka from out the deep
zhltnúť swallow

zhniť rot
zhoda agreement, accordance, understanding ● *consensus* zhoda názorov ● *by chance* zhodou okolností
zhodiť throw° down, drop *bombu*
zhodnúť sa agree with *súhlasiť s*, get° on *znášať sa*
zhon bustle, stir
zhora from above
zhorieť burn°, burn° down
zhoršiť make° worse
zhotovený made
zhotoviť make°
zhovárať sa converse, speak° to *s*, talk to, have° a chat
zhovorčivý communicative, talkative
zhrešiť sin
zhrnúť summarize
zhrnutie summarization, summary
zhromaždenie meeting *schôdza*, assembly *výboru*, company *spolok*
zhromaždiť concentrate *sústrediť*, assemble, collect
zhromaždiť sa gather, congregate, get° together
zhroziť sa be° shocked, horrify
zhubný malignous, destructive ● *cancer* zhubný nádor
zhudobniť put° to music
zhynúť die
zima winter *ročné odbobie*, cold *chlad*
zimnica lek. fever
zimomriavky *pl.* shivers, creeps
zinok zinc
zips zip
zisk bargain *výhoda*, benefit, profit *výnos*
získaný acquired
získať acquire, obtain, get°, win° *vyhrať* ● *score* získať body
ziskový profitable
zísť go° down, come° down
zísť sa 1. meet°, come° together 2. suit, be° fit *byť potrebný*
zistiť discover, find° out
zisťovanie ascertainment ● *identification* zisťovanie totožnosti
zisťovať inquire
zívať yawn
zjav phenomenon
zjaviť unvail
zjaviť sa appear

zjavný apparent, clear, obvious
zjazd congress, convention *snem*
zjednodušiť simplify, facilitate *uľahčiť*
zjednotenie unification, union
zjednotený united
zjednotiť consolidate, unite, unify
zjednotiť sa become° united, unify
zjesť eat° up
zježiť bristle, prick up
zlacnieť become° cheaper
zladiť tune
zlákať allure
zľaknúť sa be°/get° frightened, get° scared
zlatníctvo goldsmith´s shop
zlatník goldsmith
zlato gold
zlatý gold, gilt *pozlátený* ● *gold-mine* zlatá baňa ● *goldfish* zlatá rybka ● *golden wedding* zlatá svadba ● *golden age* zlaté časy ● *laburnum* zlatý dážď
zľava 1. from the left side *z ľavej strany* 2. reduction, discount *zníženie*

zle ill, wrongly
zlenivieť become° lazy
zlepiť glue together, stick° together, paste *lepidlom*
zlepšenie improvement, innovation, reform
zlepšiť make° better, improve, innovate, reform
zlepšiť sa grow° better, improve
zlepšovať innovate
zlepšovateľ innovator
zletieť fly° down
zliezť climb down
zlikvidovať liquidate
zlisovať compress
zlo evil, ill, wrong *krivda*
zločin crime, offence, villainy
zločinec criminal, offender
zlodej burglar, thief, robber
zloduch villain
zlom breakdown
zlomenina fracture
zlomiť break°, fracture
zlomok fragment ● *split second* zlomok sekundy
zlomyseľný malicious, vicious
zlosť anger, wrath *zloba*
zlostiť torment
zlostný angry, vicious, virulent

zlozvyk bad habit
zloženie composition, configuration *konfigurácia*, structure
zložiť 1. hang° up *slúchadlo* 2. put° down, take° off *odev* 3. unload *náklad* 4. set° up *zostaviť*
zložitý complex *komplikovaný*, complicate, compoud
zložka element, ingredient, part, component *súčasť*
zlúčenie union
zlúčenina compound
zlúčiť sa unite
zľutovať sa have° pity on s.o.
zlý bad, evil *úmysel*, grim *krutý*
zlyhať fail, break° down
zmariť blemish, defeat
zmazať wipe out, delete *záznam*
zmätený confused, puzzled
zmätok fuss, confusion, disorder
zmena alternation, conversion *premena*, modification, transformation *premena*, turn *obrat*, change *výmena*
zmenáreň exchange office

zmeniť alter, modify *upraviť*, change *premeniť*
zmenšiť reduce, make° smaller, minimize
zmes mixture, blend
zmestiť sa place, get° into
zmeškať miss, lose°
zmeták sweeper
zmieniť sa mention, allude *naznačiť*
zmienka mention, reference
zmierniť mitigate, relax *napätie*
zmija viper
zmilovať sa have° mercy
zmiznúť disappear, vanish, be° gone *odísť*
zmiznutie disappearance
zmĺknuť become° silent
zmluva act, treaty *medzinárodná*, agreement, contract *hospodárska* • lease nájomná zmluva
zmluvne contractually
zmluvný contractual
zmobilizovať mobilize
zmocnieť strengthen
zmocniť sa capture, seize
zmodernizovať update, redevelop
zmoknúť get° wet
zmontovať assemble, fit
zmrazený frozen

zodpovedať sa

zmraziť chill, freeze°
zmrzačiť cripple
zmrzlina ice cream
zmrznúť freeze° up
zmúdrieť grow° wise
zmýliť sa make° a mistake
zmysel meaning *význam*, reason *dôvod*, sense • *pivot of the life* zmysel života
zmyselnosť sensuality
zmyselný sensual
zmyslový sensory • *sense-organ* zmyslový orgán
značiť mark
značka mark, road sign *dopravná*, trademark *výrobná*
znak sign, mark
znalec specialist, expert
znamienko little sign, mark • *birth mark* materské znamienko
známka stamp, mark *školská*
známkovať give° marks, classify
známosť acquaintance, friendship *priateľstvo*
známy known, famous
znásilniť rape, violation
znásobiť multiply
znášanlivosť toleration
znášanlivý tolerant
znázornenie illustration
znázorniť illustrate, demonstrate
znehodnotiť reduce the value
znemožniť make° impossible, wreck *prekaziť*
znepokojiť make° uneasy, disquiet
znervózniť make° nervous
zneuctiť dishonour
zneužiť abuse, interfere *ženu*
zničiť annihilate, destroy, demolish
znieť sound
znížiť devalue *cenu*, lower, bring° down
znova again, once more • *time after time* znova a znova
znovuzrodenie revival, rebirth
zobák bill, beak
zobať peck
zobliecť si take° off
zobraziť picture, map *na mape*
zobudiť wake° up
zoči-voči face to face
zodpovedať sa answer for, be° responsible for

855

zodpovedný responsible
zodrať wear° off
zohnúť bend° down, bow *úklonom*
zohriať sa warm
zomlieť grind° up
zomrieť decease, die
zóna zone
zoológ zoologist
zoradiť 1. line up, range 2. order, arrange
zosilniť strenghten
zoslabiť weaken
zosmiešniť make° ridiculous
zosobášiť sa marry
zosobnenie personification
zostať stay
zostaviť arrange
zostreliť shoot° down
zostrojiť construct
zostup descent, fall *pokles*
zosuv slide, slip, downfall
zošalieť go° mad
zošedivieť become° grey
zošit notebook, exercise-book *školský*
zošiť sew° together
zotaviť sa convalesce
zotmieť sa get° dark
zotrieť wipe out
zovrieť press *v ruke*, clench *päsť*

zovšeobecniť generalize
zoznam directory *telefónny*, list, register, roll *menoslov*
zoznámiť introduce to *s*
zoznámiť sa meet°
zôkol-vôkol all around
zrada betrayal
zradca traitor
zradiť betray, give° away
zrak sight
zrakový visual, optic
zranenie injury, wound *úmyselné*
zraniť injure, wound, hurt° *duševne*
zrastať grow° together
zraziť knock down *vozidlom*, knock out *úderom*
zraziť sa collide with *s*, run°, crash
zrazu all of a sudden, suddenly
zrážka 1. crash *náraz*, collision, accident *dopravná* 2. conflict *bojová*
zrednúť become° thin
zrejme apparently, evidently
zrejmý evident, obvious
zrelosť maturity, ripeness
zrelý ripe, mature
zreteľ consideration, regard, respect

zreteľný distinct, clear
zrezať cut° down
zriadenie organization, system
zriadiť constitute, establish
zriecť sa give° up
zriedka rarely, seldom
zriedkavý rare
zrieť ripen, mature
zrkadliť sa reflect
zrkadlo mirror
zrnitý grained, granular
zrno corn, grain *obilie*
zrúcanina ruin
zrúcať pull down, demolish, ruin
zručný handy
zrušiť abolish, cancel *zmluvu*
zrútiť sa break° down, collapse
zrýchliť speed° up, accelerate
zub tooth • *wisdom tooth* zub múdrosti
zubný lek. tooth, dental
zúčastniť sa take° part in, participate in, share in *mať podiel*
zúfalstvo despair
zúfalý desperate
zúriť rage
zúrivý raging, furious

zúrodniť fertilize
zúženie narrowing
zvábiť entice
zvádzanie seduction
zvaliť pull down, demolish, knock off *zhodiť*
zvážiť weigh up *posúdiť*
zväčša mostly, largely, for the most part
zväčšenina enlargement
zväčšiť enlarge, extend *predĺžením*, add *pridať*, increase *zvýšiť*
zväz federation, league • *Trade Union* odborový zväz
zväzok 1. alliance 2. bunch *kľúčov*, bundle *slamy*
zväzovať bind° together
zvečeriť sa become° dusky
zvedavý curious
zver wild animals *divá*, beasts *dravá*, game *lovná*
zverinec zoo
zveriť deliver, charge *poveriť úlohou*
zverolekár hovor. vet
zvesť *pl.* news, message
zviazať tie together, knot together *uzlami*
zviera animal, cattle *dobytok*
zvierať compress

zvislý vertical
zvitok roll
zvládnuť master
zvlášť especially, particularly
zvláštny particular, strange, special *osobitný*
zvlhnúť become° moist
zvodný tempting, seductive
zvolať exclaim, call out, cry out *zavolať*
zvon bell
zvonár bell-founder *výrobca*, bell-ringer
zvonica belfry
zvoniť ring°, toll *umieráčik*, jingle *zvonček*
zvonka from the outside, from without
zvrchovanosť sovereignity
zvrchu from above, from the top
zvučný sounding
zvuk sound, tone *melodický*, noise *rušivý*
zvyčajne usually
zvyčajný usual
zvyk habit, custom, manner *spôsob*
zvyknúť si accustom, get° used to *na*
zvýrazniť express
zvýšiť lift, raise *plat*

zvyšok surplus, rest

Ž

žaba frog
žabí frog´s, froglike • *frogs legs* žabie stehienka
žabiak he-frog
žabinec chickweed
žal grief *zármutok*
žalár prison *budova*, gaol, jail *Am.*
žalárnik jailer
žalm psalm
žaloba complaint, suit, action *súdna* • *sue* podať žalobu
žalospev 1. dirge 2. lit. elegy
žalostne grievously, piteously
žalostný grievous, piteous, heart-aching *sklamaný*
žaluď 1. bot. acorn 2. *pl.* kart. clubs
žalúdok stomach • *idigestion* pokazený žalúdok
žalúzia jalousie, shade
žáner genre *odbor*
žart fun, joke vtip • *crack a joke* urobiť žart
žartovať joke
žať harvest, mow° *trávu*
žatva harvest, crop
žblnkať ripple, splash
že that • *I know that ...* Viem, že...
žehlička iron
žehliť press, iron • *ironing board* žehliaca doska
žehnať bless
želať si wish
železiareň *pl.* ironworks
železiarstvo ironmonger´s
železnica railway, railroad *Am.* • *on the railway* na železnici
železničný railway • *railway-ticket* železničný lístok
železný iron • *iron ore* železná ruda
železo iron, cast iron *liate*
žemľa roll, bun
žena female, woman, wife *manželka* • *divorcée* rozvedená žena • *maiden* slobodná žena • *housewife* žena v domácnosti
ženatý married
ženích bridegroom
ženiť sa marry
ženský feminine, womanish
žeravý glowing, red-hot

žeriav

žeriav crane, derrick
žezlo sceptre, wand
žiabre gill
žiačka school-girl
žiadať adjure *naliehavo*, apply, demand, want, require
žiadateľ applicant, petitioner
žiadny not a one, no one, no
žiadosť wish, request, application • *petition for divorce* žiadosť o rozvod
žiak pupil, school-boy
žiaľ sorrow, grief • *alas* žiaľbohu
žialiť grieve, mourn
žiara light, glare *svetlo*
žiarenie radiation
žiariť glare *svetlo*, shine°, blaze, radiate *rádioaktívne*
žiarliť be° jealous
žiarlivosť jealousy
žiarlivý jealous
žiarovka bulb
žičiť allow
žid Jew
židovka Jewess
židovský Jewish
žihadlo sting
žihľava nettle
žila vein • *hemorrhoids* zlatá žila
žiletka blade, razor blade
žinenka horsehair mattress
žirafa zool. giraffe
žiť live, be° living, be° alive, exist
žito rye
živel element
živelný elemental, unrestrained
živica resin
živiť feed° *kŕmiť*, keep°, nourish, support *podporovať*
živiť sa feed° on, live on
živiteľ/ka nourisher, provider
živnosť trade, business
živnostník tradesman, trader
živobytie livelihood
živočích animal
živočíšny carnal • *species* živočíšny druh
život life, existence • *for life* po celý život • *busy life* rušný život
životaschopný able to live, vital, viable
životný vital • *life assurance* životná poistka • *standard of living* životná úroveň • *existential* ži-

žuvačka

votne dôležitý
životopis biography, curriculum vitae
životopisný biographical
životospráva way of living
živý alive, live, living *žijúci*, viable *veselý* • *hedge* živý plot
žížala earthworm
žlč bile, gall *zloba*
žlčník gall bladder
žĺtok yolk
žltý yellow
žmúriť blink, twinkle, wink
žmýkať wring°
žnec, žnica mower
žobrák beggar
žobrať beg for
žold pay, hire *Am.*
žoldnier mercenary
žolík kart. joker
žonglér juggler
žoviálny genial, jovial *veselý*
žralok zool. shark
žrať eat°, feed° *požierať*
žrď pole
žreb lottery ticket
žrebčinec stud farm
žrebec stallion
žrebovať draw° lots
žriebä foal
žriedlo source, spring

žubrienka tadpole
žula granite
žumpa cesspool, septic
župa county, region, province
župan bathrobe
žurnalista journalist
žurnalistika journalism
žuť chew
žuvačka bubble gum

poznámky

poznámky

Anglicko-slovenský a slovensko-anglický slovník
Vydalo jazykové vydavateľstvo **MIKULA s.r.o.**, Belinského 18, 851 01 Bratislava

www. knihy-mikula.sk